国家出版基金项目
NATIONAL PUBLICATION FOUNDATION

中国语文教育研究丛书
顾之川　主编

任彦钧　刘远　编

新世纪语文名师教学智慧研究（中学卷·上）

XINSHIJI YUWEN MINGSHI JIAOXUE ZHIHUI YANJIU

GEP 广西教育出版社
南宁

序

中国教育正在加速推进现代化，立德树人成为教育改革总任务，完善中华优秀传统文化教育成为共识，新高考改革方案出台，语文教材将实行国家统编，语文教育的重要地位日益凸显。我国语文教育改革迎来新的发展机遇。我们必须清醒地看到，我国语文教育取得了举世公认的成就，同时也面临着诸多困难和问题。如何站在历史的高度，以严谨求实的科学态度，总结梳理中国语文教育教学改革所取得的成就，直面存在的困难和问题，深入剖析原因，为语文教育改革与发展献计献策，推进语文教育现代化，成为新一代语文教育工作者的神圣使命和义不容辞的责任。

2013 年 10 月，中国教育学会中学语文教学专业委员会召开第十届年会，选举产生了新一届理事会。新一届理事会成立后，我们研究制订了《中国教育学会中学语文教学专业委员会事业发展规划（2013—2018）》，其中有一项重要内容，就是要“策划一套图书”。具体设想是：这套图书应分理论与实践两部分，前者意在全面系统地总结改革开放 30 多年来我国语文教育的经验教训，作为今后发展的借鉴；后者意在归纳梳理我国当代语文名师的教育教学思想，推出一批当代语文名师，为新生代名师擂鼓助威。我们这一设想，与广西教育出版社副总编辑黄力平编审的想法不谋而合。他邀我们组织编撰“中国语文教育研究丛书”，纳入他们正在组织实施的“中国学科教育研究书系”的出版计划。

编辑这套“中国语文教育研究丛书”的基本思路是：

把握时代脉搏，聚焦立德树人。

这套丛书着眼于推进语文教育现代化，把握时代脉搏，聚焦立德树人。围绕语文教育改革创新，推出一批反映、代表乃至引领语文教育现代化的研究成果，具有鲜明的中国当代特色。从时间上说，以改革开放到新世纪的发展历程为主，尤其注重反映我国实行新课改以来的语文教育研究；从内容上说，则力求反映我国语文教育理论与实践研究成果。

树立整体观念，开展综合研究。

这套丛书力求树立整体观念，开展语文教育教学的综合研究，全面深入系统地研究总结我国语文教育改革成就和存在的问题。既有语文教育语用观、传统文化教育、语文工具论、语文教育民族化等理论层面的深入剖析，又有语文教材编制、语文教师专业发展、语文教学创新设计、语文考试评价改革等实践层面的研究。

拓展研究视野，实现互联互通。

这套丛书强调语文教育整体观念，整体观照中国语文教育各领域。纵向上，打通小学、中学与大学，努力挖掘语文教育的共同价值，避免过去那种“铁路警察，各管一段”的情况；横向上，涵盖中小学语文教育、汉语国际教育及华文教育等，并以宽广的国际视野，从中华文化圈的角度，审视我国语文教育教学改革的成就与问题。

理论联系实际，研究注重实效。

本丛书注重沟通语文教育理论研究与语文教育教学各组成要素的实践，包括教材编写实践、教学实践、考试命题实践以及教师培训与专业发展实践，努力克服过去学科理论研究与教育教学实践“两张皮”，教育理论研究“不接地气”等缺陷，既注意反映我国语文教育理论研究的新成果，也注重将一线语文教师的教学经验、教学智慧进行理论上的梳理与提升。研究尤重建设性，以建设性思维为统领，着眼于解决我国语文教学领域存在的实际问题。

坚持守正创新，注重原创研究。

这套丛书坚持守正创新，注重权威性与代表性，继承我国语文教育优良传统，借鉴国外先进的母语教育理念和方法，注重吸收各种语文教育理论和各个教学流派的研究成果，反映作者最新的原创性研究成果。弘扬改革创新主旋律，传递语文教育教学正能量，在保证科学性的基础上，注意可读性。内容新颖，资料翔实，数据齐全，为以后的语文教育研究留下可资参考借鉴的理论成果。

我们这一设想，得到我国语文教育界同仁专家的积极响应和大力支持，他们同意将其最新研究成果惠赐给我们，列入本丛书。

广西教育出版社是我国很有影响的教育出版社之一，在教育理论、教材教辅及文化艺术等方面，均出版了不少影响深远的系列图书。尤其是出版于20世纪90年代的“学科现代教育理论书系”，曾极大地推进了我国教育改革，实现了社会效益与经济效益的双丰收。进入新时期以来，该社审时度势，又策划出版学科教育研究书系，立足于中国本土，以独特敏锐的眼光，打造具有中国特色的学科教育理论体系。这不仅是教育创新的要求，也是新时代的呼唤。

目前，这套丛书已陆续进入编辑出版阶段，作为该丛书主编，我既有欣喜，也有不安，深恐由于自己的浅陋和粗疏而使各位作者的佳构留下缺憾，更期待着广大读者尤其是语文教育界同仁的批评、指教。令人欣喜的是，在广西教育出版社诸位同仁的努力下，经国家出版基金管理委员会批准，“中国语文教育研究丛书”（第一辑）被确定为2017年度国家出版基金项目，获得经费资助。这也是对我们这套丛书的学术价值与出版意义的肯定。在此，我不仅要对黄力平编审、林春燕编辑等同仁表达谢意，更要对北京大学中文系温儒敏、曹文轩两位教授的热情推荐表示感谢。

学术总是薪火相传，研究贵在创新发展。牛顿说他站在巨人肩膀上，杜甫说“转益多师是汝师”。我们进入一个大众创业、万众创新的时代，改革创新成为当今中国的时代主题。2012年莫言获得诺贝尔文学奖；2015年，屠呦呦获得诺贝尔生理学或医学奖，刘慈欣获雨果奖；2016年，曹文轩获国际安徒生奖，郝景芳获雨果奖……建设创新型国家，培养创新型人才，语文教育工作者肩负着神圣使命。语文百年，众多语文人默默耕耘，浇灌出语文学科生态园的参天大树；百年语文，无数语文人直面问题，探寻语文教育改革创新之路。我们策划、组织这套丛书，就是想为实现中华民族伟大复兴的中国梦略尽语文人的绵薄之力。我们的愿望如此，至于效果怎样，那就要由实践来检验了。

顾之川

于京东大运河畔两不厌居

2016 年 3 月 23 日初稿

2017 年 4 月 18 日修改

顾之川简介：浙江师范大学教授，人民教育出版社编审。兼任中国教育学会中学语文教学专业委员会理事长，国家社科基金评审专家，教育部考试中心特聘专家，教育部“国培计划”首批专家，国家统编义务教育语文（七至九年级）教科书主编。主要从事语文教育研究和语文教材编写工作，主编人教版多套初中、高中语文教材。著有《顾之川语文教育新论》《顾之川语文教育论》《语文论稿》《明代汉语词汇研究》等，并有古籍整理著作多种。

前　言

名师教学智慧是指名师在长期的教学实践中，基于自身对教学现象和教学理论的感悟，深刻洞察、敏锐把握并高效便捷地应对教学情境，从而形成的一种企及融通共生、自由和美的境界的综合能力。

新世纪以来，伴随着语文课改的纵深发展，全国各地涌现出了一大批具有新情怀、新理念、新思想的中小学语文名师，他们不仅在各自的个性化教学实践中进行了卓有成效的创造性探索，形成了丰富多元的教学智慧，而且自觉地以这种教学智慧引领着无数青年教师的专业成长，有的甚至已构建了一种协同共享的语文教育新生态。

为了系统发掘和大力推广这些名师的教学智慧，受“中国语文教育研究丛书”编委会委托，我们组织编写了《新世纪语文名师教学智慧研究》中学卷上下两册和小学卷一册。

《新世纪语文名师教学智慧研究》每篇包括以下6项内容：

1. 篇首语（名师档案）：旨在介绍名师的简历、个性化教学主张、主要荣誉和学术成果。

2. 名师教学智慧的探索历程：旨在介绍名师教学智慧发生、发展之路，特别是着力于对名师个性化教学主张提出的动因、背景、重要节点、教学成效以及业界影响等，予以系统梳理和理性总结。

3. 名师教学智慧的思想内核：旨在介绍名师教学智慧的基本内涵和主要特色。

4. 名师教学智慧的艺术呈现：旨在结合典型课例，介绍名师教学智慧在具体教学实践中运用的策略、方法、技巧等。

5. 名师教学智慧精品片段聚焦：旨在选取能充分体现名师教学智慧的教学片段，并予以适当品评。

6. 名师教学智慧经典课堂实录：旨在选取能充分体现名师个性化教学主张的课堂实录一则，尽量保持现场感。

入选的20位中学名师和10位小学名师，均为我国当代语文教学和科研第一线具有代表性和典型性的人物。他们多姿多彩的教学智慧，既是语文课改业已取得的重要成就，也是许多语文人求之若渴的重要财富。我们坚信，他们的智慧像一把把熊熊燃烧的火炬，可以照亮每一位语文教师的天空，让语文教育变得更具价值和魅力！

需要说明的是，《新世纪语文名师教学智慧研究》在体例设计、名师遴选等方面，都曾得到中国教育学会中学语文教学专业委员会理事长顾之川先生、小学语文教学专业委员会名誉理事长崔峦先生的指导和审订，撰稿工作则得到了所有入选名师和研究人员的鼎力支持，在此一并表示感谢。

由于三个分册体量有限、时间仓促，无法广泛容纳全国各地语文名师的教学智慧，也无法充分展示每位入选名师的教学智慧，其中错讹之处更是在所难免，还望读者鉴谅。

任彦钧 刘远

2017年6月

目　录

第一篇　程红兵教学智慧研究

程红兵，1961年生，教育学博士，语文特级教师，上海市特级校长。曾任上海市建平中学校长、上海浦东教育发展研究院院长，现任深圳明德实验学校校长。先后获得国务院政府特殊津贴、全国五一劳动奖章，以及“全国师德先进个人”“全国优秀教师”“全国优秀语文教师”“上海市劳动模范”等荣誉称号。

多年来，程红兵一直致力于在语文教学中培养学生的健康人格，先后在《中国教育学刊》《人民教育》《中国教育报》《中国教师报》《全球教育展望》《上海教育科研》《上海师范大学学报》《天津师范大学学报》《山东师范大学学报》《语文教学通讯》《语文学习》《中学语文教学》《上海教育》《山东教育》等40多家刊物发表论文200多篇，数十篇论文被《高等学校文科学报文摘》、《教育文摘周报》、(中国人民大学)《复印报刊资料》全文转载或转摘。主持了教育部特级教师专项课题研究、教育部规划课题研究、上海市哲学社会科学重点课题研究、上海市教育委员会重点课题研究。出版《语文教学的人文思考与实践》《程红兵与语文人格教育》《语文教学的常识性回归》《做一个书生校长》《做一个自由的教师》《直面教育现场——书生校长的教育反思》《学校文化建设的路径——书生校长的教育行动》《“瞎子摸象”：书生校长的西方教育见识》等多部专著。

一、程红兵教学智慧的探索历程

1996年，程红兵出版其第一本著作《语文教学的人文思考与实践》，封面上赫然印着："语文教学像个魔方，有无穷变化、无穷组合。几代人曾为之殚精竭虑，为之呕心沥血，更有无数人为之魂系梦绕，为之欢喜为之愁。教坛新秀程红兵苦恼过、激动过，最终却是大胆地将自己的理性思索公之于众——或许它很稚嫩，但谁又敢断言解开魔方的道道不在这里呢……"第一次抚摩新书的时候，程红兵为此感动了好半天，因为它确实说出了他的真实心态和心境。封面的衬底印着一个大头人面怪兽，圆圆的脑袋上似乎没有多少头发，而那只张开的大嘴特别醒目，似乎在呐喊着什么，一双瘦小的腿脚驮着硕大而奇异的身子，并似乎在不停地奔跑。程红兵当时的直觉是："他就是我，他就是我的写照。"

一个文学青年常常会有作家梦或者是学者梦，程红兵也是这样。1982年，他在作家梦、学者梦还没有醒的时候走进了中学语文教师的行列。他的兴趣在文史哲各种杂书，唯独不爱看语文教学参考书。走上讲台，他那带着几分离经叛道，带着几分驳杂的讲课，却走近了学生，慢慢形成一种"磁场"。这是一种没有模式的课堂教学智慧，这种智慧不仅感染了学生，也感染了教师。程红兵说："读书教书，其乐融融。"

程红兵的第一声"呐喊"是在1987年，那其实纯属偶然。因为第一次评职称风传要有论文，于是他赶紧发愤，洋洋洒洒写了5500字，题为《对高师中文专业教育的反思》，以一个过来人的身份回头看师范教育，文字的火药味很浓，批评多于建议。这篇论文没多久就发在《江西高教研究》1988年第1期上。《江西高教研究》的编辑对这篇论文厚爱有加，在论文的开头特意加了编者按，对其给予推荐。

程红兵用自己的眼光审视中学语文教学，对其方方面面做了一个扫描。这期间他主要是一个"批判现实主义者"，他相信波普尔的理论，认为科学是可证实的，也是可证伪的；他信奉辩证法的思想，在对现存事物做出肯定理解的同时，也包含了对现存事物的否定理解。程红兵的批判涉及语文教学领域的许多方面，如语文教育思想、语文学科性质、语文教育价值、语文教学风格、语文教学模式、语文教学管理、语文教学艺术、语文课程教材、语文教学手段、语文教师培养、语文测评迎考等。

有人这样评价说："也许，我们可以说程红兵的文章还不够成熟，有些提法还可以商榷，但难能可贵的是他那种执着追求真理的精神，那种锐意创新、不人云亦云的虎虎生气，那种独立思考的气度和胆量。"这样的评价还是比较中肯的。

观念固然重要，如果一切仅仅停留在观念的层面上，显然是不够的；批判固然重要，如果一切仅仅停留在批判上也是不够的，很显然还必须建设。基于这样的认识，程红兵开始从"批判现实主义者"走向"建设现实主义者"，追寻终极目的。程红兵以为，语文教学要传授语文知识，培养语文能力，但更为重要的是应培养学生的健康人格。于是，他围绕在语文教学中塑造学生的健康人格这一大智慧，开始了系统建设，撰写并发表了系列论文：《从人格培养看中学教育》《语文人格教育论纲》《培养语文能力同时塑造健康人格》《语文教育价值观管窥》等。还出版了专著《创新思维与作文》，试图给一线教师以切切实实的帮助。这本书是他自己的教学积累，也是他自己的思想主张在教学实践中的具体体现。

程红兵在自己的班级里开展很有意思的实验，让每个学生每个月读一本名著，如海明威的《老人与海》、茨威格的《人类的群星闪耀时》、房龙的《人类的故事》、李辉的《风雨中的雕像》、余秋雨的《文化苦旅》、罗曼·罗兰的《约翰·克利斯朵夫》、培根的《培根论人生》、卢梭的《爱弥尔》、朱自清的《经典常谈》、宗白华的《美学散步》,还有《歌德谈话录》《时间简史》《别闹了，费曼先生》……就这么一本一本地读下去，并要求学生做书摘笔记，和大师对话，写眉批感想。每月写一篇书评或读后感，用一两节课的时间来讨论，互相交流、碰撞，不时会有思想的火花闪耀出来。这是文化的积淀，这是思想的熏陶，这是人格的升华。每堂语文课由一名同学（按学号轮流）介绍一首诗，然后全班同学用三分钟左右的时间把它背下来。一个月一本书，一堂课一首诗，这是什么？这是丰厚的养料，这是人生的文化基石，基础教育不就是为孩子们打人生的基础吗？程红兵让孩子们收看中央电视台《焦点访谈》节目,看着看着，把家长也吸引到电视机前，一家几口围绕电视内容争论不休……学生在随笔中说道："阅读文化名著是点亮一盏心灯，收看《焦点访谈》是打开社会之窗。”程红兵让孩子们走向社会，亲自调查研究，写专题报告，为社会出金点子，让孩子们有一种成就感。随后，北京师范大学出版社出版了程红兵的专著《程红兵与语文人格教育》，系统地总结了程红兵在语文人格教育方面的理论研究和实践经验。

2003 年担任建平中学校长之后，程红兵便带领老师们围绕学校培养目标，搭建学校课程整体框架，建构自己的课程系列，体现自己的文化追求。课程改革从语文做起，程红兵组织建平语文教师自编语文必修模块教材，把教材分成六个系列，分别是成长系列、文学系列、文言系列、大家系列、知识系列、写作系列。

成长系列：把与学生成长有关的精神养料性的文章集中起来，按主题分类，用于学生常态化的阅读。最重要的功能就是让孩子们吸收，大量地阅读吸收，不需要讨论它的写作技巧，教学方式就是常态阅读。读一读，画一画；读一读，摘一摘；读一读，注一注；读一读，评一评。不去做分析，回到常态的阅读，如此而已。

文学系列：现在的语文考试淡化文体，其实每种文体都有它独特的审美价值，因此建平的文学系列就按照文体来编排，给孩子们一个系统的、非常清晰的概念，这种办法反而对高考有利。文学系列的作品学习主要是鉴赏。

文言系列：以史纲线为纵线、文体线为横线，为学生提供系统的有关中国传统文化的经典作品。学校教育给学生的知识不应是零散的、分离的，而应是系统的。通过文言文的教学，使孩子们建立一种精神家园的意识。

大家系列：就创新人才培养来说，中小学教育最重要的任务是为学生搭建宽广的人文平台、文化平台，使他们有宽阔的视野。选择人类文明史上的重要作品、重要作家，让孩子们重点去研读，研究性学习在这里得到体现。《论语》、《史记》、《红楼梦》、苏东坡作品、鲁迅作品、莎士比亚作品……这些人类文明史的巅峰之作是不可替代的。

知识系列：将原来散乱在教材中的知识集中起来，理成一条序列，进行专题性的研究性学习。

写作系列：改变那种单纯的就文章谈文章的作文教学模式，代之以教会学生思维方法为主，创立一种“思维与作文”的作文教学路径，包括“原点思维与作文”“多样化思维与作文”“求同思维与作文”“求异思维与作文”“横向思维与作文”“纵向思维与作文”“超前思维与作文”“后馈思维与作文”“辩证思维与作文”。

程红兵领导建平语文教师所编制的课程教材有两个显著的特点：

其一是经典性。课程的“大家系列”精选文学史上著名的大家作品让学生重点研读。我们一直认为人的培养重要的是气质的培养，气质的养成是需要大师作品熏陶的。所谓大师，其灵魂超凡脱俗，其思想深刻悠远，其作品大气磅礴，其文字蕴含无限张力。孔子的《论语》，司马迁的《史记》，曹雪芹的《红楼梦》，鲁迅的小说、散文、杂文，莎士比亚的戏剧，托尔斯泰的小说，自有一种气质、魅力，启人心智，摄人心魄。当下社会有一种文化思潮值得我们警惕，即消解崇高、消解伟大、消解深刻，平庸化、低俗化、娱乐化，视低俗为人情，视无聊为有趣，津津乐道于一地鸡毛的琐屑，流连忘返于家长里短的空虚，灵魂深处空洞而干瘪。学校教育应该培养对真、善、美、伟大、深刻的事物的欣赏。建平中学要培育一代新人，就应该有大志向，有大境界，有大胸怀，就应该重点研读大师的杰作，一位位大师就是一座座矗立在学生心中的文化丰碑。

其二是自主性。程红兵组织编制的教材给学生适当留白，留给学生旁批，留给学生点评，留给学生剪贴自己喜欢的作品，留给学生总结模块学习下来的体验。同时，还专设自主学习模块——自然情怀、人文修养、科学教育、社会文化。这四个模块都是在老师的引导示范之下让学生自主编写教材。这样一来，教材一定程度上实现了生本化，每个学生的语文教材都是不同的，都带有个人的兴趣爱好，都带有个人的理解体验。教师和学生共同建构语文课程，实现让教材满足不同学生的不同需求的美好愿望，实现教材的个性化。这体现了程红兵自身对语文教育的理解，对建平中学语文课程的理解；也体现了建平人的课程文化，体现了建平人的价值追求。

这样一种基于课程重构的语文教学智慧，在更高层面上实现了语文教学培养学生的健康人格。

二、程红兵教学智慧的思想内核

程红兵教学智慧的思想内核是语文人格教育，其基本内涵是主张在语文教学中培养学生的健康人格。语文教师在语文教学活动中要有意识、有计划地结合语文知识传授、语文能力培养，对学生实施人格教育的活动。这一活动是在语文教师指导下，师生共同创设育人环境，在语文知识、语文技能习得的过程中，实现健康人格的塑造。语文教学中有着非常丰富的人格教育因素，文质兼美的语文教材有着得天独厚的育人因素，能陶冶人的情操。语文教学中的逻辑思维因素有助于优化学生人格中的认知结构；语文教学中的伦理道德因素有助于优化学生人格中的伦理结构；语文教学中的审美因素有助于优化学生人格中的审美结构。

如何实现语文人格教育的目标？程红兵的主张是顺应学生的人格发展规律。他的教学思想内核的主要特色是动态地、发展地、变化地看待师生主客体关系。

语文教育主客体关系说经历了从单主体到双主体的过程。单主体有两种：一种是以教师为主体，即教师中心说；一种是以学生为主体，即学生中心说。形成两种单主体的根本原因在于社会本位教育价值观和个体本位教育价值观的分野。社会本位论者立足于教，将教学活动主要看成教师职业劳动的工作实践过程，学生是实践活动的对象，教师自是其中唯一的主体。个体本位论者立足于学，将教学活动主要看成个体成长发展的学习、认识过程，教师是认识活动的对象，学生自是其中唯一的主体。

程红兵认为：“单主体说都偏执一端，而忽视了另一端，故而不可能正确解释教学过程中教师和学生的关系，在教学实践中不可能很好地解决和处理实际问题……单主体说或片面强调教师在教学过程中的权威，把教师视作凌驾于学生之上的主宰人物，学生成了被动的容器，成为教师的附属物；或竭力弘扬学生主体，把学生当成教学活动的中心，教师只是‘向导’。他们都陷入了顾此失彼的圈子之中。”

20 世纪 80 年代出现了主导主体说和双主体说，充分肯定了教师与学生的主体地位，有利于调动教师和学生的积极性、主动性。但程红兵认为："主导主体说和师生双主体说与单主体说相比是一个不小的进步，但是这两种说法只能说是更接近真理，更接近科学，他们有一个共同的弱点，那就是静止地看待师生关系，他们都是从横截面的角度来看问题，这显然是不够的。"程红兵认为应该从纵向来考察师生主客体关系，还其动态的本来面目。教学过程是一个活动过程，不是僵化、凝固的，在活动中考察、在过程中把握，这应是研究教学问题的基本出发点。把教学主客体关系当成一种凝固不变的存在，只用静态、共时的方式来考察存在于过程之中的教学主客体关系，得到的只能是过程的某一点中存在的主客体关系，而不是这一关系的全部。

程红兵主张在语文人格教育过程中，师生主客体关系应该是相互主体渐变关系，简而言之为"相互主体渐变说"。具体说来，教师是教授过程的主体，学生是学习过程的主体，教师的主体作用是逐渐隐蔽、逐渐减少的，而学生的主体作用是逐渐增强的。

两个主体在语文教学过程中是变化的，特别是学生的成长变化之大是非常明显的，教师自身也在变化，而且教师顺应学生的变化不断调节自身的主体作用。学生的主体作用逐渐增强，教师的主体作用逐渐隐蔽，逐渐减少。放大一点看，更能看出其区别，比如由小学到中学，由中学到大学，由本科生到硕士生、博士生，很显然学生的主体作用渐渐增强，由依赖教师到依靠教师到独立学习，老师的主体作用由保姆式到师傅式（手把手教）到导师式，教师的主体作用的发挥越来越少，越来越隐蔽。叶圣陶先生的一句名言道出了其中的实质："教是为了不教。""教"是逻辑起点，"不教"是逻辑终点，也就是说教师是由教逐渐走向不教的。大如此，小亦然，就某个学段而言（比如小学段、初中段、高中段）是如此；就某个年级而言，比如高一年级或初二年级，同样如此。当然这是就语文教学过程的总体趋向而言的，不排除在某一个具体的阶段或环节里，师生作用的发挥有与总体趋向不一致的地方。

师生主客体关系渐次变化，原因主要有两个：其一，语文教育活动从总体上看一直是处于层次不断变化、发展和上升的过程，这必然从外部对学生的主体性和客体性及与教师的关系产生重大影响；其二，学生自身随着年龄的增长，其生理和心理也一直处于变化、发展之中，这必然从内部直接地影响学生的主体性和客体性及与教师的关系的变化、发展。因此，程红兵认为师生主客体关系是相互主客体渐变关系。

程红兵的相互主体渐变说从纵横两方面剖析了教师与学生在语文教学过程中的主客体关系，分析了他们的动态结构，这对语文教学实践有实际指导意义，直接影响着其语文教学过程。正因为学生的主体地位、主体作用是逐渐增强的，我们的语文教学要把握这一规律，顺应这一趋势。语文教师应该明确自己的主体作用是渐趋隐蔽、逐渐减少的，应该有意识地创造一系列的教学模式、教学方法，使学生尽快适应教师与学生在教学中主客体关系的渐进变化。这里必须强调的是顺应变化而不是超越变化，因此必须渐进，不能跳跃，这中间必须有个按部就班的渐进变化过程。

所以，程红兵在语文教学过程中创造了一系列的教学模式，不断地放手，让学生最终学会自己学习。

三、程红兵教学智慧的艺术呈现

程红兵语文课堂教学智慧的基本特色：其一是动态性，他的课堂教学是动态发展变化的；其二是研究性，他的课堂教学凸显研究性。可以从横向和纵向两个方面展开：横向展开，即根据基础型课程、拓展型课程、研究型课程依次展开；纵向展开，即根据教师为主、师生平等、学生为主依次展开。

（一）横向展开

1. 基础型课程的语文研究性学习

这一类型的语文课堂教学的一般程序是：自读感知，酝酿研究的题目—思考提问，确立研究的题目—查阅信息，认真地分析研究—讨论争辩，交流研究的结果—存疑留问，激发新的生长点。

（1）自读感知，酝酿研究的题目。这个环节主要是学生阅读课文，教师的作用就是创设情境，让学生有兴趣地走进课文。如《陈奂生上城》，教师启发学生：假如你是导演，你将选择什么样的人来扮演陈奂生？假如你是扮演陈奂生的演员，你将怎样表现这个角色？

（2）思考提问，确立研究的题目。这个环节主要是学生把思考的问题拿出来讨论，然后确定本课研究的主要部分和主要题目。如《药》，通过讨论，把研究的主要部分落在“茶馆议药”，切入口定在“疯了”，从而研究文章的主题内涵。又如《陈奂生上城》，重点研究人，通过对陈奂生的研究来研究新时期中国农民的发展轨迹。

（3）查阅信息，认真地分析研究。这个环节主要是学生查阅相关的信息，进行研究。如《丑石》，大家确定的议题是关于本文的主旨，有学生提出：贾平凹自己是名声显赫的大作家，却说要“不屈于误解，甘于寂寞”，这就显得有些做作、虚伪。教师针对学生这个说法，请学生查阅贾平凹的生平及本文写作背景，了解到贾平凹的人生之路是非常坎坷的，从而理解作者的思想。有学生提出现在的年轻人要勇于推销自己，这个观点固然不错，但是不能急功近利，教师请学生查阅现今社会抄袭现象的事例，使学生了解《丑石》的主旨在今天仍然具有现实意义。

（4）讨论争辩，交流研究的结果。这个环节主要是学生交流不同看法，认识逐渐趋于一致。如《丑石》，由怀疑“不屈于误解，甘于寂寞”，到提出“推销自己”，再到反对浮躁，大家认识到：急功近利一事无成，十年磨炼玉汝于成。学生的认识经过了否定之否定的变化过程。

（5）存疑留问，激发新的生长点。一篇课文的教学不是也不可能是把所有问题都解决，而是留下一些疑问，让学生继续思考研究。如《丑石》，教师引导学生比较人教版与对原作做了不同的删节的上海 S 版教材，请学生思考，然后给两家出版社的编辑写一封信，谈谈自己的观点，并说明理由。

基础型语文课程的研究性学习，其基本特征是：第一，主体性。从学生出发，由学生提问，提出本课需要研究解决的问题，通过学生讨论，由学生来解决问题。第二，开放性。课堂不是全预设的，而是开放的，在开放的环境下学生才会有思想的火花，超出教师的备课准备，进而提升学生，学生主体精神得以高扬。如《药》，学生的思想火花非常多，学生说，“夏瑜死去的是身体，而阿义被囚禁的是精神”。又如《陈奂生上城》，学生说，“加入 WTO，我们也是‘陈奂生’上城”。第三，延展性。就是给学生留白，课堂的结束不是句号，而是新的研究的开始，留下一个新的生长点。如《药》，留下了课文第四部分给学生研究。《陈奂生上城》则通过小品《找焦点》的播出，留下一个问题：从陈奂生到“找焦点”再到刘老根（中央电视台当时正在播出的电视剧中的人物），看新时期中国农民的发展轨迹。

程红兵语文基础型课程的课堂教学充分体现了四个基本轨迹：从文本出发，又跳出文本，最终还要回归文本（否则就不是语文课）；从语文出发，又跨越语文（否则陷进井里），最终还要聚焦语文；从学生出发，又要指导学生（否则停滞不前），最终还要提升学生；从今天出发，又超越今天（否则留在昨天），最终以发展学生为本。这样的教学无疑是充满智慧的。

2. 拓展型语文课程的研究性学习

程红兵拓展型课程的语文课堂教学集中体现在阅读名著上，用程红兵的话说就是“每月一书”，即教师让学生每月读一本文学名著。

程红兵老师先后组织学生阅读了《傅雷家书》《爱的教育》《巴黎圣母院》《昆虫记》《论语》《家》《子夜》《文化苦旅》《人类的群星闪耀时》《老人与海》《围城》《培根论人生》《约翰·克利斯朵夫》《万历十五年》《泰戈尔诗选》《普希金诗选》《经典常谈》《谈美书简》《美的历程》《歌德谈话录》《人类的故事》《别闹了，费曼先生》《呐喊》《朝花夕拾》《雷雨》《宽容》《威尼斯商人》《哈姆雷特》《孟子》《复活》《骆驼祥子》《红楼梦》等文学名著。

其教学程序是这样的：教师推荐—学生自读—学生做书摘笔记—学生分析研究—学生写作书评—师生讨论交流。首先是程红兵向学生极力推荐一本书，常常是以自己的亲身体验来说明，调动学生的阅读兴趣；接着让学生在课余时间阅读，学生一边阅读，一边圈圈画画，并做点评旁批；然后学生做好书摘笔记，事先程红兵要求学生准备一个精美的笔记本，给自己的笔记本起一个有意思的名字，这个笔记本就是学生成长的轨迹记录，就是学生的精神履历；学生在阅读、摘录的基础上思考研究；然后各自独立写出读后感或者书评；用一到两节课的时间让学生交流讨论，程红兵的要求是后面说的学生不能重复前面同学已经说过的观点，鼓励学生提出自己的独立见解，同时要求学生要言之成理、言之有据，最后程红兵做点评。

拓展型课程的研究性学习，程红兵也是逐步放开的。他先是向学生推荐一本书，让学生必读；然后是推荐两本书让学生选读；再是推荐三本书让学生选读；最后是让学生自己课外广泛阅读，发现好书，向全班同学推荐。程红兵的语文课会专门抽出时间让学生相互推荐文学名著，如果因推荐而影响许多同学阅读该书，程红兵给予推荐者一定的奖励。

3. 研究型课程的研究性学习

这就是以课题为载体的语文研究性学习，其程序如下：

从学生方面说：①了解学习目标；②了解研究的一般流程；③提出问题或形成课题；④提出设想或研究方案；⑤讨论或可行性论证与答辩；⑥具体实施研究方案；⑦研究完成，形成结果；⑧小组或全班交流；⑨小结或中期总结。学生的作用在于积极思考，积极研究，无论是知识的感知、理解、掌握过程，还是巩固、应用过程，都是在思考活动中，在脑力作用下完成的。苏霍姆林斯基说过："一个人到学校里来上学，不仅是为了取得一份知识的行囊，而主要的还是要变得更聪明。"因此，他的主要智慧努力应该用在思考和研究上。

从教师方面说：①进行学习说明；②相关知识介绍；③激发疑问或介绍课题发现与选择；④个别指导；⑤组织讨论或答辩论证会；⑥适时指导；⑦分析质疑；⑧组织评定；⑨提出建议或组织答辩。教师的作用在于指导学生学会思考、学会研究。苏霍姆林斯基曾经说过："如果学生在青少年期还没遇到一位明智的脑力劳动的指导者，那么他就再也无法学会真正地思考了。"有经验的教师，不仅要向学生揭示材料的实质，而且要教会学生思考，使他们也能独立做出研究，在研究中发现新知。教师应创设情境，把教科书里的知识转化为问题，引导学生探究，帮助学生自己建构知识。

课例："乡关何处——解读中国诗歌中的乡关情结"，采用小组合作式。一组研究的是：乡关情结与人生理想，解读崔颢《黄鹤楼》、李白《登金陵凤凰台》。二组研究的是：爱国志士与亡国之君笔下的"乡关"意象，如文天祥《金陵驿》、李煜《浪淘沙令》。三组研究的是：乡关情结——全人类共有的精神家园。大家一起讨论中国诗歌中乡关情结形成的缘由，得出结论有自然因素、文化因素、人伦因素。

又如“中国诗词名句的古今影响”,同学们列举了许多事例,王勃“落霞与孤鹜齐飞，秋水共长天一色”，从庾信“落花与芝盖齐飞，杨柳共春旗一色”(《马射赋》)中来，曹操《观沧海》对毛泽东《浪淘沙·北戴河》的影响，陆游《卜算子·咏梅》对毛泽东《卜算子·咏梅》的影响，乔冠华“夜黑雁飞高，林彪夜遁逃”从“夜黑雁飞高，单于夜遁逃”而来。

其他课题如诗歌中空间概念的运用,古典诗词常见意象“梅”“蝉”“大鹏”“蟋蟀”“斜阳”“杜鹃”等的研究，离别诗歌的研究等。

（二）纵向展开

程红兵认为教师与学生之间的关系是相互主体渐变关系，那么语文教学模式也是按照下列轨迹逐渐发生变化：教师由开始的保姆式渐次转化为手把手教的师傅式，由师傅式渐次转化为以学生为主体的导师式。也就是由单向传授式转为引导互动式，再转为充分尊重学生的民主式。学生由开始的完全依赖老师渐次转化为依靠老师，再到独立学习，进而有独特见解，甚至有所创新。教师走过这样一个角色渐次变化的过程：由主控变为主导，由主导变为引导，由限制性开放到逐渐开放，最后到完全放开。学生则因此走过相应的变化过程:由被动接受到主体意识觉醒，由主体意识觉醒到产生主动学习的愿望，进而由有条件地自主学习到完全独立地自主学习。语文课堂也从预设转变为预设加开放,最后完全开放。

1. 以教师为主的单向传授式

顾名思义，以教师为主，就是教师在语文教学过程中占据主要位置，处于中心地位，或宣讲，或追问，或引导，或启发，教师在语文课堂教学中起控制作用，支配教学的各个环节及发展走向，支配整个教学过程，他对学生、知识载体（语文课本）有制约作用。但是学生在教学过程中并非始终是被动的，由宣讲式到追问式再到思维启迪式，学生的活动是逐步增加的，学生的主体地位是逐步上升的。从课堂的开放度看，是由完全预设走向具有一定的开放度。

（1）宣讲式

以老师宣讲为主，辅之以学生活动。这种模式适宜起始年级教学的初始阶段，或者是范围较大的讲座性质的语文教学。这种模式要求教师宣讲言简意赅，结构条理清晰，让学生易于把握，同时注意生动性，有较强的吸引力；要求学生活动跟上老师的思维节奏，理解老师的教学要点。从开放度看，这种课型是完全预设的，教师按照自己预先设计、准备的讲稿依次讲课。它要求教师讲的过程要有节奏感，辅之以学生喜闻乐见的案例或故事，有张有弛，娓娓道来；教师还要善于察言观色，不断地和学生的眼神进行交流，把握学生的思维状态，适当加以调整，这样才能够取得比较好的效果。事实上，程红兵运用这种讲授法教学也比较纯熟，案例引用得当，故事紧扣学生心弦而又贴合教学内容，课堂上学生紧紧跟着教师走，教学效率非常高。

（2）追问式

李政道曾说："学问，学会问，学会思考，不是学答案。"追问式教学就是要让学生学会思考，这种方式主要运用于阅读教学过程中，着眼于培养学生纵深思考的能力。其基本环节是：按照文章分析鉴赏的逻辑关系确定问题，纵向排列，逐层追问，学生分别思考讨论，最后提请学生思考明确教师追问的逻辑轨迹。追问式实际上是教师通过自己的问话方向，给学生一个样板，让学生学会提问，学会思考。从开放程度看，这种课型是基本预设的，所有问题都是预先设计的，学生的回答也基本在教师的控制之中，如果学生有些回答在预设之外，教师会很快把学生拉回来。

程红兵教《不求甚解》就是采用这种方法。他先提出问题：文章的论点是什么？然后要学生评价本文的论点怎么样，学生基本上都能回答：论点新颖。程红兵马上追问：如何获取新颖的观点？明确：逆向思维。教师继续追问：为什么"逆向思维"能产生新颖的观点？明确：因为事物具有两面性，既有正面，也有反面；既有普遍性，也有特殊性。程红兵继续反问：难道一"逆"就好吗？新观点要站住必须科学。程红兵问：需要什么条件？学生明确必须有限制条件。程红兵追问：本文是怎么限制的？最后让学生自己找一个成语，运用逆向思维确立一个新颖的观点，注意条件限制。画出程红兵这堂研究课的思考曲线：是什么—怎么样—如何获取—为什么—难道……就……—怎么做。

（3）激情引智式

这其实是"以情启智，以美引真"。其教学程序是：情感导入、创造气氛（美的引导）—激情引智、分析入理（美的发现）—感悟真情、引发真知（美的升华）。具体说就是：教师披情入文引导学生走进课文，体味真情，学生领悟获得真知，自己走出课文。该模式体现了课堂审美活动的三个环节：由“形”到“情”的感受美；由“情”到“理”的鉴赏美；由“悟”到“发”的创造美。情感导入、创造气氛可以采用陌生化手段，也就是将学生所熟悉的材料转化为陌生的对象，使学生感到新鲜，并快速聚合自己的审美注意。

（4）思维启迪式

通过大量生活和写作实例，让学生掌握一种思维方法，学会思考，主要用于写作教学中。基本环节有：事例导入，意在激发学生的学习兴趣；思维方法阐述，意在使学生明理；多方印证，意在巩固学生对思维规律的认识；迁移训练，意在让学生在游泳中学会游泳，在创造中学会创造；参考范文，意在让学生从中获得启发。从课堂的开放程度看，这种课型的结构和材料是完全预先设计的，但是学生的回答具有一定的非预设性，他们有一定的选择余地。这就要求执教的教师临场应变要机敏，事先的准备也要充分。程红兵执教的系列作文教学“创新思维与作文”就是如此。

2. 师生平等的互动交流式

与以教师为主的课堂教学模式相比，在师生平等的教学模式中，学生的主体作用得到更充分的发挥，学生主体地位进一步增强，学生以平等的身份与教师互动，教师扮演咨询者、辅导者和学习动机激发者的角色，教学采取民主参与方式，在教学目标设计、教学组织、教学方法等环节选择上寻求学生的反馈信息，并据此做出相应调整。教师简问，学生多思。教师鼓励学生发表个人意见，注重激发学生的学习积极性，让学生认识到只有通过每个人自身的努力，才能实现师生共同的课堂教学目标。从课堂的开放度来看，预设程度明显降低，开放程度明显增加。

（1）整体阅读式

所谓“整体阅读”语文课堂教学，是指在语文阅读课堂教学过程中对课文侧重整体把握、整体理解的一种教学模式。这种教学模式着眼于文章的整体，注重理清内部的相互关系，从宏观上驾驭文章，领会文章的主旨内涵，吸收文章的精髓养分。其结构首先是感知，感知文章统一的整体。它要求初读感知时，不急着分层分段，肢解课文，而是要使整篇课文在学生眼里成为一个格式塔，即知觉整体。叶圣陶说得好，学习课文第一步应该“通读全文”“知道文章之大概”。当然这时对课文的把握仅仅是混沌的、朦胧的，处于认识的初级阶段。在浏览课文，弄清写作对象，了解基本倾向，画出疑点、重点的情况下，再讨论分析疑点、重点。初级阶段鸟瞰式的把握，对局部疑点、重点的分析，起着非常积极的作用，只有站在一定的高度，才能对局部分析得更准确、透彻。一旦局部的疑点弄清楚了，文章重点部分的意义及其在全文的作用明确了，再回到整体，综合全文内容，就很容易把握文章主旨，实现对文章整体的理解。理解是对文章由感性认识过渡到理性认识，它是阅读实践的核心活动，这里的一个关键问题是教师要抛出一个能够统摄全局的又很有价值的问题。从整体到局部再到整体，即“带着学生从文章里走个来回”（张志公语）。对文章有了比较全面而透彻的了解，然后过渡到鉴赏评价，对文章的思想观点、语言文字、风格特点等进行鉴别、赏析和评价，注重和同类文章比较，提出自己独到的见解、观点，赏析和评价文章。这种课型有一定的预设性，其主要体现在整堂课的教学结构及关键问题的抛出上，但开放度已经比较大，学生在争论辨析的过程中有许多内容是无法预设的。

（2）以线串点式

一篇课文原本具有很多问题，撒开来有许多点，这样教学很容易肢解一篇完整的美文，如果抛给学生一条线，便可让他们自己去把文章的脉络串起来。其教学步骤是：教师在教学起始就将阅读的主线交给学生，让学生沿着这条主线去阅读文章，讨论鉴赏。这种课型学生活动余地比较大，开放程度也比较大，教师预设的主要就是抛给学生的主线，学生在阅读过程中的感受体验以及提出的问题则是非预设的。

（3）供料式

给学生提供大量的阅读背景材料，这些材料与课文有一定的关系，或与课文反映同一历史背景，或与课文表达形式接近，或与课文作者观点立场相左，让学生结合课文阅读思考这些材料，形成感想，展开讨论。这种供料式的教法，强化学生自主阅读，强化学生在自主阅读过程中的独到体验，对培养学生的自主意识具有重要作用。这种教法开放度显然非常大，教师的预设程度和控制程度很低，往往只体现在资料的选择和讨论过程的组织上。

3. 以学生为主体的自主学习式

程红兵在他的语文教学进行到一定阶段的时候，就尝试让学生自己学习。他的做法是让学生作为课堂主持人主持课文学习，老师完全让位给学生，由学生主持人组织全班学生讨论，研究赏析课文。学生处在教学活动的中心，实现学生完全自主学习，实现从教到不教的逻辑过程。

四、程红兵教学智慧精品片段聚焦

程红兵的教学智慧集中体现在：善于根据学生实际和教材文本特征进行巧妙的设计，牵一发而动全身，抓住一点，带动全文。

以《群英会蒋干中计》为例，程红兵是这样设计的：

首先从局部细节着手，比如从一串“大”入手进行分析，“大怒”“大惊”“大笑”等，理出情节的细密勾连，人物的心态、心计、心理，看出作者的良苦用心。然后从该文的核心入手，牵一发而动全局，提问学生：周瑜的精神支柱是什么？周瑜何以不降？这样反过来就知道如何劝降周瑜，引导同学领会全文的关键所在，从而提高学生的思维水平。

具体教学过程是这样的：

程红兵先带领学生重温相关背景知识：这是赤壁之战的序幕，孙刘要以弱胜强、以寡敌众，要依靠斗智破坏敌人的有利条件；通过这一战役，他依靠自己的有利条件赚蒋干。

教师让学生梳理课文，讲述文章的故事梗概：蒋干受命来江东劝降周瑜，不但未劝降周瑜，反而中了周瑜的“反间计”；蒋干中计一方面与周瑜足智多谋有关，另一方面也与蒋干愚笨有关。

教师引导提问：蒋干中计其实就是曹操中计，原因何在？学生讨论交流，明确原因之一：曹操生性多疑，不完全相信他们（主观）；信中所写符合北军实际情况（客观）；梦中呓语与信中内容吻合（客观）；曹操正处于不可一世、踌躇满志之时，骄傲自大，一听蒋干报告深信不疑（主观）。曹操本是老谋深算的政治家、军事家，但他暴躁、多疑、刚愎自用，他南征得手，不可一世，致书周瑜语气据傲，周瑜毁书斩使，他就大怒出兵，中计后醒悟，不肯认错。原因之二：周瑜足智多谋，豪放自信，既有决断大谋略的气魄（削弱曹操水军），又有捕捉小的战机的敏锐（蒋干来访，利用他实行反间计），反间计施行的步骤计划非常缜密，所有细节天衣无缝。他的少年得志、豪放自信充分体现在群英会过程中的三次“大笑”以及舞剑作歌狂吟等行为上。其一见面就炫耀实力封住蒋干的口，佯醉、假信、梦话、四更来报等细节恰到好处。原因之三：蒋干是一个愚蠢而又自作聪明的政客，他对周瑜不甚了解，却在曹操面前夸下海口，无自知之明，草包一个，“昂然”而来，后又“惊愕”“愕然”“面如土色”。蒋干本应该这样做：到周瑜营中，创造条件，主动开展活动，争取劝降成功。但蒋干却是一开始就处于被动，被周瑜牵着鼻子走，步步上当，节节受骗。

教师启发：其实蒋干有非常优越的条件，当时曹军占有优势，曹军处于战略进攻地位。如果由你来劝周瑜，你如何来劝降周瑜？

教师启发学生以反向思维倒过来想，要劝降周瑜，关键看周瑜不降的原因是什么，周瑜的精神支柱是什么，是什么支持他坚决抗曹。这样或许就可以找到一条新的途径。

学生讨论，交流周瑜不降的原因。敌方的虚实：“今北土未平，马超、韩遂尚在关西，为操后患，而操舍鞍马，仗舟楫，与吴、越争衡。今又盛寒，马无槁草，驱中国士众，远涉江湖之间，不习水土，必生疾病。此数者用兵之患也，而操皆冒行之。”“彼所将中国人不过十五六万，且已久疲；所得表众亦极七八耳，尚怀狐疑。”我（周瑜）方的实力：兵精粮足。我（周瑜）与孙权的关系：“大丈夫处世，遇知己之主，外托君臣之义，内结骨肉之恩，言必行，计必从，祸福共之。”——这是关键。这里可有文章可做？联系当时东吴情况来谈——主降派占上风，“曹操遗权书曰：‘近者奉辞伐罪，旌麾南指，刘琮束手。今治水军八十万众，方与将军会猎于吴。’权以示群下，莫不响震失色。长史张昭等曰：‘曹公，豺虎也。挟天子以征四方，动以朝廷为辞。今日拒之，事更不顺。且将军大势可以拒操者，长江也；今操得荆州，奄有其地，刘表治水军，蒙冲斗舰乃以千数，操悉浮以沿江；兼有步兵，水陆俱下，此为长江之险已与我共之矣。而势力众寡又不可论。愚谓大计不如迎之"，孙权一度动摇，犹豫不决。诸葛亮对孙权说："今将军外托服从之名，而内怀犹豫之计，事急而不断，祸至无日矣。"（《赤壁之战》）

教师引导：退一步说，以周瑜高傲的心性，不一定能劝降他，可不可以劝其自寻退路，归隐山林？当然这只是假设而已，我们不妨试试，请两位同学分别扮演蒋干和周瑜，看看他们如何对答。学生根据上述内容自行表演蒋干和周瑜的对话。

这堂课实验的意义比较大，大开大阖，抓住文章主要人物周瑜的核心要素——精神支柱，从一个口子——"如何劝降周瑜"介入，读懂文章，读懂细节，然后跳出来，联系以往相关的历史知识，读懂文章人物之间的关系，读懂文章主旨，读懂文章精华。这样教学，打破常规，打破传统，抓住一点，不及其余；这样教学，教师教学目标一定要明确，不可泛化，否则一不留神语文课就不成语文课了。因此，这样教学可以偶尔为之，但不能一直如此。

再看程红兵执教的《荆轲刺秦王》，他把焦点定位在送别场景的描绘方法，让学生受到一次悲壮艺术的熏陶和感染。

这堂课主要的教学方法是比较，比较"送别"三章。

"易水送别"这个场景描写是全文最精彩的地方，不含标点共94个字，作者以精练、遒劲的笔触，刻画了一个鲜明、生动的人物形象，描绘了一个慷慨激烈、悲壮动人的场面，这个场面千百年来激励了许多仁人志士。陶潜曾说荆轲"其人虽已没，千载有余情"，连刘伯承将军挽叶挺诗也提道"勒马黄河悲壮士，挥戈易水哭将军"，不能不说这和《战国策》这段出色的场景描写有很大的关系，司马迁《史记》提到这事时，几乎是全文照录"易水送别"。

"易水送别"以荆轲为中心，以送行者为烘托，以秋风易水为空间环境，描绘了一个动人的场面，渲染了一个浓重的情感氛围，塑造了一个栩栩如生的艺术形象。教师引导学生概括文章主题——"易水送别"表现了一种视死如归的精神。

教师引导学生进一步拓展，让学生进一步领悟悲壮艺术的美。视死如归；明知山有虎，偏向虎山行；明明知道一去不复还，仍然就车而去，义无反顾。这正体现了人类在与自然界、社会、命运抗争和搏斗中所体现出来的不屈不挠、不可征服的精神、主题。司马迁笔下的项羽，在乌江边上，傲然迎向潮水般涌来的敌人骑兵，杀敌数百人，身被创十余处，也体现了这种精神，他是悲壮的；海明威笔下的老人桑地亚哥明知与鲨鱼搏斗是徒然的，但他仍然与鲨鱼展开了殊死的争夺，当精疲力竭、满身伤痕地从海上拖回空空的大马林鱼骨架时，他疲惫地倒下去，然而老人的精神却升华了，这也体现了人类不可征服的伟大精神，也是悲壮的；贝多芬的《命运》交响曲，也体现了这种精神，是悲壮的；毛泽东笔下的闻一多，拍案而起，横眉怒对国民党特务的手枪，宁肯倒下，也不屈服，也体现了这种精神，也是悲壮的。如果艺术失去了这种激情，失去了悲壮，就失去了力度；如果人生失去了这种激情，失去了悲壮，就失去了尊严，失去了壮丽；如果一个民族失去了这种激情，失去了悲壮，就不可能强盛而只有懦弱！悲壮艺术是滋润一个民族的必需的养料。

教师接着让学生比较《雨霖铃》、《琵琶行》、《荆轲刺秦王》中的“易水送别”三篇诗文感情基调有何不同。学生经过讨论明确“易水送别”的感情基调是慷慨悲壮的，《雨霖铃》是凄切缠绵的，《琵琶行》是抑郁伤感的。教师进一步追问：造成这些感情基调不同的原因是什么？与什么有关？学生明确：和人有关，和主人公有关。荆轲是侠士，柳永是风流才子，白居易是文人、官员。与事件有关，荆轲此行是去行刺秦王，是赴汤蹈火，柳永是与情人分别，白居易是被贬谪受打击。

教师引导学生思考：感情基调不同，人物、事件不同，并不妨碍他们采用共同的写作方法，同学们看看这三篇诗文在写作上有什么共同之处？学生明确：都写了景色，《琵琶行》写了“枫叶荻花秋瑟瑟”，《雨霖铃》写了“寒蝉凄切”，《荆轲刺秦王》写了“风萧萧兮易水寒”。教师追问：这些景物有什么共同特点？学生明确：都突出凄寒的特点，都是秋景。教师再进一步追问：作品是不是单纯写景？让学生再从写人的角度来看看它们有什么共同点。

这堂课的教学设计是比较特别的，抓住《荆轲刺秦王》的高潮一节“易水送别”来做深入的研究，并且在此基础上结合教学实际情况，把写作上有相同点的两篇课文拿来比较，从而给学生以强烈的印象，通过鉴赏找出规律性的写作方法之后，又有意识地请同学们运用写作方法尝试写作。可以说是有意精选精彩段落、有意比较相同写法、有意迁移练习，以今天的眼光看，这既是优点，也是缺点。缺点就在于斧凿的痕迹是明显的，而且整堂课的教学基本上就是教师牵着学生走，学生有所活动。在教师的精心设计和引导下学生能够把握关键、领悟文章的思想及其表现手法，但也可以看出教学的开放度不够，教师其实还可以放得开一些，让学生自由发挥，自由延展的空间更大一些，那样课堂生成的东西或许更多一些。

五、程红兵教学智慧经典课堂实录

多样化思维与作文

（一）认识多样化思维

师：我们今天上节作文课——多样化思维与作文。老师在上课之前先出一个小问题：想过河没有船怎么办?

生：游过去。

师：还有没有别的办法，我不会游泳怎么办?

生 1：砍块木头抱着游过去。

生 2：造座桥过去。

生 3：像荡秋千一样荡过去。

师：哦，如果河太宽的话就不行了，像黄浦江就不行了，小河、小溪可以。

生：坐直升飞机过去。

师：好，现在从空中过去。还有没有?

生 1：造个热气球。

生 2：还可以挖个海底隧道。

师：咱们是过河，不是过海，挖个河底隧道就行了。还有一个笨办法，就是走到河的尽头绕过去，绕着过去可以一路欣赏风景，也是非常有意思的。好了，下面老师再出道题看你们怎么选择。这个题是这样的：A. 一本平装书；B. 一瓶可乐；C. 一条纯金项链；D. 一台彩色电视机。请开动脑筋，从上述 4 种物品当中选出一种与众不同的物品。

生 1：我选 B。因为可乐是喝的，其他都是看的。

生 2：我选 A。因为书是一种知识，可以武装人的思想，其他都是享受的。

师：一本平装书可以获得知识，其他都是享受的，你们同意她的观点吗？大家说说。

生：我觉得电视机也可以获得知识。

师：有道理，那你选什么？

生：我选电视机。因为只有电视机是用电的，其他都不用电。

师：哦，如果可乐有电的话，我们都不敢喝了。那 A、C 可不可以选呢？

生：我选纯金项链。因为在这几种物品中，纯金项链是在物质上价值最高的。

师：你们同意吗？你不同意，你说。

生：电视机有贵的，有便宜的，纯金项链有重的，有轻的。

师：有道理，从贵重的角度来讲，电视机也有贵的。

生 1：既然是平装书，肯定是用纸做的，其他的都不是。

生 2：纯金项链是用作装饰的。

师：有道理。第一个问题搞清楚的话，那第二个问题应该就不难了。刚才我们从不同角度找出了与众不同的一种物品，现在我们从四种物品中找出同一类的物品。

生 1：平装书和彩色电视机都是用来传播信息的。

生 2：可乐和纯金项链都可以给人精神上的满足。

师：那一本平装书不可以给人精神上的满足吗？

生：可乐和纯金项链是物质上的享受，平装书和彩色电视机给人精神上的享受。

师：彩色电视机只是给人精神上的享受吗？

生：也可以给人物质上的享受。

师：大家再说说。

生 1：平装书和可乐比较便宜，纯金项链和彩色电视机比较昂贵。

生 2：平装书和电视机是长方体，电视机从前面看是长方体的。

师：那其他物体是什么体的？我的数学都忘掉了。

生1：可乐是椭圆体的，纯金项链什么形状都有。

生2：纯金项链和彩色电视机是由有色金属组成的。

师：我见有的可乐的瓶子就是金属的。

生：平装书和金项链有保存价值。

师：好，可乐无法长久保存，彩色电视的使用寿命也不会太长久。假设这是唯一一台彩色电视，可能会被放到博物馆保存起来。第一台或者某某人物用过的彩色电视都很珍贵。但这是特例。

生：享受可乐和纯金项链的人不需要有文化，而享受平装书和彩色电视机的人需要有文化。

师：彩色电视机没有文化就不能享受吗？我前段时间去湖南，人们给我讲了一个故事，一个老太太，放中央一台她听不懂，放中央二台她听不懂，长沙台听不懂，湖南台听不懂，最后一个外语台，她听得懂，说这个话跟咱们的话差不多嘛。没文化可能她搞不清楚文字，甚至搞不清楚语言，但她还是搞得清楚画面的，所以说没有文化不能享受彩色电视机好像没道理。

生：有的可乐的瓶子是塑料的，彩色电视机的外壳也是塑料的。

师：你说有的可乐的瓶子是塑料的，有的不是，这样归为一类就有点牵强了。

生：可乐和纯金项链盲人也可以享受，但平装书和彩色电视机他们就看不见了。

师：哦，这个角度是我没想到的，老师为你鼓掌，你们想到盲人身上了，不过这也是特例，我们一般人还是看得见的。可乐和彩色电视机可以归为一类吗？

生：可乐和彩色电视机都是近代发明的，纯金项链和平装书早在古代就有了。

师：好，非常有道理。我们从多重角度来分析，就是要说明什么是多样化思维。所谓多样化思维就是通过多种多样的思维活动，从思维的各个层次出发，对事物进行多角度、多方面、多因素、多变量的系统考察。多样化思维有这么几个特点：第一个是多角度性，如上面的例子；第二个特点就是多层次性；第三个特点就是开放性。什么叫开放性呢？我举个小例子，美国的生物学家做了一个非常有趣的实验，在一个瓶里放了五只蜜蜂、五只苍蝇，你们猜一猜，是苍蝇聪明，还是蜜蜂聪明？

众生：苍蝇。

师：你们为什么都猜苍蝇，不猜蜜蜂？你们喜欢苍蝇还是喜欢蜜蜂？

众生：蜜蜂。

师：你们喜欢蜜蜂，却猜苍蝇聪明？这是什么逻辑？

生：因为苍蝇开放性强。

师：你怎么知道？你说。

生：一般老师解释这样的问题的时候，都是意想不到的结果。

师：你的猜法还是有道理的。他做了个什么尝试呢？假设这个是玻璃杯，有底、有口，正常情况下底朝下，科学工作者呢，就把它倒过来，底部朝上了，光线从上而下。把五只苍蝇和五只蜜蜂分别放在两个瓶子里，结果发现很有趣的现象，五只苍蝇都飞了，五只蜜蜂都死了。按照常规，昆虫都是向着有光线的地方飞的。五只苍蝇飞来飞去撞得疼了，它们就往后飞了，所以就从下面出来了；五只蜜蜂是前仆后继，不怕牺牲，勇敢进取，结果撞得头破血流，全部死光了，这说明它们的思维不是开放的。当我们从一个角度不能考虑问题的时候，换个角度来考虑，这就是所谓的多样化思维。

（二）运用多样化思维

师：生命是什么？请用多样化的形式、形象化的比喻来说明这个问题。

生1：生命像一条河流。

生2：生命像火种，它点亮了世界。

生3：生命像雨，很多时候我们要忍受雨中的潮湿与阴暗。

生4：有人说生命在于运动，我觉得生命就是运动。

生5：生命就是时刻在给自己准备葬礼的过程，谁在生前做过宏大的事情，他死后的场面就宏大。

师：啊，看来你是比较追求死了以后的宏大场面，同学们学过茨威格的《世间最美的坟墓》吗？托尔斯泰所追求的死后场面是非常朴素的。

生：生命像一副扑克牌，拿到好牌不一定能赢，要看你怎么出牌。

师：这个构思非常新颖，我还是第一次听说，拿到好牌不一定能赢，关键看你怎么玩，有的人玩得很精彩，有的人玩得很落魄。

生 1：生命像一双红舞鞋，关键看你是被动的还是主动的，主动就能创造新的舞曲。

生 2：生命像一座钟，在被敲打的时候才发出最美丽的声音。

生 3:我觉得人生如梦,生命如梦。开始是不懂的,后来懂了也就晚了。

生 4:生命像太阳，青年的时候是早晨的太阳，老年是黄昏时的太阳。

生 5：生命是为自己谱写的没有结局的五线谱。

师：我非常喜欢你这个没有结局的五线谱，你讲讲。

生 5：因为对自己的未来无法预测，所以说是没有结局的五线谱。

师：但人生有时候还是可以预测的，虽然无法预测哪天要发生什么事情，但对人生大的方向还是可以预测的。

生：生命就像是天山上的雪莲，冷傲而又坚强。生命也像是插在牛粪上的一朵花，看一个人的成就，不光要看到一堆牛粪的肮脏，还要看到它里面蕴含的养料。

师：有道理，我发现这个同学很有哲学家的辩证思维能力。

生 1：生命像首歌，悠扬、动听，但其中也有曲折。

生 2：生命像一粒沙，这粒沙只有通过贝壳的孕育才能变成一颗闪亮的珍珠。

生 3：生命像一场马拉松赛跑，需要用激情和毅力才能跑完。

生 4：生命像瀑布，瀑布的高度就像人取得的成功，它越高，结果越壮美。

生 5：生命像一匹奔马，要自己来驾驭。

生 6：无论是小小的蚂蚁，还是伟大的人类，生命都是该被尊重的。

生 7：生命是一本书，看你怎么读它。

生 8：生命像蜡烛，燃烧自己的同时，也照亮了别人，体现了自己的价值。

师：哦，不能毁灭了自己，生命应是电灯，你亮我也亮，是吧?

生 1:生命是一出戏，你是导演也是主角，你可以把它演成一出喜剧，也可以演成一出悲剧。

生2：生命就像双皮鞋，你给它打油，它就会发亮；不给它打，它就会发暗。

师：很好。刚才我们就生命是什么展开了多样化的联想，如果我们要用它来形成文章，可以有多种方式，比如说把它作为我们的主题来构思这篇文章，这是一种方法；另外就是我们把众多的关于生命是什么的问答按照一定的逻辑顺序重新加以组合，也可以形成一篇美妙的散文。今天，同学们都回答得非常好。最后，我还想"折腾"你们一会儿，给你们出一个比较难的题目，你们看怎么做。

[教师展示题目：阅读下文，以"魔球现象"作为话题，自己确立主题，写一篇文章（诗歌除外），不少于1000字。

我国曾召开过一次研究创造的会议，会上日本的创造学家村上信雄走上主席台，拿出一把曲别针，同时提出一个问题："这些曲别针有多少种用途？"当时在场的一位中国学者说有30多种，村上信雄自己证明有300多种，大家为他热烈鼓掌。这时台下有人递上来一个条子，条子上写道：我明天将发表一个观点，证明这个曲别针可以有亿万种用途。这人叫许国泰，他提出的这个方案后来被称为"魔球现象"。根据他的论证，曲别针由于相同的重量可以做各种砝码；作为一个金属物，曲别针可以和各种酸类及其他的化学物质产生不知多少种新物质；曲别针可以变成1、2、3、4、5、6、7、8、9和加减乘除，可以变成英文、拉丁文、俄文，于是，天下所有语言能够表达的东西，曲别针都可以表达]

生1：一个物体，通过多样化思维，可以与其他物体有条件地联系。

生2：做事不要墨守成规，要学会创新。

生3：人的潜力、创造力是无限的。

生4：答案是丰富多彩的。

生5：不要一味地去发现，要去创造。

生6：什么都是有可能的，生活是一棵长满可能的树，我们必须对每一种事物都有信心，我们可以把失败变为成功，把苦难变为幸福，把眼泪变为微笑。

生7：创新思维可以让我们与时俱进。

生8：只有想不到的，没有做不到的。

师：本题有很大的空间，可以从多种角度来立论。同学们，其他班级的同学有新的观点。比如拿曲别针来比喻，人可以选择生命的新形式，人也是一种曲别针，人的作用是无限的，不要自己限制自己。你也许面临下岗，你也许即将毕业，你也许正在人生的十字路口徘徊，请你不要再固执地认为你只能做什么，像曲别针一样，你有多种用途，你应该随时重新考虑自己的人生之路。

可以把论点确定为“勇于质疑”，或者“勇于超越”，“如果没有人对亚里士多德的理论产生怀疑，那么恐怕到现在为止，我们都以为石头比木头先落地——幸好我们有伽利略。如果所有人都相信地球是方的，那么恐怕到目前为止，中国人都不会知道，原来海的那边还有一个美国——好在还有一个叫哥伦布的小伙子。如果每个人都被村上信雄的话所折服，那么我们终究不会知道，一枚小小的曲别针居然会有亿万种用途——幸亏许国泰不信这个邪”。

可以把论点确定为“打破思维的定势”。

可以把论点确定为“创造是人类想象力与尝试的完美结合”。

可以从共性与特性或一元与多元、绝对与相对的角度来立论，曲别针与其他事物有共性，因而它是有相对性的、多元的，有千万种用途；但它也是有其特性的，它也是绝对的、一元的，它的常规用途就是夹纸张。

还可以从“拐点”的角度来立论，就像我们撕包装袋一样，假若它是完整的，就必须用很大的力直到它变形破坏；如果他上面有一个缺口，哪怕再小，也能使前者变得轻而易举，这个小小的缺口就是拐点。关于曲别针的用途，一般人用常态思维搜刮肚肠也只找出300多种，可谓“山穷水复疑无路”，但是一旦找到拐点——发现它与字母的关系，便“柳暗花明又一村”了。

还可以把论点确定为“创造来源于心灵的自由、心灵的开放，放飞思想”。

写这道题，要注意几个问题，立论应该从材料中来，不能完全不提原材料；题不能太大，诸如“创新与创造”之类；立论不能偏离材料的重点，如果只谈种种魔球现象（古代的、现代的），或者谈继承的重要也不对，应该谈这种魔球现象给我们的启示，即使是谈继承也要分析阐述材料中哪里体现继承，观点应该从材料出。

刚才这堂课和大家讨论得非常热烈，我们的作业就是从前面的这几道题中选择其中一题来写作，如我们刚才关于生命的讨论，把它写成一篇很好的文章。

第二篇　蔡明教学智慧研究

蔡明，1958年生，现任江苏省张家港市教育局教学研究室语文教研员。历任江苏省射阳中学办公室主任、张家港高级中学副校长和张家港市教研室副主任。江苏省第五批中学语文特级教师，江苏省首批教授级中学高级教师。

他是生态语文教育的倡导、研究与实践者，生态语文团队的领衔人，张家港市中小学通式教育工作室主持人，苏州市初中语文名师发展共同体牵头人。曾被评为2012年度《中国教育报》"推动读书十大人物"和《中国教师报》中国十大"爱读人物"，获苏州市第二届姑苏教育名家提名奖，是江苏省首批名教师、张家港市教坛先锋美丽教师、张家港市第一轮特级教师工作室优秀领衔人。

曾在《中学语文教学》《语文教学通讯》《语文学习》《人民教育》《江苏教育》等期刊发表中学语文教学研究论文，特别是生态语文教育研究论文等500余篇，（中国人民大学）《复印报刊资料》全文复印论文20余篇，出版《蔡明讲语文》《蔡明老师教你写作文》等专著20余部；其生态语文的理论与实践方面的主要成果，被系列丛书"中语文丛"的《中国语文人》第二卷编录，被《中国著名特级教师思想录》的中学语文卷收录。曾被作为"苏派教育家"研究对象，分别在《教育研究与评论》《江苏教育》中学版进行专题介绍。《教育家周刊》曾以《蔡明：生态语文是一种信仰》为题，在《中国教师报》发表对他的人物专访；《江苏教育报》《语文学习》等媒体还曾以"蔡明和他的生态语文团队"为主题，进行过专题研究性报道。

一、蔡明教学智慧的探索历程

国家督学、著名教育学者、江苏教科所原所长成尚荣先生在研究“苏派教育”和“苏派名师”时曾撰文说：“蔡明，很生态。”徒儿们叫他“老蔡”“蔡老头”，师徒情谊真诚、纯粹，像是一家人，很生态。蔡明的普通话带着浓浓乡音，透着乡土气息，让人联想到黄海岸边、田野风光，课内课外一个样，毫不做作，很生态。写文章像讲故事，做报告像聊天，淳朴中有深刻，深刻中有清简，很生态。蔡明的网名、笔名叫“苏雨”，本来谐音江苏一名普通语文老师，隐喻——小雨，“润物细无声”；春雨，田野明丽舒展；夏雨，酣畅通透凉爽；甘霖，高调做事，低调做人。蔡明是“江苏的一片好雨”，谦恭平常，很生态。

成先生不愧为视角独特、思考敏锐的教育专家，他能三笔两笔抓住蔡明与生态语文教育之间的联系，从外在到内在，从生活到治学，勾勒出蔡明与生态之间的密切关联与鲜明特质。何止是在江苏，蔡明和他的生态语文，特别是他的生态语文团队，早已在全国范围内有了广泛的影响。

在圈子内，提起蔡明，大凡了解的人都会有这样的共识：蔡明，不是一天的蔡明。1980 年开始投身中学语文教学工作至今，他从未停止过对语文教学的探索与研究，而且每一项研究，用他自己的话说，“每一次折腾”，都在中国语文教改之大湖中激起过层层涟漪。

学生怕写作，教师怕改文，蔡明就和他的爱人施桂湘老师一起阅读《叶圣陶语文教育论集》，从叶老的“自能作文，自能改文”中寻得智慧，提出了“四步作文教学法”——初作、互批、反批和重作。后来，他们指导的学生作文在华东六省一市大赛中获得一等奖第一名，并有大量学生作文见诸各种报刊，他们夫妻俩的系列性研究论文分别在《语文教学通讯》《语文学习》等专业期刊发表。一时间，人们称之为“鹤乡升起的教改新星”，蔡明被推荐为《语文教学通讯》封面人物。他们的“四步法”，被盐城市教育局制作成专题录像，并在全市推广。

虽然学生写作的班级环境有所改变，但一进校园就无异于走进笼子般的应试生活状态令他们夫妻俩深感不安。于是在“四步作文教学法”获得盐城市科研成果一等奖之后，他们接着进行了“开放型作文教育研究”，让一心只读考试书的学生，走进图书馆和阅览室；让始终在校园围墙内写作的学生，走出校门，走进广阔的农村、乡镇街道，参与劳动与实习，采访人物，了解风俗民情，研究生活习惯，寻找写作素材，紧扣着“写什么”动足脑筋。于是一篇篇如《为官一任，造福一方》的人物通讯、《来自靠渔湾大塘的报告》等文章在《全国优秀作文选》等刊物发表，一时间，产生了较大的轰动，实验研究的课题报告和总结文章被《江苏教育学院学报》和《南京师大学报》等发表。其成果被评为江苏省科研成果二等奖，且是普教方面唯一的二等奖。

在这期间，某任课老师发现蔡明老师所管班级的学生竟然在课堂上看《讽刺与幽默》，便毫不犹豫地将该学生交给班主任蔡明处理。蔡明在倾听学生陈述的过程中，察觉到了阅读与写作的良机。于是，蔡明让这个孩子在班级介绍他阅读的《讽刺与幽默》，由此牵动并开启了全班学生“漫画作文”的幸福旅程。学生读漫画、写说明、写故事、写议论，一时间兴趣盎然，许多为写作而烦恼的同学展开了笑颜，写出了一篇篇好作文，连《文汇报》也发表了他们的学生作品。一时间，许多中学生的写作刊物上都有蔡明和施桂湘的学生的漫画作文。蔡明夫妇俩的研究成果《漫画作文》正式出版发行。在这漫画写作热浪的推动下，竟然有不少同学课后也喜欢上了画漫画，用漫画来表达生活，抒写情感。其中一个名叫吴丹的同学居然成为校园漫画家，其系列作品由漫画大师华君武先生亲笔题字“大脚阿丹”，吴丹成为当时最年轻的省漫画家协会会员。

2000年，他们夫妇俩从射阳中学到了张家港高级中学，他们带着“大面积提高作文课堂教学效益”这一跨三个大市的课题来到了苏南。因为，在他们心中有一个愿望，不希望自己的学生里有一个不会写作、不能写作或写不好作文，也不希望他们这么多年的摸索与实践永远停留在个案上，停留在夫妇俩的写作课堂上，而希望这能为更多的学校、老师所接受，为不同层次的学校和学生换来写作的快乐。

来到苏南，学校的一流办学条件，特别是计算机教室与网络，引发了蔡明的极大兴趣，于是“网络写作研究”又成了他的新的兴奋点，并很快取得了成果，得到了同仁们的认可。沪苏浙皖圆桌论坛举办了专题研讨与推广活动，全国多家语文刊物参与了活动，洪宗礼等许多语文教育专家出席了活动，给予指导。其中，2013 年《语文教学通讯》初中刊发表了一篇蔡明的论文，题为《网络作文・专题作文・特色作文——当前初中作文教学必须研究的三个问题》，这是当时很有份量的一篇总结文章。

解决了写作教学效益低下的难题之后，如何从写作的生态走向阅读的生态，如何从读写的生态走向真正的语文素养的培养，便成了蔡明思考的新问题。

2007 年，《语文教学通讯》高中刊发表了《蔡明的"黑板语文"》一篇长文，同时有蔡明所在地的教研室主任赵奇一的一篇评课文章，题为《一堂生态语文课——品评特级教师蔡明老师的"黑板语文"课》。"黑板语文"是蔡明和他的学生们共同想出来的名词。在新课程背景下，蔡明始终把语文素养的养成作为语文学习的主要目标。一册新教材，一般情况下一个月左右就被学生阅读完了。余下来的时间，除了读名著、走进经典，就是演讲、辩论、背诵古诗文，还有就是写日记。所以，本着师生共同合作开掘语文课程资源，并共同享用的原则，蔡明创立了"黑板语文"。说白了，就是把培养语文素养的目标化为实实在在的可以操作的方式、方法。于是，偌大一块黑板，左右两边都被充分利用了：左边一栏，标上"每日赠言"字样；右边一栏，上边 4 / 5，标上"每日一诗"，下边 1 / 5，标上"每日成语"。如何利用呢？蔡明的办法是按学号轮流承办。每天由一名学生负责推荐一句自己撰写的或者改写的或者引用的名言警句，用正楷字工工整整地写在"每日赠言"栏内，并署上推荐人姓名。推荐人还要围绕赠言内容撰写一篇 500 字以上的演讲稿，然后待上课时，登台脱稿演讲。演讲之后，学生们可以互相点评，当然也可以围绕话题做简短的补充演讲。需要时，教师做适当点评。右边的"每日一诗"和"每日成语"也由一名学生负责，也是轮流来，谁推荐，谁解析，并要说明推荐理由，然后全班学生抄写背诵。教师在此基础上再适当拓展延伸，或者做深入探究的提示，比如撰写诗歌素描或鉴赏类的文字。课堂上，如果还能余下时间，可以让学生们自由阅读名著或写读书笔记等。蔡明认为，语文素养不能用应试语文的标准去衡量。尽管如此，蔡明的 2007 届学生还是经受住了高考的考验：他所任教的班级，学生语文平均分达到了 110.63 分，平均分、优秀率均列全校 18 个班级之首。据了解，这样的平均分，是当地有着优质生源的学校才可能达到的。

其实，“黑板语文”之“黑板”，只不过是外在呈现形式，用以引起语文学习的视觉关注。其根本的、内在的元素，应该是学生自主式的语文学习活动，把读与写融为一体的循环自主式的语文综合性、实践性学习活动。特别是，语文学习课程来自学生；课程的开发与实践者也是学生。语文阅读能力与鉴赏能力，均在“每日一诗”这样高雅的活动中得到培养。孔子教子“不学诗，无以言”，蔡明则要求学生既学诗，又能言。朱光潜先生的鉴赏能力从读诗开始的美学主张在这里得到了非常好的实践。而读、写、讲、说、听、思等主要能力，也在这样的生态式“黑板语文”的活动中有了完美的体现和真正的落实。从此，生态语文的实践样态便在语文界不断得到关注与认识。

“黑板语文”的生态样式，虽然挺管用，但毕竟属于作坊式。让蔡明非常明确而鲜明地研究生态、生态教育和生态语文的一个重要契机，还是 2008 年的一次教育部级的课题申报。在他的提议下，由张家港市教育局分管基础教育的时任副局长黄大龙领衔，蔡明策划兼具体落实的“新课程背景下的生态课堂研究”的课题在 2009 年正式获得批复，一经开题便发展到 60 多所学校一起参加研究与实践。一时间，在张家港这一区域内形成了生态教育和生态课堂的研究风景。蔡明除了承担主课题的核心工作，还亲自领衔了整个初中段的生态教育和生态语文的子课题项目。

于是，蔡明经由这一课堂的研究，一方面把生态阅读、生态写作和生态课堂做了大量的研究与大范围的实践，另一方面指导与培养了一批中青年老师，形成了一支富有影响力的生态教育团队，特别是生态语文团队。课题研究成果在最后鉴定过程中以“优秀”级通过了专家鉴定。课题的一万余字的论文《生态语文教育》得以在《语文教学通讯》初中刊重点推荐发表；《新课程背景下的生态语文课堂研究》一组文章在《语文教学通讯》高中刊刊发；《生态语文，永远在路上——蔡明和他的生态语文团队》长篇通讯、《像叶圣陶那样教语文——生态、语文课堂的缘起与描述》、团队成员一组成长故事以及专家成尚荣的《生态语文：蔡明和他团队的崇高追求》等文章在《语文学习》重磅推出。加之江苏范围内的《教育研究》等媒体和《中国教育报》《中国教师报》等报道的跟进，“生态语文”成了当时的热门词语。

用蔡明的话说，这是生态语文，更是语文生态！

二、蔡明教学智慧的思想内核

要想说清楚蔡明的生态语文教学智慧的思想内核，并不是一件容易的事。因为这一教学智慧不只是语文学科维度的，还是教育哲学维度的，是人的生命成长发育维度的，更是人与人、人与物、人与环境等交错复杂的多重维度的。

蔡明从未把语文局限在所谓学科这个领域内，他认可叶圣陶等先辈大俗大雅的率真表达的“口头为语，书面为文”，进而欣赏海德格尔“语言是存在的家园”“人活在自己的语言中”“人在说话，话在说人”。这样的话，这样的语言，才是真正的语文，是语文的源头活水，才使得一个民族的语言和精神生生不息。他非常喜欢“语文就是语文”这句流行语，但他的理解与流行完全不是一回事。

蔡明非常认可课程标准关于“语文课程是一门学习语言文字运用的综合性、实践性课程”这一断语。他认为“综合性、实践性”恰恰道出了“学习语言文字运用”的艰巨性与复杂性；也道出了我们对语言的认识与海德格尔的认识之间的落差。仓颉造字，创造了中华语言，有了华夏文明，于是，子子孙孙无不被导引而生存在这样的家园之中。而每一个华夏子孙又无不是这种语言的倾听、接受者和表达、交流者，同时，也是语言的不断发现和创造者。语言之于人无法分离，就如同人之于语言一样。人创造了语言，语言也创造了人。

生态语文，在蔡明这里，从来不是高谈阔论，也不能窄化或简单化为语文学习要有生态意识，追求低碳高效和持续发展。“生态”二字意在传达、体现甚至提醒真正的中国语文的宗旨、本质、规律。

首先是生命的语文。每一个生命都必须在语文中生活、生存而健康成长，而语文课程的意义更在于为了让每一个生命更加健康美好地活着，有尊严地活着，以人为本，语文关怀，让生命呈现出千姿百态和千娇百媚，让每一个生命的精神世界更加充盈与高尚。

其次是生活的语文。生活有多大，语文就有多大；语文有多远，生活就有多远。为了生活必须学好、用好语文，为了语文也必须关注生活，观察生活，参与生活，表达生活，创造生活。生活化的、鲜活的语文学习活动与实践，才会让每一个人真正学会和运用祖国的语言文字，过上有层次、有品位的高雅生活。“语文的外延与生活的外延相等”，这不是诳语，是真理。

再次是生长的语文。中国传统哲学是“生”的哲学。“天地之大德曰生。”“生生之谓易。”生，就是草木生长，就是创造生命。中国古代哲学家认为，天地以“生”为道，“生”是宇宙的根本规律。生态语文就如花草树木之生长一般，是永远发展并不断创新的语文。“生”也是语文的根本规律，是语文课程建设的规律，是语文学习的根本规律。因此，蔡明提出，“语文是每个人的语文”。既然是每个人的语文，那么，首先是大家的语文，语文必须有其基本、通用的规律、法则，是共生共荣的。其次是每个人的语文，每个鲜活个体的语文生活、生机才是整个生态系统得以和谐、平衡、共生、发展的保证。他把语文课堂和各种语文学习活动喻为语文与生命共同生长的情境场和生活场，把学生的语文学习比喻为一棵树的成长，“大树说”就是一个高度抽象而又高度形象的表达。

因此，蔡明在他的《生态语文》一文中曾对“生态”有过这样的内涵揭示：生态是环境。不仅是营造和谐的课堂生态环境，更重要的是引导并建立一种无处不在的语文学习的课程环境。凡有人类活动处，就有语文（语言）的习得，潜移默化，悄然发生，正所谓语文学习的外延与生活的外延相等，此言不虚。

生态是关系。师生之间、生生之间、师生与教材之间、师生与环境之间，师生的语文学习与政治、社会、经济、道德、人生、自然等方面都是以各种复杂关系而存在的。优化教学过程的本质，就是处理好各种“关系”的诉求。一个不关注课堂上各种关系，更不会调节和利用各种复杂关系的老师，是很难把语文教好的。

生态是意态。从词素解释的视角看，“生”是“生命”，“态”可以是样态、姿态，侧重外在显示；也可以是状态和意态，侧重由外而内且是内外结合的存在。语文课程应该熨帖得像生命的一部分。生态语文追求一种儒雅、优雅，甚至有点闲情逸致式的阅读与表达，交际与实践。

生态是规律。语文课程有自己内部的演进规律（尤以语言学习规律为主），但语文还需要处理语文课程与外部世界的关系，“汰胜原理”“拓适原理”“生克原理”“瓶颈原理”“循环原理”“反馈原理”等生态学原理给语文课程带来重要启示。

其实，在蔡明及其团队的生态语文教育实践中，更把生态语文教与学视为一个系统，一个复杂而科学的系统。而这种生态语文系统，正是他们显著的特色之一，恰恰呈现了生态语文教与学有别于其他语文教与学的不同之处。

苏立康教授在研究蔡明的生态语文时，曾经写道：

“生态”有三重内涵：一是每一个生命（生物）个体的样态，二是生命（生物）体相互间的联系与影响，三是生命（生物）体与环境之间的“圆融互摄”“共生共长”的发展与演变。语文与之对应的也有三重意蕴：一是“语文是每一个人的语文”。二是语文能力与习惯的养成是在人与人的语言学习、对话、交流、表达、阅读、鉴赏等实践活动中形成、丰富和发展的。用蔡老师的表达，语文学习是“你中有我，我中有你”。三是语文课程的建设永远与时代、社会、自然、人生等环境密不可分，“语文的外延与生活的外延相等”。于是，蔡老师有了关于“生态语文”的提出与概括：学校教育中的生态语文是在语文老师的启发、引导和组织下，每一个学习个体（生命个体）在丰富多彩的语文学习活动中互相影响、“自能读书”、“自能作文”、自我发育的生命化过程，是“致力于学生语文素养不断形成和发展”的语文教与学的实践。

三、蔡明教学智慧的艺术呈现

严格意义来说，蔡明及其团队提倡并实践的生态语文，远不是我们想象的某种语文教育或教学方法，即使用达到某种境界的“智慧”也很难概括其生态语文教育观。但特别可喜而可贵的是，蔡明和团队成员一起，力求探寻将这一生态语文教育观转化为语文教与学的实践，探寻生态语文教育观在教学实践中运用的策略、方法、技巧等。目前，从相关资料中，我们可以发现，蔡明和他的团队主要从三条路径入手，来落实他们的生态语文教育观。一是生态阅读，二是生态写作，三是生态课堂。

（一）生态阅读

蔡明对阅读的认识是这样的：阅读存在的地方，就是一所迷人的学校；教育是从阅读开始的；生态语文教育中的阅读是一个立体的、综合的文化建构。蔡明从狭义阅读和广义阅读两个维度进行建构，为了节省篇幅，图示如下：

- 生态阅读
  - 广义阅读
    - 课外阅读（时间）
    - 一个人、一部书的阅读（对象）
    - 习惯养成为主的阅读（价值取向）
    - 全感官生活阅读（样本）
  - 狭义阅读
    - 课内阅读（时间）
    - 一篇文章、一个专题的阅读（对象）
    - 方法指导为主的阅读（价值取向）
    - 视感官文本阅读（样本）

准确地说，生态语文之广义阅读，远不止对一个作者、一部书的阅读，而是对自然、社会、人生的全景式阅读，是读人生、读社会、读世界，调动的是眼、耳、鼻、舌等人的所有感官。不只是阅读文字文本，还包括非连续性文本，更包括鲜活、丰富、复杂的生活万象。即使只从一部书的阅读来说，蔡明往往和学生一起读《红楼梦》这样的巨著，花三个月的时间，课上课下，从阅读、理解、欣赏、讨论、交流到读书报告会、人物品评、艺术漫谈，无不是关于《红楼梦》，即使是记忆也是《红楼梦》中的诗词歌赋及精彩片段。

2014年7月，在中国教育学会中学语文教学专业委员会于青海师大举办的“为中国未来而读——2014阅读论坛”活动上，蔡明团队成员陈芳执教的“走进呼兰河，走进萧红”就是一次精彩的生态阅读。陈芳用短短的45分钟，与青海师大附中的孩子们，一起从课本上的《呼兰河传（节选）》这篇文章开始，走进《呼兰河传》这一本书，接着又一起走近作者萧红，最后，师生一起走近萧红和萧红研究的一架书。课堂上，老师充分利用了学生的阅读资源，并将资源转化成学习课程，形成课堂的对话、交流与不断的思想碰撞和生命激荡，获得了专家与师生们的一致好评。

同样是《呼兰河传（节选）》这样的课文，陈芳还有一堂让听课老师感到“从未有过的震撼”的收获的课。那是一堂“精段精读，妙文妙品”的狭义阅读的示范课。其以第28自然段为抓手，通过“三品”——品析所写文段的思路、品评一个“就”字、品玩景物背后的情味和“三读”——读出“天真”“自由”和“诗意”，把小说阅读中的“品”和“读”放在重要的地位，把如何“品”“读”化为无形的实践，把对萧红小说精妙表达的学习作为关键，实现了精品精读、一段带篇、举一反三的学习效果。

（二）生态写作

生态写作也是生态语文教育的一个重要组成部分。生态是美好样态的呈现，希望借写作能够出现整体的充满活力、思想、情感、个性、创造的师生（以学生为主）的生命样态（外在的姿态，内在的意态）。同时，也希望每一个师生、每一次写作活动都能是自然、和谐、丰富、多元，甚至是低碳、规律、共生、诗意的呈现。为了表达上的方便，蔡明也常常会使用原始生态（原生态）、非生态（反生态、伪生态）、仿生态和真生态等概念加以区分或指代。因此，生态写作在蔡明这里就是真实、丰富、自由、个性、创造、诗意的写作。生态写作的课堂教学就是引领学生从原生态写作走向仿生态写作，呈现写作的五彩缤纷和丰富迷人。生态写作教学，是在教育生态学基本规律、写作学基本规律、课堂教学基本规律和学生写作能力提高的反复渐进性规律综合指导下的学生初作和重作、老师引写和巧导的过程。

在蔡明这里，生态写作有太多的内容，择其中三张示意图，便可知其大概。

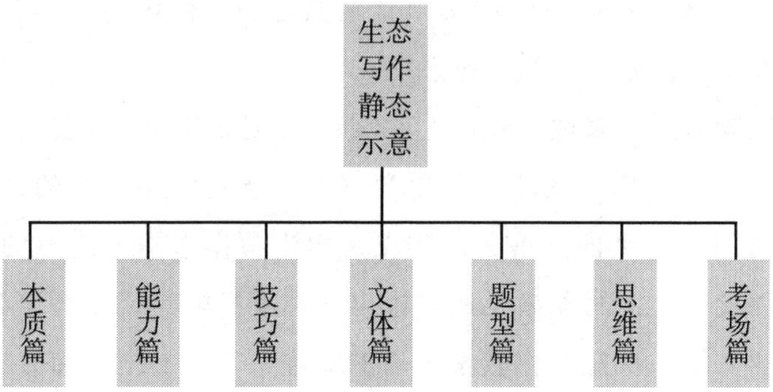

图 1

生态写作三级体系简化示意图

- 生态写作
  - 自由写作
    - 天天日记（随笔）系列
    - 堂堂课三分钟演讲系列
    - 周周辩论、读书报告会系列
    - 编小报、投稿、参赛、网络写作系列
  - 规范写作
    - 文体写作系列
    - 题型写作系列
    - 基本写作能力系列
    - 考场写作系列

图 2

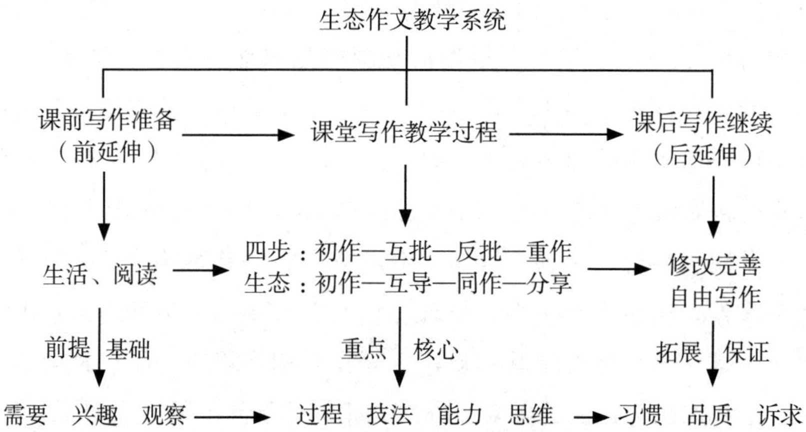

图 3

这三张图表，比较清晰地呈现了蔡明对生态作文教育研究和实践的基本路径。图 1 来自蔡明的写作教材系列《蔡明老师教你写作文》，图 2 是关于生态写作在作文教学中必须紧紧抓住的具体内容，图 3 则主要表达了一次作文写作教与学的生态系统。

用生态学的观点来说，学生是生态因子，是最首要、重要的生态元素。生态写作如何体现学生为本、学生第一的理念呢？用蔡明的话说，那就首先必须着眼于学生的发展，落脚点是学生写作水平与能力的实实在在的提高。因此，生态写作教学的基本出发点就只能是“以写定教”，即以学生写作的实情来决定写作教学活动的安排、节奏的把握和方法的选择。如何才能真正了解学生写作的真实情况呢？让学生先根据题目或者训练目标写一次，教师初步浏览后，才能基本了解和把握好此次写作的实情。所以，生态写作坚持“先写后导”。而对于“后导”，他们又采用如下三种方法：一是“师写师导”，二是“生写生导”，三是“多写少导”。“师写师导”特别强调老师要有“下水”的过程，可以是自己根据题目写一篇，指导时用来参照；更提倡根据学生“初作”中的中等甚至中下的习作，依据本次训练目的或要求进行修改加工，使之成为课堂指导时的参考例文。“生写生导”，一方面强调浏览“初作”时做好批改记录，把学生习作的优缺点归于各自的写作档案之中，课上指导时遇到某一方面，可以让相关学生现身说法；另一方面是在指导过程中尽可能提供写作的思考和动笔的机会，用小组合作学习的方式，达到相互学习、借鉴的目的。“多写少导”是生态作文课一以贯之的原则，“不让学生动笔写作的课不是作文课”，即使是指导课或讲评课，也要尽可能给学生动笔写作的机会。实践出真知，写作的能力只有在写作中才能提高。

写作是个慢功夫，不能奢望一蹴而就。但写作也不能放纵自流，不问结果。因此，生态写作致力于追求“写有所得”的理想境界。“初作”之后，经历“指导”，便进入“重作”。“重作”不佳，不惜“再作”。于是，“一题多写”便成了生态写作的家常菜。在这里，既是指一道题目反复写，写到绝大多数人基本达标为止；也是指一道题目从不同角度或不同文体等侧面全方位地写。

在我们对写作课感到难以下手的背景下，蔡明的写作课却轻车熟路。2015 年 8 月，在山东费县，蔡明的一堂写作讲评指导课，获得了老师和学生的喝彩。他在《中学语文教学》2013 年第 6 期上发表过《生态写作：一片希望的田野》，其中就有他的一堂故事写作教学指导课的案例，该案例被大家不断模仿学习。《蔡明讲语文》中提供的课例，大多是写作教学课。而蔡明团队的成员也像他一样，不断推出好的写作课堂。祝荣泉老师的《抒写自己的故事——一堂生态作文课的教学反思》在《语文学习》发表后，被（中国人民大学）《复印报刊资料》全文转载；陈芳、田耳凤两位老师关于“这也是一种美丽”的写作讲评的两节课例发表后也被《复印报刊资料》全文转载；陈芳老师更有一系列的写作课堂研究的反思类论文（含课例），在发表后被转载。陈芳和祝荣泉老师在江苏教学新时空平台上，分别有一堂写作指导课，该指导课面向全省展播，也获得了良好的评价。在国家教育资源公共服务平台的“一师一优课，一课一名师”优课展评中，蔡明团队中陈芳、张曦两位老师的写作指导课获得了省优课的好成绩。

（三）生态课堂

蔡明近年一直致力于研究生态语文课堂，并有一系列文章发表在《人民教育》《江苏教育报》等重要刊物上。

对生态语文课堂，蔡明是这样概括的：从关怀生命出发，以学习祖国语言文字的运用为目标，以学生的主动、生动、能动为表征，师生共同营造求真、求美、求新的多形式、多向度、多元化的语文读写的生态场。

课堂学习在关注语文教材等教学内容和任务的同时特别关注人——关怀每一个生态因子的快乐学习和健康成长，关注他们的理解接受程度，关注他们参与的过程和每一次表达，关注他们举手投足的情绪与心理的变化。

在课堂推进过程中，永远有学生意识和课程意识。语文课程本身的宗旨主要在于“学习祖国语言文字的运用”，并在这种学习和运用中，学会学习和运用，培养自觉读写、终身读写的好习惯，形成较好的语文素养。用叶圣陶的话说：“从国文科，咱们将得到什么知识，养成什么习惯呢？简单地说，只有两项，一项是阅读，一项是写作……这两项的知识和习惯，他种学科是不负授予和训练的责任的，这是国文科的专责。每一个学习国文的人应该认清楚：得到阅读和写作的知识，从而养成阅读和写作的习惯，就是学习国文的目标。”叶圣陶还说过：“把学习国文的目标侧重在形式的讲究。”因此，蔡明及其团队成员的语文课，常常是“从语言出发，再回到语言”（吕叔湘语），走进文本，又走出文本，在文本语言中“穿行往返”“出生入死”，从文字表层、字里行间去寻找意蕴，在语言表达形式这边深挖不止，寻找表达智慧与奥秘。裸读、比较、还原、对话、交流、碰撞、尝试、创新、批判等是学习过程中的家常饭。

生态语文课堂，不是老师的“独舞”，而是在语文老师的这一主导、推动、参与因子的不露痕迹的组织、诱导和启发下，所有生态因子围绕语文学习的听说读写，积极参与、主动思考、个性表达、能动发展的“广场舞”。课堂是学生“主动、互动、能动”的生态场。

在此基础上，强调求真、求美和求新。求真，是求真理，求真实，求真诚；求美，求汉语本身之美，求汉语表达内容之美，求汉语表达所呈现的境界之美；求新，这是生态语文课堂的本质使然，生态语文课堂本就是千姿百态、千娇百媚，强调语文学习过程的求新，富有变化与智慧选择，强调语文教与学方法的求新，别出心裁和匠心独运，强调思维品质的求新，各抒己见、个性表达与求异创新。

生态语文课堂在操作层面更强调"三多",即多形式、多向度和多元化。

所谓多形式，是就课堂上的各种语文学习与实践活动而言的，听、说、读、写、思是能力，更是语文学习与实践的形式；对话、讨论、交流、展示、训练 、演讲、辩论、读书报告会等既是具体的学习活动，更是丰富多彩的生态语文课堂的好形式。没有多样的语文学习和活动形式，丰富、扎实、有趣的语文读写任务就难以得到和谐、有序、高效的落实。

所谓多向度，从信息论的角度观之，课堂信息接收与反馈是多向的；从对话理论的角度观之，学生、老师、文本、教材编写者诸多生态因子之间的对话与交流更是多向的和动态的。用课程标准中的话说："阅读教学是学生、教师、教科书编者、文本之间的多重对话，是思想碰撞和心灵交流的动态过程。"

所谓多元化，从语文学科的"实践性"和"综合性"课程特点而言，它需要各种语文学习的方式与方法；从生态语文课堂组织管理而言，需要老师主导式的学习，更需要学生自主式学习和小组合作式学习。当然，语文学习本身更需要得法课内、收获课外，做到课内外结合。

因此，生态语文课堂便被蔡明称之为独特的生态场，是一个由多种信息元素共同构成的关于语文教与学为主的时空场所，学生是其中最活跃、最受关注的信息元素或生态因子。这个生态场是气场、人气场、信息交流场、实践演练场、技能提升场、智慧碰撞场、生命共生场、灵魂升华场。蔡明说，这个场里是空气流、人气流、知识流、生活流、生命流、思想流、思维流、情感流、人性流、艺术流等一起汇聚而成的生态场。语文老师的能耐在于能够自然、有序、巧妙、智慧地引导学生营造这样的生态场，或"汇流成河"，或"化流成溪"，让每一个学生在这个读写的生态场中能够积极参与、生动活泼而又各得其所。

蔡明认为，按备好的课念讲稿的课堂不是生态语文课堂，按做好的课件放完的课堂不是生态语文课堂，一问一答式的课堂也不是生态语文课堂，他甚至提出，没有琅琅读书声的课堂不是语文课堂，有学生游离于课堂语文学习活动之外的课堂也不是生态课堂。

蔡明及其团队的课堂表情是微笑。课堂标志：暴露错误，发现智慧。课堂策略、路径、方式和评价等概而言之为“八位一体”，具体地说就是：

1. 坚持“以生为本，语文关怀”；
2. 实施“以学（读或写的学情）定教”；
3. 落实“先读（写）后教（导）”；
4. 提倡“生读（写）生教（导）”；
5. 做到“师生共教（共读、共写或共导等）”；
6. 保证“读（写）有所获”；
7. 力求“学教相长”；
8. 评价“以学（读或写的全过程）论教”。

四、蔡明教学智慧精品片段聚焦

片段一：

关于《红楼梦》中香菱学诗的师徒对话的课堂对话

【原文】

黛玉道：“可领略了些滋味没有？”

香菱笑道：“领略了些滋味，不知可是不是，说与你听听。”

黛玉笑道：“正要讲究讨论，方能长进。你且说来我听。”

香菱笑道：“据我看来，诗的好处，有口里说不出来的意思，想去却是逼真的。有似乎无理的，想去竟是有理有情的。”

黛玉笑道：“这话有了些意思，但不知你从何处见得？”

香菱笑道：“我看他《塞上》一首，那一联云：‘大漠孤烟直，长河落日圆。’想来烟如何直？日自然是圆的：这‘直’字似无理，‘圆’字似太俗。合上书一想，倒像是见了这景的。若说再找两个字换这两个，竟再找不出两个字来。”

【对话】

师：请自我组合配对，分角色阅读黛玉和香菱的三次对话，然后角色互换再读。读完后，相互交流阅读感受与体会。

（生两两一组，教室里一片阅读声，渐渐声停）

师：谁先来说？

生1：黛玉老师三次启发引导，香菱同学三次回答。老师提问明确，学生回答对题。特别是香菱的回答，对我的触动很大。平时，我回答问题常常会跑偏，有时还支支吾吾……

（有个同学在下面小声说："跑题了！"老师不受议论左右，只用赏识肯定的目光示意该同学继续说下去。可该生说："没有了。"）

师：老师要求同学们阅读之后，交流阅读感受与体会。刚才这个同学的回答是在谈感受与体会吗？

（同学们大声说："是的。"刚刚私下说"跑题了"的同学有点不好意思。此刻老师微笑地看着这个同学，轻声说："没关系。虽然判断有误，但也是你的感受，证明你是在认真听同学的交流。"）

生2：我感受到黛玉老师的提问非常简洁明白，而且渐渐向前推进。先问"领略了些滋味没有"，再说"你且说来我听"，最后是"不知你从何处见得"，越问越具体。

（老师给了一个大拇指）

生3：我以为黛玉的提问，不只是步步推进的艺术，还是一种心理战术。

（部分学生笑出了声音，中断了该同学的交流。老师即刻救场："好眼力，你发现这师徒俩之间的对话是一种心理战术，有点意思，但不知你从何处看出？"

这个同学和大家一起都笑了起来。瞬间，他清了清嗓子，继续交流道：黛玉的第一问有一个"可"字，分明是一种心理试探；当香菱对自己的"滋味""不知可是不是"没有把握的时候，黛玉便指导香菱，读诗本来就是要"讲究讨论，方能长进"的，然后鼓励香菱"你且说来我听"，让香菱只管大胆说出自己的"滋味"，黛玉不会只判断香菱的对错，而是和香菱一起交流研讨。而当香菱把自己的"滋味"用两句高度概括而又相反相成的“诗家语”表达出来后，黛玉首先充分肯定“这话有了些意思”，进一步鼓励学生香菱，继而用一个“但”字转折，提高了难度，继续追问“不知你从何处见得”激发香菱举出例子来，端出证据来，暗示香菱光有一个抽象概括的结论是不行的。于是，香菱的精彩回答让宝玉等人刮目相看。

一片掌声。老师也受感染，参与其中）

师：看来林黛玉这一招真的厉害，三次对话，也就是心理大战的三个回合。尤其是让其拿出证据来的“但不知你从何处见得”，实在是相当了得。蔡老师偶然借之一用，我们的同学也能呈现出如此般的精彩，获得如此般的掌声。看来，老师得要多向黛玉学习，同学们也得多向香菱学习。

（学生微笑，点头同意。老师便面对开始时说“跑题”的同学：老师想请开始说“跑题了”的同学评一评，刚才同学们何以会给这个同学的这段感受报以热烈的掌声）

生4：因为他很会读人物对话，通过对话中的内容、语气揣摩说话人的心理。

师：有点意思，但不知从何处见得？

生4：同样是用一个“可”字，或许是副词吧，从黛玉那里读出的是对香菱的试探和启发，而在香菱那里，读出的又是缺少自信的犹豫和缺少对自己读诗滋味的把握。

（同学们毫不吝啬地对这名同学的简短发言给予热烈的掌声）

生5：老师，我想请教一下前一位同学，他说香菱第二次回答用的是“诗家语”，可我真的不知道什么叫“诗家语”，而且这两句话理解起来，对我来说，还是有一点难度的。

（虚心求教，诚实至极，没有任何同学取笑他。相反，也有一部分人如这个同学一样，目光中充满求知的期待。老师也装得非常为难的样子，目光扫视全班同学，寻找能够出来解围的人。生3与同桌轻轻交流一番之后，同桌站了起来）

生6：印象不太深了，说错了请老师指正。诗家语，好像是说诗人使用的语言，和一般人使用的语言不一样。在这里，应该是说香菱对“滋味”的概括，说出的是诗人的行话，如诗歌评论家的专业表达。不知是不是？

（生 5 等同学对这一回答基本满意。但大家还是把目光投向老师，希望能有个答案。可老师并不直接回答，只是这样说：

在这样的语言环境下，你对“诗家语”有这样的理解，让老师非常高兴。诗家语是相对于散文语言来说的，并非只是相对于一般人使用的语言。据说是王安石最先提出的。诗家语强调的是含蓄和形象，以少胜多，有限中表达无限，看似不合常情常理甚至不合逻辑，甚至还会颠倒时空和跳来跳去，但是传达的情感与意蕴往往是相当独特和深刻的。正如香菱在此所表达的那样，请同学们把这句话再来读一遍。

生齐读“据我看来……”）

师：刚才这位同学觉得香菱的“据我看来”一番话似乎不怎么好懂，现在可曾懂了没？

（生 5 示意懂了）

师：看一句英语有没有读懂，如果我们能用汉语加以准确表达，便可证明真的读懂了。看一句古文有没有读懂，如果我们能用现代汉语加以准确翻译，也可证明真的读懂了。香菱“据我看来”这一句话，如果真的读懂了，我们就应该能用自己的语言加以表达，这才证明是读懂了。（目光示意部分同学试试看）

生 7：诗的滋味，大概是只可意会，不可言传的。

生 8：虽难以言说，却能心领神会。

生 9：能想象出画面之美，但却难以言表。

生 5：我以为，应该是老师曾经说过的“无理而妙”吧，或者用诗句表达可能就是那一句“道是无情却有情”。

（一片掌声）

……

【品评】

这是蔡明《红楼梦》精段细读的典型课例中的一个片段。

窥斑可以见豹。我们由此可以感受到蔡明生态语文课堂的“场”的氛围，感受到生活在这个名著阅读场中的学生的主动、参与、交流、展示、碰撞的快乐过程，也感受到学生阅读、理解、欣赏、评价小说中人物对话的能力，特别是感受到学生在这种紧张的思想交流中成长的幸福感和成功的自豪感。

片段二：

关于习作《爸爸的爱》的修改指导课的对话

【习作】（选段）

很多时候，爸爸像一个无忧无虑的孩子，常有一些让人开怀的举止。比如一个夏天的晚上，我正放暑假，一家人吃完晚饭，就轻松地围在电视机前看中央台的《同一首歌》，当有一个歌手激情似火地喊着“红豆，大红豆”时，老爸也不由自主地从沙发上跳起来，用他那胖乎乎的双手拍着大肚子，嘴里也高喊着：“红豆！大红豆！”真是滑稽死了，我笑得前俯后仰，妈妈也笑得用手捂住了嘴。

【对话】

师：同学们已经明白文章题目对写作的引导意义是非常重要的。如果把一篇完整的文章比喻成一个圆，那么，题目就是圆心，文章的主题就是那个圆的半径，那600字的内容就必须是以题目为圆心，以主题为半径所画成的圆。但凡不能向心的、跑出圆外的文字，就不能算是切合题目、主题的文字。现在，我们一起来再次阅读《爸爸的爱》的正文的第一则故事，找出偏离圆心、超出半径之外的文字，并设法使之成为有用的文字。

（生默读，一部分同学手中握笔，随时圈画。时长3分钟）

师：有很多同学，边读边圈画，这个习惯相当好。现在，我们来交流一下。谁先发言？

生1：我的第一感觉是有点怪怪的。第一句话，是概括地写爸爸的特点。然后，就是一个具体的场景描写，让人感到这个爸爸还是搞笑的。最后是“我”和妈妈的表现。

师：你读得很细，一层一层地读。为什么“怪怪的”呢？我很感兴趣。

生1：有点为难。

师：好的，你很不错。过一会想清楚了再补充。是不是还有人认为有点“怪怪的”？

生2：我也有这样的感觉。你说不合题目吧，分明是写他爸爸，而且还是一个很风趣可爱的爸爸；你说合题吧，又好像与爸爸的爱若即若离。

师：请问第一个发言的同学，你的感觉是和这个同学表达的相同吗？

生1：是的。

师：其他同学呢？你们怎么看呢？

（大家示意老师感觉都差不多）

师：原来这个“怪怪的”就是内容与题目、主题的关系是若即若离的。“即”在对象是“爸爸”，“离”在重心不在“爱”上。我们有什么办法让这种“若即若离”变成“不离不弃”呢？

生3：我认为，让幽默的老爸同时表现出爱来。

生4：我以为，让老爸的幽默体现出爱来。

师：真好。这两个意见都比原来的好。但后一个似乎更好，为什么？

生3：幽默如果不能体现出爱来，那么离题目就有点远了。

师：你的反应真快。既然如此，我们看一看，应该怎么修改使其完善呢？请大家提出修改方案。

生5：老师，我认为，这个“怪怪的”毛病是因为第一句话的问题。只要改写一下段首句，直接切入题目，就好了。

师：有道理。你愿意试试看吗？

生5：爸爸特别心疼我在校学习的辛苦。每每我回家后，爸爸总会制造一些幽默风趣的表演，逗我开心。

师：接下来，再“比如”，好厉害。段首句就扣准题目和主题。有没有不同的方案或者意见？

生6：我以为，还可以这样修改。段首句删去，“比如”也不要，直接从“一个夏天的晚上”开始，然后内容不变，在段尾增加一句总结性的话也行。

师：新鲜。用议论或抒情性的语言来揭示故事的内涵，从而扣住题目和主题。你愿意试一试吗？

生6：一时没想好。

师：没关系，坐下好好想，一定能想好。谁来帮忙？

生7：老师，我写了这样一句话，不知道行不行，“其实，爸爸就是这样，用他的搞笑，在不经意间，传达对全家人，特别是对我的爱，让我享受到浓浓的爱的幸福”。

师：鼓掌，同学们请鼓掌。你太谦虚了，不但是行，而且是很行。无论是前面的改写段首句，还是最后增加的议论句，目的都是一个，让所写文字都指向题目这个圆心，都集中在“爱”这个主题的半径圆之内。当然，最好的办法是在叙述故事的过程中，把指向“爱”的主题用恰当的语言渗透其中，也就是同学们在前面所说的那样，在幽默中体现出浓浓的爱。这有一点点的难度，我们课后试试看。

……

【品评】

这就是蔡明的写作评改指导课。面对刚升初二年级的同学，老师循循善诱，一步一步引导学生走进习作中去，发现问题，解决问题，进而修改、完善作文。关于圆的比喻，让学生易于记忆，也便于写作和修改时对照。这是蔡明的智慧。更为出彩的是，在蔡明的指导下，发现问题和解决问题的都是学生自己。长此以往，学生写作信心倍增，写好作文有望。

五、蔡明教学智慧经典课堂实录

《晚钟》课堂实录

师：同学们好，马亚红老师的学生写了一首分行排列的作品《心声》，请大家一起读一下。

（生齐读《心声》。师板书课题“晚钟”和作者“洛兵”）

师：“用你们所谓的欢畅游动／来掩盖我深藏心底的／失去自由的／被人戏耍的／悲痛”，这样的文字，看似在写池塘里的鱼，其实是在写学生，抒发失去快乐自由、学习负担沉重的学子的心声。这个话题暂且打住。下面我们再读一篇作品，刚发下去的《晚钟》，自由地读。

（生自由朗读《晚钟》。师巡视生读情况，走向第一排男生，俯下身问：读完了，你的第一感受是什么？）

生1：这首读是写了一种感受。

（说完后，其余学生都笑了起来。因为口误，把“这首诗”误说成“这首读”。师板书“感受”，并说：“大家用笑声传达了理解也表示了赞同，你接着说。”）

生1：这首诗用“晚钟”来引发作者的一种情感。

师：晚钟响起引发了作者丰富的情感。（不经意重复学生的回答，但又不同于学生的表达，然后板书“引发”）

师（面向全班）：读诗，然后请你们谈读诗的感受，就说第一感觉。思考多了，就不在感受这个层次了。到哪里了？到理解、分析了（在“感受”下面，板书“理解”），还有欣赏（板书“欣赏”），欣赏之后，还会有对作品的评价（板书“评价”）。这四个层次，是我们语文学科课程标准上说的，是专家的意见。面对一篇文章，我们的阅读往往有这样四个层次，读诗也不例外。从感受开始，到我们理性的分析，然后进行欣赏，然后进行评价。这四个方面的能力我们必须具备。你们还有一年多时间就要参加人生中一次重要的博弈，面对考场中的激烈竞争，我们靠什么呢？肯定是靠我们在阅读方面形成的能力，而不是靠做无穷无尽的、没完没了的、让大家“失去自由”、有一种被“戏耍”的“悲痛”般的练习题（引号部分的内容均出自导入时的《心声》）。这四种能力不是完全分开的，它们会交叉；而这四种能力的基础是感受能力。再找个同学说一说，你读完这首诗的感受是什么？（走到第一组，一位还在读诗的女生身边）

生2：这首诗写出了一种宁静的氛围。

师（追问）：你为什么觉得写出了一种宁静的氛围？

生2：我读了好几遍，发现诗中写了三个“宁静”。

师：她发现诗中写了三个“宁静”，于是说作者是想营造一种宁静的氛围。你们同意不同意？

生（齐答）：同意。

师：我太喜欢这个同学了。为什么呢？我发现你心态比我好，不紧张，比较洒脱。读文学作品不能紧张。当我们有的同学感到紧张的时候，她已经在这边静下心来默读了好几遍。“万物静观皆自得。”（板书：静观、自得。在“静观”上加着重号），只要你用一种比较好的心态，只要你一字一句地慢慢看下去，只要你静心观察，你总会有所发现。这个同学教给了我们一个读诗、读一切文学作品的重要方法。事实上，心不静，常常是我们走不进作品的一个致命原因。现在，身边就有榜样，好好向她学习。下面我们再看看，还能发现什么？

（师投影展示《晚钟》全诗，并巡视）

生3：给人一种悠然的感受，晚钟表明一天的结束。

师：是悠然还是悠远？

生3：悠远。

师（笑着肯定）：是悠远，能有这种发现，很好。（在“宁静”后板书“悠远”，并要求学生接着往下说）

生3：悠远带着静谧的感觉。

师：（重复强调）悠远带着静谧的感觉。她觉得“宁静”不足以表达作者的心情，她认为还有一种静谧之感，是吗？（面向全体学生）你们同意不同意？

（有学生点头，但也有摇头的）

师（一笑）：这就对了。一千个读者就有一千个哈姆莱特。晚钟是在什么时候敲响的？

生（齐答）：傍晚。

师：傍晚敲响的钟声，会给诗人什么感觉呢？太阳缓缓下山了，忙碌一天的人们渐渐回家了，觅食的鸟儿也回山林了，喧闹的大自然也慢慢地恢复了平静，世界变得安静了。所以这个同学感觉出静谧，对不对？

（生点头表示认同）

师：诗的情愫，要用读诗的方法去读。只要你能有所发现，发现它的情、发现它的趣，当然也包括发现它的理，就是收获，就是自得。当然你得要有根据。你不能脱离文本，自由地想怎么说就怎么说。有一句话说得好，“诗是无理而妙的”（在“静观”旁板书“无理而妙”）。看起来，这前后表达上有矛盾，既要有“根据”，又说可以“无理”。其实，这正是诗的魅力。有时它很没有道理，它不按我们的常识来表达。一般情况下，按照我们的常识，按照我们的语法来表达，那它就不是诗了。明白不？“晚钟敲响，从城市那边／飞来宁静的翅膀”，既然“飞来”了，它还“宁静”不？它肯定不可能“静”，对不对？那它怎么偏是“宁静”呢？“宁静”是诗人此时此刻的一种情绪，一种情感。它要借这种不合常理的方式传达出来。飞来的不可能是孤零零的“翅膀”，飞来的应该是一只鸟或许多鸟才对。如果写“飞来一只鸟儿”，那就不是诗的表达了。再往下看，“从夕阳的眼中流出”，夕阳有眼睛不？没有。眼中流出来的是凄凉不？

不对。眼睛流出来的是眼泪。它为什么不写呀？那不是一种所谓的合语法、合习惯的表达吗？真是那样，就不是诗了。诗的语言之所以那么凝练，就在于它在有限的文字当中，通过具象和抽象不断地交替变化，借助各种修辞和反常的表达，通过意象的选择和情境的创造，来传达诗人无限丰富的情感。有时候，它呈现出来的，我们不一定走得进去，因为我们不懂。要想懂它，就要用读诗的方法去读，要知道诗人是怎么说话的。诗人有诗人的语言、方法，我们习惯叫它“诗家语”（在“无理而妙”下面板书“诗家语”）。现在，我们回过头来看看杨颖同学的《心声》，这几句分行来写的文字，“用你们所谓的欢畅游动／来掩盖我深藏心底的／失去自由的／被人戏耍的／悲痛”。这是诗吗？虽然形式上分行了，也能传达一种情绪，但它还不是“诗家语”。不过作为一名高中生，能有借池鱼传情的构思，可以看出，她很有诗人的潜质。她做了一件事情，那就是通过寻找意象来寄托她的情感。从这一点来说，有点像我们《晚钟》这首诗。好的，提到了意象，我们不妨就来关注一下意象吧。洛兵这首诗中，除了晚钟这个主要意象，诗人还找了哪些意象来传达情感呢？

（生小声议论）

师（不断鼓励）：说，大声说。

生（七嘴八舌）：城市、夕阳、新月、星空。

师：还有——

生：天堂。

师：对，天堂也是意象。星空可不可以？也可以作为意象。而且在这首诗中，这个意象还蛮重要的，影响我们对这首诗的正确理解。同学们，我们初读时，一下子发现有这么多的意象。这么多的意象，以晚钟为统领，以城市、夕阳、新月、天堂、星空等组成了一组灿烂的意象群，这个意象群落组合在一道，就像刚才两位同学所说，首先传达给我们的情绪是宁静、悠远、静谧，对吧？同学们，想想看，晚钟这个意象在古代诗歌中有没有？调动一下我们过去的文学作品阅读的经验积累。想起来的同学就说，你想起了哪些？

生4：姑苏城外寒山寺，夜半钟声到客船。

师：这首诗中的钟声传达的是什么情愫呢？

生（小声）：羁旅。

师：对，这钟声传达的是一种羁旅的惆怅（在“宁静、悠远”后板书“羁旅的惆怅”）。还有没有？我提示一下，常建的《题破山寺后禅院》中“万籁此俱寂，但余钟磬音”，初中就学过了，想起来了吧？

生：没学过。

师：没学过？那我就写下来？你们看这里传达的是什么呀？他停宿在常熟虞山，虞山上有个寺庙，从寺庙里传来钟声……

生：出家人一种空灵的禅境。

师：（在“羁旅的惆怅”下面板书“禅境的空灵”）相当不错。还有没有？一时想不起来很正常，不为难你们了。蔡老师突然想起了一句李益的诗句“别来沧海事，语罢暮天钟”，写的是离别的惆怅。又想起了孟浩然的《晚泊浔阳望庐山》中的“东林精舍近，日暮空闻钟”，写的是前去拜望大师，可大师不在，只能听那傍晚的钟声。这个晚钟传达的就是一种怀念的情绪。同样是晚钟，却有着不同的情感表达。现在，我们再回到这首诗中来，从第一个诗节开始，看看洛兵这里的晚钟表达的是什么。谁来读？希望能以读传情。

（生5读《晚钟》）

师：刚才他读得怎样，请同座的女同学点评下。

生6：我觉得“宁静的翅膀”表现了一种幽静的感觉。“没家的人请走进那夕阳”给人的是一种很凄清的感觉。我觉得他读的诗能给我这样一种感觉。

师：坐在他身边，的确有一种心灵感应。你的感觉很不错，我有同感。有家的回家，享受天伦之乐。我没家怎么办？漂泊着，流浪着，孤独着。“没家的人，请／走进／那夕阳。”（师范读这两句）他已经把这种情感读出来了。太棒了！我们集体来把第一个诗节再朗读一次。能不能超过这个同学，每人自己把握好。

（生齐读第一个诗节）

生6：老师，我感觉诗可能更适合单个读，齐读的效果不好。

师：我很同意你的发现。有时候齐读并不是最佳的选择。（指向第一排靠近讲台的女生）来，你来读一下。

（生 7 读第一个诗节。读得很快，师做停的手势）

师：刚才老师在上课时说了一句话，后面又没有追兵在赶你，你急什么呢？

（生 7 重读第一个诗节，读时第一句处理不当，师提示）

师："从城市那边"你觉得是放在上句好，还是放在下句好？

生 7：放下句。

师：同学们，你们觉得呢？

生（齐答）：下句。

师：对，从内容的连贯上看，它应该属于下句。而它恰恰与上句在同一诗行，那么我们读的时候，怎样才能把这样的理解读出来呢？（看看生 7，问）这个之间应该怎么办？

生 7：停顿。

师：对，停顿，用一个比较大的停顿。这是一层意思，第二层意思要知道所有的内容，所有的意象，所有的情感，所有的意韵，正如第一位同学说的，都是由什么引发出来的？（在黑板"引发"二字下面加着重号）晚钟敲响所引发出来的。这里"晚钟敲响"我们读的时候应该怎么办？强调的办法是什么？

生 7：慢。

师：应该要慢一点，要把每一个字送到人家耳朵里，送到人家大脑里，再送到人家心里。这个时候才能把这种情感传达出来。（面对生 7）好的，你再继续诵读。

（生 7 重读第一个诗节，师一直注视着她，并小声为其打气）

师：我觉得这个小孩将来一定能适应现代这种快节奏的、现代化的生活！（生大笑）能不能让自己再悠然一点，放慢一点，从容一点？好，先坐下来！（指向生 7 的同桌）我请这个同学再来读一下，还是这个诗节，你来读。

（生 8 读第一个诗节。师边听边不断点头）

师：感觉怎么样？

生（齐答）：好！

师：好！（面对生 7）你也鼓掌了，说说看她好在什么地方？

生7：读得比我慢。

师：（面对生7）还有更重要的一点，她在该慢的地方慢了，该快的地方快了。句与句之间按道理要有一个较大的停顿，诗行与诗行之间应该有一个大的停顿，然后一个诗行当中需要强调的，如逻辑层次上或感情层面上需要强调的地方也应该停顿一下。要让一个手上没这首诗的人，一听到你的诵读，就知道诗的第一行是什么，第二行是什么，第三行是什么。明白不？我相信你，（让生8坐下，面对生7）你现在再来读一下。来，把掌声给她。

（生7再读第一个诗节。众生情不自禁地为生7鼓掌）

师：很好。同学们再一起读第一个诗节。晚钟敲响，起！

（生齐读第一个诗节）

师（注视全体学生，感受每一处细节）：同学们，一步步努力，通过你们的声音，传达出你们对诗的理解。看来，有时齐读也能读出味道来。我真的很高兴。

生6（举手询问）：我有个小小的疑问，怎样理解飞来的是“宁静的翅膀”？

师：主动发现问题，很好。（师走向第一组）窗边上的同学，戴着眼镜的，你来说！我看见你向我笑了一下！（生笑）我很喜欢微笑的表情。说说看，你是怎么理解的？

生9：它采用了一种象征。

师：象征什么？请你继续说下去，给蔡老师一个小小的、能够接受的理由，情呀，趣呀，理呀，都行。提醒一下，不要忽略一个很重要的东西，这个诗节当中，除了晚钟这个主要意象，还有其他的意象，是什么？

生9：夕阳。

师：夕阳是重要的，还有一个，城市，对不对？为什么从城市那边？（带着笑容走向生7）我还请这个同学来回答，我发现你越来越有把握了（生笑）。你说说看。（生9坐下）

生7：城市是繁华、喧闹的象征，只有傍晚才会安静。

师：晚钟敲响以后，一直很喧闹的城市，它也不再喧闹了。是不是呀？它也是慢慢、慢慢静下来。（面对生7）还有吗？没了，很好，请坐，很了不得。再想一想，能不能用飞来宁静的翅膀来比喻敲响的晚钟呢？

生（齐说）：能。

还有生说：像通感。

师：这样一想，这个意境效果好不好？

生：好。

师：非常好！这就是诗人境界。他把听觉的、视觉的，通过我们的内心世界的感觉，把它融为一体，呈现给我们的既是有声有色的画面，又是有情有味的意韵。这就叫诗。陶渊明有一首诗，它是这样写的："山气日夕佳……"（板书前半句，学生齐背下半句"归鸟相与还"）连鸟儿都知道回来，我们也应该休息啦，也应该回家了，对不？这样理解，问问你们的语文老师，如果做作业时这样写给不给分？我想语文老师肯定会给分的。要记住一句话，任何一首诗，任何一篇文章的理解，它都必须有我们每一个读者的欣赏经验参与其中，有我们平时的阅读积累参与其中。因此，在欣赏诗歌的时候需要抓住什么呢？

生：意象。

师：聪明！还要借助我们的联想和想象，把隐藏在诗行后面的，甚至跳脱的东西，把它激活起来，把它连贯起来。然后让人觉得"哦，巧哉，妙哉！妙不可言啊！"这时候你就会感受到阅读文学作品是一件多么惬意、多么快乐的事情。这就叫读诗！

（生微笑，表现出满意的状态）

师：我们之所以要花这么多时间来诵读、研究第一个诗节，特别是第一、第二两句，是因为解决了这两句之后，后面还有"爱我的人，恨我的人""生者，逝者""醒来的人，沉睡的人"（生与之同步说），我们都可以触类旁通，举一反三了。现在，我们再整体扫描一下，作者写这首诗想干吗？相信大家观察之后，马上就会明白。

生 10：实际上诗人是在做深入的思考，做关于人生的思考。

师：真了不起。他不仅仅就是为了写诗而写诗，不是为了写晚钟而写晚钟。因为敲响晚钟，正如这个同学说的（指向生 10），引发出他关于喧闹与宁静，关于漂泊与打拼，关于爱和恨的思考；关于生与死的话题，引发生与死的思考；最后，作者用"醒来的人"和"沉睡的人"做一个互文，表达了作者的人生态度和价值取舍。还有什么发现吗？

生 11：结构整齐，像《诗经》，重章叠唱，表达情感。

师：真好。这首诗四个诗节，句式、字数等形式上基本相似。但内容、情感特别是结构上正是一个巧妙的“起承转合”。诗至“合”处，情怀和境界全出。这就是我们静观的自得。如果我们还要观察下去，相信肯定还会有新的发现，而这个发现就已经渐渐走向欣赏，甚至是评价了。

生 12：我发现，诗节与诗节之间，用相同意象来过渡联系。

师（眼前一亮，然后分别指向诗上下节中同时出现的“夕阳”“新月”“天堂”等部分）：诗节和诗节之间，通过意象的有机的衔接，像我们学过的顶针一样，形成一种循环往复的艺术表现的效果。借助读者传情的朗读，更容易打动我们的心灵，让我们产生情感和思想上的共鸣。这也是观察之后得来的。还发现什么呢？意象我们发现过了；有声有色，这种画面感觉我们发现过了；意境我们也发现过了。结构上重章叠唱，顶针效果，我们也发现了。如果要让大家现在把这首诗背诵下来，你们觉得有没有困难？

生：没有。

师：现在我再请你们把这首诗从头到尾诵读一遍，蔡老师想通过你们的朗读再次感受一下你们对这首诗的理解和欣赏。教你们一个办法，任何字要把它拉长的时候，把它的声母和韵母拆开了读，比如“xiǎng”（师示范，生跟读）。好，就这样读，读到位了，它表达的情感也能传达出来了。晚钟敲响，起！

（生齐读全诗。读完第一个诗节，师要求停）

师：诗节与诗节之间至少停两个字。好，再重来，看看读得怎么样。

（生齐读全诗）

师：有没有信心背诵全诗？

生（齐答）：有。

（师当孩子们满脸自得时，突然提出一个有一定难度的思考题：为什么钟声要从星空，从天堂传来？）

生：觉得似乎好难。

师：不难。我提示一句话：康德曾经说过，世界上有两件东西值得我们敬畏，一个是头顶的星空，一个是心中的道德律。当我们有了这种敬畏之心之后，我们就会敬畏生活，敬畏人生，敬畏生命。当我们有了敬畏之心之后，我们才知道生活就是那么真，人性就是那么善，我们的世界就是那么美。今天的课就到这里，下课。

学生起立，并报以热烈的掌声。老师离去时，学生不停地挥手致意。

（整理：张昌军。原载《江苏教育》中学版 2013 年 9 期，有删改）

附 1：

心　声

——写给天印池塘里的鱼

天印高中学生　杨　颖

我不能选择我的命运
是命运选择了我
日复一日
用你们所谓的欢畅游动
来掩盖我深藏心底的
失去自由的
被人戏耍的
悲痛

附 2：

晚　钟

洛　兵

晚钟敲响从城市那边
飞来宁静的翅膀
有家的人请回你们的家
没家的人请走进那夕阳

晚钟敲响从夕阳的眼中
流出宁静的凄凉

爱我的人请过来一起唱
恨我的人请躲开那月光

晚钟敲响从新月的梦里
落下宁静的忧伤
生者依旧习惯地擦去泪水
逝者已矣请返回你们的天堂

晚钟敲响从天堂上面
传来星空的回荡
醒来的人，请守好你们的梦想
沉睡的人，请把一切遗忘

第三篇　褚树荣教学智慧研究

褚树荣，1961年生，浙江省宁波市教育局教研室语文教研员。1995年被破格评上中学教师高级职称，2000年被评为浙江省特级教师，2011年被评为宁波市“突出贡献专家”，2013年被评为浙江省正教授级高级教师，2014年被评为“全国首届中学语文学术领军人物”。

在三十多年语文教学与研究中，褚树荣逐渐形成了自己的语文教育观。他认为语文教育也要恪守“一个中心、两个基本点”。“一个中心”指的是语言实践必须成为语文教学的核心，积累、内化、运用语言，是语文水平提高的不二法门。一个“基本点”是培养语文能力，与“知识与能力”相关；另一个“基本点”是提高人文素养，与“态度、情感与价值观”相关。

他的语文教学观可以概括为“因体而教”和“允执其中”。所谓“因体而教”是指教学内容和策略首先要考虑文章、文体、文类的特征，做到“是什么，教什么，怎么教”;“允执其中”是指在理想和现实、实践和理论、传统和当下、素质和应试、人文和工具等容易走偏的领域里，兼收并蓄，从长计议，取中行事。

他的语文教材观是“课程教材化、教材教学化”。教材要实现课程的功能，目前文学类文本过多的教材尚需改善。教材是教与学的样本，教材不仅要提供文章，更重要的是提供教和学的课程内容和学习策略。

他的语文课程观是“两条腿走路”，即语文学科课程和语文活动课程兼顾，语文选修课程和语文必修课程配套。

三十多年来，褚树荣在不同的领域均有成果，如教材研究类有《中学语文选修课教材·写作技法十二讲》（合编）、《国家课程标准高中实验课本语文必修教材》（合编）等；课程研究类有《人生课堂：语文选修课程的思考与实践》《教室的革命：语文主题活动新探索》《话题作文T形台》（合编）等；教学研究类有《古诗文阅读新视点》《叩问课堂：语文教学慎思录》等；课例研究类有《高中阅读教例剖析与教案研制》《品味课堂：褚树荣评课实录》；教学行为研究类有《新课程名师创新教学访谈录》等；考试评价研究类有《新课程语文教学设计》《古诗文阅读与拓展》等。

一、褚树荣教学智慧的探索历程

从1981年参加工作到如今成为语文教研员，褚树荣是改革开放后的语文教学改革浪潮和风云变幻的亲历者。三十多年来，褚树荣遵循专业发展的自身规律，踏踏实实地践行着专业发展之路。

（一）第一阶段——教学追求：真、趣、创

真实是语文教学的生命。教育部前新闻发言人王旭明先生奔走呼号的“真语文”是在21世纪后倡导的，但褚树荣在工作的最初十年就自觉践行真实的语文教学。这倒不是什么先见之明，而是因为返璞归真、趋本务实是褚树荣为人的风格。这样的性格使得他容不得一切“假教学”。他追求的“真实”，指的是教师在学力、识见、良心和责任感允许的前提下，不为正统或流行的“说法”所左右，努力教授正确规范的知识，训练切实有用的技能，培养真挚诚恳的感情，形成诚实朴素的人格。

情趣是语文教学的动力。情趣，这里指的是贯穿于教学过程中的情感和趣味，是教师学识、阅历、民主态度、应变能力和幽默感结合的产物。它能集中学生的注意力、改良学生的心境、激发学生的兴趣、活跃学生的思维，使学习成为学生自觉的积极的愉悦的心智活动。教学情趣是情境的产物，褚树荣非常注重教学情境的创设，非常注重学生体验的参与。学生心领神会，情趣才能转化为学习的动力。

创造是语文教学的灵魂。教师“为创造而教”，不仅是活跃课堂、提高成绩的需要，更是塑造学生健全个性、培养其语文能力的需要。传统语文教学满足于知识的授受关系，无视师生的创造潜能。基于这种现状，褚树荣实施了从教以来的第一个研究课题“导创教学与学生语文能力的关系”。该课题以每一节课中设置的创造性环节为抓手来实施。创造的途径有三种：见微知著，即善于阐幽发微，抽取细微的零碎的细节背后的深义，让学生欣然有得；平中见奇，是指善于用新颖的视角去读解课文，从而发现平常处的非常之处，让学生于平常处领略作者的匠心或苦心；旧里翻新，是指不满足于教参说法、流行观点，敢于质疑、翻案，提出创见。

（二）第二阶段——课程意识的苏醒

语文学科课程有先天的局限。褚树荣认为语文学科课程最明显的局限有两点：

一是“目中无人”。语文教学与人文性原则背离：忽视人性陶冶、人格德育、人道教育的做法相当普遍。与差异性原则相背离：目前语文教学“划一主义”严重，学生普遍缺乏课程学习的选择权。与发展性原则相背离：基础教育要重视培养学生自主学习能力和自我发展能力，让学生学会学习、学会创造、学会发展，但目前语文教学重“鱼”轻“渔”；重知性分析，轻习惯养成，即使能力培养，也在静态和封闭状态下进行，缺乏能力的社会化锻炼。

二是切断循环。褚树荣认为语文学习有科学的机制：学习是获得知识经验的“学”与进行行为实践的“习”相结合的活动范畴；学习的本质是“知行统一”；学习需要人的全部心理活动的积极参加。如图：

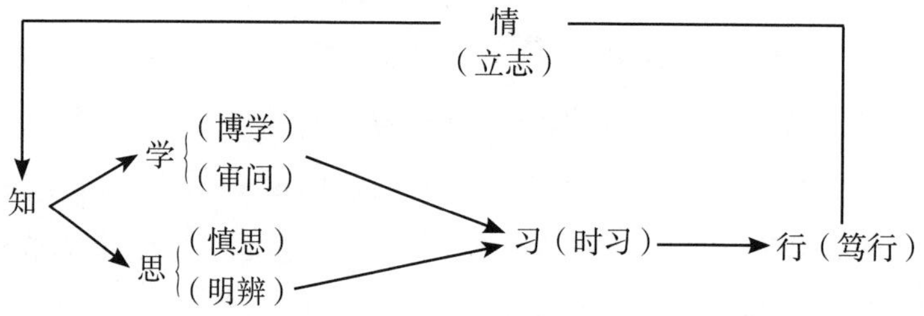

从信息论角度讲，语文学科课程只解决了信息的输入问题，只有输出和输入形成生生不息的循环，语文教学才能走上正途。如图：

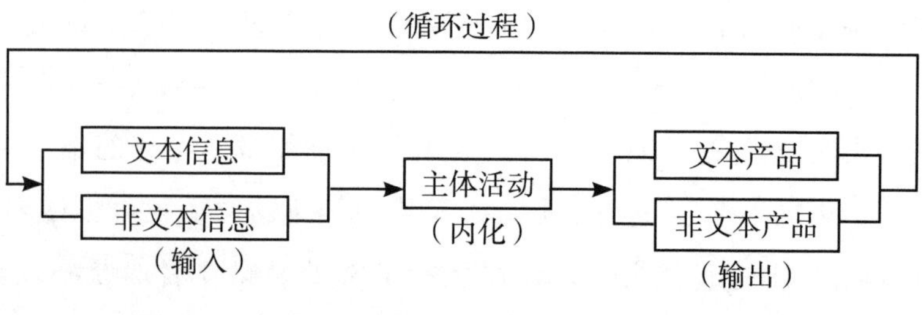

语文教学改革应该从课程入手。关于课程的定义，课程论专家众说纷纭，其中吕型伟先生的“三维结构”说法，深中肯綮。褚树荣认为，学校的课程体系应该是一个三棱锥结构，三个棱面分别表示三种不同的课程类型，即学科课程、活动课程、隐性课程。如图：

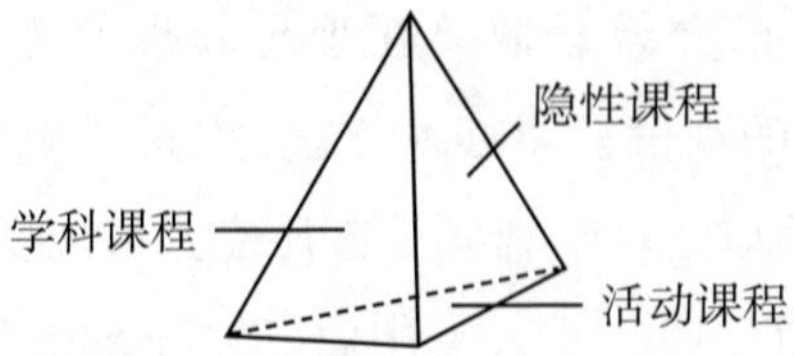

这种课程结构告诉我们：(1)三类课程在育人的价值上处于同等重要的地位。(2)三类课程是彼此依存、相互发展的，孤立和离散这三维结构就不能获得整体效果。(3)三类课程必须均衡地发展，任何一个侧面的畸形发展都会以损害其他的两个侧面为代价，因此对人的教育也是不完全的。当然，“均衡”并不指时间的平均分配和形态的趋同。(4)三类课程如果愈是同步协调地发展，那么这个“三棱锥”的体积也愈大，每个被课程所影响的教育者所享受的教育空间和效能更充分，其个性也会得到更全面的发展。

根据这样的认识，褚树荣尝试进行语文课程改造。在学科课程方面，他做了压缩和延伸的工作：压缩45分钟的学科课程教学时间，每堂课抽出5—8分钟的时间，让学生课前演讲。最后筛选每届学生的优秀讲演，出版了课前演讲集《花开的声音》。所谓延伸，就是自编阅读教材《阅读新视野》(高一、高二、高三分册)，并跟课内讲读课文衔接。在活动课程方面，他申报了“语文活动课程”课题，联合浙江省内有课程革新意识的名特优教师，经过三年左右的时间，把传统意义上的语文课外活动进行课程化改造，形成了全新的“语文活动课程体系框架”，最后的实验成果《教室的革命：语文主题活动新探索》出版后成为全国新课程改革教师一百本推荐书之一。在隐性课程方面，褚树荣利用节假日发动学生进行语文实践活动，几年下来，出版了实践成果《七彩足印》。最近几年，褚树荣在语文选修课程方面也做了理论和实践探索，其成果《人生课堂：语文选修课程的思考与实践》正式出版。

(三)第三阶段——教育哲学的渗透

“叩其两端，允执其中”是褚树荣三十多年教学研究生涯逐渐形成的教学理念。这种理念的形成有两大源流：一是对教学现实的反思。改革开放三十年，语文教学走过了跌宕多姿的三十年，跌宕多姿意味着不断碰撞。新观念、新模式、新流派不断涌现，一些语文教师眼花缭乱、左右冲突，失去自我。语文教学需要在理想和现实之间寻找一个平衡点。二是对中国传统哲学的理解。早在两千多年前，《中庸》就提出“极高明而道中庸”，境界高明却立足于现实，超凡境界与现实态度是需要统一的。孔子也说过：“君子道中庸，小人反中庸。”“不偏之谓中，不易之谓庸。”中庸之道是事理通达的明智者的处世之道。处事之道，是一种方法策略，也是一种道德修养。从方法论上考查，中庸之道讲究“叩其两端，允执其中”，过就是不及。当然这个“中”从数学观点加以譬解，并非变量在坐标区间的几何中点，而相当于黄金分割点、最大公约数。从价值观上讲，就是照顾多方、求同存异、和而不同，即和谐而又不千篇一律，不同而又不彼此冲突。教学和研究也一样，褚树荣所做的工作就是抽绎出具体教学行为中蕴含的规律，形成具有示范作用的模式，或者在某种理论的旗帜下，提供教学的理据，探索实践的方向。譬如课堂教学，注重人文熏陶的教师，课堂教学大而化之，求的是整体效应，知识技能的落实会稍弱一些；注重知能历练的教师，落实基础，训练到位，可能忽略人文的渗透。褚树荣的教学就尽量兼顾工具性的智能训练和人文性的人文熏陶。譬如课程建设，学科课程和活动课程互相整合，彼此补充。褚树荣不满足于学科课程一花独放的现象，意识到语文教学必须要“两条腿走路”。2000年前后，褚树荣邀约江苏省内一批志同道合的语文名师，进行有限度的语文活动课程尝试。譬如教师专业成长引导，2003年执业伊始，褚树荣就有一个宁波市高中语文教师专业成长规划。第一轮做三年：阅读与教师专业成长、课例评析与教师专业成长、小课题研究与教师专业成长。第二轮又做三年：文本细读与教师专业成长、课堂观察与教师专业成长、小课题总结与教师专业成长。第二轮是在第一轮主题上的加深拓宽，螺旋上升。他认为，教师的专业“金字塔”应该有三层：扎实的专业基础为底层，熟练的课堂教学技术为中层，敏感的问题意识和基本的研究能力为高层。一个学者型或者专业化的老师，应力图三层中贯，而不能止于一端。总之，教学和教研时，游走在中间地带，取道中庸，会尽最大可能避免凌虚蹈空和实用功利的弊端。

二、褚树荣教学智慧的思想内核

“因体而教”是褚树荣最基本的教学观念。“因体而教”的“体”有三层含义：一是文章（文本）的体式特点，包括一篇文章形式上的所有要素。二是文体的本质特点，即构成不同文体的本质性特征，譬如文学类文本之所以可以区分为小说、诗歌、散文等文体，就是每一种文体具有别样的本质特征。三是文类的属性。如论述类文章是表达思想、见解和观点的文章，如哲学、经济学、社会学、法学、历史学、伦理学、文艺学、语言学、教育学等文章。这种文章讲究观点与材料的联系，讲究在理性的推论中显示逻辑的力量，讲究用准确的语言表达严密的思维。文学类文章以虚构为主要特征，以描述为主要叙述方式，以不同的体裁形象化地反映客观现实、表现作家心灵世界，包括诗歌、散文、小说、剧本、寓言、童话等，是文化的重要表现形式。交叉类文章指兼有应用类和文学类特质的文体，如报告文学、传记文学、杂文、形象的科普文章。它们在内容上叙述真实客观的人和事，在表现形式上借用了文学的手法。它们的目的是凸显某种事件和人物的意义，更加明白地普及某种道理。

因为“体”的不同，褚树荣认为教学就应该树立不同的姿态。文学类文章教学，多用揣摩、品味、咀嚼、想象、联想、体验、感悟、欣赏、涵泳等教学行为，实用类文章教学，多用理解、筛选、排列、分类、分解、分析、归类、组合、整合、概括等教学行为。

因为“体”的不同，教学目标也有所区别。如语句层面，实用类文章重在明白意义（有尽），文学类文章重在品味意味（无限）。语段层面，前者教层次逻辑、概念判断（段旨），后者教情感脉络、情景意象（意蕴）。语篇层面，前者目标是理性逻辑、材料运用、证据推理、明白事理，后者偏重于情感感知、形象塑造、语言叙述、感悟启迪 。

单以具体文体而论，褚树荣对于不同文体的教学形成了自己的教学取向。如文言文教学，他提出“文字落实、文章欣赏、文化渗透”“三文合一”的观点，这种观点被写入浙江省新课程语文学科教学指导意见中。如小说教学，他提出文本、文体、教材、课程、文化、评价（母题）“六维度”说，借以确定教学内容和方式的选择。如散文教学，他提出“通过作者个性化的言语实现作者个体经验和读者个体经验的对接”的教学策略。如诗歌教学，提出“五视角”说（身世气质、意象意境、情绪主旨、节奏韵律、变异语言）。如实用类（论述类）文章阅读，他提出“理解性阅读”“批判性阅读”“研究型阅读”“操作性阅读”四种阅读范式。

在褚树荣看来，这里要说重“体式”并不是不重“内容”。文章的内容永远是教学的核心内容。只是在忽视文体、文类概念的“以不变应万变”的教学现象中，“因体而教”是一种必要的“反动”。

同时，语文教学不仅仅是阅读教学，其中写作教学也有“体”的问题。因此，他提倡四个兼顾：文学写作与实用写作兼顾，情感唤醒和能力训练兼顾，过程指导和整体点拨兼顾，系统训练和随机写作兼顾。语文教学也不仅仅是必修课的教学问题，还有选修课程、活动课程的教学，后者也有内在的“体”，这些“体”，更多的是课程的特点和规律。

三、褚树荣教学智慧的艺术呈现

从教学行为角度考察，褚树荣的课堂教学智慧，可以用五句话来概括：（1）简单的教学目标。（2）层递的教学过程。（3）形象的教学情境。（4）有建构的教学效果。（5）后续的教学悬念。下面分别用褚树荣的三个教例来解释这五句话。

烘云托月“听说书”

以褚树荣执教的《明湖居听书》为例，为达成“理解烘托的艺术魅力”这一教学目标，他的教学处理如下：

第一环节，读图

师：看投影图①（一个圆），这是什么？（学生七嘴八舌，答案纷呈）

师：看投影图②（在原来那个圆上覆盖四朵云），现在变成了什么？

生：月亮。

师：我用了什么方法使一个圆成为一个月亮？可否用一个成语说说？

生：锦上添花、烘云托月。

师：还是烘云托月好些，这种方法有什么好处？

生1：知道了这是月亮。（笑，改口）突出了月亮。

生 2：画面产生美感。

生 3：云也漂亮。

师：可见，烘托一定可以分析出两种以上的事物，彼此互相美化，相得益彰。

第二环节，读诗

（投影下面的诗句，教师从两种以上事物互相美化的角度稍做解释。

A．江碧鸟逾白，山青花欲燃。

B．千山鸟飞绝，万径人踪灭。孤舟蓑笠翁，独钓寒江雪。

C．疏影横斜水清浅，暗香浮动月黄昏。

D．横看成岭侧成峰，远近高低各不同）

师：上面四句诗，从烘托角度看，如果要排除一句，是哪一句？

生：排除 D，好像未用烘托。

师：剩下的三句诗，哪些景物形成烘托关系呢？请同学们讲讲。

生 1：A 句的江和鸟、山和花构成烘托；B 句的千山、万径，还有江雪、孤舟和蓑笠翁构成烘托；C 句讲不出。

生 2：C 句好像不能算是烘托，分不出谁烘托谁，只是意境很优美。

师：C 句的几种景物确实难分主次，它们从整体上营造了一种意境，其实彼此之间还是互相烘托的。一个更加有难度的问题是，三句诗用了烘托，给你什么感觉呢？

生 1：碧的更碧，白的更白，绿的更绿，红的更红。（笑）

生 2：天地之间只剩下小舟、钓翁，对比更加强烈了。

生 3：第三句只觉得美，但讲不出。

师：是，有时候美是很难说出来的。请大家背诵这几句诗，体会体会情境之美。

（学生背诵）

第三环节，读文

师：这种烘托手法在《明湖居听书》一文中运用得很成功，它是本文学习的第一个重点。如果我们把王小玉说书部分看作是“月亮”，那么课文有哪几朵是起烘托作用的“白云”？

（学生讨论）

生 1：黑妞的演唱衬托了王小玉。

生 2：琴师的演奏也是的。

师：同学们找到两朵白云了，还有吗？

生：戏园的环境描写应该也是。

（生迟疑，无人发言）

师：我看梦湘先生的评论也算是一朵白云。

师：同学们预习得很好。我们看投影。（教师投影图③：在四朵云上覆盖上述内容的四个短语）

师：现在我们要来讨论一下，这四朵云是从哪四个方面来烘托王小玉说书的。

（学生讨论）

简单的教学目标。褚树荣不主张一节课的教学目标有三个以上的层面，每个层面又有几个教学目标。他认为一节课显性的教学目标控制在三个以内比较好，容易实现，而态度、情感、价值观等隐性的目标是不可以加以线性罗列的，方法、过程等语文技能也不是一堂课所能训练成功的。就《明湖居听书》而言，他就定了两个教学重点，一个是“烘托艺术”，一个是“形象化描写艺术”。第一节课就只有一个教学目标：理解烘托艺术的魅力。

要确立简单的教学目标，并非易事。这个“简单”，一定是教学的重点，也是学习的难点，更是教材的亮点，三点重合，需要教师对课文反复细读，由薄读成厚，又从厚读成薄，最后读到一篇课文只用一两句话，甚至一两个词就可以概括提要。这时候，才能确定“简单的教学目标”。如《荷花淀》，就教一个“美”字，然后分解为“构思”“景物”“对话”“细节”四环节。教《一碗阳春面》，就教两个字——“情”和“理”。教《卖油翁》，就教深刻理解“熟能生巧”四个字。教《〈宽容〉序言》，就教“隐喻”和“叙述”。教《素芭》，就教“画眼睛艺术”。简单的教学目标实在是一个教学的研究点。褚树荣赞同 20 世纪 80 年代“得得派”代表陆继椿的观点：“一课力求一得”，对于“大水过后地皮湿”的所谓“熏陶”、所谓“润物无声”的说法，他抱着谨慎的态度。

层递的教学过程。层递的教学过程，就是对目标进行教学分解。分解也是环节设计，就是为达成教学目标、实施教学行为的一种“蓝图”。它与其他设计的根本不同是为教学双方的活动而存在，因此特别讲究整体性和操作性。从教学双方的关系来说，讲究整体指“指导”和“主体”的作用不可偏废。以读图始，以读文终，教学信息有跨度有变化，学生感到别开生面，学习主动性大为加强；教师用图片引入古诗，从古诗联系到课文，做的是穿针引线、造桥铺路的工作，指导作用明显。从设计的环节来看，讲究整体是指教学结构完整，层次清楚，环节之间周密完满，一气呵成，该教例也正好体现这一特点。

便于操作指的是教学设计必须有系统，讲层递，切实可行。系统性和层递性是切实可行的逻辑保证。有系统，符合教学内容（知识）构成的规律；讲层递，符合学生认知的规律。扣住知识规律和认知规律去设计整个教学程序和具体环节，“蓝图”才能转化为教学双方的行为。

形象的教学情境。好的教学情境是有美感、情感和形象感的。为了追求这种境界，褚树荣教学时尽量创造条件，调动手段，选用方法，或显示时空变换的流动美，或显示视听通融的形象美，或显示激发思辨的哲理美，或呈现绘景状物的色彩美，或制造语言表达的音韵美。

以褚树荣的《湖心亭看雪》教学为例，其情境体验环节如下：

呈现文字背后的图景

师：那一夜，这些痴人欣赏到怎样的雪景？请找出相关句子。（学生找，教师巡视）请同学们把这些句子齐读一遍。

生（齐读）：雾凇沆砀，天与云与山与水，上下一白。湖上影子，惟长堤一痕、湖心亭一点、与余舟一芥、舟中人两三粒而已。

师：这是张岱眼中的雪景。如果把这样的雪景画成一幅画，背景应该是什么颜色呢？

生1：白色的吧。

生2：灰白色的。因为是晚上。

师：很会思考。那么这个灰白色的范围究竟有多大呢？

生：无边无际。因为书上说“上下一白”。

师：能联系课文说，读书就应该这样。这“上”大概指哪些？这“下”

大概又指哪些？

生：“上”指“天”，还有“云”，“下”指湖面的一切。

师：“下”指湖面上的一切吗？我们现在还在画背景呢，远远的背景上有些什么？

生：应该是远处的山和远处的水。

师：是啊，为什么“上下”会全白呢？

生：雪大啊！

师：当然正确，但是文章里有描写“上下一白”的原因吗？找找看？

生：雾凇沆砀。（有学生读课文的注解）

师：真是个好习惯，读书不忘读注解。想象一下吧，晚上的雾气渐渐浓起来，湖面的水汽升上去，天连着云、云连着山、山连着水，上下左右前后，全是白茫茫的一片了。所以说，“天与云与山与水，上下一白”。这就是这幅画的背景。画好了背景，我们还可以画哪几个景点？

生1：苏堤、湖面、小船。

生2：还有荷花、湖心亭、杨柳。

师：真有想象力。大家想想看，该不该画荷花和杨柳？

生：张岱去看雪，应该是冬天，没有荷花和杨柳的。

师：冬天也有荷花和杨柳的，只不过荷花枯萎了，杨柳落叶了，张岱文中并没有出现。画这些景点用彩绘还是用白描？

生：什么是彩绘、白描？

师：彩绘和白描都是绘画技法，彩绘是铺彩着色的，白描仅用勾勒，不设色彩的，线条简练朴素，不加渲染的。

生：应该用白描的。

师：很有艺术细胞。那么该如何白描呢？

生：长堤画一根细线，湖心亭就画个小黑点，再画草叶当作小船，再画一粒豆，就是人。（生笑）

师：这个同学很有绘画天赋。我们再把原文齐读一篇。（生齐读）现在把眼睛闭上，在脑海里想象一个画面（教师以舒缓的语速讲述）：西湖的雪夜呀，就像是一张很大很大的宣纸，雪白雪白的宣纸。一支巨大的毛笔，蘸了一点淡墨，轻轻地、轻轻地在宣纸上画过，留下一条淡淡的墨痕，咦，那就是长堤。再在留白处染上灵动的一点，哦，那就是湖心亭。一艘小船如一片草叶，漂浮在湖面上。我坐在里面，拥着炉火，仿佛静静地、静静地融化于西湖的夜晚之中。（学生闭目，静听，似乎进入情境）

褚树荣认为情境教学也要顾及文章的“体”。古代文人的山水小品特点全在乎“小”字。尺水兴波，以小见大，这种审美意趣和追求也反映在张岱的小品中。这样的小品就有了山水诗的品格，它的好处在于凝练和省略，教学就要把凝练处加以稀释，让省略处重新丰盈。它的好处还在于跳脱和点染，教学就要把跳脱处加以连贯，让点染之处形成画面。因此，这类山水小品的教学有了两个很重要的教学内容，一个是鉴赏遣词造句的微妙处，我们通常以点评法（说说看，它好在哪里）、比较法（如果换一个词语，效果有什么不同）教学，这是偏向于理性的教学活动。一个就是假设自己在场，真切体会彼时彼地的情境，这是倚重人的感性活动。这两个教学内容，褚树荣以为第二个更为重要——经由语言之路，进入古人之境。唤醒经验，通过想象进入情境，这是这类小品教学的首选方法。本课情境教学主要设计两个环节。第一个环节是模拟白描手法分解画面要素，第二个环节是通过想象建构完整的西湖雪夜图。分解，首先是为了扣住课文，落实文言词语；其次，是为了囊括画面要素以免遗漏。建构，也就是整合和重建。西湖雪夜，万籁俱寂，痴人神游，物我归一，这样的情景和氛围一定要在学生头脑里形成完整的映像，学生才能身临其境，亲历山水。否则，一鳞半爪，浮光掠影，蜻蜓点水，挂一漏万，学生不免“瞎子摸象”，体会不到雪夜神游的意境之美。由此及彼，学习许多古代诗歌的意象和意境，情境教学应该是首选。

为什么采用想象画面的方法呢？褚树荣认为进入情境的教学途径很多，有实物呈现、图片展示、角色模拟、意象创设、画面想象等。无论通过哪一种途径进入情境，最好的结果是，想象中的图景呈现为一个场面，场面里的人和物体现着一定的位置关系；其间如有事件，则又表现为时间先后的递变。这种情境的创设带有很大的主观性，而且应该有主观性，因为文学作品的解读本身就是建构过程，它不是科学实验的还原。实物呈现和图片展示虽然直观，但是有太强的客观性。而380多年前，一个连续下了三天大雪的晚上，西湖是怎样一番天地？湖心亭又是什么模样？

红泥火炉、痴人对饮又有怎样的情致？时光改变了太多的东西，即使时光倒流，张岱本人也不能“和盘托出”，因为“眼前之竹”非“胸中之竹”，“胸中之竹”非“笔下之竹”。即使张岱笔下的湖心亭就是380多年前的湖心亭，而今天我们阅读的任务并非是还原380多年前那个晚上的风雪和那个物理性的湖心亭，我们的阅读是要重新建构起每个学生心灵的湖心亭，诗意的湖心亭。想象画面、创设场景最为合宜，它是最直接、最俭省、最具有个性化和多元化的情境教学法。

有建构的教学效果。古诗文想象画面，如何使“言”“象”“意”形成建构呢？作为情境教学法之一，想象画面法被教师广为采用。一般来说，教师通过语言的导引，唤起学生记忆中的经验和知觉，然后在大脑皮层形成表象，通过想象的整合作用，表象连缀成新的形象，在情感的渗透之下，形象建构为具体可感的意境。这个过程，有要素组合，有程序设计，有过程调控。具体说来，建构过程一般有三个阶段。第一阶段：刺激阶段。通过语言导引，进行表象信号的输入，譬如请学生找出相关句子齐读，譬如理解“上下一白”，想象“雾凇沆砀”均属于这阶段。第二阶段：想象过程，即表象的分类、加工、改造。譬如分解成背景画面和主体画面，主体画面又明确有苏堤、湖面、小船、湖心亭等。第三阶段：进入情境，在认知、美感的共同作用下身临其境。在这个教学切片里，第三阶段是最主要的教学环节，是前两个环节的总结，也是文言小品“言”“象”“意”的整合。先是筛选关键定范围。通过齐读，明确我们的想象作用于哪些词句，即通过想象使哪些文字立体化。然后是分解体验有层递。先是想象背景，解决“雾凇沆砀，天与云与山与水，上下一白”。接下去想象主要景点，使“惟长堤一痕、湖心亭一点、与余舟一芥、舟中人两三粒而已”活起来。最后是体验整合有建构，主要通过教师语言的导引，把刚才的分解画面连缀起来。教师的语言轻松而舒缓，学生的心态轻松而宁静。为了减少干扰，褚树荣提示学生闭上眼睛。经过这样的设计和调控，学生进入的情境是直观的、向心的、整体的、层递的，学生感觉到的意境是空灵的、丰富的、寂静的，同时又是个别性的。

不仅仅是情境需要建构，知识教学更需要建构。建构的过程要有操作性，建构的结果要有系统性，这样，学生在课堂里才学有所得。如教学《外国小说欣赏》中《素芭》时，为了让学生对“画眼睛”艺术效果形成建构，褚树荣分三步教学。

眼睛是最美的语言

（1）眼睛是心灵的窗户

要求学生找出眼神描写的词语、句子或语段。教师引导学生体会这些描写与人物心灵的关系。小结：我们从素芭的眼睛里看到了什么？如清澈的眼睛、善良的人性、端正的人格、丰富的情感、敏感的心灵、痛苦的人生、孤独的心灵、静美的气质。（教师择要板书：眼睛是心灵的窗户）

（2）眼睛是世界的映像

让学生通过眼睛进入素芭的心灵：素芭通过什么沟通世界？是眼睛还是语言？（眼睛语汇）素芭的世界主要由哪些东西构成？素芭与他们的联系有没有差别？请寻找一些词语表达这种差别。小结：眼睛也是素芭的语言——观察世界、倾听世界、感受世界、表达世界。素芭眼睛的阴晴也是世界的映像（板书：眼睛是世界的映像）。

（3）眼睛是命运的缩影

素芭生活世界里的亲疏远近的差别，在素芭的眼睛里是怎样显示的？这些亲疏远近的差别，说明素芭的命运如何？你能总结素芭悲苦命运的几个特点吗？仿照下面的句子进行概括，形成一个小的建构：

●上帝赋予她美目，却剥夺她的善言。

●上帝给予她整个自然，却断送了仅有的友情。

●上帝给了她略有悲悯的父亲，却给了她不通人情的母亲。

●上帝给了她心灵相契的自然，又把她抛弃在遥远的异乡。

●上帝给了她临时的丈夫，又给了她永远的孤独。

●上帝给了她美丽的心灵，却给了她苦难的命运。

小结：美丽的心灵，凄苦的命运，全部映现在素芭的眼睛中。所以说素芭的眼睛也是命运的缩影。（板书：眼睛是命运的缩影）

“画眼睛”艺术的魅力如何欣赏？这些知识不是引用一两句名人名家的话就可以完成教学的。这里还是要分解，并寻找落点。分解成“心灵的窗户”“世界的映像”“命运的缩影”三个角度，每个角度都可以从课文中找到相应的“落脚点”，这就有了循序渐进的操作性。世界、人物、心灵、命运，从外到内，从现在到将来，从文本到艺术，学生对于“画眼睛”艺术的认知是系统化的。只有系统化的认知，才会有效地在人的大脑皮层里留下印记，形成建构，而碎片化的认知是不利于建构的。可见，建构就是深刻认识知识之间的内在逻辑，并以创造性的思维加以勾连，形成崭新的知识图景。如图所示：

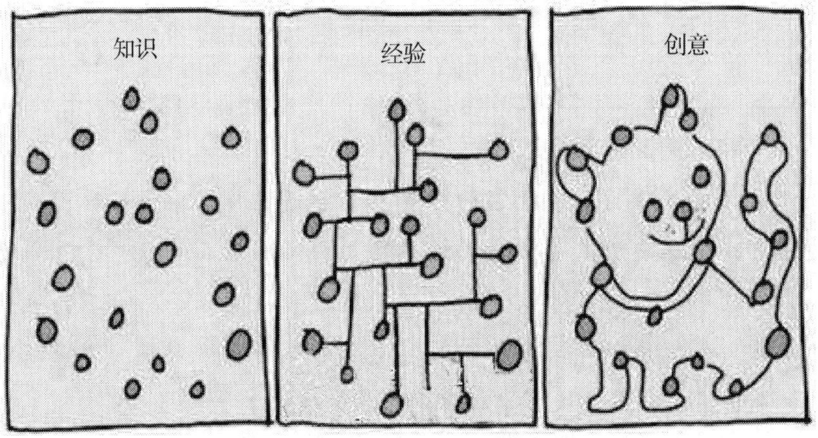

后续的教学悬念。从历时的视角看，教学永远是在过程中，也永远处在建构中。一节课落实一个教学目标，就好像上图中的一个个“知识点”，但一个学期、一个学段的教学呢？其实就在联结多个“知识点”，让其成为上图中有逻辑关联的“学习经验”。当学生离开语文课堂，完成了基础教育领域的语文教育，我们应该在他们的心智里建构一幅富有创意的语文蓝图，如上图的“创意”。这是一个长远的过程，一个旧的困惑解决、新的困惑产生的过程，一个不断打开、不断启蒙、不断探索的过程。每一节语文课，就是老师为学生铺设的一级台阶，学生借着台阶，会看到更遥远的风景，产生探索未知领域的冲动。所以，褚树荣的教学，总是通过课内讨论、课外作业、资料链接等各种手段，让学生在获得既有的认识之余，看到新的说法、产生新的疑惑，维持后续的悬念。

如教学《明湖居听书》的第二个教学重点“音乐描写的形象化”后，他会提问：这是古代文学中描写音乐魅力最最经典的片段吗？中国古典作品中还有其他类似的描写吗？你还看到过外国文学中描写音乐的经典文字吗？

如教学《湖心亭看雪》的最后，他说："离张岱那天晚上在湖心亭的夜游，已经过去了300多年，那个远离尘嚣、纤尘不染的身影，再也不可能在杭州西湖被找到。但那些衣带飘飘的身影，在历史的夜空中，在皎洁的月光下，在我们的记忆里，随处都是啊。课外，请同学们不要忘记去看看带月荷锄归的陶渊明，举杯邀明月的李白，与远方的朋友同沐一片清辉中的张九龄，还有行走在江流月色之中的杜甫。"

如在教学《素芭》的最后，褚树荣说，素芭的意译就是"妙语"，为什么文学大师泰戈尔认为眼睛是素芭的"妙语"？为什么要抓住眼睛来写？同学们讨论了这些问题后，他接着说："同学们跟大师们的观点不约而同。达·芬奇也认为眼睛是心灵的窗户；你看英国著名的小说家斯威夫特说，没有比根本不用眼睛看的人更瞎了；鲁迅干脆总结了小说描写人物的一种技巧叫作'画眼睛'。我读的书不多，像'画眼睛'这么传神、这么集中，从眼睛里面可以看到一个人的性格、心地、气质、生活、命运这样的描写还有吗？如果你们发现，可以告诉我，告诉其他同学。"

褚树荣认为理想的课堂，不但要解决问题，给予新知，让学生欣然有所领会，而且要打开更加广阔的天地，接触更多未知的领域，创造一个"引而不发，跃如也"的状态。学生凭借课堂这个点，主动到课外去建构线、面、体。

四、褚树荣教学智慧精品片段聚焦

片段一：

"古诗词的抒情"复习课的导入

师：今天给大家上两堂课，是关于古诗词的抒情的，我们就以必修4的专题"笔落惊风雨"为例。"笔落惊风雨"的下一句是什么？

生：诗成泣鬼神。

师：为什么诗歌具有如此大的魅力，能"笔落惊风雨，诗成泣鬼神"？

生：情感。

师：对，抒情正是古诗词的基本特点。请大家打开必修4，齐声诵读《声声慢》这首词。

（学生齐读）

师：这首词里哪一句话点出了作者的感情？

生：寻寻觅觅，冷冷清清，凄凄惨惨戚戚。

师：对，这是典型的抒情。除了这一句，还有没有其他的句子也是抒情？

生：这次第，怎一个愁字了得？

师：找得很准。“这次第”是什么意思？

生：这样的情形，这些光景。

师：“这样的情形”指哪几种情形？能概括一下吗？

生：满地黄花堆积。

师：我们可以概括为“赏花”。

生：“梧桐更兼细雨，到黄昏、点点滴滴”，可以称之为“听雨”。

师：不错，能模仿了。

生：“雁过也，正伤心”，那就是“看雁”。

师：看雁？是“望雁”吧。

生：还有“喝酒”。

师：是，“三杯两盏淡酒，怎敌他、晚来风急”。概括出四种情形了，还有第五种情形吗？

生：乍暖还寒时候，最难将息。

师：这是什么情形呢？

生：天气变化了，寒冷。

师：天气骤变，人感到寒冷，王勃写过“雁阵惊寒”，我们借两个字，叫作“惊寒”。

生：“守着窗儿，独自怎生得黑”，这是“守窗”。

师：“守窗”？这个词好像不太美，改一改好不好？“枯坐”，百无聊赖，无事可做。你看，“枯坐”“听雨”“赏花”“望雁”“饮酒”“惊寒”，这六种情形都是“这次第”的意思。那么这六种情形是不是抒情呢？

生：是写景。

师：对，是写景或者叙事，没有抒情的意味吗？从整首词来看，首尾两句直接抒情，中间几句借用六种情形的描写来暗示情感，可以说是间接抒情。所以我们说，这首词恰好显示了古诗词的两种抒情方式：直接抒情和间接抒情。今天的两堂课我们就来欣赏古诗词这两种抒情方式的妙处。

【品评】

这是“笔落惊风雨”专题复习课的导入教学，很有特色：(1)基于单元课文。单元复习课不是考点复习课，首先要在单元内部寻找复习素材。“古诗词的抒情”从导入到课后练习，所有材料均来自课内，也就是说，离开复习资料，只有一本教材，教师怎样才能组织有效的复习教学，这堂课是一个成功的尝试。(2)建构复习要点。单元复习，不同于单篇教学，它要把单元视作一个整体，按照一定的知识体系重新梳理，归纳出几个复习要点。古诗词的抒情方式，在“笔落惊风雨”单元里，是一个重要的知识点。(3)以点带面，由近及远。知识点的复习要落实在具体的片段里，片段的选择要有典型性。在这个专题里，《声声慢》同时具备了两种抒情方式，而且有“牵一发而动全身”的“次第”二字。于是通过“次第”二字领起六种情形，通过六种情形，领起两种抒情方式。由小见大、由点到面、由近及远，导入设计很精巧。(4)照应高考。高考永远是“硬道理”，“次第”情形的寻找，要靠理解能力；六种情形分别用两个字来表达，要靠概括能力；通过“次第”分清辞章内部的感情脉络，要靠分析能力。

片段二：

阿Q为什么选择静修庵?

在《阿Q正传》节选中，鲁迅以漫不经心的笔调写阿Q对革命目标的选择:“第二天他起得很迟，走出街上看时，样样都照旧。他也仍然肚饿，他想着，想不起什么来；但他忽而有了主意了，慢慢的跨开步，有意无意的走到静修庵。”作者似乎要强调阿Q选择的随意和偶然。于是褚树荣提醒同学思考：(1)作者说阿Q是“有意无意的走到静修庵”，那天早上到静修庵是偶然的吗？(2)如果是必然的，是哪些主意(念头)推动他的双脚呢？经过师生一番争执、讨论和补充，同学们终于形成如下认识：(1)阿Q肚子饿，静修庵的萝卜曾满足过他的食欲。(2)土谷祠一夜神游，对女性居住地有了向往之心。(3)阿Q欺软怕硬，静修庵孤立无助，去革命可满足表现欲。生理和精神的双重需要，阿Q别无选择。平常之处亦可玩味，教室里趣味盎然。问题是否就此解决了呢？还有没有更有价值的问题值得探讨呢？褚树荣趁热打铁地追问：阿Q和假洋鬼子都把静修庵当作革命目标，是巧合还是必然？学生的思维本呈亢奋状态，教师稍做点拨，学生便明白：阿Q的选择是出于本能和无知，假洋鬼子则是一种政治投机。他们都选择了弱者作为革命对象，只要在未庄，只要革命，两种不同的人的选择一定是相同的。教学推进到这里，已经比较深入了，但褚树荣还有最后一问：鲁迅为什么让两个完全不同的人，都选择了革命？选择了静修庵？背后有什么寄托吗？同学们很快就将本节课跟历史课堂结合起来，说是二人的不谋而合正显示了辛亥革命的局限：既未唤醒农民，又对地主阶级妥协。

【品评】

（1）在无疑处生疑。对文学作品细节的发现和品读，是最见语文教师基本功的，尤其是教授鲁迅的作品。《阿Q正传》的节选中，很少有研究者对“有意无意”四个字产生兴趣，这个细节的探究价值，教参多未注意，学生也掉以轻心，但它在褚树荣眼中，确实是一个“富有包孕的片刻”，可以从各个角度阐释：精神？生理？政治？社会？真是平常之处有奇景，于是褚树荣就组织了一次小小的探索之旅，引导学生用发散的视角去解读课文，发现平常处的非常，可谓“于无声处听惊雷”。

（2）向深处追溯。一个问题可以从不同侧面去观照，也可以从不同层面去挖掘。从不同角度解释阿Q的选择，学生已经尝到了探究的快乐。教师又联系假洋鬼子的选择，他为什么也要革命，也选择静修庵呢？更深刻的问题来了，学生开始思考假洋鬼子的投机性。作者为什么把两个截然不同的人安排到一起革命呢？这个问题涉及一个伟大作家对于现实的思考，对历史大事件的批判。到这里，一个细节的重要的寄托才清楚地呈现出来。

（3）内引外联，活学活用。让平常之处非凡起来，让含蓄之处明朗起来，让贫瘠之处丰盈起来，教学就需要内引外联，活学活用，褚树荣正是这样做的。本环节教学有三次拓展和勾连，一是教师提醒学生回忆阿Q在静修庵的往事（偷萝卜），二是阅读假洋鬼子在静修庵的“革命行动”，三是联系历史课堂的现代史知识。“有意无意”就是一根锚，它把沉潜在水面之下的冰山牵引出来了。

片段三：

云中谁寄锦书来

这是一堂阅读方法指导课。讲了“速读”后，该介绍“略读”和“精读”了。这时，传达室那位老干事出现在教室门口。“信！还有报纸！”随着响亮而苍老的声音，一大沓信件和报纸已递到我的手中。

每天9点钟（第二节下课时），学生拥上讲台，寻找远方来信——这已成为该班的每日一景。今天老干事却破例提前了。我的手成为全班同学目光的焦点，教学被中断了。有几位同学甚至迫不及待地询问：“老师，有我的信吗？”于是，我举着信件和报纸，对其中叫声最响的同学说：“别忙问信，先谈谈你是怎样读报纸和信的。”那位同学说：“看报纸不如看信仔细。”我接着说：“是啊，一张报纸在手，翻翻有几版，每版有无吸引人的标题，再看看内容梗概。这种浏览式的阅读方式，就是略读。读信就不同了，这个省略号有什么含义，哪个词生疏，得翻字典。这句话像有弦外之音。从信封到内容，从语句到笔迹，都细细咀嚼，这就是精读。所以，我们天生就有阅读能力并且每天都在阅读。”

同学们会心地笑了。下面的教学活动就在非常活跃的课堂气氛中进行，就连那些惦记着“云中谁寄锦书来”的同学也相当投入。

【品评】

这是一个处理教学偶发事件的例子，可见褚树荣的机巧和心态。

（1）借题发挥，生成教学资源。借题发挥有三个作用：一是转化。从信息论角度讲，实现了冗余信息向有效信息转化；从心理学上讲，实现了无效刺激向新鲜刺激的转化。而且这种转化是紧扣教学情境和学生心境的。二是过渡。使学生由注意力的分散过渡到注意力的集中，使教学内容由“速读”过渡到“精读、略读”。这种过渡非常自然。三是激励。学生意识到阅读并不是艰难的事，他们已有阅读能力并可以读得很好。

（2）宽容心态，慎用职业权威。意外的偶发的矛盾冲突，经常发生在师生之间，这时教师应避免滥用权力。这个闯入者事件完全事发突然，学生注意力分散也是正常。褚树荣不批评，不强迫。如果有同学因为询问有没有信件而受到批评，同学会心怀不满，如果同学听课无心导致教师的训诫，教学的效果就要大大降低。褚树荣并没有把这件事作为一个纪律问题，而是将其当作一个教学的契机，这样的定位是需要宽容的心态和民主意识的。

五、褚树荣教学智慧经典课堂实录

语文出版社选修教材《论语》（中庸之道）教学实录

师：你们都是全寄宿的？

全体同学：是。

师：多久没有放过假了？

全体同学：很久了。

师：假如五一节给你们放几天假，但是要听听你们的建议，你们希望放几天？你说一下。

（教师画一根横坐标）

生：放 5 天。

师：（标记坐标 5）5 天？这个太多了。

生：那么就 3 天吧。

师：这位同学第一次提出放 5 天，我不同意，他马上就退步了。3 天？我们还要研究研究。于是我给家长委员会的会长打电话，想听听他的意见。会长说，褚老师，复习这么紧，不用放了吧？不放肯定不行的。你们说怎么办？

生：我们这么久没有放过假，你好歹也得放两天吧？

师：折中的结果，五一节你们就放两天。我们这个过程，实际上是一个不断磨合、商量的过程，一天、两天、三天、五天，最后定下来放两天。怎么会是两天呢？两天是不是接近一个中间数，所以大家就采纳了？

实际上，两天这个时间节点（指坐标 3 处），学校、家长，还有你们都能接受。这个时间点，考虑到三种人的立场和观点。也就是说，在 3 这个位置上，大家达成差不多一致的意见。这种通过协商最后得出大多数人都认可的方法，或者说这种观念，就叫作“中庸之道”。（板书：中庸之道）中庸之道，由来已久。这堂课就让我们穿越到两千多年前，看看中庸之道究竟是怎么来的，究竟是什么东西，究竟好不好。

现在把《中庸之道》这篇课文齐读一遍。一边读，一边在每一节上面标上一个序号，看看一共有几节。

（学生朗读《中庸之道》）

师：大家读得都比较响亮，而且我发现有的同学也把序号标好了。有些同学对这篇课文有些字的读音有不同的读法，大家听出来没有？

生：第 9 节，这里的“恶”字有两个读音。

师：你读读。

生（读）：子贡曰：“君子亦有恶（wù）乎？”子曰：“有恶（wù）。恶（wù）称人之恶（è）者，恶（wù）居下流而讪上者，恶（wù）勇而无礼者，恶（wù）果敢而窒者。”

师：读得很好，结合词性，这个“恶”（wù）是什么意思？

生：厌倦。

师：对。厌倦、讨厌、不喜欢。“恶（wù）称人之恶（è）”的“恶”（è）是什么意思？

生：大概是缺点、短处的意思。

师：除了这个字，大家注意啊，刚才还有不同的读音吗？你说。

生：子贡问曰：“乡人皆好之。”后面还有“好”，有的读“hǎo”，也有读“hào”的。究竟读第几声？

师：那你觉得应该读第几声？

生：我觉得第一个应该是“hào”，因为它的解释是乡人都喜欢他，好是喜好的意思。后面应该也是“hào”。

师：就统读“hào”，就是喜欢的意思，有理有据，请坐。这个字，我去查过《古代汉语大字典》，“好”有一个义项是友好、友善，它是读作“hǎo”的。在这个句子里面解作“友好”“友善”通不通呢？乡人皆好（hǎo）之，大家对他都很友好。我觉得也可以通。最后一个同学你摇头了，请你说一下？

生：因为我感觉友好的话，翻译过来应该是一个形容词，但是这里把它当成一个动词来用，我觉得这个不是很好。

师：大家对他都很友好，讲不通吗？

生：你改变了句子的结构，把“之”移到前面来了。

师：有没有人支持我？其实改变句子的结构也是可以的。从你们的眼神里面我知道同学有些迷茫了，等到考试的时候，你究竟叫我注音注好（hǎo）还是好（hào）？我的看法是，“乡人皆好之”，像课文那样翻译的，就读好（hào），翻译成“大家对他都很友好”。还有不同读音的字吗？这位同学你说。

生：第 3 节，就是“无适也，无莫也，义之与比”。“适”读“shì”吗？

师：我查过字典，应该是“dí”，“无适也，无莫也”，不过分地亲近，也不过分地疏远，以义作为参照物。很明显，有同学读成“shì”了。

生：还有“恶徼以为知者”的“知”。

师：这个“知”你读“zhī”还是“zhì”？

生：知（zhì）。

师：为什么？

生：它的意思是很聪明的人，是智者的意思。

师：太好了，这个字连我都没有注意到。还有没有不一致的读音？我发现还有。就是第 4 节，“不得中行而与之”。这个句子里面的“中”和“与”读什么读音？

生：我觉得读中（zhòng），就是符合道义，中道。

师：对，下边的注解就是符合道义，作为动词，应该念中（zhòng）。与（yǔ）之，还是与（yù）之呢？有的同学在翻字典，这个习惯很好。

生：参与这件事情是读与（yù）的，我跟你交往是读与（yǔ）的，这里应该读与（yǔ），中（zhòng）行而与（yǔ）之。

师：你讲得很清楚。现在我们来做一个统计的工作。我们给 9 节都标上了序号，这 9 节文字，分别涉及哪一些人？我们一节一节地明确一下，你们来说，我来写。第 1 节？

全体同学（陆续地）：孔子、民、子贡、师、商、君子、狂者、狷者。（教师板书）

师：很好，什么叫狂？什么叫狷？

全体同学：志向远大，不切实际。性情偏激，孤介自守！

师：哦！你们读翻译了。我补充一下：志向远大，不切实际，做事情轻举妄动，好高骛远这种人，我们称之为狂。有点自我清高，自命清高，不肯轻易做事情，这种人叫作狷。

生：中行也是啊！

师：中行是吗？这个我没发现。中道之士，也算是的。

师：到第5节了。

全体同学：先王。

师：先王离我们太远了吧？也算是一种人，古人。这话谁说的？

全体同学：有子。

师：有子。这是孔子的一个高足，孔子去世以后，有子曾经代替孔子讲学，所以称为有子。再翻过来看第6节。

全体同学（继续说）：小人、乡人……

师：乡人。好像还有乡人之善者。善者是好的人，也是属于乡人里面的。乡人之恶者，就是不好的人，也属于乡人里面。再看下去，第8节。

全体同学：乡原。

师：乡原，是一种什么样的人？被乡人视为忠厚不实，实际上没有原则，不辨是非来取得私利、保护私利，这种人叫作乡原。第9节呢？你说说看。

生：恶称人之恶者，恶居下流而讪上者，恶勇而无礼者，恶果敢而窒者。

师：这叫四恶。相对来说有四偏。还有？

生：下面一行的，“恶徼以为知者，恶不孙以为勇者，恶讦以为直者”。

师：那就叫三恶。刚才这个同学读的时候，读错了一个读音，说明我们刚才没有讲到这个字，就是“恶不孙以为勇者”，“孙”应该读“逊”（xùn）。谦逊的逊，不孙就是说不谦逊，粗鲁、无礼。前四偏是孔子所不喜欢的，后三偏是孔子的学生子贡所不喜欢的，叫三恶。我在黑板上把他们分成这样两类了，大家来评评，我这样分类对不对，有不同意见吗？

生：我觉得不光有好的和不好的，还有一些中庸的。

师：你非常辩证，应该分三类，好的、不好的、中间派？你觉得哪些人是中间派？

生：民、乡人这些，还有中行者。

师：这位同学贡献了另外一种分类的方法，我事先备课的时候没有想到，我有一点走极端了。他提出了中间状态的人，中庸之道已经学得很好了。（生笑）我们来看看，中行者是不是中间状态的人？

生：是行为举止合于中庸之道的人，这一类人是君子了，因为孔子讲过，“君子中庸，小人反中庸”。所以这个中行者，应该是在这边的。

师：你分析得太好了。

生：民和乡人一类，也不能作为君子的对立面。

师：普通的老百姓看来是中间派，但是在这篇课文里面，普通的老百姓缺乏什么已经很久很久了？“民鲜久矣”，就是老百姓缺乏中庸很久很久了。在孔子看来，中庸是君子，缺乏中庸很久很久的这一类人就归到小人这一类去了。

生：民、乡人，怎么能算小人呢？

师：有些同学又疑惑了，这怎么会是小人呢？要注意，这个小人的概念跟乡人、民的概念都差不多，都是指普通人，都是很难做到中庸的人，叫作“小人”，没有特别的贬义色彩。

生：狂和狷也不是能守中庸之道的人，应该放到左边来。

师：对，这两种人也不是守中庸之道的人。（板书把他们圈到左边）还有没有？

生：师和商也不是中庸之道。

师：请说明你的道理。

生：师和商一个是做得过头，一个是没有做过头，以中庸思想来说，就应该是做得恰到好处。所以，他们应该归到左边。

师：讲得又响亮又清楚。所以这两个人虽然是名门之徒，是高足，但是中庸之道真的很难做到啊，只能暂时委屈归到这里去了（板书把他们圈到左边）。现在我们把它分好类了，这两种不同类的人群，他们在待人接物、为人处事方面，具体的表现有什么不同？我们再看看课文，把他们各自不同的表现画出来，可以一边画一边讨论。（同学看书动笔讨论）

师：有些同学画好了，我们叫他们来说一说，这两类人在待人接物处事方面的表现有什么不同。请你们用课文里面的一些句子或词语来说一说。说一个也行，两个也行，好不好？谁来讲？（学生有点为难）抬起头来看看我，好，我这样就知道谁能说了。

生：君子和而不同，小人同而不和。

师：你一句话就说出了两类人不同的表现。你知道这两句话的意思吗？

生：君子调和而不混同，小人混同而不调和。（笑）

师：说得跟书里面一样，是翻译吧？这个翻译费脑子，让我们解释得生活化一点。所谓“君子和而不同”，这个“和”是团结，是“为了一个共同的革命目标走到一起来了”，但是，做事的时候自己的思路、自己的特长、自己的观点、自己的个性，还能够保留着。这些不同的人走在一起，能为一个共同的目标做事情，这种人是君子，是“君子和而不同”。小人呢？恰恰相反，这个“同”，是大家都在一块，表面上好像和气一团，很团结；这个“不和”，是钩心斗角，各怀鬼胎，各有算盘。这种就是“小人同而不和”。

生：第 4 节，“狂者进取，狷者有所不为也”。

师：“狂者进取，狷者有所不为。”那么，表现得好一点应该怎样呢？不狂也不狷，应该怎么样？

生：中行而与之。

师：“中行而与之”，这个句子很重要，大家画一画。“中行与之”，做事情取中而行。

生：课文第 3 段，“无适也，无莫也，义与之比”。

师：你说的是君子的表现。“无适，无莫，义与之比。”我把它写下来，这个“义”什么意思？

生：道义。

师：道义，仁义道德也好，原则性也好，就作为参照、作为标准。我接近你，或者不接近你，这个“义”是参照物。还有吗？

生：第 5 段，“知和而和，不以礼节之”。

师：这是小人一边的表现啊，“知和而和”，你能讲一下是什么意思吗？

生：就是他知道要去和什么，但是却不以礼法把它变和谐。

师：你讲得对，但我解释一下，他知道和谐、团结的可贵，但是一味为了团结、和谐而牺牲了某一些礼节、礼仪规范的东西，这也是不对的。

你说的这个也很重要，谁还能贡献其他的？这位同学你讲讲。

生：第7节，“不如乡人之善者好之，其不善者恶之”。

师：好的人觉得他好，坏的人你就要疏远他。那么应该怎么板书？好者好之，恶者恶之。

生：第2段，“师也过，商也不及”，“过犹不及”。

师：这两个高足，一个过，一个不及。过犹不及的另一端，做得比较好的应该是？

生：中行与之。

师：中行与之，或者另外一种说法就是中庸之德，就是取中行事。请坐。

生：我觉得第5段还有一个，“礼之用，和为贵”，这里使人更安顿，保持社会安定来获得从容。

师：讲得很好，以和为贵，又是一种表现。

生：还有一个不好表现就是，“乡原，德之贼也”。这里指的是不符合中庸，而且同流合污的一类人。

师：哦，把他们写到左边去，乡原之贼，或者说——乡原，德之贼。还有吗？

生：没了。

师：还有君子的四恶、子贡的三恶，相对就有小人的四偏、三偏。同学一下子发现了这么多两类不同的表现。我们来看看，右边是中庸的表现，左边都是不太中庸的、反中庸的表现。（指着板书）我们能不能再进一步把这些表现的本质性的东西概括出来？我看同学们的表情有点为难，这样吧，在这些词语当中，你认为最能够代表中庸本质的是哪些？我们先来看孔子这四个高足，一个是商，一个是师，一个是子贡，一个是有子。很明显我们把他们分成两类了，为什么把师和商分在这边？

全体同学：过犹不及。（板书：过犹不及）

师：对，那么过犹不及的对立面是什么？

生：中行与之，中道行事。（板书：中道行事）

师：所谓这个“中”并不是绝对的中间数，是大家能够在某一点上取得共同的认识，这个东西叫作“中”，最大公约数。刚才这位同学说“中行与之，中道行事”，这是中庸之道的一个本质特征，有没有道理？（学生点头）有道理。还有没有发现其他的？

生：我觉得和为贵，因为儒家思想就是要以和为主，中庸满足这一条件，和为贵也应该是中庸的一个核心。

师：很好，以和为贵（板书：以和为贵）不单是中庸的核心，而且是儒家的一种终极的价值观。我们做事情，最后追求的都是一个“和”字。

生：我觉得“义与之比”也是的。

师：应该是，你说说你的理由。

生：它是说，按课文的翻译是只把义作为与人交往的依据，义是天下大部分人都要首肯的道理，所以“义与之比”，也就是中庸的本质了，中庸就是取义所在的那个地方。

师：你讲得太好了，而且用了一个词叫“首肯”。义是中庸取向的标准，义就是一种参照物，义就是你做事情的根据。而礼是从义推演出来的制度和规范。凡是不符合义和礼的，都是为了中庸而中庸，就像课文里说的“知和而和”。同学们概括得都很准确啊，还有没有？这位同学你说一下。

生：我觉得“和而不同”也是。

师（板书：和而不同）：请讲讲你的理由。

生：“和而不同”强调的就是君子之间的和谐，为了一个共同的目标而前进，但是他们各自有不同的特点、不同的长处，强调的是大家很和谐，但是能够求同存异。

师：好，你这种看法非常了不起。所以我们讲中庸，第一是中道行事，第二以和为贵，第三和而不同。（指板书）那么，小人反中庸的特点是什么呢？能从课文中分别找出相反的特征吗？

生1：中道行事的反面是过犹不及，和而不同的反面是同而不和。

生2：以和为贵的反面是知和而和吧？

师：同学们非常了不起，概括得很准确。

师：这样看来，好像中庸之道是非常高端的价值观和方法论，是非常好的智慧了。真的如此？中庸会不会有副作用？

全体同学：有。

师：中庸之道弄得不好，就会变成什么东西？大家讨论一下。

（同桌讨论）

师：大家都在说悄悄话，不是在讨论，你们习惯用耳语，我都听不到，我不知道你们的同桌能不能听到，请一名同学站起来说给大家听。好，这一桌，你说说看，你觉得有没有副作用，有的话可能会怎么样？

生：副作用肯定也有，中庸之道看事情太过于强调为了一个共同的目标，就会把个人的创造力给扼杀了。

师：讲得很好，如果过分强调“同”，就会损害“异”，这个“异”可能就是个人的创造力。我们中华民族现在创造力严重不足，是不是跟历史上将中庸之道作为一种处事原则传下来有一点关系？还有没有其他的说法？好，你讲讲看。

生：比如一个集体里面，过于讲究中庸之道，别人怎么对待你都行。就比如南宋一样，外族怎么侵略它，它都可以忍让，但是这样过度忍让，反而助长了一些坏的事情的气焰。

师：对，讲得很具体，很不错，你是读文科的吗？

生：理科。

师：理科生能引经据典更了不起。过分地为了求和忍让、妥协，可能会失掉一些东西。你的义，你的理，你的某一种骨气、勇气就可能会失掉，对不对？

生：我觉得“狂者进取，狷者有所不为”，没有什么不好。没有狂者、狷者的话，可能会导致每个人追求平淡就行了，不再去追求更高、更新、更好的未来。

师：你是说中庸之道可能导致保守主义？（学生点头）不想再往前突出一点，不想再做出头鸟，不想再做秀于林的大树，这样的理解也有道理。

生：我不知道我讲得是不是有点片面，如果结合孔子的背景来说，孔子他一直想被君王重用，然而一直没有被重用，他写这个的时候应该也是到了晚年，他说没有一点再想追求名利的心，说不定心里还有这个想法。说中庸，就是要百姓中庸，他很少有关于统治者的论说，说不定就是想以这个来巩固君王统治，然后让别人相信他的学说。

师：片面不片面不好说，中庸是要大家都守中而行。这样天下太平，秩序稳定，让某种集团的力量能够和平地维持下去。所以，对于一些传统的因循不好的东西和力量就会被削弱。这个同学讲得太好了。如果再讨论下去，我相信我们丽水中学高一这个班的同学还会发表更精彩的观点。

中庸之道毕竟是中华民族的智慧，如何才能防止刚才同学们说的那些副作用呢？这是一个很高深的问题，也是一个很难把握的问题，只有具备很高智慧的人才能把握好分寸，你们有没有这样的智慧啊？（生面露难色）

拥有这样的智慧，要有人生的历练。即使有人生的历练，也不是每个人都能达到这样的智慧境界！我们所能做的是四个字：一个是中，一个是和，一个是义，还有个礼。做事情能取中，不走极端。为什么取中呢？因为你追求的目标是“和”，不是对立。但“和”不是和稀泥，而是内要有“义”，义是是非准则、价值标杆；外要守“礼”，礼是义的制度化，是是非准则、道德标杆衍生出来的法律、规范、规定等。

记住这四个字，是不是会减少中庸之道的偏差和副作用呢？我也不知道，这需要用一辈子的时间去验证。总之，假如两千多年前的中庸之道到现在还适用于我们处理同学关系、同事关系、单位关系、国家关系、世界不同文化之间的关系，我们中华民族的智慧就可以对整个人类做出很大的贡献了。好，下课时间已经到了，下课。

第四篇 程少堂教学智慧研究

程少堂，男，湖北省武汉市（原新洲县）人，深圳市教育科学研究院中学语文教研员。语文味教学流派创立者，“新生代”名师代表，粤教版新课标高中语文教材分册主编，全国高校教材《现代教育学》参编者，硕士生导师。

2007年，《程少堂讲语文》入选教育部语文出版社编辑出版的“名师讲语文”丛书（全国入选20人），并于2008年出版。2009年，入选教育部《中国教师报》《基础教育》杂志社举办的“从课堂里走出的100位教育家——新中国成立六十周年专题活动”。2010年，入选四川师范大学开设的“中国当代十大名师教学艺术研究”课程，这标志着语文味教学理论与实践探索已成为“大学教科书级别”的成果。2011年，应邀在北京师范大学做题为“从‘冷美学’到‘热美学’——以‘语文味’为例谈中国语文教学美学视界的转换”的讲座。2013年5月8日，《南方都市报》发表长篇通讯《这些名字让深圳教育具备改革锐气，生动如诗》。该文首段指出：“他们都以卓越的方式在深圳教育史簿上留名。”程少堂在列。2014年，被评为全国中语界首届“十大学术领军人物”。2015年5月8日，《南方教育时报》发表整版报道《程少堂：他的“语文味”正在改变全国》。目前，百度文库已收录大量语文味主题论文。多所高校将语文味和程少堂作为硕士论文选题，其中东北师范大学张岩近30万字的专著《荒原中的舞者——程少堂语文教育思想研究》2013年在北京正式出版。该专著的问世开启了我国语文界在职语文名师被学者写成专著进行系统研究的崭新一页。自此，程少堂完成了从“读书—教书—写书”的人生向“被别人写成书”的华丽转变。

一、程少堂教学智慧的探索历程

程少堂之于中国语文教育有着重大的影响和意义。

日本著名平面设计大师原研哉的《设计中的设计》一书中有言："一个真正的设计师，应该能够丰富设计这一概念。"同样，一个真正优秀的语文教师，他应该不仅能教好语文课，而且能够丰富语文这一概念。

程少堂这一生为语文而来，他发现了语文新大陆，丰富了语文这一概念。

（一）2001：提出语文味

1. 语文味教学思想的诞生

现在，就让我们回到2001年，一起回想一下当时多数语文教师是怎样教学的。我们是不是大多参考教辅资料之后再来设计教学？一些教师无论如何花样翻新，都是花拳绣腿表面功夫，总也翻不出真正的新角度、新思想？究竟为什么我们走不出设计的藩篱呢？

直到2001年3月的一天上午，程少堂在深圳市罗湖区某中学听课后的评课中，对其中一位老师的课进行点评时，程少堂提出了一个他自己从没用过也没见过的词：语文味。他当时的原话是："有的教学环节语文味还不够浓。"这次评课后，程少堂马上撰文《语文课要教出"语文味"》，发表在《语文教学通讯》2001年第17期A刊，这是我国学术界正式提出"语文味"概念和理念，即把"语文味"初步概念化、研究化的第一篇文章。从此，中国语文界诞生了一个充满中国美学味的新名词——语文味。

2. 语文味教学思想诞生的必然性

语文味教学思想的提出，是对当代语文教育思潮的辩证整合。中国当代语文教育史上曾多次展开关于语文性质的讨论。2001年，《全日制义务教育语文课程标准（实验稿）》提出工具性和人文性的统一是语文学科的基本特点。于是，真正的语文课的谜底因为前人的大量研究而呼之欲出了。正是站在"前人的肩膀上"，程少堂开始了语文味的思考，提出了语文教学过程整体美即语文味的和谐统一的学术研究。

语文味教学思想反映了语文教学的内在规律，与新课改语文教改之间具有内在的一致性。它的提出，是对"异化"了的语文教育进行改造的必然要求。当代的语文教学存在不少不属于语文的东西(需要说明的是，这并非主张凡是不属于语文的东西在语文课上都不能教)，或把语文课教成其他学科知识的拼盘，或把语文课异化成其他学科的“保姆”，应试化、技术化使语文教学失去了自由、自我与自尊，机械化与模式化又使它丧失了本真与个性。一个本应是具艺术与情趣的教学领域，变得枯燥、乏味，缺乏甚至没有语文味的语文课充斥着许多课堂。要改革当今的语文教育，就必须纯化语文课本、语文教学过程和语文教学方式方法(需要说明的是，语文味教学流派所主张的“纯化语文教学”不是有的专家所主张的狭隘的“纯化”)。

语文味教学思想与中国传统文化有密切关联，它是对中国古典美学中“滋味”范畴的创造性转化。我们知道，在审美理论中，所有艺术的最高境界都与诗有关系。而根据中国古典审美理论，诗的最高境界是“有味”即有“诗味”。语文教学既然是一门艺术，它的最高境界也应该是“有味”，那就是“语文味”。语文味正是一种基于汉语言文学特点而极具中国本土特色的语文教学的美学追求。

3. 语文味的第一代表课

2002 年 4 月，也就是在语文味教学思想提出一年之后，程少堂的大型公开课“用另一种眼光读孙犁：从《荷花淀》看中国文化”在中语界产生重大影响——这是发现语文新大陆的一课。

一线教师和业内著名学者都不约而同用“巨大”来形容这堂公开课的深远影响。成都七中母红梅老师在网上发表文章评价说：程老师这堂课以“理性为壤，诗性为天”，影响十分巨大，甚至因此形成当代中学语文教学的“语文味派”。著名语文教育研究专家、上海师范大学王荣生教授更是把这堂课的教学实录放在其主编的《走进课堂——高中语文(必修)新课程课例评析》一书的第一篇，并对这堂课给予极高评价：程少堂的《荷花淀》课例“教学是别开生面的，给我们带来的冲击力是巨大的……对教学改革的突破，不再是一般的教学方式的变革，而是‘教学内容的创生’……执教者程少堂老师致力于打破对《荷花淀》解读的常规范式，从文化的视角来解读《荷花淀》，独具慧眼，有所开掘，有所发现，并且，把它们化为课程内容在课堂上进行生动深入的演绎和妙趣横生的展开。这堂课，充分体现教师用教材教，而非教教材的教学理念。在这堂课中，课文《荷花淀》在程老师那里只是教学的一个‘脚本’、一种‘道具’、一个隐喻，教学内容主要是由教师开发出来的。正是由于教学内容来自于教师的开发，渗透着教师的独特感悟、生命体验，因而教学的过程成为教师生命激活、情感荡漾、心灵放飞的过程，也由于教师生命、情感和心灵的投入与融入，激发并带动了学生，学生与教师一起进入到一种心智活跃、激情勃发的亢奋状态，于是，教学过程也就成为师生情感交融、智慧展开的过程。教师是课程资源，学生也是课程资源，这一点在这节课里得到生动形象的展示”。

十多年后的今天，我们再观语文味的这一发轫之作《荷花淀》课例，依然能强烈感受到扑面而来的清新之风和摄人心魄的震撼之魅。若想一窥语文味课堂的奥妙，就要反复研究《荷花淀》。可以说，《荷花淀》课例几乎渗透着语文味全部的思想理念的萌芽；或者说，《荷花淀》课例是印证语文味教学思想理论的一次大胆而成功的实践，它一举挣脱了传统语文教学思想的锁链，是语文味的代表课，是语文新大陆上的创举，是中国语文教学美学新体系的奠基之作。

（二）2007：中国语文教育理论发展史不应忽视的年份

程少堂的《荷花淀》课例开风气之先，产生了深远的影响并引发持续热烈的讨论。五年之后，也就是2007年4月，程少堂又一扛鼎力作“在‘反英雄’的时代呼唤英雄：《人民英雄永垂不朽——瞻仰首都人民英雄纪念碑》细读”（以下简称“纪念碑”）再次惊艳中语界，《荷花淀》才算有了“接班人”，甚至有一线名师称之为语文味的“巅峰之作”。于是，2007年的中语界，因为程少堂“纪念碑”一课，再度掀起狂飙。

1. 语文味教学思想的研究理路

也许程少堂在主讲《荷花淀》时，并没有要把他的语文味思想理论研究与这一课的教学实践紧密结合的很强烈的意识，但听者分明从中感受到了这堂课上弥漫的浓浓的语文味，这就大大激发了程少堂由此开始的“即器求道，道器合一”的求索之路。

清代史学家章学诚认为：“求道”是治学的目的，“君子即器以明道，将以立乎其大也”；“即器”是治学的方式，“学于形下之器，而自达于形上之道”。离器言道、空谈义理是不可取的。王国维治戏曲史，也追求道器合一，于形下之器，透现形上之道，又让形上之道坐实于形下之器，使戏曲这一中华元素在娓娓道来的文化事象的展示中得以昭显。

借鉴先哲，程少堂清醒地认识到，语文味教学思想要不断向前发展，就必须遵循“即器求道，道器合一”的研究理路，语文味理论即道，语文味实践即器。理论离不开实践，实践是理论发展的基石。应该说，“纪念碑”一课就是在这样的学理背景下，在语文味思想理论不断走向成熟时应运而生的产物。

2. 语文味教学模式雏形初现

这堂“纪念碑”又一次震动语文界，首先是因为它是植根在语文新大陆上盛放的花朵，让我们领略到了历来被公认为最难教的说明文在程少堂那里摇曳出婀娜多姿的美态，那沁人心脾的文化气息令人流连忘返，回味无穷。而事实上，对于语文味教学思想本身而言，经过“实践—理论—再实践—再理论—再实践”这一螺旋上升式的不懈探索，这堂课相较于五年前的《荷花淀》，其更大的意义恐怕在于，它将之前语文味教学中一些看似“无意识、无规则、无形态”的教学信息元与整体结构性要素明晰化了，慢慢揭开了朦胧含蓄、仪态万方的语文味的面纱，让语文味的教学思想宏观框架呈现出了清眉秀目，即：语言—文章—文学—文化。可以说，语文味“一语三文”教学模式的雏形在这堂课中已是清晰可寻。“纪念碑”一课不仅对语文味教学思想发展来说是一座里程碑，在整个语文教育发展史上也是一座高峰。它的问世，无疑再次用实践丰富了语文的概念。

（三）2014：一座丰碑的诞生——《语文味教学法》

从 2007 年到 2014 年，七年，意味着什么？一般说来，许多事物发展到第七个年头，都会不以人的意志为转移出现这样那样的问题，人们称之为“七年之痒”。那么，语文味的这七年又如何？

1. 理论型的实践家或实践型的理论家

其实，真正的学术，不仅不会随时间的推移而出现“七年之痒”，反而会历久弥新，历久常青。语文味即是如此。

作为一名学者，程少堂不满足于做语文教育实践家，也不满足于做语文教育理论家，他的人生追求是“两只翅膀的翱翔”，即要做理论型的实践家或实践型的理论家。如上文所述，程少堂的语文味思想理论从诞生那一刻起，就是伴随着实践而来的。之后，他又通过大量的语文味教学实践反复印证并指导自己的理论，同时又不断丰富发展自己的思想理论，然后再把新的思想融入自己新一轮的实践当中加以证明，随之又再产生新的思想。如此往复循环，螺旋式上升，理论与实践的两翼就这样在语文新大陆上翩然鼓动，飞过青山绿水，舞出一片旖旎风光。因此语文味教学思想，不要说七年，现在已经过了两个七年，相信再过 N 个七年，其学术锋芒将依然熠熠生辉。

2. 语文味教学法的诞生：一个历史性事件

在语文味思想发展的第二个七年之际，《语文味教学法》诞生了。该书是中国语文教育史上第一部由一线中小学语文教师集体撰写的语文教学法专著，其诞生可以说是一个历史性事件。它的出版，无论是对中国语文教育发展史来说，还是对突破当下中国语文教学的困境来说，均具有积极的意义。后人研究中国语文教学法、中国语文教学理论发展史，绝不能越过这本书。

罗素在他的名著《西方哲学史》美国版序言开头这样写道：“目前已经有不少部哲学史了，我的目的并不是要仅仅在它们之中再加上一部。”作为语文味教学法的创立者，程少堂在他的《语文味教学法》的序言中模仿罗素这句话写道：“目前已经有不少部语文教学法了，我的目的并不是要仅仅在它们之中再加上一部。”是的，语文味教学法相对于已有的中国语文教学法，是贡献，又是发现。

程少堂的语文味就是对语文概念的发现与丰富，也因此，我们称程少堂为“语文界的哥伦布”。

二、程少堂教学智慧的思想内核

程少堂开辟了语文新大陆，创立了一种新的教学语言，他要构建中国语文教学美学新体系。这个体系和现有的语文教学美学体系有着本质的区别，它是弘扬中国精神，承创中国术语，运用中国表达，反映中国文化的中国语文教学美学新体系。

（一）语文味

程少堂一生只研究三个字：语文味。

他认为：所谓语文味，即在语文教学过程中，在主张语文教学要返璞归真以臻美境的思想指导下，以激发学生学习语文的兴趣、提高学生的语文素养、丰富学生的生存智慧和提升学生的人生境界为宗旨，以共生互学（互享）的师生关系和渗透师生的生命体验为前提，主要通过情感激发、语言品味、意理阐发和幽默点染等手段，让人体验到的一种富有教学个性与文化气息的，同时又生发思想之快乐与精神之解放的，令人陶醉的诗意美感与自由境界。

语文味这一内涵丰富的学术概念，通俗地表达就是：在扎实的基础上，把语文课上得有趣些，有味些，好玩些，也就是美些。这一下里巴人式的特殊通俗性正是语文教学真正的追求，也是新课改精神的真实体现。

（二）文人语文

借鉴中国近代著名画家、美术教育家陈衡恪关于文人画的定义，程少堂将文人语文的概念定义为：由文人所教授，含有文人之趣味，在教学过程中不过多考究教学技术技巧，而于课之外，能看出许多文人之感想的表现性（抒情性）语文教学。这一定义，首先强调执教者的文人身份和文人趣味，强调执教者主体精神的张扬。

现代西方文学理论著作《镜与灯：浪漫主义文论及批评传统》，把两个常见而相对的用来形容心灵的隐喻放到了一起：一个把心灵比作外界事物的反映者，是为“镜”，与模仿论相对；另一个把心灵比作一种发光体，认为心灵也是它所感知的事物的一部分，是为“灯”，与表现论相对。借用“镜与灯”的隐喻，我们也可以把匠人语文以及借用西方美学话语系统作为理论支撑的语文教学美学话语看作“镜”，而把以语文味和文人语文为中心的中国语文教学美学新体系看作“灯”。从某种意义上我们可以说，这种话语转换是将过去再现性的中国语文教学美学转换为表现性（写实主义和浪漫主义相统一）的真正中国化的语文教学美学话语。这一转换是一种基于中国美学传统的创造性转换，当然也可以称之为“革命性的转换”。这种转换无疑将深远而深刻地影响中国语文教学理论与语文教学实践的发展取向。

文人语文是语文味衍生出的阴概念，是语文味思想的进一步表述，它和语文味概念原则上可以互释。

（三）语文味教学法

语文味教学法是语文味衍生出的阳概念，是语文味思想的显性化表达，它在语文味定义的基础之上，针对教学实践做了更为充分、清晰、生动的阐释。

语文味教学法，是以语文味教学理论为指导思想，以教学过程中师生共生、共创、共享、共鸣、共融、共进为教学宗旨，以既要就语文教语文又要跳出语文教语文，使教学成为真、善、美、乐相统一的过程等为教学原则，以“一语三文”教学模式和其变式为主要教学方式，以语言、文章、文学、文化为教学内容要素和教学过程结构，以融合文本思想内容与师生生命体验打造新的教学主题为教学重心，以营造教学审美意象与意境、建构教学艺术作品为教学追求，同时又充分具备语文教师和学生通过语文教学来抒情言志并实现价值推送之功能的一种“有温度”的表现性教学法。

定义中所谓“一语三文”教学模式，是指在语文味教学思想和理论指导下，从语文学科教学规律、学生特点和教师教学个性等实际出发，为实现语文味教学的基本宗旨和语文味教学的系统追求，建立起来的一种相对稳定的，以语言、文章、文学、文化为教学内容要素和教学活动程序之结构框架。这里特别需要强调的是，语文味“一语三文”教学模式将文章与文学区分开，这是两个层次的教学，不能混为一谈。文章层面的教学，内容主要包括文章规律、文章信息、文章体式以及文章风貌等方面的知识和能力，简单地说包括文章包含的“理性逻辑”和“意义”；而文学层面的教学，主要探讨文本中语言的情境化和个性化以及文学语言本身具有的形式美，以及如何运用语言手段刻画文学形象等问题，简单地说包括文章包含的“情感逻辑”和“意思”。语文味教学法中的文化主要指反映一个民族的思维方式、情感方式和行为方式的深层结构，以及在此基础上形成的多元文化观和文明价值观。语文味教学法中的文化层面教学强调以承载着文化的文本为基点，融入教师、学生自身对人类文明的独到的生命体验，通过对文本进行更深层次的解读和拓展来实现独具美感与哲思的，以真善美为主要内容的价值推送。这是语文味教学法中文化教学的主要内容。

作为语文味教学之内容要素，“一语三文”教学模式突出强调了从宏观上把握语文教学活动整体，以及语言、文章、文学、文化等四大内容要素之间内部的关系和功能。作为语文味教学活动之程序框架，“一语三文”教学模式突出了语文味教学的有序性和操作性，即一个相对完整的语文味教学过程，原则上按照语言—文章—文学—文化的程序进行教学。

“一语三文”教学模式作为一个系统，具有系统的整体性、目的性、稳定性和动态性等特征。这一模式系统既规定了语文味教学的内容要素（即语言、文章、文学、文化），又规定了语文味教学的活动程序结构（即语言—文章—文学—文化），是教学内容要素和教学程序结构的有机统一。当然，语言、文章、文学、文化四个要素在这一模式中的地位和作用有所不同。对它们的地位和作用最简洁的表述是：语言是基点和中心点，文章是重点，文学是美点，文化是亮点。

语文味教学理论研究深受中国古代哲学文化典籍《周易》“道生阴阳，阴阳生八卦”理论的启发。我们可以把语文味看作是“道”，那么由语文味之道就生出了“文人语文”和“语文味教学法”这一阴一阳两个概念；再分别由“文人语文”这个阴概念生出教学境界、教学主题、体贴、真善美乐统一这四组关键词，由“语文味教学法”这个阳概念生出“一语三文”教学模式、价值推送、语言把玩、幽默点染这四组关键词，它们构成了语文味的“阴阳八卦”，共同支撑起中国语文教学美学新体系的大厦。

三、程少堂教学智慧的艺术呈现

程少堂语文味教学最核心、最本质、最具价值影响力的思想就是表现性教学（或抒情性教学）。表现性教学是“有我之境”的教学，因而是语文教学中的“热美学”。“有我”与“无我”，是语文课堂的两种境界。本节将结合程少堂的若干经典课例加以阐释。

（一）“有我”的美学之境——渗透生命体验

语文味教学法所强调的生命体验，是指那些能够激活人对生命的热情，激发人对真、善、美的进一步追求，促使人的潜力得以充分发挥之所爱、所恨，或所追求的人生价值，以及在这些追求、发挥、爱与恨过程中所产生的具有生命哲学高度的人生感悟。简单点说，所谓生命体验，是指教学主体（师生）在追求和社会发展要求相一致的自我实现过程中所产生的具有生命哲学高度的人生感悟。

【例 1】千古文人梦里有个“我”

熟悉、了解程少堂的人对他都有个共识：率真，儒雅。有老师说：“程少堂是真正的文人，有士大夫的风范，很喜欢他身上那种文人的风骨。”

都说课如其人，程少堂的课总是洋溢着浓郁的人文气息。比如他的大型公开课“千古文人《世说》梦——《世说》欣赏：以《咏雪》为例”一课的开场语：

有本书叫作《千古文人侠客梦》。实际上自魏晋以来，中国文人还有一个梦，就是“世说新语”这个梦。一直到现在，中国人特别是知识分子对《世说新语》里面描绘的生活——精神境界是非常羡慕的。有很多知识分子至今还在追求那种生活方式，有些行为方式在当今的知识分子中还存在。

以“文人之梦”引入定下全课的生命基调，本就极富吸引力。梦是一种遥远不可及的美，绵延千年的文人梦充满着率性、浪漫、自由，又埋藏着多少热烈、执着、深沉的傲世风骨和典雅情怀。这种情怀正与执教者程少堂的生命体验遥相呼应，文人梦就是“我”的梦。

再看全课的作业和结语：

这篇文章字数不多，但是味道很浓很足。大家回家以后把它改写……重要的是把“谢安的大笑”——“他为什么大笑”“他笑谁”——这些写清楚。他为什么不直接说谢道韫的好？因为封建社会比较顾及男孩子的尊严。或许在今天的中国家庭里还有这种现象。这些内心活动都要把它写出来。

今天我给这课取的名字是“千古文人《世说》梦”。梦的是什么呢？梦的是人活得要很有味道：人们追求按照自己希望的那种境界生活，也就是“率性而为”。

我们看到，这一课紧贴着文章走，紧贴着人物走，紧贴着作者走，紧贴着教学主体的生命轨迹走，用程少堂自己的话说就是“体贴”。整堂课无不渗透着执教者自己对文人精神的独特生命体验与情感体验，艺术地表达了他对“世说时代”有个性的文人率性而为的生活态度的强烈向往和热切追求。执教者用他全副的生命借文本中的魏晋名士形象唤醒、激荡了所有文人沉潜心底的那种对“世说时代”和文人精神的生命体验，引发共鸣，让人倾心神往，所以文本在这里很自然地成了执教者进行生命歌吟和深挚抒情的载体，这就是表现性教学“有我之境”的妙谛。

【例 2】人间惆怅客亦是“我”

程少堂的生命底色里还有一种色调：忧郁。因此有老师评价他“富有诗人气质”。其实，这种惆怅的忧郁气质，与他人生经历中的孤独有关。经历过相当人生的人，他的生命体验自然会更丰富些。

听过程少堂讲“锦瑟：中国诗歌美的‘四个代表’”的老师一定不会忘记他与这位“人间惆怅客”在人生经历上的诸多契合，于是他在讲李商隐的生平时，会让人感到似乎就是在讲他自己的内心经历：他讲义山父亲去世，从此成了孤儿，便讲自己父亲去世，从此便感到自己成了孤儿；讲令狐楚对义山大为怜爱，白居易对义山推崇备至，便隐隐感到他对知遇之恩的渴望、感激与珍惜；讲义山的无路可走而终被玉成，便是他对义山或者说是对自己的孤独感与成就感的咀嚼与回味；讲义山“一直被模仿，从未被超越”，忽觉他那一堂堂充满语文味的课例又何尝不是如此；讲义山之无题诗的主题历来争议不断，因此而成为中国诗人里“最独特”的一个，便想到语文味的理论与实践尽管也引发过一些争议，但这却丝毫不影响他的独特见解；讲“770 年杜甫死后墓志铭是元稹写的，831 年元稹死后墓志铭是白居易写的，846 年白居易死后墓志铭是李商隐写的”，不禁想起他“提前为自己写好的墓志铭”……

此时此刻，我们眼前仿佛真的出现了“庄生晓梦迷蝴蝶”的凄美迷离的如幻梦境，似乎眼前的这个生命分明就是千年以前的那个已经飘然逝去的惆怅生命。课行至此，屏幕上赫然投影出了一句话：“中国历史，在知音与知音之间，回环相与地传承，即使他们之间隔了湍湍沸沸的一个时代，却不影响他们站在彼此的对岸，用灵魂大声呼应。”诗、人、课如此这般水乳交融，完美合一，此非“有我之境”不能至焉，“有我之境”

的课堂就是如此具有美感和魅力。听罢，我们可以说，教学的“有我”之境即是“诗”之境、“美”之境、“和”之境。

语文味教学法倡导的语文教学要渗透生命体验，就是主张将教学主体（师生）生命历程中的有积极意义的所爱、所恨以及那些具有生命哲学高度的人生感悟渗透语文教学过程，使之成为语文教学的重要资源与内容。这是语文教学教出语文味的根本与核心，是语文教学过程艺术化审美化的关键和奥秘之所在。我们看上述两例，程少堂就是借助文本将自己的所爱、所痛、所追求的人生感悟自然地渗透教学过程，艺术地转化为教学资源与内容，从而抵达教学“有我之境”的美学与哲学高度，变“我讲语文”为“语文讲我”。现有的教学是“我讲语文”，是“无我”的再现性教学，程少堂称为“冷美学”；语文味教学则是“语文讲我”，是“有我”的表现性教学，程少堂称为“热美学”。

（二）高雅的文化品位——打造教学主题

过去，我们的教学理论只有课文主题的概念，并没有教学主题的概念。但根据语文味教学思想，语文教师应该像艺术家创造作品一样，把课堂教学过程当成艺术作品来打造。课堂教学过程既然是一个艺术作品，当然就应该有自己的主题，我们把这个主题称为教学主题。

通过将课文主题和师生的生命体验相结合相熔铸，来打造既来自课文主题，又大于、高于课文主题的新的教学主题，即形成整个语文课堂教学过程的中心思想或核心内容，这是语文味教学法的核心思想与灵魂。

【例 1】打造英雄主题，创造英雄之作

程少堂可以被称为语文味教学里程碑式的教学力作“在‘反英雄’的时代呼唤英雄：《人民英雄永垂不朽——瞻仰首都人民英雄纪念碑》细读”，其教学主题可谓一箭双雕。我们来看看程少堂是如何突出该课的教学主题的：

师：我觉得我们这个民族，现在有一点鄙视英雄啊，当面可能说英雄好话，背后啊——可能会说他傻，是不是啊？我觉得一个民族要壮大，希望后人给我们这代人建纪念碑，我们就要呼唤曾经有过的英雄意识和不朽意识。

中华民族很早就有“三不朽”的追求（激光笔指示投影）：“太上有立德，其次有立功，其次有立言，虽久不废，此之谓不朽。”什么意思呢？大概的意思就是《左传》里面说的，要想不朽，有三种办法：最上的一种办法——中国传统文化是儒家文化——立德；其次，建功立业；最后，立言，就是写作。啊，就是这些东西很久了也不会磨灭。此之谓不朽。既能立德，又能立功，又能立言，那当然更好啦，可是一般人做不到，能做到一方面就不错了，但是我们要呼唤不朽意识啊！大家来听一首很著名的诗——普希金的《纪念碑》。（播放录音）

我们回头看这节课的标题——“在‘反英雄’的时代呼唤英雄”。我想通过这一节课的教学，不光是让同学们学习一篇说明文，还想同学们呢，从小就有一种不朽意识、英雄意识。

文本的说明对象是一尊外表冰冷的人民英雄纪念碑，按照传统教学，无非就是介绍说明对象、说明顺序、说明方法等这些机械的死知识，以机械对冰冷，怎能出新意？更遑论激起内心的热血了。语文味教学完全不同。在执教者眼中，这尊纪念碑是有温度的，只要你用情凝视它，就能激荡出动人心魄的万丈豪情。

久久凝望着碑体上每一幅英雄浮雕，慢慢地，就会唤起我们内心难以言说的情结：谁不想做英雄呢？而这个“反英雄”的时代又掀开了我们内心隐隐的伤与痛。于是，一个来自生命底里的强烈呼唤油然而生——在“反英雄”的时代呼唤英雄。标题中的“英雄”与“反英雄”，两相对比，颇具冲击力，引起观者和听者的情感狂澜。敢于在“反英雄”的时代大声“呼唤英雄”，本身就是英雄之举，锐不可当。这一呼，喊出了我们心底澎湃的激情。倘若执教者内心没有骄傲的英雄情结，没有处在“反英雄”时代的生命体验，是断不能从一篇说明文里自然地挖掘出如此高远、深刻、大气的教学主题来的。此外，从这课产生的巨大影响来看，我们不能不说执教者是借这座人民英雄纪念碑来抒发自己的英雄豪情，也为自己树立了一块英雄人生的纪念碑，同时他也召唤、激发着每位听者内心的英雄情结和不朽意识。于是，这一课也便成了纪念碑式的英雄之作。

【例 2】《论语》不朽，孔子不死

这堂课，程少堂又有创意，他从《论语》中挑选了 73 个成语（孔子活了73岁）进行教学，难度很大。很多人可能要问：表面形态零散、没有主题的成语教学也能凝练出教学主题来吗？语文味告诉你：能！这些来自《论语》的成语，因为背后的那个人而充满了生命力、充满了文化味，因而流传，因而不朽。且看结课时，程少堂带领学生高声诵读的这首他自己仿照开课时引用的臧克家的那首名诗《有的人——纪念鲁迅有感》而作的小诗：

有的人活着/他已经死了/有的人死了/他死了就死了/孔子已经死了/可是他永远活着/孔子和我们是同代人/孔子不属于哪一个时代/孔子属于千秋万代/我们要努力/我们虽然不能不朽/但是我们也不要速朽

如果没有听过这堂课，仅看首尾这两首诗，大约也能猜出教学主题七八分了。本课的标题就是“孔子死了，他还活着——从《论语》成语看孔子（儒家文化）不死”。活着，不死，就是这堂课的精神，就是执教者程少堂的精神追求，也是他希望学生具有的精神追求。很难想象，成语竟成了语文味教学的抒情道具。

品读了以上两个课例的教学主题，你难道没有被其中喷发的生命烈焰震慑到吗？究竟是什么原因激起了程少堂面对这些课文主题（甚至是没有主题的教学资源）能迅速燃烧起生命激情进而自然凝练出独特的教学主题呢？程少堂自幼聪慧敏感，据说他12岁那年，有一次在问津书院考察，他站在传说是孔子感叹“逝者如斯夫”的夫子河边，望着还没有完全干涸的小河中的潺潺流水，就曾想：两千五百年后，有哪一泓小溪会为我而流？正是少年时代的这种“痴心妄想”，让他执着一念，心无旁骛，学问之心九死未悔，语文味研究十几年如一日。所以我们看到，程少堂语文味课例的这些教学主题实际上又共同构筑起一个刚健有为之士胸怀浩然之气的生命大主题，从而彰显出超拔高雅的文化品位。

诚然，教学主题与课文主题密切相关，教学主题来自课文主题（否则教学就是脱离文本），但又大于甚至高于课文主题。根据语文味教学思想，只有在课文主题之上打造出渗透生命体验的新的教学主题的表现性语文教学，才会产生审美意境，也只有这样的语文教学，才算真正成为审美过程。

（三）高迈的人文格调——实现价值推送

价值推送是语文味教学法所创造的另一个重要的新概念。所谓价值推送，是指教育者根据一定社会制约的教育教学目标、学科特点和学生身心发展规律，或引导学生主动挖掘、感悟文本内蕴的文明价值观信息，或将教师了解的文本内蕴的文明价值观信息，选择合适的时机、利用合理的方式方法，有创意地积极地送达学生的一种教育活动。从语文味教学法的思想看，语文教学中的价值推送，是使语文教学过程变成“有温度”的教学的有效手段。

【例1】嘉肴香飘千载，语文味风华绝代

与语文味以往的所有课例一样，程少堂运用语文味的头脑和眼光，独辟蹊径，于《虽有嘉肴》这短短70字的小文里挖掘出令人击节的内蕴主题“一段风华几千年”。开课伊始，程少堂就饱含深情地说了大意如此的一句话：我的文章我的课，不知两百年以后还有没有人记起。这难道不也是一种追求不朽的积极的人生态度吗？想起他以《荷花淀》为代表的一系列经典课例十多年间产生的深远影响，我们会不由得想仿此教学主题造一句：一课风流几代人。也许，一段文章一堂课，正是因着这追求不朽的高贵灵魂，才能风华千年吧。

程少堂在《虽有嘉肴》这段清新朴素的文字里，一方面抒发了自己刚健有为的人生价值追求，另一方面又将这种健康向上的价值观顺势推送给学生，用儒家的君子之风感召风华正茂的一代新人，整堂课格调高迈。

【例2】时势造英雄，英雄造时势

程少堂的英雄之作“在‘反英雄’的时代呼唤英雄：《人民英雄永垂不朽——瞻仰首都人民英雄纪念碑》细读”的教学动机是什么？看看他的开场白：

师：我们现在生活在一个“反英雄”的时代，生活在一个丧失不朽意识的时代。我们看看著名诗人北岛的《宣告》里面的三句诗（放投影）：

我并不是英雄
在没有英雄的年代里
我只想做一个人

——北岛《宣告》

啊，没有英雄的时代！可是，在我们中国历史上，曾经有的时候啊——比如说唐代，大家都争着做英雄，人们往前线奔，西域、边境，去建功立业。抗日战争、解放战争时期也是这样的。但是，现在，今天，眼下，我们生活的这个时代啊，英雄意识却不那么强烈，这样下去当然就很不好啊……我希望同学们从小要有点英雄意识。所以，我决定讲这篇课文。

在这里，他与学生充分分享并巧妙推送了他的英雄价值观。我们分明听到了他对英雄意识与不朽意识的深情呼唤与热切期盼，学生们甚至会感觉到眼前这位站在讲台上的老师就是一位英雄，从而很可能因此在内心深处也开始萌发英雄情结。用生命激荡生命，用灵魂冲击灵魂，这是价值推送的极高境界。

【例 3】中国文化是诗意的哲学

在程少堂以前，在语文新大陆尚未被发现之前，我们的教学几乎都是用“同一种眼光”打量孙犁的《荷花淀》。程少堂的语文味第一课“用另一种眼光读孙犁：从《荷花淀》看中国文化”的出现，着实让中国语文界震撼了。

这篇诗化小说带给学生的，绝不仅仅是什么小说三要素这么简单，也不仅仅是告诉学生中国人民有多么勤劳、纯朴、勇敢、坚强。程少堂的《荷花淀》更要向学生推送的是“中国文化的中和之美，这是我们中国文化的基本精神和基本审美观念，它的基本思想是教人处理好人与自然、人和人、人与自我之间的关系，使之处于协调状态，也就是教人学会诗意地生活”。此外，这一课通过让学生思考海明威《老人与海》的名句“人并不是生来要给打败的，你尽可把他消灭掉，可就是打不败他”，让学生学会比较中西文化观的不同，从而真正涵养文明气质、丰富生存智慧、提升人生境界。语文味教学的价值推送的终极目的其实就是费孝通先生晚年总结的“各美其美，美人之美，美美与共，天下大同”这十六字箴言。这样的文化高度和哲学高度，与传统语文教学很不同，这就是语文味教学开辟的新大陆推送给我们的文明价值观。

语文教学中的价值推送主要通过文化教学环节进行。通过价值推送，让语文教学增强灵魂的冲击与荡涤的力度、强度，引导学生形成用文化眼光与科学价值观深入观察、思考、分析问题的意识与习惯，强化语文教学提升境界增长智慧所需的应有的深度、厚度与张力。

总之，渗透生命体验、打造教学主题、实现价值推送是语文味教学作为表现性教学的三大基本特征。这三大基本特征并非各自孤立、截然割裂，而是具有内在深层的关联性和逻辑性，彼此相映生辉。比如：教学主题的生成一定渗透着生命体验，价值推送又必然与教学主题高度一致。

（四）语文味：在庄子的怀抱里缱绻缠绵

语文味理论与实践探索最开始从庄子那受到的启迪是“至乐”（超越一般意义的幽默）。程少堂在长期的实践、研究中发现，语文味教学的“至乐”与庄子笔下的逍遥游之“至乐”一样，来自“和”与“游”，即思想与精神的自由和解放。所以，除了上述表现性教学的三大基本特征，语文味教学和传统语文教学的另一大不同点在于：用庄子式的幽默点染作为引子，创造出使语文教学各要素之间彼此相“和”即类似于天人合一的教学环境与氛围，从而使语文教学主体的心灵臻于“游”境，即教学主体达到个性与精神解放的最佳状态，进入共享“至乐”的高峰体验。

程少堂在他的教学语录中把幽默提到前所未有的新高度：“最近几年，我提出，备课还要备幽默。我的课和报告，比较受人喜欢，其中的幽默有即兴的成分，但是有相当一部分是我备课时准备好的。”“我追求这样的课堂氛围：先让人发笑，后让人思考。语文教师上课要会‘逗’。”

【例 1】《诗经》里的幽默，幽默以达至乐

程少堂讲授“用优美的汉语描绘优美的人性：《诗经·子衿》欣赏”一课，在谈论到诗中女主人公的爱情时，即兴发挥，设计了现代版爱情对白，用女子热烈泼辣的情话作为幽默点染，人物情态惟妙惟肖。整个过程，学生情绪高涨，听课师生笑声不断，在大笑之后对《诗经》中的人性之美有了更好的把握，收到了意想不到的教学效果。教师会幽默，善幽默，才可能营造课堂里“和”（和，是融洽，是和谐，是天人合一）的氛围，进入逍遥“游”的境界。

程少堂在他的教学语录中反复多次强调“玩”是高层次的审美活动，他认为会“玩”才能“和”，才能“游”：“在艺术和技术领域，‘玩’是一种高层次高品位的审美境界。庖丁解牛就是‘玩’。处于‘玩’的境界才能出艺术精品，才能在出艺术精品之时享受到‘提刀却立，四顾踌躇’的高峰体验。‘玩教材’是优秀语文教师必备的素质。把‘玩教材’看成是不严肃，是庸人的陈腐之见。”“语文教学就是要教学生学会玩文字游戏。文字游戏不是庸俗而是高品位的享受。”

【例 2】把玩菜单，要素“和”，逍遥“游”

程少堂的又一另类课堂教学“生活处处是语文——以‘广东地方风味菜单’为例”把真、善、美、乐表现得淋漓尽致。首先，通过学生高声齐读、方言朗读（指导学生揣摩情感的变化）、引用契诃夫的话指导诵读这三种方式把玩菜单，掀起了整堂课的第一个高潮。其中集体放声朗读菜单的环节，全场笑翻，但是听者大笑之后更多的是得到启发：哪怕是一份普普通通的菜单，都可以读得抑扬顿挫，读得声情并茂，更何况那些有血有肉、富有哲思意趣的文学作品呢？接着，为菜名杜撰故事的环节，则让学生插上了想象的翅膀，尽情遨游在思维的天空里，童真童趣一览无余，惬意酣畅。教学中，教师懂得放低自己，善于装傻藏巧，真心尊重、体贴学生。整堂课师生一起把玩菜单，情感融洽，花火四射，教师、学生、文本等要素之间不分彼此，完全相“和”，课堂上幽默不断，笑声不断，已然进入了至乐的“游”之境。

把玩，就是接近于游戏状态的心灵审美运动。我们知道，朝气蓬勃的孩提时代是游戏的时代，游戏充满活力、想象力和创造力。而“把玩”“游戏”，既是一种思想理念，也是审美的艺术境界，这是执教者对语文教学持有的生命状态和精神高度。程少堂用自己的课堂践行着他的语文味思想：课堂里只有多一点幽默，才能有“和”的氛围，抵达逍遥之“游”境，教学主体才能共享“生发思想之快乐与精神之解放”之“至乐”。

四、程少堂教学智慧精品片段聚焦

语文味教学的智慧与艺术不仅展现在教学的片段和细节里，更蕴藏在整体的教学设计里。语文味教学设计是独特而深刻的思想智慧与恢宏而精巧的布局形式之高度融合、完美统一，是倾注生命的教学作品，是精神追求，是诗意表达，是艺术境界。也许观赏完整的教学设计，才能更充分地窥探语文味教学智慧的精深，更强烈地感受语文味教学艺术的魅力。

一堂好课，好比一位美人。美人可以浓妆艳抹，也可以略施粉黛，更可以不饰雕琢，如清水芙蓉。程少堂《虽有嘉肴》一课，笔者以为应属第三种，也是笔者最喜欢的一种。喜欢的理由之一就是它高贵典雅的教学主题，并没有附丽在雍容豪迈的框架之上，而是依托清新简约的教学结构来表现的。

这堂课设计感很强，执教者特别注意过程性和方法性指导。整体设计如下：

语文味“一语三文”教学模式的典范设计

（一）读与记：记诵名句（初步语言感知）

［要求学生放慢速度朗读全文，以读出这段不朽文章的韵律、韵味，进而让读者体味文章高贵的精神气质］

（二）读与辨：辨体寻脉（文章骨架宏观）

1. 阅读思考

（1）这段文章的中心句子是什么？

（2）这段文章的体裁是什么？

（3）这段文章的思路即脉络是怎样的？

2. 引导性举例

（1）篇章的起承转合（以李白《静夜思》、李绅《悯农》、马致远《天净沙·秋思》为例）

（2）段落的起承转合（以三岁小孩如何表达爱姥姥的主题、钱穆的命题作文《今天的午饭》一篇学生范文的结尾为例）

（3）句子的起承转合（以日常生活中一句普通的话、一个微笑、《虽有嘉肴》的第一句为例）

【品评】

执教者紧扣文本“起承转合”的程式，采用《庄子》疾风暴雨式铺陈法，通过篇章、段落、句子，再由此联想到整个人生过程这多个维度的引导性举例渐次展开教学，强化说明起承转合是万事万物所具有的规律，创造出铿锵有力的“风暴美”，不断给学生和观课老师以冲击和启发。

3. 默读全文，根据起、承、转、合的文章结构规律，说说哪个句子是这段文章的起，哪个句子是这段文章的承，哪个句子是这段文章的转，哪个句子是这段文章的合。

[由于之前引导性举例铺排充分，此处问题便迎刃而解]

（三）读与品：细部揣摩（文学妙处显微）

（1）“虽有嘉肴，弗食，不知其旨也”这个句子可以不要吗？为什么？

（2）文章中的“弗”和“不”的意思基本一样，能把“弗”都改为“不”，或者能把“不”都改为“弗”吗？为什么？

（3）如果将“是故学然后知不足，教然后知困。知不足，然后能自反也；知困，然后能自强也”改成下面的句子，可不可以？为什么？

是故学然后知不足。知不足，然后能自反也。教然后知困，知困，然后能自强也。

[三个精妙的设问选点紧扣住字、词、句，让学生充分领略汉语言的生动精妙，也让听课者茅塞顿开，眼界洞然]

（四）读与探：一段小文章千古竞风流的原因（深度开掘文化）

[从这段文章的内容和语气来探究作者的人格（儒者气度），其高度和难度非一般老师能及，问题本身就是价值推送（“学学半”），想来令人荡气回肠。高贵就是从容不迫的节奏，举重若轻的蓄势，深入浅出的引导]

结课：今天这堂课的教学也是起承转合的。

语言初感是“起”。

文章宏观是“承”。

文学显微是“转”。

文化开掘是“合”。

四个环节共同表达这节课的教学主题——一段小文章风华几千年的原因。

【品评】

按照“一语三文”（即语言、文章、文学、文化）的教学模式所设计的《虽有嘉肴》一课，整体来看，脉络清晰，蔓枝相宜，令观课者赏心悦目。结课时，当屏幕上明确标示出整堂课“一语三文”所对应的“起承转合”的教学结构，即以“读”为中心，语言初感为起（读与记），文章宏观为承（读与辨），文学显微为转（读与品），文化开掘为合（读与探）时，观者才恍然大悟，不禁叹服设计的“草蛇灰线，伏脉千里”。由此观之，开合有度的结构，前后勾连的观照，也应和着教学主题的高贵与设计者的高超。

程少堂的《千古文人〈世说〉梦——〈世说〉欣赏：以〈咏雪〉为例》课例被全国各大教育网站纷纷转载，并入选“中国著名教师的精彩课堂”丛书。我们现在来欣赏这堂课的设计，一起品味语文之味。

语文味的“有我”教学智慧表现大气象、大格局

（一）导入新课

诵读《乌衣巷》，点出王、谢两大家族，介绍《世说新语》，引出本课主题——观魏晋时期知识分子（士人）的精神风貌，探中国文人之“梦”。

［大视野，高起点：教师以独特的视角，站在《世说新语》整部著作的高度，粗线条勾勒出魏晋时期的整体风貌和士人性格特征，为整堂课蓄势］

（二）诵读《咏雪》，补注课文，疏通文义

［品评：文章环节，落实文言词句］

（三）揣摩品味人物（谢安与谢道韫）

穿插《世说新语》近十则小故事帮助学生了解人物背景及人物性格，引导学生了解《世说新语》作为中国小说的雏形在人物描写方面与西方之不同。

［文学环节，很好地贯彻了“用教材而非教教材”的课程理念。以《咏雪》中谢安的形象作为引子，从《世说新语》中找出大量关于谢安的故事片段，让学生从中领略人物的性格气韵，进而了解魏晋时期士人阶层的整体精神风貌。教师不对人物做定性分析，只点到即止，却余味绕梁］

（四）引出本课课题——“千古文人《世说》梦”

梦的是人活得很有味道：人们追求按照自己希望的那种境界生活，

也就是“率性而为”。

［文化环节，带领学生一起去意会“文人梦”，即生活的味道、精神的自由、个性的张扬。至此，学生从《咏雪》走进《世说新语》，走进魏晋时代，走进“文人之梦”；此时，学生的朗读必然满含深情，也必然有了一份对“文人梦”的憧憬与向往，水到渠成地实现了语文味教学的价值推送］

（五）课后作业

（1）扩写《咏雪》，加深理解。教师提示：如雪景、人物心理、周围其他人物等，着力刻画人物性格（如“谢安的大笑”——“他为什么大笑”“他笑谁”）。

［将课堂上对人物形象的揣摩品味用语言表达出来］

（2）课外与父母一起赏读《世说新语译注》。

［全面了解《世说新语》，了解魏晋时期士人的精神生活与个性气度，回应开头的导入语］

【品评】

运用语文味教学思想设计的《咏雪》，境界之高一望便知，舒展大气，流转自如，浑然天成，意趣盎然，教师如云中飞鸟水中游鱼，自由自在，游刃有余。

以上诸多课例反复证明：教学设计之所以境界迥然，归根结底是教师有没有把教学主体（师生）这个“我”放在语文中。平面地、静止地、琐碎地阐述文本，教学主体之“我”便在语文之外，匠气十足，了无生机；立体地、动态地、整体地观照文本，教学主体之“我”自在语文之中，文气四溢，生机勃发。简而言之，“无我”之语文是一种摹仿，是再现文本（更有甚者是再现教参）；“有我”之语文是一种创造，是表现文本乃至表现教学主体的心灵。

古希腊哲学家柏拉图在他的《理想国》中提出了“摹仿说”：床之所以为床的那个床的理式即是一种创造，依床的理式制造出的个别的床便是摹仿，依制造的个别的床而画出的床就是摹仿的摹仿。如果按照柏拉图的这个“摹仿说”来看，一些传统设计就是一种摹仿，更确切地说，是摹仿的摹仿，因为它的整体思路唯教参之为听，没有任何创造，而教参对文本的解读与教学建议只是一家之言。如果教师仅就文本中的一两个人物、一两个句子抱定教参畏首畏尾照本宣科地进行平面分析，将教材与教参再现于课堂而没有任何自己的东西，教学当然是死气沉沉的，境界又怎么可能高呢？反观语文味的教学设计，从来都是仅以文本为例，引导学生透过文字去看作者，进而去了解作品所反映的一个时代，其实这也恰恰是作者的创作意图及其价值所在。这样的教学，是教师因着个人的文学功底与学养，从大处着眼，大刀阔斧地创造性地重构教材，是教学主体将自我的生命体验融入其中，利用文本倾情表达师生人生理想与追求的过程，是一次师生同行的精神文化之旅，弥漫着浓浓的语文味，其格调与境界自高。我们说，文学源于生活又高于生活，语文教学在这一点上与一切文学艺术创作是相近相通的，也就是说，它应该源于文本并且大于甚至高于文本，而绝不应囿于文本（更不应囿于教参）。如果能做到这点，我们就可以大胆地说，我们所进行的语文教学是一种有意义的创造性劳动，而不是简单机械的摹仿了。

齐白石老先生说：艺术表现应该在似与不似之间，太似则媚俗，不似则欺世。那么具体到我们的语文教学中又该如何处理这似与不似呢？看程少堂讲《荷花淀》讲《咏雪》，你会觉得他是在讲《荷花淀》《咏雪》，又不仅仅在讲《荷花淀》《咏雪》。就是这似讲非讲，才颇有味道，才耐人寻味。程少堂是借《荷花淀》《咏雪》之笔墨，抒发一种现世的人文关怀。因为渗透了教学主体的生命体验，因为教学中活生生站着一个独特的教学主体，所以程少堂所教的《荷花淀》丰富、深刻。程少堂的课随心所欲而不逾矩，他顺应语文内在规律，却不受成规所缚，以逍遥姿态游语文；他的视野开阔，立意高远，思维跳跃性、时空跨越性较大，所以带给我们的冲击力是巨大的，其艺术魅力是永恒的。

五、程少堂教学智慧经典课堂实录

用另一种眼光读孙犁：从《荷花淀》看中国文化

——《荷花淀》公开课教学实录（压缩版）

记录、整理：邹玲（深圳市翠园中学高中部）

师：上课！同学们好！

生：老师好！

师：请坐。请同学们根据自己读过的书刊、看过的电影电视思考一下，中国人和以美国人为代表的西方人，在感情表达方式上有什么不同？特别是在亲人离别和亲人久别重逢的时候。哪位同学来说说看？

生：我认为中国人久别重逢或再次见面时一定会哭得稀里哗啦的，认为这是挺难过的感觉。如果是美国人再次见面时首先会拥抱，然后再互相询问一番；在离别时绝对不会拖泥带水，说走就走。感觉美国人比较洒脱，但中国人就比较含蓄。

师：你后面概括得太好了！文化方式不同，表达感情的方式也不同。要是在美国，在西方大街上，一位男士看见前面有一位小姐很漂亮，他会直接对小姐说“Beautiful”（笑声），这位小姐往往会怎么说？

生：Thank you！

师：但是要是在中国大街上，比如在深圳大街上，你看见一个小姐很漂亮，你要是走上前去对她说：“小姐，你很漂亮！”往往会有两种后果：要是碰到胆子大一点的，她可能会反手给你一个耳光；如果是文雅一点的小姐，会怎么样呢？（学生：跑了）不是跑。她会对你说：“你走不走？你不走我叫警察了！”（笑声）这是为什么呢？文化不同。有些话在美国可以说，在中国不能说。

师：那么，我们看孙犁的小说。孙犁在中国当代文学史上当然算不上伟大的作家，但他的作品在文学界影响非常之大，甚至以他为代表形成了一个荷花淀派。中国的文学青年都很喜欢他的作品，觉得它很雅，艺术品位很高。但是，我调查过一些高二的学生，却发现他们不怎么喜欢《荷花淀》，其中一个很重要的原因就是大家对中国文化不了解，有时代的隔膜。所以我说，我今天就跟大家用一种新的眼光来读《荷花淀》，乃至来读其他的文化色彩、民族色彩很浓郁的小说。

（板书：用另一种眼光读孙犁：从《荷花淀》看中国文化）

师：中国文化是源远流长、博大精深的一种文化，是世界几大文明文化中唯一没有中断的文化。所以随便说这种文化不好，是一种无知的表现。我们刚才说了，孙犁的小说，部分人说读不懂或者不喜欢，一个重要的原因，就是他们对中国文化不了解。

这篇小说，从情节来看，没有很复杂的情节，人物也不是很多，也没有很多悬念，但是它在中国当代文学史上是非常有名的一部作品。

那么我们再来看课题，“用另一种眼光读孙犁”。我们以前用政治学和社会学的眼光读得比较多，也就是我们平时所说的通过什么描写，刻画了什么人物，反映了什么现实，歌颂了什么主义或精神，鞭笞了什么丑恶现象等；或者说，情节是怎么样的，人物形象是怎么样的等。这些东西也是要的，但是我们今天将用另外一种眼光，把这些东西融合进去，在文化的视野的观照之下来读这篇小说。我们希望同学们通过这节课，在以后读小说的时候，也学会用这样一种眼光来读小说，既要钻进小说读小说，同时要跳出小说读小说。

首先请同学们打开书，看第1自然段到第3自然段写自然风光的部分，齐读一下。

（生齐读第1—3自然段）

师：非常感谢同学们，读得很好。下面我请个朗读能力好的同学读一读第1自然段。昨天我了解了一下，有位叫张晶的同学读得不错。张晶，你来读一下第1自然段，这篇小说有诗情画意，是诗化小说。张晶，把诗的味道读出来。

（张晶音质柔美、充满深情地读第1自然段）

师：你的朗诵水平很高。如果读的节奏稍慢一点，那就更好了。你再读一遍。

（张晶放慢节奏，充满深情地又读了一遍。听课师生鼓掌）

师：下面同学们再自由地朗读第1—3自然段，你们什么都不要思考，仔细体会一下它的韵味，品味它怎么样像诗，怎么样美。

（生自由朗读）

师：好的，大部分同学读完了。昨天晚上，我在家把第1自然段编排了一下。不是说孙犁的语言像诗吗？我一个字也没有加，把它编排成诗的样子。请张晶带领大家读一下。（老师放投影：

月亮
　升起来
院子里
凉爽得很
　　干净得很
白天
破好的
　　苇眉子，潮润润的
　　正好编席
女人
坐在
　小院当中
手指上
　缠绞着
　　　柔滑修长的
　苇眉子
苇眉子
　又薄又细
在她怀里
　　跳跃着）

师：孙犁的这篇小说开头是非常有名的，没有什么华丽的辞藻，纯粹是白描，像铅笔画的素描，但有内在的诗情和韵味，要慢慢地品味，要多读才能体会，所以我就不讲它，你们多读它。这三段里集中写了什么东西呢？我认为写的是两个大的问题。

[老师板书：人与环境（风光）]

一个是人——水生嫂，再一个是自然风光，写得很美。写这种美的用意何在？有什么特点？抗日战争这么严酷，有这么恬静优美的环境吗？作家这么写是不是违反现实呢？他的用意何在？哪位同学说一下？

生：作者把景色写得这么美好，突然让我联想起艾青的一首诗，其中有一句是："为什么我的眼里常含泪水？"

师：（充满激情地衔接）"因为我对这土地爱得深沉！"嘿，很好！

生（深受鼓舞）：我觉得孙犁把这个土地写得这么美好，会让人觉得这么美好的土地会有谁不爱？生长在这片土地上的人们，理所当然会对它有很深的感情。我觉得这应该是所有抗日战士战斗的动力之所在。

师：嗨！说得好，说得非常好！我们的祖国我们的山河如此多娇，岂容日寇践踏蹂躏？就是这个用意嘛！她说得太好了，所以作家一点都不违反现实，所以这几段不能不要！

那么，我再提个问题，这里写到这么美丽的环境中有水生嫂，这里的人和环境之间是什么关系？你用一个词概括一下。

（生议论纷纷）

生1：和谐。

生2：融洽。

张晶：我觉得好像有很多种，有一种就是互相渗透，感觉这里的环境很甜美，也很平静；有时候我觉得这个女人很有中国情调。感觉环境应该是渗透，不只是人影响环境，这个环境也会给人一种很特别的气氛。

师：这个张晶太优秀了！（笑声）我觉得一般的中学生答不出来。她说这几段写人和环境之间是渗透关系，渗透关系在中国古典哲学里面叫什么呢？（板书：天人合一）天人合一，"天"是什么呢？"天"是自然，"合一"就是她刚才说的渗透关系。人和自然之间有很复杂的关系，但大体上有两种，一种是刚才大家讲的融合渗透的关系，一种是对抗的关系。高尔基的《海燕》，哪位同学记得？来，给我背几句。

（生杂言背诵）

生：我只记得最后一句："让暴风雨来得更猛烈些吧！"（笑声）

师："让暴风雨来得更猛烈些吧"——这在孙犁的小说中是喊不出来的。海燕和乌云是一种什么关系？对抗对立关系。在传统的中国文学当中，在典型的中国意境当中，一般来说，人和自然之间不出现这种意境，而是强调一种融合的关系。月亮升起来，他写的月白风清。我随便改一改：“乌云翻滚，电闪雷鸣，忽然一声炸雷，女人慌慌张张跑到屋子里。”（笑声）或者这样，写女人很坚强也可以：“一声炸雷，几个雨点敲打在女人的脖子上，女人仍然在屋檐下编着她的席子，席子在闪电的照耀下就像刺向日本鬼子胸膛的刺刀。”（哄堂大笑）

孙犁的小说民族色彩浓郁，他不喜欢写那种和大自然对立的环境，他的作品基本上都是这种风格。所以我们用一个词来概括，人和大自然是什么关系呢？就是同学们讲的和谐。这是中国文化的一个基本特点。

（老师板书：和谐）

人与环境之间的关系是和谐的。那么，我们再看，这篇小说写了很多人，写了很多人际关系。我现在要同学们具体地通过对语言的品味，来说一说这篇小说写人和人之间的关系有什么特点。大家先看教材，看对话。

（生翻阅教材）

师：首先我们看一下夫妻之间——水生和他的媳妇之间的关系。大家看第二页水生和他媳妇之间的对话，这些对话非常简洁，但是又情意绵绵。

“水生笑了一下。女人看出他笑得不像平常。‘怎么了，你？’”这句话很多资料上都有。我把它改一改，两种改法。一种是把“你”字去掉，改成：“怎么了？”另一种是把主语“你”提到前面去，改成：“你怎么了？”它有什么不同，表达的感情有什么不同？

生：少了一种夫妻之间的关怀，还有她对丈夫的挂心。

师：比较焦急，是吧？所以她先把一种状态问出来，然后再说“你”。

再往下看，“女人低着头说：‘你总是很积极的。’”，这句话，我有两种改法，丈夫要上前线去了，我这么改，女人说（撒娇地）：“不嘛，你不要走嘛！”（笑声）这样可不可以？（学生答：不可以）那为什么不可以？那是个什么形象？小女人，不关心国家大事，这是现代概念，过去是不明大义。我再改一改，女人这么说（耍泼地）：“行啊！你走，我搬回我妈妈家！”（笑声）可不可以？也不可以呀，耍泼也不行。

接下来我们再改一句：“女人鼻子里有些酸，但是她并没有哭。”我

把它这么改："女人的泪水直往下淌，她咬了咬牙。"可不可以？（笑声）

中国文化有一个特点，就是（学生：忍！）忍，也是对的。孔子在编《诗经》时说了句话："乐而不淫，哀而不——（学生齐答：伤）伤。"对，是指乐而不过度，哀伤也不过度，在这个地方也是一样的，主要是表现觉悟了的中华民族的女性的精神状态。

再看第三页，"（水生说）'不要叫敌人汉奸捉活的。捉住了要和他拼命。'那最重要的一句，女人流着眼泪答应了他"。这是表现了妻子对丈夫的忠贞。表现了中华儿女宁为——

生（齐答）：玉碎。

师：不为——

生（齐答）：瓦全。

师：宁可站着死。

生（齐答）：不可跪着生！

师：俗话说三个女人一台戏，女人在一起有时候容易闹矛盾。但是，我们小说中的女人闹矛盾没有？（学生：没有）她们之间的关系，用一个词概括一下，夫妻之间，女人与女人之间，是什么样的关系？

生：和谐的关系。

师：还是和谐。

（老师板书：和谐）

师：非常好，非常好！同学们回答得非常好！人和自然的关系很和谐，人和人之间的关系也很和谐。那么，我们再接着往后看。人有时会和自己闹别扭，会产生痛苦。

[老师板书：人和自我（心灵）之间的关系]

人生在世，不可避免地有痛苦、有孤独、有彷徨、有空虚、有寂寞。人有时候需要一点阿Q精神，特别是在遭受挫折的时候。中国人对待自己内心的痛苦，是用一种特殊的方式。课文中妻子送丈夫上前线，丈夫未来不知是死是活，回来的时候可能缺条胳膊断条腿，是很痛苦的事情。但是我们看不看得出来，她们内心痛苦不痛苦？

生（齐答）：看不出。

师：怎么看不出？在课文中找个例子证明一下。

生：第三页最后一个自然段，“几个女人有点失望，也有些伤心，各人在心里骂着自己的狠心贼。可是青年人，永远朝着愉快的事情想，女人们尤其容易忘记那些不痛快”。

师：还有很多例子，就不一一列举了吧。有痛苦，也有孤独，但是不是那种呼天抢地的苦。中华民族是一个多灾多难的民族，但中国人对待自己内心的痛苦有一种特殊的方式，中华民族强调的是“乐而不淫，哀而不伤”，中华民族很会调节自己的内心世界和情绪，很会找到心理平衡，他们很乐观——小小日本帝国主义奈我何！（笑声）那么，我们实际上已经讲了，人和内心的关系也是和谐。

我再穿插说一个例子。这些女人都很含蓄，包括水生和他的妻子之间。为什么要含蓄？含蓄是中华民族传统文化的一个特点。我举个例子大家看一下。

（老师放投影：世上狮子爱麒麟，阿哥阿妹结同心。哪个先上黄泉路，望乡台上喊三声）

师：这是一首民歌。“世上狮子爱麒麟”，麒麟是传说中的一种动物，是美的动物，比喻小伙子追求漂亮姑娘。“阿哥阿妹结同心”就是俩人很好啦，“同心”就是要好；“哪个先上黄泉路，望乡台上喊三声”，这表示海枯石烂永不变心嘛。这四句话的大概意思是：阿哥阿妹感情很要好，俩人永不变心。但如果这么直白地讲出来，意思一样，味道呢，味道差些。是不是？含蓄、蕴藉、有味道，这是中华民族艺术的一个追求。含蓄也是适中和谐。

我们通过对这篇小说的研读，大致上带领大家从人与自然的关系来看，中国文化强调的是和谐；人和人之间的关系，强调的也是和谐；人与自我之间的关系，也强调要注意调节，心理平和，没有大悲大喜。所以中国古典戏剧都是大团圆的结局比较多。这个，是中华民族文化的基本特点。

我们现在回过头来归结一下，什么叫文化，这个我来说。

（打出字幕：文化的定义很多，简单地说，文化就是思维方式和行为方式，即怎样想和怎样做）

我们今天在这里讲这三个关系，都是文化的问题。

我们把这节课小结一下。

［打出字幕：小结　中和（适中和谐）精神与中和之美，是中国文化的基本精神和基本审美观念，它的基本思想是教人处理好人与自然、人和人、人与自我之间的关系，使之处于协调状态，即教人学会诗意地生活，诗意地栖居］

刚才我们讲了“天人合一”，中和就是适中和谐，就是做什么事情都做得恰如其分。感情也是这样子的，各种关系都要处理得恰如其分。这种精神，这种强调中和之美，是我们中国文化的基本精神和基本审美观念，它的基本思想是教人处理好人与自然、人和人、人与自我之间的关系，使之处于协调状态，也就是教人学会诗意地生活。

我今天给大家提出一种新的视角——从文化学的角度来读小说：从孙犁的小说看中国文化的基本的精神。

最后，给大家留一道题，研究性的，就是海明威的《老人与海》。

（打出字幕：作业　《老人与海》与西方文化精神）

（打出字幕：一个人并不是生来要给打败的，你尽可把他消灭掉，可就是打不败他。——海明威《老人与海》）

这是我最喜欢的一句话，我在20年前就背下来了，到现在还背得，一种硬骨头精神！

来，现在，同学们，一起站起来，跟我读读这几句话：

（师充满激情地领读，生齐跟读）

师：好，谢谢同学们，下课。

生：谢谢老师！

（全场热烈掌声）

附记：这篇文章在2015年7月31日修改定稿。定稿之后，程少堂亲笔在全文最后加上了下面一句话：“2015年8月7日，是先父去世五周年忌日。谨以此文，敬献给先父在天之灵。”

（梁　青）

参考文献

［1］王荣生．高中语文（必修）新课程课例评析［M］．北京：高等教育出版社，2006.

［2］程少堂．语文味教学法［M］．北京：现代教育出版社，2015.

［3］程少堂．程少堂教育理论与实践探索［M］．深圳：海天出版社，2006.

［4］于漪，刘远．程少堂讲语文［M］．北京：语文出版社，2008.

［5］许书明．当代名师智慧课堂教学艺术·中学语文卷［M］．北京：中国社会科学出版社，2013.

［6］张岩．荒原中的舞者——程少堂语文教育思想研究［M］．北京：现代教育出版社，2013.

［7］程少堂．建构一种新的教学法：语文味教学法［J］．中学语文教学，2014（2）.

［8］钱冰山．语文味影响深广的十大原因［J］．语文教学与研究，2015（16）.

［9］梁青．语文，应有“我”在—— 例谈“文人语文”与“匠人语文”［J］．语文教学通讯，2011（5）.

［10］梁青．语文味的“气”和“境”——中国语文教学的另一种观照［J］．语文教学通讯，2013（17）.

［11］梁青．用清新舞出高贵［J］．语文教学通讯，2014（29）.

第五篇　程翔教学智慧研究

程翔，1963年生，北京一零一中学副校长。教育部“国培计划”专家库首批专家，教育部教师教育课程资源专家委员会委员，人民教育出版社教材编写委员会委员，北京大学语文教育研究所兼职教研员，当代语文教学专业委员会副理事长，全国中学校园文学研究会副理事长，中国教育学会中学语文教学专业委员会学术委员会副主任，北京市特级教师，全国优秀教师。

他的语文教育教学主张有：“重视母语的文化教育”、“做有灵魂的教育”、“教有学理的语文”、“语文教师要成为文化人”、课堂阅读教学的“基本理解”理论、“三维写作体系”理论、“注重积累课堂作品”等。

主要著作有：《语文教改探索集》，《语文课堂教学的研究与实践》，《播种爱心》，《语文人生》，《课堂阅读教学论》，《一个语文教师的心路历程》，《说苑译注》（译注），《路在脚下延伸》，《〈论语〉译解》（译解），《程翔与语文教学》，《做有灵魂的教育——程翔语文教育教学实践探索》。曾先后在《教育研究》《文学遗产》《课程·教材·教法》《中国教育报》《中学语文教学》等十几种报刊发表多篇文章。

一、程翔教学智慧的探索历程

（一）1991年是程翔语文教学成熟期的起点

主要体现在熟练运用启发式教学模式：以学生学懂为目标，指导学生思考，不再是灌输式讲授为主。毕唐书、时寅敦在《众里寻他千百度——山东省中学优秀青年语文教师课堂教学一瞥》（《山东教育》1996年第6期）一文中写道：

程翔是众多青年新秀中的佼佼者，不仅在山东，在全国都有较大影响。他的课堂教学有别人难以企及的魅力，这种魅力集中体现在以下几个方面。

理想的教学素质。1988年，程翔参加全省的中青年语文教师基本功比赛，执教了一节文学鉴赏课——《荷塘月色》。他的儒雅的课堂形象，声情并茂的朗读，抑扬顿挫的课堂语言给评委和听课教师留下了深刻的印象，给人以"众里寻他千百度"的感觉。很快，他便担起了教改实验的担子，在省市两级教研部门的指导下，开始不断外出执教公开课、观摩课。一次次的磨炼，不断强化和优化了他的外在优势，同时也不断丰富和充实了他的内在气质。

成熟的启发教学。有的老师总喜欢把启发教学看作是一种教学方法，这种认识未免肤浅。启发教学更应该是一种教学思想或教学原则，是处处渗透，无所不在的。程翔把握了启发教学的精髓，同样是提出问题，换了别人可能是直来直去，而程翔却总是力图把问题自然地与学生靠近些，再靠近些，让学生感到这样的问题应该是自己提出来的，而不是老师强加给他们的，学生自然就会主动地去思考问题，回答问题。1991年他在滕州执教《祝福》，运用启发式教学，激发学生深入思考，以至于听课的教师也按捺不住，参与到课堂学习中来。1994年在威海，他执教《卖炭翁》，运用启发式更加得心应手。在讲到"翩翩两骑"时，他问学生："谁知道这里的'翩翩'是形容骑马人什么样子的？"这样一个小问题，正是学生最容易产生误解的地方，问题的提出又正适合初中生的求知心理。一时间学生积极思考，议论纷纷。很快，学生根据老师的提示并结合诗歌的语境说出了不同的但又都很正确的答案："大摇大摆""趾高气扬""横冲直撞”……在程翔的课上，老师和学生一直是在交流的过程中完成教和学的任务的，而这种师生间的融洽的交流正好体现了启发教学的基本精神。这种交流既包含语言的，又包含感情的。随着交流的深入，讨论的问题便呈现出分明的层次感，由一个小问题常常引发出一系列的新问题，而这些新问题却能把学生引入一个又一个的全新境界，使学生一次次尝到成功的快乐，这也正是启发教学的魅力所在。

浓郁的课堂氛围……听程翔的课，会有这样一种感觉，一节课自始至终都有一种强烈的感情贯穿着，师与生的教与学都在这一感情线上紧张地活动着。程翔的课堂语言是极具感染力的，他非常善于启发和调动学生的情感因素。他让自己的情感与学生的情感交融在一起，共同营造一种浓郁的课堂氛围。他喜欢让学生在一种情绪的感染中最大限度地发挥他们的想象和联想，并通过联想和想象进一步强化这种感情体验，最终通过感性体验让学生在不知不觉中达到预定的学习目标……营造与课堂教学内容相适应的教学氛围，不是一件容易的事情……程翔在这方面积累了丰富的经验，在课堂上运用起来游刃有余。

程翔的课堂教学确已开始形成自己的个性，概括地说，便是：热烈，开放，灵通，审美效果明显，极具煽动性。程翔的这种风格对不少的青年教师产生了影响。

（二）1998年提出要“追求诗意的语文教育境界”

程翔认为追求诗意语文，教师首先要具备诗意的心，才能诗意地对待教育。何为诗意的心呢？程翔说：“我看到四季的变化，看到树叶飘落，看到瑞雪纷飞，看到蓝天白云，心中就会有所感动，我知道自己的心还没有干枯。”即教师要有心有情，用自己的情感带动学生的情感。语文教师常常教导学生要“诗意地栖居”，只有教师本人追求“诗意”，在语文教学中保持“诗意”，才可能更好地影响学生。他在《保持心灵的湿润》一文中写道：

语文教师工作时间久了，要警惕心灵干枯。语文本是心灵的一泓清溪，时刻流淌着清新的泉水。但是语文教师整天忙于应考、做题、ABCD 选项、标准答案，等等，这容易销蚀教师的心，让一个原本鲜活激灵的心灵变得麻木呆滞……封闭的课堂反映的是封闭的思想，封闭的思想反映的是封闭的心灵。心灵封闭了，课堂就僵化了，人就面目可憎了……一个语文教师，可贵之处在于，虽然年复一年题海压身，虽然焚膏继晷皓首穷经，但始终保持对新事物的敏感，始终保持旺盛的求知欲，始终保持对社会人生的高度关注，始终追求着亲情、友情和爱情，始终具有丰富的联想和想象。“登山则情满于山，观海则意溢于海”，这样，他的课堂教学就永远受学生欢迎，他就是一棵永葆青春的不老松。

程翔说，在当今这个科学技术高度发达的社会，我们可能写不出《相思》那样的诗歌了。但是我们还要努力保持一点感性，不要被理性完全淹没。

（三）1999年初步形成自己的阅读教学思想。2005年，出版专著《课堂阅读教学论》，标志着他的阅读教学思想的成熟

在1999年出版的专著《语文课堂教学的研究与实践》中，程翔对阅读教学的认识已得到进一步深化，他论述了对导入、提问、语言和应变等教学艺术的摸索成果，阐述了对课堂阅读教学本质和阅读教学内容的认识，重视教师的引导。

在2005年出版的专著《课堂阅读教学论》中，他则全面深入地阐释了其阅读教学思想。2006年，他又在《论“基本理解”》一文中明确提出了课堂阅读教学“基本理解”的理论，这标志着程翔的课堂阅读教学理论的成熟和完善。

程翔认为阅读理解是从“原始理解”开始的，所谓“原始理解”，即学生对课文进行原始阅读后的一种理解，是对课文的第一印象。“原始理解”是阅读教学的起点和依据，教师的教学必须以此为依据来展开。学生的“原始理解”也是教师确定教学目标的依据之一。

“原始理解”是起点，不是终点（相对的终点），所以程翔又提出了另一个概念——“基本理解”。“基本理解”是课堂上学生在教师的启发引导下对课文的字、词、句、写作技巧以及主题思想所做出的客观的具有一定认同度的理解。它是中学课堂阅读教学特有的术语，不属于文艺理论范畴，它是阅读教学的终点（不是理解的终点），“基本理解”在时间上与“原始理解”构成了课堂流程的首与尾。

而在实现“基本理解”前，还有一个“后续理解”的过程，在这个过程中提供台阶是必不可少的。“后续理解”是学生在课堂上听老师讲解，与同学一起讨论，阅读有关参考资料，逐步修改、完善“原始理解”的理解过程。如果说“原始理解”是一个点的话，那么“后续理解”就是一条线。它是阅读教学的重点，是学生理解深化的过程，也是得出基本理解所必经的环节。

从“原始理解”开始，经过“后续理解”，最后达成“基本理解”，这几个环节构成了课堂阅读教学相对完整的过程。图示如下：

课堂阅读教学完整的过程

这一阅读教学理论的提出很好地回应了“否定文本存在一个恒定的作者原意”这一观点。用“基本理解”这个概念替代“原意”这个概念很好地解决了原意与读者意的平衡问题。因为课堂阅读教学的目的既不是单纯地寻找作者原意，也不是单纯地发表个人见解，而是实现对课文客观面貌的基本理解，这个基本理解既来自学生对原文的客观理解，还要有一定的认同度。

此外，程翔认为“基本理解”不能靠教师奉送，须得由学生一步一步地渐入佳境获得，才能体现课堂生成的效果。而生成离不开教师的启发和引导，所以程翔认为教师在教学中要相机引导，要“给学生搭一个台阶”。

程翔指出，“学生对于所学知识，并非白板一块，而是具有一定基础。教师的作用在于引导学生的旧知与新知建立联系，让学生理解消化新知”。那么如何才能引导学生建立旧知与新知的联系？程翔认为既要认真阅读并熟悉课文，还要了解学生的“原始理解”与“基本理解”之间的错位程度及其原因。这一主张的提出体现了程翔在教学中对学生的充分尊重，始终把学生放在第一位，重视学生情感和思维品质的提升。

（四）2009年提出“语文教师要成为文化人”

2009 年，程翔在《一个语文教师的心路历程》一书中谈道：“语文教师，是以比较深厚的母语修养作为文化根底，能广泛吸收外来文化，并拥有正确的教育理念，具备了一定教学艺术的文化人。”

在《程翔与语文教学》中他谈道：“每一位教师都应该有自己语文教

学的春水，语文教学的春水就是作为一个文化人，具备一个文化人的素养。”由此可见他对语文教师的定位的深入和全面思考。

程翔认为，语文教师要想学生成为一个文化功底深厚的人，首先得自己浸润在文化中，做一个文化人，而非教书匠。语文教师应该在拥有丰富实践经验和深厚理论修养的基础上，继续深入科研，将理论与实践结合，将中国传统文化融合在教学中，从文化角度看待语文教学，构建语文教育文化学。

2005—2009 年，程翔用近五年的时间完成近百万字的《说苑译注》，程翔说：“我做《说苑译注》，前后五年多的时间，读了很多古书，这是个学习的过程，是文化素养提升的过程。”2010 年出版了《〈论语〉译解》，2015 年第 7 期《语文建设》发表了程翔的文章《传统文化视野下的语文教材古文选编》。这些研究成果都是程翔践行“语文教师要成为文化人”的最好证明，上述身体力行的实践让他具备了深厚的文化底蕴，也让他的语文课堂充满了温度、厚度和深度，给年轻语文老师树立了学习的榜样。

（五）2012年提出“做有灵魂的教育”

程翔分别于 2012 年和 2013 年发表文章《教育是有灵魂的》《做有灵魂的教育》，2015 年出版专著《做有灵魂的教育——程翔语文教育教学实践探索》。他认为教育是塑造学生灵魂的，教育就是培育学生心中的太阳。他认为，中学生还未成年，他们的心中还没有太阳，需要别人的阳光来照耀，教师首先要用自己心中的阳光去照耀学生的心灵。学生在教师的引导教育下，逐渐成长，从而培育出自己心中的太阳，然后去照耀自己和别人，去照耀世界，而这颗太阳闪耀着爱国主义的光芒，闪耀着自信的光芒，也闪耀着人性美和人情美的光芒。程翔非常重视语文教学的育人功能，他认为语文教学的育人功能具体体现在三个方面：第一，培养学生热爱母语的感情，传承以母语为载体的中华优秀传统文化；第二，培养学生具有良好的语文素养，使其奠定运用语言的知识基础和能力基础；第三，促进学生审美能力的发展，在学生的心灵、精神、人格成长方面产生积极影响。这些都体现了程翔对语文教育教学本质的深刻理解，体现了他对学生心灵成长和人格成长的重视。这和《普通高中语文课程标准（实验）》中提到的语文课程应通过优秀文化的熏陶感染，促进学生和谐发展，使他们提高思想道德修养和审美情趣，逐步形成良好的个性和健全的人格是相契合的。

（六）2014年提出“教有学理的语文”

相当一段时间内，语文似乎成了谁都能随意评判的学科，似乎成了怎么说都有道理的学科。但其实，语文教育教学也是一门严谨的科学。程翔在教育教学中经常会自问：我要给学生什么内容？为什么教这个内容？怎样教这个内容？为什么这样教？他认为这些问题最终都归结到了有没有学理依据上。“学理”，即原理和法则，程翔的教学生涯经历了“探索学理—拥有学理—研究学理—运用学理”的变化。在三十多年的执教生涯中，他阅读了大量的关于学理的书，比如《汉语语体概论》《读解学引论》《中国古典解释学导论》，等等。他认为学理使人变得严谨，是语文教师的生命之基，所以在教育教学中有一些原理和法则是必须遵循的。程翔认为，教育中应遵循的原理和法则有：教师的天职是促进学生健康发展；尊重学生的生命、人格和个性；培养什么样的中国人是教育的灵魂；教育是一把双刃剑，警惕过度教育，防止教育异化。教学论与课程论的原理和法则包括：激发兴趣，实现从不愿意学到愿意学的转变；调动学生参与、体验内化和生成，实现从不能学到能学的转变；引导启发促进思维品质的提升，实现从不会学到会学的转变。具体来说，阅读教学的学理包括：汉语学原理、阅读学原理、文艺学原理、语言学原理、教学论和课程论原理。比如在解读文本时，程翔认为可以运用多种解释学原理，比如：“作者意”与“读者意”“虚心涵泳”“莫先立己意”“知人论世”“以意逆志”“移情理论”“前理解”“阅读期待”“对话理论”等。程翔曾经运用“话轮转换”理论成功地执教了《雷雨》一课。关于写作教学的学理，程翔认为包括写作学原理、文章学原理、文体学原理和叙事学原理。科学的学理依据是程翔语文教学成功的关键，它让语文教学变得有理可循、有据可依，而他的这一主张也让语文教学更加科学化。

二、程翔教学智慧的思想内核

（一）重视母语的文化教育

程翔对母语有着深厚的情感，十分重视母语教学，重视母语承载的文化教育使命。他认为，语文教学应注重母语教育，重视文化传递。程翔在《一个语文教师的心路历程》一书中提到："不从文化学的角度来理解、建设汉语文教育，就难以从根本上把握语文教育的本质，就难以真正提高语文的本质，更难以站在全球一体化的高度来审视汉语教育。"而文化基底的奠定要通过语言和文字来实现，要重视语言文字使用能力的培养。

（二）重视"课堂作品"的积累

程翔在其文章《语文教师要善于积累自己的课堂作品》（2012年第4期《语文建设》）中，提到语文教师要善于积累课堂作品。在谈及什么是课堂作品时，程翔认为应该包括以下内容：第一，优秀教案。一个好的教案，必然是反复实践的产物，必然是反复打磨的结晶，必然是饱含了教师的心血之作。第二，优秀论文。一篇好的论文，必然是教师提炼升华的产物，必然是体现理论探索的产物，必然对其他教师具有一定的启发性。第三，优秀报告。一个好的报告，必然是教育叙事的典范，必然具有感染力和教育价值。课堂作品的标准是什么？他谈道：第一，体现了教师对所教内容的准确把握和深刻理解。第二，体现了教师精心的设计和巧妙的构思。第三，包含了师生双方情感的参与。第四，体现了学生课堂生成的效果。真正达到这四个标准，是很不容易的。程翔认为，刚参加工作的青年教师，尤其要意识到课堂作品的重要性。

（三）阅读教学的"基本理解"理论及分层目标

1. 重视"基本理解"

程翔认为实现对课文客观面貌的"基本理解"是课堂阅读教学的目的。"基本理解"是课堂上学生在教师的启发引导下，对课文的字词句、写作技巧以及主题思想所做出的客观的具有一定认同度的理解。这是中学课堂阅读教学特有的术语，它不是哪一个人的发明专利，而是经过无数读者反复解读而形成的相对固定的、具有认同度的一种解释。"基本理解"包含三个层次：对字、词、句的理解；对课文写作技巧的理解；对课文主题思想的理解。

2. 明确课堂阅读教学目标的三个层次

程翔根据教学内容的难易度，将阅读教学目标分为三个等级——基层等级、中层等级和高层等级。"习惯、积累和了解"属于基层等级，"体验、感悟和揣摩”属于中层等级，“评价、鉴赏和探究”属于高层等级。

3. 关于语文课堂阅读教学的原则

程翔认为语文课堂阅读教学的原则可以从以下几个方面来谈：文本教学的原则、尊重文体规律的原则、亲身体验原则、注重过程的原则、讲练结合的原则。

我们重点谈谈“文本教学原则”，这一原则的提出是针对当下语文课堂过多地依赖多媒体教学这一现象的。程翔认为，文学作品是语言的艺术，作家通过语言来塑造形象，学生阅读文学作品，主要通过品味语言、联想和想象来体会作品的语言艺术魅力。如果把语言文字转化成图像画面，那就不是阅读教学了，所以阅读教学要求直接阅读文本，文本教学以学习语言为主。

（四）写作教学的“三维体系”与教学个性化

程翔十分强调写作能力的培养。

1. 教师要具备一定的写作能力

只有教师自身善于写作，才能了解写作问题的核心，才能更好地指导学生写作。执教三十多年，他一直坚持写“下水文”，并在课堂上用自己的“下水文”指导学生写作。

2. 提出“三维写作体系”

中学写作教学一直处于混沌状态，既无独立教程，也无独立课时，更无独立师资，理论体系科学化与训练科学化道路还很漫长。而提升学生的写作素养却是当下语文教育教学需要解决的一个重要问题，所以，编写独立的、完整的、科学的中学写作教程，将阅读和写作分开设课是当下最迫切而实际的任务之一。为此，程翔提出了“编写内容、文体、技能三维中学写作教程”的构想，并在2015年第4、第5期《中学语文教学》上发表相关文章（该文章已收入其著作《做有灵魂的教育——程翔语文教育教学实践探索》一书中）。文章中明确了中学写作教学的目标定位：中学生写作是一种基础性、训练性的文章写作，需要按照一定的模式反复训练，先规矩而后巧。写作应独立设课，每周至少2课时，应有独立教程和评价标准。“三维”即内容、文体和技能。内容是整理思绪的基础，写作内容分为必写内容和自选内容。必写内容简单地说就是人、事、物、理、情五个方面的内容。具体包括：写自我生活、情感、思想和经历；写家庭生活；写学校生活；写社会生活；写大自然。文体是写作训练的抓手，应形成三大教学文体：记叙文、议论文和说明文。划分的依据是表达方式。同时，又补充解释了对三大文体的理解不能狭窄和机械，所谓“记叙文”，指的是记叙类文章，包括散文中的叙事作品，甚至更广；所谓“议论文”，指的是议论类文章，包括散文中的说理作品，甚至更广。技能训练是基本方法，写作技能训练，就是将陈述性写作知识与程序性写作知识结合起来，按单元有规律、有梯度地分布在各个年级，从而形成系统的技能训练教程。

3. 作文个性化与作文教学个性化

程翔认为学生是有个性化差异的，所以作文和作文教学要遵循个性化原则。作文个性化就是学生能自主地写作，写真实的文章，写出的文章有所创新。所谓自主，就是学生写自己想写的内容，选用自己喜欢的表达方式，不受过多的外部干扰。写真实的文章，就是说真话，不说假话。所谓创新就是大胆质疑，敢于突破旧的条条框框，独立思考，有自己独到的见解；就是善于采用新的表现方法，具有新的风格。

作文教学个性化，意味着教师要有“不拘一格降人才”的境界，包容学生作文中的各种思想观点、风格，尤其是不合自己心意的观点和风格；发现学生作文中的闪光点，鼓励学生按照他自己本来的样子去更好地发展，不是非得按照教师的喜好加以纠正不可。

（五）教材建设中关注内在逻辑，体现教学体系性

在教材方面，程翔认为应该突破文选型的教材编排模式，因为这一模式容易造成教材和教学在逻辑方面的缺失。

语文教材、教学科学体系应包括语文知识和语文能力两大部分。语文知识共有四大知识，包括汉语知识、文学知识、文体知识和文化知识。语文能力为五大能力，包括听、说、读、写和网络信息处理的能力。

知识和能力的分布应通过单元来实现。每个单元就是一个环节，各个单元共同构成了语文教材及教学的有机整体。而单元和单元之间应有内在逻辑关系。

这种体系性教材充分考虑了课文的教学文本价值，即教学性的一面，但单篇课文的自然文本价值则受到了限制，所以在课堂教学中，不再是穷尽文本的所有价值，而是在体系之下集中认识其局部的价值。

三、程翔教学智慧的艺术呈现

（一）质朴纯真的语文本色课堂

程翔质朴纯真的语文本色课堂体现在两个方面：第一，坚持文本教学的原则；第二，注重课堂诵读。

随着当下信息技术的迅猛发展，很多教师在教学中使用多媒体，这使语文课堂教学方式发生了显著的变化。对此，程翔坚定地认为，要区分网络环境下的语文教学与多媒体手段下的语文教学。对前者要认真研究，并努力推行；对后者要谨慎行事。文学作品的教学应以文本阅读为主，主要是通过品味语言、联想和想象来体会作者的语言魅力。如果把语言文字转化成图像，那就把文学作品的阅读变成了观看电视、电影，就不是阅读教学了。所以，程翔的课堂教学以文本为本。坚持文本教学，保持质朴纯真的语文本色是他语文教学艺术风格的一大特点。

以程翔《茅屋为秋风所破歌》的教学为例，我们来看他是如何保持语文本色的。在让学生朗读了"八月秋高风怒号，卷我屋上三重茅。茅飞渡江洒江郊，高者挂罥长林梢，下者飘转沉塘坳"这几句诗之后，程翔问了学生这样一个问题："你读了这几句眼前出现了什么样的画面？"然后一步步启发学生：对这些句子或句子中的用词你有没有一种敏感？你觉得哪个字引发了你的联想和想象？你眼前出现了什么？你想到了什么？学生回答得比较笼统，不够形象，程翔就启发学生通过品味语言展开联想和想象。

师：诗中说"茅飞渡江"，可见，杜甫住的地方可能在江的这边，这时候风一吹，吹到了江的那边，而且洒江郊，距离怎么样？

生：远。

师：你怎么知道这么远的啊？

生：他追着过去了。

师：他要是过江还不给淹死了。你怎么知道的？

生：我想象的。

师：对了。你想象杜甫眼巴巴地看着茅草被吹跑了，吹到江的那边去了。杜甫的视线随着茅草的飞动而转移。高的挂到树梢上了，低的吹落到水洼中了。这就是想象。杜甫一边看着，心里一边什么啊？

生：着急。

师：他有办法吗？

生：没有。

师：他没有办法啊。同学们想象出来了吧？作为读者，一定要发挥自己的想象，眼前要出现画面。

在这个例子中，程翔坚持文本教学的原则，让学生回归文本，通过让学生想象诗句描摹的画面理解诗人内心的焦急和无助。这种教法，体现了文学鉴赏的规律，比采用声、光、电的多媒体手段要好得多。

程翔本色语文的另一个方面体现在他对课堂诵读的重视。程翔认为文言文教学要重视读，如果离开了读，文言文的美就体现不出来，学生印象就不深。那么文言文诵读如何进行呢？程翔认为可以分为三个阶段。第一个阶段，疏通式朗读，主要是正字音，通过诵读看学生断句是否正确，这是最基础的。第二个阶段，理解式朗读，就是结合注释读课文，理解文句含义，由表面含义进入到深层意蕴。在这个阶段，教师要给学生比较具体的指导，比如语气、语调、重音、升调降调、疏密、轻重、实声虚声、颤音等，让学生在朗读技巧上有提升，在运用这些技巧的过程中自然而然地理解文句的深层含义。第三个阶段，抒情式朗读，即抒发读者个人的情怀，把作者的感情变成自己的感情，而不仅仅是表达作者的情感。比如在《茅屋为秋风所破歌》的教学中，分析每一个层次时程翔都让学生先诵读，他发现中学生诵读古诗读得流畅，但情感上有欠缺，于是就自己示范诵读，并且在发音方法上给学生具体的指导。在亲自示范和具体指导之后，他让学生反复诵读，直到合乎要求。

（二）情感渗透，突出教师的感染力

程翔的学生们曾经这样评价他：“您不仅教我们知识，更教我们做人。我永远忘不了您给我们上的第一堂课，讲的第一篇课文，那是朱自清的《荷塘月色》。尽管内容已经随着时间的冲刷而淡去，但您满怀激情的演讲，专注投入的神情和具有磁性的声音，把我们带进文学艺术的殿堂，让我们那么深切地体会了文学艺术的魅力。”“听程翔老师的课是一种享受，他能够满怀感情地去上每一节课。”“您是对我影响最大的一位老师，这种影响在我形成人生观的时候开始，应该会持续我的一生吧！您有着无比的豪情，却又谦和地对待一切，您在银杏树下为落叶题字，您说‘要保持心灵的浸润’，这些印在了我的心里。”

从学生的评价中能看出程翔的语文教育教学观，他认为教育的本质是育人，要注重对学生情感、态度和价值观的培养，而这些都需要语文教师在语文教学中春风化雨，他的语文课就具备了这样的感染力。

以程翔《岳阳楼记》的教学为例，在讲到“居庙堂之高则忧其民……后天下之乐而乐”这几句时，程翔对学生做了如下引导：

师：范仲淹和滕子京都是被贬的人。被贬了，人之常情是情绪低落。可是范仲淹却忧国忧民。“进”是在朝廷做官，“退”是被贬官。无论在哪里都心忧天下，唯独不考虑自己。如果说第三、第四自然段两段中的两种人是一个“小我”，那么，古仁人就是一个“大我”。什么叫小我，什么叫大我？

生：小我是为自己。

师：小我是为自己的利益考虑，当多大的官啊，有没有别墅啊，有没有小车啊，工资高不高啊。什么是大我？

生：为国家、他人的利益着想。

师：这种人是什么人？

生：仁人。

师：范仲淹是什么人？

生：仁人。

师：他劝滕子京做什么样的人？

生：仁人。

师：很好。虽然你、我都是被贬的人，但是我们不能因为自己被贬而灰心丧气，我们心里要装着国家、百姓。一个人只有超越了小我，才不会因为自己的利益得失而斤斤计较。这就是范仲淹在《岳阳楼记》中要表达的中心思想，激励了千千万万的仁人志士。同学们既然学习了这篇文章，我希望你们能用古仁人的标准要求自己，不要因为考试考不好就灰心丧气，吃不下饭，睡不好觉。考不好不影响你为国家做贡献。你活着是为了给国家做贡献，不是只为个人的幸福，你追求的是古仁人，不是小我。

在这里，程翔引导学生思考“小我”与“大我”，培养学生的家国情怀。在文言文教学中，教师很容易把重点放在字词的疏通上，强调“言”，而忽略了“文”，但程翔的文言文教学没有仅仅停留在疏通文字本身，而是引导学生进入更深层次的思考，用古人的人生智慧去启迪学生的人生。

再以其《茅屋为秋风所破歌》的教学为例。在引导学生认识到杜甫推己及人的情怀之后，学生们都被杜甫这一情怀所感动，然后程翔做了如下引导：

师：请一个同学说说你为什么感动呢。

生：他由自己受苦想到天下其他人，而不只是自己。

师：请读一下原话。

生：吾庐独破受冻死亦足！

师：什么意思？

生：我的茅屋破了，我冻死也不足惜。

师：“足”就是值得的意思。只要天下寒士都能住上好房子，过上安定的生活，我自己死了我都觉得值，我都心甘情愿。是这样吧？他希望出现一个非常大的房子，这个房子有多大呢？

生：千万间。

师：千万间。天下的寒士都能住在一起，这是他的一个美好的——

生：愿望。

师：能不能实现呢？

生：不能。

师：很难实现。尽管不能实现，但他有这样一个愿望，这就让我们很感动。所以，杜甫是一个怎样的诗人呢？为什么他能受到后人的尊敬和推崇呢？这首诗就为我们提供了答案。其实这样的例子还有。杜甫有一首诗叫《又呈吴郎》，写的是杜甫自己原来住的院里有一棵枣树，杜甫的邻居是一个寡妇，这个寡妇无依无靠，没有吃的，有时就到杜甫的院子里打枣吃，杜甫从不阻拦她，任凭她打枣吃。后来杜甫搬走了，一个姓吴的人搬到这个院子里来了，他给自己的院子围上一道篱笆，不让这个寡妇打枣吃。杜甫知道了，就写了这首诗给这个姓吴的人："堂前扑枣任西邻，无食无儿一妇人。不为困穷宁有此，只缘恐惧转须亲。即防远客虽多事，便插疏篱却甚真。已诉征求贫到骨，正思戎马泪盈巾。"杜甫说，她是一个无依无靠的寡妇，你干吗围上篱笆不让她打枣子吃呢？你就任凭她去打枣子吃吧。陕西民歌中唱道："唐朝诗圣有杜甫，能知百姓苦中苦。"这就是杜甫，为人民所尊敬所敬仰的杜甫，他的心里经常挂念着别人。也许有的同学会问，杜甫为什么会成长为一个心里装着别人的诗人呢？你们知道吗？原因可能比较多，比如读过很多书，受到了很好的教育。其中一个很重要的原因就是他受他姑姑的影响。杜甫很小的时候，他母亲就死了，他寄养在姑姑家里。他姑姑也有一个儿子，这两个孩子很小的时候都生了病，而且都治不好，眼看就要死了。他的姑姑实在没有办法，就请了一位神医，类似于巫婆之类的，来给两个孩子看病。这个巫婆说：这个屋的屋角位置不好、不吉利。杜甫正住在屋角这个位置，要让这个孩子换个位置才好。因为家境贫寒，屋子非常狭窄，他的姑姑就把他的儿子和杜甫调换了位置。后来，他姑姑的儿子死了，杜甫活了下来。这件事使杜甫懂了一个道理：人不能只为自己活，要想着别人。杜甫之所以是伟大的诗人，就是他能想着别人，在自己的茅屋被秋风吹破的时候，他还能想着别人：我怎么才能让天下人都住到好房子里去，哪怕我自己冻死了也心甘情愿。我们多么感动！那么我想问同学们，你想做杜甫这样的人吗？

生：想。

师：说"想"这个字很简单，但要真正做到不容易。同学们你们现在虽然年龄很小，但要思考一个问题：将来要成为怎样的人。

程翔的教学语言是富有感染力的。只有这样才能让文学经典真正走入学生的内心，才能使教学和学生的人生发生联系，实现语文的育人功能。一些学生在学习文言文时会有这样的疑问：为何要学几百年前甚至两千年前的文章？与我们今天的现实生活有什么关系？程翔的教学实践很好地回答了这个问题，正如鲁迅所说："读古人的书，归根到底是为了做现代的人。"

（三）注重引导、启发、生成的课堂教学

程翔认为，教学是引导的艺术。他自己经历了教学理念的重要转变：从原来的“预设—讲授”，到现在的“预设—生成”。他认为，从简单的知识传授向点拨、启发、引导迈进，是提高教师课堂教学能力的关键。而实现这一转变的关键在于两个方面：第一，充分备课，吃透教材；第二，了解学情，吃透学生。了解学生会什么，不会什么，让学生从不会到会。

在《做有灵魂的教育——程翔语文教育教学实践探索》一书中，程翔认为，阅读教学的目的之一是让学生理解文本含义。如何才能让学生顺利地理解并掌握课文呢？提供台阶，搭建桥梁，是理想的做法。理解从哪里开始呢？从“原始理解”。所谓“原始理解”，是学生对课文进行原始阅读后的一种理解，是对课文的第一印象。“原始理解”是阅读教学的起点和依据，教师的教学必须以此为据来展开。“原始理解”是起点，不是终点（相对的终点），终点是“基本理解”。“基本理解”不能靠教师奉送，而是由学生一步一步地渐入佳境获得，体现课堂生成的效果。当然，学生离不开教师的启发与引导。教师高度关注的，应是学生的“原始理解”与“基本理解”之间的错位程度及原因。老师的任务是搭建引桥，进行铺垫。搭建引桥，从何入手？最基本的做法是认真阅读课文，只有熟悉了课文才能谈理解。要实现“基本理解”，必须尊重原文，从具体的语境中找出内在的含义。另外，还要了解学情，给学生搭支架和台阶，而非老师直接告诉。

以程翔的《锦瑟》教学为例，上课伊始，程翔要求学生自读诗歌，然后请一个学生在全班朗读这首诗，之后让读懂的学生举手，结果没有人举手。此时，程翔要求学生自读注释，结合注释理解诗歌内容，之后再次让读懂的学生举手，还是没有人举手。接下来，程翔要求同学之间互相交流，之后第三次让读懂的学生举手，仍然没有学生举手。在这种情况下，程翔做了如下引导：

师：我要问问同学们了，一点儿都不懂吗？还是懂那么一点点？懂一点点的请举手。

（一个学生举手）

师：说说你懂的那一点点。

生：整首诗表达的那种感觉——

师：什么感觉？

生：诗意的，有点迷惘的感觉。

师：哦，诗意的，迷惘的。很好，这说明你抓得还是挺准的。哪位同学再来说一说你懂的那一点点？

（一个学生举手）

生：整首诗透露出一种人生如梦的感觉，就是人生走到尽头，像做了一场梦一样。往事如烟，如泡影般随风消散了。

师：说得很好嘛。你不是懂一点点啊，你是基本懂了。

在以上教学环节中，程翔给了学生自主读书的机会，给了学生表达“原始理解”的机会，他没有一上来就自己全盘讲授，而是先了解了学生的“原始理解”，为自己本节课的教学找到了逻辑起点。

在具体解读诗句的过程中，程翔十分注重学生的生成与教师的引导。比如有学生提出疑问：为何以“锦瑟”为题？程翔认为这个问题很好，紧紧抓住学生的这一问题，请其他学生试着解答。有学生说“瑟是古代的一种乐器，声音比较悲凉”，程翔紧接着追问：“你怎么知道是悲凉的？有没有依据来证明你的观点？”学生没有给出充足的依据，于是程翔就给学生做了一点补充，补充了《史记·封禅书》中太帝听瑟生悲的材料。接下来他又启发学生思考“锦瑟无端五十弦”一句中“无端”的含义，程翔是这样引导的：

师：“无端”是什么意思？

生：没有来由。

师：好，没有来由。我们假设一下，李商隐面对着五十弦的瑟，在心里产生疑问：锦瑟啊，你怎么无缘无故有五十根弦呢？我们读者会觉得这个疑问很可笑啊，这有什么可问的呢？是不是傻乎乎的一个问题啊？就像小孩子问他爸爸：爸爸，你怎么有胡子呢？我为什么没有胡子呢？这个李商隐啊，你干吗要问这么幼稚的问题呢？

生：作者不是针对五十根弦来提问的，他是用这个问题来寄托他内心的感情。

师：有道理。如果把它与这一联的后一句联系起来看，这个数字“五十”

和他的什么建立起了联系？

生：这个“五十”和他的——我记得我以前看过一份资料，说李商隐写这首诗的时候接近五十岁了。

师：说得好！李商隐已经快五十岁了。

生：所以说他看到声音悲凉的瑟，就想到自己接近五十岁了，华年不再。看着五十根弦就想起自己曾经的年月。

师：很好！同学们，你们看，读不懂吗？你懂的。但是需要一点铺垫，需要一点引导。老师的作用呢，就是给大家铺垫一下，引导一下，你就明白了。锦瑟呀，你怎么无缘无故的有五十根弦呢？你怎么跟我的年龄那么巧合呢？好，下面一句话请同学们来说：你这五十根弦啊，每一根弦都——谁来说？

生：每根弦上都寄托了李商隐的一段年华，一段岁月，一根弦一段回忆。

师：每一根弦都拨动了——

生：我的心弦。

师：很好。你的每一根弦弹奏出来的声音都引起了我心灵的波动和震颤。

这段引导、启发很精彩，体现了程翔的教学智慧，体现了他驾驭课堂的艺术性。维果斯基的“最近发展区理论”认为，学生的发展有两种水平：一种是学生的现有水平，指独立活动时所能达到的解决问题的水平；另一种是学生可能的发展水平，也就是通过教学所获得的潜力。两者之间的差异就是最近发展区。教师的教学应着眼于学生的最近发展区，为学生提供带有难度的内容，调动学生的积极性，发挥其潜能。

程翔在文学作品教学中注重让学生掌握文学语言的规律和特点，尤其是古诗比兴寄托的特点。为了实现这一教学目标，他通过巧妙的问题设置引导学生思考，进而让他们自己得出结论。

再以《岳阳楼记》的教学为例，这篇课文的学习难点在于让学生理解第三自然段写景文字的深层含义。第三自然段如下：

若夫淫雨霏霏，连月不开，阴风怒号，浊浪排空；日星隐曜，山岳潜形；商旅不行，樯倾楫摧；薄暮冥冥，虎啸猿啼。登斯楼也，则有去国怀乡，忧谗畏讥，满目萧然，感极而悲者矣。

程翔问学生，读了这段之后有何感受，学生回答“萧条凄凉”。之后又问学生“登斯楼”产生了怎样的感情，学生回答“离开国都怀念家乡”。然后又问学生“忧谗畏讥”何意，学生解释“担心别人说自己坏话”。这三步实际都是在为后面最关键的问题做铺垫：“天气不好，怎么就想到担心别人说自己坏话呢？”他请了几名学生回答。

生：作者借这些景色表达被贬谪的诗人的心情。

师：刚才老师在黑板上画了三级台阶。什么意思？第一级台阶是让同学们读课文，读得顺畅，字词没问题；第二级台阶是理思路，特别是“然则”。再往下，就是这篇文章非常难理解的地方了。天气不好，怎么就想到担心别人说自己坏话呢？

生：作者友人是被诬陷的，被贬的，他怕自己被贬谪的时候——

师：没有想好，是吧？这时候我要给同学们铺垫一下。我问个问题，他说“若夫淫雨霏霏”，一直到“虎啸猿啼”，是写景是不是？

生：是。

师：我说不是。

生：是借不好的天气来表现贬谪人的心情，借凄凉的景色渲染悲凉的心情。

师：有道理。还有没有同学回答？

生：可能是借指当时社会的黑暗。

师：为什么？

生：因为他的朋友滕子京是被诬陷的。

师：好，这位同学的回答比较接近了。《岳阳楼记》是一篇文学作品。文学作品使用的是文学语言，和一般的语言是不一样的。我们看春节晚会上冯巩一出来就说：“我想死你们了。”这是一般语言。文学语言不这么说，文学的语言怎么说呢？“春蚕到死丝方尽，蜡炬成灰泪始干。”用形象说话，这就是文学语言。平时，我们说“愁死了”，这也不是文学语言。文学语言怎么说？“问君能有几多愁，恰似一江春水向东流。”用形象说话，富有暗示性。同学们读这段时千万不要觉得只是写景。他写的是险恶的政治环境，是有象征意义的。他非常含蓄地指出了一种恶劣的生存环境，危机四伏的官场环境。“连月不开”，小人坏人遍布身边；“阴风怒号”，小人的坏话一句接一句；“浊浪排空”，坏蛋一个接一个。在这样的环境下，“日星隐曜”，光明没有了；“山岳潜形”，栋梁之才被隐没了。在这种情况下，“商旅不行”“樯倾楫摧，薄暮冥冥，虎啸猿啼”。

在这一教学环节中，程翔设计了一个十分关键的问题：“天气不好，怎么就想到担心别人说自己坏话呢？”这一问题巧妙地将学生的思维引入更深层次的思考。程翔深入研究过提问的艺术，他在《语文课堂教学的研究与实践》一书中列专题论述了提问在教学中的重要性。

（四）轻松和谐的课堂氛围

有学生这样评价程翔：“他喜欢讲人性，无论哪篇课文，经他一讲解，总要体现人性的复杂性。每篇课文中的人物各有不同，但他却不肯一次给我们点破那些人物的微妙，每每让我们自己体悟那些人物言词。看到我们恍然大悟的样子，他便会如老顽童一般地笑。”“平日里给人感觉很正派，但并不正经得可怕，他是会开玩笑的。他与同学们并不像哥们一般亲近，但也并没有因为年龄和副校长的身份就与同学疏远。”从学生的评价中可见程翔是亲近学生的，他的语文课是氛围轻松、师生和谐的语文课。

程翔的教学语言让学生感到亲切，他的课堂用语总是很有亲和力，比如请学生发言时，他经常用“这位同学，咱们来交流一下，好不好？”“我请一位同学来说一说，好不好？”这样的句子来提问，他总是带着尊重的、期盼的语气语调请学生发言，从不用那种命令式的话语。当学生回答得很好时，程翔总是及时鼓励，如“我觉得同学说得很好”“说得很了不起”。他的教学用语亲切、具有鼓励性，他也注重倾听学生的声音，在学生交流讨论时，他经常低下身子认真倾听学生的发言，并加入到学生的小组讨论中。他虽是特级教师，但从不把自己放在很高的位置，他总是把身段放得很低，融入学生中。

在教授《锦瑟》时，程翔请学生谈谈对“庄周梦蝶”这一典故的理解，学生发言结束之后，程翔问学生：“你做过这样的梦吗？”学生说：“没有。”然后程翔说：“我相信你做过其他的梦，梦见自己考了全年级第一。醒了之后想究竟我是全年级第一呢还是全年级第一是我呢？”此话一说，全班同学都笑了，整个课堂的氛围轻松活跃起来了。在讲到“蓝田日暖玉生烟”中的“烟”字时，有一个学生对这个字有很高的敏感度，体会到了这个字背后的虚无缥缈之意，程翔很欣喜，也很赞赏，并笑着说：“这个同学对‘烟’很有敏感度，以后写一点关于‘烟’的诗好不好？”只言片语就拉近了和学生的距离。在理解这首诗的多义性时有个学生说“一千个读者眼中有一千个林黛玉”，此话一出，全班学生都笑了，程翔也爽朗地笑了，他没有马上纠正学生，让学生难堪，而是顺着这个学生的回答说道：“你心中肯定有你的林黛玉，好，说得很好。”

（五）精心设计教学结构

教学结构即教学流程、教学思路，为实现教学目标所设计的教学路径。它体现了一个教师对教学的整体把握及对每个教学环节的理解，是一个教师教学智慧的体现。要想设计好教学结构，需要教师对教学内容本身有深刻理解，也需要教师对学情有全面把握。

下面以程翔《岳阳楼记》《茅屋为秋风所破歌》和《锦瑟》教学为例，谈谈他文言文教学的教学结构设计。

《岳阳楼记》教学结构为四级。第一级：让学生读课文，正字音，整体把握文章。第二级：通过分析文本理清文章思路。第三级：重点理解文章写景句子的深层含义。第四级：理解文章的中心思想。

在第一级，程翔先让学生齐读课文，之后从题目“岳阳楼记”入手，了解这篇“记”和其他“记”的不同，了解相关写作背景（滕子京其人、滕子京来岳阳楼的原因）。到了第二级，逐段诵读和分析文本，引导学生结合注释疏通文义，通过让学生关注“然则”一词引导学生理清文章行文思路，然后通过分析“迁客骚人”这个词引导学生理解“览物之情，得无异乎”。之后进入第三级，基于对文本的分析，重点把握写景句子的深层内涵，写景句子实则暗示了险恶的政治环境，然后自然而然地进入第四级对中心思想的把握。最后，以作者的人生选择激励学生，完成情感态度价值观的渗透。

在《茅屋为秋风所破歌》的教学中，程翔从作者入手，通过看题目让学生了解诗人艰苦的生活状况，然后让学生正字音，介绍“歌”这一文体的特点，此为第一阶段。第二阶段，通过逐层分析把握诗人情感。

第一层，通过想象画面理解作者内心的焦急无奈，并用四个字概括本层内容：秋风破屋。第二层，诵读之后用四个字概括本层内容：群童抱茅。在分析此层时，将一位名家对这层的解读拿出来和学生探讨，引导学生理解作家的写作处境。第三层，先诵读，然后用四个字概括本层内容，学生概括不到位时，程翔通过让学生理解“长夜沾湿何由彻”一句中的“长夜”一词引导学生理解安史之乱之后作者内心的痛苦和煎熬，进而概括本层内容为“长夜沾湿”。第四层，在诵读指导中引导学生概括出本层内容：推己及人，由此启发学生思考将来要做一个怎样的人。

《锦瑟》原文仅 56 个字，但却内涵丰富，不同名家对此文本存在不同解读，所以这篇文本的教学相当有难度。程翔在上课伊始让学生充分阅读文本，先让一名学生朗读，之后请读懂的学生举手，没有学生举手；然后他让学生结合注释读第二遍，请读懂的学生举手，依旧没有学生举手；再让学生自读第三遍并相互交流，这一遍之后请读懂的学生举手，依旧没有学生举手。为了让学生表达“原始理解”，程翔请读懂一点点的学生举手发言。此为第一阶段，这一阶段是教师了解学生“原始理解”，把握教学起点的阶段。第二阶段，程翔从七律的体裁特点入手展开教学。七律分为首联、颔联、颈联和尾联，每联用一个词概括。先是首联，首联从“锦瑟”的声音特点出发，联系诗人李商隐的写作背景，得出首联“悲”。然后是尾联，尾联的关键词为“惘然”，这一联的教学重点在引导学生理解“惘然”。至此，发现诗歌有一个完整的结构，从“悲”到“惘然”，然后依据诗人的情感贯穿诗歌始终这一逻辑推断中间两联的内容。颔联，通过分析“庄周梦蝶”这一典故的用意把握关键词之一“迷”，进而思考诗人对什么感到迷茫，然后通过分析“望帝春心托杜鹃”中的典故的用意把握另一个关键词——“托”。颈联，通过分析“杜鹃啼血”和“蓝田日暖玉生烟”的典故找到关键词“泪”和“烟”。颔联和颈联分别分析之后，用一句话表达两联的含义，并结合尾联和首联理解诗中“此情”一词的内涵。文本解读到这里并未结束，作为一篇多义性的诗歌，程翔又把名家的不同解读给学生呈现出来，请学生谈自己的理解。这一过程自然引出最后一个环节：请学生概括李商隐诗歌风格的特点。

从以上三个具体事例可以看出：程翔的文言文教学注重由浅入深，

他一步步为学生搭台阶，引导学生如何从对“言”的疏通发展到对“文”的理解。程翔总是让学生从充分阅读文本开始，这是最基本的一步，为后面深入文本做铺垫。文言文教学不像现代文教学，学生有较大的语言理解障碍，所以必须通过反复阅读让学生熟悉文本。读的方式可以多种多样，可以是齐读、个体朗读、默读，等等。然后解题，从题目入手进入文本。比如教授《岳阳楼记》时请学生猜这个题目会写什么，从而让学生了解这篇文章的特点，再通过注释了解写作背景；在教授《茅屋为秋风所破歌》时，引导学生从题目了解诗人的生活状况；在教授《锦瑟》时从“瑟”的声音特点入手理解首联的含义。之后进入文本分析，先引导学生结合注释理解关键词句的表层含义，之后通过巧妙的设问引导学生深入理解关键词句的深层含义，让学生体会文学作品比兴寄托的特点。在这个过程中也注重文本内在逻辑的联系，比如教授《锦瑟》时，先讲首联尾联，让学生对诗歌整体结构有一个认识，再深入到颔联和颈联。教授《岳阳楼记》时，注重对文本教学思路的梳理。在做了以上教学铺垫之后，进入对作家情感的感受和对作家人格境界的挖掘。

四、程翔教学智慧精品片段聚焦

片段一：

雷雨

（第二课时）

（分析侍萍形象）

师：侍萍的自我评价是“不是小姐”“不贤惠”“不大规矩”。“不是小姐”，说明侍萍耿直，不是就不是，何必冒充小姐！所谓“不贤惠”，是有所指的，指她的倔强的性格，这一点我们后面会分析到。“不大规矩”，就是指这个对话组中的“她是个下等人，不很守本分的。听说她跟那时周公馆的少爷有点不清白，生了两个儿子”。请同学们注意“不很守本分”这句话。侍萍怎样做才叫守本分呢？

生：找一个穷人。

师：可是她偏偏爱上了一个少爷，少爷也爱她，还生了两个儿子。一个下等人，爱上一个少爷，需要多大的勇气呀！由此可以看出侍萍的一点性格。什么性格？

生：敢爱。

师：（板书：敢爱）所以说“不大规矩”。同学们对这种性格做何评价？

生：不好说。

师：有敬佩的吗？有。有鄙视的吗？也有。同学们，无论你是敬佩还是鄙视，但是你必须得承认，这是人性的表现。对不对？

（板书：人性）

生：对。

师：那么，这种人性是一种罪恶吗？他们两人当年的相爱、生子，是一种罪过吗？

生1：我认为是一种罪恶。他们未婚先孕。

生2：不是罪恶。如果一定说罪恶的话，罪恶的是封建等级制度。

师：说得好！为他鼓掌。

（学生鼓掌）

师：未婚生子固然不道德，但是作者曹禺创作《雷雨》不是表现道德的问题，而是表现人性的问题。如果一定要说罪过的话，那么真正的罪过是等级制度。是封建等级制度断送了他俩的爱情。好，下面请同桌同学把这个对话组分角色朗读一遍。

（学生分角色朗读课文）

师：下面，请两位同学从周朴园问“你姓什么”一直读到“你自然想不到，侍萍的相貌有一天也会老得连你都不认识了”。

（学生读课文）

师：这部分由哪几个对话组组成？

生：由“坟在哪儿”“她没有死”“活着的境况”“找绸纺衬衣”四个对话组组成。

师：总结得很对。周朴园在哪一个对话组中认出了侍萍？

生：第四个对话组。

师：当年北京人民艺术剧院首次排演《雷雨》的时候，扮演鲁侍萍的女演员说：“鲁侍萍没有骨气。换了我，转身就走。”那么请同学们回答，鲁侍萍为什么一步一步地引导着周朴园把自己认出来呢？

生：根据四个对话组的内容来看，鲁侍萍断定周朴园还在怀念着自己，而鲁侍萍心底也怀念着周朴园。特别是得知其还保存着旧衬衣的时候，鲁侍萍就无法控制自己了，于是让周朴园认出了自己。

师：本来不打算让周朴园认出自己的，是情不自禁啊。这又是人性的表现。对不对？

生：对。

【品评】

这个教学片段展现的是对文学作品中的人物形象和深刻题旨的揣摩、评价与鉴赏。揣摩与评价属于语文课堂阅读教学目标的第二级目标和第三级目标。程翔通过设置问题(“同学们对这种性格做何评价？”和“那么，这种人性是一种罪恶吗？他们两人当年的相爱、生子，是一种罪过吗？”)来一步步引导学生揣摩深刻题旨并做出评价，他没有停留在简单的标签式的解读，也没有把深刻题旨一下子直接告诉学生，而是通过一步步地启发将学生引向了对作品的题旨——“人性”的思考。同时，为了帮助学生进一步理解“人性”，他还引用了文艺演员的一句剧外话，并把这句话和文本中侍萍的态度做对比，在对比中引导学生理解人物的内心世界，在巧妙的引导和启发中挖掘出了文本的深度。

片段二：

一堂作文讲评课

一节作文讲评课上，我读了一位同学的作文《一块手帕》。我在批改作文的时候，便被这篇文章深深地吸引住了。文章构思精巧，立意新颖，读后令人回味无穷。于是我想让全班同学分享一下。

不料我刚刚读完，一位同学“刷”地举起了手说：“这篇文章是抄来的！”他的话音刚落，全班哗然。同学们议论纷纷，并把目光投向了那位抄袭作文的同学。那位同学羞愧得低下了头。

这样的场面我还是第一次经历，怎么处理这意外“事故”？我的头脑飞快地旋转，我想起了雨果的名著《悲惨世界》中的一个情节：冉阿让偷走了教堂的两个烛台，被抓住后，神父非但没有惩罚他，反而慷慨地把烛台送给了冉阿让。神父的举动使冉阿让的良心受到了深深的谴责。从那以后，冉阿让以拯救灵魂堕落者为己任。我深受雨果作品的影响，特别是他作品中表现出来的人道主义精神。现在，面对学生指出同学抄袭作文的尴尬局面，我应该怎么办？对这件事的处理方式决不仅仅是作文课的问题，这还能直接反映一个教师的教育思想。经过短暂的思考，我开始说话了："同学们，这篇文章写得好不好？""好是好，可是……"

"我问的是这篇文章写得好不好，不管其他。"

"太好了。"

"那就请同学们谈谈这篇文章好在哪里。请发言的同学到讲台上来说。"

一位、两位、三位……一共有八位同学发言。大家高度评价了这篇文章。我看同学们的注意力已经被顺利转移，而且发言水平很高，便接着问："同学们，这样好的文章我以前读得不多，可能同学们读得也不多。以后多给同学们推荐一些优秀的文章，在班上宣读，你们以为如何？"

"太好了！"众口一词。

"那么，对今天第一个给我们推荐优秀文章的同学，大家说应该怎么办？"

"谢谢！""非常感谢！"

同学们似乎一下子明白了我的用意，齐声欢呼。

"从今天开始，每周推荐一篇优秀作文，全班同学轮流推荐。可以拿原文来读，也可以抄写到自己的作文本上。不过，抄写的时候别忘记注明作者和出处。"同学们会心地笑了，那位抄袭作文的同学也舒心地笑了。

从那以后，我所教的班每周有一次推荐优秀文章并宣读的惯例，一直坚持到他们毕业。学生阅读了大量的课外作品，丰富了他们的知识，开阔了他们的视野。

这是一个意外收获。试想，如果当时我把那位抄袭作文的同学叫起来询问一下，并把她批评一顿，也许是应该的，但会给那位同学造成很大的精神压力，她从此就抬不起头来。

几天以后，这位抄袭作文的女生写了一篇作文，其中有几句话是这样写的：

当我听到同学指出这篇作文是抄袭的以后，我的头脑"轰"地一下，我立即陷入极度的后悔之中。我的脸"腾"一下子烧了起来，火辣辣的难受。我想，这下全完了，我把人丢尽了。当时的我，恨不能从地上找个缝儿钻进去。后来，老师并没有批评我，而是引导同学们感谢我推荐了一篇优秀的文章。我的天哪！老师救了我一命，替我挽回了面子。当时，我不知该怎么感谢老师。我将永远记住这次教训。

【品评】

章熊先生曾这样评价他读到这一个教学片段时的感受："我简直拍案叫绝，因为如果我遇到同样的情况，很难想象我将如何处理。程翔能够举重若轻地化解这个矛盾，不仅反映了他应变的灵活性，而且（或者说更重要的是）反映了他教学思想的基础——要爱护、珍惜每一个学生。"正如章熊先生所说，这个案例体现了程翔对学生的爱护，程翔提倡"做有灵魂的教育"，他认为做教师最忌讳的就是不尊重学生。无论是学优生，还是学困生，都要尊重他们，不要打击和伤害学生，要爱护和尊重学生。同时，这又是程翔"作文教学个性化"的一种体现，对待不同的学生要采用不同的教育教学方式，以包容赢得学生的信任，并以此为契机更好地激励学生。

五、程翔教学智慧经典课堂实录

小狗包弟

师：在上课之前，我要求同学们预习，至少两遍。已经读过的同学请举手。好，请放下。同学们先互相交流一下，你们读后有什么感受？说一说。

（生交流）

师：下面请同学来说一说，你们读这篇课文最初步的感受是什么？

生：我觉得作者把内心的挣扎描写得淋漓尽致，读完了，我感觉很纠结。

师：这位同学说一说。

生：开头第一自然段，写批斗，让艺术家游行，当时的那些人很没有人道，而且后面有一个小孩要杀那条小狗，很残忍。

师：好的。这位同学。

生：我觉得当时的人互相陷害，找别人的缺陷来让自己获得一定的安宁。就像出卖包弟保证自己的安宁一样，但是内心还是受到良心的谴责。

师：还有同学要说吗？

生：我觉得这篇文章写得挺真实的，非常细致地表现了从得到小狗到失去小狗的过程。

师：通过这几位同学的表述，我已经初步了解到你们对这篇文章的理解程度。是否符合我们学这篇课文的要求呢？还是有距离的。当然，你们讲得已经很好了。我们要在现在的基础上达到应该达到的要求。刚才这位同学说了一个词语“纠结”。这位同学，我要问一下，你就没有读出文章里也有欢快的地方吗？你觉得哪里是欢快的？

生：就是“包弟在我们家待了七年，同我们一家人处得很好。它不咬人，见到陌生人，在大门口吠一声，我们一声叫唤，它就跑开了”之类的。

师：你再往下读一读，看还有没有？

生：“它在院子里和草地上的时候多些，有时我们在客厅里接待客人或者同老朋友聊天，它会进来作几个揖，讨糖果吃，引起客人发笑。”

师：还有吗？找一找。

生：“它看见我们回来，特别是看到萧珊，不住地摇头摆尾，那种高兴、亲热的样子，现在想起来我还很感动。”

师：好的，请坐。同学们，把这些地方画一画。读了这些地方后，我们有一种欢快的感觉，你会觉得这个小狗很乖巧，很好玩，特别可爱。于是，问题就来了。同学们，什么问题呢？

生1：这些表现欢快的文字与“纠结”好像是不太协调的。为什么这样写？

生2：我觉得作者前面先描写小狗给家中带来欢快的感受，再写送小狗时的纠结，反映他内心真实的变化，同时也暗示当时的社会不人道。

师：好，还有哪位同学要补充？你来把“纠结”的那一段读给大家听一听。

生：“在我眼前出现的不是摇头摆尾、连连作揖的小狗，而是躺在解剖桌上给割开肚皮的包弟。我再往下想，不仅是小狗包弟，连我自己也在受解剖。不能保护一条小狗，我感到羞耻；为了想保全自己，我把包弟送到解剖桌上，我瞧不起自己，我不能原谅自己！”

师：好，请坐，来，我们一起读。

（生齐读）

师：读到这里，我们就会感觉到这是从欢快发展到一种悲剧，是这样吧？好，同学们写下来。刚才的问题好像还没有解决，是不是有一点不协调呢？让人纠结是悲剧，为什么要写欢快呢？哪位同学再来讲讲？你来说一下。

生：我觉得这篇文章就是要体现这样一种悲剧性，它后面体现出的这种悲剧性，主要在于前面写得比较欢快。鲁迅先生曾经说过，悲剧就是把有价值的、美好的东西毁坏给人看。

师：太好了！同学们为她鼓掌。她的思路非常正确。正是因为有前面的欢快，所以才感觉到后面的悲剧可悲，以欢快来表现悲剧。她讲了鲁迅先生那句话，悲剧就是把有价值的东西毁坏给人看。是不是把有价值的东西毁坏给人看了？是这样的，这个意见非常好，接着老师又有问题要问大家了。这个悲剧是谁制造的？

生：作者。

师：换句话说，这个悲剧是巴金制造的。是吧，同学们？同意我观点的请举手。不多。不同意我观点的请举手。比较多。请把手放下。哪位同学来谈一谈？我认为这个悲剧就是巴金自己制造的。谁来说？那位同学。

生：我觉得这个悲剧不是巴金制造的，因为联系这篇课文的背景看，悲剧发生在“文革”时期，巴金是受时代所迫才把小狗送走的，所以我觉得这个悲剧是时代造成的。

师：那么，同学们说，造成这个悲剧的根本原因是什么呢？是“文革”。我想请一位同学再来读一读这一段。

（生读）

师：读得很好。我想问一个问题：你说巴金不送走包弟不行吗？

生：不行。如果把狗留在家里，自己就会受牵连，还会影响到巴金的家人。

师：好，请坐。如果不送走包弟的话，他和他的家人就会受到牵连。为什么一条狗就会使他和家人受到牵连呢？你说。

生：我觉得是它的品种导致的。

师：书里怎么说的？

生：课文中写包弟“是一条日本种的黄毛小狗”。

师：下面还有一句呢？

生：“还有一位瑞典旧主人”。

师：这小狗背景还挺复杂的，有里通外国的嫌疑。同学们，你们今天觉得这个事情很什么？

生：很荒唐。

师：对，很荒唐。所以“文革”造成的重大灾难之一就是扭曲了人性（板书：扭曲了人性）。大家记住这个。那你看巴金的人性是不是被扭曲了，刚才我读的那个是不是这样？被扭曲了，被扭曲的还有谁？读书的时候你注意到了没有，被扭曲的还有谁？

生：还有孩子。“晚上附近的小孩时常打门大喊大嚷，说是要杀小狗。”国家未来的希望，这些孩子们都被扭曲了，我觉得那个时代被扭曲掉了。

师：说得非常好，同学们看第七自然段，开始画：红卫兵开始上街，晚上附近的小孩。后面还说“害怕这种叫声会把抄‘四旧’的红卫兵引到我家里来”。

巴金写这篇文章是要呼唤什么呢？呼唤人性的复苏（板书：呼唤人性的复苏）。好，同学们，在这样的背景之下，巴金把小狗送走，你们能原谅他吗？

生：我觉得这是迫于时代对他的生命威胁、对他全家人的生命威胁去牺牲小狗的，所以其实这应该是一个可以理解的行为。能不能原谅还得另外一说。

师：好的，你们原谅他吗？能原谅巴金的请举手。多数同学认为能原谅他。我理解他，我也能原谅他。但是巴金原谅自己了吗？大家看书。请一位同学读。

（生读课文）

师：请坐。巴金不原谅自己。正是因为巴金不能原谅自己，所以才赢得了我们的广大读者对巴金的什么？你说，这位同学。

生：我觉得正是因为巴金不能原谅自己，所以才赢得我们大家对他的尊敬。巴金有一种批判、自责的精神。

师：巴金有一种什么样的精神？一个词语，什么词？说得好——忏悔！这是他的一种反省，反思。巴金有良知。他的反思赢得了人们对他的尊敬。这篇文章选自哪里？

生：《随想录》。

师：《随想录》是巴金晚年的作品，他以76岁的高龄写下了《小狗包弟》这篇文章，表达了自己深深的忏悔，他想要为自己赎罪。一个有反思精神的人，肯定是一个不断进步的人。那么一个有反思精神的国家，也一定是一个受人尊敬的国家。1970年12月7日，那是欧洲一场大雪之后最寒冷的一天，联邦德国总理维利·勃兰特来到了二战时期华沙犹太人被害纪念碑前，向纪念碑献上花圈。他肃穆站立，突然双腿跪下去，向天祈祷："上帝啊饶恕我们吧，愿苦难的灵魂得到安宁！"勃兰特的千年一跪，赢得了全世界对他的尊敬。德国这个国家是一个懂得反思的国家，我们中华民族也懂得反思，我们对"文革"进行了深刻的反思。当然，"文革"的痕迹在我们身上可能还没有绝迹，这是要引起同学们高度警觉的。巴金写这篇文章的目的之一，就是希望这种扭曲人性的事情不要在中华大地上重演。明白他老人家的写作用意吗？2003年，"感动中国"人物评选，巴金当选。颁奖词中说：巴金先生的文字和生命中那种热情、忧患和良心，使他的作品永远闪烁着璀璨的光芒。同学们，这篇文章好就好在这里。

师：谁有问题？好，这位同学。

生：文章的第一自然段有一点不好理解。他写的是小狗包弟，干吗要写艺术家和小狗的事情呢？

师：这个问题很好。同学们互相交流一下，等会来回答。

（生交流）

师：好了，哪位同学回答这个问题？请举手，我相信同学们的智慧。

生：是对比。就是认识他的人看见他半死不活都掉头，但是小狗还是非常高兴地朝他奔去。当时那些人连狗都不如。

师：说得很好。请坐。还有吗？

生：一个是跟那些人形成对比，还有一个就是当这个艺术家受到迫害的时候，这个小狗反而围到他的身边，最后导致它的腿都被打断了。后来巴金因为要保全自己的家人，把小狗送走了。我觉得这是表达他心中的一种忏悔。

师：很好。我的理解是这样的：作者写艺术家和小狗与写作者和包弟是有联系的。写艺术家和小狗的故事，主要是在视觉让人感觉到特别的惨烈，从而引发作者写小狗包弟，可以说是一个诱因。而作者写小狗包弟，主要是表现心灵上的灼伤、灵魂上的痛苦。还有问题的请举手？

生：我不太明白第十自然段最后一句："我自己终于也变成了包弟，没有死在解剖桌上，倒是我的幸运……"这句话是什么意思？

师：同学们把这句话画下来。怎么理解？谁来回答？好，这位同学。

生：我觉得就是因为他天天想着包弟，总是想着包弟被解剖受痛苦的画面，就觉得也一起受苦一样，特别心疼包弟，表达忏悔。

师：他心疼包弟，就能变成包弟吗？

生：不是。

师：我问你，"文革"中巴金受到严重的冲击，知道吗？不太清楚，那我告诉你，在"文革"期间，巴金先生受到严重的冲击，被打倒了，就像包弟一样受到了摧残，只是没有死掉罢了。课后请同学们阅读巴金的《怀念萧珊》。他说"没有死在解剖桌上，倒是我的幸运……"，这个省略号可以去掉吗？

生：不可以，我觉得这个省略号可以引发思考，而且比较忧郁。

师：好，请坐。这个地方为什么加省略号？你们揣摩一下，这是在表达巴金的什么心情？谁来回答，请举手？是不是这个问题有难度？好，你来说。

生：省略号表示话说不下去了，语气沉重，开始流泪，甚至有低声哭泣。

师：所以，此处用了省略号，用古人的话来讲就是？

生：无声胜有声。

师：标点符号不仅仅是断句，还可以表达感情。这就是标点符号的作用。我参与人教社教材编写工作的时候，北京大学中文系教授、著名学者袁行霈先生说，把巴金先生的《小狗包弟》选到我们中学课本里来吧。我们一致同意。现在看来，这篇文章选得太好了！就像鲁迅先生的《记念刘和珍君》一样，我相信只要有这样的文章，同学们，你们这一代人就是有希望的。好，下课。

附记：2010年9月，重庆市璧山中学刘正忠老师来北京听我的课，并座谈。后来，我让他上一节课，于是他执教了《小狗包弟》，设计好，效果也好。后来，我在他的教学设计的基础上做了些改动，基本思路不变。本篇实录是我在北京一零一中学公开课后，迟淑玲老师让人整理的，我又做了一些修改，最后成为现在这个样子。

（刘　扬）

参考文献

[1] 程翔．做有灵魂的教育——程翔语文教育教学实践探索［M］．北京：中国大百科全书出版社，2015.

[2] 程翔．程翔与语文教学［M］．北京：中国人民大学出版社，2011.

[3] 程翔．路在脚下延伸［M］．北京：中国青年出版社，2010.

[4] 程翔．《论语》译解［M］．昆明：云南教育出版社，2010.

[5] 程翔．一个语文教师的心路历程［M］．北京：清华大学出版社，2009.

[6] 程翔．说苑译注［M］．北京：北京大学出版社，2009.

[7] 程翔．课堂阅读教学论［M］．杭州：浙江古籍出版社，2005.

[8] 程翔．语文人生［M］．北京：人民教育出版社，2004.

[9] 程翔．播种爱心［M］．南宁：广西教育出版社，2001.

[10] 程翔．语文课堂教学的研究与实践［M］．北京：语文出版社，1999.

[11] 中华人民共和国教育部．普通高中语文课程标准（实验）［S］．北京：人民教育出版社，2003.

[12] 刘艳．程翔语文教育思想与实践研究［D］．乌鲁木齐：新疆师范大学，2014.

[13] 程翔．传统文化视野下的语文教材古文选编［J］．语文建设，2015（7）.

[14] 程翔．陶渊明《饮酒》（其五）赏析——兼论母语教学要借鉴古代解释学理论［J］．中学语文教学，2014（6）.

[15] 程翔．"问题导学式"教学浅探——以《方山子传》为例［J］．语文建设，2014（13）.

[16] 程翔．感性可爱　理性可敬［J］．中学语文教学，2013（9）.

[17] 程翔.“真情实感”与“思想健康”[J].中学语文教学，2013（1）.

[18] 程翔.语文教师要善于积累自己的课堂作品[J].语文建设，2012（7）.

[19] 程翔.母语教育：通过语文培养有文化的人[J].小作家选刊，2008（3）.

[20] 程翔.我对写作教学的几点认识[J].语文教学通讯，2007（Z2）.

[21] 程翔.试论语文教师课堂教学能力[J].课程·教材·教法，2005（5）.

[22] 程翔.作文个性化与作文教学个性化[J].湖北教育，2003（5）.

[23] 程翔.论“基本理解”[J].中学语文教学，2006（5）.

第六篇　曹勇军教学智慧研究

曹勇军，祖籍山东，1957年生。南京市第十三中学教师，江苏省语文特级教师，首批教授级高级教师，苏教版高中语文教科书编写组核心成员，江苏省中学语文教学专业委员会副理事长、南京市中学语文教学专业委员会理事长，南京师范大学全日制硕士研究生导师。曾先后荣获“江苏省优秀教育工作者”“南京市劳动模范”“南京市有突出贡献中青年专家”等荣誉称号。

近年来主持江苏省教育厅项目“江苏省语文学习实验课程基地”的建设，开发出“大树下读书”“月光诗会”“校园戏剧节”“大树下的古风今唱”“高三时事演讲”“经典夜读小组”等一系列有创意的语文校本课程，体现了他倡导的“生活化语文教学”的语文教学主张。他的“生活化语文”的教学业绩和学术研究成果，以宽阔的视野、鲜明的风格和丰硕的成果，在中学语文教学领域产生了广泛的影响。

他曾应邀在全国各地开设观摩课和讲座200余节次，发表《从才学识德说语文教师的专业化发展》《营造学生的写作生活》《用故事构建我们的语文生活》《曹勇军和他的语文理想国——曹勇军老师访谈》等论文100余篇，出版《语文，我和你的故事》《语文的表情与眼光》《叩开高中语文选修课之门》等10余部论著。

一、曹勇军教学智慧的探索历程

在曹勇军不懈探索语文教学智慧的道路上，许多师长和朋友给了他启发和帮助，成为他学术道路上的重要“他者”。

首先，是他中学时代的语文老师陶蔚南先生。曹勇军生于“大跃进”，长于“文革”。“文革”时学校很乱，不重视文化课学习。但他很幸运，遇到好老师。他的中学母校——安徽省当涂一中，是一所百年老校，当时有一批老先生，受他们影响，他跟随老先生们偷偷地读书写作，有一段“地下阅读”“青春写作”的难忘经历。其中对他影响最大的是陶蔚南先生。在一篇文章中他回忆说：“当时班上兴起一股旧体诗词写作唱和之风，而陶先生本人也写得一手漂亮的旧体诗词。我的写作才华很快被他发现。他将《唐诗三百首》《古文观止》借给我看，还不时分析点拨，循循善诱。在他的引导下，我读了不少古典文学作品，把《唐诗三百首》和《古文观止》差不多背了下来……”他承认，中学时代这种“野路子”的读写方式对他影响极大，让他对语文课堂教学的作用有了比较清醒的认识，他不相信靠一两节语文课把语文学好的“神话”，非常重视青春期课外阅读对人一生的锻造和奠基。

其次，是他在南京大学研究生课程班上遇见的顾黄初先生。1996年他参加了南京大学中文系开办的“现当代文学研究”研究生进修班。前后两年多时间，每逢节假日曹勇军就背起书包走进汉口路22号，在绿树环绕的钟楼畔听南大中文系名师们的课。研究生班要开设教育教学理论课程，南大没有老师，外聘顾先生来开课，他便与顾先生有了师生缘分。第一次去扬州拜见顾先生，他留心顾先生的书房藏书，发现一个秘密，就是其中没有太多教学论方面的藏书。后来听顾先生的课，特别强调语文教育的生活化，绝少宏论大词，有的只是教学经验和教学感悟的体贴和亲切。他事后回忆：“这对我触动很大，似乎明白了其中的奥秘，知道真正的教育知识、教育智慧藏在哪里。后来读他的《二十世纪前期中国语文教育论集》以及《现代语文教育史札记》，更对被压抑被遮蔽的百年语文教育有了‘了解之同情’，懂得从小话语去把握大教育的智慧和方法，也让自己在百年语文的历时性阅读中获得职业身份的确立和认同。”由此他开始关注源远流长的生活化语文教育的思想和智慧，并在自己的课堂中开展探索。

更有关键的教学事件催生他的语文教育智慧。曹勇军把语文教师的职业智慧分为两种：一种是“后端智慧”，就是事后的解释、说明和分析；另一种则是“前端智慧”，是事先面对复杂的问题、不确定的情境，怎么想办法解决问题。“后端智慧”是事后诸葛亮，似乎一切都在预料之中，可“前端智慧”则不同，如同棋到中局阶段，形势不明，结局难料，让人举棋不定，成为巨大的挑战。他认为教学中需要的是“前端智慧”。在《开个作文连锁店》一文中，他回顾过一次系列作文的写作经历。某次他所在学校高一期中考试，他出了一道作文题——“给我崇拜的大师的一封信”，意图考察学生的阅读面，以及对生活和对人生的理解。结果学生作文中大师满街走，既有给马克思、爱因斯坦、鲁迅写信的，也有给王菲、赵薇、张信哲写信的。备课组老师认为后一类作文审题立意上有偏差，就给了 18 分的及格分（满分 30 分）。这引起了一位同学的不满，她给老师写了一封言辞激烈的信，信中质问：“为什么在亚洲乃至全世界华人圈中都有一定影响和知名度的人不能算大师？我不认为写一两本著作就算大师，值得我去崇拜！更不会为得到高分去写大话套话，矫情造作，出卖自己的灵魂！”曹勇军觉得这位同学的观点代表了年级中相当一部分同学的想法，很有市场，简单地给个分数解决不了问题，于是他征得同学同意后，把学生信中的话摘录出来，作为议论文材料，让学生再次执笔畅所欲言，写了第二篇作文。新颖的形式，鲜活的话题，同学们拍手称好，作文写得很投入，讨论很热烈。他又趁热组织了第三次写作——举办班级辩论会，辩题是“有一定影响的歌星影星是 / 不是大师”。正方观点为“是大师”，反方观点为“不是大师”……辩论会结束，他又一次让学生以“记一次____（生动、精彩、难忘……）的辩论会”为题写作文，记录下思想的变化、自我的成长。他后来反思这其中表现出的语文教学的前端智慧：“所谓‘前端智慧’不过是职业经历、个性特点和生命特质的化学反应，是知识、经验、直觉和创造的穿越和混搭。大道无术，关键是让自己成为一个充满生命激情和能量的人”“我所做的就是凭专业知识、职业直觉，再加上不甘平庸的个性，做出正确的选择，让每一步都正好踩在学生发展的点上，找到美丽的作文和作文的美丽。从那以后，我无师自通地学会一种课程开发和组织形式，我称之为‘开个连锁店’。我喜欢这种有张力的‘一拖 N’系列化课程开发的策略和习惯”。

2002 年，江苏省成立了高中语文教材编写组，曹勇军参加了教材编写组，从 2002 年秋季教材编写工作启动，到 2005 年教材正式投入使用，再到教材铺开后各地的宣传培训，以及他本人的实践示范，他亲历了课程改革的完整过程，有了更广大的教育关怀。这几年时间，他与教材组专家名师朝夕相处，从师友身上学到了许多，眼界得到开阔，志向变得远大，路越走越宽广。一次与《中学语文教学》主编通话闲聊，他敏锐地意识到课改在全国推行后，选修教学将面临普遍的困惑和巨大的困难，他及时撰写发表了《高中选修课的实践与思考》等一系列选修教学研究论文，又主编出版了《叩开高中语文选修课程之门》一书，引领了语文选修教学的改革。也就是从《高中选修课的实践与思考》一文撰写发表开始，曹勇军的教学研究成果如火山喷发一般，他进入教学探索研究的黄金期。他开始自觉运用课程理念，开发课程，组织课题研讨，分析选修课程中的问题，从选修课程的性质到课程目标的设计，从课程资源的开发到课堂教学的实施，从教学方式的变革到考试评价的匹配，等等，提出一系列有针对性的教学对策。可以说，曹勇军前期积累的语文课堂教学实践的种子，经过课程理念的催化，终于长成语文课堂教学乃至语文教育的枝繁叶茂的智慧之树。正是因为有了这样的积累，从 2011 年开始，他主持“江苏省语文学习实验课程基地”的建设，才能富有创意地开发出“大树下读书”“月光诗会”“校园戏剧节”“大树下的古风今唱”“经典夜读小组”“高三时事演讲”等一系列特色鲜明的校本课程和案例，充分展示出他的语文教育智慧。

长期的语文实践，使曹勇军的“生活化语文”愈来愈清晰。虽然从 2009 年开始就有研究者以“生活化语文”来概括他的语文教育追求和智慧，但他本人并没有正式提出过，而是更多地通过自己的点点滴滴的教学实绩鲜明地体现这种取向和追求，探索这一命题的内核和视域以及实践中的价值和路径。2009 年，曹勇军首次在论文中提出“语文，是教师与学生的故事”这个说法，并解释说：“如果剥掉加在语文上面的层层华美的装饰，不断追问下去，进行现象学还原，我们会发现其中最原始、最活跃的课程密码，无非就是教师、学生和有关他们的故事。”后来他又把这个说法提炼浓缩为“语文，我和你的故事”。其不仅长期作为曹勇军的语文教育博客的标签，还作为他 2015 年在商务印书馆出版的教学专著的书名。在 2015 年 3 月 27 日北京大学教育学院发表的主题演讲中，曹勇军解释了“故事”和“我和你”两个概念。他说：“我把用语文的方式、让学生得到发展、中间经过起伏变化的事件，都称为‘故事’，而‘我和你’，依据现代哲学的理解，更是一种美妙的心灵对话关系。有了这样的关系，我们才会有故事，才会成为有故事的好老师。”其中，他特别强调“语文生活”，认为那是“一种因语文的欣赏接纳而形成的状态、习惯、态度以及生活方式，就是一种因为语文成为你之为你生命中的一部分而洋溢着语文气息的存在感”。这可以说是他语文教育思想和智慧的核心，是他三十多年教学探索的红线和结晶，把他此前松散的甚至不免碎片化的“点”的探索凝聚成一个整体。曹勇军曾把自己的教学探索比喻为建造一座语文理想国，理想国中最迷人的生活就是“语文生活”。让生活读写化，反过来，让读写生活化，使语文学习变成一种生活化的状态和享受！营造师生的语文生活，体现出曹勇军全新的学生观、教材观、课堂观、课程观、发展观，可以说就是他的教育智慧、教育哲学的内核和精髓。

“生活化语文”观对内，是从曹勇军三十多年教育教学沃土中自然生长出来的；对外，则是对抗消解日益强大的体制性束缚和数字化管理，获得合法性自我解放的学术自信和权利，并隐隐地与现代现象学教育哲学的世界潮流呼应。从年轻时起，曹勇军学习借鉴过许多名师的理论，但他觉得其中不少理论把个体的某种方法过于放大，希望成为一种放之四海而皆准的理论，最终不幸沦为外在的教条和束缚。他更强调“生活化语文”观的内发性，破除迷信和教条，获得专业持续发展的内在精神力量。

曹勇军的“生活化语文”成果丰硕，影响很大。顾之川先生曾撰写《阅读曹勇军，做一个幸福的语文人——为“曹勇军语文教育思想研讨会”而作》，对他的“生活化语文”教学探索给予很高的评价。曹勇军在高三毕业班开展了“时事演讲”课程改革探索，以及结集出版的《高三（10）

班在六楼——一个理科毕业班的“时事讲坛”故事》一书，产生很大反响。南京大学文学院王彬彬教授赞之为“语文课上的公民教育”，韩雪屏教授评之曰“为未来社会培育合格公民”。2013 年 5 月 29 日中国教育电视台一套“中国教育报道”中播出《曹勇军：教美丽的语文》专题片，介绍他的教学探索。他组织的“经典夜读小组”，开设的经典阅读课程，受到学生欢迎，产生强烈的社会反响。《中国青年报》《冰点》专栏发表了《一位语文特级教师的“悲壮”试验》长篇报道，介绍经典夜读活动；《人民日报》又发表评论《莫让阅读那么“悲壮”》，赞扬夜读活动是“意义深远的事”；中央电视台三套 2015 年 5 月 3 日《文化正午》节目更以“大战风车的人”为题，为他和夜读小组“大大点赞”。

二、曹勇军教学智慧的思想内核

“生活化语文教学”是公认的教育常识，古今中外许多大教育家对其都很重视，基本设想就是：“像在生活中一样学语文用语文，帮助学生建立自己的语文生活。”说简单点，就是从“生活语文”抵达“语文生活”。“生活语文”好懂，关键是“语文生活”，要解释几句。“生活”就是生机勃勃地活着，就是人生富有梦想的演出，而“语文生活”就是因为语文学习的不断进步而让自己变得充满活力、梦想和追求。一个人长期痴迷做一件事会塑造他的生活习惯、生活态度、生活方式。语文学习也是一样的道理。“语文生活”就是一种因语文学习的欣赏接纳而形成的状态、习惯、态度以及生活方式，就是一种因为语文成为你之为你生命中的一部分而洋溢着语文气息的存在感。语文老师有了自己的“语文生活”，才会有敏锐专业的眼光发现、利用和组织生活中的环境和资源，开发自己的课程，营造出学生语文学习的热气腾腾的局面、势头和风气，推动学生的进步发展。学生有了“语文生活”，就如同鱼在水中、鸟在天空，语文学习才能摆脱琐碎的知识、僵化的模式和束缚发展的教条，获得发现探索创造的快乐。生活是完整的，人是活的，“语文生活”是现在的。从“语文生活”角度看待语文教学，语文教学才能见其“大”，才能显其“全”。何谓“全”？就是全人、全体、全面、全程；何谓“大”？就是大问题、大思路、大视野、大发现。语文学习需要“全语文”“大课堂”。

怎样“帮助”呢？这就要求师生在真实的语文情境中学语文用语文。因为是在生活中学语文，所以要推倒传统课堂的四堵墙，这样校园、家庭、社会和自然处处是课堂，这样打了上课铃是语文学习的开始，打了下课铃更是语文学习的开始；因为是在生活中学语文，所以师生要打造例子中学、活动中学、探索中学、合作互助中学；因为是在生活中学语文，所以学材是自己选择的，问题是自然而然的，学法是不拘一格的，评价是丰富多元的。学生在生活的现场、发现的现场、成长的现场，温故而知新、讨论而知新、探索而知新，学到的是美丽的语文、有价值判断的语文、有问题意识的语文、让人觉醒和终生发展的语文。

“生活化语文”的实施也是两句话：“读写生活化，生活读写化。”“读写生活化”是说教学中要引入生活的活水，让课堂语文的读写接地气，有一种生活的气息，符合真实的读写规律。阅读教学引导学生多读书，多诵读，多背诵，多体验，多贴近生命的感知，多做有意义的探究；作文教学引导学生体察生活，说真话，追求真相、真理、真情，理性说理，批判思维，掀开遮蔽，揭露假象，写出有生活实感和思想质感的文字。“生活读写化”则是说要在生活中用语文的眼光去发现素材，挖掘资源，开发课程。两者互补互动，互相形塑，推动师生的进步和发展。有的老师开设“楹联欣赏与写作”校本课程，与学生一起学习楹联知识并尝试写作，最后为校园景点撰写楹联，为美丽校园增光添彩。这就是“读写生活化”。如果再往前跨一步，则可带领学生在南京寻访名联佳作，搜集资料，识读考证，了解其轶闻故事，欣赏其文采意境，辨析其优劣高下，甚至尝试为其中有所欠缺者结撰新作……这就成了“生活读写化”——生活成了读写，读写成了生活。自主合作探究、自由创新发展等语文教育的追求不求而至，尽在其中矣！

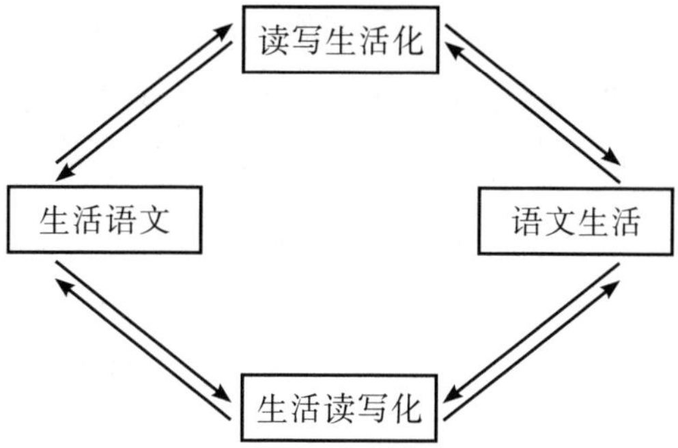

“语文生活”这个说法和做法，具有内在原发的力量，可以重构语文教师职业生涯，改变语文教学的面貌，它是曹勇军语文教学智慧的灵魂。

三、曹勇军教学智慧的艺术呈现

（一）用“五问阅读法”+“三课型”，推动学生自主阅读

教学就是教学生学。曹勇军采用“五问阅读法”引导学生学会预习、质疑和阅读。所谓“五问阅读法”，就是面对一篇陌生的文本，可以依次从五个方面向文本发问，自读自问，自问自答，掌握自主阅读的基本程序和侧重点。这五问分别是：（1）每一段的意思是什么？文章的思路是怎样的？（2）文章的中心和主旨是什么？（3）文章写作上最主要的特色是什么？（4）能不能选择最有特色的一两个段落进行赏析？（5）阅读中有什么疑难的地方，有什么质疑的地方？他告诉学生“五问阅读法”只是一个程序性的阅读框架，便于阅读中快速定向、定标和定序，明确阅读任务，实际阅读中可适当变通调整，形成富有个性的自主学习的方法。而他的课堂教学设计的环节和步骤，也与学生的学法相匹配、相验证，从而促进学生的自主学习。

比如，苏教版必修一课文《神的一滴》，学生课前依据“五问阅读法”预习课文，完成五项学习任务：（1）请把文章认真读4—5遍（学生预习比较浮躁，让他们多读几遍，这样提出的问题才是阅读中的真问题）；（2）请逐段概括每一段的基本意思；（3）请尝试概括本文的主旨；（4）你最喜欢哪一段？请说说你的理由；（5）请写下你阅读中的疑问和质疑。当然，还包括生字词的学习。课堂教学中，曹勇军和学生逐项进行讨论研究，与他们的阅读展开碰撞，印证他们的阅读成果，解决他们的困惑疑难，让阅读真实发生，提高学生的阅读能力。

曹勇军在教学中主要探讨四个问题。第一个问题是抓关键句逐段概括基本意思。有挑战性的是课文第二自然段、第三自然段、第四自然段和第五自然段。第二自然段的主要问题是学生容易被“可是”前描写作者早年瓦湖悠闲生活的文字迷惑，忽视“可是”后才是语义重心所在。经他提醒点拨，学生迅速纠正原先的理解，等到了第四自然段一下就抓住了“然而”后面作者强调的意思，又抓住三个“还是”，提炼归纳出

段意“瓦湖还是那么年轻，那么充满活力，那么令人喜悦”。第三自然段难在“肮脏的工业脚步”中“肮脏”的深度理解上。经过两三个同学接力，发现“肮脏”不仅实指湖水被污染，更虚指人们变得贪婪的心灵被污染。第五自然段曹勇军主要和学生一起研究文中《瓦湖颂》这首诗歌，重点放在两处难点上：“我不能更接近上帝和天堂 / 甚于我之生活在瓦尔登”和“而它的最深邃僻隐处 / 高高躺在我的思想中”。第二个环节，他让学生勾画出六段文字的关键句，连缀起来，诵读一遍，体会作者的感情由“赞美”到“痛惜”再到“坚信”变换起伏的过程和脉络。这样既强化了对文章的感受体验，又用声音塑造出一种充满理解力的情境背景，让学生在不知不觉之中受到震撼和冲击，为下一步教学做好衔接和准备。接下来第三个环节，曹勇军与学生一起探究标题“神的一滴”的含义。他告诉学生，文末一句“有人建议过，这湖可以称为‘神的一滴’”中“有人”指的是梭罗的老师爱默生，爱默生在日记中称瓦湖为“God's Drop”——“上帝的一滴”。他要求学生思考后，说一说“一滴”包含哪些内容。经过交流，有的学生说是“湖水”，因为它是风景中最美、最有表情的姿容，是“大地的眼睛”；有的学生说是“泪水”，为瓦湖被污染被玷污而流下的痛苦的眼泪；有的学生说是“圣水”，因为它是“和恒河之水一样地圣洁的水”，可以“洗净现代繁华大街上的污浊和引擎上的油腻了”，净化人的心灵。这个环节是以隐蔽的形式聚合生成对文章主旨的认识，借助标题“神的一滴”这个具有西方文化色彩的表达，站在更高的层面上理解作者的生命思考。第四个环节是学生自由发言，说说自己最喜欢的一两个段落，并简述理由。学生畅所欲言，有的说喜欢第一自然段，因为用了比喻的修辞手法来形容，感觉很优美；有的喜欢第五自然段，说那首诗很美，把作者的感情充分抒发出来了；有的喜欢第六自然段，说议论很深刻，表达了作者的忧思，让人觉得震撼……师生一边讨论，一边记下讨论的要点，形成本课教学的板书。请看：

神的一滴　　（美）梭罗

湖水　　泪水　　圣水

惊喜　　痛惜　　坚信

（画意 ＋ 诗情 ＋ 哲思）

课后给学生布置2—3道既包含基础性又具有拓展性的作业题，方便学生巩固提高。该课曹勇军设计的作业题：（1）给下列词语中加点字注音（略）；（2）下面是课文中《瓦湖颂》的两种译文，你喜欢哪一种？说说理由。

这不是我的梦，	我断断乎不会梦想
用于装饰一行诗；	去雕饰一行诗；
我不能更接近上帝和天堂	唯有住在瓦尔登湖旁，
甚于我之生活在瓦尔登。	我方可走近上帝和天堂。
我是它的圆石岸，	我是圆石堆砌的湖滨，
飘拂而过的风；	在它高头轻轻地吹过的风；
在我掌中的一握，	在我的掌心里
是它的水，它的沙，	是湖里的水和沙，
而它的最深邃僻隐处	湖的最幽深的胜地
高高躺在我的思想中。	高卧在我的思绪里。
（徐迟译）	（潘庆舲译）

曹勇军把自己的语文课堂分为三种类型。一是“课内学读”。“课内学读”每日一节，有教有学，有自学有合作，学习课文、知识和方法。二是“课后习读”。利用双休日，让学生依据“五问阅读法”，自主阅读《读本》或优秀时文，形成书面阅读成果，每周一课交流讲评。三是“课外阅读”。每学期让学生选择1—2本课外书，课外完成阅读，每天“常规学课”开展“课前5分钟阅读演讲”，学生依次轮流介绍自己读过的书，师生现场评价，推动学生课外阅读。“课内学读”，教师尽可能采用短时间“微型讲解”，留出更多的时间让学生自主学习、自主研讨、自主评价。“课后习读”，要有硬性作业，要求学生自主学习，按时完成，每周上交一次作业，每周讲评一次。“课外阅读”，开学初学生制订计划，利用平时双休或节假日完成阅读，教师抓课前演讲，把课内阅读与课外阅读结合起来，养成学生好读书、读好书的习惯。如果说“常规学课”是教师指导下的自主学习，那么“课后习读”则是定向、定篇的自主学习，而“课外阅读”则是完全开放的整本书的自主学习，这样围绕阅读形成一个层层向外拓展的自主学习课程结构和框架，把阅读逐步还原到生活中去，在真实的

生活情境中学习阅读，不仅能够丰富学生的阅读生活，而且可以更有效地培养学生自主学习的能力。

（二）用“写作生活”，全面提升学生写作能力

曹勇军重视写作教学中的长期规划和安排，做到“三年一本账”和“学年一线通”。所谓“三年一本账”，就是明确高中三年的培养目标，不仅要求人人达标，在未来高考中取得理想的成绩，而且能培养一批写作尖子，在竞赛中获奖，在刊物上发表文章。同时，还要清楚高中三个学年的写作重点。高一以记叙文为主，使学生具有一定的记叙类文章写作能力，注重记叙到议论的过渡性写作，培养热爱写作、乐于交流、勤于修改的习惯；高二以议论文为主，使学生具有一定的认识力、思考力和表达力，使之具有一定的议论类文章写作能力；高三则以记叙、议论复习为主，全面梳理，人人提高，上不封顶，下要保底。所谓“学年一线通”，则是明确一年写作教学的具体计划，据此安排每一次写作的目标、过程、内容和重点，以保证写作教学的顺利实施。

根据长期的探索实践，曹勇军的作文教学采取“三线交错式”：第一条线是课堂类作文。课堂作文上规矩，讲锤炼，重体式，培养严谨扎实的作风和习惯。第二条线是练笔类作文，每周一篇，不拘形式，重在讲评和启示，培养学生的灵气和才气。第三条线是活动类作文，把写作与语文综合实践活动、研究性学习打通，在语文活动中学习写作。三种写作形式对应不同的生活经验，涉及不尽相同的心理过程，培养不完全相同的写作策略。三条线交错安排，循环上升，避免单一写作形式对生活的遮蔽，全面覆盖学生的生活经验，保证生活的完整和连续。

曹勇军采用“开作文连锁店”的方法，找到学生成长中的价值需求，以上次写作为凭借和抓手，让一次次作文“接龙”，由一篇拓展为一类，写一篇带动一类，每一篇都有目标，有指导，有过程，有评价，让学生的情感、语言、思维和想象持续燃烧，不断进步。

“连锁”有多种方式：可以是作文与阅读连锁，利用读与写的天然联系，以课文阅读教学为情境，以阅读体会与感悟为写作内容，展开写作。可以是课堂作文与练笔连锁。课堂作文与课外练笔各有利弊长短。课堂作文“利”在上规矩、重手法，“弊”在程式化，学生兴趣不大；而课外练

笔“利”在活泼有灵气，“弊”在率性而作，缺少锤炼，容易养成散漫的毛病。写作教学中，曹勇军把两类打通，大船拖小船，小鱼随大鱼，或以练笔开路，小试牛刀，积累素材、思想和技法，然后给课堂作文打包；或针对课堂作文存在的不足，让学生在练笔中修改升格，个别基础薄弱的同学甚至另拟新题，加练加改，使其有机会弥补纠正。也可以是语文活动与作文连锁。校园的重大事件，学生的社团活动，等等，天然具有“作文事件”的功能，教学中加以开发利用，可以极大地增加学生写作生活的凝聚力。还可以是常规作文与考试作文连锁。期中、期末考试中都有作文，但考后只有一个分数，学生并不清楚自己的作文状况，更无法与常规写作联系起来，难以形成自我调整的有效策略。若两者连锁，可以形成完整的读写经验和写作生活。某学期期中考试前，曹勇军和同事确定把“时评”作为写作训练重点，选择一则新闻展开写作。新闻材料说的是一家城市白领，爸爸在家说日语，妈妈在家说英语，祖辈说上海话，而家中保姆说家乡话，结果两岁的宝宝到学说话时却“失语”了。其要求学生概括材料要害，一针见血，提高分析说理能力。他们明确告诉学生，期中考试作文就考时评。选怎样的材料作为考试作文题呢？《南方周末》所刊一篇特稿《会说谎的作文》引起不少师生共鸣，于是他们便把这篇新闻稿提要浓缩，作为期中时评的写作材料。由于材料讲的是学生面对的真困惑、真问题，前面又进行过时评训练，学生有话可说，有话想说，也知道怎么说，写作取得了理想的效果。不仅如此，考试结束后，他们还从全年级选出学生的优秀作文，前面配上对本次作文优劣得失的整体评价，每篇作文后配以简洁到位的评语，整理出本次写作的讲评讲义，学生人手一份，讲评时讨论交流。最后参考优秀作文，修改自己的作文。考试作文与常规作文的连锁，使教学过程更加完整，更具有发展性，掀起了一个教学高潮，给予了学生成功的高峰体验。

每个学年结束，曹勇军都会把学生一年来写的作文汇聚起来，编成一本集子，取名叫《相约曹老师作文课》，每个同学至少一篇，共一百多篇，分为若干辑，自费印刷，赠送给每个学生。它不仅真实地记录了这一年师生走过的写作之路，而且也鲜明地表达了他们的写作信念。这种伴随着强烈的个人体验的价值判断，是信念，又破蛹化蝶一般生成个体的写作智慧，转化成写作的知识、方法和习惯。它被生活经验塑造，又与生活融为一体，成为师生共同的记忆，也成为曹勇军作文教学的灵魂。

（三）用“时事演讲”微课程，全方位提升学生素养

2012 届高三复习时，曹勇军利用语文课开设了“时事演讲”微课程：每位同学自由选择一个热点时事新闻，在老师的帮助下，确定写作话题，展开分析评价，独立撰写演讲稿，课前安排 5—8 分钟，在全班同学面前公开演讲，然后同学点评演讲的优劣，最后教师总结。演讲基本按照学生座位传递，全员参与。其每周安排 2—3 次，高三一年坚持下来，精彩异常，受到学生喜爱，最后结集出版了《高三（10）班在六楼——一个理科毕业班的“时事讲坛”故事》一书，产生巨大的影响。

“时事演讲”是一门“课里套课”的微课程，它用“时事演讲”的方式把听说读写思整合成一门课程，着眼于学生语文素养的提高，更隐含着学生公民素养提升的追求，是渗透着公民教育的写作教学和语文教学。演讲中，师生关注社会和现实，独立地思考判断，逼近社会真相，捍卫公平正义，培养个体的责任意识和担当情怀，有一种公民的视野和胸怀。可以说，“时事演讲”是一个载体，“听说读写”是肉身，而公民意识和公民情怀，是灵魂。灵肉结合，才有这门课程。

“时事演讲”这种方式比一般应试作文更有挑战性，对学生写作产生巨大推动力。第一，基本上解决了“写什么”的问题。“时事演讲”的特点是一人演讲、全班共享，培养了全班同学关注现实、关注社会的品质，积累了写作素材，可以下笔成章。第二，相当程度上解决了“怎么写”的困惑。现在学生写议论文多是中规中矩、四平八稳、套话假话的“三段论”，这种写法高考中得分很低，老师们对此一筹莫展。“时事演讲”以其丰富多样的写法，为同学提供了借鉴学习的榜样，每个同学都可以从中找到适合自己的写法，找到个性写作的突破口。第三，为“写得好”提供了经验和榜样。“时事演讲”是思想的盛宴，各种思想碰撞交锋，磨砺了同学们的思想认识，使他们更有见识，写作立意上有了思想高度，越写越带劲，写出更多优秀作文，推动了写作的进步。

“时事演讲”容易上手，但不容易做好，要想深入下去，关键要做好“引领”和“接力”工作。要想方设法引导每个学生参与进来，变班级一个个同学的单独演讲为全体同学的思考共享，彼此启发，击鼓传花，产生一种有冲击力的“思考场”，一起追求和体验思考的快乐。

首先，要指导学生选择大家都关注、能引起共鸣的话题，让话题引发学生的思考。“林疯狂”“小学生米饭实验”“校车事故频发”“方韩之争”“梁林故居”等，不仅是社会热点，也是能激发同学探索欲望的问题，能引导同学们不断思考。

其次，“一题多讲”，引导不同观点进行碰撞、接力追问，让大家在不同观点的碰撞中学会独立、辩证地思考。开展“时事演讲”过程中，有许多让人难忘的接力追问和碰撞交锋的经典故事，让同学们的思考热情越烧越旺，比如“校车事故”三人谈、“方韩之争”二人转、“梁林故居”小合唱等。

再次，抓住点评环节，师生共同参与，鼓励表达不同观点。学生演讲结束后，曹勇军一般请3—4名同学发言，谈谈自己的感受，评价演讲的优劣得失，最后教师也参与评价，表达自己的观点。迟骋同学演讲“从‘忍够了体’说到共处”很成功，不仅因为演讲稿写得好，更因为点评中同学提出的问题质量高，引发了全班的思考热情。“时事演讲”培养了班级整体的思考风气，让思考成为每个同学的习惯。

最后，老师也不时提出问题，把思考引向深入。王海宽同学演讲后，曹勇军便提问全班同学：“我们发自内心地赞扬这位偏远乡下底层老人的品质，是不是只有在这偏远的未被城市污染的地方才能找到这样的人、这样的精神呢？”问题引发大家思考，最终王子玥同学提出“平淡慈善”“家常慈善”，做出了回答，让思考更加全面和深刻。

（四）用“课程作品”，立体构建学生的语文生活

2011年8月，曹勇军和他的教研团队成功申报成为首批“江苏省语文学习实验课程基地”。在近四年的课程基地建设的过程中，他们开发建设了一系列校本课程作品，构建出一个语文理想国，让学生有了自己的完整的语文生活。其中他们倾注全力，也最为人称道的是三大活动性课程，曹勇军称其为“三大学习节”。

高一新生入校，有诗歌节：中秋月圆的时候，主题紧扣“青春”“明月”“梦想”三个关键词，学生选读相关现代诗歌，最后整个高一年级的学生在玄武湖畔席地而坐，举办“月光诗会”。高一下学期，五月中下旬，当石榴花开的时候，有“校园戏剧节”：同学们以班级为单位组建剧组，自编、自导、自演、自评，在舞台上演绎自己的青春和梦想。高二下学期，校园大树浓荫密布的时候，有“古诗词吟诵节”：把唐诗、宋词、选读课本上学到的其他古典诗词，用富有创意的形式表达出来，表演形式较“月光诗会”更为丰富，综合使用朗读、唱、道具、汉服等，将上两个活动课程学到的东西综合到一起。三大语文活动课程，从高一到高二，横跨高中四个学期，既勾连课本，又勾连诗歌、戏剧的文学样式，用活动的形式展现出来，既给学生实践的平台，又给学生难忘的记忆。这些课程将学习活动和生活勾连起来，改变学习方式，影响校园生活，进而关照日常生活。它打通课堂内外、学校内外，打通学业成绩与终生发展，真正将师生融合为一个学习共同体，追求人的全面发展。

三大活动课程用“任务型学习”方式实施。师生利用课余的周六、周日，自编、自导、自评，然后全年级组织会演评比。每到课程实施的时段，先由备课组提前下达学习任务，统一组织学生观看往届优秀会演视频，并指定老师做学习任务的理论阐发与“活动指南”讲解。接着由各班课任教师选择人员组织表演班子，选好作品。然后在老师的指导、优秀学生的带领下，一方面不断创编、修改脚本，不断尝试、排练，班级内部观看作品，评价反思，从而找到最好的表现方式；另一方面，组织印制文字脚本、对外宣传的海报、招贴等。经过半个月或一个月的精心准备，全年级到剧场会演，邀请家长、专家、领导、媒体参与。

每一次活动课程结束，都有老师对作品进行细致深入的评价。而每个学生也都要写一篇文章，反思感受、体验、认识。学生参与学习任务、撰写反思，这些具体的活动和文字就作为学生的课程评价成果。教研组由专门老师负责将活动过程性材料、优秀作品、学生感受与体验、家长感言编辑成册，印发给每个学生留存。

除了三大学习节，几年前，曹勇军还在学校高二年级跨班级组织了“经典夜读小组”，每周五晚上六点半到八点半，指导学生开展经典夜读活动，一年举办一期，一期活动20次，读15本书，先后指导学生阅读了《瓦尔登湖》《1984》《美的历程》《万历十五年》《中国哲学简史》等这些为学生人生发展打底子的经典书。他还带学生在南京的历史文化现场读书，开设“情境读书课”：在王安石故居半山园探讨“王安石和他的时代”，在鸡鸣寺豁蒙楼感受中国哲学的深邃博大，在曾公祠与黄仁宇和他的历史名著对话，在北极阁民国气象台品读木心作品，探寻优雅的中文的精神渊源……这样做为的是在眼下应试的大环境中，寻找阅读突围的方向和方式，唤醒同行，也引起社会的关注。

这些校本课程作品的形式不同，但其中有三个关键词：“诗”“戏”“读书”。为什么？因为“‘诗’和‘戏’是语文的基础，是语文素养的核心，‘诗’和‘戏’所蕴含的超常规、反庸常、求独立的精神，正是我们教育的真意所在。更何况像戏剧这种综合性的舞台艺术天然具备的互动效应，对学生的锻造是全方位和立体的，可以培养他们精神灵魂的完整。在孩子们人生发展的黄金期，埋下一颗这样‘诗’的种子，点一把这样‘戏’的火种，对孩子们的一生发展功莫大焉，为此曹勇军和他的团队一直倾注心力，甘愿为此吃苦受累”。而“经典夜读”通过一本又一本经典，为学生攀登精神的高峰搭建台阶。学生不仅学会了读书，而且找到了自己感兴趣的读书领域，打下了人生的底色，有了全新的人生气象。

三大语文学习节以及读书活动激发了学生、老师、家长的热情，成为校园文化的一道风景线，产生巨大的育人效应。正如学生所说：“三个属于语文的节日，使我这个原本并不了解语文的学生，对语文有了一个属于自己的理解。诗歌、戏剧，这些曾经陌生的事物，现在我也懂得了其中特有的魅力。渐渐地，我喜欢上了语文，读书成为生活中一件充满趣味的事情。而诗歌、戏剧、表演更是为语文的学习增添了几抹亮色……这种乐趣属于每一个热爱语文的孩子，我在这里得到了成长，学会了许多。”

四、曹勇军教学智慧精品片段聚焦

（一）一副洋对联的妙用

这是新学期开学的第一课，上林清玄《可以预约的雪》。该课教学既易又难。文本难度不大，但新学期第一节课难上。如何把学生从假期状态中唤醒，使他们顺利进入教学现场？难。如何与假期学习内容勾连起来，以旧知促新知？难。又如何让学生体会到林清玄散文中的禅心佛理？也难。曹勇军用一副“洋对联”，一石三鸟，基本上解决了问题。

春节后曹勇军在网上看到一副新颖别致的“洋对联”，上联是：eat well sleep well have fun day by day。下联是：study hard work hard make money more and more。横批是：GEILI（给力）。备课中他想起这副“洋对联”，想利用它做文章。该课教学中，曹勇军先投影了这副对联，班上一下子热闹起来。他要求学生依据寒假中学习的对联知识和写作实践经验，把“洋对联”译成原汁原味的汉语对联。经过反复讨论，大家共同“翻译”“创作”了一副对联：吃得下，睡得香，天天快乐；学得好，干得棒，年年有余。然后他和学生一起梳理本文的思路，抓住本文从“可以预约的雪”到“不可预约的人生”再到“可以预约的希望”的议论线索，重点分析“怎样预约希望”；诵读第20自然段“深深去认识生命里的‘常’与‘变’，并因而生起悯恕之情”，思考“悯恕之情”的含义；依据上下文，找到“祝福”“容纳”两个解释性词语，让学生理解感恩、接纳的“美丽的心”和“欣赏的心”，懂得以“常之心”应“变之态”。在反复诵读中，让学生体会文中“由花及人，缘事而议，化高深的佛理为人间的常理”的写作特色。教学最后曹勇军又回到“洋对联”。他将其下联中的“年年有余”改为“年年进步”，送给学生作为新学期的见面礼。这样不仅呼应了开头，而且不动声色地为本文中“欣赏的心”做了生活化的例证和阐发。整节课共耗时35分钟，最后布置作业，留10分钟让学生消化巩固。

这节课以“洋对联”始，又以“洋对联”终，入乎其内，又出乎其外，把课文学习、语文知识、社会生活和学生发展联系起来，开发了新的知识和课程内容。课堂上，“洋对联”始终映在黑板左边的幕布上，那鲜红的对联和祝福，使课堂上下有一种快乐的、喜庆的气氛，更有地道的语文的味道。

（二）让课文向四面八方打开

苏教版教材语文必修二有一篇课文《流浪人，你若到斯巴……》，作者是德国小说家伯尔，讲的是一个文科中学八年级的孩子被纳粹洗脑，当兵三个月后受重伤被抬回战地医院，最后发现自己回到了母校。怎么发现的？因为他看见简易的手术室就是他的美术教室，黑板上还留有他的手迹。他趁着医生给他包扎的时候，看到自己四肢只剩下一肢！课堂上曹勇军和学生一起梳理了小说中的两个悬念，品读了小说解开悬念的两个高潮段落（第49、第52自然段），又由“牛奶”的含义入手，讨论小说结局的构思之妙，最后结合注释和课文有关内容，探究小说标题的情感意蕴，深入理解小说主题。当完成常规教学内容后，曹勇军感觉有一个问题说服不了自己：来自遥远欧洲的20世纪30年代的反映人物悲惨命运的小说，对于今天我们学生的成长到底意义何在？后来，他看了一本书《德意志的另一行眼泪》，该书是一个中国留学生采访德国老兵写的口述实录，他发现原来不要命的纳粹分子是这样培养起来的：他们很小就加入了纳粹少先队、纳粹共青团，最后成为顽固的纳粹分子。曹勇军于是把这本书推荐给孩子们看，问他们：纳粹离我们有多远？这原是一个美国历史老师的实验，结论是：纳粹离我们只有5天。后来德国根据这个真实的故事拍了一部电影《浪潮》。他让学生利用周末看这部电影，要求学生写出电影《浪潮》观后感，引发他们更深入也更广泛的思考。在观后感中，有的同学紧扣电影中蒂姆和文格尔老师的结局，挖掘其悲剧产生的原因，有的联系历史教训，反思集权主义的实质……无论从哪个角度思考，都让学生极大地深化了对课文的理解和认识，有了一份属于自己的清醒理性的思考成果。

这是画蛇添足吗？不是。这会让课程得到延展，对孩子的人格塑造具有价值，而仅仅依靠课文是不能完成嫁接的，因为课文内容不会自动与学生个体的成长连接起来，需要教师打开一扇窗户，去眺望窗外的社会生活的风景，去迎接窗外吹进的八面来风。

（三）高铁车票中的语文训练

语文考试一般都有改病句这一题，但有一些只是考试，与实际生活没什么关系。学习语文，要学会在生活中学语文用语文，那才是真本事！前些日子，曹勇军到济南讲学，坐在火车上无聊地翻看车票，发现高铁票背面的“铁路旅客乘车须知”在表达上不止有一处病句。请看——

1. 请按票面标明的日期、车次凭票乘车，并在规定时间内到站。直达票中途下车，未乘区间失效。通票中途换乘需中转签证。

2. 免费携带品：成人20千克、儿童10千克，长、宽、高之和不超过 160 厘米（动车组列车 130 厘米），超过规定需办理托运。禁止携带危险品及违章物品进站、乘车。

3. 车站在开车前提前停止检票，进站安检、验证排队人数较多，请提前至指定场所候车，以免耽误旅行。

4. 实名制车票须凭乘车人有效身份证件原件，票、证一致方可退票、换票、中转签证；票、证、人一致方可进站、乘车。

5. 未尽事项请参阅《铁路旅客运输规程》。如有变化以车站公告为准，敬请关注。旅行中请关注有关安全提示。如有疑问，请拨打 12306 客服电话垂询。

曹勇军于是请学生分析乘车须知，咬文嚼字，集思广益，一起为这份公众文本做点修改，说说哪句有问题，可以怎么修改。

这份作业在寒假作业 QQ 群上一发布，学生踊跃回应，讨论群里非常热闹：有的说第 1 条中的“规定时间”模棱两可，含糊不清，应该明确，或者删去；有的说第 2 条中“免费携带品”后的冒号误用，与携带物品的规格不构成解释关系，可改为逗号；还有的说第 3 条“请提前至指定场所候车”中“指定场所”不清楚，可改为“请提前到车站候车”；此外，还有人对最后一句中的“旅行”表示质疑，认为应改为“出行”。曹勇军也补充了一点，他认为标题“须知”不合适。“须知”意思是“必须知道”，从下文看，许多内容不属于“须知”，可改为“提示”。最后总结大家的意见，达成共识。

那天晚上讨论气氛热烈，曹勇军至今难忘。事后有学生对他说，这才是最有意思的寒假作业。因为它是语文作业，更是“语文生活”。

（四）给市长的一封信

曾经有一段时间，曹勇军所在学校的门前变成了一个大工地，学校大门外的马路本来就不宽，还被“开膛破肚”，两边人行道上也堆满了管子。从夏天到冬天，明摆着管道已埋好，可是两边人行道仍然被占用，不仅出入不方便，还存在危险。一次课前，曹勇军在教室门外听到班上学生满腹怨言。上课时，他便对大家说：“当我们的权利受到损害时，不应该仅仅发牢骚。”“那应该怎么办？”有学生大声问道。“给市长写信，表达我们的诉求！”“好！”大家都认为这是好办法。可让谁来执笔呢？曹勇军抬头看见徐宏炜同学，想到他是学生会社团部的，前两天还接受《扬子晚报》记者的采访，说他们是怎样维护学生合法利益，便推荐由徐宏炜带头。大家一致鼓掌同意。

没过多久，徐宏炜同学拿来初稿。信太长，还有些卖弄文采，显得华而不实。曹勇军告诉他，此信的目的是反映情况，要把问题的严重性突显出来，让市长受到触动，接受建议。比如信中有两层意思，第一层说我校地处玄武湖边，是窗口学校，游人众多，水管长期占道，有碍观瞻；第二层说校门口本来路就不宽，上学放学车辆众多，易出事故，应该防患于未然。这样顺序不合理，应该调过来，突出问题的紧迫性……徐宏炜同学依据曹勇军的要求做了修改，还让班上其他同学帮助修改，如此一来文字变得清通简洁了。等第二次将信送来时，他不仅把文字誊写好，还征集了班级30多名同学的签名，甚至连给当时的南京市代市长的信封都已写好。曹勇军读后，为学生的举动感到骄傲和自豪，也在信尾签上名字，表示支持。

后来的某一天，曹勇军因为早读到校早，发现许多工人正忙着搬运清理雨污分流水管，到午饭时又出门一看，只见学校这一侧的人行道已被清理出来，而对面的管道仍然堆积如故……曹勇军一下就明白了是怎么回事。在语文课上，曹勇军代表大家感谢徐宏炜，不仅感谢他挺身而出保护大家的利益，具有良好的公民意识和素质，更感谢他运用自己的笔来改变生活，为同学们树立了学习语文的榜样。

这就是真语文，是超越知识能力的生活语文、行动语文。有了它，语文才有力量，生活才有质量。

五、曹勇军教学智慧经典课堂实录

将进酒

师：这节课我们来学习李白的诗歌代表作《将进酒》。我请同学说一说，也检查一下大家课前预习的情况，为什么这个字念“qiāng”，不念“jiāng”？

生：这里的“qiāng”是“请”的意思。

师：书上面有“将”的注释，是请的意思。将进酒，劝饮酒。这是一个乐府旧题。好，请坐。我再问大家，将进酒，将进酒，请谁来进酒？马安然同学。

生：岑勋、元丹丘。

师：两个朋友，一个是岑夫子，一个是丹丘生，诗里面讲得也很清楚，请坐。大家看课本的注释①，根据研究者的研究，这首诗的写作时间大约是在天宝十一年，那个时候距李白被唐玄宗“赐金放还”已有八年之久。我不知道大家还记不记得我们读过的《梦游天姥吟留别》是写于哪一年？是“赐金放还”离开长安之后的第二年，是吧？那么这首诗写于《梦游天姥吟留别》之后大约七年。他这段时间经常和朋友岑夫子和丹丘生一起饮酒作乐，常常和朋友岑夫子一起到丹丘生家去赴宴。下面我们就全班来齐读这首诗。

（生齐读）

师：这里面有几个字，我们一起来更正一下。“岑夫子，丹丘生，将（qiāng）进酒，杯莫停”，题目既然叫“将（qiāng）进酒”，是劝酒，是请你喝酒，这地方当然还是这个意思，“将（qiāng）进酒，杯莫停”这是第一个地方。第二个地方“陈王昔时宴平乐，斗酒十千恣欢谑”，“欢谑（xuè）”是恣意地尽享醉酒，一醉方休的快乐。下面“主人何为言少钱，径须沽取对君酌”，“沽取”是拿酒来。“五花马、千金裘，呼儿将出换美酒”，这里是“jiāng”了，这里的“将”是“拿出”的意思，注意和我们现代汉语的区别。好的，我们全班再齐读。我们都知道李白的诗特别豪放，这首诗是李白招牌式的豪放诗，所以要读出点豪放的味道来。

（生齐读）

师：读音上基本上没有什么问题了，但是豪放的气势还不够。其实这首诗，我估计我们班很多同学在没有学习之前或多或少就已经知道，有的读过，有的或许背过其中若干句子。古人说，“太白此歌，最为豪放，千古才气无双”。这是古人的一种评价。下面呢，我就请大家互相交流一下，你觉得哪几句最有豪放的气势？说说为什么你觉得它特别豪放，你的理解是怎样的。

（生讨论）

师：下面我们就请同学来说一说，我们先请付宇奇同学。

生：我觉得“天生我材必有用，千金散尽还复来”。

师：理由？

生：前面“天生我材必有用”表现了作者的自信，后面的“千金散尽还复来”表现了他对钱财的淡泊和对自己能力的肯定。

师：对自己能力的肯定，充满着自信，特别张扬。“天生我材必有用”，“千金散尽”怎么啦，没关系。是吧，钱咱们有，不差钱，很豪放。我们再请同学来说一说。吴浩宇同学。

生：“人生得意须尽欢，莫使金樽空对月”，得意的时候就是要尽享快乐。

师：纵情欢乐，不让杯子空对月。我们再请同学，张睿同学。

生：我觉得是“天生我材必有用，千金散尽还复来”。

师：难道就没有别的地方是豪放的吗？古人讲此歌最为豪放，就这么几句就叫作“最为豪放”啦？海宽同学。

生：我觉得“古来圣贤皆寂寞，惟有饮者留其名”。

师：说说你的理解。

生：这句把眼光抛向了历史。

师：有一种特别的俯仰五千年的味道，而且这话讲的真是酒后的狂言，非常豪放。那些圣贤都是寂寞的，只有像我们这些喝酒的人才能被后世记住。还有没有同学有其他的？文琪同学。

生：最后一句。

师：说说你的理由。“与尔同销万古愁”怎么就豪放了呢？

生：感觉就是作者借酒浇愁，把万古愁一同销尽。

师：其实大家可以把眼光再往前放一放。“五花马、千金裘，呼儿将出换美酒”，“五花马、千金裘”干什么？这么值钱的东西，没关系，“呼儿将出换美酒”，让我的孩子把它拿出去换酒，“与尔同销万古愁”，你看这是怎样一种豪放的气势！还有没有？再请一个同学来说一说，杨心怡。

生：它视野很开阔。

师：怎么开阔了？

生：看到的黄河是从天上来的。

师：看它这个角度应该是仰视，而且这个眼睛不是我们凡人的眼睛，能从天上来的黄河实际上是看不见的，太远太远。极言其大，豪放。其实第二句大家注意一下，也很豪放。第二句是极言其小，极言其短。“君不见高堂明镜悲白发”，在高堂上，在明镜里，忽然看见自己有白发，“朝如青丝暮成雪”，有这样的人吗？早晨看见自己满头乌发，到了晚上一看，满头白发？没有。这里有夸张，极言人生之短暂。刚才我们请几位同学讲了讲这首诗里面富有豪放味道的句子，我们发现这样的诗句在诗里面几乎处处皆是，所以此诗最为豪放啊，大家体会一下。那我们全班再齐读，体会一下狂放之处。

（生齐读）

师：我们学过很多诗人的诗作，比如王维的诗，我们说他的诗是“悟”出来的，杜甫的诗是“做”出来的。如果用一个动词来概括李白的诗呢？

生：喝出来的。（全班笑）

师：讲得有道理，喝酒嘛，“将进酒，杯莫停”。还可以用一个字——

生：喊！

师：对！喊出来的，嚷出来的，大喉咙，大嗓子，俯视一切，一切的一切都不在眼里。（师豪放地背诵全诗，生鼓掌）我们读要读出李白的那个味道，喊出来，嚷出来，试试看，一边读，一边做一些手势让自己的气出来。

（生齐读）

师：好，这次比上一次有感觉了，有那么一点豪放的味道了，但是呢，我们说李白的诗充满了这种豪放的气势，是嚷出来的，大喉咙，大嗓子，俯视一切，睥睨万物。可是仔细体会一下，这首诗不是简单地大喊大嚷，其实诗人的心中，痛苦和快乐交织在一起，是愁与乐感情汇聚而成的。我们下面一起来体会一下，我们来圈出那些表达愁、乐的词语，体会一下诗人情感的变化。

（生边读边圈画）

师：圈好了，同学互相交换看一看。

（生讨论）

师：好，下面我们请同学说一说这首诗的悲喜变化。请这位同学说一下（指名一生）。

生：首先是“高堂明镜悲白发”。

师：一个“悲”字。

生：然后是“古来圣贤皆寂寞”。

师：没有“悲”字啊。

生：这里讲寂寞。

师：寂寞和悲伤不是一回事，不能混淆。寂寞不等于悲伤，所以这个不行。而且我刚才讲，你没有注意，说是悲喜交加，情感上不断地发生着悲与喜这样的变化。

生：然后是“天生我材必有用”。

师：这里没有喜啊。

生：烹羊宰牛且为乐。

师：一个“乐”字。还有？

生：就是“与尔同销万古愁”。

师：这是结尾了。你找到两个“愁”，一个是开头“高堂明镜悲白发”的“悲”；一个是结尾“与尔同销万古愁”的“愁”。中间的喜，你找到了一个“烹羊宰牛且为乐”。还有没有了？

生：斗酒十千恣欢谑。

师：好，“欢谑”。

生：人生得意须尽欢。

师：嗯，不错。大家如果把这几个字梳理一下，你会发现开头是愁，结尾是愁，中间皆欢，是这样一个格局吧？大家看中间的这些欢是真的都在欢吗？

生：我感觉这里面有些悲极生乐。

师：悲极生乐，这个词用得多别扭啊，应该怎么说？

生：悲喜交加。

师：还有什么词语更能用来表达？

生：苦中作乐。

师：苦中作乐，借酒消愁，或者说苦中有乐吧。因为苦中作乐的“作”像是故意摆出来的，而从这地方看显然诗人是发自内心的。这里我觉得还有几个地方。“人生得意须尽欢”，请注意，得意了吗？人生得意时要尽欢，这句话实际上隐藏着一个意思，此时得意不得意？不得意，很不得意。还有“烹羊宰牛且为乐”，注意一下“且”。彭晓欣，“且”有什么样的意蕴？

生：是暂且的意思。

师：暂且、姑且。虽然人生不得意之事十之八九，姑且为乐。烹羊、宰牛我们姑且欢聚、欢饮，在一起畅饮，所以即便是作者的“乐”，也有一种很不如意、苦中寻乐的成分在。这里我们特别来体会一下“五花马、千金裘，呼儿将出换美酒，与尔同销万古愁”，请大家看这个“万古愁”包含哪些内容？

生：我觉得“万古愁”，第一个他想夸张地表达他的愁很深。

师：愁是千年万年不可化解、亘古如斯的愁。用夸张的语言极言愁之广，愁之深，愁之重。继续，夏志鹏。能不能联系一下诗人的人生经历？

生：他原来是被召入京城，后来又被排挤出去，所以不得意，借酒消愁。

师：大家同意不同意？就是说诗人有抱负、有理想、有才华，但得不到施展，不被理解，所以感觉到愁，同意不同意？

生（纷纷）：同意。

师：这是一个，可就这点就“万古愁”啦？请大家注意这个“愁”字和哪个“愁”字是呼应的，我们一起根据上下文来体会一下。谭鑫文。

生：李白说“古来圣贤皆寂寞”，古来的圣贤都不留名。

师：不光是不留名，还有一个什么意思啊？不为人所知，不为人所了解，也就是古来的圣贤还不如喝酒的那些人呢。这当然是酒后的愤激之言了，但是有这样的意思。继续。

生：这样的情况从古延续至今，所以是“万古愁”。

师：有那么一点意思。而且寂寞不能被人理解，不能施展抱负，也有这样的含义，但是我们可以再往下面考虑一下。赵晨。

生：第二句说“高堂明镜悲白发，朝如青丝暮成雪”，年华已逝，却功业无成。

师：年华已逝，功业无成。人生短暂，时不我待。“日月忽其不淹兮，春与秋其代序”，人生短暂，大家回忆我们学过的诗句。（教师起头）“年年岁岁花相似，岁岁年年人不同。”还有，“人事有代谢，往来成古今”；还有，“不知江月待何人，但见长江送流水”。“万古愁”就是一种生命的忧患，时不我待，不能够建功立业，感觉到人生短暂的万古愁。愁之深，愁之广，愁之重，愁之无法排解。那么“万古愁”的根子是什么呢？他用这样一种酒后的狂放的语言嚷出来，它的根子是什么呢？刚才已经有同学提到，就是“惟有饮者留其名”，就是这样一种很愤激的话，这种狂言。寂寞，所有的古来圣贤都是寂寞的，其实这里是什么呢？是一种愤激不平之气，这首诗他是怎么嚷出来的？他凭着一口什么气就嚷出来了，嚷得惊心动魄，嚷得“秀口一吐就是半个盛唐”，这么多年之后我们仍觉得这样的诗“才调无双”？

生（纷纷）：不平之气。

师：受压抑，没有自由，不能够施展，感觉到年华老去，人生短暂，时不我待的这样一种愤激不平，于是这种气郁结在心里，他就一嚷嚷出来了。我们再一起齐读，读出豪放之中深沉的痛苦。

（生齐读）

师：这是一首酒歌。将进酒，劝酒歌，祝酒歌。那么这样一首酒歌，我们看到诗歌里很多地方写的就是他喝过酒的那样一种醉态，大家看，哪几句写出了他酒后的那样一种醉态？刘御汐。

生：我觉得第一句是“古来圣贤皆寂寞，惟有饮者留其名”。

师：这个话讲的时候就是那种俯视一切，一讲过以后手一挥，所有的一切都不在话下，酒后狂言。还有吗？

生：还有下面“陈王昔时宴平乐，斗酒十千恣欢谑”。

师：“陈王昔时宴平乐”，就像当年的陈王曹植那样在平乐大宴宾客，“斗酒十千”，恣意地欢乐。还有没有了？

生：下面“主人何为言少钱，径须沽取对君酌”。

师：“主人何为言少钱”，你怎么说我没有钱，我有的是钱，“径须沽取对君酌”，下面五花马、千金裘都是那种酒后的狂态。好的。大家还发现这种酒后的狂态更多地体现在哪一部分啊？其实这首诗里面诗中有歌，看出来了吗？诗的前半部分他是这样写的，然后有一个“与君歌一曲，请君为我倾耳听”，好像喝醉酒以后在那里唱起来了，下面的尽显其酒后的醉态。这种酒后的醉态，当然也包括前面“人生得意须尽欢”，也是喷着酒气在讲，大家看他是用一种什么手法来表现喊着嚷着的这样一种酒后的狂气、狂态？请举出实例，季婷同学。

生：反问。

师：用反问，语气很强烈。哪里用反问啊？

生：主人何为言少钱。

师：还有一个很重要的，看看别的同学能不能发现，陶嘉乐。

生：夸张，第二句，“高楼明镜悲白发”那句。

师：“黄河之水天上来”这句也是夸张，是不是？还有没有夸张了？

……

师：大家看这些数量词，可以说全是夸张。他喝酒要喝多少杯啊？三百杯。喝多少酒啊？像陈王曹植在平乐宴请宾客那样“斗酒十千”。还有他的愁是什么？“万古愁”。这些都是想象和夸张。作者就是通过这样的想象、夸张、反问把自己那种张扬的个性、强烈的主观色彩尽情地挥洒，所以这种诗读下来有种什么样的感觉呢，就是冲破一切拘束、束缚，无拘无束的这么一种自由的感觉。我想用《赤壁赋》里面的话来形容，“浩浩乎如冯虚御风，而不知其所止；飘飘乎如遗世独立，羽化而登仙”。李白这首诗就是一首酒歌，里面有豪放，有沉痛，还有飘逸，酒后的飘飘欲仙的感觉，大家体会一下。而这个飘飘欲仙实际上是什么呢？就是一种自由感、解放感。我们喜欢李白，我们热爱李白，我们喜欢读李白的诗，为什么？因为李白的诗读起来特别舒服，舒服什么？自由感，解放感，一种不受任何束缚的、个性非常张扬的那样一种自由感和解放感。我一直在想，读李白的诗，尤其是《将进酒》，先要感其豪放，次要品其沉痛，最后应该赏其飘逸。我想这样逐层深入地体会《将进酒》，我们能够更好地走近李白的内心，把握诗人独特的艺术风格。最后我们全班调动一下情绪，我们一起把诗歌里这样一种丰富的内涵、豪放和飘逸兼而有之的味道读出来。

（生齐读）

师：推荐一个同学来读一下。

（生推荐迟骋同学朗读）

师：读得不错。要讲不足呢，声音上扬得比较多。我们说这首诗是悲喜交加，忽悲忽喜，而又以悲为底色，所以有的地方我们不妨读慢一点，声音低一点。例如最后一句“万古愁”你扬上去就不好，声音低一点，落下来，这样饱含深沉的人生感慨，把喝醉了酒忽然酒醒之后那样的人生感受传达出来。我想我们这堂课虽然不能完全背下这首诗，但是通过学习，实际上已经进入了李白的内心世界。我们抓紧时间把这首诗背下来，让这首诗成为我们终生的人生财富，好不好？下课。

参考文献

[1] 曹勇军.我的精神成长之旅[J].教育研究与评论（中学教育教学），2011（3）.

[2] 曹勇军.我专业成长路上的五块界石（上）[J].中学语文教学参考，2015（13）.

[3] 曹勇军.语文，是教师与学生的故事[J].江苏教育研究，2009（11）.

[4] 曹勇军.用故事构建我们的语文生活[J].语文教学通讯，2015（28）.

[5] 顾之川.阅读曹勇军，做一个幸福的语文人——为“曹勇军语文教育思想研讨会”而作[J].中学语文教学参考，2015（28）.

[6] 王彬彬.语文课上的公民教育[N].南方周末，2013-05-02.

[7] 韩雪屏.语文课堂：为未来社会培育合格公民——读曹勇军《高三（10）班在六楼》[J].语文学习，2013（10）.

[8] 陈璇.一个语文特级教师的“悲壮”试验[N].中国青年报，2015-04-01（9）.

[9] 长乐.莫让阅读那么“悲壮”[N].人民日报，2015-04-23（18）.

[10] 曹勇军.曹勇军和他的语文理想国[M].南京：江苏凤凰教育出版社，2015.

[11] 曹勇军.语文的表情与眼光[M].南京：江苏教育出版社，2012.

[12] 曹勇军.语文，我和你的故事[M].北京：商务印书馆，2015.

[13] 曹勇军.追求作文教学的智慧[J].语文教学通讯，2007（15）.

[14] 曹勇军.营造学生的写作生活[J].中学语文教学，2011（1）.

［15］曹勇军．高三（10）班在六楼——一个理科毕业班的“时事讲坛”故事［M］．南京：江苏教育出版社，2012．

［16］曹勇军．开辟高三写作教学的“第二通道”［J］．中学语文教学，2012（9）．

第七篇　邓彤教学智慧研究

邓彤，1965年生。语文特级教师，教育学博士，现任职于上海市黄浦教育学院。中国教育学会中学语文教学专业委员会青年教师发展研究中心副主任，北京大学语文教育研究所特聘研究员，教育部“国培计划”专家库专家。曾获安徽省“教坛新秀”称号、安徽省“先进工作者”（劳模）称号，曾获全国语文教学大赛一等奖、“全国优秀教师”、“全国优秀语文教师”等荣誉。曾参加人民教育出版社、江苏教育出版社新课标教材编写任务，发表论文百余篇，出版专著四部。

在阅读教学方面，邓彤的“素读”教学主张影响较大。“素读”观主张学生与文本直接对话，借助言语表达形式抵达文本深层，培养学生对语言文字敏锐的感觉。在此基础上，开展名著研读、文体阅读研究。近年来，邓彤出版有《〈红楼梦〉导读》《文本解读与文体写作》等阅读教学著作。

写作教学方面，邓彤对写作微型化课程进行了深入研究，其博士学位论文《微型化写作课程研究》获得学界关注。写作微型化课程主张基于学生当下写作学习需求，确立具体明确的微型写作教学目标，开发适合学情与目标的微型教学内容，并提供必要的微型学习支架支撑学生的写作学习，以促进学生写作能力的发展。

一、邓彤教学智慧的探索历程

1986年，21岁的邓彤毕业于安徽师范大学中文系，任教于安徽省宣城中学，辗转工作于浙江、上海等地。他三十年的教学生涯，大约可用“读书、教书、教研”三个关键词加以概括。

（一）读书

宣城中学作为一所百年老校，20世纪50年代曾是教育部直接联系的中学。到了20世纪80年代，学校人才济济，单是语文组，教师阵容就豪华得让人瞠目：中国“红学”大家白盾先生在此执教；上海辞书出版社出版的《唐诗鉴赏词典》《宋诗鉴赏词典》等大型辞书撰稿人多是一流学者，而宣城中学就有马祖熙、潘冬寿等先生名列其间。

这所学校的图书馆藏书也颇为丰富，年轻的邓彤沉潜于其中，怡然自乐。受教研组老先生的影响，当时读得最多的是古典文献类图书与语文教育类书籍，诸如《说苑》《历代笔记选注》《清朝野史大观》《文史通义》《二十二史札记》等文史著作，都成为这位青年教师的案头之书。对邓彤帮助最大的是《语文教学课堂实录》《叶圣陶语文教育论集》《张志公语文教育论集》和苏霍姆林斯基《给教师的建议》等著作。尤其是人民教育出版社出版的那部上下分册、有着咖啡色封面的《优秀语文教师上课实录》，他更是再三研读，反复揣摩，受益良多。于漪、钱梦龙等著名教师的教学风采通过这部实录深深印入了一个刚上讲台的青年教师的心中，成为他今后教学实践鲜活的范式。

这一段心无旁骛的读书生活大约持续了六七年，为邓彤此后的教育、教学、教研奠定了坚实的基础。

（二）教书

初上讲台的邓彤，对语文教学有着特别的执迷，每一节课都要努力上出一点味道来。每次备课，他都反复研读课文，一直读到自己对文本有了相当体悟，他才开始进入教学设计阶段。每一次备课，他都必定先抛开教参独立备课，只有在初步形成教学方案之后，才翻看教参对照比较自己的设计，反思其中的差异，再对教案做一番微调。几年下来，邓彤的备课能力提高很快。这样的读书、备课经历，为邓彤后来提出“素读”

教学主张奠定了基础。

其间，邓彤还开展了一些教学改革尝试：创办读书会，组织文学社，办油印小报。1992年，他尝试带学生进入阅览室上阅读课，此后阅览课就被排入宣城中学的课表中，成为学校的一大特色。1996年，安徽省教科所专家到宣城中学视导，对邓彤的课堂教学与教学改革给予了高度肯定。在诸多尝试中，对邓彤影响最为深远的是他的《红楼梦》选修课。

当时，邓彤正研读叶圣陶先生的著作，叶老“让学生读整部书”的论述给了他很大的启发。叶老在《论中学国文课程标准的修订》一文中明确提出：“把整本书作主体，把单篇短章作辅佐。”叶老认为，如果有整本书作为教材，那么，在中学阶段虽然只能读有限的几本书，但是那几本书是真正专心去读的，这就养成了读书的能力和习惯。读整部书还可以进行各种文体知识的研讨及文体阅读的训练。读整部书，学生阅读的心理更加专一，阅读效果更好。

有感于学生阅读深度不够的现象，为了不让学生成为只有宽度没有深度的“平面人”，邓彤尝试开设“名著导读”选修课，试图用一年的时间让学生精读一本经典著作。于是，邓彤开始了对自己语文教学生涯至关重要的一次实验。他利用一个暑假将《红楼梦》原著通读四遍，在一本岳麓书社出版的普及本《红楼梦》上密密麻麻写下许多读书心得；又从《红楼梦学刊》编辑部邮购了自发刊号直至当年的15年间的近60本杂志；认真通读之后，又研读了几本“红学”专著（王国维《红楼梦评论》、俞平伯《红楼梦辨》、一粟《红楼梦研究资料汇编》、郭豫适《郭豫适文集——红楼梦研究史稿》、孙逊《红楼梦脂批初探》）；邓彤还四处搜集与“红学”有关的图书乃至器物；为进一步理解“红楼”，又读了几部“红学史”，还非常认真地读完几本小说理论。在正式开课之前，邓彤还认真做了以下几项工作：问卷调查、举办讲座、督促学生通读《红楼梦》全书。

从1993年开始，邓彤连续为四届学生开设了《红楼梦》导读课，这一尝试得到了学生的热烈欢迎。整整一年时间，师生一同读“红楼”、品“红楼”、评“红楼”。读完了这部巨著之后，无论教师还是学生都有一种脱胎换骨的感觉。

几轮“红学”导读教学之后，邓彤忽然觉得自己的小说教学最受学生欢迎。而他此后语文教学每上一个台阶，都与小说有着奇妙的关联。后来，邓彤参加了决定他专业发展的三次大型赛课，从全地区到全省最后到全国比赛，他赛前抽到的课题都是小说。由于邓彤曾经有过钻研《红楼梦》的经历，他终于脱颖而出，均夺得桂冠。

1995 年底，邓彤参加安徽宣城地区首届教坛新秀评选。当时他抽到的课文是《祝福》，如何在一个课时内上好这一篇长度、深度、难度均非同一般的课文？邓彤决定以“补足情节”的方式作为教学的抓手。在短短两个小时内，他设计了这样一个方案：画一张简图，名为“祥林嫂际遇图”，要学生解说这张图表中包含的故事情节并加以评点赏析。这张简图如同一张联络图，将小说的情节、人物、主题巧妙串起，课堂紧凑，学生活跃，教学效果出奇的好。为此，他夺得了地区教坛新秀评选的桂冠。

1997 年，邓彤参加安徽省教坛新秀评比活动，抽到的课文是《明湖居听书》。他以音乐为切入点，引导学生把握小说特征，品味文本语言，取得了良好的教学效果，得到当时担任评委会主任的蔡澄清先生的高度赞扬，获得全省文科组第一名。

1998 年，邓彤参加“语文报杯”全国中青年教师课堂教学大赛，抽到的课文还是小说——《守财奴》，他再一次以自己的实力获得了高中组一等奖。

（三）教研

多年来，邓彤的教学研究始终遵循一个原则：教学与教研比翼齐飞，教师同学生一道成长。他认为：教而不研则死，研而不教则空。日常教学过程其实就是教学研究过程，语文研究必须始终伴随着日常教学。

邓彤钻研教材，精心备课，每有心得，立即整理成文。他教《爱莲说》，曾结合佛教中对莲花的赞美，写出了《〈爱莲说〉的佛学因缘》一文；教文化常识，由刘禹锡字“梦得”联想到“禹锡”当解为“禹赐”，从而写出《为刘禹锡、刘禅正名》一文；教《〈呐喊〉自序》，由文中几处分号对文意层次的切分，撰写了《标点与虚词：“虚境”中的奇景》……这些点滴心得，都成为邓彤的课堂亮点和研究成果。

邓彤一边进行《红楼梦》导读选修课教学，一边以《红楼梦》为据点开展小说阅读、文学阅读研究，发表了一系列相关论文。2004 年，邓彤的《〈红楼梦〉导读》专著出版，中国教育学会中学语文教学专业委员会理事长顾之川先生还专门为该书撰写了序言。

后来，邓彤倡导的“整本书阅读”和“据点式教研”等主张，均与他1990年所尝试的《红楼梦》教学探索与实践有着或多或少的联系。

2006年，中国教育学会中学语文教学专业委员会批准成立以邓彤为组长的“全国课堂教学效率专题组”，自此，他与专题组全体同仁开展了一系列课堂教学研究。邓彤的课堂研究框架为“板块式栏目化”研究。他根据当前语文教师的现实需求，将中学语文教学分为八大板块：文言文教学，文学作品教学，议论文教学，说明文教学，口语交际教学，写作教学，语文综合实际活动，试卷分析讲评。每一板块又细分为八个栏目：理论前沿、教材分析、教学设计、自我反思、教学一得、示范观摩、评课交流、总结模式。从横向上看，各板块涉及中学语文教学的各个侧面；纵向看，每一板块需要研究的八个栏目基本涵盖语文教学研究的主要环节。如此纵横交错，便编织起一张中学语文教学、研究的网。

在板块式栏目化研究中，邓彤对文本体式的高度关注尤其值得一提。“教什么像什么”成为他评价语文课堂教学的主要指标，他致力于研究不同文体的特征，研究适合于诗歌、散文、小说、戏剧、文言等文体的教学内容和教学方式。这些研究一直延续到2014年，最终，邓彤与他所领衔的工作室全体同仁合著出版了《文本解读与文体写作》一书。该书可视为他现阶段对文本体式研究的标志性成果。

教学研究需要一个着力点。邓彤教研的着力点就是：学情。

邓彤将教学研究的关注重点放在学生身上。他对此曾有一个生动的比喻：基础教育阶段，教师不是探险家而是导游——探险家可以独自背着行囊深入最幽深奇崛处探幽访胜，可以以自己所达到的高度为自己最大的成功；导游则以他所服务的游客的收获为最大的成功。在邓彤的语文教学观念中，传输知识、培养能力不再是教学的唯一目标，爱学生、研究学生、发展学生才是他语文教学研究的核心目标。

为此，邓彤坚持做学生问卷调查、撰写学生案例，为学生做专业发展策划方案，研究中学阅读与写作过程中的各类学情，在此基础上，他发表了一系列有关学生研究的论文。这种对于学生的高度关注，得到了延续。例如，邓彤的博士学位论文，就始终将“学情”作为他写作教学研究的核心概念。

二、邓彤教学智慧的思想内核

三十年来，邓彤的语文教学智慧主要体现在阅读、写作及教师专业发展三个方面。其主要思想内核如下：阅读教学方面，有“素读”主张；写作教学方面，提出“微型写作教学”观；教师发展方面，提出“据点式”研究范式。

（一）阅读教学“素读”观

“素读”教学，因为具有便于操作、语文味浓、师生受益大等优点，现已得到不少一线教师的认同。

所谓“素读”，就是朴素地通过文字符号领会文本的内在意蕴。“素读”教学观主张教师不多用其他资料，不滥用现代媒体技术，只是运用最传统的对话方式，引导学生反复阅读课文，对文本做最朴素的解读。“素读”，追求的是一种本色的阅读，力求用本色的教学设计，养成真实的阅读能力。“素读”教学观倡导师生发现散布在作品中的关键词句，并从中探询这些词句在文本语言体系中的特殊含义。从字，到词语，到语句，到段落，到作品的节奏，逐一加以推敲，最后再把它们重新组合到一起重新建构整个作品。

“素读”教学的基本特征有如下几点：纯原文，不借助其他背景文章；纯文本，不借助其他媒介；纯静默，不借助其他活动方式。“素读”教学的基本内容可以用“四一律”简述，即一个标点、一个词语、一个句子、一个段落。

“素读”是一种本色阅读，是最原生态的阅读。“素读”，是最单纯、最本色、最纯粹的阅读，也是最见功力的阅读。

正如提倡“素面”并不因此反对化妆一样，正如提倡“素食”也不反对鲜肥滋味一样，“素读”教学观也不反对其他阅读方式。“素读”教学论者从不自封“素读”为阅读教学的最佳方式。邓彤始终认为，“素读”只是众多阅读方式“之一”，是一般读者日常阅读的一种常态方式，“素读”教学的基本目标只是培养较为成熟的读者，不以全面提升学生的道德情操、人文素养为旨归。

（二）“微型写作教学”范式

邓彤提出的“微型写作教学”范式，也有较大影响。

“微型写作教学”范式不以建构系统的写作学习知识为目的，而是基于学生写作认知水平、兴趣和学习风格来确定写作学习内容与学习方式，这是一种能够有效处理差异化的新型的写作教学范式。

“微型写作教学”范式以“目标、内容、学习支架”的微型化为基本特征。

1. 教学目标微化

微型写作教学注重探测学生的实际需求，以此确定适合学生的学习目标，而不求系统、全面传授写作教学知识。它主张每次写作教学根据学生的实际情况，确定一两个关键目标，不求毕其功于一役，而是积小胜为大胜，最终促成学生写作能力的全面提升。

教师不预设教学目标，而是依据学生写作实际状况相机确定目标：学生在写作中遭遇的关键性困难就是微型写作教学的基本目标；多数学生在写作中普遍遇到的困难，可以成为微型写作教学的主导目标；少数学生所遭遇的主要困难则构成写作教学的分支目标。

2. 教学内容微化

在明确写作学习目标之后，还需确定合宜的知识。这些知识必须综合目标与学情进行研判。为确保学习的有效性，这些内容必须是微型化的并能满足学生的需求。

例如，学生在写作中经常有审题不清的缺点，以往写作教学总习惯于向学生介绍一系列审题知识。经过学情分析发现，学生审题不当有时是因为对一些关键性概念的理解发生了偏差。于是，微型写作教学就不会系统地介绍审题知识，而是让学生辨析相近概念之间的差异，这就可以非常有效地解决此类审题偏差。再如，学生写虚构类叙事文章经常缺少“故事味”，教师也不用教给学生所有的叙事知识，只需让学生学习故事写作的核心知识——“愿望、障碍、行动”，即可获得满意的效果。

3. 写作教学支架的微化

为促进写作学习的有效性，有时在学生学习过程中，还需为学生提供支架以帮助学生完成学习任务。这些支架可以降低写作困难，有效促进学生写作学习。正如主体建筑完工之后脚手架可以拆除一样，在学习之后，写作学习支架可能被学生借鉴吸收，也可以被学生丢弃遗忘。学习支架本质上是一种辅助性的学习内容。

写作学习支架一般可分为三类：（1）接收支架——帮助学生收集写作内容；（2）转换支架——帮助学生将所获得的内容加以转化；（3）产品支架——帮助学生将所理解、所创造的内容顺利地表现出来。

（三）"据点式"研究

邓彤关于教师专业发展的主要观点是"建设学术据点"。

他主张教师必须拥有自己的"根据地"。在博览群书的基础上，语文教师必须选一本书，把它读懂读透，并且这本书最好是文学巨著。因为语文教师必须保持、保养和孕育自己的语言感觉，必须培养自己粗壮的感性神经和敏锐的语言悟性。这是语文的命脉，也是语文教师成功的必由之路！语文教师应该围绕这本书，以此为据点，研究学生，改善教学行为，提高教学效益。有了这样的学术据点，就会出现"星星之火，可以燎原"的大好局面。例如，《红楼梦》就是邓彤的研究据点。他为此受益良多，曾经专门撰文总结过这一经验。

学术据点，是教师专业发展的一条可行之路。

三、邓彤教学智慧的艺术呈现

邓彤的语文教学智慧，大致可用两大关键词予以概括：文体、学情。依据不同文体特征，结合对学生学习状况（学情）的分析来确定阅读、写作教学内容，设计教学方案，成为邓彤语文教学的一种自觉的追求。

（一）文体理论与读写教学

基于文体学理论，邓彤在阅读与写作两大领域都提出了自己的教学主张。

兴起于20世纪初的现代文体学的主要特征如下：借助语言学的方法来研究作品的文体和语言风格；注重对音节、重音、单词、词组、句子、句序等方面的研究，强调作者的特殊选择与组合而成的文本所表现的细微差异。

文体学研究范围大致包含语体学、文学语体学、理论文体学。其中语体学研究语言的各种变体，如口语，书面语，网络语，科技、新闻用语等；文学语体学研究语言在文学中的运用情况，对诗歌、小说、戏剧等文学语篇进行描述与解释。中学语文教学所涉范围与文体学研究基本重叠，语体学研究与实用文教学吻合，文学语体学研究则与文学作品教学相当。因此，文体学的研究成果可以移植到中学语文教学之中，用以指导阅读、写作、口语交际等多个方面。

文体学既可以从细微处入手，着眼于音节、重音、单词、语句这样构成文本的小型单位，又可以从语句的排列、段落的顺序、全文的叙述这样的大型文本单位入手进行文本分析。文体学对于阅读与写作教学的启发主要表现在如下几个方面：

其一，诵读教学。

许多研究证明语音对于意义表达具有重要作用。中国文字在四声平仄各类字音中都潜含了某种情感指向或意义内涵，例如，平声清扬而迂缓，可暗示平和之感，仄声重浊急促，常象征凄切的心情。

例如《菩萨蛮》："平林漠漠烟如织，寒山一带伤心碧。暝色入高楼，有人楼上愁。玉阶空伫立，宿鸟归飞急。何处是归程？长亭更短亭。"单是从音韵角度就可以确定如下教学内容：全词两句一韵，八句四次转韵。如此不断转换韵脚，加之韵脚字音的重浊急促，构成全词曲折凝滞的风貌，恰与词人哀愁缓慢的情绪相称。在指导学生诵读词作时，就不应简单要求学生"读出感情来"，而可以通过韵脚控制节奏、语速，使声音与语境、语义相得益彰，共同营造出便于意义表达的良性结构。

其二，"素读"教学。

在文学欣赏教学过程中，邓彤将文体特征与言语表达结合起来，引导学生体味言语形式蕴含的丰富的表意效果。这就是他一贯主张的"素读"。

例如，即便是最虚化的标点、虚词也可以作为赏析文本的依据。邓彤曾经在《荷花淀》教学中指导学生赏读过几个简单的拟声词。当几位女子在寻夫未果之际划船返回时，几个拟声词"哗，哗，哗"反映出她们的百无聊赖和有气无力，而当被鬼子追赶时她们则是"哗哗，哗哗，哗哗哗”，一种紧迫感油然而生！

再如，王之涣的《凉州词》人们早已耳熟能详，但对于“一片孤城万仞山”中的“一片”二字似乎不太关注，邓彤却根据此“片”字设计问题，大大促进了学生对诗歌的理解。

问题：城，本来是高耸宏伟的，似乎该用“座”来修饰，但是这里却用了“片”字，这是为什么？

结论：“片”，一般用来修饰比较平、比较薄的东西，比如，一片糕、一片肉、一片云、一片花……城堡，本来是高耸的，按理说应该用“一座”来修饰；但这座城坐落于茫茫群山之中，周围都是万仞高山，相比之下，这座城就显得小得可怜，单薄得如同一张纸；而城中的士兵呢？就显得更加渺小、微不足道了。请体会一下：士兵在万仞丛山里一座小城中戍守边关，这里连春风也不肯吹到，人却常年生活于此，怎不让人感到悲苦呢？这时你的脑海中是否浮现出这样一幅画面：辽阔的天空，天空下是重重叠叠的万丈高山，山峦中一座小小的城堡——仿佛风都能吹得走的城堡，城堡上空回荡着呜呜咽咽的笛声。你不觉得这些戍守边关的士兵真是太悲壮，太令人同情了吗……

对一个量词的咀嚼，竟然能有如此令人心动的滋味。但是，这种结合文体特征、直面言语形式的“素读”，其实还可以从篇章结构层面创生更多的教学内容。

例如，新诗教学可关注分行形式产生的表意价值；律诗教学，可关注诗中对仗诗句的表意作用；小说教学，不妨关注“视角”的表意作用，关注叙述时间与意义的关联……总之，在不同语篇、不同文体教学中关注不同语篇结构及语体所具有的不同意义，言语形式与文本意义就成为一体两面的事物，语文教学就可以具备合宜而充足的教学内容。

在写作教学方面，立足于文体研究，邓彤也有诸多研究。

例如，在创意写作教学中，教师发现学生经常不知道如何写故事。于是邓彤借鉴了美国写作研究者杰里·克利弗的“创意写作”有关“冲突”的知识：好故事都有一个核心要素——冲突。冲突推动了故事的发生，使故事产生出各类效果。让学生写虚构类记叙文，只需教会学生如何设计“冲突”即可。

而写作纪实类叙事文，则需学习其他知识：如果所写事件本身曲折跌宕，作者只需照样实录即可；如果事件原本平淡，作者则需要通过一定的手段，如通过倒叙等方式以增强其可读性。现以一个课堂实录为例简要说明。

如何写出好故事

师：同学们都喜欢读《西游记》，为什么《西游记》里的故事这么吸引人呢？有学者经过研究，发现《西游记》中许多故事都可以用一个公式来概括：取经＋妖怪＝《西游记》。在这里，“取经”是一个强烈的愿望，“妖怪”是阻挡愿望实现的“障碍”，在这个强烈的“愿望”的驱使下，小说主人公采取了许多行动克服了重重障碍，终于取得真经。所以，从《西游记》中，可以提取一个非常有用的故事写作规则：好故事＝愿望＋障碍＋行动。

师：现在，我们一起来分析另外一篇有名的故事，看看它是怎样设置愿望和障碍的，请大家从愿望、障碍、行动三个方面来分析《卖火柴的小女孩》。请大家先分析故事中的愿望。

生1：小女孩渴望温暖。

生2：希望吃得饱。

生3：还有家人的关爱。

师：都是最基本的愿望啊！那么，是什么障碍使她无法满足这些基本的愿望呢？

生：贫穷、孤独。

师：那么，她是如何采取行动实现自己的愿望的呢？

生1：她划亮火柴，感到温暖。

生2：划亮火柴，似乎看到烤鹅向她走来。

生3：她还看到祖母带着她飞上天。

师：一把火柴会有这么大的作用吗？是不是太假了？

生：不是的，她又冷又饿，快被冻死了，这只是幻觉。

师：你的意思是说，卖火柴的小女孩是用幻觉来克服障碍，满足自己的愿望，是吗？

生：是的。

师：对我们而言，克服饥饿寒冷一点也不难，但对于这个小姑娘来说，却需要以生命为代价！这样的故事特别震撼人心。同学们也要学一学用这样的方式写故事。

此外，在议论文教学中，邓彤也基于文体特征提出了自己的写作教学主张。

有研究者将议论文细分为如下四大基本类型：（1）阐释类议论文：观点 + 有关阐释解说。（2）建议类议论文：有关分析 + 可行性建议。（3）证明类议论文：假设 + 研究 + 验证。（4）论辩类议论文：表明立场 + 捍卫立场 + 驳斥敌论。

邓彤则依据以上研究，吸纳、开发了若干与文体对应的写作教学内容：

●对于阐释类议论文，运用资料思考与表达是阐释的基本特点，因此，学习写作这类文章就需要教会学生对资料进行提炼、分析、联系、比较、综合。

●对于建议类议论文的写作学习，关键是学会因果分析的方法，因为“可行性建议”总是基于“分析”而提出的。

●对于证明类议论文则需要借助“研究性学习”的有关知识作为核心知识。

●对于论辩类议论文写作，应该教会学生如何运用逻辑和事实寻求真理，以便合乎逻辑地说明真理或指明某一观点的虚伪错误而使读者信服。

邓彤对于文体的关注，自有其学理背景。

近年来，研究者越来越认识到：文体是文本形式的划分，是“文字的体制”“文章的体制”；没有文体，阅读、写作无章可循，阅读、写作教学也不得要领。在语文教学中，“文体感”甚至比“语感”更重要，阅读与写作本质上都是一种文体思维。语文读写能力的提升，离不开文体学研究成果的支撑。

邓彤的“素读”主张、微型写作研究正是在这样的学理背景下，从文体学理论中汲取丰富的滋养，获得了较为坚实的理论基础。

（二）研究学情，促进学生发展

关注学生，研究学情，是邓彤语文教育智慧的第二维度。

邓彤认为：学生的发展是一个极具个性化特征的过程。教师应依据学生的不同发展阶段所呈现出的学情特征为学生制订发展方案。这就是

“因材施教”原则在语文教学领域中的具体表现。教师应该如何为学生制订语文发展方案呢?

首先，做好学情诊断。通过对学生的现状研究和趋势分析对学生进行战略定位,了解学生昨天从哪里来（了解其发展历史）,今天在哪里（了解其当下发展程度），预测学生明天可能的走向（发展趋势），从而为学生确立较为明确的发展目标。

其次，依据学情策划个性化的语文学习方案。根据对学生的状况分析以及目标定位，将各类近中期目标有机结合，明确学生的核心能力和阶段性目标及达标突破点，为学生制订能够扬长避短的实施方案。

最后，引导学生学会自我策划。教师不可能为所有的学生做策划，在策划过程中，教师应该让学生参与其中，使学生重视策划、学会策划，将来独自面临新的人生情境时可以冷静独立地为自己做好策划。为说明基于学情的语文教学之要义，特以如下两个案例为证（其中的姓名均为化名）。

案例一：为基础薄弱的学生做策划

案主：叶青

[策划前诊断]

案主自述：来自农村，初中阶段几乎泡在习题集中。数理化成绩尚好，但初中阶段没有任何课外阅读，进入高中后，意识到自己知识面狭窄，写作能力差，也知道语文是自己致命的弱点，花了大量时间钻研语文，结果语文成绩不进反退。自觉非常失败，大概自己不适合高中学习，因此很怀念初中阶段的生活。

教师诊断：叶青同学初中阶段心态良好，高中阶段的苦恼是由于语文水平相对较低造成的。其心态是由于期望值过高所致，她有强烈的学习动机，但没有适当的学习方法。她学习语文就是不断做试卷。语文成绩长期低下，又使她形成了习得性无助感，进而投射到其他学科并且全面怀疑起自己的学习能力。她的语文水平低，主要是由于缺乏足够的阅读积累，语言感觉较差，缺乏基本的词汇、语句、语段乃至篇章图式。

[策划方案]

1.依靠叶青同学对教师的高度信赖，与她进行个别交谈，介绍语文学习规律与方法。

2. 请本班语文成绩进步较快的学生介绍经验，树立起她的学习信心。

3. 精选平易典范的现代作品十余篇，要求她每日朗读直至成诵并且烂熟于心；然后，再逐句逐篇抄写范文，看完一句话后将它默写下来，连标点也不放过，以此培养她的基本语感。

4. 要求她每天读一篇文章，并做好读书笔记，侧重记录词汇与语句，阅读中有所感受可自由发表自己的看法——可以是一句话，也可以是一段话或一篇文章。

5. 写作方面，只要求她能够将一句话扩展为一个段落，要求：有专门的主旨，能够注意段内层次，适当运用读书笔记中积累的材料。

[实施结果]

1. 一年内叶青阅读课外文章 427 篇，专门积累的词汇语句摘录本两本，撰写读书笔记 113 篇。

2. 高二结束时，她的语文成绩已经处于年级中游水平。

3. 示例：在高三时，她复习《义理·考据·辞章》一文后，已经能够将文中的一句话从容严密地扩展为一个充实的段落了。

课文原句："有时看来无关大体的细节上的马虎，却会造成关键问题上的错误。"

扩展段落："细节上的马虎，有时会造成关键问题上的错误。千里长堤，有时会溃于蚁穴；失之毫厘，往往会谬以千里；下棋时，一招不慎，可能导致满盘皆输；工作中，一点疏忽，也许会导致重大损失。在新疆，有人把包装上的'乌鲁木齐'误写成'鸟鲁木齐'，一点之差，使价值几十万元的产品完全报废；在美国，只因一只小小密封垫圈泄漏，就造成'挑战者号'航天飞机升空爆炸的惨剧。西班牙作家松吉纳尔说：'一只掌钉可能毁掉一匹战马，一匹战马可能贻误一个战机，一个战机也许使一次战役失败，一次战役就可能毁掉一个伟大的国家。'由此看来，小事的确不小，我们对此能掉以轻心、漠然置之吗？"

案例二：为理科特长生策划语文学习方案

案主：李必

[策划前诊断]

案主自述：自己理科成绩优秀，外语水平高，天生是学理科的料，初三毕业时就已经自学完高中物理。语文水平虽不高，但足以应付考试。将来必定考入北京大学物理系。

教师诊断：李必同学智商高，成绩好，各方面发展较均衡。语文成绩相对逊色，是由于他重视不够。他阅读能力强，阅读速度快，能够迅速理解文章主旨。其作文思路清晰，但语言较为平淡，行文不注意章法；书写习惯差，字迹比较潦草。

在心理特征上，属于独立型，比较自负，不轻易接受老师的劝告。同时，意志力较强，对于自己认定的事情能够全力以赴克服一切困难去完成。

家庭教育条件较好。父亲为在职博士，母亲为公务员。

教师诊断：该生的主要问题就是在态度上发生偏差，是典型的理科高才生重理轻文的心态。如能扭转其认识，再辅以一定矫治方案，其语文成绩即可得到快速提高。

[策划方案]

1. 转变态度

（1）投其所好：由于该生酷爱物理，教师推荐《爱因斯坦传》以及介绍杨振宁、李政道生平及修养的文章，并且将自己一直珍藏的“走向未来丛书”中《现代物理学与东方神秘主义》一书赠送给李必同学，并且在扉页题写如下赠词：愿科学与人文在你身上得到完美的结合。

利用学校科技艺术周的契机，笔者与李必同学共同撰写了一副对联：

人生如鼎足，求真求善臻于化境是求美。

智慧若奇峰，科技艺术殊途同归均可登。

（2）击其痛处：由于该生及其家长对其考试总分要求极高，故教师在阅卷时严扣卷面分，致使其总名次降低，从而引起他的警觉。

（3）家长沟通：使学校、家庭达成共识，共同转变李必同学轻视语文的态度。

（4）与李必长谈，为他确立个性化的语文学习目标——书写，作文。

2. 布置强制性任务

每天临摹硬笔书法字帖一张，仅在笔画、字体间架等方面提基本要求；平时作业书写一旦不合格要求必须重新誊写。

3. 明确写作基本目标

掌握并熟练运用“总—分—总”结构，发挥其思路清晰、思维缜密之优势，以分析事理、剖析因果关系为主要写作方式。注意写作时将全文中心句置于文章首段，将段落中心句置于段落开头。不求辞藻华丽，而以质实朴素，说理清晰、透彻见长。

[实施结果]

2000 年，李必同学以优异成绩如愿考入北京大学物理系。

四、邓彤教学智慧精品片段聚焦

片段一：

《锦瑟》教学片段

师：这是一首七律。现在请大家试着把这首诗改为七绝、五绝，看看改后的诗大致表达了什么内容。

（学生饶有兴致地改写，5 分钟后互相交流）

生：我们改的七绝是：锦瑟无端五十弦，一弦一柱思华年。此情可待成追忆，只是当时已惘然。

生：我们改的五绝是：锦瑟五十弦，弦柱思华年。此情可追忆，当时已惘然。

师：还可以再压缩吗？

生：三字经：锦瑟弦，思华年。可追忆，已惘然。（众笑）

师：这样一压缩，应该明确这首诗的大致内容了吧？请一位同学说一说。

生：看到锦瑟，听到锦瑟幽幽的旋律，我不由想起了自己青年时代。那是一段多么美好而又感伤的回忆啊，可是往事却如一片云烟，令我难以真切把握。

师：压缩了诗歌，可以大致把握这首诗的基本内容和结构。但是，结构固然清晰了，内涵却大打折扣了。“此情可待成追忆”句中的“此情”究竟是一种怎样的情？律诗的中间两联就是对这种情感的细腻表达。请大家一起朗读中间四句诗，再结合注释，选择你体会最深的一句说说。

（学生沉默，教师加以提示）

师：注意“晓梦”——庄周梦见自己变成一只蝴蝶，觉得非常愉快，这句诗让我们感觉到什么？“望帝春心托杜鹃”，杜鹃啼血给人什么感觉？这些内容可能让诗人想起什么？随便说说你感受最深的一句。

生1：具体所指我们不清楚，但情感基调是可以把握的，是悲苦的。

生2：晓梦，我想大概是指诗人早年恍惚迷离的梦想，那么飘忽，那么美好，那么动人，说不清，道不明。是政治理想？生活理想？爱情理想？也许都有。

生3：“沧海”有一种沧桑、阔大、辽远之感，“月明”有一种凄美之感，就像泪珠在大海明月的背景之下滚滚而落。

生4：老师，我有个问题。“玉生烟”这句话我觉得奇怪，玉怎么会生烟？

师：谁能够回答这个问题？（等待片刻）还是我来吧！请看前面的四个字“蓝田日暖”——古人认为，美玉蕴藏山中，得山川之灵气，在太阳照耀下，会蒸腾出隐隐的烟气，这就是玉气。现在我想问大家，这种玉烟和诗人的情感以及人生经历有何关系呢？

生：我读了这句诗，感到玉烟神奇美妙却又飘忽不定。它就像一种幽微的感情，你不去想它时，它就在你心头萦绕，好像就在眼前；可是你一旦凝神细思，它却又立刻变得迷茫缥缈，令人无法把握。

师：你觉得哪种情感与此类似？

生：有点像初恋的味道。

（全班大笑）

师：这样的体会大家赞同吗？（学生点头同意）那么，让我们一起再读全诗。

【品评】

《锦瑟》一诗素来难解。人们对该诗主旨也众说纷纭：悼亡说，咏物说，自伤身世说等不一而足。但中学诗歌教学不是学术考证，不宜面面俱到。邓彤的这一课例并没有罗列诸家解说，也不多言诗中用典，而是根据教材注释要求，以“悼亡”为主要基调解读诗歌，力求使学生体味诗境，使学生感动于心。同时，提醒学生亦可做别解。

在教学环节上，邓彤从律诗的结构特点入手，通过将七律压缩为七绝、五绝，使诗歌内容框架凸显，然后引导学生品味诗歌中间两联的意象，体验作者情感。

根据律诗文体特征，律诗首尾两联是诗歌的“意义框架”，中间两联主要是情感载体。邓彤依据律诗的文体特征进行教学设计，使得这堂课有别于古体诗，有别于绝句，有别于宋词、元曲，更有别于新诗教学，从而使得这堂课有了“律诗的味道”。

这样的教学，能帮助学生读懂这首历来被视为难解的诗歌，更重要的是，教会了学生如何解读律诗。

片段二：

《雷雨》教学片段

如何阅读剧本呢？

美国文学理论家霍华德·劳逊说过一句话：“（剧本中）人物的话语要能够表现眼睛看不到的力量。”今天这节课，我们就要学习如何从人物对话中发现那些不容易被看到的东西。（投影）

周朴园　（点着一支吕宋烟，看见桌上的雨衣，向侍萍）这是太太找出来的雨衣么？

鲁侍萍　（看着他）大概是的。

周朴园　不对，不对，这都是新的。我要我的旧雨衣，你回头跟太太说。

鲁侍萍　嗯。

周朴园　（看她不走）你不知道这间房子底下人不准随便进来么？

鲁侍萍　不知道，老爷。

周朴园　你是新来的下人？

鲁侍萍　不是的，我找我的女儿来的。

周朴园　你的女儿？

鲁侍萍　四凤是我的女儿。

周朴园　那你走错屋子了。

鲁侍萍　哦。——老爷没有事了？

周朴园　（指窗）窗户谁叫打开的？

鲁侍萍　哦。（很自然地走到窗户，关上窗户，慢慢地走向中门。）

周朴园　（看她关好窗门，忽然觉得她很奇怪）你站一站。（侍萍停。）

你——你贵姓？

师：这是课文开头部分，请同学读一读。

（两名同学分角色读）

师：大家从对话中读出了什么？请你说说看。（指一生）

生1：我感觉这两个人之间似乎有点不寻常。

生2：这间房子的窗户常常是关着的。

生3：这间房子好像不是什么人都能进来的。

师：何以见得？

生：我看了这段对话感觉到这间房子可能与众不同，在里面可能曾经发生过什么事情。

师：你这个感觉很准呀！我们现在就来研究这间与众不同的房间。请大家看看下文，想想看：这间房子到底如何重要？为什么周朴园要如此郑重其事地说"这间房子底下人不准随便进来"？

生：在课本第19页有一段周朴园的话："你静一静……你看这些家具都是你从前顶喜欢的东西，多少年我总是留着，为着纪念你。"后面又说："甚至于你因为生萍儿，受了病，总要关窗户。"这说明鲁侍萍在这住过，而且住了很长时间。

师：好，说明侍萍曾经在这住过。那位同学说说看，你还发现了什么？

生：现在房子并不是在无锡。周朴园与鲁侍萍原先是在无锡住过，只不过当时住的房子和现在的样子是一样的，周朴园在把家搬到这儿之后，把房子改成原来那样了。

师：也就是这个房子三十年来一直保持着原样。你们知道吗？鲁侍萍来到周公馆，当她一进这个房子以后，她感到非常惊讶，非常震惊，头晕目眩，觉得自己好像来过这个地方。"我是在做梦吗？"然后她看到自己的照片，她才知道这就是周朴园家。过了一会儿，周朴园进来了，于是就有我们课文中一系列的对话，所以你说这个房间重不重要？

生：重要。

师：在这个房间里到底有哪些事情，让周朴园三十年来念念不忘呢？大家看看，周朴园简直把它当作一个圣地，一般人都不准进入。你们从文中能看出什么？刚才同学们讲了关窗，它说明了什么？

生：鲁侍萍当初在那里生过周萍、鲁大海。

师：还有吗？

生1：这间房子肯定是她跟周朴园生活过的地方。

生2：侍萍在房间为周朴园补过衬衫。

师：补衬衫？很好，还有没有？

生：她也许就是在这间房里被赶走的。

师：哦？同学们看看，生孩子——爱情的结晶，是在这里吧。现在请同学们总结一下这间房何以成为周朴园心中的“圣地”。

生：鲁侍萍为周朴园补衬衫，是在这个房子里。后来她被赶走，大概也是在这个房子里。所以这个房子见证了他们三十年前的悲欢离合，见证了他们的幸福和痛苦。周朴园对此也是难以忘怀的，所以三十年以来一直把这间房屋保持着原样。同学们看一看，一间房子有这么多东西值得我们体会。

师：看来，这段对话确实大有嚼头。

【品评】

如果仔细研究当下学生的剧本阅读状况以及老师的剧本教学状况，我们将发现：剧本在中学语文教学中已被边缘化，或者被虚化了——教师让学生自读者有之，根据课文出一套习题让学生练习者有之，通过影视让学生看看发几句影视评论了事者有之……

语文教师，必须让学生学会阅读剧本，让学生从剧本中体会到其中幽微美妙之处。邓彤这一课例从剧本最普通、最寻常的对话入手，引导学生品味语言、体会情感、了解故事、想象情境。通过品读对话，了解故事情节，把握人物情感和性格，这完全符合话剧剧本的基本特征。

但是，并不是所有的对话都可以成为教学关键点。教师在反复阅读剧本的基础上，体会到剧本中能够牵一发而动全身的语句——“这间房子底下人不准随便进来”。然后以此为平台，又找到了“关窗”“补衣”“死别”三个点。结果整个教学过程因此提纲挈领、纲举目张，学生思维积极活跃，取得了较好的教学效果。

五、邓彤教学智慧经典课堂实录

项脊轩志

师：大家去过现代文学馆吗？

（生摇头）

师：我建议大家去一次。我去过两次现代文学馆，感触最深的是一间间作家的陈列室。你们知道那些陈列室是怎么摆设的吗？全部是按照作家的书房格局摆设的。书房，是读书人的精神寓所。我在现代文学馆看着那些作家的书房，好像感受到了作家的呼吸，仿佛看到了作家伏案疾书的身影。我今天要给大家上的这节课也是讲作家的书房。大家看投影。

生（看投影，齐读）：项脊轩志。

师：这个“志”是什么意思？

生：记。

师：记，归有光是明朝作家。他在这篇文章中要记他的书房。我们今天一起来看看他的书房是怎么陈设的。我先请一位同学把这篇文章读一下。

（生1读第一自然段，因没有预习，读得不理想）

师：好，请坐。刚才这位同学把《项脊轩志》的第一自然段读了一遍，大家可能事先准备得不太充分，所以读起来有点吃力。文言文需要多读，这节课上完之后我们应该可以很流畅地把它读出来。这一段是归有光在介绍他的书房。我现在问大家一个问题，如果我们现在建一个古代文学纪念馆，那肯定少不了归有光。如果要纪念归有光，按照现代文学馆的格局，那肯定要为他开一个什么？

生：项脊轩。

师：这个项脊轩是什么样子的？

生：屋子很小。

师：你从哪个词上看出它小？

生：室仅方丈。

师：方丈怎么理解？

生：只有几丈远。

师：只有几丈远？

生：噢。是一丈见方。

师：“方”的意思是——

生：“方”是见方。

师：“方”是见方。“方丈”是一丈见方，是不是？

生：是。

师：第二个特点呢？

生：百年老屋，很旧。

师：噢，很旧。第三呢？

生：它是向北的。

师：噢，朝北。房子朝向北会有什么特点呢？

生1：房子采光不好。

生2：房子比较暗，又小又暗。

师：还有什么特点？

生：漏。

师：对！漏。漏到什么程度？

生：尘泥渗漉，雨泽下注。

师：这是两种不同的情况吧。“尘泥渗漉”是什么情况？

生：就是一下雨，就把那个泥土……

师：是吗？那“雨泽下注”呢？

生：那是下雨。

师：噢，那是下雨，“尘泥渗漉”呢？

生：是泥往下掉。晴天漏土，雨天漏水。

师：很好。漏的程度如何？

生：到处漏。

师：从哪儿看出它到处漏？

生：顾视无可置者。

师：“顾视无可置者”，请同学们翻译一下。

生：看看室内没有可以安置书桌的地方。

师：很好，请坐。这样的房间适不适合做书房？在这样的房间能安心读书吗？

生（齐）：不能。

师：那怎么办？

生：修葺。

师：稍微修葺。怎么修葺？来，后面的同学你说说。

生：他先修葺一下四周围的窗户。

师：按课文顺序说。第一步他要——

生：噢，第一步他要使房子首先不漏。

师：噢，使房子不漏。第二步呢？

生：他要修葺一下四周的窗户，使光线能够照进来。

师：房间太暗，要它明亮些，对不对？注意了，为了让房间变得明亮，他做了几项工程？

生：做了两项，先是“前辟四窗”。

师：噢，一个是在墙上连开四扇窗。

生：对，一个是建一堵墙，然后是使房间光照充足。

师：开窗让房间变得明亮，好理解。那砌墙有何作用呢？

生：就是利用它把光反射到屋里。

师：你觉得这个墙如果涂颜色，涂什么颜色好？

生：白色。

师：因为它可以起到——

生（杂）：反射作用。

师：好，再请你把“垣墙周庭”解释一下。

生：应该是围着院子建墙。

师：“垣”怎么理解？

生：就是围着院子周围砌一道墙。

师：“垣”也是墙的意思，“墙”还是墙，都是名词。在这里活用为动词了，请解释一下。

生：砌一堵墙。

师：很好，请坐。你看房间的“漏”解决了，房间的“暗”也解决了，现在还有两个问题没解决，你们看是什么问题呀？

生：小。

师：面积小，这好解决吗？

生：不好解决。

师：那么还有一个特点，大家知道吗？这个房子有多少年历史了？

生：一百年历史了。

师：有百年历史的房子给人什么感觉？

生：很旧。比较破旧。给人一种衰败的感觉。

师：那怎么办呢？

生：就是从外面给房子增添一些色彩，让房子变得新一些。

师：怎么给房子搞一些色彩？你看归有光是怎么做的？

生1：杂植兰、桂、竹、木于庭。

生2：在外面多种一些花花草草。

师：是呀，房子还是老房子，但是花花草草一点缀，就感觉——

生：就感觉房子变了。

师：充满了生机，是不是这样？

师：这样一来归有光就把他的屋子修葺好了，然后命名为——

生（齐）：项脊轩。

师：这就是归有光的书房了，可以在里面读书了。这样的书房很精致，人在这样的书房里读书当然很愉快。现在，让我们来感受感受归有光在书房里读书的心理。请一位同学读读描写归有光读书的一段文字。

生（结结巴巴）："借书满架……珊珊可爱。"

师：刚才这位同学读了几句，说老实话，我不太满意，不知你们满不满意？

（生摇头笑）

师：你觉得这一段文字应该怎么读？你们从这一段文字看，归有光在他的书房里读书，应该是一种什么心态？他在书房读书是一种什么感觉？

生：偃仰啸歌……

师：这是一种什么感觉呢？

生：有一种自娱自乐的感觉。

师：我很欣赏你说的自娱自乐，你觉得从哪些词、句能看出他在自娱自乐呢？

生：借书满架。

师："借书满架"是什么意思呢？归有光是不是借书从来不还啊？（学生摇头笑）

师：那满架借书说明了什么呢？

生：爱读书。

师：有专家说，"借书满架"其实是"积书满架"，就是讲房间的书多。请体会体会，一间小小的房子，满架图书，一个爱读书的人站在书架前，会有一种什么感觉？

生（杂）：有成就感，有知识。

师：对，自豪！好像这架书就是士兵，我就是元帅，我正在检阅我的士兵、我的军队，所以读这四个字的时候应该怎么读？

生：骄傲。

师：你来"骄傲"一下，把这四个字读一读。

生（小声地）：借书满架。

师：好像有些胆怯，怯生生的，不够骄傲。

（全班学生笑）

生（大声地）：借书满架。

师：声音大一些了，再"骄傲"一点。

生（大声地、骄傲地）：借书满架。

师：好，还有谁再来"骄傲骄傲"？

（生摇头笑）

师：那还得我来。站在书架前面，满架图书，这时候怎么样？（范读）借——书——满——架。为之四顾，很有些得意扬扬，有这么多书可不是做样子的，接下来要——

生（齐）：读书。

师：怎么读？

生（模仿老师，有感情地读）：偃仰啸歌。

师：这是读书的两种状态。偃仰啸歌，偃是低头，仰是抬头，表示读书很投入啊，读到“啸歌”的时候，你觉得到了什么境界？

生（有感情地、饱满地、大声地）：偃——仰——啸——歌。

（全班同学鼓掌）

师（有感情、动作地）：偃——仰——啸——歌。得意扬扬啊？读书时并非总是这么一个状态，还有什么状态呢？

生（齐）：冥然兀坐。

师：这是什么状态？

生：沉思。

师：对，沉思的状态。当沉思的时候，有一句话“万籁有声”。读的时候这两句应该怎么读？一定要读得轻、读得慢，读得能让我们的同学感觉到外面的细微的声音，对不对？

（生点头同意）

师：来，你来读一读。

生（轻声地）：冥然兀坐，万籁有声。

师：声音倒是蛮轻，不过那种沉醉到书里面的感觉出来没有？

（学生摇头）

师（启发地）：你进入书里面，那种陶醉地——

生（再读）：冥然兀坐。

（全班笑）

师：不容易啊，“万籁有声”，再感觉感觉。

（生不好意思地笑着摇头。全班笑）

师：读不好？没关系。读书啊一定要体会作者那种状态。（范读）“冥然兀坐，万籁有声。”然后停一停，好像感觉到外面的声音，这时候呢，外面的环境美不美？

生（齐）：美。

师：读书累了，看看外面的环境，“明月半墙，桂影斑驳”。这美好的环境是对辛劳读书的学子的回报，这时候的心态如何？

生：快乐。

师：所以这一段叫作“项脊轩中读书乐”。但是，这间书房里只有乐吗？

生：他在书房里读书也感到了悲。

师：有多少悲？

生：有三悲，第一个是在他的伯父、叔父分家之后。

师：是他的伯父、叔父分家之后，课文中是怎么讲伯父、叔父的？课文中用了什么词？

生：迨诸父异爨。

师：解释一下。

生：等到伯父、叔父们分家后。

师：很好。把这几个词画起来。

生：第二个是他的母亲以前很爱他，后来母亲去世了。

师：对，我补充一句，归有光八岁的时候母亲就去世了。

生：第三件事是他读书久不效，就是说他读书很用功可是没有多大成效。

师：等等，等等。想一想，这样说好不好？

生：噢，不是这样，应该是说他没有实现祖母的愿望，感到痛心。

师：很好。还有没有痛心的事？

生（补充）：想妻子。

师：共有四点“痛”，请同学把它概括出来。

生：归有光在书房里感受到四种悲伤：一个是家族的分裂，一个是回忆母亲，第三个是追忆祖母，第四个是回忆亡妻。这四件事，都是归有光内心的痛。

师：现在我们来分下工，第一排同学品读描写家族分裂部分中最能表现归有光痛心的一句话。第二组同学就品读回忆母亲和祖母部分中最能表现其痛心的一句话。第三组同学就品读回忆亡妻之痛这一部分。

（学生认真看书，仔细思考，偶有讨论交流）

师：请每一组同学派代表说一说。

生：我从“庭中始为篱，已为墙，凡再变矣”一句看出作者的痛心。

师：你为什么觉得它最痛呢？

生：因为刚开始“庭中通南北为一”，原来是一个完整的院子，分家以后，一个好好的家就分裂了。兄弟之间很快用篱笆分割，后来干脆重新砌墙，弄得院子里到处都是墙。

师：你觉得作者为什么会痛呢？

生1：因为原来都是一家人，结果分开了，就是关系挺不好的。

生2：兄弟之间不再亲密。

生3：不再和睦亲密，要用墙相互隔开。

师：用篱笆墙隔开还觉得不彻底，最后还用墙把它隔开。请你把“凡再变”这三个字翻译一下。

生：老师，“凡”是什么意思？

师：“凡”是什么意思？哪位同学知道，有没有带古汉语字典的？恐怕都没带吧？

（学生笑）

师：那我给大家说一说。“凡”是“总共”的意思。那么，这个“再”呢？

生（杂）：第二次。

师：是第二次吗？我们现在讲“再见”是第二次，在古代这个“再”指什么？

生（小声地）：两次。

师：对，指两次，这个墙总共变了两次啊，都是手足兄弟呀，分家后砌一道篱笆墙还不行又再砌一道砖墙，归有光对此心里是什么感觉呢？

生：痛心。

师：很好。第二组，写母亲的，哪位同学起来讲？

（生无人举手回答）

师：没有？那先请“祖母”一组的同学。好，你来。

生：我觉得应该是从“顷之”一直到“令人长号不自禁”。

师：你觉得这句话特别让人痛心，那你先给大家读一读好不好？

（生读）

师：你为什么觉得这句话最让人痛心呢？

生：因为古时读书人都想取得功名，归家把希望寄托在归有光的身上，他怕大家失望。

师：怕大家失望？

生：哦，是怕自己辜负了祖母的期望。现在祖母已经不在了，而我还没有实现祖母的愿望。所以，每次看到祖母的遗物，都感到非常痛心。

师：说得真好。请坐。对于回忆母亲这一节，老师提示一下。你们发现了没有，这一节归有光不是直接回忆，而是通过谁来转述啊？

生（杂）：奶娘。

师：对，家里的一个奶娘，通过她来转述，为什么呢？

生：因为他不记得了。

师：对，他八岁时母亲就去世了，那么他对母亲的印象来自谁？

生（杂）：奶娘。

师：对，只能通过别人转述。那我们同学想一想，一个孩子，他对母亲的印象要靠别人来转述，就这件事本身，就怎么样？

生（杂）：痛心。

师：对，这件事本身就足以让人痛心了，是不是？更何况当这间房子还不是书房的时候，他的母亲就和这间房子息息相关了。那么，当他天天在书房读书的时候，他会不会时时想起以前那么关心她的母亲？

（生点头）

师：好，这一段你们再回去好好品一品。好，哪位同学说一说归有光对妻子的怀念？好，你讲。

生：是这句话“庭有枇杷树，吾妻死之年所手植也，今已亭亭如盖矣”，我觉得这句话表现出他对亡妻的思念，树是她死前，她亲手种的。

师：就是妻子以前亲手种了一棵枇杷树，然后呢？

生：然后，现在已经高高地耸立着，枝叶茂盛。

师：这怎么会有痛的感觉呢？解说一下。

（一生举手，教师示意回答）

生：我觉得他是睹物思人，看着她亲手种的树，现在树都这么高了，他想到她去世都那么多年了，想念她。

师：可见，如果沉到书里面去，跟归有光一起去感受，你会觉得这篇文章非常感人啊。最后我们来做一个小活动。如果我们要搞一个归有光的陈列区，需要为这间书房拟一副对联。我拟了上联，请大家对下联。（展示投影　上联：项脊轩见证归氏三世痛）请大家紧扣课文内容，下联只要涉及文中一处人、事、物就行了。

（生思考）

师：刚才我问过同学有没有练过对联，同学说没有，我们是高一的学生吧？哪位同学有想法？请说一说。（学生沉默思考）

师：你来试试，刚才你说了什么？

生：我还没想好，我只是想说"枇杷树"。

师：你还没想好，那么谁来试一试？

（生传上一张字条）

师：这是谁写的？

生：听课老师写的。

师：噢，一位老师写的，"枇杷树追忆亡妻一生情"。

（学生会意有所悟地笑，有学生陆续板书：

篱笆墙隔断诸父手足情。

象牙笏凝聚祖母一片心。

枇杷树映照夫妻半生缘）

师：真好！请大家记下来。下课，同学们再见！

生（齐）：老师再见！

参考文献

［1］邓彤．写作教学：起点在哪里？［J］．语文学习，2014（3）．

［2］刘世生，朱瑞青．文体学概论［M］．北京：北京大学出版社，2006．

［3］葛兆光．汉字的魔方—中国古典诗歌语言学札记［M］．上海：复旦大学出版社，2008．

［4］杰里·克利弗．小说写作教程——虚构文学速成全攻略［M］．王著定，译．北京：中国人民大学出版社，2011．

［5］王鼎钧．作文三书：作文七巧［M］．北京：国际文化出版公司，2007．

［6］邓彤，於健．议论文写作逻辑缺位如何矫治？［J］．中学语文教学，2014（1）．

［7］叶黎明．写作教学内容新论［M］．上海：上海教育出版社，2012．

［8］潘新和．"文体""教学文体"及其他［J］．中学语文教学，2007（12）．

第八篇　董一菲教学智慧研究

董一菲，1966年生，黑龙江省牡丹江市第二高级中学名师工作室主持人，语文特级教师，“诗意语文”的倡导者。全国中语界首届十大学术领军人物之一，全国“青年教师专业成长研究中心”导师团导师，首批国家级骨干教师，多家中学语文核心期刊封面人物，南京师范大学、吉林师范大学、哈尔滨师范大学、牡丹江师范学院兼职硕士生导师。曾应邀在全国三十几个城市进行讲座授课。著有《紫陌红尘拂面来》《董一菲讲语文》《仰望语文的星空》《千江有水千江月——董一菲诗意语文讲谈》《雪落黄河静无声》。主编的图书有《诗意语文行》等。

一、董一菲教学智慧的探索历程

（一）专业发展的契机

1989 年至 1993 年，董一菲在牡丹江市第十中学教书期间，主要跟从牡丹江市教研员闫承玉先生，第十中学的任文满老师、沈秀英老师和赵欣秋老师学习，这是她教学的模仿期。在老师们的悉心教导下，她亦步亦趋，读书、磨课、教研，苦练了一些教学的基本功。

1993 年至 2000 年，是董一菲语文教学的选择期。她在牡丹江市第二中学承担高中语文教学期间，读书的视野开阔了，公开课也上了一些，获得了市教学新秀、省教学能手和市学科带头人等荣誉。经过一次次备课、读书、思考，理论和实践的碰撞，她完成了一次次痛苦的蝉蜕，但还是未能羽化成蝶，有成长却无飞跃，有量变却无质变。“课路”尚窄，理论不足，回顾茫然，这是她教师职业生涯中痛苦的选择期。

2000 年至 2011 年，是董一菲教学风格的定向期。她逐渐厘清了自己，也逐渐找准了方向：以“诗意”为特色，在语文的世界徜徉。她享受教学，享受与学生的共同成长；关注学生心灵的丰盈、生命的感悟。她的语文教学不再局限于知识，从诗歌走向“诗意”，走向一个更阔大、更高远的世界；让学生拥有扎实的语文知识、深厚的汉语修养以及悲天悯人的情怀、健康向上的心灵世界。

2011 年至今，是她的“诗意语文”的创新期。“诗意语文”本就是一个动态生成的过程。她觉得，它还缺乏一种通透的理性的思考，缺乏一种深刻的思辨，缺乏一种归于天然自在的向度，更多时候只是一种感觉和姿态。这是一个建构的过程，是不断发现和调整的过程。有时她想，也许穷尽自己的教育生涯都不能抵达理想之岸。她在读书、教学和写书中不断丰富和锤炼，教学随笔、文本解读、教学设计、教学案例，不断结集出版。

创新就其实质来说，是不断完善和走向丰富的过程。在她看来，哪怕较之昨天的自己有微小的进步，也值得欣慰。

（二）对董一菲教学风格影响最大的人或事

诗歌是我们传统文化中灿烂、典雅凝练的部分。因此在语文教学中，董一菲经常用诗歌引领学生走进文学的殿堂，最初开设的选修课也多以诗歌专题课为主。

2000年，作为首批骨干教师，董一菲参加跨世纪园丁工程国家培训。在东北师范大学研修期间，聆听吉林大学孙正聿教授讲哲学时，听着他诗情与哲理交融的哲学课，她感到既是一番醒悟，也是一番陶冶。令董一菲最受震撼的还是荷尔德林的那句“让人类诗意地栖居在大地上”。那一瞬间，她豁然懂得“诗意”的某种更加宏大的含义和分量。

“诗意”让我们超拔，让我们醒悟，让我们觉解，让我们接近神性。

“诗意”是教育的境界，更是语文的某种境界，让人成为人，成为纯粹的人；让学生拥有浪漫的情怀，拥有精神的向度，让他们懂得仰望星空。

孙正聿先生的一番讲演点醒了梦中人，十年的语文教学实践中，董一菲一直有所感，有所思，有所识，有所行，却不曾有所悟，而“诗意地栖居”，在那一刻对于她犹如晨钟暮鼓。

“诗意”就是她语文的杳天明月和隔岸灯火。培训结业后，2001年，她的第一篇教育论文《让学生诗意地存在》发表在黑龙江省教育类杂志《教书育人》上，“让学生诗意地存在”是她语文教学最原初的愿景。

董一菲说，她今生最正确的选择就是做教师，做语文教师，做中学语文教师。她因成为一名职业教师而感到幸福快乐，读书、教书、写书是她的生存方式。她喜欢讲台、喜欢课堂、喜欢学生、喜欢语文、喜欢文字，酷爱中国文化。

高扬的语文旗帆上书写两个大字——“诗意”。她说，自己虽不能至，心向往之。

把教师的角色坚持到底，站在讲台上，是她生命最有尊严的时刻。

二、董一菲教学智慧的思想内核

中学语文特级教师，这是董一菲最喜欢的称号，贴切、生动又让人充满遐想。

教师这个职业，体现了一个人精神的某种存在方式，有一种引人积极向上的力量，总是令人欣慰而悠然神往。她认为，“中学”是一个比形容词还要美的名词，意味着中学教师一生将与青春做伴。她的学生永远十八岁，他们是这样的锦绣华年。她喜欢听校园的铃声，世间万丈红尘所有的音响，也比不上它的清澈、神圣、庄严。她喜欢校园里独特的喧嚣和同样独特的宁静：喧嚣是青春生命的沸腾，是生命的生长，是浩瀚的远方的呼唤；宁静是沉思默想，是等待，是守候，是辽远的心灵再次的丰盈。而“特级”一词，正体现了一名教师教学的个性专长和风格。

董一菲的“诗意语文”主张如下。

语文是情感的、审美的、直觉的、有感而发的，甚至是情绪的。语文既是我们安身立命之本，又是我们精神的某种存在。

语文课应该是美丽的集合体——美的文字，美的语言，美的节奏，美的内涵，合于诗、画、乐。汉语是会意，是象征，博大精深。五千年的文化薪火相传，应该用爱作为帆，带领孩子们航行在煌煌的经史子集中，徜徉回味、咀嚼鉴赏。语文教学应合为时、合为事，顺乎文理、顺乎天然、顺乎真纯，应听从语言的召唤，倾听社会、人生、人情的一切声响。

让孩子们爱上母语、爱上诗句、爱上读书、爱上写作。让课堂洋溢着文学气、书卷气和强烈的文化认同感、归属感。在语文中升腾出诗意，因为语文天生美丽，从而完成人的某种有尊严、有品格、诗意的栖居。

董一菲在语文课堂上坚守着追求“诗意语文”的一种姿态、一种境界、一种品位。她关注每一个学生优雅而诗意的成长，努力给学生整个人生铺就精神底色；引领学生用诗意的眼光领悟汉语，传承文化；给学生一种悲天悯人的情怀，给学生庄严的人间关怀。

她在行走中授课讲座，弘扬语文的诗意与美；在中华语文网开设名师博客，用“写”的方式“嘤其鸣矣，求其友声”；成立名师工作室，影响和带动更多的年轻教师探索语文的真谛。

至今她依然认为，“诗意语文”很多时候还处于感觉、感受、感性层面，还缺乏一种理性的穿透力和强大的逻辑支撑，还只是一个动态生成的过程。这也将是她今后语文教育生涯的课题。

她珍惜每一节课，每一个文本，每一个教育的刹那，毕竟语文魅力无边。古人云“真水无香”，那是一个自然无痕的境界，是天然的范本。她多么希望“诗意语文”荡去束缚，抵达我们美丽的汉语自然的天国，叩问生命，安顿心灵。

三、董一菲教学智慧的艺术呈现

诗意地栖居，是人生的一种境界。其实引导学生学习的过程，最终就是教会学生学会生活，尤其是诗意地生活。从这个意义上讲，把握好新课改背景下的诗意化语文教学，能让学生到达“诗意”的精神层面，达到“诗意”的生命境界。

作为全国中语界有影响力的语文特级教师，董一菲一直站在语文教学的前沿思索着语文，教研并举，知行合一，用自己诗意化的语文教学实践，为广大语文教师不断解读新课改背景下的语文教学。

（一）董一菲的“诗意语文”教学观

中国有句古话“万物静观皆自得”，静故了群动，空故纳万境。有了几十年的文学浸染与熏陶，十八载的语文教学和思考，董一菲深刻地认识到“自利，利人；自益，益人”是人生的一种境界，也是生活的一种境界。作为一名语文教师，“自利，利人；自益，益人”便是她的语文生活，便是她的语文人生。

1.最美的母语——诗意化语文教学的源泉

在都德的《最后一课》中，老师讲起法兰西语言，满怀深情地说道：“法语是世界上最美的语言……”在民族危亡的时刻，这位老师一吐胸中至深的情感，让人感动。语言是民族心灵的回响，语言是承载着民族文化不息的血脉。汉语作为我们民族的母语，一方面是人们交际的工具，另一方面又是我国源远流长的民族文化载体。

台湾著名诗人余光中深情地说过：“大陆是我的母亲，纵使烧我成灰，我的汉魂唐魄仍然萦绕着这片后土。”如果没有最美的崇拜，又何以有这最真挚的表达？有位作家曾指出，母语是灵魂的语言，外语是工具的语言。汉语作为民族的灵魂的语言，以其独特的美感和丰富的情意，在向世人昭示我们民族的悠久文化和绵长历史，昭示着我们民族强大的生命力。从这个意义上说，热爱母语，就是热爱我们的传统文化，就是热爱我们伟大的祖国。

著名教学论专家杨启亮先生曾慨叹：“每每看到越来越多的学生不喜欢写字，不喜欢语言文字，不喜欢千古传诵至今的诗词歌赋，茫然无知于中国传统文化，就像看到黄河断流一样，会凄然感慨却欲哭无泪，这真是令人心碎的语文教学命运，因为语文是母语，母语是母亲的话。”杨先生这震撼心灵的话语，一直让董一非深感作为一名语文教师责任的重大。她说，语文教师是语言之师，是文学之师，更是文化之师，要引导学生从文化的视角学习语文。汉字有文化，语言有文化。即使是在推广普通话的今天，我们也不能忘记汉语中的文化之根，这个根系深远、博大，它的土壤是五千年的泱泱华夏文化。余光中先生在《听听那冷雨》中曾这样写道：“杏花。春雨。江南。六个方块字……只要仓颉的灵感不灭，美丽的中文不老，那形象，那磁石一般的向心力当必然长在。”寥寥数语，流淌的是悠悠真情，悠悠文化。教师还要引导学生从审美的视角学习语文，让学生走进美丽的汉语世界，这里有文字之美、文韵之美、文句之美、文辞之美、文段之美、文风之美、文体之美、文化之美……在审美中思索，在思索中审美，在审美中提升，这便是最美母语课堂的无穷无尽的魅力！

2. 善感的心灵——诗意化语文教学的核心

文学教育是心灵化的，是能改变学生灵魂的。教育的深层内涵就是心灵的教育，语文教育的终极目标就是让学生学会诗意地生活。诗意生活犹如人生的外衣，善感的心是内核。拥有一颗善感的心，才会以水见汪洋，才会在文字中看到文化的流淌，才能从一朵白云、一株小草、一粒细沙……中发现诗意，感悟生活。一名语文教师，有责任引领学生发现美，发现诗意，给学生一颗善感的心，教他们运用自己的慧眼去学习，去生活。在语文的课堂上，董一非不断追求，追求唯美与诗意，追求浪漫与感动。课堂的浪漫与感动，全在于善感的心，在诗意弥漫的课堂上，她与学生一同梦回先秦、汉魏、两晋、六朝、盛唐……思接千载，与诸子百家对话，感悟古代圣哲的人生智慧；在《古诗十九首》的文化解读中，感受汉末文人内心的感伤情调，感受他们在诗中个体生命的张扬；与魏晋名士谢安对话，心旌摇曳，与嵇康对酒，用心灵去聆听他的《广陵散》；在《虞美人》中感受李煜那江水般亘古流淌的无尽忧伤，以仰首云外的李白为代言，感受华美盛唐的浪漫气象……

心进入美的一瞬，便可以看到不同的世界。为了指导学生用“诗心慧眼”观察生活，董一菲告诉学生说：“如果你自己心中找不到美，那么你就没有地方可以发现美的踪迹。”渐渐地，学生会抓取生活中精彩的“一瞬”，将之定格，有感而发，大有“刹那见终古”之意，学生的形式化的日记成为心灵的随笔。由美入诗，离不开“诗心慧眼”的发现，善感的心，最终定格诗之美。宗白华先生的《流云小诗》中的《诗》对此做出了精彩的诠释：“啊，诗从何处寻？在细雨下，点碎落花声！在微风里，飘来流水音！在蓝空天末，摇摇欲坠的孤星！”只要拥有一颗善感的心，便会在细雨微风、落花流水、蓝空天末孤星中看到诗，发现这诗之美，也就意味着拥有了一颗善感的心。

（二）董一菲的“诗意语文”教学实践

朱光潜说：“要养成纯正的文学品位必须从诗歌入手。”有人说：“在所有语言中，诗歌是语言的钻石；在所有的情感中，诗歌是情感的釉。”正因为如此，在校本教材中，诗歌教学成了倍受人们青睐的一族，成了拉动课程结构改革的最佳着力点。有着十几年课程结构改革历史的牡丹江市第二中学，置身新课改背景下，在积累了丰富的选修课经验的基础上，董一菲在很早的时候，就开始大胆实践，自编校本教材，在高一、高二阶段自己任课的班级开设了诗歌的专题教学，以此为切入点，不断实践着自己的“诗意语文”教学观。通过多年的探索，渐渐形成通过诗词情趣教学激发学生的情感，培养学生的思维、创新品质的“情意—思维—创新”型诗歌教学模式。

1. 在诗词专题教学中，以情传情，情感共鸣

董一菲主张，教师要善于“以情传情”，利用情感因素，使诗中情、教师情、学生情“三情合一”，以达到感情共鸣的佳境，这可以影响并保证学生的心理品质、情感健康地发展。

感人心者莫先乎情。诗歌的专题课是美的天地，是情感的火山。因此，董一菲充分挖掘诗歌的情感因素，把作者寄寓在作品中的情感化为自己的情思，从而选准动情点借以打动学生的心，激发学生的情，使作品与学生的心发生共振共鸣。如讲苏轼《江城子》的动情点就是“小轩窗、正梳妆”，元稹《离思》的“曾经沧海难为水，除却巫山不是云”中“沧海”、巫山的云就是动情点。

2. 在诗词专题教学中，以境化情、情境交融

董一非认为，睹物思人，托物言情，借境抒情，以境激情，触境生情，可以打动学生的心灵情弦，感染其情绪，达到激发感情、情境交融，以境化情的境界。

首先，以诵造境。诵读是传统语文教学的精髓所在。诗词的专题课容量大，对诵读的要求就更高了，要么如大江东去，要么如小桥流水。诵读可造境，使学生融入其中。在课堂上，董一非采用了多种诵读方法，如背诵、配乐朗诵、快速记忆、名句接龙等。其次，以物造境。为此，她辅之以多种现代化教学手段，如播放音乐、录像、幻灯片等。如在讲“中国古代离别诗”这一专题时，她在课前反复播放古曲《阳关三叠》，使学生们深深地沉浸在诗歌所渲染的离情别绪中。最后，以语造境。她曾为“中国古代离别诗”设计了这样一段导语：“中国人对于分离聚散的人生况味有着特殊的敏感与愁肠。屈原感慨过‘悲莫悲兮生别离，乐莫乐兮新相知’。《古诗十九首》中吟过‘行行重行行，与君生别离。相去万余里，各在天一涯’。就连豪放不羁的李白也曾浩叹‘此地一为别，孤蓬万里征。浮云游子意，落日故人情’。离愁别绪绵延成了中国文学整体无意识的传统主题，一脉相承着我们这个民族不堪离别的情结与根性。”这段声情并茂的导语打造了一个深邃的意境。

3. 在诗词专题教学中，以美育情，情满胸臆

董一非擅长以诗文立意美、语言美、结构美、表现手法美启迪和引导学生按照美的规律去感受美的意境，使学生在美的熏陶中得到美的享受，提高美的情趣及审美感受力，并提高学生表现美的能力。苏轼的豪放，陶渊明的质朴，李商隐的绮丽，白居易的晓畅，不同类型的美造就了诗歌专题教学的魂。

4. 在诗词专题教学中，以理激情，陶冶情操

其一，通过情趣教学，把思想性寓于趣味性之中，以激发情理，使学生达到动情、明理、导行的目的，形成情操。在讲“红楼梦判词欣赏”的时候，学生们对三言两语就能概括一个人物一生的判词非常感兴趣，在鉴赏的时候，董一非让他们都充当一次“算命先生”，他们更是乐此不疲。在不知不觉中“千红一哭，万艳同悲”的主题就归纳出来了，学生们对

封建家庭与旧制度的批判意识便形成，对“玉带林中挂”的黛玉，对“湘江水逝楚云飞”的湘云，对“千里东风一梦遥”的探春，对她们及所有美丽的女性飘逝的青春和生命的花朵都洒一掬同情的泪，对现世人生更有了几分真挚的爱。

其二，通过情趣教学，抓住诗词中艺术形象的典型性格和美学价值，在对比中启迪学生的思想并使他们能识别真善美和假丑恶，以内化品格。比如“走近苏轼”这个专题，学生在《念奴娇·赤壁怀古》里认识了一个豪情万丈的苏轼；在《江城子·十年生死两茫茫》里认识了一个深情的真诚的苏轼；在《定风波·莫听穿林打叶声》里认识了一个超然淡泊的苏轼；在《江城子·老夫聊发少年狂》里认识了一个童心大发、幽默的苏轼……在大量的诗词的对比中，学生们认识了一个立体的、多角度的、多侧面的苏轼；而在苏轼屡遭贬谪的生涯中，又看到了宋王朝的腐败；小人当道，英雄无奈，则使学生在另一个层面上认识到正是苦难成就了赫赫有名的苏轼，使他们对真善美有了更深入的体会与认识。

其三，通过情趣教学，抓住诗文中所显示的为崇高理想而奋斗的艺术形象，激励、教育学生树立正确的人生观。崇高的情怀和精神追求是我们这个时代的青年学生所缺乏的。在“南宋三大爱国诗人诗词欣赏”专题中，陆游诗中“知其不可为而为之”的精神，文天祥的一身浩然正气，辛弃疾的一腔英雄碧血，对学生都是一种震撼，当他们吟到“僵卧孤村不自哀，尚思为国戍轮台”，当他们唱到“醉里挑灯看剑，梦回吹角连营”，当他们诵到“人生自古谁无死，留取丹心照汗青”时，怎么能不为之慨叹？“人生应该壮丽，应该追求精神不朽”，这是一位学生的“读后感”中的一句话。董一菲强调，这样的诗的王国是比任何说教都来得真实，来得有说服力。而英雄的高蹈的人生，一往无前、视死如归的气概可以给现代中学生的精神世界补钙。

（三）语文天地与诗意人生

1. 语文天地：教师、学生、文本的诗意融汇

语文教学的外延即生活，董一菲认为，一名教师的成功在于立足课堂教学，依托文本教材，将“生命生活”引入课堂。在这个天地里，教师、学生和文本平等对话，诗意融汇，进而体现一名语文教师对大语文

教学观的践行。语文教坛几经改革，语文理念也几经变化，而今渐臻佳境，教师已由课堂的主导者转变为课堂上的组织者、引领者、合作者；学生作为课堂上的主体，进一步被定位为学习上的主人；在教材教学上，也由传统的“教教材”转变为“用教材教”。这些变化，为新时期的语文教学提供了新的发展机遇。董一菲认为教师、教材、学生三者都是主体，只是以不同的角色出现，教学中不可顾此失彼，要体现“三位一体”，要共赢共生。但遗憾的是，一些课堂存在教师、教材缺席的现象，教师在践行课改新理念的过程中，主观化、曲解课改新理念，完全放手，课堂变成了学生们的“众言堂”，热闹的背后，让大家感到了教师的“冷冷清清”及教材的“零零落落”。这种“众言堂”式的“学生自主”,脱离教师，脱离文本，也违背了教育规律，只是学生们热闹式的“孤独”！另一种情形是，一些课堂上虽然教师、教材、学生“一个都不少”，教师完全践行语文学科工具性的特点，认真且认真，准确且准确，严谨且严谨，将教材上的知识传递给学生。然而，这种语文课堂充其量也是师生互动的灌输式教学，仔细品来，总觉得这样的语文课又缺少了什么。语文学科作为一门人文应用学科，兼具工具性和人文性，其鲜明的特点在于人文性，而人文性的魅力在于“诗意”二字，缺少诗意融汇的语文课，将变成没有语文味的语文课。为此，董一菲认为真正的语文教育，应是教师、教材、学生“三位一体”，从某种意义上说，教材是河流，是诗意流淌、融汇的河流，教师作为“渡者”在守望渡口的同时，更要领略河流的诗意，感悟人生的成长。语文教学的外延是文化，是历史，是生活，只有诗意地融汇，才能达到真正的“三位一体”，才会有语文天地里大民主、大和谐的共赢共生。

2. 回归诗意心灵，以生命解读生命

教师肩负着塑造灵魂的高尚重任，客观反思一下，一些教师胜任这个赞誉吗？传授知识是为了学生人生的成长与丰盈，是为了塑造灵魂，要明白，传授知识并不等同于塑造灵魂。很多教师感到语文课堂的气氛越来越活跃，语文的教法丰富化、多样化，而语文味却越来越淡，长此以往，语文课也只能是更加有名无实。王尚文先生指出 :“具体到语文课程，它正是通过如何运用语言文字这一有别于其他课程的特殊途径使其成为‘人的灵魂的教育’的。”董一菲认为，真正的教育永远是指向心灵的，而不是指向知识、指向能力，为此，她真诚地呼唤“要回归诗意心灵，以生命来解读生命”。

面对人文价值的“流失”，面对个体生命的“不在”，当务之急，教学要回归心灵，回归诗意的心灵，将心比心，用生命去解读生命，让诗意的清泉在师生之间汩汩流淌，进而还原语文教学的灵魂，还原语文天地的生机与活力。

首先，要用诗意心灵引导学生感悟文本。在讲授《西地平线上》这篇散文时，董一菲引导学生说：“说到西部，你会想到哪些自然的景观、人文的景观？哪种类型的美？”屏幕显示浩瀚的沙漠、绝美的敦煌和辽阔的大草原等，给学生想象的空间，使其回归诗意的心灵，让学生们在想象西部中感悟西部。学生感悟过后，她又以“高建群托起了西部的太阳，写出了西部的落日，但能感受到西部的落日永远不会落下。有人说余秋雨的《文化苦旅》是行走式的文化感悟，无论是《千年一叹》《文化苦旅》，还是《霜冷长河》，都是行走式的，是瞬间的文化感悟。在这里，我们毋庸讳言这种感悟失之于肤浅。而高建群每年都在走马西部，感悟西部。他将这块土地，这块他生于斯、长于斯的土地挥写得血浓于水”诗意地引导学生以心灵进入文本的研读。

其次，以诗意心灵完成生命的对话。从某种意义上说，语文教学是一种生命的对话，这种生命对话离不开诗意的心灵。缺失了诗意的语文课堂，毫无生动可言，缺失了生命的语文课堂，只能是一片死寂。董一菲觉得，走进文本其要旨在于走进心灵，教师要从生命层面上感悟人物，对文本中的人物进行生命意义上的解读，然后再将这种生命感悟、生命解读，以对话的方式传递给学生。师生在以生命感悟生命的过程中，完成对人物心灵式的解读。2006年1月，在学校举办的全国部分著名特级教师精品课展示会上，讲授“张爱玲的《爱》及其他”时，为了让学生了解传奇女子——张爱玲，董一菲设计了这样一个环节：让学生结合三部关于张爱玲的传记（《旧上海的最后一个贵族》《艳异》《走进荒凉》）的题目含义展开联想，进行解读。学生们的现场解读堪称精彩，关于“艳异”，有的同学说：“张爱玲式的美学追求，不是悲壮的，而是葱绿配桃红的，是能给人以启示的悲凉。她的艳表现在辞藻的华丽，比喻的大胆，新颖的用词，具有表现力，给人强烈的视觉冲击！”还有的同学补充说：“我感觉她的‘艳异’在作品中是虚伪中的真实，是浮华中的朴素。她在美学上不甘心做一个屈服者，她宁愿做一个征服者，她的放纵，她的跋扈，这些都体现她的‘艳异’。”……这种发乎内心，诗意化的解读，赋予文字以生命，赋予张爱玲以生命。从生命层面上感悟生命，不正是诗意语文所应追求的吗？

四、董一菲教学智慧精品片段聚焦

在《西地平线上》第三个部分的开始，董一菲用屏幕显示了这样的内容：

历史的落日悲剧的落日

生命与死亡

平庸与崇高

现实与历史

阴柔与阳刚

西地平线上苍茫荒凉空旷

她用深情而又有力的语言娓娓道来：“在苍茫空旷的西地平线上，有这样一轮落日：我们称它是生命的落日，悲剧的落日，死亡的落日，英雄的落日，历史的落日；它是匈奴的落日，壮丽的落日，血色的落日。那么高建群究竟在思索什么？”屏幕的图示、董一菲的语言让学生的思维空间又扩大了一圈，由自然的风物欣赏和思索提升为对人文精神的思考和探究，随着高建群的笔触深入到一个民族的史诗中去。屏幕中的那一轮落日，包含着的不仅仅是自然壮丽美好的风光，还有生命、死亡、崇高、历史……如果可以给这轮落日上色，相信很多学生会有很多种答案。或者用语言去描述它，那么又有多少智慧的火花和诗意的语言产生呢？这是董一菲预设到的，也只有这样的文章结构和思维训练才会有这样完美的表现。

对此，王冰心曾在《感受充满魅力的语文课堂——研读董一菲〈西地平线上〉教学案例》一文中写道：“如果用框架来比喻课堂布局的话，那么课堂里的具体活动，生成的课堂机制就可以用血肉来比喻了。在董一菲的课堂中，我总结出还有这样几个充满魅力的地方：一是比较手法使用的魅力，使课堂灵动，重点突出；二是语文中体现出立体的魅力，凸现老师精湛的语文功底，提问点拨，妙语如珠。”

董一菲的《迢迢牵牛星》教学中有这样一段对话：

师：看来写织女的一双“纤纤素手”可以起到一箭双雕的作用。刚才这组同学说“河汉女”很勤劳，我有不同看法，明明是“终日不成章”嘛。

生：“终日不成章”不是因为织女不勤劳，而是因为她思念牛郎所致。

在这里，教师给出话题，学生合作研讨，师生之间共同探究，追求民主对话，师与生教学互助互长，丰富了诗意化的生命，从而在师与生，生与师，生与生，师与诗，生与诗，诗与诗网状型的传导里，碰撞出智慧的火花。

再比如，董一菲教学“乡关何处——乡愁诗鉴赏”中还有一段对话：

师：为什么开篇起笔要说“边草，边草，边草尽来兵老”？为什么要写这草？草和人的离愁有怎样的不解之缘？你来说一说，草怎么承载离愁？

生：我觉得作者满眼望去都是草，看着十分荒凉，看到草可能就想到家乡的繁盛，就产生思乡的感情。

对此，刘芳、粟斌在《浅析董一菲诗意语文课堂的建构——以诗歌教学为例》一文中曾指出：“诗意课堂的建构，不仅要有师与生的动态生成与合作交流，更应该让学生树立生命的意识，有一颗‘诗心’，把教材看作是一个活生生的文本。在这堂课上，学生很好地走进了文本，体会到了一位老兵身处边关，有家不能回的强烈思乡之情，真正与文本进行了诗意的融汇，从而走进了人物的心灵，达到了生命的感悟与解读，完成了生命的对话。”

五、董一菲教学智慧经典课堂实录

葡萄月令

这是2011年董一菲在四川讲的一堂课，学生来自成都市第七中学高二年级，如今这些孩子应该正在大学校园里圆自己青春的梦吧。

整理：李霞

师：今天我们学的是选修课当中的一篇散文，这篇散文的名字叫作《葡萄月令》，作者是汪曾祺。大家看大屏幕上这样一段话，有没有哪位可以朗诵一下？有没有不认识的字？

生：第二个字我不认识。

师：qiáng（嫱）。

生（读）："毛嫱、西施，天下美妇人也，严妆佳，淡妆亦佳，粗服乱头，不掩国色。飞卿，严妆也；端己，淡妆也；后主则粗服乱头矣。（清·周济）"

师：非常好，知道把作者和朝代也都说一下。方才这位女同学对董老师说她不认识这个"嫱"字。"嫱"是后宫宫女的等级之一，比如说"妃""嫔""媵""嫱"。毛嫱和西施是同时代的人，是春秋时代越国的美女。大家看这段话用得最多的修辞格是什么？

生：对比。

师：说得很准，此外还有什么呢？想想"毛嫱、西施，天下美妇人也，严妆佳，淡妆亦佳，粗服乱头，不掩国色"这一层在说女子之美；"飞卿，严妆也；端己，淡妆也；后主则粗服乱头矣"，如果大家对飞卿和端己不熟悉，对后主应该是熟悉的，后主是谁呢？

生：李煜。

师：南唐后主李煜。那这句是在说李煜的美貌、外在形象吗？

生：不是，是指李煜的词风。

师：孩子们说得非常好。这段话用了对比的修辞手法，同意。同时还运用了什么修辞手法？由美妇人想到文采想到文章的风格，这是什么修辞呢？

生：类比。

师：类比不是修辞，比喻是修辞，后主"粗服乱头"，这种文章风格是什么美呢？

生：国色之美。

师：好，那飞卿是谁呢？

生：温庭筠。

师：这个女孩子说得对，温庭筠字飞卿，先放在这。那么端己是谁呢？

生：韦庄。

师：真好，基础非常好。“庄”和“端己”之间，“庄”是什么意思，庄重庄严，“端己”是对“庄”的解释，古人的名和字之间经常有同义的现象。这段文字要表达什么样的内容？我请这位同学回答。

生：我觉得就是用美人跟他们不同的语言风格做对比，飞卿是那种比较华丽的，端己是比较庄重的，李煜是白描的直抒胸臆不加粉饰的语言风格，是一种很纯朴很自然的美。

师：谢谢你，飞卿温庭筠的诗就像女子的严妆，何谓严妆？同学们说是浓妆、是艳妆、是靓妆；端己是韦庄，韦庄的诗是不着色的、是素淡的；而后主的词那是高格调啊，格调高到什么程度？即使是“粗服乱头”都不掩国色，是真正的国色之美，南唐后主李煜的词获得后人很高的评价。那么孩子们，思考一下，读了汪曾祺的《葡萄月令》，说说他的散文给你最初的印象是什么？可以用形容词也可以用比喻句，读一读，有问题可以问。

（学生阅读，教师巡视）生：我觉得汪曾祺的《葡萄月令》给我们的一种感觉就是非常闲适，因为他从头到尾就是从一月写到了一年的最后，再给我的感觉就是一份纯真，因为汪曾祺写这篇文章感觉他特别关心自然，有一颗纯真的心。

师：用了两个词，孩子们听到了？一个是“闲适”，非常漂亮的词，另一个词叫“纯真”。作为一个成人来说保持一颗纯真的心的确是非常非常难得。就像尼采曾经说过：“人，首先要变成骆驼。”同学们感受一下，骆驼首先就得不停地汲取营养，营养放在驼峰里边。“然后变成狮子”，唯我独尊十分强大。而第三个境界也是最高的境界——“变成赤子”。你要理解理解，这名女孩子说汪曾祺的《葡萄月令》体现了一种纯真之美，她的感觉真好！

生：我觉得给我更大的感觉是一种淡雅、一种亲近自然的感觉，因为汪曾祺从一月描写到十二月从来没有出现一些类似于工作，类似于必须完成工作的字眼，这就给我们一种想做就做、不受拘束、无拘无束的感觉。

师：是一种无拘无束的感觉，这个词用得也非常好。自由是最高的境界，我们人类常常渴望追求那份自由，而艺术存在的自由体现一个作家的修为，这位男同学说得也很好。

生：我觉得写得非常精致，因为这篇文章使用了很多短语和短句子，给人一种很轻盈的感觉，而且对每一个月份的葡萄的生长情况都描写得非常到位。

师：不仅有论点还有论据呢，精致。实际上短句是东方之美，是中国化的、传统的精华。汪曾祺把这种民族的传统元素精华运用得出神入化，于是给我们的感觉真的是很精致。

生：这篇文章的语言非常朴实，每一个字都出自内心，很舒服，让我的内心有一种亲近的感觉。

师：舒服，这是你的感受了，特别是你读了文章的感觉，我的感觉，这点很到位。

生：除了朴实，它还有一种洒脱，能够自由地运用口语，口语化的语言把自己的感情表现得真挚而不做作。

师：洒脱，洒脱和朴实是两个层面的，同学们对词语的推敲过程其实就是对思维和感受的一种整理过程。时间关系，我们先简单地谈到这。同学们看《葡萄月令》用"月令"的形式为葡萄作传，我们中华民族是一个不缺乏传记的民族，是一个传记文学非常丰富的民族。司马迁的《史记》被鲁迅先生称为"史家之绝唱，无韵之离骚"，其用人物传记的形式来写历史，历史不再冰冷，历史不再遥远，历史有了人的情感、人的温度，这是用人的视角来写大的历史事件。然后有了这样的小说，明清的章回小说是古典小说的最高峰，同学们知道《水浒传》是为哪些人物立传吗？

生：一百单八将。

师：一百单八将他们属于什么人物？绿林好汉，为这样的人物立传。传统的中国人物传记的主角常是那些帝王将相。而这个时候文学越发的民间化了，越发地走向人的心灵了。可能曹雪芹看了施耐庵的《水浒传》，心想不能太强调男性本位啊，我要为女子作传，于是写了一部小说。

生：《红楼梦》。

师：其中是不是有一句著名的话，宝玉的话，这句话表达了他的价值追求，他是怎么说的？"女儿是水做的骨肉，男子是泥做的骨肉。我见了女儿便清爽，见了男子便觉浊臭逼人。"中国的历史、中国的文学就这样一步步走向民间、走向大众、走向我们的心灵。但是还有一个人，这个人叫汪曾祺，他不再为人物作传，而为一棵葡萄作传。你们是不是特别喜欢一句话叫“一花一世界，一叶一菩提”，如果仿词可以这么说，《葡萄月令》中体现的是“一草知天地，葡萄有乾坤”。这是我们农耕民族的独特的审美取向、价值取向。我们试想，海洋民族会对一颗葡萄如此深情吗？那份感情总要淡一些的。他们更喜欢大海，更喜欢海神波塞冬，于是大家看西方文化的构成：宙斯天神、冥神哈得斯、海神波塞冬，三神并立。在中国的农耕时代，不会有这样的神话与传说，于是在汪曾祺的笔下便是“一草知天地，葡萄有乾坤”，它体现了我们这个农耕民族的诗意与温暖。下面同学们要任选一月令命名，先看一则材料，这是一个参照点，你们可以照着模仿。《葡萄月令》叫“令”，你们说“小令”是什么的种类？

生：词的种类。

师：宋词的种类，宋词分小令、中调、长调。小令非常美，不是一般人能写好的，就看小令的三大写手吧。你们听听他们的名字：南唐后主李煜、宋代的富贵宰相晏殊、清代的贵族公子纳兰性德。再看看小令的名字百媚千红落英缤纷，于是余光中先生赞美一个中国的女子，他说，“你走来，像一首小令，你从姜白石的词里，有韵地，你走来”。这是中国女子，看这些名字（大屏幕出现小令词牌），一起读！

生（读屏幕）：渔歌子、美人泪、卜算子、如梦令、点绛唇。

师：汪曾祺的《葡萄月令》是十二个月令，你们任选一个月令重新命名，就像诗人海子在他的《面朝大海，春暖花开》里说的，给每一条河、每一座山取一个温暖的名字。我请同学读第一则月令，老师做示范，然后同学们任选一月令命名。

生（读《葡萄月令》）：一月，下大雪。雪静静地下着。果园一片白。听不到一点声音。葡萄睡在铺着白雪的窖里。

师：读得字正腔圆，如果再注意停顿就更好。为加深印象，再请位同学读一遍，谁愿意读一下？

生：一月，下大雪。雪静静地下着。果园一片白。听不到一点声音。葡萄睡在铺着白雪的窖里。

师：非常棒！这个声音非常好，非常空灵，让我们产生很多的想象，很有画面感，也有音乐美。哪位女孩子再读一下？

生：一月，下大雪。雪静静地下着。果园一片白。听不到一点声音。葡萄睡在铺着白雪的窖里。

师：很好。小令嘛，很美，有诗词的意境，这则小令的命名因为比较容易，所以董老师把葡萄一月令命名为"雪月""静月""眠月""白雪歌令"，下面给同学们一点阅读的时间，你们可以任选《葡萄月令》中的一则，给它取一个温暖而又有诗意的名字。

生：我命名的是二月令，我把它命名为"绿月""醒月""生长之月"。因为二月的春风过后葡萄生长出来，凸显葡萄长出绿芽的样子，所以我将之命名为"绿月"。

师：这简直是语言的盛宴了，说得非常好！汪曾祺不仅是语言大师，也是著名的画家，画家讲究着色、运用色彩，用色彩暗示这是一个"绿色"的月令。

生：第二个"醒月"我觉得命名得不是很好。

师：我觉得非常非常好，因为照应了我为一月令取的名字"眠月"，既然有了"眠月"，"大梦谁先觉？平生我自知"。葡萄"醒"了，春天来了，"醒"本身就非常拟人化，可以说直抵汪曾祺的文心，文心是"一草知天地，葡萄有乾坤"。

生1：第三个命名为"生长之月"，因为葡萄到二月都生长了。

生2：我说的是葡萄八月令，八月比较长所以我取了三个。

师：八月是作者浓墨重彩的地方，肯定是有玄机的，这个地方恐怕是文之魂、诗之眼，真会读书。

生2（继续道）：第一个我取的是"玉月"，因为把葡萄形容成玉，所以把这个八月形容成"玉月"。

师：用玉组一个成语来表达对一个人的成长有帮助，它是什么？"玉汝于成"，"玉月"真棒。

生2：第二个取的是"护月"，因为作者说为葡萄喷波尔多液是为了保护葡萄，所以取"护月"概括这八月令。最后取的是"享月"，有两个意思，人吃葡萄觉得很享受；葡萄被人吃它自己也觉得很享受。

师：这个很有庄周的感觉了，庄周梦蝶之后不知道是自己变成了蝴蝶，还是蝴蝶变成了自己，这是著名的物我两忘的境界，真有境界！

生：我命名的也是二月，二月我命名了两个月令和一个歌令，第一个是“风月”，因为这里写到刮四十八天“摆条风”，说明作者很贴近生活，在中国很早就有诗句“春风又绿江南岸”，“风”在中国是经常和“春天”联系在一起的。

师：老师也想和你探讨一下，你说自然界的“风”是经常和“春天”联系在一起的，我同意，比如我们常说“杏花雨杨柳风”。你有没有觉得“风”和中国文化也有某种关联？毛泽东说“数风流人物还看今朝”。“风”从哪来？从哪里吹来？从中国古代的第一部诗歌总集《诗经》里出来，那里就有《国风》，于是“风”本身就是中国化的。

生：第二个是“绽月”，绽放的“绽”，二月的葡萄初露生机，“绽”是葡萄生长的样子，更表现其充满活力充满生机，所以我用“绽”字。

师：“绽”字用得漂亮，同学们不自觉地在炼字，是在推敲语言了。这个“绽”字体现了生命内在的冲荡，可谓“草木葳蕤”“鸢飞鱼跃”，我们中国的古典文化和艺术讲究生命的质感，所以“绽”字用得精彩。

生：歌令是“青风歌令”。

师：“青青子衿，悠悠我心。但为君故，沉吟至今。”“青青”的感觉真好，在音韵上也非常美。

生：我给五月中下旬令起个名字。

师：读书十分的细致，五月中下旬令，注意了语言的标志。

生：这段小令的内容主要写各种植物开花。

师：好，你读一下，这段写得很美。

生（读文本）：“五月中下旬，果树开花了。果园，美极了。梨树开花了，苹果树开花了，葡萄也开花了。都说梨花像雪，其实苹果花才像雪。雪是厚重的，不是透明的。梨花像什么呢？——梨花的瓣子是月亮做的。有人说葡萄不开花，哪能呢，只是葡萄花很小，颜色淡黄微绿，不钻进葡萄架是看不出的，而且它开花期很短。很快，就结出了绿豆大的葡萄粒。”我为它命名为“羞花令”。

师：真讲究，董老师在家备课的时候，读到这也有所发现，就像罗丹说的，“生活中不缺少美，缺少发现美的眼睛”。我看到这段的时候一下子就想叫“花令”吧，我想到这儿就浅尝辄止了，这位同学不仅想到了花，而且是“羞花”，谁“羞花”？

生：葡萄花。

师：葡萄花使所有的花都羞愧了，葡萄花美吗？这里留有弹性，有一个问题我不太懂，“梨花像什么呢？——梨花的瓣子是月亮做的”。从小我们就会背岑参的诗“忽如一夜春风来，千树万树梨花开”，这是说雪花飘落的时候就像梨花开一样，这里汪曾祺不同意，他说应该是什么花开？

生：月亮花开。

师：突出了梨花的什么特点？

生：我想是轻灵的特点，前面说的是厚重，联系诗句“千树万树梨花开”，和厚重相反应该是轻灵吧。

师：很到位，其实皎洁晶莹也可以，非常漂亮，“羞花月令”。

生：我选择九月令，取了两个名字。

师：九月令只有两句话，你先读一下。

生（读文本）：“九月的果园像一个生过孩子的少妇，宁静、幸福，而慵懒。我们还给葡萄喷一次波尔多液。哦，下了果子，就不管了？人，总不能这样无情无义吧。”我取了两个名字，一个是“悠月令”，是“悠然见南山”的“悠”，“宁静、幸福，而慵懒”使我想到了一个字，那就是“悠”。第二个名字我想的是“坐月”，因为生过孩子的少妇要坐月子，我们给葡萄萄喷一次波尔多液之后，不用管了它就坐在那里了，所以叫“坐月”。

师：很生动，很有想象力！掌声！我发现他遵循了一个原则——“虚则虚之”。“宁静、幸福，而慵懒”是抽象的词，是虚的，“悠月”也是虚的，而且还有点“悠然见南山”的超然物外的感觉。第二个词，非常人性化，把葡萄视为手足、视为同类，比汪曾祺更进一步。哪位同学最后说一下？（两名同学举手）女孩子先说，女士优先，男孩子后说。

生：我命名的是三月令，取名是“希月令”，希望的“希”。我看到那句话，“葡萄藤舒舒展展，凉凉快快地在上面呆着”，有养精蓄锐的感觉，未来还有很多路要走，对未来充满了希望，所以叫“希月”。

师：非常好。写三月用得最多的表达方式是什么呢？记叙、议论、描写、说明、抒情？

生：说明。

师：太好了，只有一句是描写，我们这位女孩子一下子就抓到了，抓住关键句进行命名。因为层层叠叠的铺垫都为这一句话。

生：我命名的是十月令。

师：你来读吧。这一段“最长”，就一句话。

生（读文本）：“十月，我们有别的农活。我们要去割稻子。葡萄，你愿意怎么长，就怎么长着吧。”这是“自由月”。

师：用的是判断句，真是不拘一格，天马行空，行云流水！

生：因为葡萄跟果农一起为了丰收，为了让人们享受果子的鲜美，忙了九个月，收获之后，它们应该像我们一样好好地休息一下，好好地放松一下，这个时候已经没有了压力，是真正的解放自由的时候，所以取名“自由月”。

师：说得也很好。孩子们读书应该把书读薄，刚才说汪曾祺是画家，中国画要讲究留白，这位男孩子非常敏感地、非常敏锐地发现在葡萄的十二月令当中，有一个月是留白的，只说了一句话，于是他在字里行间读出了精髓，这种读书的习惯非常好。在这，我们不可能穷尽每一个月，一千个读者有一千个哈姆雷特，只要读出自我的东西就足够了。同学们再思考下一个问题，这是汪曾祺的一个自传，很短，几千字，名字叫《自报家门》。我想问下同学们，散文大家汪曾祺写不写小说呢？

生：写。

师：小说也写得非常棒，一会儿再研究。先看这部散文集中充当序言的部分——《自报家门》。在《自报家门》当中他阐释了他文学创作的价值取向，他尤其要谈文学创作当中的语言问题，哪位同学愿意读一读？

生（读大屏幕）：我很重视语言，也许过分重视了。我以为语言具有内容性。语言是小说的本体，不是外部的，不只是形式、是技巧。探索一个作者的气质、他的思想（他的生活态度，不是理念），必须由语言入手，并始终浸在作者的语言里。语言的美不在一个一个句子，而在保存句与句之间的关系。

师：这是汪曾祺对于文学创作语言的认识，重要的部分老师用红笔凸显出来了。他认为语言是什么？语言是作者的气质，他的思想，具体而言，是他的生活态度的体现。语言是什么？语言体现作者全部的文化修养。语言是什么？语言不是孤立的，语言是放在句与句之间的，是理性的。实际上，刚才孩子们在命名的环节当中，已经自觉不自觉地运用这些理念了。下面我们要进一步探讨，就是选择《葡萄月令》的句子或语段谈作者的语言风格，可以从作者的气质、生活态度、文化底蕴等角度考虑。这和第一题不同，第一题谈印象，只要用形容词就可以了，用比喻句就可以了，大家要深入地考虑一下，可以前后讨论讨论，不拘泥于这种形式也可以。

生：我想说的是五月中下旬提到的葡萄花的位置，“只是葡萄花很小，颜色淡黄微绿，不钻进葡萄架是看不出的，而且它开花期很短”。作者看见葡萄花说明他有一双善于发现的眼睛，对生活的观察特别仔细，有一颗赤子之心。还有他描写的句子虽然非常短，很朴素，但是它蕴含了一种非常自然的美。

师：非常好，请坐！他说汪曾祺注意细节，一语中的，这是汪曾祺的散文风格，更是他的小说风格。汪曾祺的小说不重情节而重细节。小说有三要素：人物、情节、环境。中国传统小说重情节。汪曾祺不重情节，他的老师也不重情节，他的老师是沈从文，他特别特别崇拜沈从文。抗战的时候，日本的铁蹄践踏了中国大地，汪曾祺的故乡在江苏高邮市，是一个江南的水乡泽国，据传他藏到寺庙里，就带了两本书，一本书是屠格涅夫的《猎人笔记》，一本书是《沈从文小说选》。沈从文的小说也不讲情节讲细节。写徐志摩，怎么写出徐志摩的那份潇洒？徐志摩是作潇洒别离诗的诗人，“轻轻的我走了，正如我轻轻的来”。汪曾祺写徐志摩怎么写？写了一个细节，说他在上课的时候，一边吃苹果一边讲课，咬一口苹果讲两句课，接着吃接着讲，就这么潇洒。汪曾祺写金岳霖，金岳霖是著名的哲学家，是西南联大的著名教授，写他的孩子气，说他一生未婚，养只大斗鸡，吃饭的时候大斗鸡和他在一个桌子上吃饭。汪曾祺写自己的父亲不拘一格地教育他，多年的父子成兄弟。他是这样写的，十七岁的时候他初恋，第一次写情书，他的父亲在一旁瞎出主意，这个细节了得。所以这个男孩子说得非常棒。文章怎样写得好？细节真的很重要。接着谈吧，同学们，我得欣赏欣赏，感受一下，幸福一下。我因你们的举手幸福着。

生：我想说一下他的比较好的语句：三月令里“它起来了”；还有五月中下旬月令里“有人说葡萄不开花，哪能呢”；还有六月令里的“可是它耗养分呀”。我觉得这几个句子颇有感觉，如果是散文的话，有一种慢节奏的感觉，但是这几句读起来就仿佛为文章注入了某种活力，我读的时候很激动，好像要跳起来一样，在散文里的口语化充实了散文，让文章变得更有活力。

师：你谈得非常非常有感觉，我们中国古典文学，中国的传统文化发展的过程就是不断地走向庙堂之高也是不断地回归江湖之远。说《诗经》民歌，《乐府》民歌，从民间来又反哺民间，所以中国的文化才能五千年不衰。他为什要跳起来？太激动了。就是这样的口语，放在这样的文章当中，却是这样纯美，这是纯粹的中国话，不修炼到一定程度，是不可以用这样的语言来写出这样至美的文字的。这使我想起开篇的评价“粗服乱头，不掩国色”，太好了，太喜欢你们了。

生：我觉得每个月都再现了葡萄生长的过程，汪曾祺的语言极度生活化，他的生活就是语言，只有这样饱有生活阅历的人才会有这样的闲情逸致，也只有这样有闲情逸致的人才会这样明察秋毫，才会对生活有这样的喜爱之情。

师：对生活的爱产生的温暖和诗意才能打动人，汪曾祺是有阅历的。好眼力！有这么一句话，“文学创作的唯一源头便是那生活”，让我们热爱生活。劳动是艰辛的，种葡萄是艰辛的，但在这里我们感受不到脸朝黄土背朝天的艰辛，我们感受到的是那份温暖和诗意。我们要将生活诗意化，这是人类的精神走向高贵的一条必由之路，希望这能给同学们一种生活的启示，甚至做人的启示。

生：我和他的观点其实差不多，我就觉得这篇文章相当有生活气息，无不透露出对生活的热爱和对生命的敬畏。我记得曾看过汪曾祺的一张照片，嘴巴微张，戴着鸭舌帽，眺望远方，给人一种希望，感觉像想吃故乡的鸭蛋一样。我又想起他的一篇文章叫《昆明的雨》，里面写吃的鸡枞，是一种真菌，鸡枞的价钱和一碗黄焖鸡差不多，很有营养价值。这篇文章里也说，“葡萄的卷须有一点淡淡的甜味。这东西如果腌成咸菜，大概不难吃”。我觉得这种生活情趣真的很让人敬佩，这让我对他这种闲适，愿意去感悟生活的状态产生一种向往。

师：非常非常好，抓住了两个魂。第一，对于汪曾祺肖像的描写，足见功底。因为有一句话这样说，手挥五弦这个好写，目送归鸿这是写神就不好写了。而这位男孩子在描绘汪曾祺的一张照片的时候，形神兼具，如在面前，栩栩然也。第二，他是懂得汪曾祺好处的人，是汪曾祺的知音。汪曾祺生命的历程说来简单，又不简单。汪曾祺高二的时候十八岁，十八岁前在江苏的高邮市，十八岁之后就在西南联大的所在地昆明，后来在北京工作，这是他生命当中的三个著名的地方，都涉及了。汪曾祺是美食家，真正的毫不含糊的美食家。他说起诗来津津乐道，将生活如此趣味化。这个孩子是读过汪曾祺的作品，懂得他好处的孩子，了不得！

生：这篇文章还有一个非常巧妙的句子，“你就把《说文解字》里的玉字偏旁的字都搬了来吧，那也不够用呀！”从这句话我读出了汪曾祺小小的幽默感，还有那种朴素又不失活力的表达方式，从中可以看出他放达的生活态度。

师：放达的生活态度，那种幽默，那种超然，那种动词的运用生命的活力。

生：我看到的是第 21 自然段和第 22 自然段，汪曾祺师从沈从文，有沈从文那种风格、农家的气息，这样写出来的文章很干脆，很简洁。

师：干脆简洁就叫干净。这是汪曾祺自诩的一个词，他非常骄傲地说自己的文字干净。沈从文说过一句话，写文章要耐烦也要细致。由于时间关系，我叫最后一名同学发言，我们以后再进一步交流。

生：我觉得汪曾祺写这篇文章有一种随心所欲的感觉，比如说四月令，第一遍读的时候，以为他后面要解决问题，是一种什么力量使葡萄拼命地吸水，但是他后面根本没有解释，想到哪里就写到哪里，有一种天人合一的感觉。

师：天人合一的感觉，行当行止当止，一种化境。咱们先探讨到这，还有一些问题是同学们探讨当中没有注意到的，这是传统儒家对我们人的规范：亲亲、仁民、爱物。所说的爱物就是爱自然，爱所有有生命的和没有生命的事物，用康德的话来说，“这个世界上令我们敬畏的只有两件事。一个是头上的星空，二是心中的道德律”。你们说，汪曾祺喜欢用成语吗？

生：不喜欢。

师：但是这里分明有三个貌似成语的词，第一个叫“水气泱泱”，同学们不要看书，我考察你们读书的细致程度，这是几月令里的词？

生：四月令。

师：真棒，读得真细。“水气泱泱”不仅是四月令，而且是汪曾祺许许多多散文的特质，便是那种氤氲的水气、泱泱的水气，水的灵动给了他灵感。古人说：“智者乐水，仁者乐山。”汪曾祺是个智者，大智者。第二个词是？

生：璀璨琳琅。

师：都是什么偏旁？

生：斜王旁。

师：王字旁代表的什么部？

生：玉部。

师：大家知道《红楼梦》当中，和宝玉同辈的人都是王字旁，比如说贾琏、贾珍等，我们这个民族是尚玉的民族，我想问问“尚”是哪个“尚”？

生：高尚的尚。

师：红楼有三玉，三玉都是作者珍爱的人物，是哪三玉？

生：黛玉、宝玉、妙玉。

师：第三个词“青枝绿叶”。在第几个月令里出现呢？葡萄喝了水了就青枝绿叶了，是第三月令还是第四月令？同学们课下再看看。他不喜欢用成语，喜欢用口语、短语。

（师指向大屏幕）这是汪曾祺家在高邮市的花园，用红笔标注出来的是各种动物、植物的名字。后花园是什么样子的？草木葳蕤、鸢飞鱼跃，是生命的大流荡，哪位同学可以读一下？

生（读大屏幕）：那棵龙爪槐是我一个人的。我熟悉它的一切好处，知道哪个枝子适合哪种姿势。云从树叶中间过去。壁虎在葡萄上爬。杏子熟了。何首乌的藤爬上石笋了，石笋那么黑。蜘蛛网上一只苍蝇。蜘蛛呢？花天牛半天吃了一片叶子，这叶子有点甜么，那么嫩。金雀花那儿好热闹，多少蜜蜂！波——金鱼吐出一个泡，破了，下午我们去捞金鱼虫。香橼花蒂的黄色仿佛有点忧郁，别的花是飘下，香橼花是掉下的，花落在草叶上，草稍微低头又弹起……大伯母的女儿，堂姐姐看金鱼，看见了自己。石榴花开，玉兰花开，祖母来了，'莫掐了，回去看看，瓶里是什么？'"

师：读得很流畅。我们模仿汪曾祺对植物，对动物，对昆虫，对这个世界有生命的事物的敬畏和尊重，体会这种感情，我们写三两句话，写你喜欢的一棵草、一棵树、一朵花、一块石、一只鸟、一只小虫子都可以，写出温暖和诗意，写出对生命的敬畏。

师：同学们有没有脱口秀的本领？

生（读练笔）：最喜欢那春日中的玉兰，花开得淡，开得凄婉。花是一阵淡淡的浅白，染在玉兰的枝上，树上没有一丝绿叶，倒是开得孤单。那白不是一点点，而是一片片，仿佛是刷子刷上的，树枝上全是。美中不足的是，当微风拂过，便是一把把花瓣落下的时候，落下大片的美丽，也多了几分凄婉的韵味。

师：很好，哪位同学接着说？我就不评点了。

生：我写的是石头，一个男人写花就有点那种了（呵呵）。那个黑黝黝的东西，引起了我的注意，走进一看是块石头，还是个大家伙，它怕是有两个课桌大小，通体漆黑，形状颇有些奇怪，仿佛是一个收拢着双腿，双手环抱着膝盖，而头埋入膝盖中沉睡的人，让我忍不住想叫醒它。我只写了这么一点。

师：这位男孩子说花是属于女子的专利，石头是属于男孩子的专利，他忘了女娲补天，用的就是石头。米芾，北宋的画家，曾经跪拜过石头，称石头为"石兄"，这一点你跟米芾有同样的情结。我们还知道《红楼梦》中的宝玉是"衔玉而诞"的，石头，继续说吧！

生：我写的不是花也不是石头，是阳光。最爱的是初夏的阳光，继承了春日的温顺，又稍沾夏日的锐气。某个晴朗的午后，你会看到阳光的金鳞在指尖上、在手心上跳舞，欢乐地叫嚣着什么；某个晴朗的下午，你会躺在如茵的草坪上，将手覆在眼皮上，又微分手指，让一米阳光洒入你惺忪的眼眸；某个晴朗的黄昏，你会倚在树下，感受着落日的余热，任其为自己镀上金边，又一同隐没于晴岚之后。初夏的阳光暖而不热，朗而不烈，如一个柔情似水窈窕大方的妙龄佳人，令人沉醉而不可自拔。

师：很好，这位女孩子可以说有佛心了，不仅爱有生命的生物，而且爱那一米阳光，和汪曾祺不同的地方是她喜欢用长句，喜欢用修饰语。

生：最爱夏日荷叶的墨绿一滴，含珠衔露，远观那荷花与荷叶，仿佛也能嗅到那淡雅独特的幽香，即使到了枯枝叶黄的时候，也有留得长河听雨声的境界。

生：我看了汪曾祺的散文，写得太好了，感触很深，作了一首五言诗。我写的是《一木》：一木一春秋，几度几回轮。独住尘世外，世事难曾问。

师：太棒了，首先它体现了汉语言可以用数字镶嵌作诗的特点，其次就是第三句第四句起承转合，又构成了小与大的比较，很有诗情！写得简直就是七步诗了，董老师从这到那走了七步，你就做出诗来了，才比子建！

生：我写腊梅。腊月风吹，天寒地冻，万物复苏却只属于那遥远的春天。一缕残阳的映照下花开但春仍未暖，枯枯的枝上，绽放的淡淡的米黄是勇者的诺言。是梅便即使“零落成泥碾作尘”，也会“只有香如故”；是梅便会不惧“一岁一枯荣”；是梅便会即使“香自苦寒来”，也会绽出属于自己的芬芳。

师：用对比的手法，还有引用的手法。同学们还有许多话要说，有机会我们再交流。这里推荐下汪曾祺的作品，课下同学们可以进行延展阅读，比如他的《大淖记事》，他的《受戒》，他的小说写得像散文像诗一样美。还有他的散文集《谈师友》《人间草木》，我们这篇文章就选自《人间草木》。还有《邂逅集》《蒲桥集》等，也可以上网搜，汪曾祺的集子是特别多的。

这是庄子的话：“天地有大美而不言，四时有明法而不议，万物有成理而不说。”让我们敬畏自然，诗意地生存。谢谢孩子们！

第九篇　郭惠宇教学智慧研究

郭惠宇，1960年生，现为安徽省马鞍山市第二中学校长。安徽省首批正高级教师，中国教育学会中学语文教学专业委员会理事，安徽省中学语文教学专业委员会副理事长，安徽师范大学教育学硕士生导师，马鞍山市导师团团长，安徽徽派语文教育联盟会长。安徽省第十一届人大代表，安徽省督学。曾获“全国先进工作者”、“全国模范教师”、安徽省“特级教师”、安徽省“学术与科技带头人”、安徽省首届“江淮好学科名师”、安徽省“优秀共产党员”等荣誉称号。

曾获第三届“语文报杯”全国中青年教师课堂教学大奖赛高中组一等奖，在专业报刊发表文章百余篇，著有《灵动之美：郭惠宇老师教学艺术初探》，参与国标苏教版高中语文选修教材《史记选读》《传记选读》编写。主持多项省级立项课题研究，多次获省优秀教育科研成果奖。

主张让语文教育具有灵动之美，追求教学设计的灵活多样、专业素养的通透灵性、教学细节的灵巧精致、教育实践的灵通自然。

一、郭惠宇教学智慧的探索历程

（一）从迷茫到热爱：在语文的世界里找到自身价值

郭惠宇的读书生涯一开始似乎先天不足：1966年进小学，1976年高中毕业，正好与“文革”同步，他在基础教育阶段的收获可想而知。走出中学的校门，他便懵懵懂懂走向了“广阔天地”，成为最后一批下放知青。几经折腾，在恢复高考的第三个年头——1979年，郭惠宇考入安徽师范大学中文系，才算真正开始读书生活。像许多饿坏了的人一样，那时他读书纯属饥不择食，既不系统，也漫无目的。

命运似乎总是跟郭惠宇过不去，本以为本科毕业后可以谋一个不错的教书差事，不曾想毕业后被分配到一个四周是农田、简陋破败、几欲关闭的乡镇中学，从教的第一份“礼物”是校长给的一本教科书和一盏油灯。他教语文，也教政治，甚至还教过英语。那时的他和许多刚走上教师岗位的年轻人一样，也曾有过强烈的逃避念头，考研、调动是20世纪80年代的教师尤其是乡村教师的热门举动，这些，他都一一尝试过、挣扎过，但都一一碰了壁，且碰得头破血流。

在乡镇中学的三年，郭惠宇大都是在恍惚、迷茫中度过的。一天，县长来学校视导，郭惠宇莫名其妙地被拉去顶替别人上了一节课，那节《劝学》给县长留下了良好的印象，据说是县长巡视全县中学一个月中听到的最精彩的一节课。这个印象，多少促成了郭惠宇调动成功的机缘。1986年，他终于回到了有着百年历史的母校——安徽省当涂第一中学，之后的生存状态也只是满足于有了一份职业来养家糊口。

在经历了种种无奈之后，在一次次与学生的交往中，郭惠宇渐渐体会到了当一名教师的快乐，感受到做一个受学生欢迎的教师的幸福，进而更深刻地理解了教师这个职业的崇高使命感、责任感。他觉得需要从头再来，寻找站讲台的真本领，确定自己立身于世的价值。

在大学没学好心理学，做了班主任就很难胜任这项工作，郭惠宇便从头研究并付诸实践，班会课上开设了高中生心理系列讲座：高一学习心理漫谈，高二心理效应面面观，高三如何解决心理焦虑。其实，他当时也没觉得这样做很重要，只是觉得班会除了布置工作和训训学生，总得有点干货，总希望和学生离得近一些，而心理学本身也挺有趣的。不料二三十年后，毕业的学生们聚会时，已经记不得他当年语文课教了些什么，反倒常常想起他教的格式塔心理、紫格尼克效应……

到了教学岗位，考试是家常便饭，在大学没学过考试学，郭惠宇和当时的老师一样，对考试理论全然不知，唯一的办法就是自学。20 世纪 80 年代标准化考试刚开始不久，他领受了县教育局给全县高中教师分析高考语文试卷的任务，按着考试学的理论，用最原始的方式做数据统计，编写出第一份对高考语文试卷的分析报告，还斗胆把报告寄给当时全国高考语文命题组组长章熊先生，不想章先生回了信，肯定了他的做法，这着实让他兴奋良久。之后的岁月里，考试分析、试题评价成为他语文教学研究的一个重要课题，他几乎每年都会发表一两篇这类文章。

只要是关乎学生的事，郭惠宇都乐意去尝试，即便是在课堂之外。中国首部传统节日主题系列微电影《家在情在，我的中国节》以及大型原创话剧《又是一个情人节》的出品人陆行根，是他在当涂一中教的第一届高中毕业生之一，一个地地道道的农家子弟，现已经是深圳市数家文化公司的总经理、艺术总监。陆行根提起自己的高中生活，会很自然地想到郭惠宇的语文课，想到郭惠宇领着一帮文科班学生办起当涂一中历史上第一个文学社——望曦文学社。那时，郭惠宇领着学生一起组织活动，一起油印文学刊物《望曦》……可谁知道当年随兴种下的籽，会结出丰硕的果。

就这样，郭惠宇当班主任越发自如，教学的花样越来越多，教课也越来越受学生欢迎。这使郭惠宇渐渐有了点名气，终于有一天他走进了安徽省重点中学——马鞍山市第二中学，便有了由“匠”成“家”的追赶冲动。后来郭惠宇在马鞍山市第二中学，一如当初的热情，在 20 世纪 90 年代末首创了雏鹰文学社，办起了《雏鹰》文学季刊。每年春夏秋冬四季与学生相遇相守，一办就是十余年。这个社团和杂志俨然是学校文化中最具特色、持续最久的品牌和文化符号之一。

（二）从追赶到引领：在专业的成长上获得职业幸福

郭惠宇常说，他是带着最简单的愿望——做一个让学生喜欢的合格的教师开始追赶的。

他一直难忘在当涂一中工作时，与同在县城教书现在已是江苏名师的曹勇军先生结下的深厚的友谊。他们同在一个城市教书的几年间，几乎每周都有一两次的促膝长谈，清茶两盏，抛开身旁的世俗喧嚣，只为语文，躲进小楼侃一通，既有雅谑风生，又有指点江山激扬文字，从一节课的教学到一篇文本的解读，从国内语文教学的发展动态到西方教育教学的先进思想……许多年过去了，那种“曹子大笑称快哉，击石作歌声琅琅”的情景依然如在目前。他总谦虚地说，曹老师一直是他前行的一个坐标，一个追赶的最切近的坐标。

郭惠宇追求“把课教活”。他认真思考教学的每个环节：备课预习时，吃透教材，善于发现教材的疑难问题；教学设计上，力求精于剪裁，找准教学的切入点、突破口；课堂实践中，适时点拨，擦亮学生思想的火花，强调实践，留给学生更多的动手机会。语文教学目标更科学了，教学方法更合理了，语文课也真正上成了“语文课”。渐渐地，他发现自己教学的课堂里笑声多了起来，学生把上他的语文课作为一种享受，他也享受自己在课堂上的挥洒自如。接踵而来的是各种教学比赛，他在市、省优质课评比中脱颖而出，终于有机会在2000年受省中学语文教学专业委员会、省教科所推荐委派，代表安徽省参加在昆明举行的第三届“语文报杯”全国中青年教师课堂教学大赛。天道酬勤，《一碗阳春面》一课征服了评委，也折服了听课的师生，郭惠宇荣获高中组一等奖的第一名。为了追求灵动，郭惠宇不断探索教学艺术，一次次面向全省同行垂范展示：2002年在全省高中语文教学观摩会上，执教杜甫的《登高》《蜀相》；2006年全省新课程培训会上，执教巴金的《家》（该课由人教社录制光盘随教材发行）；2007年全省选修课观摩教学会上，执教林语堂的《苏东坡传》；2011年长三角语文教育论坛上，他又代表安徽省执教余光中的《听听那冷雨》……他一次次获得省内外教师、专家的好评。

渐渐地，郭惠宇开始追赶专业成长的高标准、高格调。为了这个目标、格调，他开始了理论的研究，一点一点在许多陌生的名词术语中去结识苏霍姆林斯基、皮亚杰、布鲁姆等教育巨匠，去解读教育目标分类学、现代建构主义、课堂观察理论等各种全新的教育理论。在各种教育流派和教育理论的穿行中去重新审视语文：既研究母语学习心理，又研究语文考试理论；既关注文学研究动态，又关注语文发展生态。他一方面对各种语文教育理论、教育思潮进行实践性的思考，另一方面对语文教育外部环境、相关领域及内在机制做系统的观照；一方面对语文学科独具的特性及本质进行深入的研究，另一方面也对语文教改的走向与未来使命做纵深的探讨。

在对这些新知识、新观念、新方法的苦苦追赶中，郭惠宇开始学会用自己的方式去思考教育实践，开始有一篇又一篇教学论文，开始关注起自己教学中的案例，进而，能够从不同角度观照语文教学，开始树立起科研的意识。1999 年，他在马云霞老师的带领下，尝试参与主持省级课题“高中语文选修课研究”的研究工作，并主编了选修教材《诗词欣赏入门》。该课题参加由中国教育学会中学语文教学专业委员会组织的第一届全国中学语文教学实验经验交流会时，获得综合成果二等奖。他于 2002 年主持省级课题“高中学生文学鉴赏能力的养成教育”，2006 年主持省级课题“高中语文选修课的实践研究”，2012 年主持省级电教课题“网络环境下高中人文学科教育资源共建共享与有效运用的实践研究”，2013 年主持省立项课题“中小学语文教育生态的实证性研究”。其中，2006 年、2009 年他研究的课题两次获安徽省优秀教育科研成果二等奖。每一个课题的设定与研究结题，都折射出他正在追赶的印迹。

（三）从执着到静待：在教育的园地中体味耕耘的乐趣

在中学语文教育这个领域摸爬滚打 30 年后，郭惠宇自觉语文教学的门径、职业的幸福感、教育的真正意义才变得清晰，变得通透。他认为，对于教育“真的需要一份静待花开的心境：静待学生的成长，静待自己的成熟，静待职业岁月给予自己的那份回馈”。

他认为：“花开必须静待。静待，不是袖手旁观，不是坐享其成；静待需要精心耕耘，潜心思考。在静待中，去关心学生不断变化的兴趣，寻找与学生共同的话语，研究学习的心理规律，发现每个有价值的教育元素。”他这样说，也这样去践行，他要求自己像全科医生一样，对于关乎学生成长的事都要能拿得起，做得来；沉下心来，从头做起，从最低点做起，照今天的话叫“贴着地面走”。

他坚守着学科的基本操守，鼓励学生去不断发现自我。每天，他的语文课堂的一个规定动作是学生上讲台进行5分钟演讲，话题从喜欢的一本书到向往的一个地方，从爱看的一部电影到关心的一个职业，从追踪的一个事件到崇拜的一个人物……坚持了前后四届十一年，学生轮流上讲台，从高一直到高三。学生以此作为展示自己的舞台，精心选题，认真做课件。有一个省理科实验班的高才生，因为奥赛成绩突出被保送复旦大学的生命科学专业，在读研究生时却转向了文科，进了复旦大学历史地理研究所，师从姚大力先生。这个学生一直记得郭惠宇和自己一起研究古诗词中的“梅文化”，记得郭惠宇向自己推荐张承志和《黑骏马》，记得在理科尖子生的语文课堂里郭惠宇“顽强地”与同学们大侃文学的世界……之后，这名学生赴美国哈佛大学东亚系费正清研究中心留学读博士后，一次在网上给郭惠宇留言，非常感谢他对自己的教诲，表示他一直保持着对文科的兴趣，且不无自豪地告诉他：“我恐怕不是您的第一个去哈佛读书的学生，但估计去东亚系的应该就只我一个了。”

郭惠宇敢于尝试，乐于探索。20世纪90年代，多媒体教学开始流行，在许多人还在怀疑、指责的时候，他成为学校第一批实践者，并在全省现代化教育示范活动上展示。新世纪初研究性学习兴起，他带领学生做的研究课题“关于马鞍山市构建李白文化的设想”引起了市长的关注,市长批示政府相关部门研究可行性方案。该课题获得了市政府特别奖，这让参与的学生有了一份由衷的骄傲。高中新课程实施后，郭惠宇参与了苏教版两本国标选修教材《传记选读》《〈史记〉选读》的编写,并在《〈史记〉选读》选修教学中，重新编排与整合，力求打通文言与白话、阅读与写作、历史与现实。每次课程结束他都要给学生编一本研修作业，其中为前后两届的学生编了两本研修作业——《拂去历史的尘烟》《经典，为你点亮一盏灯》。

他和他的团队一起竭尽全力为语文的明天奋斗。青蓝活动、市导师团、市名师工作室、省中学语文教师发展研究中心、徽派语文教育联盟……在一个个名目不同的团队中，他都愿意和同伴相助相随，携手共进。他可以放下手边重要的工作为徒弟修改课件，哪怕是几个标点；他可以半夜起来，为参赛教师的教学设计做修改；他可以连续四年几乎没有报酬，为母校本科生上“中学语文教材研究”课程……

在这个似乎一切都可以速成速配的浮躁年代，人们似乎有太忙的步履，太多的倾诉，太紧的心境……静待，就变得难能可贵了。

郭惠宇是如此诠释“静待”的：

静待是积累，静待更是蓄势，许多事情真的不需要那么着急。守着讲台，乐于播种，于斯看日出日落；守着校门，精于耕作，于斯听潮起潮落。

静待是一种姿态，耕耘不辍，行动谦让孜矻；静待是一点自信，天道酬勤，内心圆融平和；静待是一份期许，全心坚守，面朝花开春暖。

二、郭惠宇教学智慧的思想内核

《庄子·天地篇》里有一则著名的寓言：

黄帝游乎赤水之北，登乎昆仑之丘而南望，还归，遗其玄珠。使知索之而不得，使离朱索之而不得，使喫诟索之而不得也。乃使象罔，象罔得之。黄帝曰：“异哉！象罔乃可以得之乎？”

这个寓言故事中的“玄珠”,象征“道”“真”;“知”象征“思虑”“理智”；“离朱”，是黄帝时传说视力最好的人，象征“视觉”；“喫诟”象征“言辩”；“象罔”则是指有形和无形、虚和实的结合。这个寓言故事告诉我们,用任何一种片面的求索方式都不足以让人获得对“道”“真”的把握。由此来看语文教学，任何一种精美的教学方法或许都不足以让学生长久地留下深刻的影响。

美学家苏珊·朗格认为,艺术结构与人类生命结构有惊人的相似之处,生命结构是艺术形式的范本，她提出：“要想使一种形式成为一种生命的形式，它就必须具备如下条件：第一，它必须是一种动力形式……第二，它的结构必须是一种有机的结构……第三，整个结构都是由有节奏的活动结合在一起的……第四，生命的形式所具有的特殊规律，应该是那种随着它自身每个特定历史阶段的生长活动和消亡活动辩证发展的规律。”语文的教学也同样要与人的生命发展同步，符合生命形式的规律，正因如此，教育家吕叔湘先生强调指出：“如果说一种教学法是一把钥匙，那么，在各种教学法之上还有一把钥匙，它的名字叫作‘活’。”而所谓“活”者，就是一种生气、动力,就是和谐、节奏,就是古人所谓的“慷慨以任气”“气扬采飞”（刘勰《文心雕龙》),“生气远出，不着死灰。妙造自然，伊谁与裁？”（司空图《诗品·精神》），“气韵生动是也”（谢赫）。

郭惠宇认为，让课堂有活力，让语文有生命，就要有一种灵动的语文教学形式，在课堂的整合中，在文本的解读上，在师生的互动间，体现出“气势”“气脉”和“气象”的美。

所谓气势之美，是就教学的整体感而言的。在中国传统美学中，“势”是指“气”运动中所呈现的“活动之趣”，是审美对象反映出的生命动能与势能。古人评李杜，说李白诗风，有时如“涛浪自涌”，不可遏抑，有时如“白云卷舒”“从风变灭”的豪放飘逸气势；而杜甫则有含茹万象、吞吐自如的气势。教学也如写文作诗，一个在教学艺术上有所追求的语文教师应当有自己的风骨。一节课有一节课的气势，一种文体有一种文体的气势，追求刚与柔的配合，动与静的和谐，疏与密的安排，雅与俗的穿插，自己的教学要逐渐形成自己的教学风格。

所谓气脉之美，是就教学的设计来说的。从审美的角度看，气脉之美表现为审美主体对事物内在脉动和节奏运行的把握与体验。气脉有时可以由型感知，可以目视或直觉；有时则必须全由神遇或心觉，方可得到。教学的气脉，则更注重前者。在教学设计中，要善于抓住文本中的一个词、一句话、一个细节、一个场景、一个行动等，将其统领全文，贯穿全课，一意贯之，一气呵成。如教《变形记》抓住“变形”二字，串起人物形象“变形”、社会心理“变形”、写作手法“变形”三个方面；教《林黛玉进贾府》以人物出场为教学线索，拎起全文；教《〈呐喊〉自序》紧扣“梦”字，借以剖析鲁迅的精神成长史。同时，郭惠宇认为，期望一篇课文、一堂课解决所有的语文问题是十分幼稚的，有时就要借鉴艺术手法中的连断、空白、虚实、收放等方式，留给学生丰富的想象空间，交给学生一个探索的领域，变被动为主动，从必然到自主。

所谓气象之美，是就教师个人的修养、人格魅力而言的。从微观的角度，气象之美是人的一种神采之美、优雅气质；从宏观的角度，气象之美是教师身上凸现的时代精神和人生感悟。所以，优秀教师的角色定位应当是一个思考者，一个精神世界的引领者，这样才能在语文教学世界中游刃有余。

郭惠宇主张，追求语文教学的灵动，不仅是教学形式的一种表现形态，更是对语文本源的一种阐释，是一种精神态度，是一种美学追求。它充分体现在灵活、创新、素养、激情和魅力等五个方面。

灵活：灵动的根本。“活”是灵动课堂的基本元素，“活”是教学艺术的生命，唯其活，才能使课堂显现出生命的力量，才能使灵动的教学艺术放出光彩。

创新：灵动的核心。灵动的教学，目的在于激发创新，成就创造。只有创新，方可在沉寂如死水的旧的语文教学模式中注入活水，增添活力；只有创造，才能真正落实教学所要达到的意图。

素养：灵动的保证。语文教师作为学生健康的现代人格的塑造者，既要注重不懈地优化自己的人格素养，又要在新课标背景下，明确自己的职业角色及教育职能，努力提高自己的职业技能和水平。

激情：灵动的翼翅。激情是体验语文韵味的情感支点，激情是体验语文趣味的兴奋剂和催化剂，激情充溢的课堂是充满生命活力的空间。

魅力：灵动的特征。魅力来自教师对教育理念的不断追求、不断反思和教学境界的不断升华，魅力来自从师生共生互学的关系中体验到的令人陶醉的语文之趣、语文之味。

追求灵动的教学艺术，不仅需要我们具有灵活的教学设计，拥有灵巧的教学创造，更需要我们养成灵性的教学素养，激活灵敏的教学情感，进而形成灵通的教学魅力。只有这样，灵动的课堂才会像一首绮丽的诗，一篇跃动的散文，一件流光溢彩的艺术品，让人赏心悦目，让人流连忘返。

三、郭惠宇教学智慧的艺术呈现

（一）精粹：妙造自然，伊谁与裁？

空潭泻春，古镜照神。体素储洁，乘月返真。

——司空图《二十四诗品》

精粹，即“精练纯粹”。聆听郭惠宇的课，第一印象是“精致细密，韵味纯粹”。他十分擅长找到文本“牵一发而动全身”的“穴位”，通过这几个点或环节，像一位娴熟的向导一样，引领学生走进文本风光无限的艺术殿堂。

（1）醇厚：追求至纯语文味。精益求精、追求绝妙是郭惠宇几十年来在语文教育上一贯的品质。无论课文内容多么庞杂，篇幅多么冗长，他都善用慧眼去挑选，长于巧手设计，只为语文课始终姓“语”！例如，《米洛斯的维纳斯》历来被认为是颇有难度的一课，不少老师将这一课上成美学欣赏课。郭惠宇将重点确定在阅读能力的培养上，一方面在目标的定位上，追求阅读方法的层次性，成功传授了三种读解文本的方法：循句贯通，以文解文，勾上连下。另一方面围绕中心句，施展“读文谈美”和“质疑评价”两个环节。这样，教学内容集中，目标明确，处理上自是胜人一筹。他一直努力追求课堂教学中属于语文的精致，曾如是说：“追求精致的语文课堂，是试图要求教学的每个环节甚至是细节更加合理，小到一个开场白、一张幻灯片、一种提问方式、一个肢体语言，大到教学目标的精准定位、学习内容的有效整合、课堂结构的合理安排等。要做到精致，就要善于简化、巧于整合、精于取舍。”熟悉郭惠宇的人，都称赞他是个地道的完美主义者。

（2）钩玄：寻找最佳突破口。老子曰：“少则得，多则惑。”为此，文本的教学处理就需要探索精微，提要钩玄，正如韩愈所谓：“记事者必提其要，纂言者必钩其玄。”（《进学解》）郭惠宇活用了钩玄策略，善于抓住文本的重点与实质，在取舍上表现出大智慧。

他获得第三届“语文报杯”全国中青年教师课堂教学大赛高中组的一等奖第一名，当年参赛篇目是《一碗阳春面》。在赛课中，他以鉴赏小说的情节为突破口，从母子三人四次去北海亭面馆吃面的时间、碗数、衣着、行动、语言等方面入手，抓住母亲四次买面的问语，引导学生仔细诵读，读出情节的变化，读出人物的心理和性格，读出特定的文化信息。四句问语牵动全篇小说，十分生动地诠释了“四两拨千斤”的道理。钩玄，就是既善于抓住文本的主脑与精华，捕捉文本最大的亮点，又长于激发学生的兴趣与激情，最大限度地震撼学生的心灵世界，引领学生“看到一粒沙中的世界”，“看到一朵野花中的天堂”（布莱克语）。

听郭惠宇的课总会感觉到纯而不腻，精而有味，余音绕梁，回味无穷，你会自然进入“空潭泻春，古镜照神”的纯净境界，沐浴他那精湛的教育艺术所发出的清明照人的光辉。

（二）简约：不着一字，尽得风流

海风碧云，夜渚月明。如有佳语，大河前横。

——司空图《二十四诗品》

简约不是简单，而是用貌似简单的内容去巧妙地演绎广博而隽永的教育理念。简约的美感来自语文教育以点带面的切入点、主次分明的层次感和穿越时空的透视力与纵深感等方面。郭惠宇一向注重教材处理的点与面、主与次和内与外的关系。

（1）点与面：追求知识的网络化。长期以来，高中语文界一直存在"去知识化"的不良倾向，这直接导致了学生越来越厌学、语文教育质量不断滑坡的严重后果。郭惠宇的语文课始终重视语文知识的精要实用与必要的系统性，尤其重视程序性知识的传授与训练，这为学生的终身学习打下了必要的知识基础。

在教学《登高》《蜀相》时，他设计了"诵读感知，觅得诗趣""参照比较，探得诗心""涵泳字句，品出诗味"三个环节。这本身就是鉴赏诗歌的程序性知识，很好地起到了举一反三的示范引领作用。其重点是讨论并学习"情景交融"与"借古伤今"两种常用的抒情方式，可谓抓住了两诗的知识要点，为以后进一步迁移鉴赏诗歌的能力起到了必要的奠基作用。

（2）主与次：实现能力的立体化。郭惠宇根据语文能力培养的需要，确定教学目标时让每篇课文都有一两个明晰的教学重点和若干个非重点；然后，把每课的教学重点与非重点有机地组合起来，就自然形成了学生基本能力的链条或系统。而且，随着教学内容的推进与变换，这些能力点又在不断循环地得到巩固与强化，为学生今后能力的发展打下了厚实的底子。

文言教学常困扰于"文""言"的取舍，郭惠宇自有他自然和谐的教学手段。教《石钟山记》时，他不偏废文言现象，而是将虚实词的解惑、句式的变化穿插在对"三笑""三问"的点拨、讨论、分析之中，以少驭多，以主带次，不仅夯实了学生的文言底子，打通古今语言样态，更让学生体会到了文章构思的精巧、行文的自如、章法的周密。他充分展示文章的内在逻辑，同时借以培养学生的质疑与探究的勇气与习惯，挖掘经典作品的核心价值。所有这些对学生未来的发展，无疑是十分必要的。

（3）内与外：促成素养的自生化。这里的“内”指的是课内的、当前的与课标规定应该掌握的语文知识、能力、习惯等基本要素；“外”指的则是课外的、以后的与终身发展所必需的语文素养。郭惠宇的课堂教学设计，在基于学生现状的前提下，不仅着眼于课标与教材上教学内容的学理规定，更瞄准未来学习与发展的素养要求。

他打破时空阻碍，打破文体、单元与课内外的壁垒，重新组合教学内容，灵活机变，追求通畅。以必修课为例，人教版第一册中，《小狗包弟》是一篇以“文革”为背景的回忆性散文，而《奥斯维辛没有什么新闻》则是以20世纪人类历史上的一次大劫难为背景的一篇新闻报道。二者都是重大的历史背景下发生的事件，有着相似的主题：关于生命，关于人性。在教学中他破除单元局限，将它们组合在一起进行教学，既比较不同文体的叙事方式和结构特点，又站在审视历史、关注心灵的高度，引导学生进行阅读、体悟和思考，让学生在心灵震撼的基础上能有更深层次的追问和反思。

郭惠宇教授选修课《唐诗宋词选读》（苏教版）唐诗部分，改变教材依时为序的编排方式，而将31首唐代的作品，重新以题材为序，组合为诸如“怀古：怅望千秋一洒泪”等8个板块，带领学生穿行于古人不同的生活领域内，游走在从初唐到盛唐的时空，体会着与学生一起对教材颠颠倒倒、翻来翻去的乐趣。

变化多端，奥妙无穷，带给学生“海风碧云，夜渚月明”般的清新深沉之享受，这就是郭惠宇的语文课又一魅力。

（三）纤秾：采采流水，蓬蓬远春

乘之愈往，识之愈真。如将不尽，与古为新。

——司空图《二十四诗品》

“纤细稠秾，谓之纤秾。纤，指纹理细密。秾，是色泽葱郁。它质地细，密度大，色彩浓，组合匀。”（语见王明居先生《诗风格谈》）这里，借用“质地细，密度大，色彩浓，组合匀”评价郭惠宇教学特色是名副其实的。“纤秾”与“精粹”看似矛盾，其实两者是辩证统一的关系：前者是教学内容带给人的醇厚美感，而后者是文本处理艺术所折射出的智慧光芒。

（1）点染：使习得美在过程。“点染是画家手法，有些处加点，有些处渲染。这里借来指有些处点明，有些处烘托，点明后用景物来烘托，更有意味。”（周振甫《诗词例话》）有过几年习画经历的郭惠宇，可谓深得其中的奥妙。郭惠宇将这种传统加以借用并改造，用得轻松自然，不留痕迹。在他的课堂里，“点”演变成为引导、点拨、总结、提炼、升华；而“染”则是铺垫、过渡、转接、举例、引申等，这样就实现了“点与面”“实与虚”“知识与能力”“重点与一般”的辩证统一。

教韩愈的《师说》，他改变文本原有的教学程序，从课文的第二自然段开始，在古之圣人与今之众人、父耻学与子“小学”、“君子们”与百工之人对待学习的不同态度和方法的对比中，让学生感受到了中唐社会人们“耻学于师”、世风日下之弊端，随后他激情迸发：

“在经历安史之乱的重创之后，大唐王朝的辉煌与严整已日渐消散了，纲纪崩溃，仕宦昏暗，浮躁浅薄，甚嚣尘上；只有一些对王朝还未完全失去信心的志士文人才会忧心忡忡，才会不平则鸣，才会大声疾呼，才会抒写自己的愤慨，才会以文载道……”

当学生的情感与作者有所贴近时，他才将课文的第一自然段和最后的内容水到渠成地融为一体，先“点”后“染”，让学生真正地领悟从师的意义、作用和标准。

（2）绵密：让历练醉在所得。沉浸在郭惠宇的课堂里，你会感受到课堂中精深的教学理念、睿智的教学艺术、充沛的思想情愫和丰富的语文元素。对学生而言，每节课的学习自然也是收获丰足的。

在教学余光中《听听那冷雨》时，他引领学生从诗意的漫想、诗性的意境、诗化的语言和诗人的气质四个方面赏鉴这篇诗化散文。首先，启发学生理清文脉，然后又从具有画面感、动态感、色彩感、朦胧感和空灵感的特有意象入手，让学生理解散文的凄清、幽雅的意境；然后揣摩文中叠词运用的音韵效果、句式整饬的审美特点、长短错落的复杂意蕴，进而感知作者对整个人生、历史的哲理性体悟；最后，从诗歌、散文、评论、翻译“四度空间”感知诗人的气质。最令人难忘的是他指导学生对诗化语言的揣摩玩赏，可谓细致入微，匠心独具，令人陶醉！

以其中揣摩长句为例：

雨是一种回忆的音乐，听听那冷雨，回忆江南的雨下得满地是江湖下在桥上和船上，也下在四川在秧田和蛙塘下肥了嘉陵江下湿布谷咕咕的啼声。

郭惠宇将文中的这段话定格，放大，和学生一起推敲作者刻意将文句拉长，造成文字稠密、意象繁复的效果，引导学生在不变动原文的基础上，对文句做不同方式的切分，居然讨论出四种不同切分、朗读方式，新奇有趣。透过文字的变化，雨如回忆的音乐，带领学生领略了江南与四川不同的雨中即景。通过文体互换的方式直观地显现出余光中散文的诗性特质，从而让学生获得了对语言意味丰厚、解读多元的阅读体验。

郭惠宇的课就是这样一往情深地诠释着真切的纤秾之美，无论教学什么内容，都给人“如将不尽，与古为新”的独特之美。

（四）圆浑：超以象外，得其环中

具备万物，横绝太空。荒荒油云，寥寥长风。

——司空图《二十四诗品》

在《现代汉语词典》中，“圆浑”有一种解释为“（诗文）意味深厚，没有雕琢的痕迹”。用圆浑来形容郭惠宇的教学风格是再恰当不过了。郭惠宇的课设计自然，底蕴深厚，理念精深，贯通自如，仔细玩味如同品尝隔年的美酒，香醇馥郁，回味悠长；又如观赏出水的芙蓉，生气勃发，自然清纯。

（1）遵道，还语文教育以生命。我们知道，教育的最终落脚点是致力于培养真正的人，让每个人都能幸福地度过一生。可是我们当下给了学生多少生活的信心和勇气？又有多少人关注他们今后的人生幸福？那么，语文课堂如何实现对生命的关注？郭惠宇的成功做法如下：

首先，用教师的生命激情去唤醒学生生命的情愫。如教辛弃疾的《水龙吟》，一般教师都习惯让学生去感受词人的心境，而学生可能会漫不经心地说出悲愤、无奈、哀叹、痛苦等，他们是在对词作加以总结和概括，而不是感受，他们可能就没有真正走进人物的内心世界。而郭惠宇教学时巧妙地抓住“英雄泪”这三个字，不断追问到底为谁流泪，到底是怎样的一个英雄，又会有谁来揾泪，然后再来感受词人的内心世界及探讨学生心中的辛弃疾时，你分明能看到他们感动的表情。

其次，用师生的生命意识去发现文本世界的生命图景。郭惠宇善于引领学生去寻找文本世界的美，发现文学形象的美，体察大师心灵的美；善于引领学生追求刚与柔的配合，动与静的和谐，疏与密的安排，雅与俗的完美结合；善于引领学生去发现言语之外情感深处的美丽，去营造传递情感相互体验的生命交流场，去发现文本世界中精彩的人生。

教学《定风波》时，他没有急于给苏轼的人生意义贴标签下定义，而是先着力于还原一个真实的苏轼，一个有爱有恨有愁苦有放浪的活生生的人，从那“风雨斜阳”中去重温曾经遥远的故事，从吟啸徐行的形象里体会“任平生”的心绪，从多舛的人生遭际中感受“无雨亦无晴”的超然淡定，使学生终于明白了语文“美”在意境的揣摩、形象的分析、情感的体验中袅袅飘散……于是，一个真实的苏轼便向我们走来。

（2）归本，求语文学习以有用。郭惠宇特别重视语文的实用性，他理解的“有用”，不仅关乎学生切近的利益：丰厚的词语积累，娴熟的语言运用，缜密的阅读能力，良好的写作技能，甚至包括熟练的应试技巧。其还体现在于学生精神生命的成长“有用”，于学生言语能力的发展“有用”。多年来，郭惠宇通过开设校本课程、开展研学、开设选修课、发动学生调查地方文化等丰富多样的教育形式，对学生进行思想道德、学习习惯、研究方法、沟通技巧、总结反馈等方面的全方位教育，让学生在喜闻乐见的活动中、在耳濡目染的熏陶中养成了良好的综合素养。例如他在开设选修课《〈史记〉选读》时，连续让两届学生完成研修作业，让学生选取最令自己心灵震撼的篇目写出小论文或创作文学作品，编订成册后发给每个学生留作纪念，他特别在意利用经典强大的育人功能去引导学生由读史升华到读人、读心……让《史记》成为在孤寂中找到慰藉、在黑夜里找到光明的一盏灯，成为学生健康成长的精神密码与生长基因。

总之，无论是郭惠宇的语文课还是他所进行的语文实践，都充满了生命生长的力量，都蕴含着“具备万物”又“超以象外”的“圆浑”，实在是一种难得的境界！

四、郭惠宇教学智慧精品片段聚焦

片段一：

一碗阳春面

师：大家一定注意到母亲四次进北海亭面馆说的第一句话，找出来我们一起讨论讨论。（学生翻书）找到了吧？请一名同学说说。

生：母子三人吃面的时候，第一次，母亲说："……唔……阳春面……一碗……可以吗？"第二次，"……唔……一碗阳春面……可以吗？"第三次，"……唔……阳春面两碗……可以吗？"第四次，母亲很平静地说："唔……三碗阳春面，可以吗？"

师：我们来研究一下，文字背后的意思到底有什么不同？先看第一次，请一名同学朗诵一下，读的时候，应该想想在当时的情形下，她应该怎么说出这话。

生（平静地）：……唔……阳春面……一碗……可以吗？

师：想想为什么这样读？要读出什么感情来？

生：很羞涩、怯生生的感觉。

师：怯生生的感觉，我感觉你说得好像吃饱了肚子似的。（学生笑）再想想。

生（迟疑地）：……唔……阳春面……一碗……可以吗？

师：嗯，感觉好多了，注意它中间的省略号，"唔"后面停顿的时间稍久一点，对吧？那么，想想原因是什么？为什么这样？

生：因为他们是三个人来吃，却只要一碗面，觉得有些不好意思。

师：仅仅因为这个吗？是什么原因使他们三个人吃一碗阳春面？

生："实在是，因为你们的父亲死于交通事故，生前欠下了八个人的钱。我把抚恤金全部还了债，还不够的部分，就每月五万元分期偿还。"嗯，所以，她完全是靠她一个人工作来养活这个家。

师：丈夫死于车祸，背上很多债，除此以外，还有没有了？

生：还有她的两个孩子要上学、吃饭。

师：对，非常好，还有两个孩子等着她去养活！她得养活这个家。所以，你看这个时候说这句话应该是什么心情？断断续续，吞吞吐吐，低低怯怯，是吧？反映了她一种忐忑不安的心情，生怕老板夫妇怎么样？

生：看不起她。

师：因为她只要一碗阳春面，而害怕别人拒绝她，甚至嘲笑她。丈夫死于车祸欠下一大笔债，拖着两个孩子……窘迫的生活，艰难的日子，所以她要选择在什么时间来？

生：在其他顾客都走了以后。

师：对，是在大年夜十二点，这样一个时刻，这样的一碗面，对吧？这样分析后，你能不能再读一下，读出人物的心情？

生（稍有羞涩感）：……唔……阳春面……一碗……可以吗？

师：好，这是第一次，接下来再看第二次。这句话与前一次有什么不同呢？

生：这一次把“一碗”提到了“阳春面”之前。

师：这个位置的改变说明什么？

生：说明她的内心比上一次来吃面时有了较大的改变，已经没有上次来时那么羞涩。

师：没有那种羞涩感，为什么？

生：因为她已经可以面对丈夫死后那种困窘的生活。而且去年老板夫妇没有拒绝她，又多给她一点面，所以，这一次来，她想老板应该也不会拒绝她。

师：对，他们有了一次成功的经历了，所以，心情平静了许多，对吧？所以，说话时数量词悄悄地移位，反映的是内心的秘密。再来看第三次。

生：第三次阳春面改成了两碗，说明他们的生活改善了。

师：从“一”到“二”反映了他们生活的改善，这时，母亲也“怯生生地”和前两次一样吗？

生：不一样。因为他们的生活已经有所改善，并且前两次都没有被嘲笑，不再害怕，还还清了债务，心情多少有点喜悦。

师：对，一种初步征服困难、征服厄运之后的轻松，一种如释重负般的喜悦。所以，碗数由一碗到几碗？

生：两碗。

师：两碗，好，请坐下。经过了这样三次变化之后，第四次，到了十多年以后，那么，又该有什么特点？这里，我先把这第四次母亲说的话读一下，我读出几种不同的语调，你们听听看哪一种比较恰当？（怯生生地）唔……三碗……阳春面……可以吗？（骄矜且命令）唔，三碗春面可以吗？（平静而又自信）唔……三碗阳春面，可以吗？你们看哪一种比较好？

生：我觉得第三种。因为这时候妇人已经彻底地摆脱了困境，比较平静。

师：请注意，母子三人路远迢迢回到这个地方，故地重游，按理说应该有点得意。为什么会用第三种口吻说话呢？

生：因为这个地方给了她鼓励，她对这里有留恋之情。

师：从人物的角度看，反映了人物什么样的品格？

生：淡定、谦虚。

师：对。战胜厄运时隔十年之后，母子三人故地重游来吃这碗面。所以，读的时候，“唔”后面稍微停顿，然后一气呵成，要读出一种自信和平静的语气，其实那妇人表面上平静，内心真的很平静吗？我看不一定，内心是很激动的。这中间有对艰难岁月的深情回顾，有靠自己努力摆脱厄运的自豪，有踏上人生新起点后的那种喜悦之情，那种自信感。然而，说话时是那么从容、自信，而且又很平静，毫不张扬。这种情绪就像流行歌曲的一句歌词，所谓“平平淡淡——”

生（齐声）：才是真。

师：对，“平平淡淡才是真”。所以，把握了特定情节中人物的语言特点，可以更好地了解和分析人物形象。

【品评】

这是郭惠宇在全国比赛上课的片段。他发现了母亲四次来北海亭面馆吃面时不同的言语，把这一细节放大，看人物的不同心理，研究言语背后的故事，归纳出人物的品质，以一发带动全身，以一点激活前后，环环相扣，步步紧追，终于水到渠成。

既然是研究人物语言，他便耐心地指导学生读准、读好人物的四句话，甚至自己也参与进来，一起细心地品味语言，一点点化开，这对提高学生的文学鉴赏能力，对增强其语言运用的悟性有极大的帮助。

片段二：

兰亭集序

教学《兰亭集序》时，郭惠宇在弄清字词、疏通文义、理清结构之后，请学生用一个词概括王羲之“乐之由、痛之因、悲之源”，在明确了“俯仰”一词后，提出了三个问题。经过学生分组讨论后，逐个解决。

问题一：兰亭聚会，俯仰之间，“乐”在何处？

指导学生对内容加以分类提炼，最后教师总结如下：

地胜：	崇山峻岭　茂林修竹		
	清流激湍　映带左右	环境优美之乐	
事趣：	流觞曲水　一觞一咏	相聚诗酒之乐	
时美：	天朗气清　惠风和畅	气候宜人之乐	
人杰：	群贤毕至　少长咸集	名士相聚之乐	
兴雅：	仰观俯察　游目骋怀	生活美好之乐	

问题二：“人们常说‘好花不常开，好景不常在’，‘天下没有不散的筵席’，第二部分中，作者表现了人生俯仰的哪些‘痛’？”

对相关文字梳理之后，找出“所遇既倦”“所欣已陈”“终期于尽”三句话，逐一分析其间包含的生命意识，得出“痛”包括：痛之一，生命本体永难满足的内在欲望；痛之二，外在世界的流转不停无法掌控；痛之三，个体生命的短暂有限毋容抗拒。

问题三：第三部分中俯仰古今，其“悲”与“痛”是一样的情感吗？作者“悲”什么？

引导学生区别“痛”与“悲”的对象差异性，防止误读，然后借《古文观止》评语明确，作者是悲“当时士大夫务清谈，鲜实效，一死生齐彭、殇，无经济大略”的人生态度，再用王羲之的两则逸事（“东床快婿”“题书姥扇”）和王羲之的简历来看作者是如何积极用世、成就人生的，最后用周国平的一段话结束课程：“一个人只要认真思考过死亡，不管是否获得使自己满意的结果，他都好像是把人生的边界勘察了一番，看到了人生的全景和限度。如此他就会形成一种豁达的胸怀，在沉浮人世的同时也能跳出来加以审视。他固然仍有自己的追求，但不会把成功和失败看得太重要。他清楚一切幸福和苦难的相对性质，因而快乐时不会忘形，痛苦时也不致失态。”

【品评】

文言文教学常常流于文言的串讲和文章基本结构的分析。郭惠宇在这里讲的内容在一般的教师那里似乎可以省略了，但他恰恰从似乎已经完成了讲课任务的地方出发，通过三个问题，更加深入地探寻经典文章背后的深刻内涵。三个问题各有能力侧重，第一个问题旨在培训学生梳理、筛选、概括的能力，有条理地抽绎出文字中不同的“乐”；第二个问题重在逻辑分析，使之学会切割不同含义的内容，真切地认识古人的思考力量；第三个问题引导学生学会辨析，并且站在人生的高度来理解活着的意义。不同的角度，不同的能力要求，“文”与“言”打通，把文言文上得很有立体感。

五、郭惠宇教学智慧经典课堂实录

听听那冷雨

（教室播放背景音乐《雨的印记》）

师：同学们，今天和大家一起分享一篇文章，文章的作者是——

生：余光中。（PPT 展示：余光中肖像）

师：知道他的作品吗？

生：《乡愁》。

师：对，《乡愁》。我们了解余光中是从他的诗《乡愁》开始的，一个人、一首诗、一个概念、一种情绪，弥漫在诗中。因这首诗，诗人还得到了一个雅号，叫什么？

生：乡愁诗人。（展示 PPT：《乡愁》——乡愁诗人）

师：好。诗人以他独特的视野，观照世界，体察内心。那么他以诗的眼光、诗的语言、诗的心灵来看雨会是什么样的呢？今天我们一起来感受诗性的光芒，品读余光中先生的散文《听听那冷雨》。（PPT 展示：感受诗性的光芒——品读余光中的《听听那冷雨》）从题目中我们就能知道这篇散文的描写对象是什么？

生：雨。

师：对，雨。（板书：雨）

师：我想请大家说说，你在读文章时，看到作者给我们讲述了哪些雨？

生：首先他题目说的是冷雨。还有春雨。

师：在不同季节的雨。还有什么雨？

生：有山中的雨，还有打在树上和瓦上的雨、竹楼上的雨、日式古屋里的雨。

师：不同地点的雨。

生：如果从时间上还有现在的雨、过去的雨。

师：对，眼下的、当下的，更有过往的记忆中的雨。

生：还有他在美国时候感受到的雨……

师：对，那是异域的雨以及看异域的雨的感受。还有——

生：还有那个霏霏不绝的黄梅雨，干干爽爽的故乡白雨。

师：故乡白雨，实际上就是什么？

生：雪。

师：雪，是雨的另外一种幻化形式。还有呢？

生：还有他在丧子苦痛中感受到的鬼雨。

师：那个鬼雨是不是真的实际下的雨？

生：不是。是作者心里的雨。

师：心灵的雨。好，文中的雨有实的雨，如不同季节、不同时间、不同地域的；还有虚的雨，比如说心灵的雨。还有哪些地方写了虚的雨？

生：汉字中的雨。汉字中与“雨”部首相关的字，还有诗里的雨。

师：对，唐诗宋词中有着绵绵密密、淅淅沥沥一场又一场的雨。但作者在“雨”字前加了一个字，叫——

生：冷雨。

师：对，冷雨。（板书：冷雨）有很多心灵的雨：酸雨、苦雨、暖雨、喜雨……但为什么要用“冷雨”？当自然界的某个事物进入到诗人、作家的视野之中，它就可能不完全是原先那个物象了，它变成什么？

生：意象。

师：很好，意象。若干个意象组合而成就变成一个独特的意境，作者要通过它传递一种独特的情感。那么，文中作者要传达什么样的感情呢？请在文中找到作者表达自己思想的关键句。

（学生寻找关键句，教师巡视指导）

师：对，关键句的位置一般在段首、段末。你觉得哪一句能表达作者的思想？

生："一位英雄，经得起多少次雨季？……前尘隔海。古屋不再。听听那冷雨。"

师：你读的这段文字，哪句最能传递作者想表达的主题？

生：前尘隔海。古屋不再。

师：为什么？

生：因为这句话的"前尘"应该是指大陆，反映故土难归的意思吧。

师：那古屋呢？为什么说"古屋不再"？

生：他在台湾住在日式古屋里，而今现代化后的台湾，很多古屋以及一些古老的遗迹都不在了。那一种时代的心境，也随之而去了。

师：很好。故土的阻隔、文化的失落，让作家的心感到无尽的凉冷，所以他要着一"冷"字。（板书：前尘隔海，古屋不再）

师："前尘"大陆，隔着浅浅的海峡。诗人离家多少年了？

生：25年。

师：25年一直不能和它亲密接触，自由往来。而古屋——作者曾经有过的那些极具诗意的居所，现在也都因为居住在钢筋混凝土的笼子里，那份心绪消解了。所以，"冷雨"前有一个字是——

生：那。

师：对，那冷雨。（板书：那）为什么用"那"冷雨，而不用"这"冷雨？

生：他的雨是从眼下的雨写起，但他更多的是写对那个和他有着距离感的、曾经的故土的依恋，对文化衰落的那份眷恋。这是他"冷"和"那"的意味所在。

师：好，那既然要写雨，一般我们都用什么样的感觉方式来感受雨？

生：视觉。

师：对，是用眼睛看。但是这篇文章用什么？

生：听，还有嗅。

师：对，他听听那冷雨，他看看那冷雨，同时，他还要嗅嗅闻闻，（依次板书：听、嗅、观）还有呢？

生：舔。

师：但文中，他有没有写到自己怎么舔冷雨啊？

生：没有。

师：好像没有，我估计雨也不好吃。（师生笑）文章是从什么地方开始写听雨的？我们把关键句齐读一下。

生（齐读）："雨不但可嗅，可亲，更可以听。"

师：好，这句话承前启后。后面部分专门写听雨，前面写嗅雨，写观雨。显然，这嗅、观和听是什么关系？重在写听，偏又在前面写一点嗅和观，是什么方法？

生：衬托。

师：很好，衬托。围绕着听、嗅、观，大家读余光中的这篇散文时，印象最深或者自己最喜欢的是哪一段？哪一处最能表现雨的姿态、雨的风采、雨的特点？

生："温柔的灰美人来了，她冰冰的纤手在屋顶拂弄着无数的黑键啊灰键，把晌午一下子奏成了黄昏。"我觉得他写出了瓦和雨的关系，而且语言比较美。

师：美在什么地方？

生 1：他把瓦和雨写成了两个人一样。用了拟人的方式，像灰美人，"她冰冰的纤手在屋顶拂弄着无数的黑键啊灰键"，很贴切。

生 2："听台风台雨在古屋顶上一夜盲奏，千哼海底的热浪沸沸被狂风挟来，掀翻整个太平洋只为向他的矮屋檐重重压下，整个海在他的蜗壳上哗哗泻过。"我觉得这段他把雨写得像是海一样的感觉，雨是海的一种化身，然后淋在他的屋檐上面，体现出诗人是很有诗意的，他很热爱这个世界，这个自然。

师：对，特别激情澎湃，感到雨的威势。

生 1：我喜欢这一细节："浓的时候，竟发出草和树沐发后特有的淡淡土腥气，也许那竟是蚯蚓和蜗牛的腥气吧，毕竟是惊蛰了啊。"他写出雨中带有一丝气味，非常真实。因为一般人仅仅是看一看雨的某些形态，但是作者在这里把气味都写出来了。

生 2：我觉得第六自然段有意思。"台湾湿度很高，最饶云气氤氲雨意迷离的情调。”然后他描写在台湾看到蒙蒙的雨，“溪头的山，树密雾浓，蓊郁的水汽从谷底冉冉升起，时稠时稀，蒸腾多姿，幻化无定，只能从雾破云开的空处，窥见乍现即隐的一峰半壑，要纵览全貌，几乎是不可能的”。它好在表现雨的朦胧美，乍现即隐的感觉写得非常让人向往。

师：嗯，他把感觉的细腻透露出来，他把雨景的真实也再现给我们。刚才四位同学讲到的每一段，可能就是一幅画，一副真切的独特的雨景图。这情形，在诗里我们叫它什么？

生：意境。

师：对，就是意境。诗人通过一幅幅雨景图写了一篇极有意境的散文。所以，我们说（展示PPT），有意境的散文擅长把握内在的情感节奏，从景切入，给人以画面感、动态感、色彩感、朦胧感和空灵感。通过有限的物象使意境进入无限的时空，从而对整个人生、历史获得一种哲理性的感悟。

我还特别喜欢文章的第七自然段，“大陆上的秋天……”，我们一起来读一下。（齐读）

师：你看，作者在写雨的时候把自己融进去，把对历史的伤痛融进去，把诗人的诗词融进去。于是在这浓密得化不开的画面中，我们能得到很多关于生命、志向的很多体味。好，理解这篇散文要特别注重两个字：意境。（板书：意境）到这里再看我板书的题目，“听那冷雨”，好像还没完。题目叫什么？

生：听听那冷雨。

师：对，听听那冷雨。那请问：“听那冷雨”和“听听那冷雨”有什么不同？

生：我觉得如果单说一个“听”字，就是一个简单的动作，就是听一下，戛然而止，而“听听”，有种细细品味的感觉。

师：嗯，听听，有品味、强调的意思，从读音的角度来看还有没有别的意味呢？

生：一个“听”字，读起来非常快，而“听听”读起来会舒缓一点，音韵会稍变慢点，会加入自己的很多感情，有一种绵长繁密的感觉。

师：很好。实际上“听听”从语言形式上它是什么形式？

生：叠词。

师：这篇文章中的叠词很多。大家一起圈一圈，看有多少。

（学生勾画找叠词）

师：我大致整理了一下。（展示 PPT：

听听　料料峭峭　淋淋漓漓　淅淅沥沥　潮潮　湿湿　潇潇　润润霏霏　非非　凄凄切切　点点滴滴　滂滂沱沱　淅淅沥沥　嗅嗅闻闻细细嗅嗅　清清爽爽　新新　淡淡　层层叠叠　蠢蠢　簇簇　虚虚幻幻清清醒醒　皑皑　苍苍　曲曲弯弯　冉冉　茫茫　铿铿　鳞鳞　轻轻重重轻轻　股股　潺潺　冰冰　黏黏　沸沸　重重　哗哗　滂滂沛沛　忐忐忑忑　斜斜　绵绵　冷冷　咕咕　潮潮润润　舐舐　最最　蒙蒙　翩翩　纷纷　嘈嘈切切　啾啾　咯咯　唧唧　干干爽爽　回回旋旋　深深）

师：思考一下，用这么多叠词有什么意味？我们先看一下最早的叠词出现在课文什么地方？

生：第一自然段。

师：好，我们一起来读一下。（展示 PPT）先是料料峭峭，继而雨季开始，时而淋淋漓漓，时而淅淅沥沥，天潮潮地湿湿。

（生齐读）

师：一段不长的文字总共有 8 个叠词，一眼看上去，基本上都是叠词了。你们有什么感觉？

生：我觉得这么多叠词读起来会让人觉得很有韵味，很有诗意。

师：诗意有味。是简单重复吗？再细细辨识一下。

生：8 个叠词里面，有 6 个偏旁是三点水，与文章描写的“雨”相关。读起来也有那种下雨的感觉。

师：对，这些叠词都与雨的声音、雨的意态有关。特定的氛围恰切地运用叠词。也许只有在听雨时才会有如此美妙的效果。

（展示 PPT）这里面凄切哀婉的声律，节奏变幻的递进，珠落玉盘的碎声，营造出一种轻淡空蒙而凄楚的氛围。

这样一种氛围很容易引起共鸣，产生思乡的、依恋的、凄楚的、哀婉的、伤感的情调。大家可以从中学会如何运用叠词，让自己的文章更具有一种声韵的美。（板书：声韵）

除了运用叠词，请看这三组语言，大家发现这有什么特点呢？（展示 PPT：

第一组：云情雨意　　断柯折枝　　乍现即隐

第二组：气象台百读不厌门外汉百思不解的百科全书。

第三组：树香沁鼻，宵寒袭肘。

疏雨滴梧桐，骤雨打荷叶。

那天下许是赵家的天下，那山水却是米家的山水）

生：透露的都是一种感情，很有节奏感。比如第三组，对照得非常工整。

师：对，对称式。再细看，每组是什么样的对称？

生：第一组是词语的两两对称。第二组是句中“气象台百读不厌”“门外汉百思不解”的短语对称，第三组是句子。

师：对。词内成对、句内成对、句间对称。那你说说这对称的形式有什么特点？

生：读起来会显得特别工整，有诗意。

师：嗯，工整诗意。事实上这种形式在什么文体里用得最多？

生：诗歌。

师：对，诗歌中用得最多，而在此文中随处都是。你会发现余光中非常喜欢运用对称性的句子。对称是中国人特别喜欢的一种审美方式，中国人无论是造房还是做人都讲对称——中庸。（板书：对称）对称运用使文章增加了很多诗歌的意趣。所以我们说（展示 PPT）音节整齐、讲究对偶、词义对举，呈现出一种特有的节奏感、音韵感和对称美，既可以增添文采，增强文章的吸引力和感染力，又增强阅读的愉悦感。

再看下面两个例子。（展示 PPT：

①杏花。春雨。江南。

②雨是一种回忆的音乐，听听那冷雨，回忆江南的雨下得满地是江湖下在桥上和船上，也下在四川在秧田和蛙塘下肥了嘉陵江下湿了布谷咕咕的啼声）

师：第一个例子是三个短句，短得差不多不能再短了。短句有什么特点？

生：简洁，节奏感强。

师：第二句话是什么句式？

生：长句。

师：够长的，不仅长，而且还好像少了标点，我们一起来读一下。（生齐读）

师：大家读的时候是不是感觉读不齐？不是大家读不好，读齐了才奇怪了。因为每个人在读到缺少标点的地方，都会有各自的理解，自然就很难读齐。大家觉得这没有标点的部分该怎么停顿呢？请找出停顿节奏，把这段话切分开来。

（学生划分停顿，教师巡视指导）

师：好，哪位同学做好了？读给大家听听。

生：回忆江南的雨下得满地是/江湖下/在桥上和船上/也下在四川/在秧田和蛙塘/下肥了嘉陵江/下湿了布谷咕咕的啼声。

师：嗯，这是一种停顿。有没有不同的意见？

生：回忆江南的雨下得满地是江湖/下在桥上和船上/也下在四川/在秧田和蛙塘/下肥了嘉陵江/下湿了布谷咕咕的啼声。

师：嗯，你们主要的区别是你说“满地是江湖”，她说“满地是/江湖下”。还有吗？

生：我的后面一句和他们不同：也下在四川在秧田/和蛙塘下肥了/嘉陵江下湿了/布谷咕咕的啼声。

师：嘉陵江下湿了？（生笑）

生：老师，这个语序不太符合中国的习惯。（生笑）他把这个“下肥了”做了一个状语，把它像英文一样排到了后面。嗯，我再想想。

师：好，再想想。他知道在中国诗歌里面一般没有这种句式，谁要像这样写古诗肯定会被打板子的。（生笑）尽管古诗没有标点符号，但它的节奏感是鲜明的。

生：我觉得他那个后置的说法在这里不是很正确，因为从这个句子里可以看出来，“下湿了”“下肥了”应该是一一对应的。“下湿了”应是江的提升，“下肥了”是雨下江变阔，水阔水涨。

师：好，你要相信你所坚持的，我肯定你未必是正确的。（生笑）

生：我觉得他这种写法是刻意的，因为这样可以给读者一种想象的空间，由读者自己去理解。

师：好，刚才的尝试使我们有了多种想法，每个人都有每个人的答案，只不过大同小异。总结一下，你们看，我列出了这么几种组合方式。我们一起来读一下：（展示PPT，学生读）

雨是一种回忆的音乐
听听那冷雨
回忆
江南的雨
下得满地
是江湖
下在桥上和船上
也下在四川
在秧田和蛙塘
下肥了嘉陵江
下湿了布谷咕咕的啼声

师：可以吧。你看是散文，还是诗？还可以再变化：（展示PPT，教师读）

雨是一种
回忆的音乐
听听　那冷雨
回忆江南的雨
下得　满地是江湖
下在桥上和船上
也下在四川
在秧田和蛙塘
下肥了嘉陵江
下湿了布谷咕咕的啼声

师：还有，再来看：（展示PPT，教师读）

雨
是一种

回忆的音乐
听听
那冷雨
回忆
江南的雨　下得满地是
江湖
——下在桥上和船上
也下在四川
——在秧田和蛙塘
下肥了嘉陵江
下湿了布谷咕咕的啼声

师:我在组合的时候,发现有几个是固定的,下肥了什么,下湿了什么。后来我再变变,又出现一种:(展示PPT,教师读)

雨是——
一种回忆的音乐
听听那冷雨

回忆江南的雨
下得满地是
江湖下
在桥上和船上也

下在四川
在秧田和蛙塘下
肥了嘉陵江下
湿了布谷咕咕的
啼声……

师:行吧,似乎也很有味道。于是我们就知道,原来作者在——(展示PPT)用如此有歧义、倒装又兼拟人的句式来增加文意解读的乐趣与迷离的气氛;如此刻意地将文句拉长,造成文字稠密、意韵丰厚的效果,更显新奇有趣。在这个过程中，作者创造了一种什么艺术效果呢？

生（思索）：错错杂杂。

师：错综。一种错综的、纷杂的、长长短短的、高高低低的不同的解读方式的审美感。（板书：错综）作者恰恰是用这样一种诗境来包裹、来描述他眼中看到的冷雨。好，最后，我们可以看到：（展示PPT）余光中先生一向用中文打造我们中国的文化长城，他两度离乡，因此酿成了一缕无法排解的乡愁；他学贯中西，却坚守中文——这一中国文化的长城。他特别迷恋对语言的揣摩淬炼，他曾经在《逍遥游》中说，他想在中国文字的风火炉中，炼出一颗丹来。他尝试把中国文字压缩、捶扁、拉长、磨利，把它拆开又并拢，折来且迭去，为了试验它的速度、密度和弹性。

诗歌的语言，诗性的语言，他在散文中玩熟了。我们每个人都在学习中国的语言、中国的文字，但是，我们发现作家和我们的差距在什么地方？他们善于把这种语言通过各种变化，像魔方一样，玩来转去，然后表达自己的思想，而我们常常缺乏这样的手段和方法。读这样的文章，想一想，也来尝试用更多的语言表达方式来表现。为什么余光中会有这样一种积淀？

（展示PPT）余光中一生从事诗歌、散文、评论、翻译，自称其为自己写作的"四度空间"。其文学生涯悠远、辽阔、深沉，为当代诗坛健将、散文重镇、著名批评家、优秀翻译家。年轻的时候，余光中戏称自己可以"以右手写诗，以左手写散文"。

他说的四度空间是——

生：诗歌、散文、评论、翻译。

师：对。（板书：诗歌、散文、评论、翻译）诗人正是因为有这样强的对语言驾驭的能力，才能如此圆润地用诗的语言、诗的方式来观照那一滴滴冷雨，来研究那一个个孤独而寂寞的心灵，来抒写内心的抱负，留下如此美丽的文字——《听听那冷雨》。诗人说："杏花。春雨。江南。六个方块字，或许那片土就在那里面。而无论赤县也好神州也好中国也好，变来变去，只要仓颉的灵感不灭，美丽的中文不老，那形象，那磁石一般的向心力当必然长在。因为一个方块字是一个天地。"

师：好。请大家回去做一个练习。（展示PPT：搜集整理有关雨的诗

文，探究一下雨中的文化情思）

附：板书设计

《乡愁》——乡愁诗人

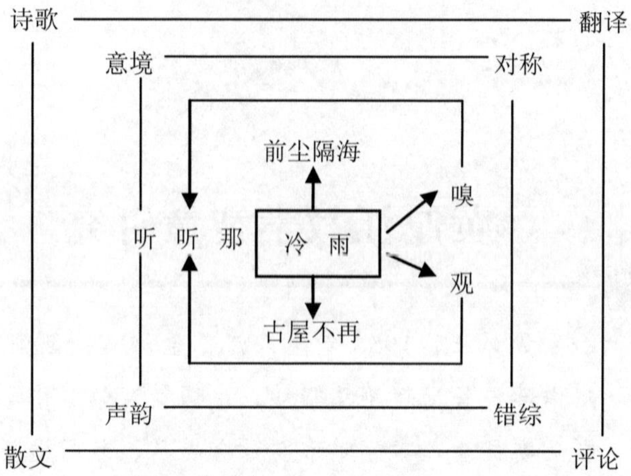

第十篇　黄厚江教学智慧研究

黄厚江，1958年生，江苏盐城人。现任江苏市苏州中学校长助理兼总督学，中国教育学会中学语文教学专业委员会理事、学术委员会委员、教师发展中心副主任，全国三新作文教学研究会理事长，江苏省中学语文教学专业委员会副理事长，苏州市中学语文教学专业委员会副理事长，苏州大学硕士生导师，南京师范大学语文教学研究中心研究员。首批国家教学名师，国家教学成果奖获得者，全国中学语文教学首批学术领军人物，全国优秀语文教师，江苏省语文特级教师，江苏省首批教授级中学高级教师，国标本苏教版初中语文教材编写者之一，国标本苏教版高中语文教材编写组核心成员，江苏省基础教育教学指导委员会中学语文学科专家委员，江苏省“333工程”培养对象，江苏省五一劳动奖章获得者。

黄厚江长期从事中学语文教学和研究工作，对中学语文教学有系统深入的研究，形成了鲜明的教学风格和系统的语文教学主张，倡导的“本色语文”和“语文共生教学”在全国具有广泛影响，曾获江苏省首届基础教育成果特等奖和江苏省首届教学成果特等奖，及全国教学成果二等奖。先后发表论文数百篇，其中发表在核心期刊的有100多篇，被（中国人民大学）《复印报刊资料》、《中国教育报》等报刊转载的论文近百篇。撰写、主编教材、教参60余部（套），课题研究、课堂教学和论文获省级以上奖项30多项，其中获省级以上一等奖20余项。在江苏省首届基础教育研究成果评选和江苏省首届教学成果评选中获得三项特等奖（唯一一人）。曾应邀在全国各地举办语文教学讲座数百场，执教公开课数百节，中国教育学会中学语文教学专业委员会等学术团体先后多次举办他的专场教学研讨会。《人民教育》和全国著名语文刊物《语文学习》《语文教学通讯》《中学语文教学参考》《中学语文教学》等刊物先后将其作为封面人物或进行专栏介绍。《江苏教育研究》《教育研究和评论》《江苏教育》等刊物都曾开辟专栏介绍其“本色语文”的教学思想和实践，《语文教学通讯》2013年第1—6期连载了研究他的“本色语文”和“共生教学”的系列文章。

有专著《语文的原点：本色语文的主张与实践》《你也可以这样教阅读——黄厚江共生阅读教学基本课型及典型案例》《你也可以这样教写作——黄厚江共生写作教学基本课型及典型案例》《享受语文课堂——黄厚江本色语文教学典型案例》《还课堂语文本色》《语文课堂教学诊断》《从此爱上作文课》《预约课堂的精彩》《黄厚江讲语文》和《论语读人：黄厚江老师解读〈论语〉》等多部。《语文的原点：本色语文的主张与实践》被评为“2011年最受教师欢迎的100本书”之一，获得苏州市名师发展共同体教学成果评选一等奖，《你也可以这样教阅读——黄厚江共生阅读教学基本课型及典型案例》被评为“2014年最受教师欢迎的100本书”之一。

曾发表长篇小说《淖边的孩子》。发表小说、散文、诗歌和杂文等作品百余篇。

一、黄厚江教学智慧的探索历程

（一）他从哪里走来

1974年黄厚江高中毕业后做过四年多非常地道的农民。这使他本来就纯正的农民血脉有了更为根深蒂固的农民意识。那四年，是他难忘的日子，也是对他影响深刻的岁月。好强的他绝不愿意和妇女、老人一起干活，而是要和强壮的劳力们一起做农活。他的劳动表现极好，深得大家的肯定。在当年他老家房子的墙上，贴满了他劳动的奖状，比他读书获得的奖不知要多多少倍。可以说，他是一个很地道也很优秀的农民。他干过很多又脏又重的活，跳进两三米深的粪坑淘粪，寒冬腊月到一望无际的几乎没有人烟的黄海滩头割草。那几年的生活使他对种庄稼和农民有了深切的理解，使他具有了更浓厚的农民气息。对农民的智慧，他也有了一种更强烈的崇拜。

1980年从师范学校毕业，他来到一个乡村中学工作。那是一所公社中学。他在一些文章中写道，那是他作为语文教师的第一站。那六年对他来说也是一个重要的阶段。他在以前的文章中谈过当时比较早的自发式的"教学研究"对于他后来成长的意义。现在想来，更有意义的是，那六年他没有任何束缚，没有任何限制，甚至没有任何目的的自由地摸索。没有人要求他，他自己也没有具体的目的。没有教研活动，没有集体备课，更没有统一的练习、月考、统考。这真正成了他"大有作为"的"广阔天地"。成功了，没有人鼓掌；失败了，自然也没有人批评。精彩，没有人夸赞；难堪，也不在意别人讥笑。无牵无挂，自由自在。

在农村中学工作六年之后，他来到了一所省重点中学。在这所学校，在那个教研组，他学到了很多。他想，假如他一直在那所农村中学一个人自由自在地干下去，一定走不到今天。首先，在这个学校他培养了严谨的治学态度。老师们备课异常认真，集体备课质量非常高，经常是一个半天不够，还要加上一个晚上，有时是一整天，有时候会接近半夜。备课强调统一，更强调细节。老教师对青年教师很关心，但要求也很严格。年轻的教师看到前辈很敬畏。这样的学风教风培养了他扎实的专业底子，也培养了他较强的应考能力。这如同一个孩子的成长和学习，小时候应该有必要的自由、必要的空间，甚至应该天真和单纯，长大了则必须要学会懂规矩、守规矩。在这所学校，他对考试有了更为深切也更为理性的认识。所以他常常说，在中国做教师不会对付考试，是不称职的；只会对付考试，是很可怜的；只会做题目对付考试，是很愚蠢的。他知道，这样想这样做是很没有境界的，但没有办法，他就是在那样的土壤里长大的。就像一个农民，知道吃饱肚子是一件重大的事；他知道，别人的孩子要高考，自己的孩子也要高考。

（二）行走在现实与理想之间

2005 年，《人民教育》的《名师之路》栏目约稿，黄厚江的文章题目是《行走在理想与现实之间》。他一直很喜欢这个题目。

有人问他，这几十年的路是怎么走过来的?

他说：一手拿着面包，一手拿着鲜花。

他一边想办法让学生考出好成绩，让家长开心，让校长放心；一边想办法把语文课上得更好玩，更像语文课，让学生喜欢，让同行认可，让自己有点享受。他一边为了备课读教参、做题目，一边写着文学作品，做着作家梦。他一边想调动进城，一边想成为一个优秀的乡村好教师。他一边参加比赛，想获奖，想写论文，乐此不疲地上公开课，想得到圈子里同行的认可，想赢得一点虚名；一边研究语文学习方法，研究语文课堂教学，探讨什么才是真正的语文课。他一边积极投身新的课程改革，学课标，编教材，搞培训；一边思考着课程改革到底是什么，语文课程到底应该改什么。他一边拼命抓分数，一边琢磨着怎么才能真正提高学生的语文素养。他一边向前走，一边向后看。这一切好像矛盾，而他就是这么过来的。

因为这样的生活姿态，所以他对语文教学中的很多矛盾都持“中庸”的态度。有人说他是个中庸主义者。他并不认为这话是批评。

中庸，是儒家的一种主张，是孔子的重要思想。“中”不是中间，不是在两个极端中找到中间的那个点，而是找到最适合的那个点。中庸之意，就是在处理问题时不走极端，而是要找到处理问题最适合的方法。中庸又称为“中行”，中行是说，人的气质、作风、德行都不偏于一个方面，对立的双方互相牵制、互相补充。中庸是一种折中调和的思想，也是一种具有强烈民族特色的文化。调和与均衡是事物发展过程中的一种状态，这种状态是相对的、暂时的。孔子揭示了事物发展过程的这一状态，并概括为“中庸”，这在认识上是了不起的贡献。中庸不是骑墙，是不偏不倚，是和而不同，是中庸致和，是执两用中，是权时而动。尽管他说自己并未真得中庸的精髓，但他不喜欢极端，他喜欢不偏不倚，他喜欢中庸调和。

在语文教学的一些问题上存在两端之间摇摆的现象。比如工具性和人文性的两性问题，课程改革的继承和发展的问题，守正和创新的问题，考试成绩和素质培养的问题，其他如学生主体和教师主体的问题，教学形式和教学内容的问题，接受学习和探究学习的问题，预设和生成的问题，感悟和积累的问题，自由写作和应试写作的问题等，都是如此。即使像如何理解教学目标，如何对待语文知识，如何认识训练，如何认识文体诸如此类相对比较独立的问题，也会在要与不要之间形成两端：或是没有目标跟着感觉走，或者就强调目标的课堂即时达成和实现；或以知识为中心，或者淡化一切知识；或全无训练，或全靠做练习；或简单淡化文体，或以文体为中心。对于新课程改革本身的认识也是如此，一些人走得很远，一些人一切照旧；公开课花样翻新，看上去理念新颖超前，平时的教学则仍是明确的分数追求；写文章做报告高谈阔论，大讲时尚理论，办学校上课堂依然是应试教育为主。这种种两端化的教学思维和教学行为，严重影响了语文教学的健康发展和新课程改革目标的实现，当然最大的危害是对孩子们的伤害。

而黄厚江和他的本色语文团队在这些问题上从不走极端，而是力求不偏不倚、执两用中。

他们认为语文教学必须大力进行改革，但又强调必须在继承的基础上追求创新，坚决反对为改而改、为新而新，坚决反对一概否定，他们坚持认为语文教学改革是改良而不是革命。他们积极追求语文教学的创新，但又竭力倡导在立足母语学习规律的基础上创新，在遵循语文教学基本规律的基础上创新，在守正中创新。他们承认考试成绩对于学生对于家庭对于学校的重要，但坚决反对简单化、极端化，甚至魔鬼化的背离学习规律、背离人性的应对考试，坚决反对把成绩作为唯一的追求，始终追求学生语文综合素养的提高。他们反对以教师为中心，但也不主张以学生为中心；他们认为语文教学不能没有目标，但又认为不必刻意追求目标的达成。

这些年，黄厚江积极倡导“本色语文”，他提出“语文本色教学”的系统主张，总结了“本色语文”的教学方法。他组织各种活动，通过各种方式推广语文本色教学，但他绝不偏执地认为，只有“本色语文”才是语文。“本色语文”的核心主张是“把语文课上成语文课，用语文的方法教语文”，但他们绝不提倡狭隘的语文观，绝不主张囿于“语文”教语文，而是以学生语文学习的综合素养提高为根本追求。他们也绝不简单化地拒绝用其他的方法教语文，只要能真正有益于学生语文素养的提高，他们也采用“非语文”的方法。他提出了“语文本色教学”的学生立场，但他也特别强调教师在教学中的重要作用。在他心目中语文课的最高境界是，一切应有尽有，一切又都为了语文，一切为了学生语文素养的提高。

本色语文观宣言：本色，不是守旧；本色，不是倒退；本色，更不是无为。本色，不排斥其他风格；本色，也不放弃创新；本色，更不停止更高更好的追求。本色，是语文教学的原点。你可以走得很远，但这里是出发地。可以说，在语文教学所有问题上，他们都坚持了不偏不倚、执两用中的立场，他们努力在所有矛盾中寻找那个“中间点”。

（三）不断拓展思想的天空

有人归纳出黄厚江 30 多年教学历程里有许多个“三”：

工作的三个学校：普通的乡村中学——一般省重点—全国著名中学。

关注的三个重点：考试的成绩—课堂教学的艺术—语文学科的使命。

教学研究的三个阶段：专业知识和教学内容研究—学习方法、教学方法研究—语文学科课程研究。

语文教学研究的三个目的：为生存—为发展—为热爱的事业。

还有人调侃地归纳出：自己一个人玩语文—跟着别人玩语文—带着别人玩语文。

关注的角度不同，但都有一定道理，而融于其中的，是他一直在努力拓展思想的天空。

1985 年，黄厚江在《中学文科》上发表的第一篇论文，谈的是关于课堂教学“追问艺术”的问题。30 多年来，他走过的道路，其实就是对语文教学不断追问的过程：为什么语文教学效率低下？什么是语文教学的科学化？语文教学应该有什么样的课程标准？语文到底是什么样的工具？语文人文性的基本内涵是什么？语文的工具性和人文性到底如何统一？语文教学到底要不要训练？语文知识在语文教学中有什么样的价值？语文三维目标中的方法应该怎样理解和体现？对这一系列问题，他都进行了深入系统的研究和思考，并立足教学实际提出了自己的观点。

新课程改革之中，语文教学出现了异化现象。语文被夸大了，语文被虚化了，语文被转移了，语文被萎缩了，语文课形式化了，语文课只剩下找答案了。面对这样的异化现象，他开始了对语文教学原点问题的思考：什么是语文？学生应该学什么样的语文？我们应该怎样教语文？学生应该怎样学语文？以对这些问题的思考为基点，他逐渐形成了“语文本色教学”的系统主张和操作机制。

二、黄厚江教学智慧的思想内核

经过多年的研究实践，黄厚江形成了系统的“语文本色教学”主张。以下是主要原创观点。

（一）课程主张

“本色语文”的基本内涵有三层，具体如下。

一是“语文本原”，即立足母语教育的基本任务，明确语文课程的基本定位。二是“语文本真”，即探寻母语教学的基本规律，实践体现母语基本特点的语文教育。三是“语文本位”，即体现语文学科的基本特点，实现语文课程的基本价值。本原，是目标和任务；本真，是规律和途径；本位，是方法和效果。

本色语文观认为：语文就是语文。

“本色语文”的核心主张就是把语文课上成语文课，用语文的方法教语文。“本色语文”对语文教学的基本定位是：以语言为核心，以语文学习活动为主要形式，以提高学生的语言综合素养为根本目的。“本色语文”要求教师按照语文的规律去教语文，学生按照语文的规律去学语文。这个规律包括了语文课程的规律，语文教学的规律，语文学习的规律等丰富的内涵。

语文不仅是学习的工具、工作的工具和交际的工具，更是人们精神生活不可缺少的重要工具。语文课程人文性的基本内涵是：培养学生对母语和民族文化的热爱；培养学生对生活的热爱和丰富健康的情感；培养学生独立的人格意识和良好的审美趣味。

语文的人文性总是体现在语文工具价值实现的过程之中。这种体现，应该是自然渗透的，而不是刻意强加的；是和谐融合的，而不是牵强附会的，更不是拔高的思想教育或人文教育。

（二）学科主张

语文课程的知识应该是一个中位概念。它既不是一般理解的狭义知识（只指一些显性的概念），也不是一般理解的广义知识（包含了学科的一切内容），而是介于这两者之间的中位概念。它首先应该是语文的知识，即它必须能够服务于学生的语文学习。其次，它必须既包含陈述性知识，又包含程序性知识，而且是两者的有机交融。最后，它必须能够满足学生学习语文的需要。知识在语文课程中的呈现，该遵循的原则是：（1）为教学服务；（2）为学生的学习服务；（3）不求系统，随机教学。

学生的语文学习不能没有训练，但训练绝不能死做题目，而是学生听、说、读、写等语文实践活动。语文教学科学有效的训练，应该融合于整个教学过程之中和整个学习活动之中；语文教学的整个过程都应该是一个有效的训练过程，语文课堂教学中一切意在提高学生语文素养的活动都是训练；遵循学科学习规律和教学规律的训练，才是科学有效的语文训练。

长期以来，语文教学效率低的主要原因，就是“结论教学”，也就是学习过程的缺失。所谓结论教学，即教学目的就在于让学生接受一个结论，而不是让学生参与和经历一个学习活动。其主要做法有三：一是结论传递，二是结论推导，三是结论印证。

新课程标准提出的三维教学目标，最关键、最核心的就是学习的“过程观”。对于语文学科来说，这个过程观主要体现在三个方面：（1）课堂教学的过程，应该是学生听、说、读、写的学习过程。要保证学生的学习时间，为学生提供学习平台，让学生发现问题、解决问题，让学生经历学习体验，享受学习快乐，获得学习成功。（2）语文学习的过程，应该是学生成长的过程。（3）教师要能组织有效的学习活动，有效引领和指导学生的学习行为，帮助学生的学习成长。

（三）课堂主张

1. 语文教学的课堂，应该是教师带着学生一起学习的“生生农场”。

2. 语文课堂教学必须遵循和谐原则、整体原则、适度原则和节奏原则。

3. 本色课堂的基本特征是朴实。朴，就是简，即教学内容简明，教学过程简捷，教学方法简单，教学手段简易；实，即有实在的积累，有实在的语文学习活动，有实在的语文能力训练，学生有实在的收获。

（四）阅读教学主张

黄厚江对阅读教学的基本定位：让学生在阅读中学会阅读，在阅读中获得多重积累，通过阅读提高语文的综合素养。所谓学会阅读，就是把握阅读的基本规律，掌握各种文体阅读的基本方法，养成阅读的良好习惯；所谓积累，既指语言的积累，也指生活的积累和语文学习资源的积累，还指思想的积累和情感的积累；所谓语文综合素养，就是包含了知识和能力，习惯和方法，同时也包括审美、情感、态度和价值观等多方面的素养。

阅读教学的基本策略：以文本理解为基础，以问题探讨为引导，以语言活动为主体。简单地说，就是文本理解—问题探讨—语言活动。但三者不是互相割裂，也不是机械拼接，而是互相融合，互相促进。文本理解不是阅读教学的全部，而是阅读教学的基础。问题探讨重在通过问题引领学生的阅读，培养学生阅读中发现问题、解决问题的能力；教师提出问题的目的在于引领学生的阅读活动，而不是寻找答案；学生解决问题的过程应该是学习成长的过程，教师应该为学生的问题解决发挥教学作用。阅读教学中的语言活动，丰富了阅读教学的内涵，提升了阅读教学的价值，主要为三个类型：一是指向文本解读的语言活动；二是指向语言积累、语言品味、语言运用的语言活动；三是指向语文综合素养提高的语言活动。

（五）写作教学主张

写作有两种基本类型：一种是指令性写作，一种是自由作文。两者之间既有联系，但又有着本质区别。它们在写作目的、写作过程、写作结果的呈现上都有着显著的不同。

黄厚江认为，为提高学生写作基本能力（包括应试写作能力）而进行的作文训练，一般都只能是指令性写作。

中学作文教学的基本任务，就是培养学生日常生活所需要的一般的写作能力，就是让学生能写平平常常的好文章。所谓“平常”，就是写平常事，说平常话；只求切题，不求新奇，只求主旨明确，不求立意深刻；就是朴素自然，不刻意求新，不刻意求巧。所谓“好”，就是文从字顺，言之有物，就是能清楚地表达自己的思想，就是能达到写作的基本要求。

中学作文教学的基本策略：一是自由作文和指令作文互补；二是营造学生写作的立体空间；三是散点训练和系统训练结合；四是作文教学要能作用于写作过程。

三、黄厚江教学智慧的艺术呈现

黄厚江的课堂和谐自然，厚实大气，生机勃勃，充满了活力。因为他创生了自己独特的教学方法：语文共生教学法。

“语文共生教学”是立足母语教学的基本规律和根本特点，依据“本色语文教学”的基本主张，运用共生理论协调语文教学种种关系和矛盾，实施语文课程教学，实现学生语文素养提高的教学方法。

如果说“本色语文”是针对语文教学中种种偏颇的认识和异化行为，在对语文教学的课程理解、阅读教学、写作教学、课堂教学和教学评价等诸多方面进行深入研究的基础上提出的系统的教学主张，那么，“语文共生教学”就是针对语文教学的结论化和过程缺失，在丰富的课堂实践和大量案例研究的基础上，运用共生理论总结提出的教学方法。他认为，语文教学的诸多问题之中，最突出的问题就是“结论教学”，也就是学习过程的缺失，这是语文教学效率低的主要原因。所谓结论教学，其教学目的就在于让学生接受一个结论，是把让学生获得已有的结论作为教学的任务，其教学过程或者是直接将现成的结论传递给学生，学生的学习过程就是被动接受现成的结论，或者整个教学过程就是为了推导、印证一个既定的结论。阅读教学往往是把参考书和各种资料甚至是各种试卷中关于文章理解分析的结论告诉学生，课堂上基本的活动就是老师讲答案，学生记笔记，教师提问题，学生找答案，课后就是做练习巩固已经知道的答案，甚至有些老师直接让学生背答案。写作教学，就是老师出题目，学生写作文的反复循环。学生就是反复写，教师就是打分数、写评语。所谓写评语就是给学生的作文贴一个结论性的标签，评价学生作文好还是不好，好在哪里，不好在哪里。作文课，就是讲写作知识，讲写作技巧，讲高考、中考的评分标准。从某种意义上说，这种结论教学其实既没有“教”也没有“学”；即使有“教”有“学”，“教”和“学”也是脱节的。

而共生教学就是着眼于学生学习过程的体现和改善，着眼于教和学的融合，着眼于阅读和写作等素养提高的教学方法。

结论教学的特征就是死。死的知识，死的方法，死的训练，死的过程，死的目标。教师死教，学生死学，上课死记，课后死练。

共生教学的特征就是活。活的内容，活的过程，活的教，活的学，活的课堂；我让你活，你使他活，师生共生充满活力的语文教学。

共生教学方法的提出有着充分的理论依据。一是母语有更加注重体验、注重感悟、注重积累，模糊性、整体性强的特点。二是“本色语文”把语文课上成语文课，用语文的方法教语文，按母语的规律教语文，按母语的规律学语文。三是运用共生理论物物共生的基本原理，协调语文课堂教学中教师与学生、学生与学生、主体与内容、内容与形式、文意与语言、阅读与写作，乃至素质与应试、创新与继承等矛盾，从而实现学生语文素养的提高。四是叶圣陶先生提倡的那样“教是为了达到不需要教”，以及在具体实践情境中发挥学生学习主体性作用和伙伴影响的思想。五是新课程改革学生主体观，学习过程观和教师引领观等基本理念。

“语文共生教学”有两个重要的核心纲领。

一是用阅读教阅读，用写作教写作。

用阅读教阅读，教师必须先阅读，要读出自己的感受，读出自己的体验，读出自己的思考，读出自己的发现。用自己的阅读引领学生的阅读，用自己的阅读感受引发学生的阅读兴趣，用自己的阅读体验激活学生的体验，用自己的阅读思考激发学生的思考，用自己的发现引导学生的发现。

用写作教写作，教师必须懂写作，必须亲历写作过程，必须有自己的写作体验，必须站在学生写的角度组织作文教学。用自己的写作引领学生的写作，用自己的感受引发学生的写作兴趣，用自己的写作体验激活学生的写作体验，用自己的写作经验引导学生的写作过程。

二是在阅读中教阅读，在写作中教写作。

重视教学过程的教学价值，让学生在阅读中形成阅读体验，在阅读中掌握阅读方法，在阅读中形成阅读经验，在阅读中培养阅读能力；让学生在写作中获得写作体验，在写作中掌握写作方法，在写作中形成写作经验，在阅读中培养写作能力。

重视教学现场的教学价值和学习价值，让学生互相激发阅读的感受，互相激发阅读的思考，互相激活写作的体验，互相激活写作的思路。

语文共生教学法的课堂结构是“树式共生课堂结构”，可以概括为：“一个点，一条线，分层推进，多点共生。”如果用一个比喻说明，就是精选一粒种子，长成一根主干，伸开根根青枝，萌发片片绿叶。

一粒种子，黄厚江称之为共生原点。

所谓共生原点，既是共生教学展开的出发点，又是教学过程展开的支点，它还应该是教学活动的激发点。它和教学内容等都有紧密的联系，但又都不是一回事。打个比方，共生原点就像种子，又像火种，它应该能长成一棵大树，应该能燃烧成一片大火。而一般意义上的教学内容不具备这样的功能。也可以说，只要赋予了教学内容生长性，它就具有了共生原点的特征。所谓生长性，就是它能够激发学生的学习兴趣，引发学生的语文学习活动，激活学生的思维。所以说，共生原点，并不是一个客观的存在形式，而是教者赋予了它共生原点的特性和意义。

阅读教学的共生原点非常丰富，可以是课文里的一个具体的内容，比如他教《孔乙己》，就是以小说对孔乙己手的描写为共生原点；可以是和文章紧密联系的一个知识点，他教《阿房宫赋》，就是以“赋”为共生原点，抓住“铺采摛文”“体物写志”展开教学；可以是文章的写作特点，教学《葡萄月令》，他就是以说明文的内容、诗的语言、散文的意境作为教学的共生点；也可以是和文章相关的一些资源，他教学《谏太宗十思疏》就是以不同教材的不同版本作为共生点。

作文教学的共生原点，同样也很丰富。它可以是一则材料，他教学“一则材料的多种运用”，共生原点就是一个高二女生竞选班长的故事；可以是一篇比较成熟的习作，他教“记叙文故事的展开”，共生原点就是一篇满分作文；可以是一篇并不成熟的习作半成品，他教学“用‘感激’唤醒‘感动’”，共生原点就是一个初步的写作构思；可以是一篇有问题的习作，他教学“一篇作文的评讲课”，共生原点就是一位同学的习作《风》；可以是名家有影响的作品，他教学“抓住特别之处写背后的故事”，共生原点就是鲍吉尔·原野的《雪地贺卡》。一个作文题目可以作为共生原点，一个话题也可以作为共生原点，一滴雨、一片树叶都可以作为作文教学的共生原点。

一节课的教学可以有一个共生原点，也可以有两个共生原点，甚至有多个共生原点，他教学《我们家的男子汉》就是以文章的小标题和作者要赞美的男子汉精神为两个共生原点。一节课的教学，除了要确定一节课的共生原点，还要善于确定每个主要教学活动的共生原定，比如他教学《阿房宫赋》，压缩课文填空，重写结尾和原文比较等，都是建立在课文教学共生原点基础上的活动原点。

共生原点的选择，具有很强的丰富性和开放性。无论是阅读还是写作，每个教学内容都会具有许多不同的共生原点，这为不同的教学形态和不同的教学风格提供了极大的选择空间。同一个教学内容，不同的教师会发现不同的共生原点；同一个老师教学同一个教学内容，也能发现不同的共生原点。

一根主干，首先就是教学的主体过程，就是由共生原点生长出去的一条教学主线，就是围绕具体教学内容的教学活动的科学组合。所谓科学组合，就是强调每一个教学活动的教学价值和学习价值，每个教学活动之间应该具有内在的关联性和生长性。所谓关联性，或者是条件关系，前一个教学活动是后一个教学活动的基础；或者是层进关系，后一个教学活动是前一个活动的发展和深入。所谓生长性，体现在教学过程和内容上，或者是学习内容的不断深入，或者是学习要求的不断提高，或者是学习方式的不断改进；体现在学生身上，或者是对问题的不断发现，或者是对问题认识的不断深化，或者是思维质量的不断提高。

教学主线的展开，并不是一步到位的，必须分步推进；主要教学活动的组织，也不是一蹴而就的，必须分解实施。这个分步推进的过程，这个活动分解的过程，就是教学层次的体现。打个比方，就像树的年轮，就像竹竿的竹节，就像一年的四季。黄厚江在谈到教学活动的设计策略时经常说：次要活动要整合，重点活动要分解。后者也是强调了教学层次的重要。所以一根主干这个比喻，也包含了教学的分层推进。

树式共生教学结构，有的是一堂课一个主干，即一堂课一个点一条线，他称之为单株结构；也有的一堂课有两个主干，即一堂课两个点两条线的结构，他称之为双株结构；还有的一堂课可能有两个以上的主干，即一堂课多个点、多条线的结构形式，他称之为多株结构。这样的结构，除必须处理好双线之间乃至多线之间的关系，务必主次分明、互相补充、互相照应，而不能主次不明、互相干扰以外，其他和一堂课一个点一条线的单株结构没有什么不同。

“根根青枝”，是指在围绕主线、突出教学主线的同时，根据具体教学情境和教学需要“旁逸斜出”的“节外生枝”。“片片绿叶”，是指无论是主干还是分支，都必须追求鲜活的教学细节。在树式共生教学结构中，“种子”和“主干”更多的是教师教学设计时的预设，“分枝”和“绿叶”则更多是教学过程中的生成，而两者都不可缺少教师的引领。对教学过程中生长出来的“枝叶”，教师必须及时进行“人工选择”和“修剪”，以使课堂教学既枝繁叶茂，又主干强壮、内容集中、主线突出，又充满活力和张力。

“语文共生教学”的操作有三个要领。

一要选好共生原点。

共生原点的选择，是共生教学成功的基础。要深入研究教学内容，发现教学内容中蕴含的共生原点，或赋予教学内容共生原点的特征，充分开发每个共生原点的教学价值和学习价值。

共生原点应该是生长性和操作性的统一。

共生原点不仅要具体实在、集中明确，而且必须具有鲜活的生长性。这是共生教学的根本特征。但这种生长性必须和操作性形成统一。在介绍树式共生教学结构的“一个点”“一个主干”时，黄厚江分别说明了生长性的一些具体内涵。简单地说，所谓生长性就是具备组织连续性的、鲜活的听说读写等学习活动的能力。但这些连续性的鲜活的学习活动必须是可操作的，否则就失去了它们的意义。所谓可操作，就是学生具备必要的生活准备、知识准备、能力准备、材料准备、信息准备和心理准备，教师具备设计能力、组织能力、引导能力、协调能力、变通能力、评价能力和修正能力，课堂具备时间条件、空间条件、情境条件和物质条件。具备了这三个方面的条件，就具备了可操作性。否则，再好的共生原点也是没有价值的。

共生原点应该是教什么和怎么教的统一。

无论是写作课还是阅读课，无论是一篇课文的教学还是一节课的教学，确定共生原点，首先要研究和明确教学内容。这个教学内容，不是笼而统之的阅读或者写作，也不是大而化之的教什么课文或者写什么作文题目，而应该是一个个具体的内容和具体的活动。比如教学《孔乙己》，理解人物特征和形象意义无疑是必须教学的内容，但仅仅关注这一点很容易成为结论教学，明确这一点的同时必须明确用什么样的教学活动和教学安排来体现这样的教学和完成这样的教学内容。作文教学也是如此，不仅仅是要求学生写出什么样的作文，同时还要考虑如何让学生写出这样的作文；不只是布置一个作文题目，还要考虑如何让学生写好这个题目；不是要求学生应该具备什么样的写作能力，而是要想好如何让学生具备这样的能力。

共生原点应该是人文性和工具性的统一。

很多人把语文上成了非语文课，就是只顾及了所谓的人文性，而忽视了语文的工具性。简单地说，就是只看到思想内容看不到语言形式。现在这样的阅读课并不少见。只有实现了人文性和工具性的统一，着眼于形式和内容的结合确定共生原点，这个“点”才能体现语文学科的课程特点，教学才会有充满活力的共生共长的教学情境。比如，教学《我们家的男子汉》，黄厚江把理解“男子汉精神”和这篇文章小标题的结构特点结合作为教学的共生原点；教学《孔乙己》，他把对人物主题的理解和小说对手的描写结合起来作为教学的共生原点；教学《阿房宫赋》，他把理解文本内容、思想主题和欣赏“赋”体文章的表现手法结合作为教学的共生原点；教学《谏太宗十思疏》，他把理解文章的内容主旨和学会通过不同注释、版本的比较阅读文言文的方法结合起来作为教学的共生原点。如果说这些案例的教学比较成功，那么，明确、具体、集中而又把内容和形式紧密结合在一起的教学内容是一个很重要的因素。

共生原点应该是学生学习需要和教师教学需要的统一。

共生原点满足了教师的教学需要，才有教师的活教；满足了学生的学习需要，才会有学生的活学。两个需要都满足，才能互相激活，教师和学生互相激活，就是共生共长的教学境界。

共生原点作为共生教学的主要元素，当然由教师发现，由教师选择，由教师确定。教师选择什么样的共生原点，必然会从自己的教学需要出发。但教师确定共生原点，必须立足于学生的学习需要。他们会有什么困难，他们会出现什么问题，他们需要教师做什么，教师的问题他们会怎么回答，教师的活动安排对他们是否有意义，这些都是教师选择共生原点必须认真思考的问题。因此，共生原点不能来自教学参考书，不能来自教学指导用书，不能来自复习资料和试卷练习，也不是来自教师的主观想象，当然更不是为了标新立异，不是为了教师自己作秀。黄厚江教学《阿房宫赋》有一个教学活动的共生原点是将课文压缩为一段话，并留下关键词让学生填空，共生的效果比较理想。但他起初的设计是让学生将课文压缩为一段短文。试教之后，效果很不理想。因为这个共生原点的选择脱离了学生实际，学生没有这个能力，也没有这个必要。有老师教现代散文要学生将散文的内容改写为旧体诗词，也是类似的问题。

二要激活共生现场。

吕叔湘先生说，如果说教学法是一把钥匙的话，那么在所有的教学法之中还有一把总的钥匙，它的名字叫作“活”。共生教学法的基本特征是“以活激活”。这个“活”有着丰富的内涵：活的内容，活的方法，活的过程，活的结果。

“活”，既指教师的教，也指学生的学。有教师的“活”教，才有学生的“活”学。学生的“活”学，又生成了教师的“活”教。所以，“活”，是指师生之间高度融合、互相“激活”的教学情境。“活”既指多样的形式，又指丰富的内容。只有活学，才能学活。所以，“活”是指内容和形式互相统一、互相作用的有效学习。“活”既指灵动的过程，又指呈现的效果。

所以，“活”是行为和结果双向互动和促进的教学境界。

共生教学法的基础，是教师的先“生”和先“活”。先“生”，即教师的学习体验，学习发现；先“活”，即教师的教学智慧和教学创造。所以，共生教学法特别强调教师的文本阅读和阅读中的发现，特别强调教师的写作体验和写作发现；特别强调教师对语文学习规律、学生认知规律和课堂基本规律的直接体验和准确把握。

因此，共生教学成功与否，首先是看能否激活共生现场。

“活”的标志，首先是教师的“活”教，是针对具体教学情境的教，而不是拘泥既定方案的教；是针对具体学生的教，而不是不顾对象的教；是针对具体问题的教，而不是从经验出发的教。其次是学生的“活”学。所谓“活”学的特征就是“动”。首先看学生有没有真正的“动”。真正的动，不是表面的气氛热烈，不是举手积极，不是形式上花样很多，而是看眼睛有没有动（有没有有质量地读），嘴巴有没有动（有没有有质量地说），手有没有动（有没有有质量地写），思维有没有动（有没有有质量地思考），看语言有没有动（有没有有质量的语言活动和语言训练）。激活共生的现场，还要使课堂能够呈现有质量的交互活动。师生之间，学生之间，要能互相分享学习的感受、体验和成果，要能互相参与阅读的过程，互相参与写作的过程，要能形成有质量的互相交流、互相启发、互相补充、互相碰撞、互相促进、互相引领。

这就要求必须尊重所有学生的学习表现。

在教学现场，教师很容易对学生的学习表现感到失望，这可能是由于教师对学生的期望太高，由于原定的教学方案脱离了学生的实际，而最主要的是教师对学生的学习缺少应有的尊重。其实，几乎没有学生会在课堂学习上不尽力，也几乎没有学生想表现得让老师失望。因此教师必须尊重所有学生的学习表现。所谓尊重学生的学习表现，就是要理解学生的任何表现都是合理的，任何反应都是有道理的，学生的表现有差异是正常的。教师一旦对学生的学习表现失望，就会影响师生关系，就会破坏教学情境，就会使教学共生成为泡影。

还要善于及时发现教学现场的共生原点。

这不是教学技巧，不是教学的技术，而是教学的经验、教学的艺术和教学的理念的一种综合的表现。黄厚江在许多地方介绍过于漪老师的一个教学镜头。于漪教学《宇宙里有些什么》时，一个学生问："'一千万万颗星星'是多少颗星星？"有个同学很不屑地说："'一千万万颗星星'不就是一千亿颗星星吗？"说得提出问题的同学十分羞愧。可是于漪却发现了这样看似简单甚至幼稚的问题背后的教学价值。她问："既然'一千万万颗星星'就是一千亿颗星星，为什么课文不写成'一千亿颗星星'呢？"于是同学们围绕这个问题展开讨论，最后明确：一千亿颗星星说成"一千万万颗星星"，一是说明这是概数而不是确数，更重要的是这样的表达更能表现星星的多。最后于老师还不忘让大家想一想这个问题是谁提出来的。这样的经典案例道出了共生教学形成现场共生的奥妙所在。黄厚江教学《黔之驴》，在讨论既然课文写虎的内容更多，文章题目能不能改为"黔之虎"时，一个学生说："柳宗元会生气的。"他便问柳宗元为什么会生气。这个学生说不出来。他对大家说："这个同学说题目改了，柳宗元就会生气。这说明柳宗元用这个题目有他的用意。那么是什么用意呢？"联系背景，大家很快就明白了作者写作的主旨是讽刺朝廷那些占据要位而又昏庸无能的人。这也是及时抓住了教学现场的共生原点形成的共生情境。

当然，还要善于激活学生现场的学习热情。

要对教学气氛有理性的理解。不能以为气氛热烈、发言踊跃就是共生的最佳情境，不能以为一呼百应、一问就答、一答就对的课是好课，不要期望学生就应该像教师想象的那样去表现。教师要承认孩子和成人之间的差异，承认学生和教师之间的差异，承认不同学生、不同班级课堂学习态度和表现上的差异。教师要能放低教学姿态，要真正将自己和学生融为一体，用自己的情绪影响学生，用自己的感情打动学生，用自己的体验激活学生，用自己的思考启发学生，用自己的问题唤醒学生，点拨学生。教师还要及时发现和调动领军学生的学习引领作用，通过他们来带领、影响整个班级的学生。

要能够对学生的学习进行及时的深度引领。

共生教学不是原地踏步和原点的循环，共生的情境还指学习过程的深入发展。所以教师要对学生的学习进行及时的深度引领。学生的共生没有明确方向时，要为他们明确方向，学生的思维遇到阻塞时，引领他们冲破阻塞，学生的认识比较肤浅时，引领他们深化自己的思考，学生的思路狭窄时打开他们的思路，这样才能促使课堂的共生情境高质量地展开。

三要促进共生过程。

和谐共生教学法的核心是共生共长。"生"即"生成"，即体验，即感受，即发现，即创造，有教师之"生"和学生之"生"，而教师之"生"是基础，学生之"生"是目的；"长"，即成长，即提高，即发展，即丰富，即实现，有教师之"长"和学生之"长"，而学生之"长"是根本。

在"生"和"长"之间，"生"是手段，"长"是目的。"生"是"长"的基础，"长"是"生"的目的。"共生共长"有着丰富的内涵：既有资源共生，也有情境共生；既有言语共生，也有情感共生；既有思想共生，也有精神共生；既有阅读共生，也有写作共生。

共生教学的过程，应该是不断推进的过程，或者说是共生原点不断生长的过程，而不是原点踏步、不断循环的过程。打个比方，如果说课堂是一棵树，这个树应该不断长大；如果说课堂是一根竹子，这根竹子就应该不断抽节长高。这不仅体现在教学内容的不断推进，更体现在学习内涵的深化，体现在学生学习的成长。

因此，教师要采用多层次、多角度、多形式的教学活动，促进共生过程，使教学主干充实而丰满，使优良的种子在课堂教学中长成一棵粗壮的大树。

首先是要围绕共生原点开展多层次的教学活动。

比如黄厚江教学《蜀道难》时，在课文朗读这一环节，他安排了这样几个层次：第一个层次是集体读，了解课前读书背书的情况，正字正音；第二个层次是指名五位同学比较读"噫吁兮"三个字，并且进行比较评点，感受全诗的感情基调和豪迈之气；第三个层次是指名三位同学分别比较"蜀道之难，难于上青天"一句在全诗中三次反复出现的不同朗读，通过比较评点，理解这句诗在全诗结构、感情等方面的作用；第四个层次是师生配合朗读全诗，他读开头的三次反复"蜀道之难，难于上青天"，同学们读其他诗句，然后讨论理解其他诗句和这三句诗的关系以及运用的表现手法；第五个层次是学生根据自己对诗歌排行的处理朗读全诗，教师在黑板画出图谱，学生根据图谱曲线理解诗歌感情和语言形式之间的内在统一。这样多层次地读，就成了一个共生原点。教学过程紧紧扣住一个点，层层深入地展开，一条教学的主线清晰而鲜明。

其次是围绕共生原点开展多角度的教学活动。

教学《黔之驴》这篇课文，抓住“寓言用故事讲道理”这个共生原点，他先让学生从不同的角度读课文，理解课文：找出课文写驴的内容，讨论造成驴的悲剧下场的原因；找出写老虎的内容，讨论老虎胜利的原因。然后，让学生以不同口吻讲故事，理解故事：以第三人称讲这个故事，以驴的口吻讲这个故事，以老虎的口吻讲这个故事。他还让学生从驴的角度讨论寓意，用古人的成语概括寓意，从老虎的角度讨论寓意，用自己的“成语”概括寓意，再从“好事者”的角度讨论寓意。这些在分层基础上的多角度的学习活动，无疑使教学活动变得十分丰满，使教学主线和共生过程非常充实。

再次是围绕共生原点开展多种方法的教学活动。

教学《我们家的男子汉》，理解“男子汉精神”，黄厚江采用了这样一些方法：第一是归纳“我们家的男子汉”身上的主要品质，第二是加工文中的话或用自己的话描述心目中的男子汉，第三是全班合作完成小诗《小小男子汉宣言》。对小标题在文章中的作用的理解，分别运用了这样一些方法：一是学生先说说小标题的一般作用，二是归纳本文小标题的主要作用，三是引导学生用人物语言改换小标题，四是比较两种小标题的不同效果。教师在教学中努力把理解“男子汉精神”和理解小标题在文章中的作用两者紧密地整合在一起。教学《孔乙己》，他紧紧围绕孔乙己的手这个共生原点，先让学生抓住这双手初步解读孔乙己这个人物，再根据具体情节让学生展开合理的阅读想象，补充关于手的描写，然后再展开想象突出手的细节，描写孔乙己死的场景，深入人物内心世界。丰富的教学活动形式使共生过程不断推进。

共生教学特别关注教学现场的教学价值，特别追求教学过程的开放性、生成性和多元性，但共生教学的教学过程，必须保证课堂的成长沿着健康的方向，必须是积极向上地生长。这个积极地向上成长，首先体现在有明确的方向。现在一些课堂，气氛是热烈的，学生参与的热情是高的，交互性活动是充分的，但这样的活动的目的到底是什么呢？谁也不清楚。这就是没有方向的乱生乱长。因此，共生教学的过程，必须体现教师对整个教学过程的引领，对学生学习行为的引领，而不是听由学生自然地学习。再优秀的学生，再理想的课堂，教师都必须履行自己的责任。而越是共生的课堂，教师的引领责任就越重要，引领的意义和难度也就越大。如果教师没有体现引领作用，就说明这不是共生的教学。

共生教学有共生阅读教学和共生写作教学两大板块。共生阅读教学和共生写作教学分别有12个基本课型。

共生阅读教学的基本课型有：

（1）师生共生；（2）生生共生；（3）言意共生；（4）学生和文本共生；（5）学生和作者共生；（6）文体特征和文本内容共生；（7）文本形式和文本内容共生；（8）相关资源和教学文本共生；（9）教学过程和教学内容共生；（10）教学形式和文本内容共生；（11）文本与作者共生；（12）文本和知识共生等。

共生写作教学的基本课型有：

（1）师生共生；（2）生生共生；（3）他者共生；（4）自我共生；（5）材料共生；（6）思想共生；（7）立意共生；（8）结构共生；（9）知识和能力共生；（10）过程与方法共生；（11）生活和写作共生；（12）读写共生等。

当然，所谓的课型也并不是一个绝对的说法，每个课型的案例中都可能包含了不止一种共生方法。

四、黄厚江教学智慧精品片段聚焦

片段一：

守财奴

黄厚江教学《守财奴》，在和同学们一起学习了全文内容之后，对同学们说：“下面，我们做一个填图练习。”由于出乎意料，同学们都集中注意力，提起了精神。

他在黑板上先画了一个失衡的天平：一是天平横梁两边的距离不一样长，有一边比另一边明显要长得多；二是两边严重不平衡，一边高一边低，而且幅度很大，并且是短的一边低长的一边高。

几个学生看着看着，脸上露出对他拙劣的画图不屑一顾的表情，甚至有几分嘲弄的讥笑。有的坐在位子上就叫了起来："黄老师，天底下没有这样的天平！"

黄厚江说："怎么会没有？"也有脑筋转得快的同学帮他说话："两边的托盘上加上不同质量的物体就有可能。"

可是，黄厚江并不"领情"，他在低的一边的托盘上画上一个小方块，而在另一边高高翘起的托盘上画了四个同样的小方块。同学们似乎炸开了锅，大多数同学义愤填膺，认为黄老师"瞎画"。当然也有同学仍然支持黄老师，理由是"这几个小方块可以是代表了不同质量的物体"。

黄厚江说："谢谢这些同学从物理角度说明了我这幅图的合理性，可是我们今天上的不是物理课，黄老师也不是物理教师。请同学们再读课文，回味课文内容，思考人物的一言一行，想一想这个天平的两边托盘中的小方块分别代表了什么。"

学生边看书边交头接耳，也有的自己在草稿纸上画来画去。不一会儿，发言就热烈起来，而且很快就达成了一致的意见：横梁短的一侧的托盘中的一个小方块代表了"钱"，横梁长的一侧的托盘中的四个小方块分别代表了"夫妻之情""父女之情""妻子的生命""女儿的爱情（或幸福）"。

黄厚江说："请同学们用一句话表述这幅图的内容。"

"在葛朗台这样的人的心目中，'夫妻之情''父女之情''妻子的生命''女儿的爱情'加在一起也没有'钱'的分量重。"被黄老师指名的一名同学说。

黄厚江趁热打铁问道："这样的天平，代表了什么呢？"

"葛朗台这种人的人生信念。"一个同学很快就答道。

"葛朗台这样的人的天平的支点是什么呢？"黄厚江又追问一句。

"钱——金钱至上的人生哲学。"同学们几乎是异口同声地回答。

"老师，不管怎么说，是不会有这样的天平的。"一位爱把是非弄得清清楚楚的同学说。

"这本来就是一架失衡的天平。"黄厚江一字一顿地说。

【品评】

黄厚江一贯强调“用语文的方法教语文”，可他同时也说，“我们并不排斥非语文的方法，只要它能够服务于学生的阅读，服务于学生的写作，对学生的语文学习有用”。这个片段是他运用非语言手段教学语文的无数个成功案例中的一个。他运用一个天平的简笔画，解决了小说主题理解这个很容易成为说教的内容。更为巧妙的是，在解读小说主题的同时，他又运用这个简图进行多层次的语言活动，深化了文本理解，解决了教学难点，训练了语言运用，体现了情感态度价值观，令人不能不叹服于他以简求丰、朴实中见巧妙的教学智慧。

片段二：

我们家的男子汉

师：大家有没有发现这篇文章在结构上有什么显著特点？

生：文章除题目以外还有小标题。

师：这些小标题有什么作用？

生：可以总结这部分的内容。

师：“总结”这个词用得似乎不太恰当。总结是相对前面的内容而言，如果是领起后面的内容，我们叫——

生：总领。

师：是的。小标题的作用可以是总领或概括文章某一部分的内容。但有同学阅读课文时发现有些小标题不能概括一部分的所有内容，你们有没有发现不能概括一部分内容的小标题？

生：有。文章中有一个标题是“他的眼泪”，我认为部分内容与“眼泪”无关。

师：哪些内容呢？

生：当这个孩子收到作者的来信时并没有流泪。

师：大家一起来看这部分内容。我要了解一下大家的想法和意见。同意这位同学意见的请举手。

（部分学生举手）

师：不同意这位同学的请举手，我们请一位说说你们的理由。

（部分学生举手）

生：我认为还是同眼泪有关系的。那个男孩看完信后跑进洗手间用毛巾捂住脸，是不想让别人看见他流泪，他认为流泪是一种屈辱。

师：“男儿有泪不轻弹”，看来这部分内容还是同眼泪有关系的。应该说，本文的小标题还是都能概括每部分内容的。同学们思考一下，小标题的作用，仅仅是概括一部分的内容吗？

生1：还可以使结构层次更清楚。

生2：吸引读者。

生3：使文章更生动。

师：文章的生动，主要依靠语言。当然，有些小标题本身的语言也的确非常生动。其实小标题有很多不同的类型，不同的小标题也有不同的作用。而写人的文章用人物的语言作为小标题，就很有特点，而且有不同于一般小标题的作用。本文中人物的语言具有很强的表现力，下面请同学们从文章的每一部分中找出一句你认为最合适的人物语言作为标题。

我们分一下工，第一组和第二组的同学负责第一、第二两个标题，第三组和第四组的同学负责第三、第四两个标题，剩下的同学负责余下的标题。反应快的同学完成自己的任务后可以兼顾其他部分。

（学生思考并动手换标题，教师观察同学们都完成后开始交流）

师：好。现在我们开始交流。从最后一部分开始。谁先说？

生1：我找的是“外婆，你不要我了”。

生2：我找的也是这句，我小时候上幼儿园也有类似的想法，用这句话做标题能感觉到小孩的天真。

师：这个同学把自己的生活经验和对文章的理解打通，很好。

生：我把“不喜欢”作为这一部分的标题，这句话体现了一种男子汉的气势。

师：“不喜欢”三个字，语言干脆，态度鲜明，体现了小男子汉的特点。有不同意见吗？

生：我认为“我怎么办呢”这一句好。

师：大家觉得哪一句好？

生（大多数同学齐说）：不喜欢。

师：的确是这一句好，因为最能表现男子汉特点。“他的眼泪”换成哪句话好？

生1：不痛，不痛。

生2：你真臭啊！

生3：王安忆，你真是一个好玩的大坏蛋。

师：同学们找出了三处，可是“你真臭啊！”是人物的语言吗？

生：不是，是作者说的话。

师：大家说用哪一句好？

生（齐答）：不痛，不痛。

师：同学们的回答很整齐，大家达成了共识。“他对独立的要求”换成哪句好？

生1：不要，不要。

生2：你回去，回去嘛！

师：我觉得两句话不分上下，都能体现他男子汉的特点。不过我倾向于后者。“他对父亲的崇拜”这部分呢？

生1：“我爸爸会的。”他认为爸爸无所不能。

生2：“我叫爸爸打你。”表现了儿童的天真。

师：同意前者的举手。

（部分学生举手）

师：同意后者的举手。

（部分学生举手）

师：老师本人认为前者更好，小男孩崇拜爸爸是因为爸爸很能干，希望自己能成为什么都会的男子汉，用前者更加切题。第一个标题大家怎么换？

生1：用肉汤拌饭可以吗？

生2：那么棒冰可以吃吗？

师：当和尚，不能吃荤，退一步，吃肉汤，最后是棒冰，小男孩的提问层层深入，说明他对少年英雄的向往。老师认为“那么棒冰可以吃吗？”这个最低要求更能体现人物的心理，将他对食物的强烈欲望表现得更到位。同学们想一想，如果换成人物的语言作为标题，有什么好处呢？

生（大多数同学）：使人物的特点更突出。

【品评】

抓住标题读课文，是很多老师都会采用的方法。可是能够运用到黄厚江这样“一石数鸟”而又恰到好处的并不多见。在这里他开展了多层次的活动：先是理解课文小标题概括有关部分内容的基本作用，接着是反向阅读寻找不能概括有关部分内容的小标题，借此梳理了全文总分总的结构；然后是用各部分人物自己的语言改换小标题；最后是比较两种小标题的不同效果，体会用人物语言做小标题的好处。很显然，这个片段主要是对文本进行整体把握。而我们常常看到的整体把握就是翻来覆去读课文，就是概括文本写了什么，方法单调，感知肤浅。而黄厚江的整体感知，以语言活动为基本手段，对文本进行多层次多角度的把握。同时，也对人物性格特征有了初步理解，为后面男子汉精神的深入解读做好了充分的铺垫。

五、黄厚江教学智慧经典课堂实录

阿房宫赋

师：上课！

今天我们一起学习第三个专题第一个板块的第二篇课文《阿房宫赋》。同学们在课前预习课文时提了很多问题。但是大家提的问题我们在课堂上不可能一一解决，实际上也没有必要一个一个地解决。因为很多问题，只要用心地琢磨一下注释，把上下文结合起来想一想，就能够自己解决。在这里，我们一起研究几个具有普遍性的问题。

比如课文第一小节，有同学问最后一句话“一日之内，一宫之间，而气候不齐”这句话应该怎么理解。这句话课文没有加注，实际上大家用心想一想上文的意思，还是能够理解的。有没有哪位同学能够为提这个问题的同学做一个回答？

生：一日之内，一宫之间，地方不同而气候不同，是强调宫很大。

师：哦，是强调宫很大，很好。其他同学有没有不同的理解？

生：我觉得这句话从下文来看，“妃嫔媵嫱，王子皇孙”，应该是说秦始皇对一些妃嫔的偏爱或者是冷漠。

师：哦，两位同学的理解不一样。一位同学从实处来讲，说阿房宫太大了，就像经历了四个季节。一位同学从主观上讲，认为是宫廷里头不同的宫女受到不同的境遇而感受不一样。都有道理，但我更倾向于后一种说法。因为你看上文，“歌台暖响，舞殿冷袖”，这个“暖”和“冷”，主要是主观的，写感受的。大家看，把两个同学的理解一结合，这个问题解决得多好啊。

有很多同学问第三小节“一旦不能有，输来其间。鼎铛玉石，金块珠砾”这个句子怎么理解。我们把这个问题一分为二，有哪位同学能根据对全文的理解，说说“一旦不能有，输来其间”怎么理解？这个句子有难度，有没有人愿意尝试？请这位同学——

生：这句话是说“如果一天没有的话，就再把它抢过来”。

师：哦，是“如果一天没有的话，就再把它抢过来”，（生笑）很好，这是一种说法。理解这个句子的关键在于主语，大家想一想，根据上文来看，这主语是谁呢？（尽管老师知道该生的翻译是不妥的，尽管老师接下去要纠正这个不妥，但仍然说了“很好，这是一种说法”。如果苛求的话，我以为这里“很好”二字是不必讲的，也许老师的“很好”并非是对学生翻译质量的评价。当然，巧妙的是老师抓住主语，主语一明，“输”字明确，“一旦”也明确了）

生（全体）：六国。

师：对，是六国。这个“一旦”，你体会下来和我们今天说的“一旦”是同还是不同？倾向于“不同”的举手。不要讲理由，凭感觉。有觉得不同的吗？

师：你（举手者）说说看，不同在什么地方？说得出来吗？（生摇头）哦，说不出来。我说过，不一定要说理由的。从具体的背景看，从上文看，六国已经亡了。六国亡了，珍宝来了，王子皇孙——公主们也都来了，应该说这“一旦”和我们今天的用法比较接近——六国一旦不能再享有这些东西；“输来其间”呢？那位同学说“就再把它抢过来”，当我们认同主语是“六国”的时候，还同意这种理解的同学请举手。（无人举手）连那位同学自己都不同意自己的意见啦？哦——这说明只要一揣摩，就知道不对了。“输来其间”，是说宝物都被秦国运到阿房宫里来了。

后面一句“鼎铛玉石，金块珠砾”是一个有分歧、有争议的句子。“鼎铛”，（板书：鼎铛）有很多书上认为是意动。同学们自己学习的时候，你也认为这是意动用法的，举手给我看看，有没有？（部分同学举手）哦，请放下。认为不是意动的，也请举手。

生：我觉得是。

师：是意动？

生：是意动。

师：当然，这也是一种说法，可黄老师不认为是意动。什么道理呢？同学们想一个你们以前学过的比较典型的意动用法的句子。

生：《邹忌讽齐王纳谏》，“吾妻之私我者，美我也”。

师：吾妻之私我者，美我也。是“私我”还是“美我”？

生：哦，是“吾妻之美我者，私我也”。（生笑）

师：是“美我”。（板书：美我）什么叫“美我”啊？把我看作美丽的，认为我是美丽的。那么“鼎铛”是什么意思？看注释是怎么说的，是把宝鼎当铛。再想一想，它是意动吗？如果是，哪一个词是意动？还有同学认为是意动的吗？（没有同学举手）没有了？同学们课后根据注释再琢磨琢磨，有不同意见，我们再讨论。

好，这是比较难的几个句子。后面还有一个句子“一人之心，千万人之心也”，我想我们班同学很快就能翻译出来。有哪位同学愿意翻译一下？有同学翻译出来了吗？（无人举手）这出乎我的意料。你说说看（指名一位同学）。

生：一个人的想法，同时也是千万人的想法。

师：这“一人”是指谁啊？

生：秦始皇。

师：对，是指秦始皇。后面“千万人”指谁？

生：广大人民。

师：对，是广大人民。本来呢就应该用“民”，为了避李世民讳，避讳，所以用“人”。你秦始皇自己如此奢侈，贪图享受，同样表现了每一个人的心理啊。你一个人奢侈，普通人民也会珍惜自己的财富的啊。就是这样一个道理。

“戍卒叫，函谷举，楚人一炬，可怜焦土”，“可怜焦土”四个字呢，书上也没有注释，要翻译的确有困难。我还是想听听，有哪位同学能把自己琢磨的想法说一说？这个句子呢，前面主语已经有了，“戍卒叫，函谷举，楚人一炬”，书上也都有注释，大家揣摩一下，这“可怜焦土”是指谁？

生（全体）：阿房宫。

师：阿房宫。那么“焦土”和前面什么内容有关系啊？

生（全体）：楚人一炬。

师：对，那么这个句子就比较好翻译了。有两种理解，一种认为这个“焦土”是名词动化，是“化作焦土”；还有一种说法是“焦土”前面省略了一个动词。这两种说法都有依据。大家觉得哪一种更好？

生（全体）：第一种。

师：是第一种？我也觉得第一种说法好。这样呢，更切合原文的特点。非常简洁，非常有力。

还有些问题，我们会在后面的学习过程中解决，也有些问题需要同学们在课后参照我们课堂上的学习方法自己解决。

同学们，我读《阿房宫赋》，反复读反复读，越读越短，读到最后呢，这篇文章只剩下几个句子，我大胆地把它缩成这样一段话：

（投影显示）阿房之宫，其形可谓（　　）矣，其制可谓（　　）矣，宫中之女可谓（　　）矣，宫中之宝可谓（　　）矣，其费可谓（　　）矣，其奢可谓（　　）矣。其亡亦可谓（　　）矣！嗟乎！后人哀之而不鉴之，亦可（　　）矣！

这就是黄老师读《阿房宫赋》读到最后剩下的几个句子——后来只剩下几个字——我们后面再说。现在请同学们根据你们对课文的了解，想一想在这些括号里填上什么样的词比较合适，看看你们的想法和我是不是一致。

师（诵读）：阿房之宫，其形可谓某矣，其制可谓某矣，宫中之女可谓某矣，宫中之宝可谓某矣，其费可谓某矣，其奢可谓某矣。其亡亦可谓某矣！嗟乎！后人哀之而不鉴之，亦可某矣！（生笑）

根据你对课文的熟悉，你能填出哪一个就填哪一个。最好填的，我觉得是宫中之女可谓——

生（全体）：美矣。

师：大家想到的是“美”，（生笑）可是不是写宫女的美呢？宫中之宝可谓——

生（全体）：多矣。

师：多矣。其费可谓——

生（全体）：巨矣，奢矣。

师：巨矣，巨大的巨。这个“费”就是耗费。其奢可谓——

生（全体）：侈矣。（笑）

师：大家填的这个词应该修饰“奢”，“奢侈”二字意思相近，我们常常说“这个人简直奢侈到了——”

生（全体）：极点。

师：对，其奢可谓极矣。其亡亦可谓——

生（全体）：哀矣，必矣。

师：哀矣，必矣，都有道理，但是我填的不是这两个词，我填的是《六国论》里刚学的一个字，有哪位同学想出来了？（有生答“速”）对了，速。你想，秦始皇自己筑阿房宫，还没筑好，秦已经亡了。其亡亦可谓速矣。后人哀之而不鉴之，可谓——

生（全体）：哀矣。

师：哀矣。但是呢，哀之而不鉴之，可谓哀，从行文来讲——

生（全体）：悲矣。

师：对，悲矣。大家总体上和我的理解是一样的。我写的是这么一段话：（投影显示）

阿房之宫，其形可谓雄矣，其制可谓大矣，宫中之女可谓众矣，宫中之宝可谓多矣，其费可谓靡矣，其奢可谓极矣。其亡亦可谓速矣！嗟乎！后人哀之而不鉴之，亦可悲矣！

同学们，把我缩写的《阿房宫赋》一起读一遍，好吧？

（学生齐读）

师：读得很好。你们知道“制”是什么意思？

生（全体）：规模。

师：哪里有“制”作“规模”讲，哪里有？

师生（全体）：《岳阳楼记》：“增其旧制，刻唐贤今人诗赋于其上。”

师：现在同学们根据要求，再读课文，画出相关的句子。第一组同学看看课文中哪些句子是写阿房宫其形的雄伟壮丽，规模的庞大；第二组看看哪些句子具体地写出宫中之女的众，宫中之宝的多；第三组找一找“其费可谓靡矣”，最后一个组找“其奢可谓极矣”体现在哪里。如果自己的任务完成得很快，可以把所有这些和课文中相对应的句子结合起来想一想。有些同学比较慢，也可以集中找一两处。

（学生看书）

师：好，有没有找好的？下面我们来交流交流。先请第一组说说课文中哪些内容、哪些句子描写了阿房宫其形的雄伟壮丽，规模的极为庞大。（指名）你找到的是哪里？

生：我找的是第一小节。

师：你把句子读一读，好吗？

生：“覆压三百余里，隔离天日”，是写规模庞大；“二川溶溶，流入宫墙。五步一楼，十步一阁”，是写阿房宫很雄伟；然后“盘盘焉，囷囷焉，蜂房水涡，矗不知乎几千万落”，写规模很大；“一日之内，一宫之间，而气候不齐”，也是写规模很大。

师：好的。这位同学抓住课文第一部分，既读了有关句子，还做了简要分析。我们再看看后面。哪些句子写宫中之女的众，宫中之宝的多，第二组哪位同学来说说？（指名）你找到了？

生：第二节，“妃嫔媵嫱”一直到“焚椒兰也”，都是写宫女的“众”。

师：你能简要分析一下作者是怎样写出宫女的“众”的吗？

生：他是从侧面来写的，比如“渭流涨腻，弃脂水也”。

师：对。在这里有同学提出一个问题，不知你能不能解答。“绿云扰扰，梳晓鬟也”，这个“绿云扰扰”是指什么东西？你有没有想过这个问题？（生摇头）没有？好，请坐。其他同学有没有想过“绿云扰扰，梳晓鬟也”是写什么？

生（全体）：头发。

师：对，是头发，这也表现了宫女的多。刚才那位同学说，主要是从侧面间接地写，其实作者用了多种方法，夸张、排比、比喻等，都有。“绿”在这里可以理解为黑，你们在日常生活里有没有注意到，有人说“他眼睛黑得发绿”，也有人说“这衣服的颜色绿得发黑”，说明这黑色和绿色到了一定程度以后，相互之间是难以区分的，所以这里其实就是说“黑云”，“扰扰”是说飘飘的样子，说明宫女的确很多。那么写“宫中之宝可谓多”的在哪里？哪个同学说说？

生：“燕赵之收藏，韩魏之经营，齐楚之精英，几世几年，剽掠其人，倚叠如山。一旦不能有，输来其间”，表现了宫中宝物的多。

师：好。这里想请你解决一个问题，有同学问“韩魏之经营”的“经营”是什么意思，你能回答吗？

生：都是指金玉珠宝等物。

师：好，请坐。其实我们这里要注意一个问题，就是理解文言文的方法。其实理解这个“经营”，可以从哪些词语中寻得启发和门径，就是可以从哪些词语入手？

生（全体）：收藏，精英。

师：对。这三个句子虽然从修辞来讲，不能算是互文。比如说“朝歌夜弦”就是典型的互文，你不能说早上就唱歌，晚上就弹乐器，应该是早晚唱歌弹乐器，这叫互文，互文不“合而见义”，就不能“解其义”。但是像这一种排列的句子，可以互相参照，是一种反复，同时又回避词语单调简单的重复。所以“经营”“精英”都是六国费尽心思从其他国家争抢、抢夺来的宝物。

第三组同学说说“其费可谓靡矣”。

生：鼎铛玉石，金块珠砾，弃掷逦迤，秦人视之，亦不甚惜。

师：哦，这是耗费的奢靡。有没有不同的理解？

生：蜀山兀，阿房出。

师：“蜀山兀，阿房出”，就是说把蜀山的东西都砍光了。好的，请坐。其他同学有没有补充理解的？

生：从“使负栋之柱”到“多于市人之言语”。

师：好的。有同学问“瓦缝参差，多于周身之帛缕”，这个句子书上没有注释，他不懂，你能解释一下吗？

生：参差的瓦缝比身上的帛缕还多。

师：好。这个“帛”是布，“缕”是什么？

生（全体）：丝。

师：对。这告诉我们房子上一片一片的瓦形成的瓦缝比我们身上穿的衣服上一缕一缕的丝还要多。作者仍然是用夸张、比较、衬托的手法来突出它耗费之靡。好，请最后一组同学说说“其奢可谓极矣”体现在哪里。

生：我认为应该是“鼎铛玉石，金块珠砾，弃掷逦迤，秦人视之，亦不甚惜”。

师：对，这是非常典型的句子。把宝鼎当作破锅，把金玉当作沙砾，可见其奢靡的程度。其实《阿房宫赋》通篇都在表现秦始皇、秦王朝的——

生（全体）：奢侈。

师：对，奢侈。我们前面学过一篇《赤壁赋》,《赤壁赋》说不上是一篇典型的赋。我和你们说过，苏轼对散文的重大贡献，是对赋的拓展，是以文写赋。《阿房宫赋》可以说是典型的赋文，有人称之为“千古第一赋”，它典型地表现了赋的内容和特征。赋的形式特征是什么呢？有同学知道吗？赋特别重视——

生（全体）：铺陈。

师：对，铺陈排比。它能从多角度反复描写同一个对象。我一个字，他写一大排句子，对吧？我用几个句子，他用通篇来表现。这就是铺陈。铺陈的作用大家体会出来了吗？

生：更能突出表现描写的对象，语言有气势。

师：哦，主要有两点。一是更加突出事物的特点，还有一点是语言有气势。怎样使语言有气势啊？对，是将大量的排比、比喻和夸张组合到一起，表现了语言的气势，语言具有了超乎寻常的表现力和魅力，征服了我们。下面我想通过诵读，请大家整体感受一下语言的美，语言的气势和文章所表现的阿房宫的特点。

（师配乐诵读全文）

刚才老师诵读了全文，为了加强效果，配上了古典的音乐。现在同学们可以先自由诵读一下，有谁愿意尝试一下，选择一两个句子、一两个片段，能够在诵读中表现赋的特点。有哪位同学主动试一下？（指名）你读一下第二小节。

（被指名的学生读第二小节）

师：总的来说不错，就是意味的表现稍微欠缺了一点。比如“而望幸焉”这里，可以稍微慢些，表现期盼、等了好久都等不到皇上的心理。当然读好这一段，关键在于对虚词的处理，你们知道是哪一个吗？

生（全体）：也。

师：对，大家数一数，这里一共有几个“也”？

生（全体）：6个。

师：那你们体会一下这6个“也”表达的效果是否一样？有哪一个“也”和其他“也”的作用是不同的？有没有发现？

生（全体）：最后一个。

师：对。前面5个“也”是表判断，而最后一个“也”更多的是强调。前面5个句子并列关系更为紧密，而最后一个句子要相对疏离一些，所以大家读的时候，最后“辘辘远听，杳不知其所之也”，车远远地来了，宫女心中就充满了希望，“要到我这里来了”，车又慢慢地远走了，心中的失望随着车声的远去而增强。皇帝看不见了，车声听不到了，我们要读出一个效果来，让我们觉得宫女仍然在翘首盼望。下面同学们集体把这一自然段再读一下。

（生齐读该部分）

师：“杳”字还是读得太急了，同学们课后再仔细琢磨一下。“辘辘远听，杳——不知其所之也”，不要太急。

课前有同学提了一个问题，说“本文的中心段，也就是作者要表达的意思是哪一段”；还有同学问得更具体，说“本文点明主旨的句子是不是最后一句”。这些同学都在思考，你们看是不是最后一段？

生（全体）：是。

师：是不是最后一句？看来大家有不同的理解。其实我觉得不一定要落实到具体的某一句，这一段都是作者在表达他的思想。

本文和《六国论》不一样，它不是一篇史论，但作者仍然表达了他对历史的感悟、见解，在告诫我们这些后人。大家想一想这一段中的“后人”

是指什么样的后人？“使六国各爱其人，则足以拒秦；使秦复爱六国之人，则递三世可至万世而为君，谁得而族灭也？”谁能够消灭他们呢？“族灭”就是“灭族”。“秦人不暇自哀，而后人哀之；后人哀之而不鉴之，亦使后人而复哀后人也。”大家注意，这里四个“后人”的内涵、所指的对象是否一致？

生（全体）：不一致。

师：怎么不一致呢？哪位同学分析一下？（指名）你说说对这几个“后人”的理解。

生：第一和第二个“后人”，是一个意思，相对于秦人的后人；第三个“后人”是相对于前面两个后人的再一个“后人”，是后人的后人。

师：是后人的后人。假如说，我们解读文章的时候，注意文章的背景，如果从杜牧写作的年代、时期来看，他写于唐，唐敬宗大造宫室，不问政事，所以这个“后人”，我们可以把它理解为“唐以后的后人”。最后一个“后人”是第三个“后人”的意思呢，还是前面两个“后人”的意思呢？

生（全体）：和前面两个一样。

师：对。四个“后人”两层意思，第一、第二、第四个是指秦以后的人，第三个是指唐以后的人，是这样的吧？其实，这四个“后人”两个意思，又指一个共同的对象，是什么？

生：国君。

师：对，主要是指君主、皇帝。黄老师在读这篇文章的时候，想法也很多，读到最后一个自然段的时候，我忽然有感而发，把杜牧的最后一个自然段改写了一下。也许是狗尾续貂——可我改写以后蛮得意的，现在呢，让大家比较一下，作者写的和我写的哪一个好，好在哪里。你不要觉得杜牧写得好，黄老师写的也不差哦。（生笑）现在同学们集体把这段话读一下，然后品评一下，看看哪个好。

（投影显示）观古今之成败，成，人也，非天也；败，亦人也，非天也。成败得失，皆由人也，非关天也。得失之故，归之于天，亦惑矣！

下面我们齐读这一自然段，我读到“嗟乎”，你们就接着读下去。灭六国者六国也，非秦也；族秦者秦也，非天下也。嗟乎！——

（生全体朗读）

师：大家读得很好，说明大家对这段话理解得很到位。下面同学们自由发挥，谈自己的评价。哪位同学先说说？（指名）你喜欢哪一个？

生：我觉得都有长处。（生笑）

师：都有长处，还有半句话，言外之意，你们能补充出来吗？

生（全体）：都有短处。

师：你说说看我们的长短处。

生：原文前面一半写“谁得而族灭也”，是单指秦国破灭这件事情，而您写的范围更大一点，所以前面一半您写得好。到后面，他的思维又上升到了更高的一个层次，而您最后“得失之故，归之于天”，只是对前面再来一个总说，而他写的思想更上了一个层次。

师：这位同学从语言、思想内容等角度进行评说。我听得出来，她更喜欢杜牧的。（生笑）尽管她在比较的时候，说我的也有好处，从时空来讲，更有时空感；另外从语言形式说，杜牧的文章思想上在不断加深，而我写的最后一句只是前面观点的重复而已。其他同学有没有不同意见？

生：我觉得杜牧写得好。（生笑）

师：不要紧，你说杜牧好在什么地方？

生：因为这篇文章前面写的都是阿房宫和秦始皇的奢侈，目的是要使后人以史为鉴；而你写的是关于成功和失败的。

师：就是和前面的描写关系不是太紧密？哦，她是从文章的章法进行比较的。你能不能发现一点我好的地方？（生笑）

生：你这段话的观点是正确的。（生笑）

师：我这段话的观点是正确的，就是放在这篇文章里不好？（生笑）好，请坐。有没有不同的意见？大家肯定还有很多想法，现在不能一一讨论了。刚才两位同学比较得还是不错的，但是我觉得你们对我不是很公平。（生笑）什么道理呢？我就觉得杜牧从秦的灭亡、秦的奢侈来告诫历代君主、以后的君主要引以为戒，但是我觉得这局限了历史思考的意义。我做君主吗？我不做。我们在座的同学将来会做君主吗？可能性也不大，是吧？所以我们这些普通人读《阿房宫赋》，就不能从中汲取一点什么吗？

刚才有位同学说我写的内容和前文不太能连成一贯，我觉得还可以啊。（生笑）他说，“灭六国者六国也，非秦也”，六国的灭亡是自己导致的，“族秦者秦也，非天下也”，秦的灭亡也是秦自己导致的，对不对？所以我说，嗟乎！普通人虽不能占有一国，成功是我们都要追求的。所以说我的观点更广泛一点。不过有一点倒是真的，就是从全文结构来看，从语言形式来看，杜牧写的肯定是比我写的好。一千年以后肯定有人记得杜牧，一千年以后肯定没有人记得我黄某。（生笑）

这时候我就想到一开始我说的，这篇文章我读到后来就成了几个字，其实用三个字就能把全文的内容和结构都表现出来了。

现在同学们回想全文内容，或看黄老师缩写的这段话，（投影显示：阿房之宫，其形可谓雄矣，其制可谓大矣，宫中之女可谓众矣，宫中之宝可谓多矣，其费可谓靡矣，其奢可谓极矣。其亡亦可谓速矣！嗟乎！后人哀之而不鉴之，亦可悲矣！）在这段话里挑三个字，概括全文内容。《阿房宫赋》洋洋千言，其实三字足矣。大家想想，哪三字呢？谁愿意说说？

生：奢、亡、鉴。

师：对。我读到最后，只剩下这三个字。课后，同学们好好背一背这篇赋，同时让我们永远记住这三个字。奢必亡，这是国君要借鉴的，也是我们这些普普通通的人所要借鉴的。

好，今天就到这里，下课！

图书在版编目（CIP）数据

新世纪语文名师教学智慧研究．中学卷：全2册/任彦钧，刘远编．—南宁：广西教育出版社，2017.9（2019.7重印）
（中国语文教育研究丛书/顾之川主编）
ISBN 978-7-5435-8346-7

Ⅰ．①新…　Ⅱ．①任…②刘…　Ⅲ．①中学语文课－教学研究　Ⅳ．①H19

中国版本图书馆CIP数据核字（2017）第194818号

策　　划　张华斌　黄力平　　装帧设计　刘相文
组稿编辑　林春燕　黄力平　　责任校对　覃肖滟
责任编辑　马宏兰　　　　　　责任技编　胡庆团
特约编辑　林春燕　　　　　　封面题字　李　雁

出 版 人：石立民
出版发行：广西教育出版社
地　　址：广西南宁市鲤湾路8号　　邮政编码：530022
电　　话：0771-5865797
本社网址：http://www.gxeph.com
电子信箱：gxeph@vip.163.com
印　　刷：广西壮族自治区地质印刷厂
开　　本：787mm×1092mm　1/16
印　　张：41
字　　数：611千字
版　　次：2017年9月第1版
印　　次：2019年7月第3次印刷
书　　号：ISBN 978-7-5435-8346-7
（上下册）定价：98.00元

国家出版基金项目
NATIONAL PUBLICATION FOUNDATION

中国语文教育研究丛书

顾之川　主编

任彦钧 刘 远 编

新世纪语文名师教学智慧研究（中学卷·下）

XINSHIJI YUWEN MINGSHI JIAOXUE ZHIHUI YANJIU

GEP 广西教育出版社
南宁

序

中国教育正在加速推进现代化，立德树人成为教育改革总任务，完善中华优秀传统文化教育成为共识，新高考改革方案出台，语文教材将实行国家统编，语文教育的重要地位日益凸显。我国语文教育改革迎来新的发展机遇。我们必须清醒地看到，我国语文教育取得了举世公认的成就，同时也面临着诸多困难和问题。如何站在历史的高度，以严谨求实的科学态度，总结梳理中国语文教育教学改革所取得的成就，直面存在的困难和问题，深入剖析原因，为语文教育改革与发展献计献策，推进语文教育现代化，成为新一代语文教育工作者的神圣使命和义不容辞的责任。

2013年10月，中国教育学会中学语文教学专业委员会召开第十届年会，选举产生了新一届理事会。新一届理事会成立后，我们研究制订了《中国教育学会中学语文教学专业委员会事业发展规划（2013—2018）》，其中有一项重要内容，就是要“策划一套图书”。具体设想是：这套图书应分理论与实践两部分，前者意在全面系统地总结改革开放30多年来我国语文教育的经验教训，作为今后发展的借鉴；后者意在归纳梳理我国当代语文名师的教育教学思想，推出一批当代语文名师，为新生代名师擂鼓助威。我们这一设想，与广西教育出版社副总编辑黄力平编审的想法不谋而合。他邀我们组织编撰“中国语文教育研究丛书”，纳入他们正在组织实施的“中国学科教育研究书系”的出版计划。

编辑这套“中国语文教育研究丛书”的基本思路是：

把握时代脉搏，聚焦立德树人。

这套丛书着眼于推进语文教育现代化，把握时代脉搏，聚焦立德树人。围绕语文教育改革创新，推出一批反映、代表乃至引领语文教育现代化的研究成果，具有鲜明的中国当代特色。从时间上说，以改革开放到新世纪的发展历程为主，尤其注重反映我国实行新课改以来的语文教育研究；从内容上说，则力求反映我国语文教育理论与实践研究成果。

树立整体观念，开展综合研究。

这套丛书力求树立整体观念，开展语文教育教学的综合研究，全面深入系统地研究总结我国语文教育改革成就和存在的问题。既有语文教育语用观、传统文化教育、语文工具论、语文教育民族化等理论层面的深入剖析，又有语文教材编制、语文教师专业发展、语文教学创新设计、语文考试评价改革等实践层面的研究。

拓展研究视野，实现互联互通。

这套丛书强调语文教育整体观念，整体观照中国语文教育各领域。纵向上，打通小学、中学与大学，努力挖掘语文教育的共同价值，避免过去那种“铁路警察，各管一段”的情况；横向上，涵盖中小学语文教育、汉语国际教育及华文教育等，并以宽广的国际视野，从中华文化圈的角度，审视我国语文教育教学改革的成就与问题。

理论联系实际，研究注重实效。

本丛书注重沟通语文教育理论研究与语文教育教学各组成要素的实践，包括教材编写实践、教学实践、考试命题实践以及教师培训与专业发展实践，努力克服过去学科理论研究与教育教学实践“两张皮”，教育理论研究“不接地气”等缺陷，既注意反映我国语文教育理论研究的新成果，也注重将一线语文教师的教学经验、教学智慧进行理论上的梳理与提升。研究尤重建设性，以建设性思维为统领，着眼于解决我国语文教学领域存在的实际问题。

坚持守正创新，注重原创研究。

这套丛书坚持守正创新，注重权威性与代表性，继承我国语文教育优良传统，借鉴国外先进的母语教育理念和方法，注重吸收各种语文教育理论和各个教学流派的研究成果，反映作者最新的原创性研究成果。弘扬改革创新主旋律，传递语文教育教学正能量，在保证科学性的基础上，注意可读性。内容新颖，资料翔实，数据齐全，为以后的语文教育研究留下可资参考借鉴的理论成果。

我们这一设想，得到我国语文教育界同仁专家的积极响应和大力支持，他们同意将其最新研究成果惠赐给我们，列入本丛书。

广西教育出版社是我国很有影响的教育出版社之一，在教育理论、教材教辅及文化艺术等方面，均出版了不少影响深远的系列图书。尤其是出版于20世纪90年代的“学科现代教育理论书系”，曾极大地推进了我国教育改革，实现了社会效益与经济效益的双丰收。进入新时期以来，该社审时度势，又策划出版学科教育研究书系，立足于中国本土，以独特敏锐的眼光，打造具有中国特色的学科教育理论体系。这不仅是教育创新的要求，也是新时代的呼唤。

目前，这套丛书已陆续进入编辑出版阶段，作为该丛书主编，我既有欣喜，也有不安，深恐由于自己的浅陋和粗疏而使各位作者的佳构留下缺憾，更期待着广大读者尤其是语文教育界同仁的批评、指教。令人欣喜的是，在广西教育出版社诸位同仁的努力下，经国家出版基金管理委员会批准，“中国语文教育研究丛书”（第一辑）被确定为2017年度国家出版基金项目，获得经费资助。这也是对我们这套丛书的学术价值与出版意义的肯定。在此，我不仅要对黄力平编审、林春燕编辑等同仁表达谢意，更要对北京大学中文系温儒敏、曹文轩两位教授的热情推荐表示感谢。

学术总是薪火相传，研究贵在创新发展。牛顿说他站在巨人肩膀上，杜甫说“转益多师是汝师”。我们进入一个大众创业、万众创新的时代，改革创新成为当今中国的时代主题。2012年莫言获得诺贝尔文学奖；2015年，屠呦呦获得诺贝尔生理学或医学奖，刘慈欣获雨果奖；2016年，曹文轩获国际安徒生奖，郝景芳获雨果奖……建设创新型国家，培养创新型人才，语文教育工作者肩负着神圣使命。语文百年，众多语文人默默耕耘，浇灌出语文学科生态园的参天大树；百年语文，无数语文人直面问题，探寻语文教育改革创新之路。我们策划、组织这套丛书，就是想为实现中华民族伟大复兴的中国梦略尽语文人的绵薄之力。我们的愿望如此，至于效果怎样，那就要由实践来检验了。

顾之川

于京东大运河畔两不厌居

2016年3月23日初稿

2017年4月18日修改

顾之川简介：浙江师范大学教授，人民教育出版社编审。兼任中国教育学会中学语文教学专业委员会理事长，国家社科基金评审专家，教育部考试中心特聘专家，教育部“国培计划”首批专家，国家统编义务教育语文（七至九年级）教科书主编。主要从事语文教育研究和语文教材编写工作，主编人教版多套初中、高中语文教材。著有《顾之川语文教育新论》《顾之川语文教育论》《语文论稿》《明代汉语词汇研究》等，并有古籍整理著作多种。

前　言

名师教学智慧是指名师在长期的教学实践中，基于自身对教学现象和教学理论的感悟，深刻洞察、敏锐把握并高效便捷地应对教学情境，从而形成的一种企及融通共生、自由和美的境界的综合能力。

新世纪以来，伴随着语文课改的纵深发展，全国各地涌现出了一大批具有新情怀、新理念、新思想的中小学语文名师，他们不仅在各自的个性化教学实践中进行了卓有成效的创造性探索，形成了丰富多元的教学智慧，而且自觉地以这种教学智慧引领着无数青年教师的专业成长，有的甚至已构建了一种协同共享的语文教育新生态。

为了系统发掘和大力推广这些名师的教学智慧，受“中国语文教育研究丛书”编委会委托，我们组织编写了《新世纪语文名师教学智慧研究》中学卷上下两册和小学卷一册。

《新世纪语文名师教学智慧研究》每篇包括以下6项内容：

1. 篇首语（名师档案）：旨在介绍名师的简历、个性化教学主张、主要荣誉和学术成果。

2. 名师教学智慧的探索历程：旨在介绍名师教学智慧发生、发展之路，特别是着力于对名师个性化教学主张提出的动因、背景、重要节点、教学成效以及业界影响等，予以系统梳理和理性总结。

3. 名师教学智慧的思想内核：旨在介绍名师教学智慧的基本内涵和主要特色。

4. 名师教学智慧的艺术呈现：旨在结合典型课例，介绍名师教学智慧在具体教学实践中运用的策略、方法、技巧等。

5. 名师教学智慧精品片段聚焦：旨在选取能充分体现名师教学智慧的教学片段，并予以适当品评。

6. 名师教学智慧经典课堂实录：旨在选取能充分体现名师个性化教学主张的课堂实录一则，尽量保持现场感。

入选的20位中学名师和10位小学名师，均为我国当代语文教学和科研第一线具有代表性和典型性的人物。他们多姿多彩的教学智慧，既是语文课改业已取得的重要成就，也是许多语文人求之若渴的重要财富。我们坚信，他们的智慧像一把把熊熊燃烧的火炬，可以照亮每一位语文教师的天空，让语文教育变得更具价值和魅力！

需要说明的是，《新世纪语文名师教学智慧研究》在体例设计、名师遴选等方面，都曾得到中国教育学会中学语文教学专业委员会理事长顾之川先生、小学语文教学专业委员会名誉理事长崔峦先生的指导和审订，撰稿工作则得到了所有入选名师和研究人员的鼎力支持，在此一并表示感谢。

由于三个分册体量有限、时间仓促，无法广泛容纳全国各地语文名师的教学智慧，也无法充分展示每位入选名师的教学智慧，其中错讹之处更是在所难免，还望读者鉴谅。

任彦钧 刘远

2017年6月

目　录

第一篇　胡明道教学智慧研究

胡明道，1941年出生，湖北省武汉市第六中学语文特级教师。教育部“中小学教师国家级培训计划”专家库首批专家，华中师范大学文学院硕士班特聘教师，中国教育学会中学语文教学专业委员会学术委员会理事，武汉市中学语文教学专业委员会学术委员会主任，“学长式教学”始创者。

1998年，胡明道首次在全国提出的“学长式教学观”，后经中国教育学会中学语文教学专业委员会立项为“九五”重点课题，吸纳了23个省市近200人参与研究。自2003年起，该课题共获国家基础教育实验中心教育理论与实践论文一等奖、武汉市人民政府科技进步二等奖、中国教育学会二等奖等6项奖项。出版专著《语文学习100窍》《胡明道讲语文》《中学作文操作词典》等;论文《课堂心理流向的把握》《学长式教学浅论》《“学长式教学”与“创新教育”——“学长式教学”师徒座谈会》等获国家、省、市级共49项奖项。应邀赴全国各地讲学数百次，著述2500余万字。

一、胡明道教学智慧的探索历程

历程，即经历的过程。胡明道说，“起步—探索—困惑—反思—领悟—再探索”，这就是她的历程。

（一）她，起步了！

“根据你在校的表现，根据我们学校留优秀人才任教的传统，校党委决定将你留在学校任教。你可在语文与外语中选择。”校党委书记向胡明道传达了组织的决定，从此她迈进了语文教学大门。那一年是1959年。

第一次站在讲台上，胡明道既习惯又不习惯，习惯的是熟悉的校园、熟悉的教室，不习惯的是台下全神贯注盯着她的学生。但开口不到10分钟，她就忘记了自己的身份，似乎又回到了原来班上的自习课（自习课她经常上台解答难做的作业）。特殊的身份使她与学生形成了特殊的关系：上课时，他们力挺她，努力给她“抬桩”，自由地抒发己见；但下课后可就不是那么回事了，他们可以抓着她跳橡皮筋，逮着她抓布籽，尤其是住在她家附近的几个“朋友”，更是一定要等她从食堂打了饭后一起回家，边走边聊。马路上的“聊天”习惯就这样养成了，延续了；很多不曾预料的精彩“调查”也就在这习惯之中进行着，完成了。

“今天真过瘾，生物老师把心、肝、胃、肠等都用纸剪了下来，按位置一个个贴在了自己的身上，人的五脏六腑的位置，我绝对一辈子都忘不了！”“一上历史课我就要睡觉，反正他朝天讲，又不看我，嘻嘻！睡着了他也不知道。”“数学老师问我们一个饼子的一半该怎么表示，他大概以为我们小学没学过，这么简单的问题还拿来问，真没意思！”

“那语文课呢？你们喜欢什么样的语文课？哪一节你最不喜欢，哪一节你印象最深？”

“语文课，有时很有趣，像上次上《小麻雀》一课时，您让我们想想最后小麻雀到底是死是活，还要我们想出几种结尾。我们想呀想，都想与别人的不一样，真来劲。在亲身设计的过程中，我们更懂得了要关爱小生命。”“有一节语文课，您讲的是如何写合同，我觉得很枯燥，我们又不与人签合同，学这个干什么？！”“有一次上《小橘灯》，李华大胆说了一句‘课文最后写到，爸爸回来了，妈妈病好了，大家都好了。这是大团圆呀，有一点美化白色恐怖’。哎呀！这不是攻击冰心奶奶吗，我们都替他捏了一把汗。谁知您只是让我们把结尾多读读，注意句中的标点含义，体会一下作者的感情。后来李华不好意思地说，‘喔，我没看到句子后面有问号，原来不是真的回来了、病好了，而是作者的良好祝愿’。这以后我们上课发言、提问就不怕了。”“我印象最深的一节课是您教我们背诵，还总结了方法，我们再也不用死背了。”

学生们毫无顾忌的评说使胡明道想了很多，她好像知道了学生们喜欢民主的、有趣的、有深度的、有实效的课堂，但还拿不准。为此，她又重读了找得到的教育学、心理学读本，并从此养成了写教学后记及剪报的习惯。“想方设法激发学生学习语文的兴趣，做学生喜欢的老师。”她的第一步就这样开始了。

（二）她，怔住了！

胡明道万万没想到她自己精心准备的“设问”会引来如此非议！虽然，非议者声音极小，说完后还惴惴不安地望着她；虽然，不少护师心切的学生正用眼瞪着那些非议者，以示对她的维护；虽然，已有同学举起了手，准备回答她的问题以缓和这一尴尬气氛。但她仍然怔住了！

这是发生在《简笔与繁笔》课堂中的一幕。课前胡明道自学了此篇课文，对作者为了辩证论理而将发论的针对性放在文末这一构思颇感兴趣，于是设了一问：“一般议论文总在开篇部分摆出社会现象以示议论的针对性，本文却在文末才出示，仔细读读全文，你认为这种构思妙不妙，为什么？”谁知话音刚落，就听到了不满的声音：“怎么又是妙？”“谁知写文章的人有没有构思？”“王婆卖瓜，自卖自夸！”

忆起这一片段，胡明道感触良多，直到今天，她仍然感谢那几个敢于非议、敢于令她难堪的同学。尽管当时课还是上下去了，通过讨论，大家对作者这一构思的“妙处”也达成了共识。她也在课下对说“王婆”的同学进行了调侃：“我建议你改一个字，改为‘胡婆卖瓜，自卖自夸’，哦，也不对，因为不是我的瓜，是周婆（周先慎）的瓜，不过他可没自夸呀！”师生哈哈大笑，没存在任何芥蒂。但那一幕令她想了很多，她似乎感到了课堂是活的，还有很多待研究的问题。

“哦，这就是‘课堂心理’！我正好把这作为下一个研究的专题。”胡明道悄悄在心里对自己说。她找来了《课堂教育心理学》（亨利·克莱林格伦）、《教育心理学——学与教的原理》（邵瑞珍）、《阅读心理学》（张必隐）等理论书籍，进行了专题阅读，做了大量的笔记。这一段时间，她几乎每天下午都在教室里，学生们上课、上自习，她也“上课、上自习”。

经过大量的阅读及大量的调查研究，胡明道大胆地对传统心理学中有关“（青年）少有少年人的傻勇，他们更顾及成年人的认可”等结论进行了质疑，提出“当代中学生是思而后信、思而后行的一代，他们不再在意成年人的评价，而更关注同伴的认可”，他们富有逆反心态。这一心态反映在语文课堂上表现为怀疑心态和饥渴心态。为了把握课堂的心理流向，教师应对课堂情境创设、课堂内焦虑心理的调节、课堂问题行为的处理等方面进行把握。在大量实践的基础上，她总结了调节课堂心理的策略。如缓解过高焦虑度，可采用“消除顾虑，加强安全感”“欲擒故纵，转移注意力”“调整节奏，安排热身赛”“具体指导，建立自信心”等方法；刺激过低的焦虑度，则可采用“于无疑处设疑”“于无趣中引趣”“于点拨中探胜”“于比较中鉴赏”“于辨析中去误”“于发散中扩思”等方法。

1991 年，她完成了论文《课堂心理流向的把握》和《揿动课堂的旋钮》。同年，她带着论文《课堂心理流向的把握》出席了在大连旅顺召开的中国教育学会中学语文教学研究会第五次年会并在大会上发了言，还获得了论文评比一等奖。之后，这篇论文又相继获得了省、市各级奖项共 5 项。

（三）她，惊醒了！

说来有些意外，胡明道对于学法的研究，乃至于最后形成的“学长式教学”，除她的特殊身份（一个留校的真“学长”）、特殊心态（永远认为自己是一个会学习的“学生”）以外，还源自一个不认识的老师的一句话。

1993 年夏天，胡明道接到了在四川乐山召开的全国中学学习科学研讨会的邀请，到会上上一节示范课，做一场报告。刚刚拿到特级教师证书的她，既踌躇满志，又小心翼翼。为大会准备的报告既融入了她刚研究的“单元教学的十种结合”，又尽量突出大会的主旨——研究学生、研究学习方法。

她以一个生动的案例归纳总结了处理教材难点的方法：教师应时时想到学生，巧妙地把握课堂心理流向。“设身处地地将自己扮演成一个学生，进入学生这个角色。”如果仅仅亮出“难”牌，反复强调“难”处，这实质上无异于给学生施加心理压力，使学生产生了“抗知识”心理，最后恐怕就只能是缘木求鱼，适得其反。

中场休息时，一位老师走到台前对胡明道说：“胡老师，您的课讲得真好，刚才听了您的报告，我的眼前一亮，‘进入学生这个角色’提法很新颖，不过，我觉得这还只是一种教学艺术，在教法中考虑到学生是非常好的，但对于学生而言，他们还是不知道怎么学，所以希望胡老师再深入一步研究，不知道我说清楚了没有？”一语惊醒梦中人！“原来我对‘学生’的研究还未走出教法的束缚，我还未真正地转过身来，真正地成为‘学生’这个角色，对学生的指导和要求，尽管很亲切，很民主，但含糊的以身示范多，清晰的规律概括少，‘应然’的要求多，可操作性的方法少。”虽然毫无思想准备，但胡明道当即向他表示感谢，并答应回武汉后好好静下心来，进行真正意义上的“学法”研究。这正是“学长式教学”研究的第一步。

（四）她，无语了！

有一次，胡明道正在某校教室里听语文课。教师深情地说道：“音乐，它跨过了国界，超越了民族，从阿宝的《山丹丹花开红艳艳》到周杰伦的《双截棍》，无一不震撼着我们的心灵，陶冶着我们的情操。今天，就让我们一起走进音乐的世界，感受它的魅力。”朗诵声中一学生伸手要同伴交数学本，正在听课的她摇了摇手，并小声说道：“已经上课了，下课再收吧。”谁知该生回头对她讲了他们学校的“教学掌故”：“还没有，还没有，这是开场白，开场白！”她真的无语了！眼前似乎又浮现了另一画面：课堂上正在上《纸船》，教师同样深情款款地述说了母爱的伟大，并做了示范朗诵，读到深情处声音都有些哽咽。正在听课的她忽然发现所有男生都趴在桌上，不敢看老师，一个小女生一边用手摸胳膊，一边对同桌说：“肉麻！”

这两节课虽然学校不同，学段不同，但却令胡明道想到了必须研究学情，研究“90后”学生的心理，情感是不能“输入”的，学习情境的创设决不能停留在煽情上。于是，在“学长式教学再研究”的课题中，她研究了“三维目标的整合推进”“问题情境创设的策略”等子课题，提出了要让情感的提升经历“过程”：从准备—酝酿—渐染—体认—翻检—感悟到提升。教师在设计中要充分发挥“两分钟的效益”，创设问题情境，引发刺激，撩拨好奇，产生期待。

二、胡明道教学智慧的思想内核

胡明道的教学智慧集中体现在她首创并领导的“‘学长式教学’理论与实践研究”的课题里。

该课题提出了如下创新理念：

（1）对“学长式教学”进行了界定。教育者应以学习论为核心理论，以开发学习者个体潜能、培养全员素质为目的，以“先学者”的身份组织丰富的课堂探究活动，帮助学生学会学习、学会思考，并最终形成创造性人格的教学。

（2）课堂实施要领。主要包括无障碍的心灵沟通，易实践的方法指导，深层次的潜能开发，重过程的情感提升。

（3）教师观。教师首先是一个学习者，是先于（或同于）学生学习的人，即“学长”，教师应要求自己学在前，因此教师应是“创造者”，教师在课堂上应是学生学习的指导者、示范者、组织者及鼓励者。

（4）学生观。学生是课堂学习的主体，学生在课堂上应享受以下权益：发表个人见解与老师、同伴交流的权利，选择课堂资源和信息的权利，质疑、欣赏、批评教材的权利，评价教学效能得失的权利。

（5）教材观。教材是教学的媒介，因而教师应是“用教材教”，而非“教教材”。

（6）课堂观。课堂教学即是教育生活，要把人性的全面开花结果当作它最重要的核心，教师要将课堂视作小社会，组织丰富的学习生活，在师生与文本间形成情感纽带，建构真实、接受和理解的关系，让学生在“自动”的学习中自由探究和创造，进而实现知识的建构、能力的习得及情感的无痕提升。

（7）“学长式课堂模式”。多维互动、自主探究。它的课堂操作步骤为：创设问题情境→提出探究问题→进行合作探究→交流解决途径→评价效能得失→形成拓展链接。

“‘学长式教学’理论与实践研究”得到了语文教学专家的一致好评，经过论证，大家普遍认为，“‘学长式教学’理论与实践研究”具有以下四个特性：一是前瞻性。它立意于1998年，在全国率先地、超前地进行了教育观念的创新，很多观念被课程标准研制组吸纳。二是原创性。它具有问题的本土性、资料的原始性、结论的独创性，因而是普遍适用的原创性教学理论。三是科学性。它是在先进的教育理论和科学的实践基础上提出的，构建了课堂模式，体现了学习方式及教学行为的变革。四是示范性。通过课题研究，培养了队伍，展示了广阔的实践前景，显示了教学科研的创新价值。

三、胡明道教学智慧的艺术呈现

“学长式教学”以它最突出的个性特征——教会学生学，适应了时代对人才“质”的需求。同时，由于“学长式教学”彰显了语文教学的三维价值，因而也适应了时代对教学高效的研究需求。

胡明道认为，课堂高效的要素是“设计”与“实施”，即“准确、创意的教学设计是课堂教学高效的前提，灵活、智慧的教学实施是课堂教学高效的保证”。

（一）创意的教学设计策略

1. 设计的指南与根基

（1）教学价值认定，课程理念导航

“设计”应遵循新课程“以生为本”的教学价值观,秉承“学长式教学”的理念，彰显“教学是面向人的生活世界的实践活动；教学是生命全面均衡发展的过程；教学是尊重个体，开发潜能的学习活动；教学是开放、复杂的对话过程”的内涵。

（2）正确解读文本，创意发现三维

对文本的正确解读可分为三个级别：准确、深刻、创意。

准确，即解读无误。例如，教读《金色花》，将妈妈说的话“你到哪里去了？你这个坏孩子”中的“坏”解读为常规意义的“坏”，甚至用了大量时间组织“他是否是坏孩子”的辩论。这就是对“坏”中含着的“灵巧、活泼、调皮”的误读，对母爱的别样表达的曲解。

深刻，即能读出文本语言背后的信息。例如，教读《皇帝的新装》，一句不起眼的“他们（指看过骗子织布的大臣和官员）相信别人一定看得见布料”，背后却含着深意：没有一个人会承认自己愚蠢，会认为自己不称职，即没有一个人会说真话。这就是文本的时代意义。

创意，即能找到文中三维交融的生长点，巧妙切入文本的解读。例如，教《社戏》时，抓住最后一段“真的，一直到现在，我实在再没有吃到那夜似的好豆，——也不再看到那夜似的好戏了”引发学生质疑：“后面说戏好看，前面又写戏不好看，这不矛盾吗？”胡明道就是妙用这一问题来领起全文的学习，让学生在过程中解读了“好”的内涵，领悟了小说的情感主旨。

（3）认真研究学情，确定切入方向

“学长式教学”最大的特点就是研究学生，这里的学情不仅包括知识、能力的难解点，原文的情感内蕴与学生情感的距离，还应包括关注学生的认知积累，把握学生的阅读期望度。例如，上《皇帝的新装》一课时，胡明道研究了学生的知识积累，把握了一种故作成人的心理——早就知道这故事了，别把我当幼儿园的小朋友！一上课，她就故意问：“听过《皇帝的新装》这个故事吗？”果然，听到的回答是“（傲娇而不屑地）听过”。“谁讲的呀？”“外婆！奶奶！爷爷！”“好啊，它的作者是安徒生。安徒生是丹麦伟大的童话作家，他一生写了很多童话，在他诞辰200周年时，他的读者自动聚集在塑像前纪念他，你们说是大人多还是孩子多？”学生异口同声地回答：“孩子多！”当学生看到从新华网上下载的现场图片中无一孩子时，平衡被打破了，问题形成了。“这是怎么回事呢？”胡明道适时地撩拨：“你们的外婆爷爷讲了吗？他们讲故事的时候读了原文吗？”“没有。”“哦，说不定这问题就藏在原文里呢，我们就带着问题读原文吧。”阅读期待被激发了，学生迫不及待地翻开了书。这就为最后探究“安式童话”的时代价值埋下了伏笔。

2. 设计的原则与特征

（1）“学长式教学”设计的原则

知能情意过程化，过程学习活动化，活动内容问题化，问题探究体验化。

（2）“学长式教学”设计的特征

动力性，即设计应有促发生成的动力。判定标准是：它必须为教学三维目标的动态达成铺设渠道；它必须为不同层次、不同差异、不同特长的学生都能融入学习提供保证；它必须为教学过程中师生都能发挥创造思维搭建平台；它必须为教学过程中可能产生的不同维度、不同方向、不同内涵的信息都能碰撞交流提供条件。

立体性，即允许同一问题有多种答案，或在同一层级学习中允许对同一题干选择不同的学习内容。例如，教授《湖心亭看雪》时，进入赏析环节后，胡明道设计了小组合作学习，任务单内容有：第一，选取你们组最喜欢的一句或一段话。第二，品味句中的意象和关键词。第三，凭借这一句你们看见了一幅怎样的画面？第四，为这一句设计朗读方案并展示。

这一设计就具有“立体性”的效益。第一，它允许选择学习内容，于是，“雾凇沆砀”“天与云与山与水，上下一白”“惟长堤一痕……一点……一芥……两三粒而已”等语句在同一时段供不同学生选择赏析；第二，它让全体学生参与学习，腼腆的、胆小的学生在组内有了参与的机会；第三，它让不同特长的学生得到了展示机会，理性思维强的学生综合大家意见品味了词语、意象，描述能力强的学生会将大家的七言八语绘成画面，朗读能力强的学生则可代表本组展示朗诵方案；第四，它还可规避因重复问题“哪些词语值得品味”同频率刺激产生的审美疲劳。

弹力性，即设计应留出空白，准备随时吸收精彩的生成资源，并可随时调整、重组以灵活应对意外。

3. 设计的框架及内容

（1）确定目标，架构环节

目标的确定要以新课程理念为指南，以文本的特色及可用价值为依据，按照教材在《义务教育语文课程标准（2011年版）》中所处年段的知能要求度及学情的可接受度，综合三个维度的要素进行设定，但不可三维分离，三分课堂。

如《邹忌讽齐王纳谏》的教学目标：第一，通过自主解读及合作交流，读懂全文并形成理解文言词义的方法。第二，通过语言品味，想象回放三问三答现场，赏析人物形象并尝试理解背诵。第三，通过揣摩人物思考过程，初步理解类比思维，并感悟、赞扬邹忌的人格价值取向。

设定目标后，要架构环节。如《邹忌讽齐王纳谏》的教学环节：古今情境对接，促发阅读期待；自主破译（成果奉献、温馨提醒、方法参考）；回望过程，形成方法；再读全文，质疑发问；回放现场，赏析语言，理解背诵；探究思考过程，学习类比思维；隔空点赞，遥送一句（邹忌或齐王）；余兴拓展，课下链接。

环节构架要注意：围绕目标，逻辑推进，动静搭配，张弛有度，环环相扣，动态达标。

（2）着眼细节，精心策划

①创设问题情境

问题情境，即刺激丰富，能诱发好奇心理，产生问题，从而促进内动力的情境。

胡明道创设问题情境常用的方法有以下几种。

第一，引入背景资料。例如，上《错误》一课时，胡明道引入了作者的简介，并请前排的一位同学读给大家听。学生读完要坐下时，胡明道故意问：“你刚才为什么卡了一下？是我打错了字吗？”“我看见有两个‘中国’，就卡了一下。”“哦，这一句‘中国的中国诗人’，可是世界文坛对作者的评价呀，为什么要用两个‘中国’呢？”学生的好奇心被撩拨起来了，阅读的序幕也拉开了。

第二，设置好奇悬念。悬念丛生的“故事”可勾起学习者的求解欲望。例如，教《黔之驴》一课时，一上课，胡明道就说道：“唐朝的柳宗元被发配到湘西后，一直坚持写作。有一次他听人讲了一个动物的故事——可悲的是它死了却不知自己是怎么死的。他猛然想起以前听过一个相似的故事，于是决定把这两个故事写下来。为了稳妥，他征询了一个老者的意见，老者给他讲了第三个故事，内容仍然是一个动物死了还不知道自己为什么会死。柳宗元不再犹豫，提笔写下了三个动物的故事，合称《三戒》，用以警戒世人。（戛然而止）同学们，还想知道什么吗？”话到此处，学生纷纷发问：“我想知道是哪三种动物？”“我想问问，他们是怎么死的？”“它们为什么不知道自己死的原因？”“我有个问题，动物死就死了，为什么要警戒世人，动物与人有什么关系？”……于是，一场“揭秘”的阅读就起步了！

第三，撩拨叛逆思维。进入青春叛逆期的学生，往往有一种不合作态度，认为成人的一切都是“老一套”。对这种叛逆思维，教师一定要认真研究它，不露痕迹地校正它。对文本的情感也应巧妙地引领，进而提升，而非“传输”。如教《纸船》一课时，胡明道让一个家中哥哥接到了留学通知书的同学与大家分享快乐后，撩拨道：“接到留学通知书真光荣，当然高兴。如果有一个人接到通知后却每天哭，你们说可能吗？”学生均大声回答“不可能”，甚至有学生叛逆地认为那是作秀！当然，在赏析了语言，学写了评点，设计了朗诵方案，想象了诗中画面，翻检了生活体验后，学生自行校正了认识，提升了情感。

第四，翻检生活体验。当教师引领学生翻检出的常态生活体验与文本内不可思议的生活场景或人物奇怪的行为不相符时，思维平衡也会被打破。如上《囚绿记》一课，胡明道就兴致勃勃地问：“你们都很喜欢绿树吗？”在得到了肯定回答后，胡明道又故作神秘地问道：“你们跟绿树说过话吗？——没有。吵过架吗？——没有。有一个人就与绿树对过话，还吵过架。想知道详情吗？读一读《囚绿记》。”

②拟定探究问题

细节设计的又一重要内容是预先拟定具有探究价值的问题，问题的特征有以下几点。

第一，融汇性，即这一问题可带来三维交融的效益。如上《纸船》一课时，胡明道启动了自主探究学习：“现在请大家自主朗读全诗，问问你自己，这句话或这个词为什么吸引了你？请为它写一句评语。”这一环节的学习用时仅5分钟，但学生既学了知识，明白了评语的意义、内容，又锻炼了能力，还经历了过程，概括了方法——选词选句写评语，词句赏析不离篇；点悟内涵评写技，明白晓畅用语简。尤其是诗中情感对学生已起到了初步渐染的作用，因为展示的评语中不乏“表达了对母亲深深的思念”“抒发了对母爱的感恩之情”等。

第二，多解性，即允许一个问题有多种答案，也允许同一题干选择不同的学习内容。如上《木兰诗》一课时，胡明道用一个问题引发了学习：“《木兰诗》是我国北朝乐府民歌，木兰代父从军的故事在我国家喻户晓，美国还以此制作了动画片，现在我们也尝试一下吧。任务是：选择你最喜欢的一两句话，制作一个VCR（视频）。别忘了人物的动作、语言、表情。”学生们兴致勃勃，引爆了一个又一个的思想火花。

第三，体验性。读文学作品，既可引发学生翻检自己相同或不同的直接体验，也可让学生进行“自居体验”，即我就是他。上《烛之武退秦师》一课时，胡明道提出：“现在你是秦伯，请说出你听烛之武说话过程中的心理活动。”学生在体验中感悟了秦伯的内心活动，也领略了烛之武的退师技巧。

第四，开放性，即走出文本，勾连生活。如读了《老王》一课后，胡明道以“现在我们身边还有老王吗？你想对他做点什么？”引导学生联系生活，关注身边平常事，关心身边平凡人。

第五，创新性和趣味性，即激发学生探究的兴趣，开发学生的创新思维。如上《套中人》一课时，胡明道让学生为别里科夫写墓志铭，学生一时兴致大发，创意作品频频诞生。

③策划学习活动

设计中要选择学习形式，设定学习任务。学习形式有自主学习与合作学习（包括同题讨论式、异题分享式、选题讨论式、分题讨论式、无题讨论式、限人讨论式、对抗论辩式等）。汇报形式有自由发言式、代表陈述式、团队汇报式等。活动中可用语言及非语言等多元载体及媒介。

④引导学习方法

语文教师应努力做一个好学长，要在教学过程中引导学生生成学习方法，因此，不论是教读，还是教写，都应注意概括方法。教学中，胡明道常用的概括的方法有以下三种。

第一，步骤式。例如，想象补白的步骤：找，找出空白；析，分析原因；想，依情想象；补，补出故事；验，回文验读。

第二，规律式。例如，要品味可选怎样的词：选独特的词，选反常的词，选深意的词。

第三，歌诀式。例如，场面描写的方法：场面描写人为重，全面扫描点在中，纵横交织结合好，场面鲜活又生动。

⑤链接深度拓展

课堂不是消灭问题的地方，要趁着余兴，让学生带着问题出课堂（不是作业）。如上了《长沙》《故都的秋》两课后，胡明道就建议大家拓展阅读，进行“秋理秋趣的探究”。

⑥整合有效资源

在设计中可以围绕目标的达成整合课内外的有效资源，也可做 PPT，但必须适度、适时，有助、有效。

（二）智慧的教学实施

胡明道认为，教师在课堂的实施行为应概括为：铺设由浅入深的探究过程，进行既赏又导的资源共享，采取或借或放的机智应对，即教师应在组织中参与，在参与中互动，在互动中指导，在指导中评价，在评价中促进。

1. 展示预设的张力，促发生成的精彩

（1）营造问题情境，驱动学习欲望，当好引趣人

（2）智慧导引过程，动态达成三维，当好开发者

教师要按照课前的设计方案进行导引，要注意步步推进，环环相扣，不越界，不庖代。

①有效刺激思维

除按设计方案推动学习活动之外，教师还应在开放的对话过程中相继追问子问题。问题的类型有以下几种。

第一，反向撩拨式。如上《散步》一课，当学生说到最喜欢文中的“我”时，胡明道就及时撩拨道：“我也喜欢他，不过，他有点爱吹牛，说背着整个世界，太夸大了吧？”

第二，聚焦点击式。如上《七根火柴》一课时，胡明道就提出：“无名战士的眼睛为何要‘努力’地闭着？”

第三，单向多级式。如上《变色龙》一课时，胡明道就提出：“听到人群插话后，奥楚蔑洛夫的心态经过了几层变化？”

第四，想象补白式。如上《羚羊木雕》一课时，胡明道就引导学生想象："奶奶站在门口，看着这一切，她心里在想什么？"

第五，设体比较式。如上《灯》一课时，胡明道就启发学生思考："既然写灯是光明的，可否将'昏黄的'换成'明亮的'？"

②把握节奏环节

要注意张弛有度，不平均使用力量，突出重难点。

（3）搭建探究平台，整合有效资源，当好首席长

①发问方式

第一，笔头发问。在课前布置学生用纸条发问，并写上自己的姓名，也可在课堂学习过程中用纸条发问。

第二，口头发问。可在课堂学习中铺设平台，鼓励学生口头发问。例如，课前5分钟发问，初读文本后发问，精读后对全文探究发问。

第三，小组讨论发问。在小组集体讨论后，由一人代表提问。

第四，推荐好问。可布置学生回去准备问题，在课堂上同桌互问互答，然后在全班推荐有深度、有品位、有思维价值的好问题，这样可以引导学生去评论问题的优劣，逐步精于发问。

②整合方法

学生的问题是课堂即时生成的宝贵资源，教师要本着"三心"（诚心、热心、耐心）对问题进行整合和归纳。胡明道常用的方式有：首选式，即公布问者姓名，组织全班探究问题；剪接式，即剪接合并多个问题的有效部分（甚至包含教师预设的问题）组织探究；建议式，将教师预设的问题以建议的形式，作为学生问题的子问题提出；再议式，对有些与本节课学习关系不大的问题，可以"课下再议"的方式处理，以保护学生发问的积极性、能动性。

（4）启动学习活动，履行多元指导，当好调研员

胡明道认为，在组织合作学习中，教师要"明确布置任务，促发学习兴趣，巡视调研全局，参与把握典型"。在回应学生的发言时，教师要做到无痕的指导，即听出创新点，给予肯定、赞扬；听出不足点，给予补充、点拨；听出错误点，给予校正、鼓励；听出具象点，给予概括、抽象；听出抽象点，给予回归、阐释。

（5）观察心理流向，适时把握调节，当好调控师

胡明道主张，智慧的实施过程中，教师要敏锐地观察学生的心理流向，适时做出智慧的调节——当学生高度焦虑时，要转移其注意力；当精神萎靡时，要挑逗兴趣；当语言受阻时，要铺路搭桥；当尴尬对峙时，要冷处缓释。

2. 彰显策划的弹性，迎接生成的精彩

（1）利用意外，催生精彩

课堂是千变万化的，有时会遇到意外的挑战。遇到意外问题时，教师通常应采取的方法是：倾听、吸纳、调整、探究。例如，胡明道上《故乡》一课时，在课前 5 分钟的发问中，一个善于标新立异的男孩问了这样一个问题："作者为什么要写杨二嫂？不写她故事也是完整的呀！"接着一个学生用京腔呼应："因为她是个女的！"虽然后一个学生是出于爱护教师，不让教师尴尬，但仍有不少同学用眼瞪第一个学生："总是出风头！""怎么能这样问？要问也只能问'杨二嫂'写得怎样好！"但胡明道意识到这是"权威是不能质疑的"思维定势在作怪，于是毅然保护了"这棵新苗"，勇敢地接过了这一问题。她马上调整了环节，将鉴赏人物提到前面，借用那搞怪的话回答："杨二嫂是女的，闰土是男的，他们仅仅性别不同而已！"经过清理，大家发现他们性别不同，职业不同，性格也不同，胡明道适时撩拨："那他们就完完全全不同啊！"在探索中大家发现了他们的共同之处，领悟了作品的主旨及作者选材的用心。

（2）利用错误，转收精彩

如果遇到学生给出的错误信息，胡明道总能巧妙利用，收获精彩。她常用的方法是：妙借、校补、回抛、复归。如上《天上的街市》一课时，一学生说作者将"流星"写错了，流星是非常快的，不可能"走"，胡明道妙借了这一错误信息，把问题回抛给学生，在讨论中学生进一步领悟了文学的想象功能。

四、胡明道教学智慧精品片段聚焦

片段一：

囚绿记

师：刚才我们已经解决了这几个同学的问题，在把握文本情节的同

时理清了“我”的感情变化线，现在要解决最有意思的一个问题了。这位同学，请再将你的问题说一说。

生：我就是问，这个绿叶还仅仅是叶子吗？它是一个什么样的形象？

师：形象？问得好。让我们一起来发现。我建议，先进行合作赏析，任务是（出示PPT）：一是找出并朗读你们组最喜欢的一个描写句；二是品味句中的关键词语；三是凭借此句，你看到了一个怎样的“绿友”？

生1：我代表我们组发言。在第7自然段，我们发现了这一句（读，略），我们从“伸开”“攀住”“舒开”“摆舞”等动作中看到了一个鲜活的有很强的生命力的形象。

生2：我们找的是第10自然段的句子，我们从“总朝着”“甚至于一枚”“一茎”等词语中看到了一个追求光明、倔强、坚贞的形象。

生3：很同意刚才他们的发言，我们组在第11自然段中发现了4个“变成”，这是个娇弱但又固执的形象，真是一个“永不屈服于黑暗的囚人”！

师：好！这一句好像是作者说的。请问，你在哪儿找到的？

生：对，是作者说的。在第13自然段，我只是借用一下。

师：好一个“借用”，赏析形象的确可以借用作者直接抒情或议论的句子。请“自主再发现”：文中还有无此类揭示“绿友”形象的句子？

（生筛选了文中的直接抒情句，再次领悟了绿友的形象）

师：记得开课时提到的不可思议吗？人和绿叶还可对话甚至吵架？既然作者有这样奇妙的经历，我们何不也体验一下？时间有限，我们只抓一个节点，回放一下“恼怒”时的对话。请进入“人、绿对对碰”：

同桌模拟人、绿叶，回放“绿叶”与“我”在对峙中进行的心理对话。

（一名学生扮“人”，一名学生扮“绿叶”）

人：你为什么老是望着窗外？

绿叶：因为窗外有我需要的阳光、空气。

人：你为什么一天一天瘦下去？

绿叶：因为我得不到自由，我的生命就要终结了。你很自私，你阻断了我生命的源泉。

人：我是善意的，我很想与你为伴，让你陪着我。

绿叶：你以为把我关起来，我就能装饰你的房子，为你一人服务吗？

我告诉你，我不会领你的情，不会屈服，因为我向往光明，追求自由！

人：真是个永不屈服于黑暗的囚人！

（其他展示，略）

师：内心独白是最能呈现一个形象的品质的载体，现在我们能回答这个同学的问题了吗？还是你自己来回答？

生：它是一个有鲜活生命力的、追求光明、向往自由、永不屈服于黑暗的文学形象。

师：它是绿叶，又不是绿叶，这就是具有象征意义的景物。我们认识了它，赏析了它。今天还有一个更大的收获，那就是我们通过摸索发现了一种解析具有象征意义景物的路径和方法。现在回望一下我们经历的过程。

生：先抓描写句，又借了抒情句，还想了他们的心里话——

师：方法归结出来了！解析具有象征性的景物形象时，你可以（出示PPT）：

巧抓描写思品质，妙借议、抒悟内涵。

揣摩心理靠想象，梳理概括形象展。

【品评】

1. 回归了阅读教学的本真价值

阅读教学是什么？它是教与学交往互动的实践活动。它是学生在教师指导下，以文本为基础，经过筛选、质疑、赏析、联想、想象、归纳、整合等思维过程，发现亮点，提出问题，与同伴、教师进行合作探究、互动对话的分享实践；更是学习者对文本的语言、情感进行理解、体认、品味、鉴赏，从而生成新知，习得能力，掌握方法，达成具有个性化的意义建构，促进情感态度价值观转化的学习活动。

本教学片段的知能目标十分明确：赏析文本语言，解析“绿叶”这一形象。其情感目标也明白无误：感悟绿叶追求光明、永不屈服的精神，提升情感及生命价值观。片段中三维并行，融合交汇，没有一句“情感”输入语，学生的情感却在探究中受到渐染，进而得以升华。

2. 展现了学习方式的探究张力

新的学习方式的确立，引发了中小学课堂生机勃勃的改革实践。新的学习方式并不是一种只有形式的技术，而是在形式背后隐含着极其丰富的教育内涵。从本质上说，它是一种教育哲学。当学习成为团队的努力而不是一个人孤单的冥思苦想时，学习本身就能得到极大的促进。因此，转变学习方式实质上是教育价值观、人才观和培养模式的变革。本教学片段不仅启动了新的学习方式，而且进行了精心的设计，既彰显了探究张力，又营造了动静搭配、冷热交替的学习现场。

从探究内容来看，问题来自学生，教师巧妙地将自己设计的问题与学生的问题整合，将“专利”让给学习者，自己退居幕后，将原设计的方案以建议的方式提出；从探究的形式来看，教师灵活地启动了小组合作、自主发现、同桌体验三种形式，使课堂变得更生动更活泼。

3. 凸显了方法生成的过程美

过程之美，美在目标的动态达成。该教学片段凸显了“学长式教学”的价值诉求：教会学生学。“学长式教学”认为，对学习者而言，掌握学习方法显然较之于获得知识本身更为重要。

显然，该教学片段中还有一个目标：生成解读具有象征意义的景物的方法。而这一目标的达成更凸显了动态美、过程美。整段学习，教师没有一次灌输“方法”，而是引领学生摸爬滚打，在习得中领悟。当学生领悟梳理出绿叶的形象时，教师引领学生回望自己跌跌撞撞的过程，概括收获了“解析象征性意象的方法”。这仅仅是教了《囚绿记》吗？难道这一收获不是最美的吗？

片段二：

拿来主义

师：上课！听说你是周杰伦的粉丝？

生1（笑）：不是，不是，（手指另一个同学）他是！

生2（手指其他同学）：他是！他是！

师：别指了，我知道你们都是，其实我也是他的粉丝。听说周杰伦在很多城市举办了演唱会。有一次，他刚回到后台，就碰见一个人，你们猜是谁？

生（摇头）：不知道。

师：他碰见鲁迅了！你们猜鲁迅会对他说什么？

（生有的窃笑摆头，有的私语：“哼，那还会有什么好话，还不是猛批一顿，批死了！”）

师：鲁迅说，“别猜了。我对周杰伦说的话就在我1934年写的一篇小文《拿来主义》里”。

生：啊？

【品评】

1. 激发了阅读的期待

两分钟里，学生的眼神从搞笑、无奈承受（因为他们知道今天又要学一篇议论文），到怀疑、好奇，最后都自觉地聚焦于文本了。

2. 诱发产生了悬疑的问题

问题来源于好奇心，强烈的好奇心会增强人们对外界信息的敏感性，从而引起人们寻根溯源的探索欲望。教学片段中的学生脑中不断出现问号：怎么会呢？会在那篇文章里吗？老师不会是在搞笑吧？鲁迅能容得下这种时尚吗？

3. 开启了探究的过程

过程，就是学习者在课堂中发现、追寻、建构新知的轨迹，就是学生摸爬滚打习得能力的辙痕，就是与文本互动对话提升情感的VCR，就是创新火花由一星变成一串的历程。在该教学片段中，同学们带着疑问通读了全文，提出了希望讨论的问题，品味了语言，领悟了比喻论证，最后终于携手揭开了谜团。

生：我发现，最后两个自然段中的“他占有，挑选……要或使用，或存放……没有拿来的，文艺不能自成为新文艺”就是用来说周杰伦的话。

师（挑逗）：“是这几句吗？这可是对拿来主义者的定位语！用来形容周杰伦合适吗？”

生1：合适！他率先学习了黑人音乐中的RAP，创作了《双截棍》，这不是“拿来”吗？

生2：他不仅从外国“拿来”，他还继承了古典文化中东风、菊花等意象，创作了一首又一首歌曲……

生3：对，还有《青花瓷》，他就是一个拿来主义者。

（随即还列举了社会生活中的其他正反事例）

4. 蕴含了情感渐染的因子

三维目标的动态达成要求发展智商与情商和谐共融的新人文素质。在该教学片段中，教师并未灌输“要尊重经典”“鲁迅先生的作品今天仍有时代意义”等价值观念，更没有对“不愿读鲁迅作品”“见到严肃作品就要吐槽”“鲁迅这样的老夫子是容不得时尚的”等情绪进行批评。但在两分钟疑问的引领下，学生不知不觉地与作者进行了心灵对话，体验了原作的情感，并在联系生活中促进了人格价值观的升华，主动得出“鲁迅先生主张的拿来主义很有意义，没有过时，我们要好好学”的结论。

五、胡明道教学智慧经典课堂实录

学写“心情”，快乐作文

授课对象：遵义县第五中学初一学生

情况说明：本节课是北京市志诚育师文化交流中心与遵义市教育局联合举办的“全国著名教育专家课堂教学展示研讨会”上的展示课。

（一）创设求助情境，刺激探究欲望

师：同学们好！今天我们是第一次见面，刚才已经有好客的同学向我泄密了（生笑），说你们是遵义县第五中学初一的同学，是吗？现在轮到我做自我介绍了。有一首诗我只记得当中的一句“烟花三月下扬州”，不记得其他几句是怎样的，只好求助大家了。

生（齐声答）：“故人西辞黄鹤楼，烟花三月下扬州。孤帆远影碧空尽，唯见长江天际流。”

师：谢谢。猜猜我从哪儿来？

生：我猜你是从黄鹤楼来的。

师：谢谢！我就是从湖北武汉来的。好，自我介绍在“求助”中成功！说到“求助”呀，我们今天学习的内容也与“求助”有关。（出示课题幻灯片：学写“心情”，快乐作文）事情是这样的，武汉的同学们进入初一后在作文课上主要学习如何写一个人（生点头）。哦，你们也是呀，那你们知道可以用哪些方法写一个人？

生：写他的语言、行动、外貌，还可写他内心的活动、心情。

师：你知道得太全面了。可问题来了，有一个叫小明的同学拨通了我的“求助热线”，他问道：“难道心情不就是这样写的吗？老师的批语是什么意思？”来，让我们看看他到底求助什么。

（出示幻灯片）

昨天放学回家，刚一进门，我就看见妈妈一脸高兴。我放下书包走到客厅，感觉妈妈心情特别高兴。晚饭后，我在书房做功课，妈妈给我倒了一杯茶，显得很高兴。我后来才知道，原来是在美国留学的小舅给妈妈寄来了生日礼物。

（老师的升格提示：只写“高兴”不可取，能写出高兴味儿人就活了）

师：请一个同学念念。

（生读）

师：是的，这个批语是什么意思？两个“高兴”，像绕口令。

生：这位老师是说，写心情不能空写那个表示心情的词，这就是上一句中加了引号的“高兴”，要写就要把人高兴的味道，也就是样子，写出来，所以后一句中的“高兴”，就没加引号。

师：你是说写心情不能空写那个表心情的词，不能空定位？（边说边板书：不空定）那该怎么写出你说的那个“味道”“样子”呢，我代表小明向大家求助了，能帮帮他吗？

生（齐声答）：能！

师：怎么帮？通常有两种方法，一种是直接一词一句地帮他修改原来的文章，让他再抄一遍交给老师；还有一种是我们用别的办法启发他，让他自己去修改。你们打算用哪一种？

生（齐声答）：第二种，启发！

（二）翻检生活积累，寻求解惑途径

师：好。那怎么启发呢？我建议大家这样做：开展一次小组学习，在交流翻检中，回忆自己写过的、读过的、看到过的也就是观察过的人物高兴的“味道”“样子”，共创出一个有启发作用的文段送给他，好吗？

（出示幻灯片）

“帮助”在行动

师：我建议你听听这一段，看看有无启发。

（生分小组共创，师巡回指导，掌握全局）

师：帮助启发稿都完成了吧？现在我们先分享分享。那一组先来。

生：我们组送了他这么一段——

“下午我放学回家，刚进屋，就听见妈妈大声叫道：‘把鞋放好，别搞乱了，今天有贵客要到。’那声音里分明含着糖。我走进客厅刚要进房间，妈妈又说了：‘别把书包带到房间里，就搁在茶几上，把刚得的97分数学卷子打开放在桌上。’这是怎么了？还没等我开口问，耳旁又响起了那甜滋滋的声音：‘嘿，你外公要来看我们了，他老担心我们，怕我们过得不好，我们要让他看到，我们这不是生活得很好吗！’我看见妈妈一手拿着锅铲，一手揭开锅盖，她正顶着往上冒的热气，对着锅里红烧的大鱼头说话。”

师：这是你一个人写的吗？

生：不是，大家你一句我一句凑的。不过，是我家的事。

师：你们家要来客人了，是吗？

生：对。哦，也不能算客人，是我外公从老家来看我们了。

师：你妈妈总爱这么说话吗？

生：对，我妈就喜欢唠叨，高兴了，烦心了，都唠叨，像个老太太！

师：可不许这么损妈妈（生笑）。哦，我明白了，你们是抓住了有特点的妈妈在特别的情况下的唠叨来表现她的高兴心情的。可别说，你们还真把那“高兴劲儿”写出来了。最值得我们欣赏的是“……正顶着往上冒的热气，对着锅里红烧的大鱼头说话”这几句。我有个小意见：你是怎么看见的，前面似乎应有交代，如可加上“她又在跟谁说话呢？我忍不住走到了厨房门口，一看……”就完整了。写得真好！说说你们是怎么表现妈妈高兴的？

生：写妈妈唠叨的话，我以前在周记中就写过。

师：哦，可描写人物的语言。这就是你们推荐的方法。请在黑板上留下你们建议的方法。

（生在黑板上板书：语言）

生：我们组写的是：“我正在厨房里看妈妈准备晚饭，这时客厅传来了熟悉的钥匙开门声，一定是爸爸回来了。只见爸爸满脸泛着红光，两只眼睛弯着，眉毛止不住地向上扬着，嘴角也一个劲地向上翘着，以前脸上明显的皱纹好像也平了不少。只见他用手松了松领带，把嘴张了张，又笑着故意抿了抿，接着又自顾自地点着头不停地笑着。”

师：你爸这是遇到什么开心事了？

生：不是我爸，是他爸，他爸炒股赚了。反正我也见过我爸在单位评了先进回来时的模样，也是这样的。

师：我虽然没体会，但知道炒股赚了一定很高兴，你们抓准了引起高兴的事。不过，我就奇怪了，你们为什么不像他们组一样，写写爸爸说的话？

生：他爸不怎么爱讲话，特别是炒股赚了，他还怕太张扬了。

师：哦，但他还是忍不住，那高兴劲儿从他的模样里就能看出来了，你们观察得真仔细。我最欣赏“眉毛止不住地向上扬着，嘴角也一个劲地向上翘着”这几句。我有几点小小的意见和建议：从猜测是爸爸回来到看见他的脸，是否差一点衔接语？再找机会观察一下爸爸高兴时的眼睛，在描写眉毛、嘴角的句子后面加点描写眼睛的句子，注意与前面句子的句式相吻合。不过总的来说还不错。你们推荐的是什么方法？

生：描写人物的外貌、神色。

（生板书：外貌、神态）

生：我们组也凑了一段：“他被叫到了老师办公室，大约过了十分钟就出来了。只见他一个大步跳了起来，接着向楼梯口冲去。他不停地用手拨开上楼的同学，又挤开下楼的同学，来来回回，左拐右拐，一个劲地奔下楼，紧接着跑过操场，这时忽然看见了我，他一下就蹦到了我的面前，一把抓住我，在我的肩上拍了拍，还没等我反应过来，他就一把拉住我，冲进了教室，大声嚷道：‘要春游了！’”

师：啊，好高兴。也难怪，要去春游，谁不高兴。这是谁的经历？

生：他，他就是我们班的班长。他回忆，我们帮着记的、想的，不过他拉我是真实的。

师（拿过记录稿）：哟，还真的记了不少重要的词。你们看，有“跳”“冲”“拨”“挤”“跑”“蹦”“抓”。真好，我们仿佛被你们带到了一段视频中。“拨开……挤开……来来回回，左拐右拐”太逼真了。如果要成文，我建议把那些重复的语言修改一下，如“一把抓住”“一把拉住”“冲去”“冲进”等。你们想启发小明，建议他用什么方法描写心情？

生：描写人物的行为、动作。

（生板书：行为、动作）

生：我们组也是用人物的行动来表现心情的。“数学卷子发下来了，他朝左看了看，又向右看了看，然后小心翼翼地走到课桌前，慢慢翻开卷面。这一看不打紧，他忍不住跳了起来，但又怕太张扬，于是把卷子折了起来。但仅仅过了一秒钟又不由自主地翻开，就这样折起翻开，翻开折起，自己都不好意思地笑了起来。”

师：好。“折起翻开，翻开折起”，多真切的高兴举动。这是你们观察到的？

生：对，他就是这样的。上次发数学卷，他高兴得不知该把卷子放哪儿是好。刚才我提了个头，大家一起进行回忆，补充完成的。

师：也请在黑板上写上你们的方法。

（生板书：行动）

生：我们也是写发卷后的事，但用的方法不一样。“卷子发下来了，他好似漫不经心地瞅了试卷一眼。猛然，他看到了那红红的数字。虽然只有两位数，可那是他努力的结晶呀！他的心头好像滚过了一股热浪，喉头漫着巧克力的香甜。他在心里对自己说，一个月来的辛苦终于有了回报，我的能力终于得以证明，我能行，我能学好数学！他真想马上飞到妈妈身边，让她脸上笑开花，让她眼角的皱纹马上消失，让她为儿子骄傲。”

师：太感人了！是你自己的经历吗？

生：是的。当时我的心里是有很多感觉，很多想法。不过，把这些感觉、想法写出来，还是大家启发的。

师：对，从内心有感觉到捕捉感觉并写出来，确实是进了一大步。还是集体的力量大。我提一点小建议，把“让她脸上笑开花，让她眼角的皱纹马上消失”两句改改，如可改为“抚平她眼角的皱纹，让她的脸上绽放出难得的笑容”，好吗？你们想推荐什么方法？请！

（生板书：内心活动、心理）

（三）反思合作过程，建构生成方法

师：刚才，我们合力启发了小明，提出了自己的方法。现在让我们通过黑板上留下的轨迹，回望过程，我们自己是否也收获了一些方法？

我发现你们的方法虽各有不同，但却有一个共同点，那就是都没写“高兴”这个词，却都传达了高兴的心情。这真是处处无“心”处处心！

（出示幻灯片）

描写心情不空定，借言借行传心情。神情心态也可表，处处无“心”处处心。

（生高兴地齐读方法）

师：这是我们自己合力总结的方法，这可真是美丽的生成！我们帮助了小明，自己也概括总结了方法。我忽然想起一句话：赠人玫瑰——

生（齐声答）：手留余香。

（四）自主实践再练，互动评价赏析

师：不过，这方法灵不灵呢？让我们再试试！

（出示幻灯片）

让我再试试

1. 恐慌　　2. 得意　　3. 悲伤

师：请在以上几种心情中任选一种，写一个片段。你们可独立完成，也可与同桌商量完成。交流时要邀请一位嘉宾进行点评，但事前不得告知信息。嘉宾的任务是——

（出示幻灯片）

嘉宾点评

1. 你写的是________心情　　2. 你是用________方法在写心情

3. 写得最好的句子是________　　4. 修改的建议是________

（生练，师巡回指导）

师：谁最先来交流？

生：我，我！

师：你请谁做嘉宾？

生：请他（报同学姓名）做嘉宾。

师：请两位上台来！

生：战斗刚刚开始，他一下子就吃掉了爸爸的一炮一马，占了优势，只见他扬着头，看看这儿，望望那儿，用手摸摸饮料瓶，摇头晃脑地抿了一口，又把嘴唇撮了起来，吹出不成调子的口哨，脚在桌子底下打着拍子，心里暗暗发笑——爸爸这个常胜将军，今天可成了我的手下败将了。

嘉宾：他写的是“得意”的心情，主要用了行动描写的方法。他写的那些动词都很好，像是“扬着”“看看”“摸摸”“吹口哨”。

师：听得还真仔细，你最欣赏他写的那些含动作描写的句子，是吗？你认为他主要用了行动描写，这个“主要”评得好。因为在实际描写过程中，往往是多种方法融合使用的。你打算给他提什么修改意见呀？

嘉宾：希望他观察再仔细一点，描写再细一点。

师：请问，要不要我做候补嘉宾呀？

生：要。

师：我先采访一下你。请问，你写的“得意”与刚才大家写的“高兴”有何区别，你是怎么表现这一区别的？

生：我觉得“高兴”就是开心，愉快；“得意”是很满意，还有一点自傲、张扬的意思。我用的那些动词都是表现他骄傲自满的。

师：哦，怪不得“扬着头”“撮着嘴”“吹口哨”呢。这些词语的确写得好，不过，我还要提两点意见。第一，请再观察一下，把人物好不容易胜了一回的得意举动写得再细一点，例如，他的眼睛会怎样动，他再移动棋子时会怎样，等等；第二，再读读文稿，修改一下写得不顺的句子。好吗？

生：我来。我请他做嘉宾。

生：刚做完课间操，同学告诉我班主任找我，顺着手指方向，我看见老师站在大厅内，满脸阴云。我心一沉，步子慢下来，仿佛感到一场灾难要来临。老师找我什么事？作业？考试成绩？我忽然觉得手出汗了，天怎么这么热。我扯了一下衣领，似乎这样可以稍微舒服些。以往下操人那么多，今天人怎么这么少？他会说什么呢？迟到，作业，考试……我正想着，鞋带松了，我趁机蹲下系鞋带，想着如何应对。再看老师，好像已是阴转晴了，不容细想，我已站在了老师面前。

嘉宾：他写的是“恐慌”的心情。我觉得他用了心理描写，还用了动作描写。写得好的句子是他心里猜老师要问的话，他觉得今天人这么少，他的动作有扯衣领、系鞋带等。

师：这个嘉宾真厉害，提一点修改的意见吧。

嘉宾：可以把内心的想法再展开一点，比如具体到哪一门的考试等。

师（对嘉宾）：你评得这么好，我这个候补嘉宾没话说了。

（五）总结学写价值，拓展探究延伸

师：现在，你们应该明白了，写人物就应让人物活起来。而要让人物活起来，不仅可用以前学过的多种描写方法，还可用今天学习的写“心情”的方法。

（出示幻灯片）

借言行写心情，借心情写人物；

不仅要给人物拍照片，还要给人物拍 VCR。

师：别忘了要在特定的情境、事件中表现人物特定的心情。时间过得真快，你们想不想下课？

生（七嘴八舌）：不想下！不下！我还没说呢！我写的也是恐慌！

师：不行呀。大会后面还有精彩的内容呢。就让我们带着余兴带着问题走出课堂吧。

（出示幻灯片）

1. 选读一篇课文，看看作者是如何描写人物心情的。

2. 带一种“心情”回家——完成一种心情的文稿。

师：下课！

参考文献

[1] 朱慕菊 . 走进新课程：与课程实施者对话［M］. 北京：北京师范大学出版社，2002.

[2] 张春兴 . 教育心理学［M］. 杭州：浙江教育出版社，1998.

[3] 张必隐 . 阅读心理学［M］. 北京：北京师范大学出版社，2002.

[4] 俞国良 . 创造力心理学［M］. 杭州：浙江人民出版社，1996.

[5] 施良方，崔允漷 . 教学理论：课堂教学的原理、策略与研究［M］. 上海：华东师范大学出版社，1999.

第二篇　黄玉峰教学智慧研究

黄玉峰，复旦大学附属中学语文特级教师，复旦五浦汇实验学校校长，上海写作学会副会长，复旦大学社会科学高等研究院特聘教授，复旦大学高等教育研究所硕士生导师，华东师范大学中文系硕士生导师，上海市语文学会理事，上海诗词学会理事，复旦大学书画篆刻研究会副会长，上海语言工作协会理事。

从教48年，黄玉峰坚持提倡并践行“大语文教学”和“人生教育”。“大语文教学”主张进一步扩大现有的语文教学格局，是打通古今中外，融合课堂内外、各科知识，拓宽视野的博雅教育。“人生教育”强调语文对人格形成的重要作用，以语文为人生塑造精神底色，提出“读书做人”，以完善人格、追求终身幸福为学习的基本意义。鼓励学生不做分数的“奴隶”，以整体素质的提高，智慧地驾驭考试。在实践方法上，大力推崇古人传统教学方法的合理之处，以记诵、积累铸造基础，大量阅读经典，避免虚浮而没有内容的空洞分析。在学术领域，黄玉峰致力于传统文化尤其是古代诗人和汉字文字学的研究，在北京电视台、上海电视台讲《汉字趣谈》《天地一文人》《中国古代的科举制度》《李白与杜甫》《苏东坡》等专题，出版《说李白》《说杜甫》《说苏轼》等专著，并在《上海教育》《语文学习》开设《玉峰说字》《玉峰讲字》等专栏。

一、黄玉峰教学智慧的探索历程

（一）“不忍见耳”

常有人问黄玉峰，“你在讲台上已经站了近五十个年头，为什么还不歇一歇？”他说：“我喜欢。”

2011 年，复旦大学附属中学举办了一个“黄玉峰语文教育研讨会”，在会上黄玉峰说了一个鹦鹉的故事。

那是明末清初周栎园的《栎园书影》中的一个寓言：

昔有鹦鹉飞集陀山。

山中大火，鹦鹉遥见，入水濡羽，飞而洒之。

天神言：“尔虽有志意，何足云也？”

对曰：“尝侨居是山，不忍见耳。”

天神嘉感，即为灭火。

意思是说：从前有只自由飞翔的小鹦鹉，飞着飞着，偶然经过自己住过的陀山。陀山起了大火，鹦鹉远远看见熊熊燃烧的火焰，就飞到河里用水沾湿自己的羽毛，然后再飞到山上把那几滴水洒到大火上。小小的身躯在大火和河水之间竭力往返，可是对大火自然没有半点影响。天神看在眼里，忍不住问：“虽然你有灭火的诚心和意志，但是你这微小身躯洒下的几滴水，面对这熊熊山火何足挂齿呢？”鹦鹉答道：“我知道自己的努力微不足道，但是我过去在这里住过，这里是我的家乡，我不忍心看它烧成灰烬。”天神听了很感动，运用神力帮鹦鹉灭了火。

黄玉峰说：“作为一名一线的语文教师，如鹦鹉一样面对着‘大火’。在这场当代中国教育问题的‘大火’中，我这几年做的一些事情，动机亦不外乎‘不忍见耳’。”

（二）为“病”而呼

黄玉峰对现行语文教学的弊病提出思考和质疑，最早是在 20 世纪 90 年代。当时得到考试院垂青，黄玉峰担任上海高考阅卷组组长。接到这个任务时，最初他受宠若惊，回忆起小时候，最让自己敬畏的就是阅卷官，手掌“生杀予夺大权”，多么神圣。

但是当他当上了阅卷官，他对阅卷官的神秘感却荡然无存——阅卷环境条件极其简陋不说，更让他难受的是那些“标准答案”。

有一年的古文阅读选了苏辙的《巢谷传》。文章大意是说，苏辙和哥哥苏轼都被贬了官，老朋友巢谷不辞年高路远，千里迢迢来探望他们。末了问题毫无悬念地问：这件事情反映出巢谷的什么高尚品格？标准答案是：古道热肠。凡答成“执著”“友爱”“乡情”“友情”等都算错。

后来，班上一位出色的学生所写的一篇深刻而内涵丰富的好作文竟被评为不及格。这更是给黄玉峰很大的刺激和触动。

黄玉峰回忆当时说，他也是年富力强、气血旺盛，不服气的事就一定要申诉到底，因而被像这样的题目一次一次地挑战着，终于从困惑迷茫到质疑发声。那几年里，每次高考，他白天做着“官方”的阅卷官，结束后总要骑着自行车到虎丘路的《文汇报》报社送稿子。而后，他在《教育园地》发表几篇或议论或讽刺的文章，对高考题目评头论足一番。

那时候，一些德高望重的老先生，像复旦大学的俞蘅先生、上海交通大学附属中学的沈蘅仲先生，还有复旦大学的苏步青老校长，都给了黄玉峰很大的精神支持。俞蘅先生诗书画印四艺俱佳，他忧虑地说，这样考下去是不行的，这样下去还有什么语文呢？沈蘅仲先生是在上海交大的前身南洋公学时代就开始教书的老特级教师。他的教学办法就是在上古文课时大量增加相关的材料。他的文言文备课笔记成就了两本《知困录》，考据谨严，治学极深，给学生更多、更全的信息，不忽视他们的思想。这是语文教学的传统，也是正道。苏步青老校长更是给予其关心和支持，鼓励黄玉峰不但要自己实验，而且要为语文教学“大喊大叫”。先生们的鼓励与支持，使他愈发地相信，如今的语文教学，确实存在需要反思之处。

（三）“五四青年”

在老前辈的鼓励下，从20世纪90年代初开始，黄玉峰不断地探索教学和考试的改革。1992年，他发表了长文《还我琅琅书声——兼论四十多年来语文教学的误区》。对于考试，他提出语文高考应该重点考“三个多少两个怎么样”，即背了多少，读了多少，懂了多少；文章写得怎么样，字写得怎么样。简简单单，但这是在考“真语文”。

尽管黄玉峰一直在坚持发出声音，但是声音很微弱。1999年，黄玉峰作为代表参加了中国教育学会中学语文教学专业年会。他自己冲上台去，做了5分钟的发言。“面对语文教育如此多的问题，我们居然还有脸说‘辉煌成就’！我们……”这次发言引起了会场一阵骚动和混乱，有人试图阻止，可是更多人却说“让他讲完”。最后，大家对这疾风骤雨一般的“牢骚”报以热烈的掌声。

那一年黄玉峰其实已经54岁了，然而因为发言时的那种气势，居然被很多代表当作了年轻人。会后他还得了一个雅号——“五四青年”。五四者，五十四岁之谓也。经此一事，“五四青年”的名号渐渐传开。再后来，《中国青年报》的记者冯玥听到传闻，到黄玉峰班上跟了一段时间，写出了一篇整版报道，叫《语文教学的“叛徒”》。于是“叛徒”的诨名也不胫而走。黄玉峰给人的印象充满了“火药味”，好像一开口就会射出炮弹似的。其实，黄玉峰平常为人随和，笑口常开。在61岁那年，他自称从“五四青年”变成了“六一儿童”，越发天真烂漫起来。

（四）“人到哪里去了？”

时间一晃而过，在十几年后，当年的一代学生已经步入中年，为人父母。可是，我们的语文教育却改观甚微，喊了几十年的教改屡“教”不“改”。黄玉峰鬓发已苍，却仍坚持“叫喊”着。2008年，应复旦大学社会科学高等研究院邓正来院长之邀，在一群“天之骄子”、高材生面前，黄玉峰做了一个关于基础教育的报告，题为“人是怎么不见的”。在台上，黄玉峰说道：“教育的最终目的，是让人自由生长，是让人性升华，是要让人快乐。”

在黄玉峰看来，功利主义、专制主义、科学主义、训练主义、技术主义这五条绳索把孩子绑得喘不过气来，“人”似乎不见了。爱因斯坦说：“用专业知识教育人是不够的。通过专业教育，他可以成为一种有用的机器，但是不能成为一个和谐发展的人……”

在台上，黄玉峰大声地问：“人到哪里去了？”台下鸦雀无声，大学生们静静地听着。他们也是应试教育过来的，心中自然有数。后来，这次报告在舆论上引起了不小的反响，讲稿被传到网上引起许多共鸣。黄玉峰心中有一种预感，当越来越多的人认识到问题的严重性，也许这就是转机的开始。

破中生立，在不断批判的过程中，一种观念，或者说信仰，开始在黄玉峰的心中逐渐成形。

（五）“大语文教育”

黄玉峰说，自己的教育的宗旨是要“教人成人”。他把自己的语文教学的探索称为“大语文教育”。

黄玉峰喜欢在课堂上和学生谈自己对历史伟人的看法，指点江山，快意笑谈。他对李白、杜甫、屈原乃至鲁迅的看法都和教材参考书截然不同，而这些都是通过大量的阅读、谨慎的研究后得出的结论。和学生谈这些并不是要他们都认同自己的观点，黄玉峰会详细地告诉他们，他是如何翻检第一手资料，如何辨析各种前人的观点，如何得出现在这个结论的。他要让学生们看到这样一个独立思考的过程。学生要自己读书，读一手书，读原典，不可食人余唾；学生要独立思考，科学地研究，不要迷信权威，这些远比一个具体观点的是非更重要。黄玉峰说，陈寅恪为王国维所写的碑文最打动他：“先生之著述，或有时而不章。先生之学说，或有时而可商。惟此独立之精神，自由之思想，历千万祀，与天壤而同久，共三光而永光。”他认为如今我们的语文教学，最缺的就是这种“独立之精神，自由之思想”。

黄玉峰认为，一方面，要解放孩子身上的绳索束缚，让他们自由思考，大胆提出自己的看法。另一方面，也要严抓积累，大量接触和教授真正的知识，要坚持重语感，重积累，重背诵，重感悟的语文学习。在阅读方面，不局限于薄薄的教材，而要大量引入时代活水。精读之“精”，不在分析。对于真正的经典，应使用最原始最传统的读、背、抄、默、复述方法，在读背抄默过程中，走近课文，走近先哲，使其言如出吾口，使其意如出吾心，从而积累素材，变化气质。而泛读则无所不包，读名著，读经典，再请各路名家进校开讲座，再带学生走出校园进行文化集训。

为了把读书的成果积淀下来，黄玉峰指导学生先写读书笔记，然后写研究性的文章，在写论文的过程中，锻炼独立思考能力，启迪“自作主张”的精神，强化学习语文的兴趣，培养收集材料，整理材料，提炼观点，阐述观点的能力。在班级里，他还曾搞过论文答辩活动，请了北大、清华、复旦、交大等名校十多位大学教授以及优秀的中学教师对同学们的优秀论文进行点评。他还指导学生学写格律诗，学书法、国画、篆刻。在这样的熏陶下，孩子们俨然以文人自居了。

“大语文教学”之大，在于集中、开放、大容量。零敲碎打的东西无法在头脑中留下烙印。要通过各种手段，把最优质的资源集中在一起，塑造一个大环境，学生自然会咀嚼、消化，将这些变成他们自己的东西。一旦口子打开，学生的潜力会让人惊叹，“宣父犹能畏后生”，正是如此。

黄玉峰说：“我没有理论。我的理论就是常识。我是一个实践者，如果有一天感动了世人，或许就等于鹦鹉感动了天神。”

二、黄玉峰教学智慧的思想内核

（一）学语文的目的

学语文的目的是什么？首先要明确教育的目的是什么？教育的终极关怀到底是什么？这些问题非常重要，因为人文性和工具性的取向不同，造成了语文教学方法的不同。曾经，因为叶圣陶等老一辈教育家的权威影响，工具性一度大占上风。而如今，工具性开始式微，人文性试图抬头，却效果不佳，也就造成现在的语文教学茫茫然不知头绪的乱象。

黄玉峰相信康德所说的：人就是目的。换言之，教育的目的就是为了人本身的健康成长，而不是其他。

《中庸》开宗明义第一句话就是：“天命之谓性，率性之谓道，修道之谓教。”如果粗浅地解释一下，那就是要使受教育者按照他自身的天性自由自在地成长发展，这就是教育。《中庸》还说道：“致中和，天地位焉，万物育焉。”也就是说，让每个人在自己所处的位置上健康成长，以达到“自身”乃至“万物”和谐发展的境界，这就是教育的目的。

教育的目的是成全一个人的丰富、无限的可能性。学习的目的是为学习者将来一生的幸福打下基础。这也是教师所做的一切的出发点。

黄玉峰认为，任何的语文教育理念，到它面前一试便知：只要是能让学生感到充实丰富的、激发起生命力的，就是真正以人为本的“真语文”；而凡是让人感到枯竭的、束缚的、僵化的、倦怠的，不论戴着怎样高的“伟大思想”“重要主义”的帽子，都是“假语文”。他近五十年来的实践所做的无非是去假存真。

黄玉峰认为，世人以金为贵，现在评价一件事，往往讲究含金量。其实，教育应该多讲“含人量”。孔子一生推崇的最高价值是“仁”，其实就是“人”。孟子说：“人之所以异于禽兽者几希，庶民去之，君子存之。”孟子认为人与动物相区别的其实很少，只有那么一点点。这个现代生物学已经证实，人和黑猩猩的基因差异只有0.75%。孟子所说的，就是这么一点点的差异，也就是人性。能够保留住人性的，便是君子了。教育所作用的，也就是保留和激发这么一点点弥足珍贵的“含人量”。

（二）夯实基础，“死去活来”

黄玉峰常以龚自珍的两句杂诗自谓：“何敢自矜医国手，药方只贩古时丹。”他坚持语文教育应该回归常识，回归传统，坚持基础教育的本质是积累。

从教育决策部门，到许多的教师、学生，潜意识里都很容易被所谓“多快好省”的新奇方法和看似高深的术语名词吸引，尽管稍加理性分析就知道这些有多么不靠谱，但还是难免一次又一次地去追逐这些华而不实的东西。究其原因，还是浮躁功利的思想作怪。

大量的阅读、背诵，大量的积累，是学好语文唯一的方法，没有任何高效策略可以替代。黄玉峰认为这就是语文的学习规律“死去活来”。只有先“死”，才能后“活”。这个事实其实已经被古今中外的教育家反复强调了无数次。法国当代教育家阿兰说过：“怎样学语言？向大作家学，别无他途，到最严密最丰富最深刻的语句中去学，而不学那会话课本的平庸语句。”要“法乎其上”。大量的阅读，并且是阅读原著，其实是学语文最快、最有效的方法，也是语文教学的“本”。阅读的方法也有讲究，要学好大作家们的经典著作必须要花力气去涵泳体悟，这就需要去朗读，重要的地方还要背诵。美国当代心理学家加涅在《学习的条件》一书里讨论了言语学习的规律。他认为言语学习要学会编码，“不管编码是怎么完成的，它的最重要的功能是使学习者学会了的信息便于记忆，同时也使这些信息可以在学习者今后将要遇到的那些情境中发生迁移。”另一位心理学家盖茨用实践证明：“不论是学习效率的提高，还是记忆总量的增加，两者都是由于把不断增加的学习时间百分比用于背诵促成的。”这就明确地说明了背诵在语言学习中的作用。学习任何一种语言没有丰富的词汇积累和语言素材的积累是不行的。这一点中国语文教学有优良的传统，如"熟读唐诗三百首，不会做诗也会吟""劳于读书，逸于作文"等。这些被多人斥之为"死记硬背"的做法，正是最有效的办法。

然而，我们平时看到大行其道的却往往是对教学的研究还不够深入，对教学的研究还不够透彻，先急着"分析""创新""研究"之类的教学。学过教育心理学的老师都知道，在布卢姆提出的认知发展模型里，顺序是认知、领会、运用、分析、综合和评价，"研究"所涉及的是分析、综合和评价，就好比是金字塔的塔尖。想要站在塔尖上发光，功夫要下在基础之上。其实我国的古人早在两千多年前就把同样的意思说得很明白："博学之，审问之，慎思之，明辨之，笃行之。"如果不以积累为本，任何分析都毫无用处，甚至反而有害——因为它会让没有根基的学生被迫跟着那些参考书或者命题者的思路亦步亦趋，只能嚼别人嚼过的馍，很难培养出自己独立思考的习惯。

黄玉峰相信学语文最好的方法就是两个字：读书。书读百遍，其义自见，大道至简，复归于朴。当然，要让学生愿意背，不能光靠硬逼，教师可以多开动脑筋，让学生对"背诵"产生兴趣。黄玉峰曾用自己精心抄写的《离骚》小楷的条幅作为奖品，"利诱"学生背《离骚》，收到了很不错的效果。

（三）抓好每堂课

课堂的时间是最宝贵的，因为只有课堂时间才是最有保障的、教师真正可控的时间。如此宝贵的时间，一定不能浪费在喋喋不休的废话上面。每一堂课，教师都必须精心准备。黄玉峰甚至觉得，如果教师没有很好的想法，还不如不讲，干脆让学生自己读书，说不定效率还高一点。如果要讲，那一定要有自己的观点，不言人之所未言，至少也要有深刻的理解。

讲课的形式，倒是可以不拘一格的活泼。黄玉峰认为现在机械的、标准化的课堂评价模式是很有问题的。现在的评课，动辄分割成几个踩分点——PPT 做得如何，板书设计如何，课堂上学生是不是"活跃"……这些仿佛一道道铁箍，让新教师们不敢越雷池一步。

实际上，课堂是属于人的，学生、老师都是人，那些课文的作者也是人，语文课就是人与人之间的对话，怎么可能标准化呢？

不同的课文，应该有不同的讲法，不能是一个模式，千篇一律。

有时候，可以“满堂灌”，用大量的材料，最广泛的联系来“灌”给学生。

有的时候，可以“疑”带教，用“满堂问”的方式。一篇文章，教参的解读可以质疑，前人的解读可以质疑，甚至课文作者本身也完全可以质疑。

有时候可以是逐字逐句细细地讲，以期能读出文章背后的东西。

有时候可以一边补充一边讨论，如《兰亭集序》，表面上看毫无疑问是“先悲后乐”的线索，其实联系背景，才能看到当时东晋的世道：每个人都面临随时死亡的威胁，天空中飘荡的死神促使士人们开始寻求及时行乐。这样才能理解“一死生为虚诞，齐彭殇为妄作”背后的无奈。

有的时候，甚至可以一字不讲，只是简单地把课文朗读一遍。朗读也可以有多种形式，可以是教师来读，也可以请学生来读，所有的人都参与，分角色朗读。朗读有一种效果，尤其是剧本体裁的课文，比如《雷雨》，朗读其实就相当于表演。自己演一遍下来，对角色的体会，对冲突的感受之深自不待言。

（四）让语文和生活一样大

我们常常要求学生深刻领会某篇文章、把握文章深刻含义之类。其实，要追求深刻的理解，不能仅依赖深刻的分析。德国著名的格式塔（完形）主义学习论曾明确地指出，对知识的精确把握并不是来自零敲碎打的分析式学习，而是作为一个整体的“顿悟”过程。有人能见一叶而知秋，见一斑而知豹，正是因为他当初是用整体和全貌来理解这个局部的。就好比为了保全一滴水，即使动用许多先进仪器设备，耗费许多人力物力，仍是不免于蒸发。然而最简单、最有效的保存办法，是把这一滴水汇入一桶水或者汇入大海。

有句话说，生活有多大，语文就有多大；还有一句话说，教师即语文。确实如此。黄玉峰认为，让学生永不倦怠的秘诀就是把语文尽可能地扩大，甚至扩大到学生想象不到的范围。课堂时间固然重要，但要真正让学生提升气质，陶冶情操，教师就要让自己成为语文的化身，不只是在课堂上，而是在平时的一举手、一投足中，都让学生看得到语文的魅力。不但如此，教师还要创造条件，调动一切手段，让学生也有机会把语文和自己的生活结合起来，真真切切地感受到人文素养给生活质量带来的改善。

扩大语文的渠道数不胜数，例如编订属于自己的杂志班刊，把课本排成戏剧，学习书法、国画，把语文和艺术联系起来，举办行万里路的文化学旅，逛书店，看话剧……教师完全可以发挥自己的创造力。

总之，只要始终做到目中有人，教学实践当中的智慧便将如活水，源源不绝。

三、黄玉峰教学智慧的艺术呈现

黄玉峰认为，上一堂课的目的，不仅仅是教好这一篇文章。好的课是能打通人与我，打通古今，打通文史哲的。这正是大语文的教学观。语文教学的一课之本，在于课本，即教材，但不能局限于教材。叶圣陶老先生曾经说过，教材无非是个例子。既然教材是例子，有时引进另外一个例子，完全是可以的，甚至是非常必要的。所以教师在使用教材时，必须要有一点自己的主张。可以为我所用，做一定的调整，或删，或换，或增，以便能够适应学生的实际，扩大学生的视野，提高学生的认识，积累更多的思想语言材料。这对于学生的精神成长是十分有利的。通过优质课程的开发，提高学生学习的兴趣，扩大课堂教学的容量，这也就大幅度地提高了教育质量，提高了学生的人文素质。归根到底，这有利于学生的成人、成长。

黄玉峰的课堂教学艺术，可以理解为一个通过多种方式，“不择手段”地为课堂引入优质的资源、新鲜的血液，为学生打造一个整体文化环境的过程。他的做法传达出一种思想：提倡大量积累，以“多”取胜，而且把这放在所有教学方法、理论之首。黄玉峰认为，课堂上的这种旁征博引，虽然看似是课文的附属，但站在接受者的角度，却可能是真正的“主角”。爱因斯坦说，教育就是在忘记全部学校所学后所剩的东西。多数人脑海最终剩下的多半不是教材正本，而是老师的一段引人入胜的插科打诨。

这种做法至少有四大意义：一是激起学生兴趣；二是加深对文本的

理解；三是扩大知识面；四是培养独立人格。

（一）激发兴趣的“讲故事”

教学中，一般都强调课堂材料的组织要“突出重点，紧扣主题”。黄玉峰的原则却不同，他认为课堂材料的组织应该“突出趣味，紧扣心弦”，而不必太计较喧宾夺主。

语文学习的本身就是语言学习。教师要在学生语言学习的海洋中来谈优质资源的获取这些问题。所谓“乱花渐欲迷人眼”，大量引入的优质资源将成为学生的兴趣之源。“兴趣”二字，是教学的灵魂。夸美纽斯说，头脑不是等待被填满的沟壑，而是需要被点燃的火炬。而点燃这火炬的引线，就是兴趣。课堂所讲何等有限？能把学生胃口吊起来，引他课后去不断探究思考，才是成功的教学。其实这也是以人为本。

例如，讲《红楼梦》时，不管是《香菱学诗》还是《林黛玉进贾府》，为了引起学生兴趣，黄玉峰总有一节课要讲一些和课文不相干的故事。他甚至会从曹雪芹的爷爷谈起，讲当年曹家之得宠，用PPT展示当时康熙皇帝亲笔写给当时做江宁织造的曹寅的信。曹寅是康熙的发小，康熙把曹寅当作亲人一样，在奏折批复里会话些家常起居。曹寅病了，康熙帝马上赐药，亲自写了药方，又再三叮嘱用法。江宁织造不过是个五品官，但就是因为有如此不一般的关系，康熙六次南巡有五次住在曹寅的家里，“银子花得流水一样”。康熙死前，知道这分外的荣宠会给曹家带来危险，于是，把曹寅的职务交给李煦，要李煦设法替曹家补上巨大的银两亏空。但康熙死后，曹家还是保不住。雍正帝找了各种借口理由，说皇长子的石头狮子曾寄在他们家里，向曹家逼债。曹雪芹的父亲曹頫是直接受害者，从大官沦为囚犯，锒铛入狱，家产被抄没，曹家也就从此败落。曹雪芹自小养尊处优，遗传了爷爷的性格，才华也得自遗传。曹寅有《楝亭集》《楝亭诗抄》，才气很足，爱好广泛，金石书画、诗词歌赋、医道药物乃至饮食烹饪都有研究。因此曹雪芹的童年极其特殊，要比一般人复杂太多，他写出的《红楼梦》，不是一代人的经历，而是几代人的生命。

每次听了这些，同学们都会发自内心地想读《红楼梦》，最后爱上《红楼梦》。

后来在学生讨论喜欢林黛玉还是薛宝钗的时候，说起宝钗为何不愿教香菱学诗，黄玉峰又借此说了“宝钗扑蝶”的故事。那天宝钗为了追两只蝴蝶，无意偷听到丫鬟小红在讲一些关于她和贾芸怎么纠缠不清的私房话。听得正起劲，小红他们突然想起要开窗看看有没有人偷听。宝钗知道这小红刁钻古怪，也不是个省油的灯。宝钗怕自己被发现后引起麻烦，使了个“金蝉脱壳”之计，故意做出在玩捉迷藏、刚刚赶来的样子，嘴里说着：“林姑娘刚刚在这儿蹲着弄水。你们把林姑娘藏在哪里了？”就这么把偷听的事转嫁到林黛玉头上。她把自己撇清了，保全了自己在下人心中的好形象，却弄得小红她们对林黛玉大起忌惮之心。这事一讲，学生议论纷纷。自然有替林黛玉不平的，但也有为薛宝钗辩护的。要争辩自然要有论据，于是一场争辩之后，许多人可以如数家珍地说出第几回发生了什么事。如此一来，学生对《红楼梦》的全局有了把握，比只在一回故事里翻来覆去地讲有意义多了。

（二）把握文本的补充

奥苏贝尔提出“先行组织者”的理论，认为补充材料有助于对课堂知识本体的把握。实际上，好的课程资源意义却比奥苏贝尔的“先行组织者”更深刻、更重要、更丰富。

《孟子·万章下》言：“颂其诗，读其书，不知其人，可乎？是以论其世也。”意思是说，读文学作品的时候，不了解作者其人，这怎么行呢？所以我们要结合一个人的背景来讨论他的作品。中国传统的文论由此一直都强调“知人论世”。这四个字也是黄玉峰在课堂上一贯坚持的原则。

比如，上《边城》一课时，黄玉峰先要让学生在课前读过《边城》全文，还引导他们读沈从文其他的著作，比如《长河》《萧萧》等，从而了解沈从文其人其事。这样在正式上课时，师生已经有了对话的起点。在这堂课的开头黄玉峰是这样处理的：

师：同学们，有一个问题请你们思考一下，思考这个问题对理解《边城》主题极有好处。沈从文在1949年以前是一个高产作家，二十多年创作了七八十部作品，但到了1949年突然封笔了，这是什么原因？

（全场静默，生思考）

师：这里我提供一个背景资料。1948年，郭沫若发表了《论反动文艺》，把沈从文的作品说成是反动文艺（沈从文过去曾说过郭沫若不会写小说）。沈从文从种种迹象看出，当时文艺界政治形势与自己的思想格格不入。为此，他感到痛苦彷徨，心里很有压力。1948年春天，沈从文突然病倒了，住进了精神病院。他在病重期间，最思念的人有两个。你们猜一下，他最思念的是谁？他要对谁说话？

生：是他的妻子。

师：当然是他的妻子（笑声）。他叫她三三。还有呢？

（生议论纷纷。无人应答）

师：那么，请听我读下面一段话。

（生静下来）

夜静得离奇
端午快来了，家乡中一定是还有龙船下河
翠翠，翠翠，你是在一零四小房间中酣睡
还是在杜鹃声中想起我
在我死去以后还想起我
翠翠，三三，我难道又疯狂了
很奇怪，为什么夜中那么静
想不出我是谁
原来那个我在什么地方去了呢

生：怎么是翠翠？翠翠不是小说《边城》中的人物吗？

师：正是翠翠！沈从文没有把她当作小说中的人物，他把她当作自己生命中的伴侣，当作自己倾诉的对象！可见他是那么爱翠翠，爱自己的《边城》！《边城》在他的生命中有何等重要的意义！

沈从文继续向她们倾诉：我十分累，十分累，闻狗吠声不已。你还叫什么，吃了我会沉默吧。我无所谓施舍了一身，饲的是狗或虎，原本一样的。社会在发展进步中，一年半载后这些声音会结束了吗？我要休息。是的，我的休息，便是多数人说的死。

这些语言使我们想起鲁迅笔下的狂人。然而沈从文对生命还有留恋，他留恋三三，留恋翠翠，留恋孩子们。当他从疯狂中醒过来时，他已变了一个人。他决定告别他所爱的小说创作，他决定背弃自己对妻子儿女保证再写一二十本大作品的诺言，他决定封笔！他说：“阳光依然是那么美好，温暖而多情。对一切有生无不同样给以温暖和欣欣向荣的焕发情感。”“我心中这时候极慈柔。我懂得这是明白了自己，明白了自己和社会相互关系极深的一种心理状态。我希望能保持它到最后，因为这才是一个人。”

请同学们特别注意这个词——慈柔（板书：慈柔），这个词似乎是沈从文自己创造的。只有这个词可以表达沈从文那时那刻的心境。从那以后沈从文凤凰涅槃，得到了再生。他成了另外一个人，他放下了创作的笔，开始了他曾酷爱的服饰瓷器等古董的文化历史研究，现在出现在我们面前的是一位文物研究大师。他，也叫沈从文。

以上，我们对于《边城》的作者沈从文的经历有了一些初步的了解。接下来我们就要走进这篇课文，看看作者究竟写了些什么，看看它和当时弥漫的现实，以及前后发生的事情有什么冲突，我们能不能从《边城》所表达的思想内容中找到沈从文发疯封笔的内在原因。这一系列的问题都有待于我们的思考和解答。

这样的背景资料与问题组合，一是有趣，紧紧地抓住学生去阅读课文、思考问题的愿望；二是为之后理解《边城》中寄托的人与人之间和谐美好的感情做了很好的铺垫——以喧闹、丑恶更能衬出宁静美好。

为了达到“知人论世”，黄玉峰是不惜工本的：带着学生去参观蔡元培的故居，之后再教学冯友兰写的《我所认识的蔡孑民先生》一课，这样学生就很容易引起共鸣。在上徐志摩的《再别康桥》一课前，黄玉峰利用元旦带学生到浙江省海宁市去了解徐志摩。他们看到了徐志摩的墓，看到了徐志摩和陆小曼生活的地方，也听到了很多轶文趣事。由于徐志摩这个人和中国现代文学史紧紧地联系在一起，现代的作家几乎都和徐志摩有关系。学生在一路上叽叽喳喳的“八卦”中，了解了徐志摩，实际上也就了解了中国现代文学的一半。

在上鲁迅的《白莽作〈孩儿塔〉序》一课的时候，黄玉峰利用这个机会，找出当时方方面面的背景材料，如关于“左联”，关于所谓“遵命文学”，关于“两条路线”之争，让同学们去阅读，使他们对现代文学史有一个深入的了解。这样，他们就能够了解鲁迅在文中闪烁其词，甚至看上去有些自相矛盾的语言。如文中一面说“我简直不懂诗，也没有诗人的朋友，偶尔一有，也终至于闹开，不过和白莽没有闹，也许是他死得太快罢了”，一面说“这是东方的微光，是林中的响箭，是冬末的萌芽，是进军的第一步，是对于前驱者的爱的大纛，也是对于摧残者的憎的丰碑”。事实上，通过这些看上去闪烁其词的语言，鲁迅把很多问题的复杂性很好地表达出来了。通过对文章方方面面的背景材料的阅读与了解，学生就能走入问题，深入思考其中的来龙去脉。

（三）以点带面

过去有人说过，教师要给学生一杯水，自己首先要有一桶水。如今这个说法已经不够准确了。海量信息的时代，学生可以接触到的远远不止一桶水，教师不能再满足于一桶桶、一杯杯地给学生运送知识。上课的目的，不是把知识嚼碎了再“喂”给他们，而是要勾起他们的“食欲”。《文心雕龙》有“操千曲而后晓声，观千剑而后识器”之说。就是说，要成为一个识货的人，最好的途径不是学习什么理论、分析什么原理，而是多看、多听、多见识。文章也是一样的。

为了获得更多资源，为了做大平台，就要善于发挥各种联想。这本身就是一种思维锻炼。

“体裁”可以作为一个链接。比如黄玉峰讲苏东坡的《念奴娇·赤壁怀古》时，这首词的豪放、雄浑、咏史、自哀几个特点，只需略一疏通字句，稍加点拨，学生便会明白，毋庸赘言，至于要“深刻品味”则必须交给时间了。那堂课大部分时间黄玉峰都在向学生展示讲解古往今来各种各样以《念奴娇》为词牌的名作，十几首“念奴娇”排在一起，甚是壮观，却一点也不枯燥，因为经过黄玉峰的巧加编排：一首清高澄澈的张孝祥的《念奴娇·过洞庭》之后，却来一首通俗易懂的毛泽东的《念奴娇·鸟儿问答》……学生一首首看得有趣极了，不觉就把一个词牌反复滚了十来遍，最后经黄玉峰对这个词牌的韵律和声调稍微一点学生就彻底明了了，不但轻轻松松地背出了课文，有些学生甚至由此而爱上了“词”这种体裁，有些学生诗兴大发，还填出了自己的词来。这种无声无息的吸收就是波兰尼所谓的“缄默知识”。如此以后若是在考卷上再见到“本文在体裁上属于______，‘念奴娇’属于______”之类的问题，还用得着老师教吗？

时代也可以作为链接。比如讲李白的诗，就可以从上、下、横三个方向去联系。首先，向上可以追溯到鲍照、庾信。杜甫口中的李白被比作“清新庾开府，俊逸鲍参军”，了解一下这两位早期诗人的风格，可探李白的“家底”。其次，横向可以联系同时代的杜甫。诗圣、诗仙不但文字上有来往交流，两人的关系交情也有一段逸事，杜甫说李白“痛饮狂歌空度日，飞扬跋扈为谁雄”，李白笑杜甫“借问别来太瘦生，总为从前作诗苦”，这两人更有一段“醉眠秋共被，携手日同行”的亲密日子。最后，向下可以联系苏东坡，苏轼之豪放与李白之豪放，大有不同。黄玉峰曾在这三个对中国影响很大的诗人身上下过一番功夫，不仅对比研究了有关三人的人品文章，而且还在《文化中国》栏目里做过一系列相关的节目。在教学中，他不是孤立地讲一首诗，而是力图贯通，把它放在历史的背景中去分析、去欣赏。于是，学生对每一位诗人、每一首诗，都看得更清晰了。

杜牧的《阿房宫赋》有一段描写：“明星荧荧，开妆镜也；绿云扰扰，梳晓鬟也；渭流涨腻，弃脂水也；烟斜雾横，焚椒兰也。雷霆乍惊，宫车过也；辘辘远听，杳不知其所之也。一肌一容，尽态极妍，缦立远视，而望幸焉。有不得见者，三十六年。”这一段十分精彩，字句贯通不难，但学生一时很难做出更深的鉴赏。于是黄玉峰介绍了唐人杨敬之的《华山赋》里的一段：“见若咫尺，田千亩矣。见若环堵，城千雉矣。见若杯水，池百里矣。见若蚁垤，台九层矣。醯鸡往来，周东西矣。蠛蠓纷纭，秦速亡矣。蜂窠联联，起阿房矣。俄而复然，立建章矣。小星奕奕，焚咸阳矣。累累茧栗，祖龙藏矣。其下千载，更改兴坏，悲愁辛苦，循其上矣。”

生1：这一段写得太有趣了。这段文字好像是站在宇宙空间站里，把视线投向小小的地球的一个角落，看人间的兴衰。

生2：以前老师讲过庄子的思想，他说两个大国之间打仗，无非是蜗牛角上的战争。那时候觉得无法想象，现在看到这段文字，真是栩栩如生。

师：同学们把“蠛蠓纷纭，秦速亡矣。蜂窠联联，起阿房矣。俄而复然，立建章矣。小星奕奕，焚咸阳矣。累累茧栗，祖龙藏矣”和《阿房宫赋》里的这段描写对比看看，有什么感想？

生：他们写的都是阿房宫和秦王朝。但是《阿房宫赋》是极力往壮丽辉煌里写，梳个头发都能变成“绿云扰扰”，倒个化妆水居然能让“渭流涨腻”，这是化小为大。《华山赋》的视角却刚好相反，整个阿房宫成了一个蜂巢不说，连大都市咸阳城给烧毁了，都不过是一点小星，这是化大为小。

师：总结得太好了！这就是“赋”。想来大家已经深有体会了，这个文体最大的特点是铺陈和夸张。

有人质疑说，在课堂中引入这许多杂七杂八的内容，岂不是博学难精？黄玉峰有一个譬喻，自诩为“馄饨理论”。读书好比吃饭，吃饭当然要讲究营养。但平时吃饭，只要有荤有素，花样翻新，烹饪得当，根本不用担心营养不良。如果不让孩子好好吃饭，天天去分析营养素，今天吃维生素片，明天吊氨基酸，后天补矿物质，累得半死，孩子却依然面黄肌瘦。不如多吃几个简单的馄饨，什么维他命，还有些你还没考虑到的营养物质，全部包括在里面。同样，现在孩子普遍精神营养不良，多吃一点营养丰富又美味的“馄饨”，绝对无害。

（四）促进独立人格

立地思考，既是一个人的权利，也是责任。黄玉峰认为，要判断一堂课的资源开发是不是真的以人为中心，有一个一票否决的标准，就是教师有没有把思考的权利还给学生。这也是一个古老的问题。柏拉图曾经在《泰阿泰德篇》里认真地讨论过“知识”和“意见”的区别。

知识是客观的、精确的、有是非标准的事实。意见是人在知识的基础上产生的主观的看法，往往是没有绝对的对错之分，但在一定程度上有高下之别。比如，《念奴娇·赤壁怀古》的作者是苏轼，这是知识。而“学士词，须关西大汉、铜琵琶、铁绰板，唱‘大江东去’”就属于意见。在大家印象当中，我们的学生都很善于记忆知识，但好像总是没有自己的意见。有人以为，这是因为我们课堂上知识灌输得太多，错在“死记硬背”，于是乎大搞什么思维训练，创新性研究，其实不过是把更多所谓高尚的、深刻的“意见”灌输给他们罢了。想以此来激发学生的思维，无异于缘木求鱼。我们的问题是知识给的太少，意见给得太多。其实思考问题是几乎不用训练的，好奇心和吃饭一样，是人的本能。如果一个人不吃饭，绝不可能是因为他没有受过吃饭的训练，或者对吃饭的重要性和意义的觉悟不够，只可能有两种原因：要么是有什么因素在影响他的食欲，要么就是没有什么可吃的。

试想，有人总是把自己的观点强加于别人。人对于那些强加于自己的观点，总是有一点抵触的，时间一长，必然会倦怠起来。这就是“影响食欲”的原因。而学生为了领会揣摩那些“正确”的意见，我们的课堂给予他们的或他们所能接触到的知识却又远远不够，这就造成了“没什么可吃”。

比如，鲁迅的《二十四孝图》认为要用最黑最黑的咒文来诅咒一切反对白话者。胡适认为白话固然要提倡，但是“宽容比自由更重要”。林纾认为文言的高雅是不可替代的，白话会使文学浅薄低俗化。这个问题本来有各种争议，必须弄明白各方的立场、观点以及他们为什么要这样想，然后才能得出自己的观点。这个过程远比结论本身重要，也是最好的思维训练。

黄玉峰坚持的“真语文”，其实很简单，就是由教师引入课程资源，给出尽可能丰富、完整的知识，允许学生自由地发表意见。把知情权和选择权还给学生，这是培养独立公民的“智化”教育。

四、黄玉峰教学智慧精品片段聚焦

片段一：

在白居易墓前学对联

一次，黄玉峰带着文科班的弟子们到洛阳学旅，来到洛阳城南琵琶峰顶唐代大诗人白居易长眠之所。他们由白园大门拾阶而上，一路上背着《长恨歌》《琵琶行》，快走近峰顶时，眼前出现一座石门。黄玉峰忽然加快步伐，赶到角落一棵树下站定，向学生挥挥手。学生慢慢聚拢在树下，正奇怪为什么不进去。黄玉峰笑道：“古人游山玩水，都爱做应景的文字游戏，我们也来做一回。你们看那石门，上面刻着一副对联，现在被一棵树挡住了。我们不知道下联是什么，正好大家可以展示一下自己的才华，就当它缺个下联，给它补上，好不好？”这时学生才明白过来，原来选择这么个视角不佳的位置，是老师精心布的“局”。

有人“抗议”，说：“这可怎么对？连看都看不大懂。”

有人问："'绡'是什么？不认识。"

黄玉峰鼓励说："不认识没关系，可以猜猜。"

"是绞丝旁的，应该和蚕丝有关系……啊！对了，这里省略了一个'似'字！这句话是说嵩山烟雾略微卷起的样子，好像青色的丝布。"

"对了！'绡'是生丝。《卖炭翁》里的是红绡，这里是青绡，就是用生丝织成布，再染成青色。这是一种很薄的绸布。那嵩山上笼着薄薄一层烟，在山色的掩映下呈现出淡淡的、带点透明的青色，所以诗人把它比作卷起的'青绡幕'。大家明白了吗？"

"明白了。"同学们异口同声。

"对对联的第一步就是要好好把握上联，把每个字的意思都吃透，才能对得工整。构思时要注意两点：一要考虑每个词的词性。所谓'天对地，雨对风，大陆对长空。山花对海树，赤日对苍穹'。二要考虑字的读音。平对仄，仄对平。可以'一三五不论'，但是一定要'二四六分明'。最后一个字也一定要平仄相对。还有，末尾的时候不能出现'三连平'或者'三连仄'……"

一个学生反应快，立刻提出："可是，既然'二四六分明'，对'绡'字的一定是仄声，最后对'幕'字的又一定是平声，不会出现三连平或三连仄的。"

"你说得不错，可见理解了。同学们，这副对联并不难，格律也没有那么高深。今天我们难得来看望白大诗人，大家不必顾忌，尽管尝试去对大诗人的句子，就当是和白乐天在交流吧。"

学生跃跃欲试起来，有拿黄玉峰绍兴人的籍贯说事，对"越客笑谈紫薇花"的；有看了《大秦帝国》纪录片，对"秦弩满张皓玉盘"的；还有个女生，从《清平调》里说过"云雨巫山枉断肠"联想到"嵩烟"可以对"巫雨"而对出"巫雨柔垂银藕丝"的。

"嗯，好像还是不够好。"虽然有了好几个答案，大家还是意犹未尽的样子。

黄玉峰启发说："除了字面相对外，我们还要考虑到情境。嵩山是河南的名山。下联最好也对一个当地的自然风光。"

学生的反应很快："这里是洛阳，我们就说洛水吧。"最后讨论了半天，同学们最终商定了“洛水悄凝绿琉璃”。这副对子确实已经不错了。于是，黄玉峰准备揭开谜底：“好，我们现在可以揭晓白居易写下的下联了。大家一起走过去看看吧。”

学生早就按捺不住了，一起跑到石门前。一个男生大声念出完整的对联：“嵩烟半卷青绡幕，伊浪平铺绿绮衾。”

“伊浪？哦，是指龙门那里伊水的浪花吧。”“我们昨天还经过那里呢。”“说伊水的浪花好像平铺的绿花丝被一样。”“还是原作最好。”

“不过，我们想到用洛水来对，已经有点接近了呀。”

正说个不休时，有人问：“老师，这两句到底出自哪里呀？”

黄玉峰解释道：“这是白居易的《菩提寺上方晚眺》的两句诗。全诗如下：

楼阁高低树浅深，山光水色暝沉沉。

嵩烟半卷青绡幕，伊浪平铺绿绮衾。

飞鸟灭时宜极目，远风来处好开襟。

谁知不离簪缨内，长得逍遥自在心。”

学生一边听，一边拿出笔记开始抄录。这节课堂之外的课至此也告一段落了。

【品评】

俗话说，触景生情。在那种特定的环境和氛围中学对对联，真称得上浑然天成。环境的力量产生的一些效果是在课堂上无论如何也无法复制的。

能带学生出来一次不容易，教师一定要珍惜这样的机会。每一处文化名胜都是宝贵的资源库，能否充分利用，一方面看教师有没有这方面的意识，另一方面还依赖于教师是否做足这方面的准备。黄玉峰看似不经意的巧妙发挥，其实最能看出他的教学智慧和预备工夫。

片段二：

碰巧“押”对一回高考题

黄玉峰从来不主张猜题押题，却碰到过一次侥幸“押中”的奇迹。

那一年高考将近，毕业班的学生为了考场上的那几小时已经做了整整一年，不，其实是十二年的努力。临考的日子越近，同学们越是心神不定，免不了去多想：高考究竟会考些什么？尤其是作文，哪怕有一点点的线索也好啊！心里一乱，平静的复习节奏反而不稳定了。也许，这就是所谓“高原反应”吧。

黄玉峰看在眼里，告诉班上的同学：“我们最后的几节语文课是作文评析课，首先要大家回去一人写一篇作文。”学生听说又是写作文，而且居然要把最后几天全部用在评析那篇作文上，一脸厌倦。黄玉峰笑道：“这一回的作文可不同往常，不是统一命题的。我要你们想一个自己最喜欢的字，来表达你自己的理想，或者性格，或者对人生的感悟。然后用两三句话说明它的含义，再以这个字为题写一篇作文，说说你为什么最喜欢它，你是怎么理解它的。你们今年已经十七八岁了，即将成年，过了这么多年，对自己总有一些想法吧？今天就用这一个字、一句话、一篇文来展现自己。如果实在想不出，自己去字典里翻翻也行。这里我做一个预测——”看到学生开始兴奋起来，黄玉峰顿了一下，神秘地说：“我敢相信，这次的高考作文题目就在你们所写的字里面。”这一下非同小可，同学们的写作情绪又一次被激发起来了。

没过几天，两个班一共百来人，每人一个字、一句话、一篇文都完成了，一百多个字几乎没有重复的，都折射了一个个年轻人独特的内心世界，真是百花齐放，异彩纷呈。

有的写“风”，说“风”来无影去无踪，无处不在，却影响着环境，他要做“风”；有的写“水”，说天下至柔莫若水，它是生命之源，是最有力量的，他希望有水的品格；有的爱“诚”，说现在最缺少的就是“诚信”；有的爱“仁”，说“仁”乃二人合体，能处理好二人的关系，也就能处理好一切人的关系；有的喜欢“霆”字，说因为喜欢谢霆锋；有的喜欢“玩”字，说人生太苦，应该有一种游戏心态；小张喜欢“搏”，说人生就在于一个搏字，敢搏的人生才有意义，才辉煌；小程居然一定要写“死”字，还说得头头是道，说“死”是最伟大最神秘的字，只有懂得了死，才能懂得生……

这里要特别说到一位写“博”字的同学。在那篇文章中，他说，子曰：博学而笃志，切问而近思，这是治学的必经之路。“博”是基础，“博”是积累，“博”是全面发展，“博”是好学的结果，要“博”就不要怕“杂”，要“博”就必须有毅力，持之以恒。他从人的发展的高度，阐述了“博”与“杂”，“博”与“专”的关系，旁征博引，滔滔不绝。他的发言在课堂上引来阵阵掌声。

巧合的是，另一位同学写的是和“博”对立的“专”，于是他谈了“博”与“专”的辩证关系：“专”是金字塔的塔尖，下面有厚实的塔基。“博”是“专”的基础，而“专”是“博”的凝聚点、喷发点。“博”通过“专”来体现才有意义。所以在广博涉猎之后，人还是要深入某一个领域，才能有所成就。同学们听后又深受启发。

其他同学也一个个侃侃而谈，让人听了思路大开——一个字原来有这么丰富的内涵，居然也可以这样理解……

最后的几堂课，成了最精彩、最成功、最难忘的课。

第二天，考题揭晓了，是“杂”。是的，是“杂”！

哦，奇迹发生了！聪明的同学拿到试题，便一下子把握了题意。

将“博”与“杂”联系起来，将“杂”与“专”进行对比，同样旁征博引，侃侃而谈，滔滔不绝……

那天考完回来，弟子们纷纷来电，有人说：“我看到题目时，仿佛突然有一道阳光照射进来，思路一下子打开了。”还有人说：“黄老师，我不会忘记最后几堂语文课的。”

【品评】

读者肯定已经明白黄玉峰的诀窍在哪里了。是的，作文题的范围总在学生的生活当中。从出题老师的心理来看，为了照顾到大多数考生，出题老师总要出学生写得出、容易写的题目。一百多个学生的感受、生活加起来，也许就是整个中学阶段生活的一本百科全书，凡有交流，必有增益。这次幸而言中的奥秘就在这里。有些猜题押题的人，把范围缩得很小，命中率肯定不会高，学生据此去背、去钻，临场时肯定思路狭窄，惊慌失措。须知学生的生活本身是很丰富的，打开他们的眼界，促进他们互相交流启发，才是以不变应万变最好的办法。

五、黄玉峰教学智慧经典课堂实录

兰亭侧畔说兰亭

——王羲之《兰亭集序》研读

（上课前与学生聊天互动）

师：我让你们一定要读五遍，然后看注解，这样我才可以和你们交流。如果你们没有读过或者只读过三四遍的话就很难交流。但是有一点，我希望大家今天要积极一点，我之前说过要给大家一点东西。这是我最近写的一个红木扇面，只有这一把。另外，我抄了《兰亭集序》中的一段，写了好多张送给大家。

请大家读："是日也，天朗气清，惠风和畅，仰观宇宙之大，俯察品类之盛。"

（生读）

师：读得再响亮一点！（带读）"所以游目骋怀，足以极视听之娱，信可乐也。"……好，时间到，我们就开始上课吧！

（上课）

师：昨天我来到绍兴后，先到我母亲的坟上祭祀。我对母亲说我要到兰亭上《兰亭集序》，她仿佛在说："好呀，你从小就喜欢去兰亭。"确实，大概是我十五六岁时的一个大雪天，我走了三个多小时去兰亭，那时候兰亭很破旧。

关于《兰亭集序》的评价，历来是很复杂的，为此争论了一千多年，还没弄清楚，请看：

（屏显）

——金圣叹说《兰亭集序》"真古今第一情种也"！

师：有意思吧。只有人说贾宝玉是情种，哪有说一篇文章是情种的？

（屏显）

——文史学家郑振铎说《兰亭集序》"虽不是什么极隽妙的好辞，却自有羲之的清澹的风格"。

师：说明他不认为《兰亭集序》是"极隽妙的好辞"。

（屏显）

——大名鼎鼎的钱钟书说："羲之此《序》低徊慨叹，情溢于辞，殊有悱恻之致；究其心蕴，析以义理，反煞风景。”

师：这话什么意思？就是说你们没有必要研究《兰亭集序》，一研究，反而大煞风景。奇怪的是，当时重要的《昭明文选》没有选《兰亭集序》，说明它不看好文章本身。许梿的《六朝文絜》、王文濡的《南北朝文评注读本》没有选，曾国藩的《经史百家杂钞》也没有选。

（屏显）

——华东师范大学教授施蛰存更看不起这篇文章，他下了十二个字的评语，说《兰亭集序》“七拼八凑，语无伦次，不知所云”。

师：那篇批评的文章我课前发下了，大家看了吗？

生：看了。

师：应该看看他到底为什么说王羲之语无伦次，思考过吗？好，现在我们把《兰亭集序》再读一遍，声音一定要放出来。

（生齐读《兰亭集序》）

师：魏晋时代是个哲学的时代。什么叫哲学时代？哲学就是要思考人的根本问题，包括生死问题。这个时代每个人都直接面临死亡。这是个痛苦的时代，每个人都可能莫名其妙地死掉。这又是个潇洒的时代，你可以什么都不在乎，包括生命，因为这个时代什么都由不了你。《兰亭集序》正是这个时代的产物。所以一般人都只是在欣赏王羲之的书法之美，忘记了这篇文章之痛。今天我们来研读这篇文章，看看它到底告诉我们什么。我先请各位说说在语言和文字上面有什么不理解的地方。

生：“古人云：‘死生亦大矣’，岂不痛哉！”这“痛”到底是什么意思？

师：“痛”就是心痛（众笑）。想到这句话心里就很痛。

生：什么是“俯仰之间，已为陈迹”？

师：从字面上讲，就是一抬头一低头，一切都过去了——说明生命的短暂。比如放在历史长河中看，一百岁也是俯仰之间。

生：“犹不能不以之兴怀”是什么意思？

师：“犹”，什么意思？还，尚且。尚且不能因之兴怀。接下来，“况修短随化”，是个递进。生命那么短，何况有死亡，那就更可悲了。

生：“后之视今，亦犹今之视昔”，为什么？

师：问得好！在似乎没问题的地方提出问题。你自己怎么理解？

生：以后的人看我王羲之，就如同我看庄子一样。就是这意思，但他背后的意思是什么？

师：对！关键是背后的意思。“后之视今，亦犹今之视昔。”问题是“今”的什么？“昔”的什么？后面要有一个中心词。你们要是真正能读懂这句话，也就清楚这篇文章的意思了。那么，我就要问，这整篇文章从什么事开始写起的？

生：从“修禊事也”开始写的。

师：好！那么整篇文章的情感线索是怎样的？

生：先写快乐，然后转到悲伤。

师：是从快乐开始写的吗？

生：是的，从快乐写起，“信可乐也”。

师：你把前面一部分扔掉了。我们来看。“永和九年”他们来到兰亭“修禊事也”。修禊是在河边举行的一个仪式，去灾祈福，去祸祈福。为什么要去灾去祸？这说明有灾祸！所以，这是从乐开始吗？不是，这是从悲开始写的——为了去悲！

不信，我们一起来看课文。“永和九年”，这个年代一定要记住。这个年代东晋的天空笼罩着死神。请看材料：

（屏显）

永和九年

“老翁蒸小儿为食”

“大兵晒人肉干充饥”

“人肉价贱于犬，肥壮者一枚不过十五钱。全躯曝以为脯”

师：把人做成肉脯，像我这样的人不过就十五钱，可能还不值。这就是永和九年。“百姓流亡，户口日减……死亡绝没，家户空尽。”王羲之的七个儿子没有一个长寿。要知道写这文章的时候他是什么心情。他是要祈福的呀！不要让死神再横行作祟了！他是带着悲伤的心情来的。

有个故事很能说明生活在这个时代的人根本是朝不保夕——大富豪石崇邀请客人来聚会，他就让美人来行酒。“客饮酒不尽者”就叫人把这美人杀掉。丞相王导和大将军王敦一起去看他，王丞相不大会喝酒，看到要杀美人，就勉强喝了一杯又一杯，“至于沉醉”。但大将军就是不喝，以观其色，结果石崇连斩三人。丞相责备他，大将军你这不行，就勉强喝喝吧！结果你们猜大将军怎么说？大将军说石崇他自己杀自己家里人关他什么事呀！这个故事说明了什么？这说明生命无常。早上我去上班做服务员，站在旁边莫名其妙就被杀掉了，既没有犯什么错误也没有犯什么法。别人要杀你就杀你，生命太低贱了。不单服务员生命贱，连石崇本人的生命也贱啊！他后来也是被杀掉的呀！整个社会被一片杀气笼罩着。东晋的天空就是笼罩着死气的天空，这就是“永和九年”的天空。

王羲之本人又怎么样呢？坦腹东床，看起来很潇洒，但也很悲惨。为什么又悲惨又潇洒呢？因为人不知道能活到什么时候，反正今天潇洒就潇洒了，什么事情都干得出来。

我查了他那些年写给别人的信，你看“羲之顿首，丧乱之极……痛贯心肝，痛当奈何！奈何！……哀毒益深，奈何！奈何！”“十一月十三日，羲之顿首……哀痛摧剥，情不自胜，奈何！奈何！”“顷遘姨母哀，哀痛摧剥，不自胜，奈何！奈何！”“羲之顿首，丧乱之极，先墓再离荼毒”——亲人接连死去，连他家里的墓也被别人破坏了。“奈何”什么意思？——怎么办？怎么办？这是一种深深的无力感。

王羲之本来还是想有所作为的，他是会稽内史，做了三年。兰亭雅集这一年，他还救济灾荒。史书中有这样一段话：“时东土饥荒，羲之辄开仓振贷。然朝廷赋役繁重，吴会忧甚，羲之每上疏争之，事多见从。”他管辖的区域很大，一直到宁波，而且他是党政军一把抓。工作压力这么大，心中这么痛苦，总得找点乐趣吧！如果一个人天天这样痛苦，他会崩溃的。他怎样找乐趣？办这个兰亭集会，找了四十多人，这里面有他的儿子，也有孙绰的儿子和温桓的儿子。可见其中有很多大官，至少有五个如同今天的“军部级干部”。这次是很快乐的事情，所以说“信可乐也”。

永和九年的天空是死神笼罩着，但是大自然还是那么的美好，“千岩竞秀，万壑争流”，当时他们写了很多这样的山水诗。魏晋时期山水诗由此发展起来。痛苦的时代也是文学的时代，它们往往是同时产生。

下面一句话大家读一下：“夫人之相与，俯仰一世……”

（生读）

师：好！你们看看，这里面要注意一个词，大家没有问过“夫人之相与（yǔ）”这个不读yù，“与”是什么意思？它是相交、交往的意思。人在交往当中怎么样呢？俯仰一世——生命太短暂。“或取诸怀抱，悟言一室之内；或因寄所托，放浪形骸之外。”没有人问我“或”是什么意思。——你说“有的人”，还有没有其他说法？

生：有时。

师：你说“有的人”好还是“有时”好？课本上怎么说的？

生：有时。

师：翻译成“有时”，翻译得好。这说明编译的人是知道的。这个“有时”是什么意思？它是说这个人一会儿“放浪形骸之外”，一会儿“悟言一室之内”。“悟言一室之内”是什么意思？魏晋时期，大家面对面在一室之内的谈叫什么谈？你们知道不？哪位同学举手说说看看？那个时期的谈叫“清谈”，清谈的内容不是和我们的实际生活联系一起的，它就是空谈。比如大师何晏拟个题目“天地万物，皆以无为本”，这个题目没有什么实际意义。但是当时清谈非常流行。有个故事说，两个人拿着尘尾在清谈，尘尾上面是有毛的。菜上来了，他们还一面讲一面挥舞，尘尾上的毛脱下来了，掉在饭里面。结果仆人也没注意，端起饭菜再去热一热，然后再端回来。他们谈了又谈，饭菜热了又热。这样来来去去多次，结果天已经黑了，他们还没吃饭。这就是清谈。就在这个过程当中，人们“不知老之将至”。

但是王羲之对清谈有过看法。有这样一段故事，有一次他和谢安一起登冶城，谢安“悠然远想”，说自己“有高世之志”。王羲之却说“今四郊多垒，宜人人自效。而虚谈废务，浮文妨要，恐非当今所宜”——你看四面到处都是战争到处都是堡垒。你怎么可以谈这些没用的？由此可见当时的人很多道理不是不知道，而是无奈。

“悟言一室之内”是清谈，那么“放浪形骸之外”是什么呢？你说说看。

生：不拘形式，自由自在地生活。

师：那你能否举个例子？

生：不因官场名利，自由自在，能够不为五斗米折腰。

师：那你觉得“放浪形骸之外”是好的？你能举出“放浪形骸之外”

的例子吗？——我来举个例子，刘伶他这个人，人家到他家里来，他衣服裤子都不穿，别人进来了，问他："你怎么衣服裤子都不穿呀？太不讲礼节了。"他说："我什么时候不讲礼节了？我是以天地为房子，以房子为衣裤，你为什么钻到我裤子里来？"他写了一篇文章叫《酒德颂》，里面有这么一句话——"唯酒是务，焉知其余"，意思是我只知道吃酒，我不知道其他东西。他驾着一个鹿车出去，携了壶酒，叫人拿着农具，"谓曰：死便埋我"。——我死了马上把我埋掉。这是不是"放浪形骸之外"？

师：我们再来看另外一个例子。这个人就是谢灵运，山水诗的鼻祖。你们读过他的诗呀，如"池塘生春草，园柳变鸣禽"。他诗写得很好的，为人怎么样呢？他"与王弘之诸人出千秋亭饮酒，裸身大呼，颛深不堪，遣信相闻。灵运大怒曰：'身自大呼，何关痴人事'"——人家一看，这个人不行呀！衣服裤子都不穿，大叫干什么？人家叫人去和他讲不要这样，灵运非常生气地说："我自己大叫，关你这个傻子什么事呀！"其实谢灵运在干什么？我们用一个现在的词，叫什么？叫裸奔！他不单裸奔，还大叫。

我们再看，王羲之"服足下五色石膏散，身轻，行动如飞也"——王羲之在干什么？他这是在吸毒。五石散是一种由很多矿物组成的药剂，人一吃了这东西就会发热，然后感觉身子轻，但是皮肤很敏感，不能穿新衣服，只能穿旧衣服。

当时还有一些其他的狂欢方式，如"人乳饮彘"，即用人奶喂小猪，再把猪做成烤乳猪吃。再比如与猪共饮，本来贵族应该很斯文，拿着小酒杯，倒点小酒，摆摆架子坐好，再一口一口地喝。但是这些贵族太无聊了，为了找刺激，用大勺子喝酒，喝了一半，有一只猪冲过来就喝，贵族看到后先是一惊，而后就上去和猪一起喝了起来。这个用一个词来形容就是"变态"。

（生笑）

师：是吧，变态吧。王羲之本身就处于一个变态的时代，有很多"放浪形骸之外"的快乐。但是这些快乐，并不长久。为什么要在"乐"之前加个"快"字啊，因为"乐"是稍纵即逝的，而"悲"是会持续很久的。狂欢之后，人越发感觉空虚。用一句话来总结，叫"所之既倦，情随事迁"。

就像你们打游戏，打的时候很疯狂，过后又很难过很空虚，觉得浪费时间。“向之所欣，俯仰之间，已为陈迹”，感慨也跟着来了，快乐是无常的。

下面这句“况修短随化，终期于尽”，大意是不管你年龄大小，最终都要死。生命也是无常的。“况”有递进意思，面对生命的无常和短暂，用更好的一个词总结，是“虚无”。

无常、短暂、虚无笼罩在整个魏晋时期的天空，弥漫在所有人的心中。无常、短暂、虚无已经成为永和九年士大夫之间的心声。

“古人云，死生亦大矣”，这里的“古人”不是孔子，而是《庄子》内篇假托孔子来说，但原意是“死生亦大矣，而不得与之变”，就是“连死这么大的一件事，都不能改变它”的意思。在这里，作者引用了这句话，是断章取义。凡是断章取义地引用，大多是为了表达自己的观点。前面说生命的无常、短暂和虚无，但紧接着王羲之用孔子的话来反驳，以示生命不是虚无的，也是很重要的，要珍惜。

举个例子，《世说新语》里面有个故事，王子猷和王子敬都病重了，他们都是王羲之的儿子。王子猷问身边的人，怎么都听不到弟弟的消息了呢？其实心里知道弟弟王子敬已经死了，但王子猷看起来也不伤心，叫来一辆车去奔丧，一路上都没有哭。王子敬生前喜欢弹琴，王子猷就取下王子敬的琴，坐在灵床上弹了起来。然而琴弦早就松动，不协调了，王子猷就把琴摔在地上：“子敬啊，子敬啊，人和琴都不在了啊！”这时，王子猷忍不住了，悲痛不已。一个月后他也死了。

对于生命的流逝王羲之在这里感叹“岂不痛哉”，表达的就是这个意思，多年以后他的儿子们也经历了这种对生命的留恋和对生命流逝的痛苦。有人说他的思想很矛盾，矛盾是他感情的真实反映，这在文章中也表现了出来。施蛰存说是“语无伦次，不知所云”。其实文章的矛盾反映出内心的矛盾，一方面知道生命是无常、短暂和虚无的，另一方面又不想承认这一点，于是王羲之就借孔子来说“死生亦大矣”。这种矛盾就像莎士比亚《哈姆雷特》里面那句经典的话：“生存还是灭亡，这是一个问题。”这其实是很沉重的问题，是一直纠缠不清的追问。“死生亦大矣”和前面的“况修短随化，终期于尽”都是王羲之一个人在讲，他和自己在对话，内心很痛苦，很矛盾。这是理智和感性的对话，信仰和现实的对话。那时就有佛教思想渗透了，佛教告诉他们：生命如梦幻泡影，如雾又如电。生命本来就像做梦一样，醒了就消失了；像泡泡一样，破了就没了；像雾气一样，太阳出来就消散了；像雷电一样，一闪而过。他明明知道这些，却不愿意承认。

下面这句话最要紧："每览昔人兴感之由，若合一契，未尝不临文嗟悼，不能喻之于怀。"齐声读。

（生齐读）

师："若合一契"，大家都达成一致意见的，"契"在哪里？就是"生命无常、短暂、虚无"，而王羲之也"未尝不临文嗟悼"。但是，王羲之还是放不下，不相信。"不能喻之于怀"，就是说至此还不明白，想不通。怎么会这样呢？你说王羲之在干什么？

生：质疑。

师：质疑。换个词。

生：斗争。

师：斗争。再换个词。

生：挣扎。

师：对，挣扎。他要从当时死气沉沉的气氛中挣扎出来。下面这话读三遍："固知一死生为虚诞，齐彭殇为妄作。"

（生齐读）

师："一死生"和"齐彭殇"是庄子的观点，他们这些人都是信老庄的，认为死生是一回事，活五十岁和活一百岁也差不多。文章前面部分都是叙事，突然讲出"固知一死生为虚诞，齐彭殇为妄作"这么一句震天动地的话。其实这句话是整篇文章的宣言，就是为了这句话写的这篇文章。在写这篇文章的瞬间，王羲之突然灵光一闪，认为"一死生""齐彭殇"是错误的。

王羲之之所以会有这样的真性情的感触，与他当时的境况也有莫大的联系，在散乱的右军法帖中我们可以窥见他晚年的内心凄苦："岂图十日之中，二孙夭命，惋伤之甚，未能喻心，可复如何？""自丧初不哭，不能不有时恻怆，然便非所堪。哀事损人故最深，益知不可不豁之。""吾衰老，情之所寄，唯在此等（暗指子孙）。奄失此女，痛之缠心，不能已已。”不但自己的女儿死去，孙儿夭折，而且自身患癫痫，经年便可能发作，服食药剂又加重了身体负担，羸弱的身躯再也无法抗拒迟暮之年时时侵袭而来的对于死亡的心理暗示，这时他突然不能接受那种“一死生为虚诞”的说法了。

再来看接下来这句施蛰存认为是语无伦次的话。文章突然又跳到另外一个问题上：“后之视今，亦犹今之视昔。”看《古文观止》点评：“言瞥见吾已杳无踪影，犹如古人杳无踪影也！”

那么，从前面的“固知一死生为虚诞，齐彭殇为妄作”突然又回去了，看看王羲之是不是很痛苦啊，最后他为什么不敢承认啊，就是对死亡的恐惧，对生命消逝的恐惧，对虚无的恐惧，因为死是最不确定的。

所以王羲之说“悲夫”，悲伤是人承受不住的，没有办法排解的。很多人年轻时视死如归，真到那时候就不会这样讲了，所以悲啊，“不能喻之于怀”。最后来看，“故列叙时人，录其所述”。虽然世界变化了，但是大家的心情是一样的，“其致一也”。这里的“一”是什么？不是“一死生”，也不是“齐彭殇”，而是忐忑不安，就是心理矛盾、徘徊想不通，王羲之在跟后人对话。1600 年前，这个问题王羲之想不通，1600 年后的黄玉峰也想不通，所以这个“一”就“一”在你想不通。“后之览者，亦将有感于斯文”，所以后来的人看到这篇文章，也会这样讲，因为写这文章的时候已经决定了后来的人都同意我的看法：想不通。

我们看，痛苦的根源在哪里？

（屏显）

当热爱人生的心灵，一旦对人生的意义发生了根本的疑问，这颗心灵就失去了安宁，注定要同悲观主义的幽灵进行永世的抗争，在重新寻求人生意义的前途未卜的路程上飘泊。——周国平《无用之学》

师：每个人都会死，你糊里糊涂度日的时候可能没有想到过死。当你想到的时候，灵魂都会不安定。王羲之是思考过的、忐忑过的，是痛惜过的、挣扎过的、努力过的，但是最后失败了。三年后，他在他母亲的墓前写了一篇文章——《墓誓文》，他在坟前发誓，从此以后不管政治，从此“一死生”“齐彭殇”。他去山里生活，不管生死，不管世事，什么都不管了。你们知道王羲之死在什么地方吗？没有人知道，因为他从此消声匿迹，回归山林，不知所终。

《兰亭集序》是一颗明珠。明珠是怎么长出来的——明月之珠，蚌之病也。王羲之生病了，心里太纠结了。正因为这样的纠结，他才能写出这样纠结的文章，才能写出几百年几千年大家共同关注的问题。

“后之览者”对王羲之之问，给出了自己各种不同的解答。有一个人了不起，他叫苏东坡。他说的“盖将自其变者而观之，则天地曾不能以一瞬”，意思就是从变的角度来讲，“天地曾不能以一瞬”，我手上掉下一块皮，刚才的我就不是现在的我。“自其不变者而观之，则物与我皆无尽也”，意思就是从不变的角度看，生命是传承的，为什么要难过呢？我们为什么会悲观，看到草木凋谢了，想到自己要死了，就很难过。但是单从整体上说，人类可以一代代传下去，思想也是一代代传下去。我在这里讲课就是把思想传给大家啊！

那么你们要怎么办？胡适曾经很坚定地说不要去相信庄子的话，你们可以自己琢磨一下该怎么办。

（屏显一照片）

师：这个人是谁？

生：季羡林。

孙绍振：我知道，他是周有光。

师：这把扇子就给孙先生了。

周有光已经107岁（当时为2013年），他到现在还在上微博，90多岁开始用电脑。我去他家的时候，本只想谈一刻钟，但是他跟我谈了一个小时。他是一个经济学家，后来又“玩”文字，且关注国际上时事。他100岁后每年写一本书，一直写到前年，105岁，了不得是吧！他说了一句话：“上帝把我忘了。”这话很潇洒吧，意思是说反正要死，但是还可以做些事情。用现代的话来说就是要以出世之心，为入世之事，既要懂得人总是要死的，又要珍惜生命，让生命更光彩。刚才这位拿到扇子的孙老先生，比我大十岁，我67岁，他77岁，但是他还在语文教学领域发光发热，他图什么？他明明知道人总是要死的哦。

（生鼓掌）

师：他图什么呢？就是要珍惜生命的价值，幸福地度过人生。我现在早该退休了，学校里也让我别干了，有人也不理解我，和我说你可以休息，去玩玩。我是可以玩的啊，我天天和学生在一起多开心啊，可以发出声音来。我脚踏大地，希腊神话里的安泰说过，脚踏大地，大地也是有力量的，可以将人举起来。我现在还在上课，在语文教学的一线，和你们高一的学生在一起谈谈、说说、唱唱，很开心。为什么？就是因为个体生命虽然是有限的，但当我们看到生命的脆弱、短暂和人本身的局限性的同时，便要在有限的生命过程中追求属于自己的价值。好，最后我给大家布置一个作业：

读民国时期小学生——浙江缙云县第三高小项德昭作文《读〈兰亭集序〉后》，写一篇“《兰亭集序》读后”。

附：

读《兰亭集序》后

晋之东也，莫不谓五胡逼之也。然渡江以后，固已据一隅之安矣，而未闻有图恢复之志者，清谈误之也。清谈之人，宅心事外，不肯有为。现逸少此篇，可以知其趣矣。当穆宗永和之时，桓温跋扈，殷浩北伐无功，而思去位，中外骚扰，社稷几危。为臣子者，方将焦心苦思，卧不安寝，食不甘味，以求安社稷而定国家，岂复能系情觞咏，游玩林泉，以偷安旦夕耶？今乃以畅叙为欢，以骋怀为乐，以为人之相与，俯仰一世。虽一时遣兴，而幽情逸志，已尽见于言词之表。逸少是时身为中军将军，责任綦重，而其言如此。观其遗殷浩书曰：“力争武功，非所当作，莫若还保长江，更为善治。”又与会稽王笺曰：“功未可期。而已区区吴越，经营天下十分之九，不亡何待？”皆是缩首退后，无直前之气。清谈之人，大率类此，其不致误国者几稀。

——《民国学生这样写作文》

第三篇 李华平教学智慧研究

李华平，1970年生，四川师范大学教授、硕士生导师，四川师范大学基础教育课程改革科研创新团队负责人，中国高教学会语文教育专委会教师教育研究中心秘书长、全国语文学习科学专业委员会副理事长，中国语文报刊协会课堂教学分会副会长，教育部“中小学教师国家级培训计划”(以下简称“国培计划”)专家库成员，兼任教育部“国培计划”方案评审专家，基础教育国家级教学成果奖评审专家、国家级教学名师评审专家，北京市教师发展研究会专家委员会专家，北京大学“国培计划”示范性综改项目语文学科首席专家。我国“语文课程与教学论”方向第一个“国家精品课程”、第一个“国家精品资源开放课程”的主讲教师。

李华平曾教过幼儿园、小学、初中、高中，现常年行走在大学与中小学之间，致力于“语文人”的培养、研究工作。任教中小学语文22年，在大学工作期间，他也曾先后在千年名校成都石室中学、成都七中嘉祥外国语学校完整地兼任一个班的高中语文课。

李华平出版著作10部，发表论文数十篇，其中多篇被人大报刊复印中心全文复印转载，获四川省人民政府教学成果奖、哲学社会科学成果奖共6项。针对语文教学中的种种“走偏现象”，他首倡全国“正道语文”主张，创建全国最大（群成员15000人）、最活跃、最纯粹的教育研究QQ群“正道语文”群，该群受到了教育部全国教师教育专家委员会专家刘永康教授的高度赞誉：“QQ斯乃大磁场，荟萃群英起四方。攻坚克难走正道，从此语文更阳光。”李华平还带领语文同仁创建“正道语文”微信公众号、“正道语文”网站，团结志同道合者共同“探索语文正道，坚守正道语文”，以民间力量开创了“互联网+教研”的教师专业发展的新模式，勠力抒写中华民族伟大复兴之梦的语文教育篇章。

一、李华平教学智慧的探索历程

“正道语文”由李华平首倡，但并非横空出世，而是具有很强的针对性。语文课改十多年来取得了可喜的成就，语文教学面貌发生了巨大的变化，初步形成了百花齐放、百家争鸣的局面。然而教学观念与实践也存在一些“走偏”的现象，诸如:过分重视宣讲人文精神，轻视文本本身；过分重视教学手段的使用，轻视基于文本的自我体悟；过分强调“模糊”，轻视必要的“准确”；过分强调学生的自主，轻视教师的主导；肆意展示教师的精彩,忽视对学生的指导;过分强调解读的“深度”,忽视教学的“适度”；等等。这导致“语文课什么都像，就是不像语文课”的极端现象频繁出现。

“正道语文”正是针对语文教学中的种种“走偏现象”而提出的，在一次语文教学座谈会拉开序幕。2013 年 12 月，李华平与钱梦龙、肖培东在昆明讲学。座谈中，老师们对某特级教师执教的《背影》一课大为不解——虽然觉得他上得不对，但对方是著名特级教师，难道也会不对吗？在此之前，李华平曾经看过该特级教师关于《背影》的解读文章和网上流传的教学实录（文字和录像），尽管当时也觉得不妥，但并没有太在意，心想无非就是一堂课，有什么大不了的？但听了老师们的困惑后，李华平感觉到了问题的严重性——名师示范课具有“杠杆效应”，若上了好课，其正面影响是很大的；而上了不好的课，负面影响也是很大的。

当晚在与钱梦龙先生单独交流的时候，李华平提出了“语文教学要走正道”的命题。此说当即得到了钱老的充分认可，后来“正道语文”一说得到了于漪、王尚文、刘永康、倪文锦等前辈的大力支持和不少一线教师、教研员的拥护。2014 年 4 月，李华平在成都主持召开了首届全国“正道语文”高端论坛学术研讨会，钱梦龙、倪文锦做了主题报告，于漪因为身体原因未能与会，其书面报告由刘永康代为宣读。此次会议正式提出“探索语文正道，坚守正道语文”的主张，倡导尊重语文教学基本规律，尤其是尊重学生、尊重文本。

2014 年 10 月，李华平撰写的长文《迷失在学科丛林中的语文课——兼评特级教师韩军〈背影〉教学课例》，发表在《语文教学通讯》（B 刊）。

文章一发出就引起了强烈的反响。

紧接着,《语文教学通讯》连续发表了读者积极响应的文章——四川师范大学刘永康教授的《回到语文教学的正确轨道上来：就〈背影〉的教学与韩军老师商榷》（2014 年第 11 期）、天津岳春光老师的《抑乱归正话课堂——〈语文课程标准〉修订版的纠偏意义》（2015 年第 1 期）、浙江董水龙老师的《阅读的消解与人文的空洞：接评韩军〈背影〉教学课例》（2015 年第 2 期）和苏州大学王家伦教授的《韩军与语文：渐行渐远》（2015 年第 2 期），对该特级教师《背影》教学提出了商榷和批评意见。后来，该特级教师也发表了《〈背影〉课七说》（2015 年第 4 期），该文立即遭到了潘璋荣《“七说”何以七错:韩军〈《背影》课七说〉评析》（2015 年第 6 期）一文逐条反驳。其他期刊如《新课程研究》《中学语文》《中学语文教学参考》也连续发表文章展开讨论，而各大网站、QQ 群更是几乎天天讨论、辩论甚至论战，由此形成了所谓的“李韩之争”。此次论争参与者之众、参与面之广、借助媒体之多、持续时间之久，在语文教育研究史上前所未有。人们将这次论争称为“新时期从语文教学界内部发起的大讨论”。

1997 年 12 月,《北京文学》发表了一组文章，称“误尽天下苍生是语文”，由此引起了影响很大的语文教育大讨论。由于那次讨论发起者、撰文者主要是作家，语文教育界内部反映寥寥，参与者甚少。但那次讨论的影响很大，当时提出的一些问题至今仍然值得我们反思。而此次“李韩之争”不是被外界逼着讨论的，是语文教学界内部关于语文教师专业化和语文教学专业性的一次考量（或者说较量），具有重要的历史意义。关于《背影》教学，李华平向一些语文名师提出的两方面商榷意见都是语文教学专业性的重要指标：一是文本的教学解读与一般性解读的区别，二是教师文本解读成果的教学内容转化和课堂呈现。

“正道语文”的提出也是对以看考题风向、对考试口径、摸考官脾气、搞题海战术为基本表现形式的“应试语文”的纠偏。一切围绕考试转、围绕分数转的做法，是“头痛医头，脚痛医脚”，违反语文教学规律的短视行为。其实，钓胜于鱼，不为鱼的钓者常常能够钓到大鱼。正确的做法是，直面考试，认真研究考试，但又超越考试，全面提高学生的语文素养。

一位外国诗人说："我们已经走得太远，以致忘记了当初为何出发。"针对以上种种现象，我们不得不回到当初出发的原点，追问一下：中小学究竟为什么要设置语文课？说得更直白一点，语文教学究竟是干什么的？对这个问题的正确回答，就是走上语文正道的开始。李华平的教学智慧，就充分体现在对这个问题的反复追问、理性回答与课堂实践上。

二、李华平教学智慧的思想内核

李华平曾经教过幼儿园，并先后任教小学语文、初中语文、高中语文，很熟悉语文教学的"水性"。在大学工作期间，他还先后在千年名校成都石室中学、民办名校成都七中嘉祥外国语学校兼任一个班的高中语文课，这两个学校都是成都市的语文"重镇"，同事间的相互砥砺，促使他对语文教学的认识更加深刻。作为我国"语文课程与教学论"方向第一个"国家精品课程"、第一个"国家精品资源开放课程"的主讲教师，李华平对语文教学不仅有感性的体验，也有理性的思考，先后发表了《迷失在学科丛林中的语文课——兼评特级教师韩军〈背影〉教学课例》(《语文教学通讯》)、《语文教学中"教"的学理审视》(《课程·教材·教法》)等有较大影响力的文章。其教学智慧既有厚实的实践基础，又有理论的沐浴，因此具有较强的普适性，切近语文教学的本真。

李华平倡导"正道语文"，并积极践行之。其教学智慧可以概括为：紧握方向，遵循规律，实实在在致力于"为了不需要教"的"教"。

（一）紧握语文教学的基本方向

常言道，方向比方法更重要。语文教学也如此，不少教师包括一些名师的课之所以出问题，首先就是在方向上出了问题。这一方向就是语文教学的基本任务——教学生"学习语言文字运用"。语文课不是政治课、哲学课、生命教育课，语文课必须咬定"学习语言文字运用"这一教学基本任务不放松，这是李华平所倡导"正道语文"主张的底线。

语文教学的任务很多，最基本的任务是老老实实教学生"学习语言文字运用"(《义务教育语文课程标准（2011年版）》)，简单地说就是"教学生学语文"。这是根本，千万不能丢。一个有学科责任感的语文教师要牢牢把握、实实在在完成这一个最基本的任务。这里的“语言文字”是特指中华民族通用语言文字——汉语、汉字，即“祖国语言文字”。这里“运用”二字很关键。语文教学不同于学习、研究语言的大学语言学教学，而是在动态的听说读写的运用中，积累基本语汇，把握基本规律，形成基本语感，就是在“游泳的过程中学会游泳”。

语言文字运用的四个方面，以阅读、写作为重点。阅读，侧重在理解别人对语言文字的运用。正如于漪指出的，“学课文，最为重要的任务是学习规范的、生动的书面语言的运用。这篇课文的语言表什么情，达什么意，一定要理解清楚，理解得深入”；写作，侧重在训练自己对语言文字的运用。阅读教学，就是教学生学会阅读——“运用语言文字获取信息、认识世界、发展思维、获得审美体验”（《义务教育语文课程标准（2011 年版）》）；写作教学就是教学生学会写作——“运用语言文字进行表达和交流”，“认识世界、认识自我、进行创造性表述”（《义务教育语文课程标准（2011 年版）》）。一些教师正是对此认识不清，所以才导致上的语文课变得不像语文课。

不少语文课常以为学生打下精神底子为理由而走偏了方向。李华平认为：“人文精神的培育不是外加的，引导学生求真、向善、审美是语文教学的题中之义；培育的方式是在学习语言文字运用的过程中有意为之、自然实现、润物无声的，不能离开具体的文本内容去煽情、作秀、唱高调。”这里需要注意两个方面：第一，“不是外加的”说明了语文教学中培育人精神的重要性，语文课程也具有培育精神的得天独厚的条件；第二，“有意为之、自然实现、润物无声”说明了语文教学中培育人文精神的途径与方式，从教师的角度来说，要“有意为之”，但“不能离开具体的文本内容去煽情、作秀、唱高调”，要立足文本，充分挖掘文本的资源，按《义务教育语文课程标准（2011 年版）》的说法就是“熏陶感染”。对于有些乱挥人文大旗的教师，于漪引用卢森堡的话幽默地说，是“为了他伟大的事业，没心没肝地把孩子撞倒了”。对于一些总喜欢搞人文拓展的教师，她严肃指出：“人文是一种思想、一种理念，绝不是教学环节、教学步骤，它不是‘胡椒粉’。”此外，她还为教师指明出路：“老师备课，深入钻研教材，备到文字一个个站在纸上和你对话，和你交流了，你就能享受到人文的乐趣。”

人文精神含义很广，但尊重人、关心人、发展人是其基本要义。人文精神也很丰富，有大小之分，最要紧的是对人的彻底理解与关怀，尤其是“中国灵魂”。李安全认为，“修身齐家治国平天下，这就是中国的人文。苟利国家生死以，岂因祸福避趋之；先天下之忧而忧，后天下之乐而乐；达则兼济天下，穷则独善其身，这就是中国伟大的人文。”

（二）遵循语文教学的基本规律

李华平认为，教师要根据学生语文素养形成和发展的规律教语文，阅读教学还要根据文本的特点教语文。简单地说，就是尊重学生、引领学生，尊重文本、走进文本。

第一，尊重学生，引领学生。在阅读教学中，学生与文本的对话是核心，教师与文本的对话是为了帮助学生与文本进行对话，而不是代替学生的阅读实践。李华平在其文章中反复强调，教师要注意防止三个“代替”：一是“以教师的分析来代替学生的阅读实践”，二是“以模式化的解读来代替学生的体验和思考”，三是“用集体讨论来代替个人阅读”。防止三个“代替”的目的就是强调学生在阅读教学过程中的主体地位，确保学生个体能够真实地、直接地、深度地与文本对话。学生的成长是无人能够代替的，学生对文本的理解和感悟也是无人能够代替的。教师可以指导、引领和点拨——方法的指导、价值的引领和疑难的点拨，但不能代替学生，不能越俎代庖地抱着学生跑到臆想中的高楼上。民主的教学思想，应该充盈在课堂教学的每个细节中，而不应仅仅是停留在呼喊口号的论文中。确保学生在课堂教学中的主体地位，是确保语文教学实现“教学生正确理解和熟练运用祖国语言文字”的基本任务的基础。

尊重不等于迁就。教学就意味着教师对学生要起到充分的引领作用，也就要求教师要在掌握学情的基础上，在教上下足功夫。学生已经懂得的不教，学生自己通过努力能够懂得的不教，教师教了学生也不懂的不教，教师教了不准备让学生学会的不教。

第二，尊重文本，走进文本。李华平反复强调，语文课程教学领域的文本解读，不同于一般性的社会解读和文艺领域、科技领域的文本解读，尤其需要运用唯物辩证法，处理好文本、世界、作者、读者的多重关系。

他经过十多年的研究，提出了文本教学解读主导思想是“一体两翼”的语文科文本科学解读观，即以文本意图为主体，以作者原意和读者会意为两翼。其基本思想可以概括为：以文本为基础，有条件地调动读者的主观能动性，在必要的时候结合作者及写作背景加深对文本的理解，以认识世界或加深对世界的认识。借用现代解释学之父、德国哲学家狄尔泰的话说，就是以文本为基本依据，“理解作者的理解，并且比作者更好地理解文本”，即顺着作者的思路去理解作者当时眼中、笔下的特定世界，并且比作者理解得更透彻，解释得更到位。

李华平强调，文本是解读行为的出发点和落脚点，作者对当时眼中、笔下世界的理解凝结于文本。所谓“理解作者的理解”，首先就是针对文本本身的仔细阅读，而不是其他任何外部因素。“理解作者的理解”不等同于理解作者——理解作者的途径很多，如查阅作者有关资料、阅读有关作者的传记。我们通过文本所理解的只能是作者的某一个方面，甚至是很微小的一个点。语文教学中的文本解读，要分清主次。一般来说，就日常教学而言，文本是主，作者是次。当然，课外专题研究性学习也可以作者为主。

李华平强调，文本是一切解读行为的依据，更是语文教学中解读行为的基本依据。解读行为要从文本出发，而不是从作者出发，也不是从读者出发；解读行为允许暂时离开文本到作者身上去找答案，允许读者展开想象，但必须受文本的制约，要落脚到文本上。正如波兰哲学家、文学家英加登所说：“所有对作品的判断都必须以作品所提供的东西或可以从作品中得到的东西来衡量。”所以，解读要在文本本身下足功夫。积极倡导人文精神培育的钱理群先生就极为强调对文本的细读，并对常见误区进行了提示：“应引导学生读原著，一字一句地疏通，一篇一篇地老老实实地读，弄清原义、原意，培养学生细读文本的能力与习惯，不要‘抽出而讲之’，做不着边际的发挥；对流行的讲解、心读、摘句要保持必要的警惕，避免上当受骗。”

重视文本，是西方文本学研究的重大成果，也正逐渐受到国内研究者的重视，这对语文教学中长期存在的一上课就先进行“文本外研究”（介绍作者、写作背景，进行概念性评价）的现象是一个有力的警醒和反拨。

正如钱锺书先生所言："尽舍诗中所言而别求诗外之物，不屑眉睫之间而上穷碧落、下及黄泉，以冀弋获，此可以考史，可以说教，然而非谈艺之当务也。"解读文本，需要"直面文本"，离开了文本，也就无所谓解读。解读必然以文本为依据，受文本所制约。

时下一些教师的教学行为，之所以会偏离语文教学的正道，主要原因就是脱离文本。常常有两种表现，一是考古式地从作者身上和时代背景中寻找解读依据，二是不自觉地用自己的生活经验代替了对文本的解读。

（三）致力教师作用的充分发挥

李华平倡导的"正道语文"，致力于教师作用的充分发挥，也就是在为了"不需要教"的"教"上下足功夫。他认为，语文教师在教学上应有五个追求——追求教学内容的高度聚焦，追求教学目标的集中精粹，追求教学过程的流畅自然，追求教学方法的新颖务实，追求教学效果的显豁持久。这五个追求分别从教学内容、教学目标、教学过程、教学方法、教学效果五个方面要求语文教师立足语文课堂，改善语文课堂。具体内容有：（1）精心提炼教学内容，删繁就简，力争"能用一句话（甚至一个短语，一个词）说出自己这堂课要给学生的东西"；（2）根据学情设置合理的教学目标，让学生"跳一跳能够摘到桃子"，注意既要"能摘到"，又要"跳一跳"，不要简单地重复学生已有的认知；（3）教学环节、教学步骤不宜太多，相互之间的关系要经得起逻辑推敲，前一段水渠的水要能顺利流到后一段水渠中；（4）教学方法必须服从教学内容与目标的调遣，读、议、讲、练相互配合，切忌教师独角戏似的表演——一切不从学生实际出发的方法都不是好方法；（5）教学效果必然是从学生的角度来说的，教师所教的知识，学生一定要明显理解、掌握，受到感染，记忆持久，这是每堂课的追求。

三、李华平教学智慧的艺术呈现

李华平致力于语文教学理论与实践的高度结合，追求"教学理论的实践化"和"教学实践的理论化"。他的语文课，很有教学艺术，具有为了学生"不需要教"的优秀品质——教师的"教"对学生的"学"具有充分的正向促进作用，使教学真正具体为“教学生学”。

（一）“教”：使学生有方向地“学”

课堂教学时间极为有限而宝贵，教师不能让学生整堂课像无头苍蝇一样乱撞。这就需要教师的“教”要有明确、正确的教学指向。教学指向是教学目标之所在——在一堂课结束的时候能够走到哪里，也就是说最后学生学到了什么，它决定着学生的知识、能力、方法与情感、认识等方面的发展。教学指向是教学内容的纲领性表达，李海林认为“能用一句话（甚至一个短语，一个词）说出自己这堂课要给学生的东西，至少说明教师本人是明白这堂课的教学内容的”。一些教师一堂课拿了很多东西给学生学，这些东西一个个单独来分析，也都是可以而且应该教给学生的。但课堂上老师教得模糊、教得隔膜，学生学得不爽快、不透彻，其原因就在于教师对教学内容没有一个纲领性的认识和表达，使得想教的那些东西像一堆散沙，无法形成合力。

李华平曾经三次执教朱自清《背影》，每一次课都有一个教学方案，每一个方案都有一个明确的教学指向，三次课分别指向一般文本阅读方法、文体阅读方法、文体阅读难点突破。由于指向明确、正确，课堂教学也就集中精粹，简洁明了。这样高聚焦度的教学，学生的情感、思维被充分调动起来，从而使他们始终保持着高昂的学习热情和高涨的积极性。教师是真正在“教”，学生是真正在“学”，一步一个脚印，甚至一步一个坑，印象深刻，效果持久。

（二）“教”：使学生有条理地“学”

做事有条有理，是一个人思路清晰的表现。学生学习的效果、效率，往往与其学习是否有条理有关。叶圣陶老先生说：“能力的长进得靠训练，能力的保持得靠熟习，其间都有个条理、步骤，不能马马虎虎一读了之。”在课堂学习中，学生学的条理性取决于教师教的条理性；教师教得思路混乱必然导致学生学得思路混乱。所以，这需要教师所设计的教学环节要经得起逻辑推敲。在一堂真正的好课中，教学环节不宜过多，主体环节以三个为宜；前一环节与后一环节之间往往具有不可逆反性。当然，在一些非线性教学过程中，教学环节之间也具有可逆性。

教学环节的安排也需要从教学指向的角度来审视。教学指向是教师带着学生经过一堂课甚至一个单元的学习后所要走到的终点。在教学过程中，这个终点悬置于远方，指引着课堂里师生当下的每一步行为。先做的事、先说的话之所以先做先说，是因为它们在逻辑上离教学指向比较远；后做的事、后说的话之所以后做后说，是因为它们在逻辑上离教学指向比较近。这种逻辑上的远近关系，是教师进行教学设计、安排教学环节和实施教学步骤的基本依据，是确保学生有条理地学的基本依据。

李华平很重视教学环节的条理性，十分注重推敲环节与环节之间的逻辑关系。他在文章中这样论述："教学环节、教学步骤不宜太多，相互之间的关系要经得起逻辑推敲，前一段水渠的水要能顺利流到后一段水渠中。"其《背影》教学之金牛版方案（在成都市金牛区执教）主要有三个教学流程：学生依据三个词语复述课文内容—反复诵读两个段落领会作者思想感情—咀嚼一个熟悉的字。连缀三个词语，学习两个段落，揣摩一个熟字，这三个环节用一个"情"字来统率。该教学流程的奇妙之处在于：大胆取舍，选取三个词语为支撑点来复述，而反复诵读文中的首尾段来让学生领悟思想情感，咀嚼一个熟悉而又反常的字来深入探究。这个教学，看似重心在首尾段，但实际上并没有放弃对课文的整体感知，复述课文实则让学生对全文有了整体的把握，从而巧妙化解了整体感知与局部探究之间紧张的矛盾。

（三）"教"：使学生有方法地"学"

蛮干与巧干的效果是大不相同的，巧干就是讲方法地干。学生学得巧，需要教师教得巧。所以，教师尤其要以教方法为己任。我们知道，语文教学既要"教教材"，也要"用教材教"。对于经典篇目，教师需要引导学生对文本有较深入的理解和较全面的掌握，这可称为"教教材"；而对于更多的篇目，教师则需要"用教材教"。不管是哪种情况，教师都要把方法作为重要的教学内容，"授人以鱼，不如授之以渔"。"渔"就是方法，如文本解读的方法。文本是读不完的，但只要掌握了文本解读方法，学生就可实现由此及彼的迁移，自主阅读更多的文本。这样，叶圣陶老先生提出的"不需要教"才可能成为现实。从语文学习的任务来看，阅读教学中"教方法"是目的，一篇篇文本是教学的前提。正如叶圣陶老先生所说："语文教材无非是个例子，凭这个例子要使学生能够举一反三，练成阅读和作文的熟练技巧。”吕叔湘先生也有类似的论述：“教学、教学，就是教学生学，主要不是把现成的知识教给学生，而是把学习的方法教给学生，那样学生就可以受用一辈子。”

就文本解读而言，文本形式是解读重点，文本内容主要充当载体作用——这是语文科与其他学科截然不同的地方。而对文本形式的解读，也需要揣摩作者写作文本的构思之巧、语言表达之妙。这里的“巧”“妙”，其实是从写作方法的角度来看的。也就是说，阅读教学的重点是文本解读方法、文本写作方法。这需要教师有明确的课程意识，站在语文课程的高度认清语文教学的本质规律，在教学设计与教学实施的时候自觉以教方法为指归。只有教师在课堂教学中真正在教方法，学生才可能真正学方法。正如叶圣陶老先生所说：“必须讲求方法。怎样阅读才可以明白通晓，撮其精华，怎样写作才可以清楚畅达，表其情意，都得让学生们心知其故。”

教师不仅在课堂教学中要致力于教方法，而且在教学中也要讲究教方法的方法。作为程序性知识、策略性知识的方法，教师在教学中不能把它当作陈述性知识来教。若教师将其作为静态的陈述性知识来教，则会把活方法教死——教师教得死，学生则会学得死。如有的教师让学生背诵答题技巧就是一个看似聪明的笨办法。“纸上得来终觉浅”，文本解读方法、文本写作方法都要在随文学习的过程中自然进行，让学生真实地经历学习的过程。这方法需要教师示范，或者需要学生先去领悟，教师再点拨。方法还需要运用才能成为学生真正掌握的动态知识——文本解读方法要运用到文本解读的实践中，文本写作方法要运用到文本写作的实践中。实践的过程中也需要教师有方法地进行指导、纠正。方法的运用也不是一蹴而就的，需要反复历练——读写历练不仅是课外的活动，课堂上教师也要给学生历练，当堂反馈，当堂纠正，当堂改进。教方法的工作在课堂上扎下了根，才可能实现从课内学习向课外读写实践的顺利迁移。

李华平的语文课很善于指导学生掌握阅读方法和写作方法。其主要途径有两个：一是在教学生读文写文的过程中巧妙地渗透方法，二是让学习方法走到教学前台，聚焦于方法的学习。他的《老王》教学方案就是聚焦于文本解读方法——“症候式解读法”。首先，他让学生读第一自然段，发现问题——“我常坐老王的三轮。他蹬，我坐”中的信息冗余，并引导学生理解冗余信息的价值在于强调二者关系的疏离；其次，讲解刚才所用方法是抓住文本中的“反常处”——反常规，即语言运用的简洁原则，并进一步指出“反常”包括反常规、反常情、反常理，这就是文本解读中的“症候式解读法”；最后，引导学生运用此方法分析文本中其他地方的“反常处”，并扩展运用此法分析其他文本中的“反常处”。李华平在《〈氓〉再读》的教学中，教给学生“视角变换”的写作方法，引导学生写出记叙文的复杂性，而学生通过变换视角也感受到了写作的趣味，迅速学到了写作的方法。

（四）“教”：使学生有习惯地“学”

叶圣陶老先生指出：“必须使一切方法化为自身的习惯，那才算贯彻了学习国文的本旨”，“语言文字的学习，就理解方面说，是得到一种知识；就运用方面说，是养成一种习惯”。养成良好地理解和运用我国语言文字的习惯，直至达到潜意识化的程度，将琐碎的日常生活语文化，实质是提升日常生活的质量。从这个意义上说，教师的教就是要使学生有习惯地学，以养成良好的语文学习习惯。语文学习习惯培养涉及面很广，就当前语文课程改革的状况而言，李华平特别重视以下几个方面的习惯培养。

第一，自主预习的习惯。叶圣陶老先生十分重视学生的自主预习，“要使学生尽量自求了解，在没法彻底了解的时候，教师才给他们说明、订正、补充。不做逐字逐句的机械讲解”。这个观点在实施新课标的当下，仍然具有很强的现实意义。就阅读教学，叶圣陶先生还指出，教师的任务在于“指导学生的精读，见不到处给他们点明，容易忽略处给他们指出，需要参证比较处给他们提示。当然，遇到实在搅不明白处，还是给他们讲解”。而对于学生通过自我努力能够“自求了解”的地方，则宜让学生通过自主预习去习得。

需要注意的是，此处李华平提倡的自主预习不同于当前流行的“导学案”做法。那种教师提前编学案，学生课前做学案，师生上课对答案的“导学案”做法，其教学效果并不是非常好——把一篇篇精美的文本转化成一个个考试题目，很难激发学生的学习兴趣。此种做法降低甚至取消了教师“教”的价值——如果语文教师变成一个编习题、对答案的人，那将是多么可悲的事情。

第二，比较研究的习惯。语文学习除积累之外，还需要学生多动脑筋，多加揣摩。教师的“教”要促使学生动脑、揣摩。叶圣陶老先生指出：“阅读方法不仅是机械地解释字义，记诵文句，研究文法修辞的法则，最紧要的还在多比较、多归纳、多揣摩、多体会，一字一语都不轻轻放过，务必发现其特性”，“普通话、方言和文言的语汇、语法、修辞格三方面，要随时从教材中提出实例，做彼此的比较研究。比较研究不必像专家那么细密，只要使学生养成这么个习惯就成”。

教师的“教”还需促使学生将比较研究所得变成文字，将碎片式的思维转变成较为系统的整体思考，这就需要教学生随时做笔记。叶圣陶老先生指出：“要让他们认清，笔记不是教师向他们要的赋税，而是他们读书学习不能不写的一种记录。”“敷衍塞责的弊病必须从开头就戒除，每抄一条，每写一段，总得让他们说得出个所以然。这样成了习惯，终身写作读书笔记，便将受用无穷，无论应付实务或研究学问，都可以从笔记方面得到许多助益。”笔记，不仅可以写在笔记本上，也可以记在所读之书籍、文本上，因此教师要教学生圈、点、勾、画、批、注，也就是运用较为固定格式的符号和确有心得的文字进行记录。我们在李华平的课堂上，经常可以听到他的口头禅——“圈点勾画批注是学习语文的常规武器”，经常可以看到学生在他的提醒下记笔记。

第三，多读多写的习惯。李华平认为多读多写是语文学习的基本规律，所谓为了“不需要教”就是指教师的“教”要指向学生自我的多读多写，也就是将课堂上教师所教之方法，广泛运用于阅读与写作。没有这种广泛运用，教师“教”的价值就会大打折扣。正如叶圣陶老先生所说：“必须使种种方法成为学生终身以之的习惯。因为阅读与写作都是习惯方面的事情，仅仅心知其故，而习惯没有养成，还是不济事的。”

叶圣陶老先生将“多读”意义上的“读”称为“略读”，它是与精心传授阅读方法、写作方法的“精读”相对而言的。需要注意的是，略读不是粗略的阅读、忽略的阅读，而是指教师的指导“只需提纲挈领，不必纤屑不遗”；学生仍要“像精读那样仔细咀嚼”，只是“不需多用心力，自会随机适应”。李华平认为学生的略读，也需要教师的指导。课内略读的指导，包括阅读方法的提示，阅读报告的审核，主持阅读讨论，订正、补充学生阅读报告、阅读讨论的不足；课外略读的指导，包括阅读分量的把握和阅读时间的安排——“分量不宜过多，必须顾到学生能用上的时间”，否则“学生阅读势必粗略，甚而至于忽略”。叶圣陶老先生建议，“每天的略读时间至多只能有半个小时”，“以利用暑假寒假最为适当”。

李华平提及的“多写”其实是对教师所教写作方法的运用。叶圣陶老先生指出：“教学生阅读，一部分的目的在给他们个写作的榜样。因此，教学就得着眼于文中所表现的作者的积蓄，以及作者用什么功夫来表达他的积蓄。这无非要使学生知道，胸中所积蓄要达到如何充实而深美的程度，那才非发表不可；发表又要如何苦心经营，一丝不苟，那才真做到了家。”李华平提倡“多写”也不是说一写了之，关键在于学生“多改”——教师的“教”务必使学生养成自我修改的习惯、共同修改的习惯、通过修改理顺思想的习惯。正如叶圣陶老先生所言：“教师修改不如学生自己修改。学生个人修改不如共同修改。每一处修改一定要说得出个所以然。自己修改不限于课内作文，要使学生养成习惯，无论写什么都要修改，把修改看作一种思想过程。”

（五）“教”：使学生有滋味地“学”

“教”，就意味着教师需要通过各种尝试与努力“使不想学的学生想学，使想学的学生持续地学”，有了这种种尝试与努力才能“使学生学得更多、更快、更好”。要想让学生有强烈的学习兴趣、学习欲望，教师就要把教学活动设计得有滋有味。除此之外，崔允漷认为教师还需要“综合考量教学内容和学生需求的结合，以学生已有的认知、情感状态为根据，考量学习内容的呈现形式”，务求深入浅出，切忌枯燥乏味。恰如叶圣陶老先生所说：“宜为学童开发心灵，使他们视学习国文如游泳于趣味之海里。”教学内容的呈现形式包括教学方法的选择、教学媒体的调用、教学语言的推敲。教师尤其需要注意激励性语言的使用，以唤醒学生学习的梦想，使其感受学习的成就感，并从中受到鼓舞。

李华平的语文课，学生总能学得有滋有味。他上课语言幽默风趣，师生之间常常有会心之笑、开心之笑。他善于深入浅出地讲解深奥难懂的知识，善于调动学生深入文本，窥幽览胜。有学生在听他的课后评价说：“听李老师的课，就像在破案一样，扣人心弦。”

四、李华平教学智慧精品片段聚焦

面朝大海，春暖花开

师：请大家再自由朗读一下全诗，思考一下，希望拥有简单、平淡、悠闲的田园生活的诗人，希望与亲人分享幸福感的诗人，“给每一条河每一座山取一个温暖的名字”、为“陌生人”热情祝福的诗人，是一个什么样的人。

（生独立思考，一两分钟后前后左右开始讨论）

生1：幸福的人。这样的田园生活好美哦。

生2：一个心胸宽阔的人。他不仅想自己得到幸福，还与亲人分享幸福感，还祝福“陌生人”。

生3：他是一个开朗的人，富有爱心的人。从注释里面可以知道，海子1989年就去世了，这首诗也写于1989年，是诗人临死前写的。临死前还不忘与亲人通信，给河流、山川取名字，为陌生人祝福，其开朗、富有爱心让人钦佩。

生4：他是一个快乐的人。他“给每一条河每一座山取一个温暖的名字”，首先他有给河、给山取名字的好心情，并且取的名字还很“温暖”。如果没有快乐的心情，他就不会取“温暖”的名字。

师：你的意思是，如果心情不好，就不会给“每一条河每一座山”取名字。即使取名字，也不会是“温暖”的，而是——

生：冷冰冰的。

师：还有其他看法吗？

生：老师，其实我倒觉得诗人并不幸福，并不快乐。你想，生活在现代社会中，却想着“喂马”“劈柴”“关心粮食和蔬菜”，这说明他在现实社会中生活得并不幸福，并不快乐。

（生纷纷点头，鼓掌，争先恐后地发言）

生：是的，诗人生活得并不幸福，并不快乐。你看，诗中说“从明天起，做一个幸福的人”，那么今天呢？很明显，今天并不幸福、并不快乐。

师：很好。同学们很善于抓住关键词句。那么，大家看一下“从明天起”一共出现了几次？

生（齐声答）：三次。

师：请大家做好笔记。文本中反复出现的词句，是理解作者思想感情的关键词句。诗人反复说“从明天起”，说明诗人今天的生活很不如意。

师：大家认为诗人生活得并不幸福，还有什么依据没有？

生：我从一本书上知道海子是自杀的，这也说明他生活得不幸福。如果生活幸福，他就不会去自杀了。

师：也可以这么说。能够从这首诗中再找到根据吗？

生：三个“愿”字说明只是一种愿望，生活并不如意、并不幸福。

师：诗人那么向往简单、平淡、悠闲的田园生活，并且要兴奋地与“每一个亲人”分享幸福感，甚至还要把这种幸福感传递给“每一条河每一座山”，还要祝福“陌生人”，但诗人在现实生活中并没有得到这种幸福。那么，他会努力地去追求这种幸福吗？

（生独立思考，一分钟后前后左右开始讨论）

生1：他不会去努力追求这种幸福。“从明天起”，就是一种托词。如果他真的要去追求，就会像老师您所说的那样，“从今天起”，而不是“从明天起”。

生2：三个“愿”字也说明他不会去追求，特别是“愿你在尘世获得幸福”，说明他不愿在尘世获得幸福。

师：三个以“愿”字领起的句子，有两种读法，你们看其意思有什么不同？

师（读）：愿你有一个灿烂的前程／愿你有情人终成眷属／愿你在尘世获得幸福。（第一种读法，在“愿”字后停顿；第二种读法，在“你”字后停顿）

（生沉思，默念）

生：第一种读法，语义重心落在“愿”字上，表达的是诗人的愿望；第二种读法，语义重心落在“你”字上。

师：你们自己读一读，哪种读法符合本诗诗句的停顿？

（生读，体味）

生（齐声答）：第二种。

师：大家听我把这最后几句连起来读一读，看能够领悟到什么？

师（读）：陌生人，我也为你祝福/愿你有一个灿烂的前程/愿你有情人终成眷属/愿你在尘世获得幸福/我只愿面朝大海，春暖花开。

（师读到最后，做出一个转身向后的动作）

生：他祝福陌生人获得幸福，自己却不愿去获得这种幸福，"只愿"回归到"面朝大海，春暖花开"的梦境中。

师：诗人的这种思想，还体现在其他诗篇中，如《诗歌皇帝》。

（投影）

诗歌皇帝

海　子

当众人齐集河畔
高声歌唱生活
我定会孤独返回
空无一人的山峦

师：诗人在众人"齐集河畔""高声歌唱生活"的时候，却"孤独返回""空无一人的山峦"，与《面朝大海，春暖花开》中为陌生人祝福，自己却掉转头"面朝大海，春暖花开"多么相似！那意思是，让你们去享受"尘世"的幸福吧，"我"还是只愿"面朝大海，春暖花开"。

（生纷纷感叹，窃窃私语）

【品评】

《面朝大海，春暖花开》是海子的抒情名篇，其语言质朴、形式工整、意象质朴，初读后令人感到充满了温暖的情怀。但这首诗表达的情感不仅止于此，还有更深层的内涵——海子内心的痛苦：渴望倾听远离尘嚣的回音，企图摆脱尘世的羁绊与牵累，从而质疑生存的本质和存在。

在短短的一节课中如何引领学生在感受诗人传递幸福感的同时钻进去触摸诗人内心深处的情感呢？李华平独具慧眼，成功采用"文本细读"的方式，紧扣文本，抓住关键词句重锤敲打，同时借助多种形式的朗读，带领学生一步一步地潜入诗的深层世界之中，透过温暖的幸福感的表层洞察诗人内心的孤独和痛苦。

第一，紧扣文本，收放自如。刘勰《文心雕龙》说："夫缀文者情动而辞发，观文者披文以入情。"这就强调必须要重视文本的阅读，因为文本是教学活动之根源，紧扣文本才会增加教学的有效性。许多教师在分析文本时或浮在表层不够深入，或断章取义将文本大卸八块，这往往造成理解上的片面性，更有甚者完全偏离文本。其实，文本才是根基，细读应是基于文本的细读。李华平在这堂课中，紧扣文本，注重整体感知，且收放自如，展现了他深厚的语文素养和高超的文本解读、课堂驾驭能力。

刘永康说："教师不要带着书本走向学生，而要带着学生走向书本。"李华平无时无刻不在提醒学生结合文本进行分析，例如当学生讲到从课外书中了解到海子是自杀的，由此得出海子生活得不幸福时，李华平就及时提示"能够从这首诗中再找到根据吗？"，迅速地将学生的注意力转移到文本中。在提出最后一节诗有两种读法并让学生体验后，李华平一句"哪种读法符合本诗诗句的停顿？"避免了学生脱离文本漫无目的地猜测。为了更深入地探究海子内心的孤独，李华平又引用了《诗歌皇帝》加以补充，但他并没有对《诗歌皇帝》进行分析说明，而是迅速地指出与文本情感相契合的词句"孤独返回""空无一人的山峦"来加以印证。

就深层来看，李华平始终将学生的注意力集中在探寻文本的思想剖析中，其中紧扣文本起到了巨大的作用。在开始的整体阅读时，他就让学生找出"诗人描绘幸福生活的语句"，将他们的注意力集中到文本之中，让他们心无旁骛地和文本对话，之后总是让学生根据诗中的词句来分析诗人的情感及深层含义，使学生的阅读思考行为紧贴文本，深入文本。

第二，抓住关键词句，重锤敲打。"细读"不是字字琢磨，句句推敲，枝枝节节，随文爬行，繁冗分析。课堂教学中的"细读"，是在整体观指导下的细读，因此教师应引导学生在阅读中去寻找分析关键的词语、句子，即"文眼""诗眼"。李华平在课文分析中就采用了抓住关键词句重锤敲打的方式，引领学生走向文本深处。

在分析了第二节"诗人和亲人分享幸福"的内容之后，李华平让学生抓住"给每一条河每一座山取一个温暖的名字""陌生人我也为你祝福"两句来分析诗人的思想转变。当学生发现海子在为别人祈福而他自己并不快乐时，李华平又巧妙地要求大家抓住“从明天起”反复敲打品味，学生在分析品味中明白了海子的今天缺少幸福感。紧接着李华平让学生紧紧抓住三个以“愿”字领起的句子，反复品读，进一步走入诗人的心灵深处。最后，在分析“我只愿面朝大海，春暖花开”这一句时，李华平展示海子的另一首诗《诗歌皇帝》，抓住诗中“孤独返回”“空无一人的山峦”等关键词句去触摸诗人孤独的心灵——为别人祈祷，自己却不愿拥抱世俗，只愿独自面朝大海，背对尘世，静看花开花落。整个赏析中，李华平紧扣关键词句引导学生重锤敲打，在敲打中走进文本深处，去触摸诗人隐藏得很深很深的痛苦。

第三，朗读充分，读中感悟。朗读是诗文教学中非常重要的一个环节，是课堂教学中文本细读的重要手段。有专家甚至认为学生的朗读到位了，语文阅读教学就成功了一半。李华平正是这样一位高度重视朗读的专家。在教学中他采用了自读、齐读、品读和教师范读等多种阅读方式（如下所示）：

（1）请先自己读一遍，看一下诗人他所认为的幸福是一种什么样的生活。

（2）边读边画出诗人描绘幸福生活的词句。同桌先交流一下，看看对方都画了哪些词句。

（3）我们把第一节齐读一下，要读出一种幸福的感觉。

（4）请读出与亲人分享幸福时的激动心情。

（5）请大家再自由朗读一下全诗，思考一下，希望拥有简单、平淡、悠闲的田园生活的诗人，希望与亲人分享幸福感的诗人，“给每一条河每一座山取一个温暖的名字”、为“陌生人”热情祝福的诗人，是一个什么样的人。

（6）三个以“愿”字领起的句子，有两种读法，你们看其意思有什么不同？

（7）你们自己读一读，哪种读法符合本诗诗句的停顿？

（8）大家听我把这最后几句连起来读一读，看能够领悟到什么。

李华平先让学生自读，初步感知文本内容。然后他让他们边读边画，为文本内容分析做准备。在分析完一节诗后，他又让学生根据所获得的文本信息再次去品味其中的深层含义。当学生对文本的深层内涵理解产生困难时，李华平便设计出两种朗读停顿方式，让学生在听读中细细品味、比较，在比较中自觉地深入文本去触摸诗人内心深处的追问和矛盾困惑的痛苦。学生有了一些感触后，李华平并未在此停步，再次将第三节诗连起来朗读，同时辅以“转身向后的一个动作”，引领学生对诗人心灵进行追问，将他内心那审视个体生命的终极价值、质疑生存的本质的灵魂抓了出来。读得层次分明，读得酣畅淋漓，读得感慨唏嘘。本课利用朗读去理解，后又在理解的基础上去朗读，将诗歌的情感演绎得淋漓尽致。

（点评：王良军）

五、李华平教学智慧经典课堂实录

背影

授课对象：成都七中嘉祥外国语学校八年级学生

情况说明：2015 年 10 月至 12 月，李华平先后三次执教朱自清《背影》，根据学生具体情况，分别采用了不同的教学方案，由此形成了三份重点不同的教学实录。本节课的教学内容是“指向散文阅读方法的阅读学习”。此处收录的这节课现场，成都七中嘉祥外国语学校八年级 670 多名学生全部到场，各班随机抽了三四个同学组成一个临时班级在台上上课，其他同学在台下上课。

实录整理：马琴

（一）初步感知，了解学情

（师生问好）

师：对于我们 15 班的同学来说，今天是我们嘉祥语文教学历史上非常有纪念意义的一天。而这一天它为什么会变得这么有意义呢？是因为一篇文章。这篇文章诞生九十年了，九十年来这篇文章一直被选进中学语文教材，它就是朱自清的《背影》。而今天的特殊，也来源于我们嘉祥 670 多名同学一块儿来学这篇《背影》。《背影》在中国文学史上是独一无二的，而我们 670 多位嘉祥学子今天一起来学《背影》也是独一无二的。我们为这个独一无二，为我们自己鼓掌。

（生鼓掌）

师：愿大家今天的学习，也是独一无二的。我们台下这么多同学都看着我们，我们独一无二的思考、我们独一无二的思想、我们独一无二的表达将在今天充分地表现出来。同学们之前已经读过这篇文章了，读了两遍以上的请举手。（生举手）好，请放下，都读了两遍。那觉得自己读懂了的同学请举手。

（没有学生举手）

师：同学们都很谦虚。

（一生举手）

师：你自我感觉是读懂了，非常好。你真的觉得读懂了吗？（走向学生并把话筒递给学生）

生1：我读懂了。我在文中做了一些批注，比如第5自然段的最后一句“我现在想想，那时真是太聪明了”，这句话说明了他当时是没有领会到父亲的爱，他现在感到后悔。还有其他的我交给15班的其他同学来回答。

生2：这篇文章出自朱自清。我觉得首先可以肯定是这篇文章写得很好。其次，作者的描写不像我们平常阅读的那些文章那样华丽，他用的是很朴素的语言来描写一个十分朴素的父亲形象。最后，我觉得文中多处描写体现了他对自己父亲观察得十分仔细，而且通过他那朴素的语言描写能感受到父亲当时对他的一种朴素的爱，这是一种很平常却又很伟大的爱。

（台下学生鼓掌、尖叫）

师（面向台下的同学）：我也给台下的同学一点小的要求，因为我们这里有这么多人，大家就不要尖叫。如果特别特别精彩，实在忍不住了，你们可以尖叫一下。

师（面向台上的一位举手的同学）：好，这位同学。

生：如果说全部读懂了，那倒是还没有，但是我有一些自己的理解。我觉得这篇文章让我非常感动，从第6自然段的那一处动作描写，我想到了一些自己的经历。有一句话是这样说的：“我们人能够带来的，能够带走的东西，除了爱还有什么呢？”我觉得正是作者的父亲对他的这种爱，在往后的日子里一直支撑着他，尤其是那些对他来说可能很困难的日子。

在这篇文章开始就有交代，作者的父亲在他们家庭遇到了变故，家境比较贫穷，祖母又去世的时候，能够支撑他们走过那样的时光，这也正体现出了爱的伟大。

师：我觉得你将来适合做演讲家，出口成章，非常好。

（二）确定体裁，明确重点

师：学习这一篇文章，我们要明白我们的目的不仅在学这一篇文章，还要学更多其他同类的文章。那我们需要怎样的思考呢？我们大家一块儿来看一下。请大家填一下空。

（屏显）

填空：这是一篇__________。（体裁）

生：我认为这篇文章是一篇叙事抒情散文。

师：叙事抒情散文，你怎么判断的？

生1：首先他描写了父亲的背影，然后中间分了许多段落详细描写父亲的背影，无不表现出他对父亲的感情，他对父亲的爱。这就是叙事抒情散文。

生2：我觉得是回忆性的、描写父爱的散文。

生3：从文章的内容来看，我觉得这是一篇以父亲的背影为线索的散文。

师：好，非常好。请同学们在标题旁边注明体裁——散文。

（生在标题旁边写“散文”）

师：这篇散文是写父亲的背影的，也写了父亲对“我”的爱，抒发了情感。刚才我们有位同学说的是叙事抒情，这篇文章是不是侧重在叙事抒情？

（生举手）

生：我觉得这篇文章侧重在叙事。

师：她说侧重在叙事。这个“事”是跟一个人有关的，这个人是父亲。我们将这样一类文章称为写人叙事的散文。（“写人叙事的散文”说得比较慢）

（屏显）

这是一篇写人叙事的散文。（体裁）

请大家在书上做好批注“写人叙事的散文”。今天我们就是要看这样的一类散文应该怎样去学。如果你去写一篇写人叙事的散文，你觉得要抓哪几个方面的要点来写？

（生纷纷举手）

生：我觉得首先一定要看主要写的是什么人。就是这个人有什么特点，比如说他的形象是什么。然后再看写了什么事，就是作者和他之间发生了什么。再看这篇文章表达了什么样的主旨，或者作者想表达自己什么样的情感。

师：你把刚才的话提炼成三个字，你觉得应该是什么？

生：“人”“事”“情”。

师：太能干了，大家把掌声送给这位同学。

（生鼓掌）

师：你看，台下的同学也在跟着我们思考。我们不仅要能够从它的体裁入手去把握，我们学的时候究竟要把握什么要点，而且要善于把这个要点用最简炼的语言进行概括。概括能力是我们语文非常重要的能力，注意三个字——“人”“事”“情”。

（三）细读文本，概括叙事

师：“人”，这个就不用说了。至于“事”，请同学们尽可能用简洁的语言概括一下这一篇文章写了什么事。

生：我觉得这篇文章写的是朱自清的祖母死之后，朱自清家境非常惨淡，所以他和他的爸爸要到不同的地方去谋生，他爸爸送他去火车站，他看到自己爸爸的背影的时候很感动。

师：好。后边的同学发言的时候先评价一下前面同学的发言。

（生举手）

生：首先我觉得他的发言太冗长了，概括一定要简短。我的答案是父亲到车站送“我”去上学。

（生举手）

生：我认为他虽然简洁，但是他没有抓住这篇文章主要描写的场景，就是父亲给他买橘子的场景，我觉得一定要把这个概括出来。所以我觉得答案是本文主要内容是父亲送“我”上学时，翻越月台为“我”买橘子的故事。

师：请坐下。这位同学特能干，不仅能够发现前面同学发言的不同点，还能找到他的不足。他发现前一位同学的发言简洁倒是简洁，但是最主要的场景没有概括出来。主要的场景是父亲为“我”去买橘子。

好，我们暂时就这样吧。大家把刚才这位同学所说的，用自己的话再简单地复述一遍，这一篇文章写的是一件什么事。写在文章的标题下面。不动笔墨不读书。

（生动笔在书上写）

（四）深入文本，体会情感

师：好，下面我们来看第三个字——“情”。大家看这一篇文章是表现谁的情呢？

（生纷纷举手）

生：我觉得这篇文章同时表现了父亲对“我”的情感，也表现了“我”对父亲的情感。“我”对父亲的情是因为“我”看到父亲那么艰难地为“我”买橘子。他那么肥胖还要那么艰难地翻过月台为“我”买橘子，我觉得这个地方就表现出了他的感情。然后同时“我”觉得和父亲这一别，分别了那么久，也许有一种感激，也许还有一种悲哀之情。

师：“我”的感激、悲哀。你说了一方面，还有一方面呢？

生：还有一方面是父亲对“我”的感情，就是从父亲给“我”写了一封信里面看出来的，就是他连自己的不适都放下，只关心着“我”，所以这里体现出父亲是关心“我”的，家里那么穷困还是一直那么关心“我”。

师：尽管家庭很惨淡，父亲还关心“我”。那简单的来说父亲是爱“我”、关心“我”的。而“我”呢，“我”感到的是感激和悲哀。有没有不同意见？

（生举手）

生：我觉得从最后一句话“我不知何时再能与他相见”也可以看出“我”对父亲还有怀念之情和惭愧之情。

师：“我”对父亲的怀念和惭愧，你怎么看出来的？

生：因为他前面多次说到“那时真是太聪明了”，用这种反语的方式来说明其实自己当时并没有体会到父亲对“我”的爱，因此后来当“我”体会到了这份爱以后心中必定就会有惭愧，而怀念就是因为“我”已经有两年余没有和父亲相见了，而“我”就很想念父亲对自己的关爱，所以就有怀念之情。

师：哦，她是从人之常情来说的，很久没见父亲，就自然会想父亲。前面“我”“那时真是太聪明了”说明“我”现在回想起那个时候没有理解父亲，所以现在想来感到有点惭愧。好，还有没有同学有不同意见？

（生举手）

生：我认为一是表现了父亲对“我”无尽的爱和关心，二是“我”对父亲的爱。一是表现出了“我”后来对父亲的惭愧，二是表现了“我”对父亲日后无尽的怀念之情，三是表现了“我”对父亲年华易逝的感叹。

师：他说了三点，我发现他在说的时候好像有点跳跃的感觉。你再重新说一下，你看着我一点一点地说。

生：我认为一是父亲对“我”的一种关心和爱，二是表达了“我”对父亲的惭愧和怀念，三是对父亲年华易逝的感叹。

师：好了，时间关系，我们暂时在这儿打住。下面我请大家思考一个问题，这个问题有点难度，也请台下的同学一起思考。写人叙事散文，我们在判断理解这类文本所要表达的思想感情的时候，应该侧重理解谁的思想感情？大家刚才说了文本所要表达的思想感情有父亲的感情，有“我”的感情。大家思考一下，我们应该侧重理解谁的思想感情？

（生举手）

生1：我觉得这篇文章记叙的是父亲，所以应该侧重理解父亲的思想感情。

生2：我们应该侧重理解作者的思想感情，因为是作者在写人、在叙事，所以他抒发的主观感情可能会更多一些。

生3：我觉得这篇文章更侧重写“我”的感情，因为朱自清写这篇文章的时候就是带着自己的感情去写的，他可能当时还没达到可以理解父亲的感情的程度，但是他是有自己的感情的，他是用自己的眼睛去看待父亲的行为的。所以我觉着这篇文章更应该侧重于“我”的感情。

师：侧重于写“我”的感情，那我这就问你一个问题。这篇文章从文字来说更多写的是父亲对“我”怎么样，父亲为“我”做什么事情。这又是怎么回事呢？

生 1：我觉得父亲的这些行为也让“我”有感触的，应该是从“我”自己的感受去写的。

生 2：我觉得应该侧重于写作者自己的感情。首先，是因为前面说到的，这篇文章是作者写出来的，作者的主观感情凝结在这里。其次，父亲所表达的对作者的爱是要通过作者的眼睛和心去感受，所以作者在理解父亲的爱的同时也把自己的主观感情融入到这篇文章，然后再把它在文本中表现出来，所以我觉得应该侧重于写作者的感情。

师：我觉得同学们已经说得挺好了。由于时间关系我也表达一下我的看法。注意，首先这是一篇散文。散文它的一个重要的特征就是它的写作重心就在表现“我”的思想感情，写的也是“我”的思想感情，文中虽然也写了人、写了事，但是文中的人和事都是用“我”的眼睛去看的，当时的那件事也可能和“我”写文章的时候所写出来的情形是有出入的。因为多年过去，回过头去看当年所发生的事，那实际上当年的事已经打上了“我”现在的主观感情的色彩。请大家在书上批注一下：散文阅读侧重理解“我”的思想感情。

我们现在思考下一个问题，写人叙事的文章如果要理解感情，它往往会集中在一些段落，大家看这些段落往往又会在哪个位置？

（生举手）

生 1：我认为这些段落往往聚集在叙事的地方，毕竟是写人叙事的散文，他重点在叙事，所以他肯定要通过叙事、通过作者的眼光来体现出作者的情感。

生 2：我觉得情感应该集中在最后一段。因为最后一段往往会有总结性的言语，因为他要表现一个情感的话，一般来说会在最后一段进行点题的。

生 3：我觉着这篇文章有四次描写眼泪的地方，说明表现情感在描写眼泪的地方。

生 4：因为标题是“背影”，而且这篇文章用“背影”贯穿了全文，所以我认为应该是重在描写父亲背影时，“我”自己对父亲的感受的地方。

生 5：我认为开头也是表现作者感情的，朱自清的散文的特点就是在开头往往会定下全文的感情。就比如说《背影》，他的第一句话就说了：“我与父亲不相见已二年余了，我最不能忘记的是他的背影。”这个“最”字就已经奠定了这篇文章的感情是思念。

师：哦，是这个意思。好，非常好。我也给大家说说我的看法。写人、叙事、抒情这三个字——“人”“事”“情”，“人”和“事”都是文中作者花了重要笔墨来写的，但作者表达的情感，他除了通过“人”和“事”表现出来，他还会在段落中用比较集中的句子表现出来，而这些句子集中的段落往往在开头和结尾，所以我们读散文一定要注意抓开头，抓结尾。

而朱自清这一篇散文的开头就会难倒很多同学，这一个问题我估计台上的同学回答有点困难，我想请台下的同学来回答。（面向台下的学生）这位同学开始不满意了，“你还没提问题就知道我答不上来了？”（面向台上的身旁的一位学生）现在我提问题了，大家看第1自然段里边最需要我们理解的一个字是哪一个字？（“第1自然段”和“一个字”说得比较慢）

生1（台上）：我觉得应该是“最”。

生2：我认为应该是“忘”。因为“忘”就突出了他对父亲的背影是无法忘却的，说明他对父亲的思念非常深。

生3（台下）：“最”。

生4（台下）：我觉得是“已”。

师（问台下的学生）：“已”，已经。还有没有？哪一个？

生1：“余”。

生2（台下）：我觉得还有“不”字。我觉得“不”字涵盖的思想感情有很多。第一个后面也说到了“我最不能忘却的是他的背影”，说明“我”对父亲有一种难忘和对父亲的一种怀念的情感。

师：还有怀念的情感，这个“不”字怎么会有怀念的情感呢？

生1：因为他说的很久才相见，很怀念。

生2（台下）：这里有两个“不”。

师：有两个“不”，你认为是哪个“不”？

生2（台下）：我觉得应该是“不相见”的“不”。因为“不相见”更突出的是“我”对父亲的关爱。

师：这样吧，我们一起把第1自然段朗读一遍，“我与父亲不相见”，起——

（生齐读第1自然段）

师：很好，请大家用自己的话，不用课文的原话来讲一下这句话的意思。

生：作者已与他的父亲分别两年之久，而此时的父亲可能会因为什么触景生情，然后就想起……

师：你不用加其他信息，就直接说这个句子的意思。

生：朱自清与父亲两年没有相见了，而朱自清在此时最想念的、最不能忘记的就是他父亲的背影。

师：朱自清已经与父亲有两年没有相见了，他最不能忘记的是父亲的背影。请注意思考刚才这位同学把“不”字替换成了另外一个词，她替换成了什么？

生（齐）：没有。

师：对，替换成了“没有”。请注意思考“没有”和这个“不”字有没有区别？

生1：我觉得“没有”和“不”是有区别的。首先“我与父亲不相见”，如果我们在说“不”的时候有一种“我”和他有一种不想相见的意思，但是“没有相见”就包含不了这种情感在里面。

生2：我觉得“不”和“没有”的区别是“不”这个字要干脆坚决一些，“没有”反而显得优柔寡断一些。

生3：我认为“不”更能表达主观情感，就举个例子，比如“我不吃饭”和“我没有吃饭”两个句子听起来就不一样。

师：哦，你看这位同学多能干。（生鼓掌）他善于举例，通过例子来解答这个问题。“没有”是陈述客观的事实，“不”含有一种主观的意味。请记下“不”含有主观的意味，“没有”是陈述客观的事实。大家看“不”字可以组成什么词语？

生：不行、不能、不愿、不肯。

师：不行、不能、不愿、不肯。那你觉得这个地方是什么意思？

生1：不能。

生2：我觉得是不肯。我觉得他说的是“不能相见”，我觉得可能因为客观的什么事实影响他们两个不能相见。而“不肯相见”是因为主观上自己不愿意与父亲相见，更符合“不”字的主观意味。

师：她认为是“我不愿意和父亲相见”。你的理由是从哪里来的？你怎么觉得他是不愿意和父亲相见？

生：我是从文章的最后一个自然段发现的。

师：大家看她抓的是最后一个自然段。

生：他说就是父亲因为老年的时候生活压力大，“情郁于中，自然要发之于外；家庭琐屑便往往触他之怒。他待我渐渐不同往日”。从这里可以看出父亲老境的颓唐影响了他的心情，然后就跟“我”有些生活上的摩擦，而不愿意相见。

师：这位同学很善于思考问题。她不仅看了这一自然段，还看了后面的一个自然段，这是我们读书的一个方法——瞻前顾后。好，请大家看最后一个自然段。我们一起把最后一个自然段读一下，请同学们边读边思考，最后一个自然段到底哪个地方在帮我们回答这个问题。“近几年来”，起——

（生齐读最后一个自然段）

师：请同学们注意看，这一句话“他待我渐渐不同往日”，就是说父亲对“我”慢慢地没有以前那样好。在旁边批上“他待我渐渐不同往日（那样好）”。请注意思考，父亲对“我”渐渐没有往常那样好是因为什么？请在文中找答案。

（生举手）

生：“他触目伤怀，自然情不能自已。情郁于中，自然要发之于外；家庭琐屑便往往触他之怒。”

师：好，你概括一下，你觉着这是什么原因？

生：父亲是因为承受了生活中很多压力想要发泄，所以就发泄到了“我”的身上。因为他支撑着整个家庭，所以说是整个家庭给他带来的压力。

师：整个家庭给父亲带来的压力，父亲无处发泄，就发泄到“我”身上来了。好，有不同意见吗？

（生举手）

生：我觉得是第2自然段。“那年冬天，祖母死了，父亲的差使也交卸了，正是祸不单行的日子。”

师：祸不单行，所以父亲就发泄到“我”身上来了？

生：不是。祖母死了，然后父亲要还钱，还要变卖典质，很多事情都压在他身上。

师：这么多的事情都压到他的身上，所以父亲就对“我”没有以前那样好。哪位同学先来点评一下她的发言？

（生举手）

生：我不同意她的看法。我觉得是因为家中的光景一日不如一日，所以家里是很穷的。不是父亲不想对他好，而是家中光景这么差，父亲不得不对他要“坏”一点。如果不对他“坏”一点的话，他就不能体会这种生活的紧迫感，将来就不会奋发图强。

师：你这个思考还挺深刻的，有点像老师不得不要求你写作业的感觉。

（众笑，生举手）

生：我觉得是最后一个自然段“父亲大去之期不远矣”。

师：哦，父亲“大约大去之期不远矣”，他要死了？

生：对，因为他快要死了，所以他必须要放手让“我”自立、独立，所以他对“我”非常不好。

师：她说是因为父亲快要死了，所以对“我”没有以前那样好了。

（生纷纷举手）

师：这么多同学要发言？

（师在众多举手的学生中找了一个没有发过言的学生并递上话筒）

生：我认为首先还是父亲要死了，而父亲死了过后就要“我”一个人独自活下去，然后父亲这个时候对“我”坏一点，使“我”在磨炼中成长，他死了后“我”才有生活的能力。

师：好了，我大体知道同学们的意见了，我觉得同学们还要继续读文本。

（生举手）

师：先别忙。注意，往后边看。

（生继续举手）

师：你真的是找到了吗？（面对举手的那个学生问）

生：是。

师：好吧，你说吧。

生：就是在“但最近两年的不见，他终于忘却我的不好”。因为“我的不好”，所以才导致父亲渐渐对“我”不同往日的。

师：非常好，大家把掌声送给这位同学。

（生鼓掌）

师：非常善于读书，不仅要往前看，还要善于往后看。其实是因为“我”的不好，也就是说“我”做了让父亲感到不好的事情，让父亲感到生气的事情，所以父亲待“我”渐渐不同往日。“我”做的这不好的事情给父亲的伤害，大家觉得深不深？

生（齐）：深。

师：你怎么看出“深”的？

（生举手）

生：我觉得就是第7自然段：“他少年出外谋生，独力支持，做了许多大事。哪知老境却如此颓唐！”然后说明了父亲在晚年的时候其实已经是非常颓唐的，一方面有家庭的原因，另一方面是因为“我”做的一些事情使他非常伤心。

师：伤心的程度有多深？

生1：让他觉得非常悲痛，以至于让他对待自己的孩子也就不同于往日了。

师：可后来父亲对“我”的态度有所改变。我们从哪里可以发现？

生2：从他前面写了“他终于忘却了我的不好”。

师：你抓了哪个词？

生：“终于”。

师：“终于”，请同学们在“终于”这个词下面加上点，这很重要。你解释一下这个“终于”。

生：因为这个“终于”前面是有时间的，他父亲用了两年多不见他儿子的时间才终于忘却了这些事情。

师：说明用了很长的时间忘记儿子不好。时间长说明“我”对他的伤害程度之深。还有呢？我们平常在什么情况下才用“终于”这个词？

生（齐）：在不容易的情况下说。

师：对了，不容易，还要付出极大的努力。请同学们在旁边批注“终于”：时间长，付出的努力大。你看，父亲忘掉儿子的不好却用了一个“终于”，说明“我”当年做得不好的事情对父亲的伤害太深了。同学们理解得真好。那我们注意一下，继续看，“但最近两年的不见，他终于忘却我的不好”，这里是谁不见谁？

生（齐）：父亲不见儿子。

师：对了，是父亲不见儿子，父亲不见“我”是因为“我”的不好，那这里的“不”字怎么理解？

生（齐）：不肯。

师：对了，不肯，不愿。请同学们在旁边批注好，这个“不”字可理解为“不肯”“不愿”。所以这就有一定的主观意味了。好，现在我们再回过头来看第1自然段，“我与父亲不相见已二年余了”这里是写谁不见谁？

生（齐）：“我”不见父亲。

师：“我”不见父亲，那这里的“不”字怎么理解？

生：我觉得是“不敢”和“不得”。“不敢”是因为他知道父亲对于他所做的事情很伤心，父亲不肯见他，会刻意回避他，所以这里的“不”是“不得”。

师：你看说得多好，一是“我”不敢，二是“我”即使想去见父亲，父亲也不愿意见“我”。非常好。还有吗？

生：我觉得应该是“不忍”。因为他之前做得不好已经让父亲如此伤心，所以他不忍心让父亲再伤心。

师：不忍让父亲再伤心，你的分析很有新意。还有吗？

生：我觉得也是“不忍”，但是我和他的看法不一样。我觉得“不忍”是因为他不愿意看到父亲颓唐的状态。因为父亲毕竟年少干过很多大事，他老境颓唐，作者觉得回去看到父亲会非常伤心，所以他不忍。

生：我觉得一是“不敢”，二是“不忍”。

师：一是“不敢”，二是“不忍”。你这是把前面的同学的意见综合起来看，很好。刚才同学们的发言都非常好，大家看看这里，“我”与父亲不相见，有“不敢”“不忍”，还有“不好意思”，请同学们在旁边写上这些词。你看我们读文章，一定要善于抓住集中地表达作者情感的词语“不”字。那由此可知这篇文章所要表现的是作者什么样的思想感情？

生：我觉得这篇文章表达的是作者对父亲的惭愧以及对自己的反思。

师：愧悔，以及对自己的反思。非常好。下面请大家把第1自然段和最后一个自然段连起来读，读出“我”对父亲的那份惭愧，那份后悔。注意读出这种感情。“我与父亲不相见已二年余了”，起——

（生齐读第1自然段和最后一个自然段）

（五）课时小结，强调学法

师：在生活当中父子之间都是有可能闹矛盾的，但多年以后“我”回忆起当年的事情，“我”感到无比的后悔，像这样的经历我们往往也是有过的，但在我们的文章当中却往往没有写出这篇文章中的这种感情。刚才同学们读得都非常好，我看有些同学眼睛甚至有点湿润了，那种感觉就是有点感动了，是不是？请同学们下课之后再认真地去读这篇文章，今天台上台下的同学们都非常认真。

我们回顾一下。学习一篇写人叙事的散文要抓三个要素——“人”“事”“情”，而重在抓“情”，这个“情”就是“我”的思想感情，这就是我们将来学习这一类文章需要把握的要点。我们今天的课就上到这里，下课。

（下课，师生致意）

参考文献

[1] 钱梦龙,李华平．语文教学要走正道［J］．语文教学通讯（B刊),2015（1）．

[2] 于漪．学会咀嚼和推敲［J］．中学语文教学参考，1996（12）．

[3] 李华平．探索语文正道，坚守正道语文［J］．新课程研究（教师教育），2015（9）．

[4] 于漪．语文的尊严［M］．太原：山西教育出版社，2014．

[5] 李华平．迷失在学科丛林中的语文课—兼评特级教师韩军《背影》教学

课例［J］. 语文教学通讯，2014（29）.

［6］罗曼·英加登. 对文学的艺术作品的认识［M］. 陈燕谷译. 北京：中国文联出版公司，1988.

［7］钱理群. 我对经典作品教学的一些看法［J］. 中学语文（大语文论坛），2007（24）.

［8］钱锺书. 管锥编：第一册［M］. 北京：三联书店，2007.

［9］李华平. 正道语文述与解［J］. 语文教学通讯（B刊），2015（12）.

［10］高俊，李海林. 一堂课应该有一个教学指向［J］. 中学语文教学，2009（11）.

［11］中央教育科学研究所. 叶圣陶语文教育论集［M］. 北京：教育科学出版社，1980.

［12］叶圣陶. 叶圣陶教育文集（3）［M］. 北京：人民教育出版社，1994.

［13］崔允漷. 有效教学［M］. 上海：华东师范大学出版社，2009.

［14］刘永康. 语文课程与教学新论［M］. 北京：高等教育出版社，2011.

［15］李华平. 怎样用《背影》教语文—李华平《背影》教学实录两例［J］. 语文教学通讯，2016（2）.

第四篇　李卫东教学智慧研究

李卫东，山东省泰安人，1968年生。曾先后任教于山东省泰安市第十二中学、山东省泰山学院附属中学、首都师范大学附属中学，现任北京教育科学研究院基础教育教学研究中心副主任、中学语文教研员，中国教育学会中学语文教学专业委员会常务理事、副秘书长，北京市教育学会语文教学研究会理事长，兼任北京师范大学、首都师范大学、曲阜师范大学教育硕士指导教师。

20年的教书生涯，李卫东沉醉于智慧的语文、自然的课堂，追求教师、学生、学科融为一体的教学境界。1995年获首届“语文报杯”全国中青年语文教师课堂教学大赛一等奖，2007年被北京晨报社、新浪网教育频道等评为“北京魅力教师”。连续20年在全国各地执教公开课，切磋教学，传播理念。秉持教、研、写一体的理念，读书、教书、写书，问道语文，探知语文。1995年发表论文《上出语文课的味道来》，2010年至2013年发表《今天怎样教小说——基于“学科教学知识”的视角》《如何确定文言文的教学内容》《散文河里有规矩——浅谈散文教学内容的确定性》《把现代诗当现代诗来教》等论文，倡导把语文当语文来教，把散文（小说、诗歌……）当散文（小说、诗歌……）来教。2008

年至 2011 年发表文章《回到“真实的写作”》《作文批改：基于表现标准的评价与对话》等，倡导写作的社会观、交际观和写作教学的过程意识。出版专著《李卫东讲语文》《语文沙龙：重构教学内容的行动研究》《二十年后，叩问语文之道》等。

一、李卫东教学智慧的探索历程

在语文田野上耕作的李卫东，用他的热情与痴心、勤奋与努力、才华与英气，全身心地投注，创造出深厚、丰富、卓越的语文成果，彰显他的语文教育精神、语文课程理念和语文教学智慧。从泰安到北京，从山东到全国，李卫东深远的教育思想、丰厚的教学内容、别有创意的教学方式、扎实有效的教学创新活动，感动和影响着一批批语文人。

（一）教学：枝繁叶茂

李卫东立足课堂，课例丰富多彩：不必说融通生活的写作指导，也不必说独树一帜的名著阅读指导，单就阅读教学来说，主题阅读和文化经典阅读、“读评写”活动，李卫东的教学成果就极其丰茂。

有老师说，有些课，李老师已上到极致，难以超越。在经典课例中：读写结合，结构完善；课堂的实在美，语文味充盈；问题从学生来，善于提炼归纳；于无疑处生疑，善于以问题激趣，启发学生深入思考；还有小组合作探究等教学策略。20 年前、10 年前李卫东已具有的课堂驾驭艺术；小说的叙述视角，初中几篇小说的儿童视角，这些学术前沿的东西，李卫东也早已在课堂呈现。

多年来，李卫东一直坚持写教学记录与反思，尤其是不同时期的公开课的记录和反思。他的“教学手记”记录了一次次精彩，也记录了一次次的彷徨、一次次的追问，更反映出了他反思课堂的大体历程。以下是其几段反思：

……课上完后，一脸茫然的我走进休息室……他说的一句话让我铭刻在心。他说：“无论面对任何学生，我们当教师的都应努力地去适应他们，而不是让学生刻意适应我们。”不经意间的一句话，恰恰说中了一直困惑我的问题所在：想寻求突破和改革，却又很容易使自己迁就于以教师为中心的既有教学思维。静心想一想，如果教师的激情和渲染，换不来学生的热情和参与，那教学又是为了什么呢？（1997 年）

综合考虑自己各方面的条件，我当要保持激情、追求智慧、积极创新，努力追求稳健中和、守正醇厚的教学风格。真正打磨成型，这需要长期的历练，需要不断地读书、思考、实践。（2000 年）

……如果一味取巧，回避“真问题”，公开课就远离了它“研究探索”的本意，其存在的价值又何在呢？公开课给了我参照系，给了我反思力，给了我照见自我缺陷、调整教学形象的一面“镜子”。（2006 年）

一次次的追问，二十多年的探索，一步步上升与回归，是在否定之否定的过程中寻求自我的超越。

（二）阅读：给养不止

与课堂成长的历程相呼应，李卫东的读书史也是丰厚有致的。刚参加工作的时候，他在博览群书中遇到语文教学期刊，像《语文教学通讯》《中学语文教学》《语文学习》等期刊，虽抵不上大部头的教育名著，但非常亲切实用。李卫东自费订了四份教学刊物，每收到一份刊物，几乎都是一口气读完，并且圈画得密密麻麻。在读刊、用刊、写作的过程中，他逐渐摸到语文教学的门径。当时有个栏目征文——“描述自己满意的一个课堂镜头”，李卫东积极参与，撰写文章，很快发表，这大大激励了他继续探索的勇气和热情。

某一年的暑假，李卫东借来《叶圣陶语文教育论集》上下两卷。整整一个假期，他每天都拎着一个小板凳，手提一把大蒲扇，在一个杂草丛生、杨柳婆娑的角落，在虫鸟蚊蝇的奏鸣声中，如饥似渴地攻读，接受语文教育理论的洗礼。

2001 年，李卫东全年脱产到曲阜师范大学攻读教育硕士。其时国内课改界“教学对话”的呼声甚高，而“对话理论”与孔子的启发式问答究竟有何关联和区别，李卫东带着一些朦胧的想法和疑问走进校门。曲阜是孔子的故里，曲阜师范大学关于孔子研究的馆藏甚丰，在近三个月的时间里，李卫东一头扎进故纸堆里，研读了《论语》及相关的理论著述数十种，对《论语》中上百条“教学问答”做了一番梳理，并撰成了一篇万余字的论文《〈论语〉“问答”发微——原典“教学问答”的现代意义》。此后，在导师指点下他把《世说新语》《五灯会元》以至八股文也纳入其研究的范围。捧读一部部沉甸甸的典籍，撰写一篇篇阅读体会，这样他对中国传统“问答”从源头到支流的历史流延有了一个整体性的把握。短短一年的学习，近乎痴迷地恶补，为他后来的教学提升打下了坚实的基础。

2005年暑期，出于深化课题实验“与学生一起读、评、写”的缘故，李卫东对西方文论及中国古代评点理论产生了浓厚兴趣，于是到旧书网上邮购了《阐释与过度阐释》《读解学引论》《中国评点文学史》等书籍。他一边读书，一边继续上网搜书。这一搜，搜出了兴致，搜出了“书引书读书法”：订书刚收到，他发现了新的线索，又旋即锁定新的目标。在“书引书”的连环套中，许多零碎的思考竟不期而然连成一片。李卫东一直对20世纪三四十年代至五六十年代的语文教育心向往之，好多资料多年搜寻未果。他利用网上搜索实现了这个夙愿，网购了20世纪50年代的《语文教学》（华东师范大学）、《语文教学通讯》（开封师院）等许多有价值的语文教育资料。那些粗糙发脆泛着微黄的书页，给他的不仅是情感上的沟通与满足，更是理性的反思和滋养。

2008年之后，李卫东的理论阅读更上一层楼，在阅读中探寻语文教学本质，建构语文课程，完善语文教学艺术。从实践到理念，李卫东知行合一的深度研究，以更大的辐射力度，带动更多人进行语文教学的行动研究。

（三）研究：知行交融

语文教师是一个钟情于语文并把语文教学融入自己生命的实践研究者。在研究中，教师会感觉自己在行动而不是在转动，是主动而不是被动。教师通过研究使自己成为教学的主人，主宰自己的职业生命，并以此影响学生热爱语文，从而获得师生生命质量的共同提升。

李卫东最初是凭着热情，凭着悟性，打开学科教育与生活的壁垒。无论是图书角的建设，还是师生的共读交流，班刊的创办与坚持，无不体现着他对语文教育的挚爱与追求。2003年2月，李卫东开始了“与学生一起读、评、写”的课题实验，着意于读、评、写的系统整合，注重师生语文生活的共同体验。实验分专题进行，如群文阅读“人性之光——战争题材中的女性”，再如经典阅读“与《论语》对话——《论语》选读”、读生活如“读同学的一篇习作——回视我们的家”……真可谓“读、评、写”的盛宴。后来，为配合实验的进行，李卫东和学生还每月编发一期《美文》，内容多为师生“读、评、写”的文字，由学生主编、评点、设计。《美文》被当成了另一种语文教材，在课堂上读、评、用，品味语文学习的快乐。

这样的“广义发表”与交流，激起了学生写作及语文学习的内动力，构建了师生的“写作共同体”，改善了教和学的行为，提升了师生“语文人生”的质量。

2006年寒假，李卫东利用博客开展“与《论语》对话”的“读评写”活动。老师、学生及家长同读、同评、同写。从李卫东的第一篇“日志”《以“论语”的名义，邀请你》到一个月的总结性的告别词——《携〈论语〉同行》，他与学生和家长，以敏锐、活泼、灵动、细腻、多情、精准的文字对话《论语》，既紧张又充盈，让人在不止一次的感动、兴奋中提升，为名著阅读指导留下经典范例。

2008年之后，李卫东以课题研究、名师带教、特级教师工作室等引领方式，以更大的辐射力度，在更大的范围，将其教学理念、教学智慧、教学艺术不断深化和升华。

李卫东的成长历程启示我们：语文教师要做一个成熟而专业的阅读者，做一个热情而自觉的研究者，做一个钟情于语文并把语文教学融入自己与学生生命的实践者。换句话说，语文教师就是“农民”，其劳作场所是“语文田野”，其劳作方式是“田间耕耘”，其劳作果实是师生生命质量的共同提升。

二、李卫东教学智慧的思想内核

（一）建构坐标

在教学的长河中，李卫东不断积淀着教学知识，理性建构着思想坐标，在动态生成中，带着自觉的使命，从教学的躬耕田野到仰望苍穹，从行动研究的理性参与到智慧烛照的人文回归，穿越理论找到教学实践里暗合的规律，找到普遍性知识存在的意义。

在超越静态认知、经验循环的知识框架中，李卫东“执正驭奇”，从“术”的艺术追求到“道”的彻底深入，在一个个点与线织就的多维体系中，在深厚的底蕴与创造思维的融合中，以高屋建瓴的视角和融通共生的智慧，彰显语文名师的教学风采。

不断质疑不断重建的思考习惯，使得李卫东在没有现成的认知角度、思想框架的情况下，建立了清晰实用的思维坐标。思维坐标一旦建构，盘根错节的教学内容就有了观察和判断的角度，选择和取舍的依据。这种认知方法与分析能力，彰显了李卫东凝聚着知、情、意的教学智慧。

（二）理想回归

面对老师们“我是谁”“我有没有迷失回家的路”的感性而又真切的迷茫、焦灼与追问，李卫东将教师自我认同如职业尊严、生命质量、专业持续发展放在了首位。

李卫东认为，教师对学问的诉求并非为了纯粹的学问研究，语文教师不是传经布道的“经师”，不是百科知识的传递者。语文教学需要关注与相关学科的整合，更需要文学文化知识素养的培育。

即使在考试评价的重压下，教师也必须培养自己独立阅读的心态和发现创造的阅读能力，只有真正体现了阅读教学规律、重视培养学生阅读兴趣和能力的高效教学，才能收获分数、关怀生命，才能获得充分的教学自信，焕发出教学创造的伟力。

当然，这并不意味着教师工作只是“知识之教”，相反，语文教学在很大程度上是一种蹈大方、出心裁的“智慧之教”。知识的传习本身也在创造，活性知识本身也是探究的结果。而这些若不是基于教师充分地获得和探求知识，教学就很难深深影响学生。

（三）原典发微

教师的读书史可以折射出其职业生存的质量和形态。师者之乐在于发现之乐，秉烛探幽人文省思，可遇未知的深刻、难得的洞见，如同“谁，影响并改变着我们”的追问。也许这些教学者从未思考过的问题，却在李卫东回溯源头活水的过程中铺展得异彩纷呈，一路惊喜。

墨香一簇、漫卷诗书，李卫东带着知识分子、读书人、学者心目中的理念、理想、品位，聚焦“经典阅读”“主题阅读”“原典问答”发微，探寻“教学问答”的现代意义，追根溯源，对《论语》解读、阐发、转化和创造，在古朴的教学情境中找寻“对话”背后的胸襟与智慧。从孔子的金声木铎到苏格拉底永远问不完的诘问，他循大师之足，闻“千里传音”，探寻“问答”的精髓理念。原典彰显的真正的人文，那是作为“人”的主体存在，那种不强加于人的方式，体现着对个体生命和生活态度的尊重。这恰是以“生”为本的思想源头……这些熟悉而又陌生的领悟，犹如柔波中的一尾游鳞飞渡，引领更多同道者向青草更青处漫溯。

（四）撕裂常规

面对思考问题爱走极端的常规思维，用“撕裂”形容最为恰当。撕裂常态，撕裂规则，撕裂那些常备又苍白的一成不变，撕裂那些难以割舍的混沌与疲惫。李卫东一直向内渐进，面对那些似乎固有的难以撼动的常规思维，常见左右分野的一贯认知，他敢于质疑，从“举一反三”到“举三反一”的曲径通幽，从“习以为常”的沦落到有·“我”的精彩突围，从被“霸气”观点的无意识渗透到警惕与甄别……无不充满着颠覆性的思考，这样的超越与思辨，富有启迪的味道。

（五）知行合一

教学实践是真理辩证的存在，行动研究催发的正能量，往往比结果更有分量。看似普通的教学一旦注入理性的关注，就赋予了饱满动人的光彩。

李卫东认为，我们需要形成语文教学模式，但要摒弃机械生硬亦步亦趋的模式化；我们需要灵活运用语文教学艺术，但不赞成华而不实、奔放不羁的为艺术而艺术。永远不要因为走得太远，而忘记为什么出发。好的语文课，要有语文的味道：要“实”，教会学生学；要“活”，教师、学生、教材三者融为一体的和谐境界；要“美”，要做一个不断提高自己的审美能力的人，做一个能丰富自己的人生体验有审美趣味的人，做一个与学生一同感受美、表现美、创造美的使者。

在教学实践中常见的纠结点上，在“训练”“练习”“教育”“教养”“习惯”平常又容易混淆概念的辨别与推敲中，李卫东理性到场，层层剖析，由表及里，既不顾此失彼，也不极端绝对，客观而又实际，清晰透亮，于是长夜苏醒。

（六）文本解读

阅读教学中的教师，不是教参的传声筒。教师只有面对文章有了发现的冲动和兴奋，才可能激发学生的发现欲望。文本的解读，没有止境。李卫东摒弃概念分析和定向思维，多角度多层次地进行阅读理解和分析，从大视野入手，回归阅读的核心本质，挖掘其内在规律，充分帮助学生利用有效的阅读策略进行有意义的知识建构，也使基于丰富资源的学习、基于真实情境的学习、基于问题解决的学习、基于项目的学习、互动合作的学习以及以学生为出发点的教学真正成为可能。

（七）读写一体

李卫东建构起“与学生一起读、评、写”的行动研究，师生的“写作共同体”，使得做人与作文、生活与语文交互融通。他善写、勤写、乐写“下水文”，那不是一般意义的“下水文”，而是人生体味与学生真情共融唤醒的分享之旅。智慧碰撞氤氲生命气息的“文”，正是李卫东心中渴望共同演绎的生命之舞。

（八）传道智者

在文学修养、文本解读、以生为本等思想主张为起点的坐标体系中，在李卫东语文教学的研究范畴中，教学设计的策略、教学内容的选择、鲁迅教学价值重估等有主题的教学系统行为不断聚焦建构起具备深度、厚度、高度的思维构架。行动研究伴随着理性参与和清晰的逻辑表述，始终焕发着智力点化以及对他人的精神指引，因而它就成了一种高度自觉自明的教学智慧。

四十载光阴，可以让年龄如花的追风少年变成思想如树的儒雅学者，从如诗的文学青年变成传道的智者。而今回眸，每一道年轮刻印之处，都是一场智慧发芽思想延伸的精神革命。

三、李卫东教学智慧的艺术呈现

（一）洞晓情变，曲昭文体

刘勰说创作：“洞晓情变，曲昭文体，然后能孚甲新意，雕画奇辞。”意为通晓感情的变化，深明文体的特点，可见“情”与“体”不可偏废。李卫东认为主题阅读单元在凸显主题的同时，也削弱了对“文体”的关注，如不自觉矫正，依然会背离语文本身。

以下是李卫东的阅读策略在不同的文体中的艺术实践。

（1）依乎天理，如析薪，如解牛——议论体的阅读教学策略

刘勰说：“论如析薪，贵能破理。”议论如劈柴，贵在顺乎自然纹理，抓住思路，感知、剖析、认同“结构”，这就找到了议论文的突破口。

一是“所见无非全牛”——整体感知。庖丁初解牛，“所见无非全牛

者”，三年后方“未尝见全牛也”。议论文亦如此过程，需整体感知“牛”的整体。

二是“依乎天理”“因其固然”——深入剖析。论证结构分演绎式和归纳式。《得道多助，失道寡助》是演绎式，《生于忧患，死于安乐》为归纳式。论据的选择、使用，起承转合、过渡与衔接等需有机组织，顺应认识规律。教学亦应“因其自然”，以令学生游乎文本其间，悟有所得。

三是“提刀而立，为之四顾，为之踌躇满志”——拓展迁移。换个角度，“提刀而立”为运用，“为之四顾”为拓展，“为之踌躇满志”为迁移。感知、剖析，是为同化“结构”，目的在于建构议论文的知识能力体系。如教学《悼念玛丽·居里》一文，李卫东拿居里夫人写的《我的信念》做比较阅读；教学《敬业与乐业》一文，就“干一行，爱一行”与“爱一行，干一行”这两个不同观点组织学生展开辩论等，其一切的学习均是为了拓展迁移。

（2）从原有感知定式到建构解读文本方法的审美体验——叙事体的阅读教学策略

《鲁迅自传》，篇幅短小使人忽略它对认识鲁迅的重要意义，行文简约以致可能被低估其独特的教学价值。事实上，俭省的文字背后站立着大写的“人”字，平静的叙述中蕴涵着波澜起伏的世界。关键看怎样去解读。

一是超文本阅读——作为鲁迅作品教学系统中的“链”。熟悉鲁迅的我们真的了解他吗？人们极易受思维定势和已有见解的影响而产生隔阂，结果要么奉之为神，敬而远之；要么产生逆反心理，贬低歪曲。不能打破这“厚障碍”，就不可能走进鲁迅的文学世界。他是怎样被推上“神坛”又是怎样被误读扭曲？此文提供了结识这个“人”的绝好契机。李卫东将此文作为鲁迅作品教学系统中的“链”，进行超文本阅读，打通与其他鲁迅作品的壁垒。例如，以“我心目中的鲁迅”“学者名流眼中的鲁迅”“论敌眼中的鲁迅”为话题展开交流，推荐相关作品、视频，参观故居，改编作品，组织论坛发表等，引导学生关注鲁迅这个“人”的精神世界，其深远意义远远超出单纯教学这篇《鲁迅自传》本身。

二是细读——作为一个文本。明了鲁迅的人生轨迹，还不够。朴实平静的文字背后蕴藏着怎样的心灵？非细读文本不能感受得到。细读，就要善于捕捉那些看似平淡却极具表现意味的词句。

标示每一次的人生转徙的文字，尤其是“走出”“又走出”的反复使用，让我们看到了一个怎样的人生具象？这是一个面对人生困顿遭际义无反顾的“行走的鲁迅”！“自出走那一天起，他就走上了一条拷问生命的不归路！”“要捕拿我”，轻描淡写的文字，流露出的是无边的寂寞，“逃出”“走出”的奔走中，澎湃的是不变的激情！引导学生细读文本，感悟文字耐人寻味的表现张力，哪怕一点点，也会给他们留下难以磨灭的印象。

三是比较阅读——作为一篇“传记”。李卫东用体裁不同题材相同的文章对照阅读，让学生归纳传记的写作特征，悟出自传独有的鲜明特征。例如，推荐鲁迅先生本人与他人撰写的鲁迅人生经历的文字对照来读，拿《五柳先生传》《老舍自传》进行写作风格的比较阅读。

（3）心灵摆渡，诗意回归——诗歌体阅读教学策略

面对《诗经》经典篇章，李卫东如何引导学生触摸这一中国文学的源头？

一是“一唱三叹”——读《诗经》。自由读、齐读、范读、领读、分声部轮读，读出情感，读出层次。其声滔滔，其乐融融，读得酣畅淋漓、忘乎所以。

二是“相映成趣”——译《诗经》。学生译解《诗经》，在符合原意前提下，体现原诗的风味。这个过程，使学生体验到再度创作的快乐。李卫东作为学习共同体中的参与者、指导者、促进者，适时搭起“支架”，提供自己的译诗、专家的范例，发动讨论，组织交流，帮助学生完成创造性的学习任务。

三是“洋洋乎盈耳哉”——听《诗经》。《关雎》《蒹葭》中章句复叠明显留有歌谣的痕迹，可远古神音早已失传。李卫东精心选择，巧妙嵌入切合的歌乐，让学生在倾听中想象、冥思，体悟原诗的纯美意境、艺术魅力，这种效用是其他形式无法取代的。

四是“莫不同祖风骚”——说《诗经》。中国诗人“莫不同祖风骚”，《诗经》丰厚的文化营养已渗入国人血液之中。李卫东引导学生在时间的流光中寻找《诗经》的影子，实现经典诗歌的拓展、迁移。

（二）回到“真实的写作”

不少学生身上可能都发生过这种写作的“分裂现象”：在有些情境

下的写作是自觉自为，写得酣畅淋漓，陶醉其中不觉其苦；但更多的时候面对文题愁眉苦脸，不知如何下笔，最后只好硬着头皮凑些文字了事。对此，我们能够做些什么？李卫东倡导并实践回到“真实的写作”。

（1）目的与对象：写作与生活的真实关联

“真实的写作”吁求真实的写作目的和对象，吁求写作与生活世界的真实关联，它是相对于没有明确的目的和对象、割断与生活联系的“虚假写作”而言。李卫东在“读评写”活动中，引导学生选择不同的切入角度，确立不同的写作目的和对象，均是基于真实的写作目的与对象。

为帮助学生树立起有明确目的与对象的写作意识，李卫东提供“支架”：

一是创设情境。李卫东给学生上过一节摄影作文课，提供一张“温总理探望震中受伤男孩”的摄影照片，就是创造写作情景的一种形式，学生阅读照片，做出不同的反应和选择，引出自己的摄影故事。创设情境有利于学生生发、拓展联想和想象，易于确立特定的写作目的和对象，调动起学生真实的生活体验。

二是提供任务。为竞选某种职务而撰写演讲词，为介绍某部电影编写海报，为说服别人写份申辩书，给母亲编撰传记，为家族写家谱，为某部书写读书报告，写书信、便条、新闻、广告等，都要充分考虑到写作的目的和对象。像李卫东“‘文字的舞蹈，心灵的鸡汤’——祝福短信读写”这样与真实任务相连接的写作，最大限度地避免了虚假写作的可能，易于驱动学生的真实性表达，表达技巧也能得到真实有效的演练。

三是浸润式写作。写作不是铺开纸张说“我要写作了！”，而是在日常的学习生活中自然而然地表情达意。李卫东以“讲述老百姓自己的故事”为题，围绕三个话题展开讨论，在讨论过程中进行循序渐进的说话训练和思维训练。其中，他讲述自己心中的“手”的故事，既是营造一种互相倾诉和倾听的氛围，也涵润着思维和表达的唤醒，帮助学生打开写作与生活的通道。

四是利用网络。2007 年寒假，李卫东通过建设班级写作博客，让老师、学生、家长共读《论语》，同评同写，其最终成果约有 8 万字。学生在分享、交流、关注、呼应之中，感受到了写作的真实性，激活了写作的内驱力。

（2）文体思维：写作交往真实有效的策略

写作中的文体思维是指在具体的文体框架内确立写作目的、对象并将写作目的转化为有效表达形式的思维活动过程。要遵循文体的性质、规律、功用去选题、立意、选材、组材、表达，文体思维贯穿写作的全过程，灌注在具体的写作行为之中。李卫东主张将鲜活的文体知识与一般的教学法融合起来，创生切实有效的写作教学策略。下面以议论文写作为例做点简要阐释。

一是文体认知。为使得学生明白议论文旨在申明、劝说，让别人信服，不能泛滥抒情，不能繁琐叙事，李卫东围绕同一话题，指导学生根据不同的表达目的、对象选用不同的表达方式进行语段的话语表达，这灵活的“变式训练”，使得初学议论文的学生逐渐有了文体意识。

二是话题辩论。例如，教梁启超的《敬业与乐业》一文时，李卫东组织学生围绕“干一行，爱一行”与“爱一行，干一行”两个不同观点展开辩论，在具体话语语境中的议论、言说，大大激发了学生“讲理”的欲望和需求。

三是知识支撑。针对学生在议论文写作中的跑题、偏题现象，李卫东通过系列追问，使学生厘清概念的内涵和外延、概念之间的关系，通过概念辨析确立论点，然后引导学生讨论如何围绕概念展开论证过程，如是采用演绎推理还是归纳推理抑或是类比推理。如此一来，学生进行写作时，内容更集中了，层次也更清楚了。

四是譬喻讲解。李卫东常以生动形象、活泼有趣的语言，通过举例、隐喻、打比方的形式把学科专业知识教学化，把专业知识和学生的生活经验联系起来，融解学生的认知困难，使其通往“真实性写作”之路。

依据文体的特点和性质开发写作教学策略，以上只是以议论文为例，其他文体道理相同。文体思维是路径，文体不同，路径即有分有合，但通往“真实性写作”的自然王国，这是共同的目的。

（3）全过程：写作生产的真实形态

关注写作的全过程，就是要改变“教师命题—学生写作—教师批改—发放习作—简单评讲”的单向单一模式，关注学生每个写作阶段的需求并给予针对性的指导。这分为两个层面：

一是关注每一种写作形态。写作教学最忌死板僵化，李卫东的写作课灵动多样：与阅读“联姻”，写批注，写摘要，写读书报告，仿写句段，给作品中的人物编传记、写书信等，读写联动，相得益彰；写作与实用情境接通，写试卷分析，写实验报告，写活动海报，办板报和手抄报等，自然发生，无处不在。写作是所有学科的写作，写作的过程就是学习、生活的全过程。

二是关注每一个写作阶段。写前构思，搜集材料，写后修改，发表交流，每个阶段有每个阶段相对独立的任务。李卫东善于全程指导和把控，指导学生选题，挖掘素材，组织材料进行有意义的表达。李卫东更善于让学生的写作进入“流通”领域，写作、发布、讨论，获得新启发再写作，循环往复，纵深发展，学生在自我监控、他者评价的过程中，获得对写作的新认识。

（三）名著阅读：语文教学的正规战

我们有一个共识，语文教学要引导孩子多读书，读好书，读经典，读名著。而名著阅读的现状不甚理想，常处于散漫无序的状态。怎样把名著阅读作为语文教学的“正规战”，而不是“游击战”，让名著阅读真正走入学生心里？

李卫东比喻说，“正规战”意味着要有正规的“作战策略”“兵力装备”“正面战场”“战术”，自成体系的教学方法和监导手段。

（1）正规的“作战策略”——名著阅读的整体规划、学年学期教学计划。三年中，学生要读多少书，必读、自由读分别多少种，每学期又如何分配，如何与常规教材阅读与写作有机结合，都要有总体的筹划，寻求一个大致的序列。

（2）正规的“兵力装备”——把名著作为一种语文教材。“课程资源的开发与利用”，给语文教师创造性地实施留下了很大空间。课程标准推荐的名著可作必读书，教师可分学期推荐部分自由阅读的书目。名著的选择要充分考虑到不同年级学生的接受能力、阅读水平，对初中生尤其要选择有趣味性的名著，以引起他们的阅读兴致并产生深远影响。如初一上学期，李卫东就推荐学生阅读马克·吐温的《汤姆·索亚历险记》，刚上初一的孩子对汤姆的生活既感熟悉又觉新奇和刺激，加之马克·吐温的语言幽默活泼而亲切，孩子比较容易进入积极的阅读状态。另外，他还推荐《爱的教育》，其朴实的内容，不外露不张扬的文字也很适合这个年龄的孩子阅读。

（3）正规的“正面战场”——一定的课时保证。提倡“正规战”，就要有一定的课时保证，每一周或两周就要抽出专门的课时组织学生进行一次名著讨论。当然，提倡“正规战”，并非说不打“游击战”了，每次长假短假，都要最大限度地利用。如在春节放假期间，李卫东就利用博客同期声，组织学生泛舟《论语》，这对孩子们的假期生活也是一种人文调剂、文化洗礼。

（4）正规的“战术”——自成体系的教学方法和监导手段。李卫东是这样进行《汤姆·索亚历险记》的阅读指导的：

先说教学方法。每周或每两周腾出的一个课时用来讨论精彩章节。全书共三十五章，精要章节八章左右，要想半学期左右拿下这本书，课上讨论有六七节课就够用。这几个课时至关重要：一是师生即时互动、彼此分享阅读的感受。二是教师以一个成熟的阅读者随机指导阅读方法，没有条框的约束、烦琐的分析，学生在愉悦中获得文学滋养。三是无形中检测了学生阅读的效果，讨论情况尽知。进行到一定阶段，学生可以当老师主讲一节，学生备课的认真程度超乎教师想象。四是每节课既是上一阅读阶段的小结，也是下个阅读阶段的发动。

再说监导手段。监导不是束缚，而是必要的调控，以求最佳的阅读收效。学生读名著往往贪图热闹，热衷肤浅的线形快读。李卫东要求学生运用圈划批注和读书笔记法，学生初做评点以联想生发和模糊评价为主，侧重培养发现的眼光，慢慢地过渡到以细致的品评为主，即“知其然还要知其所以然”。

对阅读成果的梳理和归总，不可忽视，活动方式可灵活多样。李卫东曾在指导学生阅读完《汤姆·索亚历险记》后，布置综合性作业：一、全书选出十章，每章拟定标题。学生拟的标题很有意思，如第二章写汤姆不情愿干粉刷篱笆墙的工作，于是极尽表演之天才，引诱一帮孩子排着队干一分钟。学生给这章拟的题目有“不会画画的大画家”“一笔无本生意”等。二、本书主要记写了汤姆的几次历险经历？各用一句话简要概括。三、写读后感——“我看汤姆”。四、汤姆和哈克又一次筹划做强盗，根据情节发展的逻辑,他们会做成强盗吗？为全书再续写一段故事。第三、第四项选做其一。将学生的作业批阅、整理成专刊印发,或者开辟网络“读书论坛”展示成果，效果甚好。李卫东同时还组织年级举行“台上语文 戏中人生——《汤姆·索亚历险记》情景短剧展演”的活动，学生自编剧本，自备服装道具，参与热情十分高涨。

“一个行动胜过一打纲领”，方法是无穷无尽的，只要我们去行动。

四、李卫东教学智慧精品片段聚焦

片段一：

背影

师：好，同学们注意到了最后一段。再细读这个段落，看能不能从中又发现“背影”何以打动“我”与读者,成为经典的另一个或者两个秘密。

生：它成为经典可能还因为，每当作者想起这件事的时候他都会流下晶莹的泪。

师：哦，流下晶莹的泪。写这篇文章的时候距离那次买橘子已经有多长时间了？

生：文章说“近几年来”。

师：在这里补充有关细节，给大家点帮助。确切说，是8年！那个“背影”发生的时间是1917年，而写这篇文章的时候是1925年。刚才同学的理由不是很充分，但是她让我们发现了一个秘密：这篇文章不是对8年以前所发生事情的照搬照录。时隔8年，朱自清先生又用一架照相机来拍摄一张老照片《背影》，这个时候他已经是8年过后的心态、倾向、选择了。（师提示）朱自清和他父亲是不是关系一直很好？父子的亲情是不是非常纯粹，没有一点的不和谐？不是？请找依据。

生：文章写道：“他少年出外谋生……待我渐渐不同往日。”

师：哦，也就是说朱自清的父亲实际上也经常发怒，因为家庭的一些琐事发怒，且发泄到朱自清的身上。同学们，看一则资料，看看是哪些琐事令父子关系紧张。

朱自清上北京大学的第二年（1917年），父亲的差事交卸了，一家大小断了经济来源。从此生计日艰，进而债台高筑。1920年，朱自清从北大毕业，理所当然，他要负担家庭的经济，但是承担多少，承担有没有限度，他个人有没有独立支配经济的自由，在这些问题上他和父亲发生了一次又一次龃龉。1921年暑假，朱自清回到扬州八中任教务主任，父亲凭借与校长的私交，让校长将儿子的每月薪金直接送到家里，而朱自清本人不得支领。这种做法激怒了朱自清。一个月后他愤然离去，到外地执教，从此父子失和。

师：这算不算一个因素啊？（板书：家庭琐事、父子失和）1925年他重新去打量那幅《背影》的时候，怎能不把这种父子特定关系纳入进来呢？同学们想想，回想起八年以前发生的事情，他会如何对待自己的所作所为呢？（生：愧疚）还有什么？（生：自责）请从文中找出依据。

生：在第4自然段最后一句“唉，我现在想想，那时真是太聪明了”有悔过的心情，后悔自己当时特笨，没有理解父亲对自己的深深的关爱。

师：好，实际上“聪明”有点说反话的味道，充满了自责。还有吗？

生：“唉！我不知何时再能与他相见！”朱自清很想与他的父亲相见，他很想与他的父亲和好。

师：也不错，自责而想和好。我补充一下，恰恰是写这篇文章之后，他出了一本书，把《背影》也收录进去，书名就叫《背影》，专门寄给他的父亲看。老父亲拿过这本书，倚在窗子上看了这篇文章之后，非常欣慰。

“唉！我现在想想，那时真是太聪明了。”这之前是不是还有一句？“我”那个时候还暗笑他的什么？“迂”！从字里行间可以看出8年之后再重新回顾那个背影，那些有关背影发生的琐碎的细节，除感动之外，更多的是什么呀？愧疚，自责！重要的不是写1917年的感动，而是写1925年的愧疚、自责！好，又找到了一个因素。（教师板书：八年后的愧疚、自责）最后，推测一下，1925年是什么最先触动了他，使他产生了写作动机？

生：我推测应该是因为收到了他父亲的信。

师：很好。我再提供一点依据。1947年，他写完《背影》22年之后，有一次记者采访他，他说过这样的一段话——

“我写《背影》，就因为文中所引的父亲的来信里那句话。当时读了父亲的信，真的泪如泉涌。我父亲待我的许多好处，特别是《背影》里所叙述的那一回，想起来跟在眼前一般无二。”

师：他父亲哪一句可能最刺痛他？

生：“大约大去之期不远矣”。

师：画下来，“大去之期”是什么意思？——要死了！这可能最触动“我”，有句古话叫“树欲静而风不止，子欲养而亲不待”。“我”的老父亲可能就要去世了，愧疚之情汩汩流出。好，这又是一个因素，“大去之期不远矣”的信。（板书：“大去之期”的信）好，同学们看黑板，咱一遍一遍地来读，读一遍就是一个圈。（在黑板上画了几个圈）是不是觉得好像层层涟漪啊？一层一层荡漾开去。散文就是这样，散淡、不经意之处却埋藏深意，要一遍遍细读，不断去探寻！

【品评】

如何引导学生与经典相遇？李卫东启发我们：上好语文课最重要的并不是模式方法，而是教师的“学养”“视界”“心力”。方法是“末”，学养为“本”。学养足，则能读出经典独特的价值，激发出学生创造思维的火花。李卫东读《背影》读出老照片般的感受，读出了情感的来龙去脉与深厚背景轮廓，这是引导学生读经典的基础。

教师的视界是关注学生主体。李卫东以学生课初普遍关注的问题“《背影》何以成为经典，打动我们？”作为教学起点，课堂教学是师生围绕核心问题，来回穿梭于文本之间，“大鱼前导，小鱼从游”，教师适时追问，及时给出辅助材料，使得学生思维向文本深处漫溯，于“灯火阑珊处”品味经典的魅力，是散文教学须着力之处。

教师的心力是指具备积极有效地处理教学中的各种需要和挑战的才智。这里强调“最重要的不是方法”，是因为任何“好经”都有可能被念歪、念浅，而只有具备了丰厚的学养、开阔的视界、稳健的心力，才会生发出鉴别力、创造力，我们的语文教育也才会永远焕发出蓬勃的生命力。

片段二：

回归真实的写作——“手”写作指导

师：上课前有同学问我，到底上什么课？不是老师故意卖关子，我真想给你们些新奇感。（生笑）你们还记得李老师经常给你们讲的一个公式？（生齐答）美感 = 熟悉感 × 陌生感。今天的课我们尽量上得既熟悉又陌生。

（师板书：“手”）

师：看到这个话题，你会想到什么？

生1：困难时向我伸出援助之手的同学。

生2：在我特别小时，还没能力做某些事时，爸妈教我做，那手特别温暖。

生3：老师上课时，同学回答问题所举起的手。

（生笑）

师：想得不错！按照这种思路，你想写什么？

生：同学们的心情。

师：哦，上公开课时，手，举还是不举？这是公开课课堂的一种特有心理，以心理活动为主线。

师：看到“手”这个话题，同学们的思路基本上是一致的。在“手”前或“手”后都加了修饰语。遇到困难时同学伸出的手、爸爸妈妈的手、课堂上同学举起的手……一下子把看似很大的话题，扩展变成一个短语，还有姥姥的手、奶奶的手、爷爷的手……一加修饰语，话题是不是就变大了？

生：不是。

师：话题变小了，这是具象思维。那我们再进一步扩展，围绕“手”说一句话，最好带上个人的情感、态度。

生：那次手术改变了我一生的命运。

师：你看，定位多好！这篇文章会写什么？

生1：在做手术的过程中，医生的双手给了我鼓励和安慰，我永远不能忘怀。

生2：一双温暖过我的手。

师：哦，那是怎样的故事？

生1：考试失败很痛苦，最要好的同学伸过手来轻轻抚摩着我的头。

生2：一双手的力量毕竟是有限的。我想写集体的手，故事很多，比如那次难忘的拔河比赛。

师：好，我们从一句话“升级”到一段话。我先说一段真实的、发自内心的话。这牵扯到我的童年。想起农村生活，我就想起童年，想起我的姥姥。我家和姥姥家住在同一村子，我常到姥姥家去。玩够了，她就会送我回家。印象特别深刻的就是她那双布满了老年斑、满是青筋的手。尤其在收麦子的夏天，她领着我从村北走到村南，接近一里的路程，得走一个小时。为什么呢？她有哮喘病，走几步，就得坐下来歇歇喘几口气，但是她始终不能放下的一件事就是捡麦穗，捡掉在路上的麦穗。走几步，看到一棵麦穗，她就弯下腰用她那布满老年斑、满是青筋的手捡起来。往往是在不停地弓下身子，捏起麦穗的过程中，她止不住地咳嗽，有时把眼泪都咳出来了。每每我到家的时候，怀里也就总是抱着这么一小捆麦穗。因此每逢想起我的姥姥，我就忘不了姥姥的手，那是怎样的一双手啊！爬满了老年斑、布满了青筋的、永远不能忘怀的一双手！故事讲完了，我这段是不是含有一些细节呀？是不是灌注了我个人的一些情感啊？同学们可静思两分钟，看看你们能不能说一段话，尽量含有细节，讲讲关于手的故事。

生：我的题目是“松开又紧握在一起的手”。一次争吵后，我和最要好朋友的友情破碎了，曾经紧握的手松开了。可后来，她主动道歉，我们冰释前嫌，最终我们的手又握在了一起。就在这不经意间，我的心冷了；又在不经意之间，心又被温暖了。

师：哦，你的“不经意间”用得很精彩，而问题也恰出在“不经意间”。“手”为何松开，又为何“紧握”，没有细节支撑，就空疏了，你可再回味思考一下。

生：我的题目是“弥留之际”。至今忘不了那一幕：奶奶躺在病床上，一双干瘪冰凉的手握着我的手，浑浊的眼睛始终望着我，眼角挤出一丝微弱的笑，彼此没有话语，慢慢地那双手无力地滑落，滑落，掉在了床沿，我……（声音哽咽）

师：请坐。老师能理解，那曾经是一双多么有力的手，一双给予了你多少温情抚摩和恩惠的手！抓住“弥留之际”引出关于奶奶的动人故事，非常感人。

【品评】

作文不是码字瞎编，而是真情流露，李卫东将作文与生活联结在一起，把文字技术的演练过程与生命的强健过程契合起来。

首先，写作有真实的写作目的和对象。李卫东采用浸润式写前指导，学生在老师顺势引导和适时追问下不知不觉地表情达意，写作也由线性滞缓转变为即时交互，在发言讨论中拓展思维。“思考—发言—讨论—获得新启发—写作”的这个过程，学生沉浸在动人的讲述之中，已感觉不到写作的负担，在浑然不觉中经历了一次新的体验。

其次，李卫东抓住记叙文的特点，以分享故事、表达情感为目的，展开“手”的讨论：谁的手（怎样的手）—我对这“手”的态度和情感—发生在这“手”上的故事和细节。在“扩充短语—扩展句子—讲述细节”的过程中进行循序渐进的思维和表达训练，将文体知识鲜活化，创造了切实有效的写作教学策略。

另外，李卫东讲述自己的故事，既营造了互相倾诉和倾听的氛围，又有利于思维表达的唤醒和写作技巧的示范。李卫东的惯常做法——“师生同写”不是逞能作秀，而是“一个灵魂唤醒另一个灵魂”。正是如此，学生才理解到彼此“心中珍藏着如此美丽的情愫”，教师才感到“从学生不尽一致的反应中，获得了对教学内涵更加深入的印证和反思”。

五、李卫东教学智慧经典课堂实录

社戏

师：在座的诸位是鲁迅先生的浙江老乡，绍兴离我们杭州挺近的，李老师心里很高兴能在这里和大家一起学习鲁迅先生的小说《社戏》。请同学们打开课本，先来看注释①，什么是社戏？

生：社戏就是社中每年所演的年规戏，社指土地神和土地庙，在绍兴是一种区域名称。

师：学习一篇课文一般都是从开头来分析，今天我们换一种方法来学习这篇小说，先来读这篇小说的结尾。现在我们先看最后一个自然段。大家齐读两遍。“真的”——

（生齐读）

师：好！小说的结尾说：“真的，一直到现在，我实在再没有吃到那夜似的好豆，——也不再看到那夜似的好戏了。”我想问大家，那一夜舞台上演的社戏到底好看不好看？不忙回答，先退一步，看看文章中哪一部分是直接写社戏上演的过程，到底好看不好看。

（生翻阅课文）

生：从第 14 自然段“最惹眼的是”开始，一直到第 21 自然段“回转船头，驾起橹……又向那松柏林前进了”。

师：很好。同学们浏览这几个自然段，思考：文章中的“我”以及小伙伴对社戏到底是什么看法？能否圈画出表示他们整个看戏过程中心理感受的词语和句子？

（生读书圈画）

生：我圈画的是第 19 自然段的“我有些疲倦了”中的“疲倦”。

师：好。你能说出“我”为什么“疲倦”吗？不是很乐意去看戏的吗？

生：因为“我最愿意看的是一个人蒙了白布，两手在头上捧着一支棒似的蛇头的蛇精，其次是套了黄布衣跳老虎。但是等了许多时都不见”。

师：你很善于从原文中找依据。

生：他们一开始是抱着很好的心情去看戏的，但是后来觉得这个戏不精彩，从第 20 自然段“年纪小的几个多打呵欠了，大的也各管自己谈话”可以看出他们已经失去兴趣了。但是，后来等到一个红衫的小丑被绑在了柱子上，这又是一个转折，说明这个戏对我们来说，还是很精彩的。

师：哦，“不精彩”又“很精彩”，那“我”和小伙伴到底喜不喜欢那夜的戏？从整体上来说，那夜的戏到底好不好？

生：我认为不是“不太好”，而是根本就谈不上好看，即便是“小丑”也就出现了那一会儿。第 21 自然段还说“大家也都很扫兴”，还“喃喃的骂”，这还能算是好戏吗？

师：老师也来补充一处，请看第 21 自然段：“老旦本来是我所最怕的东西，尤其是怕他坐下了唱”，为什么怕他坐下了唱？因为一坐下来，很有可能不起来，就唱到天明了。偏偏他就坐着唱。中间那老旦稍微做了一个动作，“我”还以为他要站起来不唱了，结果他一坐不起，还是继续唱。于是“我”倍感扫兴，就驾船回去了。你看，通过一些词句的品味，揣摩人物的心态，我们已经清楚那夜的社戏实在不怎么样。既然这个戏不好看，想看的戏不出来；想喝点豆浆，也没有；不希望那个老旦坐那唱，他偏就坐那唱，就不起来。（生笑）那为什么又说“一直到现在，我实在再没有吃到那夜似的好豆”了，尤其说，我再也看不到“那夜似的好戏了”呢？这不是矛盾吗？好，小组自由交流意见。

生：我们组认为，“我”觉得那夜的戏好主要是因为小伙伴们在整个看戏的过程中待人热情。

师：有道理。

生：说那夜的戏好，主要是指他们归航时偷豆子很好玩的那一幕。

师：这能称得上是“戏”吗？

生：能。这是一群小孩上演的生活中真实发生的活戏。

师：好一个“活戏”！同学们的思维是不是一下子打开了？他认为那夜的“好戏”不是指社戏本身，而是在看戏的整个过程中与小伙伴们在一起的体验，尤其是归航路上偷豆子吃，这给他留下了非常深刻的印象，于是他觉得“也不再看到那夜似的好戏了”，这是一群小伙伴们演出来的非舞台上的活生生的戏。我很赞成这个同学的意见。既然把“归航偷豆”这一部分看作是一出戏，你能根据文中的描绘，说说他们都扮演了怎样的角色，各个角色所具有的性格特点吗？请同学们读书思考，小组讨论后，全班交流。

生：我觉得在偷豆的过程中，双喜是个主角，其他小伙伴都是配角。因为他自始至终都充当了一个组织者、领导者，他很能干，有威信。

师：你的理由是双喜策动了偷豆的整个过程，这一部分开始就有一句挺有特点的，看到了吗？

生（朗读）：阿阿，阿发，这边是你家的，这边是老六一家的，我们偷那一边的呢？

师：这个“那”在这儿应该读 nǎ，相当于我们现在用“哪”，因为那时候鲁迅先生写文章，属于从文言文向白话文过渡的时期，有些词语和现在的用法还是不太一样的。双喜这样问，可以看出双喜这个人怎么样？能不能有其他问法？

生：他决定要偷豆，就肯定要偷的。

师：李老师改一改：“阿发，这边是你家的，我们偷你家的了。”

（生笑）

生：还可改成“偷老六一家的”！

（生笑）

师：他为什么没有直接这样说呢？从中可以看出双喜这个人怎么样？

生：很聪明，很狡猾，很尊重人的心理，因为有一片豆地是伙伴阿发家的。

师：他是一个很好的组织者，他不直接说，而是让当事人来表态。他很有领导才能啊。所以这一组的同学认为主角是双喜。还有谁有不同意见吗？

生：我们认为双喜在这里的确是组织者，但最能体现出“偷豆”情趣的是阿发，他才是主角。（朗读）阿发一面跳，一面说道，“且慢，让我来看一看罢。”

师：现在双喜出动了“阿发，这边是你家的，这边是老六一家的”，请设想，不同类型的“阿发”会做出怎样不同的反应和回答？

生：可能回答“偷老六一家的吧”。

师：噢，“偷老六一家的吧”。李老师补充一句：“还用商量吗？还用问我吗？”（生笑）这个阿发是个什么样的阿发？

生1：很自私的。

生2（嗫嚅，扭扭捏捏地说）：偷我们家的吧。

师：注意声音和语气，（生笑）这时候的阿发是个什么样的阿发啊？

生：不太爽快，有点无奈。

师：就你设计的这句话，可以有不同的说法。你再来试一试。

生1（声音提高而利落地）：偷我们家的吧。

（生笑）

生2：很干脆，很爽快。

师：为什么这儿的阿发说“且慢，让我来看一看罢”，然后他有一个动作“往来的摸了一回”，同学们都模仿一下，是怎样摸呀？

生：是这样，很大范围来回地摸了一下。（生笑）他想看一下哪家的豆大。

师：这个“摸”字很有意味啊！

生：阿发很爽快，没有任何私心。

师：到底偷谁的？他的标准是什么？

生：大。吃着爽。

师：阿发和小伙伴们的目的就是能让客人“我”享受到一顿美餐。这个动词“摸”用得好。我们平时写文章的时候，也要注意运用这些看似很平常的语言。只要用得恰到好处，就会出彩。

师：好，回到刚才那个问题，小伙伴们到底在“偷豆”中各自扮演了怎样的角色，双喜是主角，还是阿发是主角？

（生赞同双喜和阿发者都有，后者居多）

师：李老师认为，就整出戏来看，小伙伴们之间无所谓主次，因为他们都是那样的——

生1：天真活泼。

生2：纯朴无私。

生3：好客热情。

师：如果真要找一个配角的话，大人倒有一个，他是——

生：六一公公。

师：好，我们一起来看第34～第38自然段写第二天六一公公和“我”的一番对话。齐读一遍。六一公公是一个怎样的人？

生：热情好客。他不但没生气，还很高兴，还要再送些豆子给“我”家呢。

师：送来的豆子再吃起来好吃吗？你读出了什么？

生：不好吃了。因为第39自然段中说：“但我吃了豆，却并没有昨夜的豆那么好。”实际上在他眼里，那一夜给他留下印象最深刻的是偷豆子、吃豆子这件很有趣味的事情。

师：对小伙伴们的友爱、野趣、童趣令人难忘。那夜似的好戏很大成分上也是因为他和小伙伴们上演的一出活生生的戏，一出无拘无束的、天真烂漫的、自由自在的戏。关于那夜的“戏”很好看，还有补充意见吗？能否放开视野，到全文中找答案？

生：那夜的景也很好看，在第11、第12自然段。

师：好，同学们自由朗读。

师：这段景物描写我们不妨看作是“那夜的戏”的背景。如果让你们据此添加上“背景图画”和“背景音乐”，你们会怎样添加？

生：背景图画是起伏的连山，潺潺的小河，朦胧的月色，豆麦，水草；背景音乐是宛转悠扬的笛声。

师：你看他加得多么好！但是，作者笔下的景物我们似乎还不能充分地添加上来，你知道为什么吗？

生1：因为还写“清香”，嗅觉不好传达。

生2：还有“我”的感觉，“都远远地向船尾跑去了，但我却还以为船慢”，不好添加。

生3：还有“我”的“自失”。（听得出神）忘了自己。

师：哦，也就是说，作者除了从视觉和听觉的角度写景外，还调动了嗅觉和幻觉，手段是很丰富的。这样的景让他陶醉在江南水乡的优美风景里了。月夜下行船的那一幅美妙的图画，让他铭记在心，很难忘怀。好，咱们小结一下。文章最后一段说：“也不再看到那夜似的好戏了”，好就好在——

生：景美。

（师板书：景美）

师：还有呢？

生：天真烂漫的人美。

师：对，纯朴，宽厚，天真，那样的一种人格的美。（板书：人美）当然，李老师再补充一句，可能稍微难了一点，（板书：境美）那夜似的人和那夜似的景和谐地统一在一起，人和自然融为一体。于是，“我”“自失了起来”，文中还有一句话说，他觉得自己的身体无限地舒展，从没有舒展得那样的放松，那样的大。一点都没有拘束，这样的一种美的情境。

师：好，但是我们眼前看到的这篇文章呢，并不是《社戏》的真正面目，《社戏》全文实际上有5500字，前10个自然段在选入我们的课本时给删去了，咱们现在所看到的是从第11自然段到小说的结束。我介绍一下前10个自然段的内容。小说的第一部分描写了在大都市、在北京，两次看京戏的情景。剧场里喧闹嘈杂，拥挤不堪；名角摆架子，久盼不出，令人失望；尤其是其中的一个胖绅士，目中无人，俗不可耐，对“我”显出鄙夷不屑的神色，一不小心就把“我”给挤到一边去了，因为他太胖了，且很蛮横，很傲气，吁吁地喘着粗气，使“我”苦不堪言。因此，在第一部分作者这样结束叙写（幻灯片展示）：“我向来没有这样忍耐的等候过什么事物。而况这身边的胖绅士的吁吁的喘气，这台上冬冬喤喤的敲打，红红绿绿的晃荡，加之已十二点，忽而使我醒悟到在这里不适于生存了。”于是转到回忆他童年时看到的社戏，发生的事情。我想问一下同学们，前 10 个自然段能删掉吗？可以自由发表意见。

生：我觉得还是不删好。因为有了前面那几个自然段，才可以与后面这几个自然段形成对比。

师：哦，用了对比的手法，这样两相对照，可以明显地看出“我”心中那种美好的生活图景。

生：人与人之间的相处应该是很和谐的，不应是那么冷漠的，像那个胖绅士一样。

师：你的意见是有道理的。但教材编写者删去前 10 个自然段也有他们的道理。因这一部分的内容离你们的理解有一定的距离，并且直接从第 11 自然段开始学起，重点是不是更集中、更突出？《社戏》原文中的前后对比，更鲜明地反映出“我”对于那种人与人之间和谐相处的、自由自在的生活的向往。鲁迅先生的小说善于运用对比结构，课后不妨拿他另一篇小说《故乡》与《社戏》做比较阅读，这两篇小说在对比的结构甚至表达的主题上都是有可比性的。

师：《从百草园到三味书屋》同学们学过吗？

生：学过。

师：中间说到旧时私塾里有一项功课叫“对课”，就是“对对子”。比如说“云”对“雨”，“雪”对“风”，“晚照”对“晴空”等，再扩展就成为对联：上下两句字数相等，意思相关，结构相同。下面咱也做点“对联”的练习好不好？

师：上句是“船头看戏倦”。

生 1：月下行船快。

生 2：归航偷豆乐。

生 3：月下归航欢。

生 4：剧场听戏烦。

师：都不错。基本符合要求。前三个同学上下两句构成对比关系，后一个同学则是并列式关系。不过，李老师最欣赏的还是这句“月下归航欢”。为什么呢？

生：对得工整。“船头”对“月下”，“看戏”对“归航”，“倦”对“欢”。最后一个字还押韵。

师：很好。再看一条。这一条加长了字数，有难度了。上句是：京都剧院地挤声杂看客傲俗不可耐。

师：课上时间不够了，同学们课下可练一练。老师提供一种对法：江南水乡景美事趣人情纯乐亦无穷。仅供同学们参考，我相信你们会写出更好的下联。好，最后我们把这副长对联齐读两遍。

（生齐读）

师：这节课就上到这里，下课。

参考文献

[1] 李卫东. 李卫东讲语文 [M]. 北京：语文出版社，2007.

[2] 李卫东. 二十年后，叩问语文之道 [M]. 北京：教育科学出版社，2015.

第五篇 李镇西教学智慧研究

李镇西，1958年生。先后执教于四川省乐山一中、成都玉林中学、成都石室中学、成都盐道街中学外语学校、成都市武侯实验中学，长期从事班主任和语文教学工作。中学高级教师，曾担任校长。现供职于成都市武侯区教育科学发展研究院。

其最具个性化的教学主张为“语文教育生活化，学生生活语文化”以及“分享式教学”。曾获全国优秀教育工作者、四川省语文特级教师、成都市劳动模范等荣誉称号。出版有《爱心与教育——素质教育探索手记》《走进心灵——民主教育手记》《李镇西与语文民主教育》《听李镇西老师讲课》《做最好的老师》《幸福比优秀更重要》《李镇西教育作品集》（12卷）等60余部著作。其中，《爱心与教育——素质教育探索手记》获中宣部“五个一工程奖”和冰心图书奖，《走进心灵——民主教育手记》获国家图书奖。

一、李镇西教学智慧的探索历程

李镇西多次声明，他是不太赞成给语文教学贴标签的。但是，在梳理李镇西语文教育发展历程的时候，为了表述得简洁明了，我们还是不得不暂且用这种标签式的表达。简单地说，李镇西的语文教育，经历了从“语文教学”到“语文教育”，再从“语文素质教育到语文民主教育”的过程。如果再细细切割，大致可以分为“浪漫语文”—“训练语文”—“生活语文”—“创造语文”—“人格语文”—“民主语文”等若干阶段。需要特别指出的是，后一阶段对前一阶段不是否定与取代，而是包容与覆盖。

（一）从“语文教学”到“语文教育”

所谓从“语文教学”到“语文教育”，是李镇西刚参加工作那几年，对中学语文教师“要做什么”这个朴素问题的一个认识转变，即由单纯的知识传授能力培养向传授知识培养能力的同时还要凸显语文教学过程中的思想性转变。

1985年，李镇西写下其第一篇专业论文《变“语文教学”为“语文教育”》，其中有这样的阐述：

教育是教学的根本目的，教学是教育的主要途径。任何单纯的知识传授是没有的，因为任何教学都永远具有教育性。从这个意义看，语文教学当然也应该体现教育思想。……但是，无论是就目前大多数语文教师的认识而论，还是从普遍的语文教学实际来看，语文教学本身应包含的道德培养、思想教育、思维训练被有意无意地排除在语文教学之外。针对这种情况，为了明确语文教学所固有的思想性，为了使广大语文教学工作者在指导思想上真正把“育人”看成“教书”的有机组成部分，我们提出了“语文教育”的概念。

在这篇文章中，李镇西还指出了“语文教育”的内容：

与“语文教学”相比，“语文教育”的内容除了包括听说读写能力和语文基础知识外，还应有：（1）造就良好的道德情操——纯洁的心灵、远大的理想、坚定的信念、强烈的社会责任感、坚韧的意志。（2）培养思维的智力品质——发展学生思维的灵活性、敏捷性、深刻性、批判性、独创性。（3）在全面培养思维的智力品质的过程中，注意提高学生思维的批判性——分清美丑、辨明是非、善于质疑、敢于发问。（4）在提高学生思维的批判性的同时，着重发展学生思维的独创性——科学想象、大胆怀疑、独立分析、积极创新。

30多年后的今天，回头看这些观点，不管有多么不成熟，它们都不是李镇西纯粹的思考，而是他的难能可贵的实践与探索。

（1）“浪漫语文”。参加工作之初的李镇西，骨子里还是一个文学青年，而语文教学不过是他热爱文学、展示文学的一种方式而已，即所谓“把文学梦托付给教育”。因此他早期的语文课堂充满了文学的浪漫：纯真、激情、梦幻、诗意……他的课一开始对学生就有一种吸引力，这种吸引力其实不是来自他本人的教学艺术而是文学本身的魅力。他的课堂上飞扬着激情，因为他追求对学生的心灵激荡。他的语文教材不仅仅是课本上的课文，还有大量的课外读物，包括长篇小说《青春万岁》《爱的教育》《烈火金刚》……“浪漫语文”是他语文教学的起点，却永远都不会是终点。直到现在李镇西依然认为，离开了浪漫气息的语文不是完整的语文。

（2）“训练语文”。随着语文教学实践的深入，李镇西渐渐认识到，语文教学，不应该仅仅让学生获得梦幻般的享受，还应该让他们掌握语言文字的工具，即所谓“学以致用”。因此科学的训练，必要的考试，乃至对分数的追求，不但无可厚非，而且也应该是语文教学本身的重要内容。只是，这里说的“训练”，不仅仅是字词句的死记硬背或读写教学中某些教条的机械操作，还包括思维训练和口语训练，以此带动学生读写听说能力的全面提高。当时他是这样认为的——

语文基础知识的传授与读写听说能力的培养，都是语言的理解、训练与运用。而语言与思维的关系是十分密切的：语言是思维的直接体现，思维靠语言来组织。无论是语言的理解，还是语言的表达，其中的思维活动都十分活跃。由此可见，脱离或轻视思维训练的语言训练无异于空中楼阁、舍本求末，因此，不管是基础知识的传授还是读写听说能力的培养，都应以思维训练为统帅，只有这样，才抓住了语文教学的实质和核心。

基于这样的认识，李镇西在20世纪80年代中期，开始了“以思维训练为中心，以口语训练为突破口，促进听说读写语文能力的全面提高”为课题的语文教改实践，并取得了非常显著的成效。

（3）“生活语文”。李镇西所倡导并追求的“生活语文”可以用两个互相依存、互相补充的命题来表述——“语文教学生活化”和“学生生活语文化”。所谓“语文教学生活化”，在实践中，包括“语文讲读生活化”“语文训练生活化”“语文教育生活化”，强调的是教师在传授语文知识和训练语文能力的过程中，自然而然地注入生活内容，进行生活教育，让学生明白陶行知的那句话——“生活与教育是一个东西，不是两个东西”，并且在学习语文的同时学习生活并磨砺人生。所谓“学生生活语文化”，在实践中，包括引导学生“日常生活语文化”“班级生活语文化”和“社会生活语文化”，强调的是学生在教师的引导下，形成“语文是生活的组成部分，生活须臾离不开语文”的观念，并养成事事、时时、处处吸收与运用语文知识，在社会生活中培养语文能力的好习惯。需要强调的是，这里的“生活语文”之“生活”二字，不单指语文教学注重与生活的联系，以及指导学生在生活中学习并运用语文，还包括教师在教学中引导学生将语文学习与陶冶灵魂、磨炼思想、完善人格水乳交融，使二者互相促进，使语文教育达到如叶圣陶所说的“第一须认定国文是儿童所需要的学科。……第二须认定国文是发展儿童的心灵的学科”，以及于漪所说的“变语文自我封闭性为开放性，开发语文教育空间，面向生活，面向社会，面向活泼的中学生，不用机械训练消磨学生的青春”的理想境界。因此，从这个意义上讲，“生活语文”也可以称作“素质语文”。

（二）从“语文素质教育”到“语文民主教育”

李镇西在追求“生活语文”的时候，已经不自觉地逼近了（或者说靠近）“素质教育”。从20世纪90年代中期开始，他的文章开始出现了“语文素质教育”的表述（当然他不是第一个用这个词的人）。李镇西认为“语文素质教育”基本上表达了他对语文教育改革的愿望，这就是“体现素质教育的语文教育”。中学语文教学中的素质教育因素十分丰富。根据语文教学本身的特点和优良传统，并结合未来社会对人才的要求，李镇西认为，着眼于使学生具备高尚的情操、开放的思想、全面的能力和鲜明的个性，应是语文素质教育的重要内容，也是其主要目的。

随着李镇西对“语文素质教育”的自觉探索与实践，他的认识必然走到“语文民主教育”。毫无疑问，民主教育当然不能仅仅由“语文”来承担，而应该是所有学科的共同任务；但作为叶圣陶眼中“发展儿童心灵的学科”的语文，在民主教育中所起的特殊作用也是不言而喻的。苏联伟大的教育家苏霍姆林斯基曾给教育下了这样一个定义：“教育——这首先是人学。”（《把整个心灵献给孩子》）而语文，正是一门解放心灵、唤醒自我、发展个性的“人学”！而真正科学与民主的语文教育，应该是“目中有人”的教育。李镇西由此明确地把他的语文教学追求定位于“语文民主教育”。

（1）“创造语文”。所谓“创造语文”，就是要解放学生的心灵，要点燃学生熊熊燃烧的思想火炬，让学生拥有自由飞翔的心灵。李镇西坚信每一位学生都有着创造的潜在能力，所以教师要做的首先不是培养，而是发现、发挥和发展。“创造语文”的核心，就是给学生以心灵的自由。“创造语文”就是要让学生明白并学会写作，就是让心泉自然而然地流淌；阅读，就是让思想自由自在地飞翔。

（2）“人格语文”。李镇西认为语文教育实质上就是通过“语文”的途径对学生进行人格教育。所谓“人格语文”，即通过语文教育让学生具备高尚的情操、开放的思想、全面的能力和鲜明的个性。“人格语文”是李镇西20世纪90年代末至21世纪初，对语文教育最重要的思考与实践，这是他对过去近二十年不同阶段（从“浪漫语文”到“创造语文”）的语文教育观点的整合。

（3）“民主语文”。2000年9月至2003年6月，李镇西暂别中学语文讲台，进入久违的大学校园，师从朱永新先生攻读教育哲学博士学位。他第一次相对全面而系统地学习了有关民主和民主教育的理论。系统的学习和思考，使他对“民主”有了真正科学而深刻的理解：民主，不仅仅是一种政治制度，而且也是一种生活态度和方式，其核心是对人的尊重。由此他想到了教育，想到了“民主教育”的核心不也应该是尊重吗？——尊重学生的人格、尊重学生的情感、尊重学生的思想、尊重学生的个性、尊重学生的差异、尊重学生的人权、尊重学生的创造力……当然，与此同时，还要教会学生尊重他人。他明确意识到民主是对人的尊重与解放，民主教育就是对人的唤醒与发展。而语文教育，理应“目中有人”——人的思想解放、人的感情熏陶、人的精神提升。人的个性发展，应该是语文教育的生命。

结合当时已经开始兴起的新课程改革，李镇西这样概括语文民主教育的特征：语文民主教育是充满自由精神的教育；语文民主教育是充满平等精神的教育；语文民主教育是充满法治精神的教育；语文民主教育是充满宽容精神的教育；语文民主教育是充满妥协精神的教育；语文民主教育是充满创造精神的教育。

什么是“语文民主教育”呢？简言之，语文民主教育就是充满民主精神的语文教育，就是尊重学生各种精神权利的语文教育，就是给学生以心灵自由的语文教育，就是师生平等和谐共同发展的语文教育。

二、李镇西教学智慧的思想内核

李镇西的语文教学智慧，可以做如下概括：立足教育，追求人本；引领价值，导向民主；举重若轻，行云流水；课堂温暖，生成自然。

（一）立足教育，追求人本

李镇西的第一篇专业论文是《变“语文教学”为“语文教育”》(1985年)。藉由此文，他迅速确立了作为中学语文教师“要做什么”的教育教学观——由单纯的知识传授能力培养向传授知识培养能力的同时凸显语文教学过程中的思想性（今天看来应当是核心价值观养成教育）转变。正所谓“最好的老师不教书”，李镇西从起步开始，就把自己定位到了一个“人师”的高度——一个用学科（语文、数学、外语……）来教学生的老师，和一个教学生学科（语文、数学、外语……）的老师，这两者有着“育人”和“教书”的差别，有着“人师”和“经师”的区别。赫尔巴特在他的《普通教育学》的绪论中早就指出，要“通过教学来进行教育”。夸美纽斯也说：“如果儿童或少年的教育开始时，没有把道德教育放在首位，那就表明严重缺失判断力。”从这一点上来说，李镇西变“语文教学”为“语文教育”的定位是极其恰当的。从他的语文教育实践中，我们还可以看到，他崇尚人本，追求人本主义教育，希望从知识的人本化和学习的人本化出发，引导学生发展个性，舒展自我，在教育中将人提高到“人”的高度，最终把“人”还原为人，达到人的“自我实现”。他提出，语文教育首先应该尊重学生心灵的自由；尊重学生心灵的自由，就是尊重学生思想的自由、感情的自由、创造的自由；没有自由精神的语文教育，便不是真正的语文教育。

（二）引领价值，导向民主

20世纪80年代末之前，世界上各个国家的课程标准都是以内容标准为特点，课程教材都是以学科的知识体系为统领的，它们关注的是知识的完整性、系统性和全面性。20世纪80年代末以来，人们开始发现只见分数不见人的弊端，开始考虑教育如何把评价的重心由关注学生的基本知识和基本技能转变到关注学生的生命成长，形成以价值观、以学生发展核心素养为重点的教育。那么，什么是学生发展核心素养呢？学生发展核心素养，就是“学生应具备的适应终身发展和社会发展需要的必备品格和关键能力”。李镇西的语文教学无疑走在了前列。他的语文追求人格教育，无论是阅读教学还是写作教学，都力求让学生具备高尚的情操、开放的思想、全面的能力和鲜明的个性。他的语文追求民主教育，无论在课上还是课下，都尊重学生各种精神权利，给学生以心灵自由，追求师生平等和谐共同发展。在李镇西的课堂上，“民主”不仅仅是教育手段，而且也是教育内容，更是教育目的。李镇西通过民主的语文教育，培养学生平等、自由、宽容等民主素养，使学生成为个性鲜明并具有独立人格和创造精神的现代公民。

（三）举重若轻，行云流水

“举重若轻，行云流水”是李镇西追求并且达到的课堂教学境界。所谓“举重若轻”，是指他深厚的教学功底以及对教材的艺术处理。这里的“重”，指的是教师的文化储备和文本的文化内涵。这里的“轻”，指的是实际教学的深入浅出、四两拨千斤。所谓“行云流水”，是指他在驾驭课堂教学环节、流程、节奏等方面有着娴熟的艺术。在李镇西的课上，没有因脱离学生实际而让学生不知所云的“精彩讲解”和“深刻分析”，有的是将课文深刻的思想内容和学生的生活密切联系的实在呈现，学生在轻松中感悟的自然、潇洒与“随意”。李镇西从不把课堂填得太满，而是留一些空间给学生，留一些空白给自己，让教学的流程随课堂现场的情况而自然推进，教师教的思路和学生学的思路融为一体，教师和学生不知不觉地走进对方的心灵，同时也走进课文的深处。尤为突出的是，李镇西善于在每一个学生面前，甚至是最平庸的、在智力发展上最有困难的学生面前，为其打开精神发展的领域，把其创造力量诱导出来，将其生命感、价值感唤醒。这是一种更高层次上的举重若轻。

（四）课堂温暖，生成自然

李镇西的语文课堂是有温度的，是温暖的。他在课堂上淡化自己的权力角色，强调自己与学生的合作、共享关系。他在课堂上充当学生学习的促进者、成长的引路人。他在课堂上变传统的知识权威为学生的学习伙伴或精神向导。他在课堂上以他幽默风趣的语言，迅速调动起学生的心情或情绪，减少其移情或共鸣需投入的时间。他在课堂上创设的生活情境，变过于理性化的、知识传授型的传统教学为极具生命化的、对话型的现代教学，使教育达到知识和能力、过程和方法、情感态度价值观的三维统一。钱梦龙曾说，李镇西的课是没法按一般的评课标准分析评价的，它们上得太随意，有太多的“不期而遇”和“无法预约的精彩”；只觉得处处可圈可点，却又不知圈点哪一处才好。它们完全不像通常看到的“好课”那样，显示着设计的匠心，看得出刻意的雕琢。它们就像一道山间的泉水，从高处一路自由自在地流泻下来，曲曲折折，琤琤琮琮，随物赋形，无羁无碍。这样的课，实在说不上什么“法”、什么“式”，是“行到水穷处，坐看云起时”的悠然，是“此中有真意，欲辨已忘言”的潇洒，这大概就是《老子》所说的“大音希声，大象无形”的境界吧！

三、李镇西教学智慧的艺术呈现

李镇西的语文教学智慧，在其艺术呈现上，可用四句话来概括：把课堂还给学生，将预设让位生成，以阅读填充心灵，用作文引领做人。

（一）把课堂还给学生

“教”与“学”的关系问题是教学论的根本问题，如何科学地认识这个问题，是整个教学理论体系的逻辑起点。在教学过程中，教师和学生都是教学的主体，学习内容是教学的客体，师生双方要相互协作才能很好地完成学习任务。同时，师生双方又互为认识的客体，教师只有很好地认识学生才能有效地设计教学活动，学生也只有深刻地理解教师才会积极主动地学习。传统教育观念中，师生都被置于客体的位置，工具价值和手段色彩突出，因此，从这种意义上来说，师生都存在“主体解放”的必要。教师只有成为真正的主体才会体会到作为教师的职业尊严，学生只有成为真正的主体才会感受到学习的欢乐。

李镇西自觉地追求学生主体的解放。他在《听李镇西老师讲课》一书自序中说：“就课堂教学来说，我现在想得最多的是重新定位课堂师生关系，教师的所谓‘教’一定要服务于学生的‘学’。教师讲得再好，学生若不会，还是等于零！‘以人为本’不应该只是口号，而应该落实在学校的每一个环节，包括课堂的每一个细节上。”他甚至谦虚地写道：“应该说，我的课很注重调动学生的参与，我也特别‘擅长’激活学生，但和杜郎口中学的同行们相比，我的‘调动’与‘激活’不过是在骨子里的‘教师中心主义’框架下，教师对学生的‘牵拉’与‘挑逗’，还不是真正把课堂还给学生。”

而事实上，程红兵在《听李镇西老师讲课》一书序言中说：“李镇西的课的一个明显的特征是：把倾听还给孩子，把阅读还给孩子，把研究还给孩子，把讨论还给孩子，把创造性的解答还给孩子，把问题还给孩子。”他的课堂，是真正把学生放在心中，让学生成为课堂的主人，把“教”的过程变成“学”的过程。

以李镇西执教《祝福》为例。李镇西在备课时更多思考的不是如何讲好，而是如何让学生学好。在他看来，“尽可能地引导和调动学生运用已有的生活经验去感悟课文，尽可能地尊重学生哪怕是肤浅但很真诚的理解，尽可能地让学生自己去与课文中的人物对话，进而贴近作者的精神世界，这比我一个人滔滔不绝或慷慨激昂地精辟分析更为重要”。因此，在有一个大体的教学设想的前提下，他追求教学过程的“随意性”（“随”学生课堂表现之“意”），而非教师课前预想的教学步骤的精确性。例如有一次原定的三个课时已结束，可是学生的精彩发言此起彼伏，直到第三课时快下课时，李镇西还没有抓到表达自己观点的机会，怎么办？是坚持自己的课时计划及时“刹车”，还是坚决维护学生的话语权？李镇西选择了后者。为此他不得不临时改变课时计划，将三个课时延长为四个课时。这在严格遵守教学规范的教师看来，无疑是一处明显的“败笔”。但李镇西是怎样想的呢？他说：“尊重学生，这不是一句空话。当学生的思想正在熊熊燃烧时，教师不能为了表达自己的思想而扑灭学生的思想火焰。”

同时，李镇西还自觉地追求自身主体的解放。一方面，如于漪所言：“他‘目中有人’，始终把对学生的培养、塑造放在教学工作的首位。尊重学生，充分调动学生学习的主动性、积极性，发扬教学民主，让学生个性得到发展，这是现代教育培养造就人必须具备的教育理念和教育方法。”另一方面，他在课堂上不放弃自己教育的责任，绝不做学生“思想的尾巴”。他坚持做“平等中的首席”——不是知识的灌输者，不是行为的约束者，不是思想的主宰者，而是在对话与共享中发挥着其他参与者（学生）所无与伦比的精神指导和人格引领作用的“首席”。

仍以李镇西执教《祝福》为例。第四堂课的处理出人意料：他侃侃而谈，从旧礼教杀人，谈到今天新礼教对人的思想的扼杀，整整一节课，除少量的师生问答之外，基本上是他的“一言堂”。如果请某些专家评课，这样的课就恐怕不仅是“败笔”，简直是教学的“致命伤”。一贯尊重学生自主权的李镇西为什么敢如此大胆，公然挑战语文教师普遍遵奉的“金科玉律”？李镇西的回答是：“怎样有利于引导学生的思考，怎样有利于调动学生的感情，怎样有利于激发学生的智慧，怎样有利于学生走进作品，走近作者，走进鲁镇，进而联想到今天的时代，甚至联想到自己，我就怎样上课。”一言以蔽之：一切为了学生发展的利益！

（二）将预设让位生成

预设是指教学预测与设计，是课前进行有目的、有计划的设想与安排。生成是指课堂教学的生长和建构，是指在师生和生生之间合作、对话、碰撞中，现时生发的超出教师预设方案之外的新问题、新情况。预设体现出教师的主导作用和对文本的尊重，生成体现对学生的尊重。预设与生成是课堂教学的两翼，两者具有互补性。

在预设方面，李镇西常在“想方设法拉近与学生的心理距离”以及“寻找符合学生心理的教学最佳切入点”上花心思。以其执教并获得四川省初中语文教学比赛一等奖的《孔乙己》为例。不少教师一遇上公开课，更多的是考虑怎样讲好，怎样把课上得无懈可击，却恰恰忽视了怎样尽快建立与学生的心理通道。这里所说的“建立心理通道”，不是上课时才开始，而应该是在上课之前就开始了。怎样让素不相识的学生一开始就对执教教师产生兴趣甚至亲切感？这是李镇西备课时煞费苦心思考的问题。直到上课前几小时，他还在构思如何向学生展现“第一印象”。最后他决定以十几年前绍兴旅游时拍的几张“孔乙己”照片，作为给学生的“见面礼”。事实证明，这些小小的技巧，果然使他和学生迅速亲密起来，为课堂教学成果奠定了良好的情感基础。此外，这堂课，李镇西原来设想的课堂导入是与学生聊课外读物（小说），进而引入小说“三要素”。但临到上课前，他发现学生第一堂课学的是闻一多的《最后一次讲演》，而且学生的情感已投入到了闻一多讲演的凛然正气之中去了。于是，他决定利用学生已有的心理背景和情绪基础，以《最后一次讲演》与《孔乙己》的联系（都是“呐喊”）导入他的新课。于是，刚一上课，他就说：“刚才同学们学了闻一多先生的《最后一次讲演》，作为诗人的闻一多，在20世纪中叶，以自己的生命写成这首壮美的诗。这诗的主题便是，向人民发出摧毁一个行将灭亡的中国的呐喊！而这声呐喊，是20世纪初鲁迅呐喊的延续。”这样开头，学生一下子便进入了一种庄严境界。下课前，他在总结课文时，又再次呼应闻一多的“呐喊”：“鲁迅先生正是通过孔乙己的命运写出了一个令人诅咒的社会，并发出了改造中国的第一声‘呐喊’！这声呐喊，到了20世纪40年代，发展成为以闻一多《最后一次讲演》为代表的全民族的‘呐喊’，一个崭新的中国由此诞生！”

在李镇西的课堂上，预设常常让位于生成。教《荷塘月色》一文时，按教案设计的程序是，他先让学生自读一遍课文，然后和学生一起交流对朱自清生平的了解，再进入课文的朗读并交流各自的感受。但上课前，有学生到办公室问李镇西有关单元重点的问题，他在表扬这位同学良好预习习惯的同时，心想：是呀，这是学生进高中后学的第一篇课文，应该先引导他们把握单元学习重点，树立单元学习的观念。于是他决定上课时不从朱自清生平开始，而是引导他们关注单元要求：“整体感知，揣摩语言”。大家围绕这八个字思考、讨论，学生一开始就进入了思考的氛围。最后他总结道：“同学们注意，所谓阅读，主要就是通过揣摩语言去整体感知文章的内涵，体会作者的思想感情，进而走进作者的心灵。”本来按教学计划，接下来的一步应该是介绍朱自清的生平。但此刻，他的话题已经说到通过揣摩语言而进入作者心灵，学生们也跃跃欲试了，于是，他临时决定先不介绍朱自清，而从这里切入课文："比如，今天我们要学的《荷塘月色》，就值得我们好好揣摩品味。而揣摩品味的第一步就是朗读，那种‘把自己放进去’的朗读。好，现在请同学们自己朗读一遍课文。注意，在朗读《荷塘月色》的时候，你就是朱自清！”于是，学生开始各自朗读。一时间，课堂气氛非常好，学生们通过朗读，用心去发现感受自己心中的那一个朱自清，然后谈各自的体会。最后，他再引导大家回过头来交流对朱自清生平的了解。这堂课没有按他事先设计的程序运行，而是根据学生的情况做出及时的调整，使教学过程如行云流水一般自然，而且真正走进了学生的心灵。

熟悉李镇西课堂的人都知道，他的课堂呈现一种开放的、互动的、多元的形式，是一个师生共同学习、共同建构的场所。他的语文课所表现出来的状态是随机。这是一种课堂随学生的阅读状态、思维状况而制宜的课堂。随机性课堂的成功是需要教师具有丰富的文化储备，对文本有较强的把握能力，以及随机应变的教学机智才能够实现的。琢磨他课堂上随机而来的精彩生成，不难发现，那是因为他心中有学生，在课堂上尽量克制自己的表现与展示，让学生充分地读、说、写；是因为他能机智地利用课堂现场的资源，促成师生思想的相互碰撞；同时，也是因为他幽默风趣的课堂语言风格为课堂生成添加了润滑剂。正如苏联教育家斯特洛夫所说："教育最主要的也是第一位的助手，就是幽默。”李镇西的课堂，常常因为他语言的幽默而充满学生轻松的笑声。例如，在《荷塘月色》的教学中，面对学生在朗读时出现的错误，李镇西评价道："是读得太快了。给人的感觉，朱自清不是在散步，而是在跑步。”在《冬天》的教学中，当有学生对文章是否文不对题提出疑问时，李镇西笑着评价道："嗯，这位同学认为本文通篇都没有写冬天，文不对题。我认为这位同学提出的这个问题非常具有研究价值！”随后李镇西鼓励大家对这个问题进行讨论。适当的说笑调侃，不仅不会影响教学效果，反而增强了感染力，促进了教学生成。

（三）以阅读填充心灵

在李镇西看来，阅读教学的起点在学生的心灵。那么，阅读教学的核心在哪里呢？他没有说。但从他的课堂教学实践中，我们不难看出，他的阅读教学的核心是学生人格心灵的唤醒。其实，德国教育家斯普朗格早就说过："教育的核心是人格心灵的唤醒。教育的最终目的不是传授已有的东西，而是要把人的创造力诱导出来，将生命感、价值感唤醒。"苏霍姆林斯基也有类似的话："培养全面发展的人的技巧和艺术就在于：教师要善于在每一个学生面前，甚至是最平庸的、在智力发展上最有困难的学生面前，都向他打开他的精神发展的领域，使他能在这个领域里达到顶点，显示自己，宣告大写的'我'的存在，从人的自尊感的泉源中汲取力量，感到自己并不低人一等，而是一个精神丰富的人。"

李镇西的阅读教学，充满着自由精神的教育，充满着平等精神的教育，充满着法治精神的教育，充满着宽容精神的教育，充满着创造精神的教育，甚至充满着妥协精神的教育。这些教育，无不为学生的心灵涂抹上一层精神的底色。他的课堂教学的价值取向是："不要刻意追求什么'高潮'、什么'热闹'，我追求的是我们每一个人的心是不是走进了课文。""同学们只需要把自己的心尽可能贴近作者的心就行了！"

在《赞美》的教学中，李镇西以富有时代感的话语给了学生极大的震撼。李镇西课堂教学的现场记录人魏智渊说："当李老师激愤地列举民工讨不到工资的现状时，我能够感受到学生的心被深深地触动了，在这种情况下，'无言的痛苦'便具有了可写性，超越了文本本身，诗歌的血脉便扎根到了现实的土壤中。"

在《致女儿的信》的教学中，李镇西紧扣文本，引导学生认识真正的爱情。苏霍姆林斯基的这篇文章，中学生理解起来是有一定难度的，但李镇西从学生和教师自身的生活经验入手，一步步地引导学生从文本出发欣赏、讨论、解读爱情。在学生解读的基础上，李镇西进行了富有感染力的剖析，学生被文中的爱情打动了，全班同学在《最浪漫的事》的歌声中体会到"爱情就是看着对方变老，仍然爱他""爱情有时候就是牵手，不需要太多的语言，更不需要海誓山盟"的内涵。语文课堂虽不是班会课，却同样有强大的教育功能。

在李镇西看来，语文阅读教学要走进学生心灵，就应该引导学生与作者对话，帮助学生寻找并打开进入作者心灵世界的精神通道，让学生通过文本与作者交流感情或碰撞思想——“读出问题”“读出自己”。

李镇西说，“读出问题”正表明读者读懂了——当然，这个“懂”是相对的，在“懂”的同时又伴随着“不懂”，即一个又一个的问题，而思想之鹰正由此展开了飞翔的翅膀。这个道理应该告诉学生，并引导他们“读出问题”。他认为，语文教师应该在阅读教学中善于点燃学生思考的火花，使语文课堂成为学生思考的王国。

李镇西还说，“读到自己”是指通过阅读文本情不自禁地联想到自己相似的情感、自己熟悉的生活、自己所处的社会或自己正经历的时代，进而与作者产生心灵的共鸣。也就是说，“把自己摆进去”。有的课文，学生是很容易读到“自己”的，比较容易被课文的景、情、人、事所感染，因而不知不觉成为课文中的一个角色。但有的课文所表现的内容距离学生比较遥远，因而学生往往进入不了角色，无动于衷，这时便需要教师在课文所表达的思想感情与学生的心灵之间搭桥。

（四）用作文引领做人

李镇西的作文教学，第一着力的就是让学生真正成为作文的主人——尊重学生的思想感情，激发学生的写作兴趣，培养学生的创新意识，教会学生的自改能力。他把这四条称为作文教学“四项基本原则”。

第一，他尊重学生的思想感情，让学生成为自己思想情感的主人。他力求解除学生作文的种种心理束缚，并告诉他们：真实，是作文的生命；作文就是“我手写我口”。对学生作文中积极向上、体现时代主旋律的思想感情，他热情鼓励并大力提倡；对学生作文中流露出来的一些幼稚的想法甚至消极的情绪，他予以理解和尊重。他向学生宣布：“作文无禁区！只要写的是真情实感，只要说的是真话，李老师都非常欢迎！”因此，他的学生拥有一种“写作安全感”。在作文、日记或其他课外练笔中，他们什么都可以写，什么都可以对老师说。

第二，他激发学生的写作兴趣，让学生情不自禁地拿起笔来。一是尽可能把写作变成学生的生活需要。他提倡学生写日记。开始不少学生不太愿意写，觉得是负担。在一次考试中，他有意出了一道“老掉牙”

的作文题“一件小事”。不少同学都埋怨题目陈旧而无从下笔，但一位同学却写了这样一件小事：远处高楼上，不知是谁在练习着小号吹奏，虽然声音不美，旋律不准，但吹奏者日复一日坚持不懈的努力给“我”以极大的生活启迪……这篇文章不长，但当李镇西请这位同学在班上朗读时，全班同学都被感动了。李镇西问学生：“在考试时，你是怎么想到写这件事的呢？”他答道：“当初听到那号声时，我的确受到感动，并悟出了一定的生活哲理，所以当时就情不自禁地把这件事和我的感悟写在了日记中。考试时一看到作文题，我就很自然也很顺利地写出了这篇文章。”后来，写日记的学生越来越多了。因为他们感受到了日记和自己生活的密切联系，更感到了日记对训练文笔、磨砺思想的好处。二是尽可能为学生作文提供发表的机会。从 1992 年起，李镇西班上的课堂大作文不是抄在作文本上，而是抄在稿笺纸上。为什么呢？因为每次的作文定稿，他都要请科代表装订成册，再请班上擅长绘画的同学给“作文集”画一个漂亮的封面，然后挂在班上，供所有同学阅读。这实际上就是一种发表形式。每当新的“作文集”挂出来后，同学们都纷纷抢着先睹为快。李镇西还常在班上宣读学生作文，作为一种口头发表形式。他的作文评讲课，专门设立了“佳作亮相”“片段欣赏”“妙语连珠”等栏目——“佳作亮相”，就是让本次最佳作文的作者上台朗读其佳作；“片段欣赏”，就是选取一些作文中的精彩段落让作者上台朗读；“妙语连珠”，就是捕捉一些作文中很生动的一两句话让作者上台朗读。这样，一次作文评讲课，至少有二十余位学生的作文或作文片段得以口头发表。此外，他还积极鼓励学生参加报刊的各种征文，向报刊投稿，并组织学生自己编书。

第三，他培养学生的创新意识，让学生勇于并善于创造性地写作。李镇西经常对学生说：“所谓‘创造性地作文’，并非要你们写‘外星人’、写‘飞碟’、写‘探险’。如果你们的作文能够在构思上与众不同，也就自然体现出了创造性。”在李镇西看来，构思上的与众不同，主要是指立意新、题材新、语言新。立意新，就是在忠于生活和自己心灵的基础上，勇于冲破陈旧的思维模式，写出自己对生活的独特感受。题材新，就是要留心生活，善于捕捉生活中普通的但又反映了社会本质或生活意义的一些素材。题材新，并不是要惊心动魄的重大场面或胡编乱造的离奇故事。

只要真正忠实于自己的生活，用自己的眼睛去观察生活，用自己的大脑去思考生活，笔下的题材就很难与别人雷同。因为每一个人的生活感受都是富有个性的，每一个人的心灵空间都是一个独一无二的世界。语言新，就是摒弃作文中公式化的描写、雷同的形容、陈旧的比喻等，而代之以朴实、新鲜而富有生活气息的言语。在相当多的中学生笔下，写小孩必然是“大大的眼睛，红红的脸蛋”，写老师大多是“像慈祥的母亲（或父亲）”，写安静场面常常是“掉根针都听得见”，写星星多半是“在眨眼睛”等。这些俗套语言都应该在学生作文得以清除。1986年，李镇西曾组织学生清理他们作文中的类似语言，然后编成《中学生作文俗套词典》，这个“词典”后来在《中学生读写》发表后，引起了较大的反响。李镇西就是这样，一方面大胆鼓励学生“让思想冲破牢笼”，另一方面积极引导学生感受生活，在作文中写出自己，展示个性，从而培养学生的创新意识，实现“创造性地写作”。

第四，他教会学生自改作文，让学生形成自己修改作文的能力和习惯。李镇西认为，修改文章本是写作者（学生）写作过程中的一个重要环节，但长期以来学生作文中的这个环节却被教师一手包办了。学生作文少了这样一个重要环节，自然影响到作文教学的效率和学生写作水平的提高。所以，从20世纪90年代开始，李镇西就大胆地把作文的全过程教给学生，即不但指导学生写作文，而且还教会学生改作文。李镇西的全程作文包含以下步骤：一是搜集材料（或实地考察、教师启发、互相讨论等）；二是酝酿构思（剪裁材料、确立中心、谋篇布局、草拟提纲）；三是初写草稿（中心、提纲、正文）；四是师生评改（学生分组互评，教师重点批改）；五是自改定稿（根据批改意见，学生反思初稿优劣，定稿并写批注和后记）。从上面的步骤可以看出，学生互评作文、自改定稿已成为李镇西作文教学的重要内容。值得我们注意的是，学生作文定稿后，李镇西要求学生给自己已经修改好的作文写批注和后记。写批注，就是在已经修改好的作文上就写作过程中的一些思考写一些说明性文字。这些文字主要包括四个方面的内容：一是对开头、结尾写法的构思说明；二是段落之间过渡性语言的说明；三是对一些字词句进行锤炼时的思维过程的说明；四是对一些语言表达不太满意的地方的说明。写后记，就是对作文的构思和写作过程进行一些说明，并对作文做一个总体自我评价，比如：为什么写这篇文章（素材的来源，最能触动你心灵的一点，写作意图等）？怎样写的（构思时间，重大修改，困难的克服等）？写得怎么样（文章的优劣，最满意的部分，遗留的问题等）？让学生给自己的作文写批注和后记，是李镇西作文教学的一大特色。这样做，至少有三个方面的益处：一是促使学生在写作过程中精心构思、字斟句酌。不少学生写作文时缺乏仔细的思考，往往急于完成了事，而写批注有利于克服急躁情绪，使自己静下心来对每一句话甚至每一个字进行推敲。二是有利于教师了解学生的写作心理，教师通过作文中的批注性语言，可以直接了解该生谋篇布局或遣词造句时的思考和用意，把握作者的写作心理，从而对同学们进行有效的指导。三是让学生养成对每一次写作进行总结、反思的习惯，使他们通过每一次作文都尽可能有一些提高。

就是在这种“敢写”“想写”“敢创”“会改”的前提下，李镇西用作文来引领学生做人。他曾给学生出过一道作文题“爸爸，我的启蒙老师”。不少同学都是从慈父或严父的角度写爸爸对自己的教育培养，但有一位同学却严格按照他父亲的本来面目，写出了一位既有独特个性又非常典型的父亲的形象：这位父亲为了让儿子成才，三岁就强迫儿子背唐诗，四岁强迫儿子学小提琴，五岁强迫儿子练书法，六岁强迫儿子学国画……十二岁的作者写道：“爸爸，我的启蒙老师！在他的‘启蒙’下，我被人称为‘神童’，而且也的确拿回了这个金牌那个大奖；可是，在他的‘启蒙’下，我没有童年！”这种反思和批判的意识，并不是每一个学生都能拥有的。人是会思想的芦苇，李镇西在思想上引导学生发挥了作文的独特功能。

在《真情浓墨写童心》作文讲评课上，李镇西安排了“榜上有名、佳作亮相、片段欣赏、出谋划策、教师试笔、同龄人说”六个环节。这六个环节，始终围绕“真”来做文章——作文要真，做人更要真！题目要求是：以自己的真实经历为素材，写一件使自己感到惭愧的事。课的题目是“真情浓墨写童心”。真情就是说要真实，不胡编乱造；浓墨就是注意描写，特别是心理描写；写童心就是写自己的心灵世界。评讲时，李镇西强调：内容真实，感情真切——作文的关键，优秀作文的灵魂；

引导学生真实地书写真情：题目求真、内容求真、写法求真、赏析求真、改错求真，处处围绕真情。就连课堂最后老师的文章也感人至深，催人泪下。教人作文与教人做人紧密联系，诚如李镇西课堂所言："忠实于自己的心灵和生活，是打开作文大门的第一把钥匙。……学作文的过程也是学做人的过程。所谓写作文，就是让真挚的思想感情从心灵深处流淌出来！"

四、李镇西教学智慧精品片段聚焦

片段一：

冬天

"好，我们现在请几位同学起来给大家谈谈自己最欣赏的语句。好吗？"

我看到一位女生把手举得高高的，表情非常急切，便请她发表意见。她先读了文中的一段文字："父亲得常常站起来，微微地仰着脸，觑着眼睛，从氤氲的热气里伸进筷子，夹起豆腐，一一地放在我们的酱油碟里。"她停了一下说："读到这一句，我特别感动，它引起了我的共鸣。因为这让我想起了，我和家人在吃饭的时候……"

她突然说不下去了，眼泪已经流了下来，但她稍微顿了一下，还是带着哭腔继续说："爸爸，爸爸，总是把，把……最好的菜往我碗里夹……"

她又说不下去了，只是抽泣，看着她那流泪的脸庞，全场的人都感动了，掌声响了起来！

她平息了一下情绪，接着说："还有'我们都喜欢这种白水豆腐；一上桌就眼巴巴望着那锅，等着那热气，等着热气里从父亲筷子上掉下来的豆腐'这一句，也逼真地写出了孩子急切盼望的心理。另外，还有一句我很感动，就是第3自然段的那一句：'似乎台州空空的，只有我们四人；天地空空的，也只有我们四人。'还有'楼下厨房的大方窗开着，并排地挨着她们母子三个；三张脸都带着天真微笑的向着我'。读到这里，我想起了每当我放学回家打开门的时候，爸爸妈妈总是微笑着看着我。"

她的发言让我也很感动："非常好！我觉得这位同学不只是一个善于阅读的人，她首先是一位非常孝顺的孩子，是一位非常善于感受爱的孩子！想一想，她由朱自清的文章想到自己爸爸给自己夹菜。可是我们有的同学也许就不会这样想，面对饭桌上爸爸妈妈给自己夹菜，他们不但不理解父母，甚至可能会埋怨父母：‘烦不烦呀？’我经常给我的学生讲，什么叫孝心？每天按时回家，不要让爸爸妈妈在阳台上张望自己，就是最大的孝心！而这位同学就是一位非常有孝心的孩子！”

我突然提高了声音：“让我们向她表示敬意！”

【品评】

“好，我们现在请几位同学起来给大家谈谈自己最欣赏的语句。好吗？”李镇西用这样一句话将学生带入了“读出自己”的境地，这就使文本有了读者意义，同时也将学生由和文本对话带入到和自己对话。亲情就像一杯白开水，喝起来可能是淡淡的没什么滋味；你若加点茶叶，就会醇香四溢；你若加上糖，加点咖啡粉，再加点温度，慢慢地搅拌，品起来就会味沁心底，弥久不散。李镇西在这一环节的引导和点评正是在文本基础上的一种“加料”和“加温”。

片段二：

冬天

又一位男生站了起来：“我发现这篇文章通篇并没有写到冬天，好像有些文不对题。这是为什么？”

“嗯，这位同学认为本文通篇都没有写冬天，文不对题。我认为，这位同学提出的这个问题非常具有研究价值！”我笑着这样评价他的提问。

全场大笑，这位男生也有点不好意思地笑了。我认真地说：“那我们就来研究这个问题吧！请大家都发表自己的看法。”

一女生说：“我不同意他的说法。因为他没有读进去，没有读出‘自己’。”

全场又大笑。

但她继续说：“朱自清主要是着力写感情，而不是写景。同时这种感情的表达是很含蓄的，而不是张扬的，因此，他的文章不是像水一样的文章，而是像酒一样的文章！”

我说：“好，这是你的看法。还有没有同学有其他理由呢？”

另外一女生举手发言说：“《冬天》在这里不只是为了单纯写冬天，

我觉得朱自清写冬天是为了写出对过去往事的怀念，对友情和亲情的怀念。而这些体现友情、亲情的事都发生在冬天，所以用《冬天》这个题目。”

“好，我认为她说得非常好！就是说，这几件事情都是发生在冬天。”我一边评价她的发言，一边看了看刚才提问那个男生，他摇了摇头，“哦，好像刚才提问的那位同学还是不同意，好，你说吧！”

他反驳道：“刚才第一位同学说得好像有点不太对吧！所谓含蓄并不等于不表达清楚自己的观点呀！比如你到珠宝行去，一个劲地说这戒指非常漂亮，可别人仍然不知道你是想买还是不想买呀！”

我问他：“那么刚才第二位同学说这几件事都发生在冬天，所以以‘冬天’为题，你同不同意这个观点？不要紧的，你实话实说，我非常欣赏你坚持自己观点的精神。这不叫固执，没有想通就是没有想通嘛！”

“还是不同意。”他说。

我问：“为什么？”

“因为即使这些事都发生在冬天，但既然以‘冬天’为题，还是应该有一些写冬天的句子才好。”

“哦，你认为还是应该直接写冬天，就像《济南的冬天》一样，是吧？那么，这篇文章究竟写了冬天没有呢？”

多数学生纷纷说：“写了。”不少学生举起了手。

“你看，又有不少同学要反驳你了。好，那位穿红衣服的同学说。”

被叫到的女生发言说：“我想说，这篇文章所写的都是生活中非常平淡的小事，而且倾注的感情也不是什么惊天动地生离死别之类的，而是一种非常平凡而朴素的情感，但这种情感在严冬的衬托下，特别温暖。”

我又抽一位举手的学生发表看法，她说：“我想补充的是，作者以‘冬天’为题，是因为这几件事不但都发生在冬天，而且这几件事都给作者以温暖的感觉。”

我追问：“为什么会给作者以温暖？”

“因为这些亲情和友情令作者怀念，特别是在寒冷的冬天，作者想起来就特别温暖。这种心中的温暖与自然界的冬天形成反差，是一种衬托。”

我点头道：“嗯，她又说出一个理由：以‘冬天’为题不仅仅是因为所写的事情都发生在冬天，更是因为以冬天为背景，更能反衬出这些小事的温暖。”

我转身问那位提出问题的同学：“请问这位同学，你同不同意她的观点：以冬天的寒冷，反衬出家庭和友情的温暖？”

他点头说：“嗯，我基本同意作者以冬天来衬托家庭和友情的温暖。”

“好，他基本接受了那几位同学的观点。这种勇于服从真理的精神更加可贵！”我忍不住拍了拍他的肩膀。

大家都笑了起来，并报以热烈的掌声。

“语文课应该充满思想的碰撞，这种思想的碰撞不仅仅是老师和同学之间的碰撞，也可以是同学之间的碰撞。我还想补充一点：刚才这位同学说文章没有写到冬天，其实文章是写了冬天的，只是很少像《济南的冬天》那样直接描写冬天的景物，但文章通篇不时地在提冬天：‘说起冬天’‘又是冬天’‘在台州过了一个冬天’，特别是最后一句：‘无论怎么冷，大风大雪，想到这些，我心上总是温暖的。’你们看，这几天有大风大雪吗？呵呵，没有。所以，这篇文章是写到了冬天的，只不过是把冬天作为背景来写的。”

【品评】

因为李镇西营造了一种平等和谐的对话氛围，所以，课堂上每一个学生都拥有舒展的身心、思考的大脑。这不，“文不对题”的疑问由学生主动地提出来了！更重要的是，在学生提出这个问题后，李镇西顺势引导全体学生参与到对这个问题的师生对话中来，形成“争鸣”。学生们在思想碰撞、观点交锋过后，获得的不仅仅是一个基于文本自身意义的答案，更重要的是，获得了一种敢于质疑的心态，一种逻辑思维的形成，一种阅读能力的提升。这样的片段，是一种“无法预约的精彩”！

片段三：

冬天

“刚才有同学私下问我：‘李老师，阿弥陀佛的生日是哪一天呀？’（众笑）我真还没有想过这个问题，我的确不知道阿弥陀佛的生日。但我可以查有关资料，下次如果我再讲这篇文章就可以告诉我的学生了。不过，我这里想顺便问问，在座有没有同学知道阿弥陀佛的生日是哪一天，或者哪位听课的老师知道，帮助我解答一下？”

没有人举手，我正想结束教学，突然一位男生举手了，他站起来大声说：“是阴历十一月十六日！”

我正想问他的依据何在，却看到他刚才是在读文中的一句话，我恍然大悟：“嗯？啊，对了，文章中前面有一句话：‘记得是阴历十一月十六晚上。跟S君P君在西湖里坐小划子’，这不就是答案吗？”全场鼓掌！“哎呀，你这个回答提醒了李老师：我读得是多么粗心啊！在这一点上，你超过李老师了！同学们，陶行知有一句话：先生之最大的成功，是培养出值得自己崇拜的学生。现在我就崇拜他！”

全场大笑，掌声如雷。

【品评】

这个片段同样是“无法预约的精彩”。当那位学生说出关于“阿弥陀佛生日”的答案时，我们由衷地感到：任何人为“导演”的“高潮”“亮点”都不及学生感情激荡、思想喷涌时自然而然绽放的心灵花朵更为灿烂夺目！而当李镇西对学生说出“崇拜”二字，他在教师角色的扮演上，俨然就定位成了学生学习的促进者、鼓励者、帮助者、辅导者、合作者乃至朋友的角色。这种教学关系的转化，增加了课堂的温度。

五、李镇西教学智慧经典课堂实录

和学生一起平等地研读

——《山中访友》教学实录与反思

时间：2005年10月15日

地点：湖北省宜都剧院

学生：宜都市外国语学校初一学生

2005年秋天，我应湖北省宜都市教研室之邀去讲学，并上一堂语文课。临出发时，对方教研员问我给学生上什么课文，我报了课文题目——《提醒幸福》。

一周以后，我站在宜都剧院舞台上，台上坐着一个班的孩子。师生互相问好之后，我笑盈盈地对孩子们说：“我们今天一起来学习毕淑敏的

《提醒幸福》，请同学们打开课本，翻到这篇课文。”

所有学生都一脸茫然，纷纷说：“老师，没有这篇课文！”我一惊：怎么会这样呢？站在幕布旁边的教研员忍不住说：“糟了！我记成《紫藤萝瀑布》了，我叫学生预习的是《紫藤萝瀑布》！”啊？原来是这样！我问学生课本上有没有《提醒幸福》，学生都说没有！原来他们的教材上根本就没有这篇课文。怎么办？教研员老师说马上去复印，我说来不及了。的确，上课铃声已经响过，下面黑压压地坐满了听课老师，怎么来得及呢。

我想，干脆就根据学生的学习进度，临时从他们的课本上选一篇课文来上。我问学生：“你们学到第几课了？”他们回答刚上完一个单元。下一个单元有这样几篇课文：《春》《济南的冬天》《山中访友》等。我心里有底了：这个单元，除了《山中访友》我没有读过，其他两篇我都教过。于是，我对学生说：“你们想学哪一篇啊？”我想学生多半会选《春》或《济南的冬天》，谁知道大多数学生都说：“《山中访友》！”

实话实说，最初几秒钟内，我有那么一点点不知所措：这可怎么办？根本没有读过的课文我怎么讲？但我马上告诉自己：不要紧，索性就和学生一起平等地研读。我和学生都没有读过这篇文章，正好处在同一阅读起点，一起研讨，不也很好吗？于是，我说：“好吧！我们今天就来学这篇课文！”

我对学生说：“这篇文章，你们没有学过，李老师也没有读过，不过不要紧，现在我们就一起来读。花十分钟的时间，很快读一遍，然后找出不懂的问题，或者最欣赏的语句，一会儿我们来交流，好吗？”

课堂上一下子安静了，同学们都进入了默读状态，并开始思考。

这显然是一次猝不及防的挑战。我上过许多次公开课，都是有备而去，可是这一次，一切都是空白：课文是陌生的，来不及备课，更来不及写教案，也没有任何教参……却要在这么多听课老师面前，把这一课上完，这的确是一个挑战。我曾经说过，对于课堂教学，我追求自然、潇洒与“随意”。如果把语文课比作画国画，那么有人喜欢画工笔画——追求课堂的精巧，甚至课前对每一个细小的环节都精心设计，因而胸有成竹。对这样的老师我充满敬意。但我不愿意画工笔画，而喜欢“大写意”，喜欢课堂上有一些突发情况——这最能激发我即兴发挥的教学灵感；我不喜欢把课堂填得太满，而喜欢留一些空间给学生，留一些空白给自己，让教学的流程随课堂现场的情况而自然推进，教师“教”的思路和学生“学”的思路融为一体，教师和学生不知不觉地走进对方的心灵，同时也走进课文的深处。

现在，这样的突发情况发生了。我很快恢复了一颗平常心，和学生同时打开课文，也快速默读起来——真正把自己当作学生走进课文。我圈点勾画，捕捉疑问，尽可能从学生的角度揣摩他们可能不懂并会提出的问题……我是在阅读，同时也是在备课。那几分钟，我真正体验到了什么叫作把自己当作学生来备课。

时间很短，我不可能通过这堂课教给学生太多的知识，所以，我打算通过这堂课让学生初步具备一种科学的阅读态度，这就是我经常说的“读出自己，读出问题”。另外，在快速阅读的时候，我发现这篇课文表现了人类对大自然的热爱，这份感情我一定要让学生去体验。还有，作者在写作上最主要的特点是用了拟人修辞手法，但作者用拟人不是刻意为之，而是感情使然。我将这两点作为我的教学重点，打算在教学中自然而然地引导学生掌握。至于方法，还是我的“看家本领”——和学生一起平等地研读。

就这么几分钟时间，我对如何教这篇课文有底了。十分钟过去了，我对大家说：“我看绝大多数同学都读完了。刚才李老师也把课文读了一遍，很有感触。文章题目是‘山中访友’，我今天是‘宜都访友’，因为我是第一次来宜都。”

同学们笑了起来。

我接着说：“文中有一句话，在倒数第2自然段倒数第2行：‘茫茫天地间，我们有缘分，也做了一回患难兄弟。’今天我和在座的同学面对这篇课文，也算是做了一回‘患难兄弟’，因为我们一会儿要一起去攻克课文上的难题。”

我略微停顿了一下，感慨道：“今天是一个幸运的日子。我这辈子可能不止一次到宜都来，但和在座的同学们相遇的确是第一次。大家想想，茫茫天地间，我和大家在这个舞台上，恐怕再也没有机会相遇了。以后我可能还有机会遇到你们中间的某一位同学，但是绝对不会在这个舞台上和所有的同学上一节课，正所谓‘空前绝后’，这就叫缘分，所以我们要珍惜这个缘分。这篇文章李老师也才接触，这节课，我和大家一起来分享。”

全场一片安静，好像大家都对我的感慨产生了共鸣。

我开始引导学生进入课文的学习：“同学们都读完了这篇课文，喜欢这篇文章的请用手势告诉我。喜欢就是喜欢，不喜欢就是不喜欢，明确地告诉我。”

同学们高高地举起了自己的手。

我环顾整个教室：“嗯，都喜欢这篇文章。这说明大家都读懂了这篇文章。那有谁告诉老师怎样才算读懂了？”

很快有一个学生举手了：“我觉得就是弄明白了作者要表达的意思。”

我点头表示同意：“嗯，若想读懂就要知道作者写的是什么。这的确是一个标准。那么，还有其他标准吗？”

一位女生回答：“要了解作者的思想感情，同时要让自己和作者有感情上的共鸣。”

我高声赞许道：“‘共鸣’！说得多好，要有情感共鸣。”

一位同学说：“若想读懂，就要一边读课文，一边想象课文所描绘的情境。”

旁边一位同学赶紧补充：“还要在课文的基础上拓展联想。”

我快速地接过话题追问：“那你读这篇文章时，有什么联想呢？”

她说：“我联想到了山里的景色。”

我高兴地肯定她的回答：“嗯，不错。刚才李老师就由文中作者和蚂蚁的缘分，联想到我和大家相遇也是一种缘分，这也是拓展联想。”

又一位学生站起来回答：“我觉得若想读懂，就要揣摩作者的写作意图，弄明白他的用意。”

同学们对这个问题的发言差不多了，于是，我说：“怎样才叫读懂一篇文章，同学们说得很多、很具体，大家说的都不错。但是，我认为还是有遗漏之处，甚至连最关键的都没有谈到。比如说，若想读懂一篇课文，最起码字要认识，是吧？那么，大家在文中遇到过不认识的字吗？”

我之所以要这样说，是因为我认为对初中生来说，语文教学中的基础知识不容忽视，我希望通过这种方式来提醒大家，读一篇课文时还要留心生字难词。

果然，学生没有这个思想准备，听了我的话后，面面相觑，默默无语。没有一个同学就生难字词提问。

既然学生不问，那么我就发问："李老师这里有一个不认识的字——'在这涧水上站了几百年了？'一句中的'涧'字是什么意思？谁能告诉李老师啊？"

一个学生说："就是从山间流下来的水。"

"非常好。这个字的本义是山间流水的沟，不过，后来人们也将它的意思引申为山沟里的流水。你是怎么知道这个字的意思的？"我走到他的面前，摸摸他的脑袋以示赞许。

他不好意思地笑道："我以前学过一篇课文，叫作……叫作……"他思考着，但一时想不起来。

我摆摆手给他解围："别想了，你以前在哪篇课文中学过这个字并不重要。重要的是，你知道曾经学过，并掌握了这个字。"

另一个同学说："我以前学过一个词叫'山涧'。"

我笑道："嗯，遇到不认识的字时，我们通常可以通过两个途径来解决：第一，查字典；第二，回顾以前学过的知识。你们刚才用的是第二种方法。"

一个学生提问："老师，有一个地方我不明白。第61页'岁月是一去不返的逝川'中的'逝川'是什么意思？"

这个问题对我来说，是很简单的，但我却把它抛给其他学生："有谁能帮助他？"

有同学说："'逝川'就是一去不复返的河流。"

这个学生回答得很好，我强调道："是的！'逝'就是流逝。'川'就是河流。"说到这里，我随手在黑板上画出了三条蜿蜒曲折的竖线，宛如一条河，我说："你们看，古人写'川'就是这样写的，像流水一样，具有曲线美。"

学生大笑。

我说："今天，李老师要告诉大家一种阅读的态度，也就是我们应该以什么样的姿态来读一篇课文。刚才同学们说过，若想读懂一篇文章，就要明白文章写了什么，为什么要写。我还要做一点补充，就是要明白作者是怎么写的，要产生共鸣，要想到自己的生活，还要发现问题。简单地说，就是要读出自己，读出问题。”

学生们疑惑地望着我。

我接着说：“要读出自己，就是要被课文打动、感染。要读出问题，也就是说，你在读的时候发现了问题并不是说你没读懂课文，而恰恰说明你读进去了。越是动脑筋，发现的问题越多。请同学们把‘读出自己，读出问题’八个字写在书上。”

我在多媒体屏幕上打出：

读出自己，读出问题。

或读出自己：相似的思想、情感，熟悉的生活、时代……

或读出问题：不明白的地方，不同意的观点……

读出自己：是共鸣、欣赏、审美（把自己读进去）

读出问题：是质疑、研究、批判（与作者对话）

同学们在抄写，我强调道：“由于生活经验不一样，面对同一篇文章，每个读者的收获不可能完全一样。”

我说：“刚才那位女同学说，读文章时要让自己和作者产生情感共鸣。这就是读出了自己。读出自己就是想到与自己相似的思想、相似的情感。有人在看《红楼梦》的时候，看得流泪，是因为《红楼梦》里面有他的表姐，有他的表妹吗？”

学生们一边笑，一边摇头说：“没有！”

我也笑了，说道：“就是嘛！读《红楼梦》时流泪，那是因为读者和作者产生了情感共鸣。前几天，李老师给学生们读了一篇文章《一碗清汤荞麦面》，讲的是一位母亲带着两个孩子，相依为命，艰难度日的故事。读着读着，我就流泪了。后来，我跟学生们说：‘李老师失态了，但请同学们理解李老师。因为老师在9岁的时候，父亲就去世了，是我的妈妈带着我和妹妹一起生活的。’这叫什么？这就是读出了自己。”

学生们沉默了，我能够感受到他们的感动。

我继续说：“什么叫‘读出问题’？将不明白的地方画出来，对不同意的观点做上记号。读出问题就是质疑、研究。我告诉同学们，无论什么样的大作家写的文章，都可以质疑。你们一定不要迷信课文，不要迷信作者，更不要迷信老师。今天李老师和大家一起学这篇文章，就是想告诉大家，读书、读文章时一定要读出自己，读出问题。这就是老师教给大家的一种阅读态度，只有这样，才叫读懂了文章。”

我重新翻开书，说：“下面我把课文给大家读一遍，你们呢，一边听一边动手，有不懂的地方，赶紧勾画、做记号，一会儿提出来。李老师不一定读得很好，但请同学们认真听，一会儿给老师提出意见。”

我清了清嗓子，开始朗读：“《山中访友》，李汉荣……”

我突然顿了顿，看看同学们，说道：“作者姓李呀！我发现姓李的人都会写文章啊！”我得意地笑了。

学生们顿时哄堂大笑。舞台上洋溢着轻松、快乐的气息。

在这欢快的气氛中，我继续朗读，学生们一边听一边快速地在书上画着。

朗读完毕时，我问同学们：“大家有什么发现吗？你最喜欢哪一句？最喜欢哪个词？同桌互相交流一下。”

我的话音一落，学生们就开始热烈地交流，有的学生还高声朗读。课堂上呈现出紧张而和谐的气氛。

过了一会儿，学生的议论声渐渐小了。我问：“谁来谈谈自己的发现，把自己的心得告诉大家？”

一个学生说：“我喜欢瀑布大哥。比如这些语言：‘你好，瀑布大哥！……从古唱到今。’还有，‘不拉赞助，不收门票’，这好像是在讽刺人们为了利益而做一些可笑的事。”

我说：“嗯，他也产生了联想。由瀑布想到人们的一些唯利是图的做法。是啊，只有大自然是最慷慨的。”

一个学生站起来说：“我特别喜欢这几句——（他捧着书饱含感情地朗读）‘波光明灭，泡沫聚散，岁月是一去不返的逝川’。”

我被他的朗读感动了，说道：“他读得多有感情啊！请再读一遍，好吗？”

听了我的鼓励，他更加深情地朗读道：“波光明灭，泡沫聚散，岁月是一去不返的逝川。”

我评价道：“嗯，这么陶醉！他显然读出了自己。他好像就是一座饱经沧桑的老桥！”

全班同学大笑。

他继续读：“我们从出生到老去，仿佛就是瞬间。”

我说：“是啊！此刻很快就会成为过去，时间的流逝就是这样快。”

另一个同学说：“‘忽然下起雷阵雨……又感动人又有些吓人。’我喜欢这一句，因为它写出了雷阵雨的气势，仿佛是一千个侠客在吼叫一般。”

我问：“天上有侠客吗？”

他回答：“没有，它采用了比喻的手法。‘一千个诗人’也是比喻的手法。”

我赞叹道：“同学们的发现真多，共鸣真多。”

一位女生说：“我喜欢第 5 自然段，里面的称呼有‘山泉姐姐’‘溪流妹妹’‘白云大嫂’‘瀑布大哥’等，把山泉比喻成姐姐，把溪流比喻成妹妹，把白云比喻成大嫂，把瀑布比喻成大哥，给人以非常自然、非常亲切的感觉。”

这个女生的发言，让我心里一震，我暗喜：她说出了我的教学重点之一。其实，在学生纷纷发言的时候，我一直在寻找机会，想自然而然地提出我的“疑问”。这个所谓“疑问”，其实就是我在阅读过程中觉得应该让学生把握的写作特点，就是对拟人修辞手法的理解。这里，这个女生说到“把山泉比喻成姐姐，把溪流比喻成妹妹，把白云比喻成大嫂，把瀑布比喻成大哥，给人以非常自然、非常亲切的感觉”，于是，我顺势把她的话题抓住：“哦，这位同学提醒了我，提醒了我什么呢？这样吧，我问大家，你们说，全文用得最多的修辞手法是什么呀？”

全班齐声说：“拟人。”

“那么，文章在哪个地方开始采用拟人的呀？”我继续问。

学生七嘴八舌地回答：“第 1 自然段。”“第 4 自然段。”“第 2 自然段。”……

学生众说纷纭。我笑着不断地摇头，并说道：“有的说第 1 自然段，有的说第 2 自然段，我觉得不是，比这还早。”

学生们恍然大悟，大声喊道：“题目！”

“对了，是题目。”我说，“‘山中访友’中的‘友’，指的就是大自然。那么大家想想，作者为什么要采用拟人的手法？注意，这个问题是有难度的，这可是一个科研难题哦！”我故弄玄虚，以刺激学生的思考欲望。

一个学生马上站起来说道：“因为那些事物都是抽象的，为了把它们写得形象些，所以要用拟人。”

我斩钉截铁地摇头道：“NO！”

我冷不丁爆出一句英语，学生听了哄堂大笑。

我呈得意状，环顾四周说：“我是有意和这个同学碰撞的，我更喜欢同学们之间有一些思想碰撞，如果同学们也能勇敢地对我说‘NO’，就更好了。”

一个学生说：“用拟人的手法，是为了把抽象的精神表现出来。”

“嗯，变抽象为形象，所以用拟人。有点道理。”我说。

一个学生说：“用拟人的手法赋予大自然以生命，好像作者和大自然很亲密。”

“可是大自然本身就有生命啊！”我说，“即使作者不用拟人，大自然也是有生命的呀！”

学生又笑了起来。

我怕学生的积极性受到挫伤，赶紧补充说：“其实，他说的也不是完全不对，拟人显示了人与自然的亲密。大家说的都有道理，大家各抒己见，道理就会越说越明。”

一个女生说：“用拟人可以让读者和作者产生共鸣，有亲切感；用拟人可以把自然的活力表现出来，好像有生命的张力。”

我表扬她道：“哦，‘生命的张力’。她用了‘张力’这样一个词，表现出生命的韧性，不错。”

在我的鼓励下，学生更加积极地发表自己的理解。一个学生说：“作者采用拟人，把自然写得更活泼、更亲切了。”

另一个学生说：“我也认为采用拟人是为了展示各种抽象的精神。如写‘老桥’就是为了赞美它无私奉献的精神。”

坐在后排的一个学生一直举着手，可我刚才竟然没有注意到，于是，赶紧请他发言。

他站起来，大声说："我认为大自然本来就是我们的朋友，作者采用拟人的手法就把它写得更生动、更亲切了。"

我情不自禁地大声喝彩："真好！说得真好！他把我要说的话都说出来了！唉，我真不该点他发言！本来我还准备在总结的时候说这句话的！"

全班同学开心地大笑。

我说："是啊！大自然本身就是我们的朋友，作者并不是有意用拟人，或者说，他并不是为了生动才有意用什么修辞手法。写作就是为了表达自己的感情，我不相信作者是为了什么语言生动才这样写的，他就是将大自然当作朋友，于是写的时候便情不自禁地称呼'白云大嫂''山泉姐姐'。所以，就写作而言，真情实感永远是第一位的，写作技巧只是第二位的。"

我突然想到我的笔记本电脑中有不少我和学生在大自然中的照片，于是，赶紧调出来，打在多媒体屏幕上：我和学生们在油菜花地里上课，我和学生们在田野上"斗鸡"，我和学生们躺在峨眉山的雪地上摆出"一班"的造型，我和学生们在草地上学狗叫，我和学生们在春日的阳光下奔跑……

学生们都被这些图片感染了。

我继续给学生介绍这些照片："李老师也喜欢和大自然为友，这是我和孩子们在油菜花地里上课的情景。大自然的一花一草，以及听我课的学生，都是我的朋友。我们和大自然融为一体，就像大自然的婴儿，躺在宇宙的怀抱里。你们看这张，我和我的学生真的躺在地上呢！那时，学生们正把我按在地上，往我身上堆雪，他们想用雪把我活埋了，让我在雪地长眠……"

学生哈哈大笑。

我指着我和学生在田野中游玩的一幅照片，动情地说："那时我们站在田埂上，召唤着大自然，同时也接受着大自然的召唤。和大自然相亲相爱，这是一种最高境界。"

学生们目不转睛地看着一幅幅照片，眼睛里满是羡慕和向往。

我话锋一转："可是，有很多人却不以大自然为友。前几天我看了一个新闻，我想大家知道了肯定也很伤心。国庆长假期间，乌鲁木齐的一个景区，被中国游客弄得很脏，结果韩国 80 名游客，包括 30 名儿童自发、自觉地捡起垃圾，让当时所有的中国人都感到脸红。捡完后，这些外国游客并没有觉得自己干了一件多么了不起的事，而是继续游玩。这是一种多么真挚、多么可贵的对大自然的感情！”

课堂上开始有了小声的议论，学生们显然被我说的这件事触动了，若有所思。

我略加停顿，然后说：“刚才大家讲得真好，都不需要我这个老师讲了。不过，我还想听听大家的高见。大家还有没有什么发现啊？”

学生又开始默默地看课文。过了一会儿，他们又开始发言。

一个学生说：“我喜欢这一句：‘我闭上眼睛，我真的变成了……被鸟儿衔向远山远水。’前面作者是把自然当作人来写，而这一句是把自己当作自然在写。”

我赞许地点点头，说：“说得非常好！这位同学发现在这里作者赋予了自己植物的特点。”

一个学生说：“我喜欢‘满世界都是雨，……给我的恩泽’。这句话让我体会到作者非常热爱自然，热爱生活；让我联想到我们应该打开心灵的窗户，去接受大自然赋予我们的一切。”

另一个学生说：“我喜欢这一句：‘你好呀，悬崖爷爷……可是出自你的手笔？’悬崖是很可怕的，但是作者把他比作‘隐士’‘禅者’，这是因为作者在以一个良好的心态对待自然的一切。”

“嗯，说得好！只要心态好，周围所有的一切就都是美好的。”我说。

一个男孩说：“我喜欢这一句：‘采一朵小花……悄悄地做了一会儿女性。’我觉得大自然非常纯洁，不说是非，但是如果我们中的谁要是‘悄悄地做了一会儿女性’，其他人就会嘲笑他。”

我点头道：“非常好。大自然比人类要纯洁得多。”

又有一个学生说：“我喜欢第7自然段中的‘俯身凝神……也做了一回患难兄弟’。这句话里的‘好不动情’充分说明作者把蚂蚁当作了朋友。”

“太好了！”我表扬她，“连‘蚂蚁’都成了兄弟，可见，作者把自然界的一切都当作了朋友。”

一个学生站起来朗读课文：“‘别有深意的仪式……捧起一块石头。’我觉得作者看到一块石头，就产生了无限的遐想，说明他特别爱大自然。”

一个学生说：“我喜欢文章第8自然段中的‘于是，我轻轻地挥手，告别了山里的众朋友，带回了满怀的好心情，好记忆，顺便还带回一路月色’。由这一句我想到了旅游景点的一句公益广告词——‘除了记忆，什么也别带走。’”

我说：“你的联想很好。不过，我想问，这里的‘带回一路月色’，暗示着什么？”

学生们纷纷说：“时间是晚上了。”

“而作者是什么时候去的呀？这说明了什么？”我继续问。

“早上去的。这说明作者在山里玩了一天。”学生们说。

我说：“作者就这么一句话，就巧妙地交代了时间，而且交代得富有诗意。”

下课时间快到了，可还有学生举手站起来说：“我喜欢‘喂，云雀弟弟……’这一句写出了它们从不搬弄是非，而是注意欣赏大自然的好风景。”

我说：“同学们的鉴赏能力真高！和你们一起赏析课文真开心！有你们这样的学生真幸福！哎呀，现在，李老师心里有一种感觉非常强烈。我想，要是我是你们的老师，那该多好哇，我就可以每天都给你们上课了。我觉得在座的同学都可以当老师，真想再和你们上一节课。可惜下课时间到了，不能继续听大家的见解了。请大家允许我拖两分钟，好不好？就两分钟。”

学生们整齐地大声说：“好！”

我满怀感情地说：“谢谢同学们！我把我的想法跟大家说一下，本来老师想教给你们一种读书态度——读出自己，读出问题。可是这节课，我们只做到了‘读出自己’。过去学课文都是老师讲课文，可是只要每个同学都把自己放进文章中，哪里还需要老师讲呢！大家讲得都很好哇！如果说我今天讲了什么的话，那就是刚才在讨论‘拟人’的时候告诉大家的——任何写作手法都不是为用而用，而是表达真情实感时必须用的。还有一点，就是‘读出问题’，我们还没有完成。其实，同学们肯定也读出了很多问题，只是没有时间说而已。今天我是第一次读这篇文章，就在文章中发现了很多问题，比如第61页，为什么要说‘古老而坚韧的灵魂’？这怎么理解呀？又比如——”

我刚说到这里，一个学生迫不及待地高高地举起了手。

我停下来，把话筒递到他的身边："哦，你要说？"

他大声说："因为古桥在这里站了几百年，默默地奉献着，它的这种精神是一种坚韧的精神。"

我说："嗯，时间长说明古老，一直站在这里，说明坚韧。是吧？"

他点点头。

"很好。"我接着说，"又比如第 60 页最后一个字，为什么说'吻着水中的人影鱼影月影'？'吻'字用得好不好？你把它想深了，想透了，就明白它的妙处了。又比如第 61 页最后一个自然段，'白云大嫂！月亮的好女儿'，既然是'白云大嫂'，为什么又说是'月亮的好女儿'？我觉得这句比喻不是很恰当。另外还有一句——第 4 自然段的'以树的眼睛看周围的树'，什么叫'以树的眼睛看周围的树'？我们要敏锐地发现隐晦的问题，有的问题可能就是作者写作上的疏漏。另外，'我加入了这短暂而别有深意的仪式'。由此，我可以提出三个问题：第一，这个'仪式'是什么仪式？第二，为什么说是'短暂的'？第三，为什么说这仪式是'别有深意的'？我们带着问题去读，就会更深入地领会文章的内容。"

学生们睁大眼睛看着我，似乎被我的这些问题震撼了：他们可能没有想到，在看似平常的字里行间，居然可以挖掘出这么多的问题！

我看了看手表，说："我申请的两分钟到了。嗯，今天老师和大家度过了愉快的 47 分钟。虽然今天的时间很短暂，但是同学们给我留下了很深的印象。李老师马上就要离开宜都了，但是你们会永远定格在李老师的心里。你们现在多少岁？"

同学们说："12 岁！""13 岁！"

我再次笑着说："即使你们活到 80 岁了，在李老师的心目中，你们永远是十二三岁！好，下课！"

学生们齐刷刷地站起来："老师再见！"

我给学生们鞠了一躬："同学们再见！"

第六篇　王君教学智慧研究

王君，1972年生，清华大学附属中学语文特级教师，北京师范大学等全国几十所师范大学特聘“中小学教师国家级培训计划”专家教师、兼职硕士生导师，中国高等教育学会学习科学研究分会学术委员会副主任。曾获全国中学语文首届十大学术领军人物、全国中学语文优秀教师、全国中学语文教改新星、省优秀班主任、省骨干教师等多项荣誉。她是《语文教学通讯》《中学语文教学参考》《语文建设》等多家中文核心期刊“封面人物”。

她倡导“青春之语文”的教学理念。“创新学习研究”（负责青春语文研究）获中华人民共和国教育部首届国家级教学成果二等奖。多次获得全国课堂教学大赛一等奖，获得省级一等奖以上表彰60多项。在国家级刊物上发表文章400多篇，其中15篇被（中国人民大学）《报刊复印资料》全文转载。著有《青春之语文——语文创新教学探索手记》、《教育与幸福生活》、《王君讲语文》、《一位青年教师的专业成长之路——王君专业求索笔记》、《青春课堂：王君与语文教学情景创设艺术》、《班主任，青春万岁：王君带班之道》、《听王君讲经典名篇》（上下卷）、《听王君讲作文》（上下卷）、《听王君讲语文教师成长》、《一路修行做老师》、《一路修行做女人》、《一路修行做班主任》等专著。应邀到新加坡、中国香港地区等地讲学数百场，深受一线教师欢迎。

一、王君教学智慧的探索历程

（一）见自我

王君说，她这辈子最幸运的事，就是成为一名语文老师。

中学时代，王君是一只丑小鸭。她一直怀疑自己智商偏低，否则为什么数学、物理学得一塌糊涂，外语也不怎么样。第一次高考，全班三分之二的同学都被各类院校录走了，她走不了，只能灰溜溜地复读。复读了一年，数学考分比头年还低。幸好她上了师专线。她欢天喜地地填志愿，不像其他同学那样纠结——不喜欢师范院校，但只能上师范院校。她刚好只钟情于师范院校，只钟情于师范院校的中文系。读师范院校是她的理想。她的理想在上小学之前就清清楚楚了——她儿时玩得最多的游戏，就是把一条街上的小孩子集中起来，其他小孩坐在小板凳上扮学生，她扮老师，拿着根筷子当教鞭，装模作样头头是道。

如愿以偿进了中文系后，这只从来靠边站的丑小鸭，开始发育，开始成长。王君读的是当地收分最低的教育学院，但她是以读高四的精神读完这两年的。在这里，她成了学霸。毕业分配，她有留校的实力，却没有留下来。但她一点儿都不在乎：留下来，在中文系办公室打杂，不如回去教语文呢。

回到老家，王君遇到了专科生必须下乡的新政策。她是县城里的孩子，可是被分配到了乡下，她并不失落。她一站在讲台上就忘我，她觉得哪里的讲台都是她的大舞台，哪里的教室都是她的大城市。于是，她才工作两个月就承担了国家教委到农村调研的公开课，为上级领导一句“小姑娘，上得不错，前途无量”欣喜若狂。从此，她见了教研员就兴致勃勃地自我推荐，希望前辈们去她的教室，去听她的语文课。

率真和执着像一把钥匙，被她这个一张娃娃脸的乡村女教师握在手中，神奇地打开了一道又一道的门。23 岁，王君就获得了重庆市优质课大赛的第一名；25 岁，就走上了全国课堂教学大赛的讲台。在赛课的战场上，她出生入死身经百战。她经历了一战成名的轰轰烈烈，也尝到了因为滑铁卢而靠边站的寂寞。她由此悟出“要敢于死在公开课中，才能活在家常课中”的道理。讲台，是她的社会大熔炉，她在里边被烧烤被锤炼被锻打，她的羽翼开始丰满，筋骨开始强健。

然后她开始大量地读书和写作。这对于她是水到渠成天经地义的一件事。她的写作，是从写课开始的。记录课堂，反思课堂，创造课堂，进而思考与课堂有关的一切。她惊奇地发现凡事只要与课堂相关，她就灵感爆棚快乐无比。她的写作从来热气腾腾，她的文字从来饱满丰盈。她乐此不疲，如痴如醉。她那小女人的小文章，在网络上居然获得了惊人的点击量。喜欢她的文字的人，喜欢她的人，越来越多。她不再为发表文章而写文章，出版的专著多了，她命令自己放慢速度。她惊奇地发现，语文老师这个职业，居然帮助她实现了一个遥不可及的作家梦。

她就左手拿着她的课，右手拿着她的文章，从乡下闯进了县城，闯进了主城区，闯进了北京，闯进了她青少年时代想都不敢想的人大，还有——清华大学。

王君成了一个很有故事的人。

在别人看来，王君这个小女娃子的经历够曲折，够丰富，甚至称得上波澜壮阔。人人都说王君有奋斗精神、开拓精神，但是对于她自己，一切依旧云淡风轻。只有她自己知道，这一切的发生，不过是自然而然。所有的幸运都在于：她的职业就是她的理想，她的岗位就是她的兴趣。她正在做的，就是她最想做的。她因此而兴致勃勃地做下去，再难再苦也没有停下来。她只是在用最初的心做永远的事，她因此而发现了自我，成就了自我。她实在太幸运了——她的职业成长和生命成长，天人合一。

（二）见天地

除爱语文之外，王君还有一个爱好：做班主任。

王君去了很多地方，在很多学校工作过。面对每一个新校长，她都有要求：不要让我干别的，就请让我教语文和做班主任吧。

她有自己的小算盘：做班主任，就能够大大方方地把所有班级建设的事务全部变为语文活动。教语文，就能够名正言顺地让自己的班级活动全部和语文结缘。

她是小户人家的小女孩子，她是小地方的乡村女教师，但她是重庆姑娘，她对高山和大河有一种天然的亲近和领悟。独自下河游泳，是她少年时代乐此不疲的冒险。她以为，如果语文仅仅是语文，讲台仅仅是讲台，上课仅仅是上课，课本仅仅是课本，那将会“很不好玩”。

她渴望好玩。她想，得把书教到山里去，教到水里去，教到花里去，教到草里去……天，才是最大的黑板；地，才是最好的讲台。天地，才是最好的课堂。

于是她成了最胆大包天的班主任：她是长跑爱好者，从农村开始，她就挥赶着学生跟她一起长跑。没有操场就跑川黔公路，有了操场还跑城市的大街小巷。不仅风雨无阻地跑，而且专挑风雨天跑。她陪跑陪练陪赛，“野蛮其体魄，丰盈其精神”。她说，一个班级有“体力长征”还远远不够，还得有“脑力长征”“文化长征”“公民长征”“‘爱情’长征”……她不仅是钻研教材设计课堂的点子库，更是班级活动策划的CEO。学生说她有无穷无尽的灵感和永不枯竭的激情。在她的班级中，学习，从来都是从生活衍生而来的。对，生活，就是这个词语。她觉得，她教育生涯全部的意义，就是在理解这个词语和重新诠释这个词语。

语文，就该是写给生活的情书；语文，就该是流向生活的河流。

班主任工作仅仅是王君承载生活的一个媒介，她借这个媒介，让语文有了实体，有了呼吸。她的班主任工作和语文教学你中有我，我中有你，水乳交融，相得益彰。她的课程，从来不仅仅是教材课程，还是天然的生命课程。她觉得自己从来不仅仅是在教语文，而是在教生活，教人如何活在更好的生活中，如何在更好的生活中发现自我，成长自我。

王君的课堂，因此格局越来越大。

王君的语文，因此呈现出鲜明的特色。

同行都说，王君教语文，把自己越教越年轻；王君做班主任，让自己越做越轻灵。王君走到哪里，只要往讲台上一站，“人们就都感受到她青春的灵性与魅力，感受到教育的美妙和乐趣。她总能激起人们的一种冲动，使人产生一种积极向上的勇气……她让人清晰地领悟：语文是这样的美，师生完全可以诗意地栖居！她像一阵春风，吹皱了一池春水。她点燃了大家的青春之火，激起了人们对教育的无限热忱”……

是，她自己的感受也是一样。那燃烧着生活激情的语文让她觉得心灵的天地无比的阔大，她内心世界有一种美妙且崇高的东西在冉冉升起。对语文，对教育，她突然有了专属于自己的感动。2005年，当她第一次成为中国教育学会中学语文教学专业委员会会刊《语文教学通讯》的封面人物时，她有了自己的语文表达——

青春之语文！

这是一个女教师的语文直觉和语文呼唤。

她的语文，不再是一个学科，不再是一门工具，而是一个明媚的女子带领一群明媚的孩子享受青春建设青春的成长方式。他们将共建一种激情洋溢的语文生活，在这样的生活中，老师和学生永远都在青春期。从此，她眼前的语文追求明晰起来。天蓝海阔，长风浩荡，经语文而见天地，她的语文生命，从此进入了新的境界。

（三）见众生

在很长一段时间，王君主要是自己跟自己玩，至多跟学生一起玩，跟家长一起玩。她很活泼，但事实上她并不善于也不喜欢交际。她一直活在自己为自己建造的那个青春语文的世界中。

王君以为，她带这个班，她就影响这个班的孩子，这个班的家长，这就够了。她对自己的定位很清楚。她不张狂，她有着一名乡村女教师的与生俱来的谦卑。

但是她慢慢地发现，她有了越来越多的朋友。这些朋友，从她的课里，从她的讲座里，从她的文字里，从她的言谈里……冒出来，生长出来，像鲜花一样开放在她的周围。这些花儿，急切地告诉她：因为她，所以他们在成长。

他们写给她一封一封比情书还炽热的信。

他们告诉她："昭君姐姐，我参加比赛，从区里直赛到全国，一路都是用你的课例做参考。"

他们告诉她："昭君姐姐，我追你的博客，从'写吧'追到'教育在线'再追到'新浪'，十年了，一篇未落下。你对我的影响，不仅是教学，更是在做人上。"

他们告诉她："昭君姐姐，我的电脑中保存着你太多的文字，摘录剪切粘贴，真心想做的，是把你的精气神复制过来。"

他们告诉她："转身，从遇见昭君姐姐开始。因为你，我的人生从此不同。"

……

昭君，本来是学生对王君的昵称，但什么时候她成了大江南北那么多年轻老师共同的昭君姐姐，她不知道。

那些沸腾的爱让她一度很惶恐。她不觉得自己有那么好，不认为自己有那么大的力量。事实上，她只是一直埋头在耕耘自己的土地罢了。她的影响力从何而来？她用了很长的时间来消化这些爱，理解这些爱，接受这些爱。在这个过程中，她惊讶地发现原来不知不觉之间自己已经人到中年，灵魂没有白发，但头上白发已经开始悄悄生长。

她懂了：你觉得自己还正年轻，但你已经必须承担起引领青春的责任。就像当初你遇到钱梦龙老师，遇到余映潮老师，遇到程翔老师……你的那种如梦初醒，恍然大悟，醍醐灌顶。

她也懂了：上天赐予你与众不同的经历和体验，也就是赋予了你责任和义务，让你去帮助更多的年轻教师，使他们像你一样拥有青春的教育年华。

她更懂了：一个人的价值，不仅仅在于自己活得多么好，还在于对周围人的帮助和影响。

她渐渐明白承认自己在某些方面的优秀也是一种勇敢。努力把这优秀变为帮助他人的能量，这是更大的修行，亦是更深的历练。

她继续讲课，不再为获奖，不再为荣誉，而是为讲课本身的快乐和经由课堂传递给这个世界更多的正能量。

她继续写作，不再为发表，不再为出版，而是她知道她在自我叩问自我完善的过程中也解决了不少兄弟姐妹的困惑。

她察觉到了自己的进步：她不再为某个省市单独为她举行教育教学研讨会而沾沾自喜，不再为成为“首届中语界十大学术领军人物”中最年轻的一位而踌躇满志，她明晓自己的缺陷和长处，面对外在的质疑褒贬也渐渐变得沉稳和笃定……

到今天，民间有了自发建立的研究青春语文的团队，越来越多的教师在青春语文思想的感召下走到一起。2014 年，她的丈夫尹东在网络上创建了语文公众号“语文湿地”，湿地从一个人的死磕硬扛变为了一群人的孜孜不倦。她从一个人的自生长，走向了带领一群人的共生长。

她对青春的理解，影响了一大批人的青春。她一个人的行走，激发了一大群人的行动。她当年上路的时候，绝没有想到有这样的美好，这样的热烈。她说，她和语文，互相成全；她和青春，互相诠释。

她是语文最宠爱的孩子。

她因由语文而懂得了鲁迅的话：无穷的人们，无尽的远方，都和我有关。

她经语文而见自我，见天地，终至于，见众生。

二、王君教学智慧的思想内核

王君教学智慧的思想内核就是青春语文。

青春语文，首先是一种活法，然后才是一种教法。

所谓青春语文，其本质就是提倡通过激活汉语言本身的生命力等手段使语文教学过程保持青春状态，进而为教师和学生创造、保持、享受整个人生的青春状态做准备。

青春之语文坚信生命同青春可以永远相伴，相信语文学习是建设幸福人生的重要途径。青春之语文将语文学习生涯规划视为生命状态中最精华的部分，通过创造性的学习不断铸炼热爱生命超越自我的灵魂，让语文教育焕发出无限的青春活力。

青春之语文有三个维度。第一个维度是通过激活汉语言文字本身的生命力等手段使语文教学过程保持青春状态。第二个维度是为教师创造、保持、享受整个人生的青春状态做准备。第三个维度是为学生创造、保持、享受整个人生的青春状态做准备。

青春语文达成目标的路径是和学生一起建设充满激情的语文生活。

“语文生活”是青春语文的核心词。语文是写给生活的情书，是流向生活的河流。语文应该成为一片水草丰美之地，教师和学生在这里共同释放青春活力，完成青春状态体验，实现青春生命的价值。

青春语文理想的“语文生活”研究，由三个方面构成：灵性阅读、生命写作、激情生活。

（一）灵性阅读

在现阶段，青春语文灵性阅读研究的关键词为：文本物质、课型定位、文本整合、灵性解读、灵动教学、学习制度、课程开发。

（1）文本特质

文本特质就是一个文本所具有的区别于其他文本的标志性属性。文本特质决定了该文本在课程内容、教学内容以及在教材内容中的特殊地位，也就决定了围绕该文本采取的独有的教学策略。只有有效地区分文本特质，才能在备课过程中迅速地给文本定位，尽可能地减少备课和教学过程中的烦冗环节，并在此基础上形成更加简洁、易操作的课型。根据文本特质，王君把所有课文大致分为以下几种类型：主题型文本、语用型文本、思辨性文本、写作型文本、诵读型文本、拓展型文本等。

（2）课型定位

没有任何一种课型可以包打天下。只有立足“常式”，开发“变式”，创新课型，才能激活教学。课堂组织形式一般包含两种“常式”和三种“变式”。两种“常式”是指教师导学型和学生质疑型。三种“变式”则指教师聆听确定教学重点，小组合作各司其职，分组对抗型学习。不断创造出新的课型，发掘出最适合自己和学生的课型持续考验着教师的创造力。

（3）文本整合

对教材的整合，从具体操作上来看，一是教师可以根据需要对教科书进行取舍，对精读和略读进行重新安排。二是教师可以更为科学合理地规划教材学习的顺序，使教材的使用有更加鲜明的层次性和实用性。三是教师可以以教材为跳板，根据不同地域孩子的需要和现实学习的不同需求，把教科书以外的材料引入语文教学。教师可以在单元之内进行整合，在单元与单元之间进行整合，在各册教材之间实现整合，在课内文本与课外文本之间实现整合。

（4）灵性解读

关键词解读法是青春语文灵性解读重点研究的方法。在整体关照文本内容的基础上，以文本中的关键词语为抓手，深深地沉入这个（这几个）词语，反复琢磨这个（这几个）词语，以此抵达文本内核。

（5）灵动教学

青春语文课堂的基本特色是激情和灵气，具体指巧妙选取切入点，灵活应用诵读释疑法、联想想象法、比较创新法、创设情景法、穿插拓展法、慎思质疑法等方法，设计形象化板书，追求灵动的语言学用、灵敏的课堂应对、机智灵动的教学方式。

（6）学习制度

基于语文教学零散、混乱、随心所欲的特点，研究建设清晰明确的班级语文学习制度，让学生的学能在一个相对稳定的轨道上运行，使其每一天、每一周、每一月、每一年的学习内容和学习目标有章可循，让班级的学习实现秩序化、规范化、规律化。

（7）课程开发

整合课内外资源，建设立体化生活化课堂。青春语文课程，要扎实推进以下几个方面的教学内容的开发：课本、经典诵读、名著阅读、经典电影、生活化写作、口语训练、语文活动。

青春语文的课堂教学，大概经历了六个层次的创新。这六个层次，是不断超越的过程，也是互相呼应和融合的过程。

第一层次：在新颖独特的课堂设计中创新；

第二层次：在灵活扎实的语言品味中创新；

第三层次：在诚恳机智的学情应变中创新；

第四层次：在把握语文学习规律和健全语文学习制度中创新；

第五层次：在研究文本特质和丰富课型中创新；

第六层次：在构建语文课程和创造语文生活中创新。

教知识，教能力，教思想，教情怀，这是青春语文课的追求。这四者，是层递关系，也是融合关系。

（二）生命写作

青春语文生命写作的十大教学理念包括：

（1）变学生独写为师生共写

“我要学生怎么做，我自己就先这么做。”爱写作才能教写作，痴迷写作才能会教写作。教写作，成就的不仅仅是学生，更是自己。

（2）变应试写作为生命写作

用大尺度大目标来审视我们的写作教学，用大眼光大情怀来设计我们的写作教学。让教师和学生走出应试写作的怪圈，既能从容面对考试，又能够享受到写作带来的高峰体验。

（3）变技巧灌输为情智促技

在写作“术”层面的教学，努力遵循的原则是：以情促技，融技于情；以智导技，化技于智。要在活的情境中让学生自然而然掌握技巧，不灌输技法，不蛮横训练。

（4）变课文示范为经典引领

课本是有限的，而经典是无限的。带领学生跳出教材，投身经典。以文学经典和影视经典为题材，探索人生的奥妙和写作的奥妙。

（5）变校园视角为社会视角

用语文的方式来解读社会热点焦点事件，开发紧扣时事的写作“新闻课”，让学生获取最鲜活最有温度的写作素材。

（6）变读写一体为写作举纲

充分研究阅读中的写作因素，让阅读为写作服务。努力开发根植于阅读中的写作课。

（7）变学科技能为班建动力

青春语文提倡语文教师承担班主任工作。语文学科教学和德育教育相携相扶、相融相生。语文教师应该像变魔术一般变学科技能为班级建设的推手与动力。

（8）变象牙写作为红尘写作

让孩子们从书斋少年变为小小公民，让他们在流动的社会生活图景中学习语文，学习作文。世界是我们的教材，语文是我们的工具。我们带着语文的刀戟行走世界，仗剑行侠，快意恩仇。

（9）变统一要求为分层激发

每一个人的声音都是“中国好声音”。研究具体的学生，努力为不同的学生个性化定制写作目标和设计写作培养路径，由此而激发每一个学生的写作潜质。

（10）变纸质写作为网络点兵

网络沙场秋点兵。青春语文写作教学，不仅要用好网络，而且要创造网络写作的班级机制。

（三）激情生活

青春语文着力于建设青春的语文生活，最终指向师生生命状态的改变。王君自己就是长跑爱好者，是平凡生活的忠实记录者。她一直这样诗意地表述：

——青春之语文，是恪守最不完美的创新也比最完美的守成伟大一百倍之信条！

——青春之语文，是坚信教学艺术的本质不在于传授本领，而在于激励、唤醒、鼓舞！

——青春之语文，是矢志满头飞雪而童心不泯，是让生活永远荡漾着童真童趣的欢乐！

——青春之语文，是激情不灭的梦想，是坎坷岁月里的干将莫邪，是平凡人生里脚踏实地的浪漫！

三、王君教学智慧的艺术呈现

（一）凸显文本特质

不同的文本特质定位将决定同一个文本教学目标的不同、教学内容的不同、教学方式的不同。比如在研讨名篇《皇帝的新装》的教学的时候，王君是把文本当作“主题型文本”来设计的，而在指导山西泽州县北义城中学的司艳平老师时，王君鼓励司老师转换角度，以语用型文本的角度来解读文本、设计教学。这次以文本特质研究为创新点的教研取得了很好的效果，研究成果发表于《语文教学通讯》初中刊2015年第6期。

作为主题型文本的《皇帝的新装》，王君的教学定位于直接进行文本思想内核的挖掘和研讨，着力点落在“认识你自己”上。比如，课一开始，王君是这样引导学生的：

师：真好！今天这堂课，我们再往前一步，看是不是还可以看到更多人性的弱点。我们主要以皇帝为例。现在请同学们读开头。用讲童话故事的声调来读。

（屏显）

许多年前，有一位皇帝，为了穿得漂亮，不惜把所有的钱都花掉。他既不关心他的军队，也不喜欢去看戏，也不喜欢乘着马车去游公园——除非是为了去炫耀一下他的新衣服。他每一天每一点钟都要换一套衣服。人们提到他，总是说：“皇上在更衣室里。”

（师请生绘声绘色讲故事）

师：这个开头很精彩，一定要读懂。来，一字一句地读。这个皇帝人生的最大的兴趣是什么？

生：穿得漂亮。

师：漂亮！请用红笔圈上这个关键词、核心词、提挈全文的词。

（生动笔，师板书）

师：为了“漂亮”，皇帝什么都舍得。我们看，安徒生把这点儿写到了极致。先是不惜——

生：把所有的钱都花掉。

师：作为皇帝，他关心国家财政吗？

生：不关心！

师：他对国库都不关心。军队呢？

生：不关心！

师：居然有这样的皇帝，连军权都不感兴趣。“也不喜欢去看戏”——看戏是什么？

生：是艺术享受！

师：他对高雅艺术没有兴趣。“也不喜欢乘着马车去游公园”，好个“也”！“游公园”是什么？

生：休闲，玩儿！

师：哟，居然对休闲都不感兴趣。这个皇帝好奇怪。照此推论，他会对美女感兴趣吗？

生：不会不会！

师：江山不爱，美人不爱，他只爱什么？

生：爱漂亮！

（师在黑板上的“漂亮”二字下重重着力）

师：然后骗子来了。我们先读读骗子的广告词，吆喝一下，用第一人称。然后你来评价一下这广告词写得怎么样，抓住了皇帝的心理吗？

（屏显）

他们自称是织工，说他们能够织出人间最美丽的布。这种布不仅色彩和图案都分外美丽，而且缝出来的衣服还有一种奇异的特性：任何不称职的或者愚蠢得不可救药的人，都看不见这衣服。

（师请生绘声绘色地“吆喝”，用第一人称）

生：这广告词不错，一来就抓住了“美丽”这个关键词。

师：这是广告词的“总起句”。再仔细看接下来的“分写部分”，在前后安排上有什么玄妙之处没有？

生：骗子也是先说“美丽”，然后才说奇异的特性。

师：你觉得骗子聪明吗？

生：聪明！他们是抓住了皇帝的心理的，先说漂亮啊、美丽啊这些皇帝最关注的东西。

师：这就叫攻心为上。你最看重什么，我就用什么来迷惑你。好，我们结合第1自然段的内容，当这个除美丽漂亮之外什么都不爱的皇帝听到这样的广告词，他会怎么想？注意，按照正常的逻辑！请你设计皇帝的心理活动。

（屏显）

“那正是理想的衣服！”皇帝心里想，“____________”

生1：哇，这么美丽的布，如果做出衣服来，我一定是举世无双的美丽皇帝。

生2：哈哈哈，我拥有这么漂亮的布料，我肯定就是世界上最美丽的皇帝了！

生3：我马上就会成为天下第一美皇帝！

……

师：可是，这个江山不爱美人也不爱的皇帝却没有这么想。他想的居然是——

（屏显）

“那真是理想的衣服！”皇帝心里想，“我穿了这样的衣服，就可以看出我的王国里哪些人不称职；我就可以辨别出哪些人是聪明人，哪些人是傻子。”

师：你看出了什么？请你评价这个皇帝。

生1：哦，原来他最爱的不是漂亮！

生2：这个地方和前文相冲突了。皇帝的关注发生了变化！

生 3：皇帝更爱的是窥探别人的隐私。

生 4：好像，好像……这在那些宫廷剧中叫“驭人之术”，皇帝对控制人感兴趣。

师：“哪些人”中包括他自己吗？你看出他对自己和对他人的评价了吗？

生 1：他好像很自信，一点儿都没有想到可能自己会看不见。

生 2：他相信别人是看不见这布料的。

师：同学们很聪慧。从这一段中，我们起码应该看到两点：第一，皇帝最爱的其实不是新装。也许他自己都不太知道这点儿呢。他并不了解自己。第二，此刻的皇帝，是超级自信的。接着看——

（师板书“不懂得自我”“盲目相信自我”“完全否定他人”）

在指导司艳平老师设计《皇帝的新装》的教学时，王君则把对语用的研讨放在了第一位。比如这个教学设计片段：

一、他？他们！

比较演读（一）

（屏显）

1. 许多年前，有一位皇帝，为了穿得漂亮，不惜把所有的钱都花掉。既不关心军队，也不喜欢去看戏，也不喜欢乘着马车去游公园——除非是为了去炫耀一下新衣服。每一天每一点钟都要换一套衣服。

2. 许多年前，有一位皇帝，为了穿得漂亮，他不惜把他所有的钱都花掉。他既不关心他的军队，也不喜欢去看戏，也不喜欢乘着马车去游公园——除非是为了去炫耀一下他的新衣服。他每一天每一点钟都要换一套衣服。

第一组句子____________读，没强调____________。

第二组句子____________读，强调了____________。

比较演读（二）

（屏显）

1. 两个骗子摆出两架织布机，装作是在工作的样子，可是织布机上连一点东西的影子也没有。他们急迫地请求发给一些最细的生丝和最好的金子，把这些东西都装进自己的腰包。

2. 他们摆出两架织布机，装作是在工作的样子，可是他们的织布机上连一点东西的影子也没有。他们急迫地请求发给他们一些最细的生丝和最好的金子。他们把这些东西都装进自己的腰包。

第一组句子____________读，没强调____________。

第二组句子____________读，强调了____________。

比较演读（三）

（屏显）

1. 于是皇帝就点头表示出满意。仔细地看着织布机，不愿意说出什么也没有看到。跟着来的全体随员也仔细地看了又看，可是也没有比别人看到更多的东西。像皇帝一样，也说："哎呀，真是美极了！"

2. 于是他点头表示出满意。他仔细地看着织布机，他不愿意说出什么也没有看到。跟着他来的全体随员也仔细地看了又看，可是他们也没比别人看到更多的东西。他们像皇帝一样，也说："哎呀，真是美极了！"

说话训练：

少了"他"，就少了__________；少了"他们"，就少了__________。

多了"他"，就多了__________；多了"他们"，就多了__________。

（设计意图：通过比较诵读，强化学生理解童话中"代用语气词"的表达效果，深切体味童话幽默风趣，带有讽刺意味的叙述风格）

（二）深度整合教材

王君研究教材整合的角度很多：从课文内容看，可以整合相同体裁的作品、相同作家不同时期的作品、相同时代不同作家的作品等。从教学的切入点看，可以从主题思想、人物形象、表现手法、语言特色、构思规律、创作风格等方面入手加以探究和整合，合理地确定教学重点和教学目标的高度。从思维训练的角度看，可以同中求异，发现不同文本的个性特色，也可以异中求同，把握文本间的共性规律。对于作家相同、体裁相同、思想相似的文本，多采用同中求异法进行比较，引导学生发现每个文本的个性特色，培养学生把握文本间的细微差别的能力以及对问题进行细致思考的能力。

人教版语文九年级上册第二十五课由五首词组成，分别是：温庭筠的《望江南》、范仲淹的《渔家傲·秋思》、苏轼的《江城子·密州出猎》、李清照的《武陵春》、辛弃疾的《破阵子·为陈同甫赋壮词以寄之》。如果按照教材上所安排的诗人所处年代的顺序教学，显然比较散乱。在对这五首词进行了研究之后，王君实施了以主题为“问君能有几多愁”的整合教学。核心环节有四：(1)自由朗读五首词，说一说如果以“愁”为分类标准，可以怎样为这五首词简单分类。(2)细读温庭筠的《望江南》和李清照的《武陵春》，比较两词中古代女子的愁，讨论她们各自为何而愁？哪个女子更愁？（3）细读范仲淹的《渔家傲》、苏轼的《江城子》、辛弃疾的《破阵子》，比较这三位诗人，谁的愁最重，谁的愁稍轻呢？（4）比较词中两位女子的愁和三位男儿的愁，其表现方法有何不同。

这是整合阅读的典型案例：深度开发教材，促成内容的整合，避免了教学的零敲碎打。机智生成课堂，促成策略的整合，避免了教学的单一呆板。反复应用对比，促成了资源的整合，避免了教学的单打独斗。巧妙前后联系，促成了新旧知识的整合，避免了教学的浅薄平庸。多管齐下引导，促成了多维目标的整合，避免了教学的功利世俗。在王君的教材研究中，这样的创新比比皆是。

（三）灵性解读文本

关键词切入法，是近几年王君文本解读重点研究的方法。她解读《老王》，抓住“活命”一词长驱直入；解读《丑小鸭》，抓住“世界”“丑”“逃”“好”四个词语全力开掘；解读《散步》，抓住“我们”“田野”“散步”三个词语洞开文本内核；解读《背影》，抓住“冬天”“迂”“泪”三个词语直抵文本深处；解读《安塞腰鼓》，则抓住“挣脱束缚、冲破羁绊、撞开闭塞”三个短语牵连全课，让课堂教学极具爆发力……她的眼睛如火眼金睛，总能在文字的海洋里独辟蹊径，寻找到完全属于自己的解读路径，给人以新鲜深刻的启迪。比如在解读《背影》时，她的阐述思路是这样的：

冬：季节之冬、岁月之冬、事业之冬、社会之冬。

迂：言行之迂腐、行动之迂缓、情感之迂折。

泪：祖母的逝去、父亲的衰老、情感的隔膜、死亡的呓语。

王君总结说：在《背影》中，有身处乱世的凄惶，有家道中落的伤感，有母亲离世的悲凉，有事业衰颓的辛酸，有父子生隙的隐痛，有送子远行的牵挂，有无涯代沟的尴尬，有年事渐高的颓唐，有死期将至的惶恐，有一个时代的风雨飘摇，有一个家庭的凋零没落，有一对父子的情感战争，有一个男人的事业败退……《背影》，讲的不仅是爱的故事，更是不能爱的故事。生之苦痛和爱之艰难，乃是《背影》传递出来的主要感情。

青春语文的《背影》解读，非常别致，很有深度，极见功力。

（四）营造灵动课堂

青春语文课堂的特质是激情和灵动。

陕西名师何定琴如此描写自己听王君教学《散步》时的感受：

2013年10月26日，陕西省军区招待所，北京人大附中王君老师带来示范课《散步》。王老师在上课前说这节课用“教师辅导法”，抓关键词进行咀嚼，用一个关键词透析全文。于是课文题目变成了“我们”“在田野中”“散步”。

“我们”是相亲相爱、互相体谅的一家人；

“田野”有阳光、桑树、菜花和鱼塘；

“散步”中有悠闲快乐和幸福。

这一切，都与生命有关，与生命的姿态和精神长相有关。

“祝愿你们生命当中都有阳光、菜花、鱼塘！”当王老师用这句话结课的时候，我感觉很异样，有许多东西都被打开，哗啦啦往外流动。我才知道，有积淀的语文课堂，可以这样“肆无忌惮”；语文课原来可以这样“小我”，这样富有创意和诗意；语文老师可以这样随心所欲，这样天地一体。最重要的，语文课堂衔接过去、现在和未来，可以把几千年的传统文化运于股掌之间，把教师的生活阅历、个体生存的理解风行于水面之上，开阔极了，敞亮极了，有趣极了，也幸福极了。

那一天的那一刻，暮秋的阳光巧克力般明媚响亮，头顶的云朵像杯新鲜的奶，白腻嫩滑。空气芳香而柔软，把大地填充为一张浩大的软垫。整个身心像一颗颗透明弹珠，在这张软垫上弹来弹去，滚东滚西，忽大忽小，时高时低，紧张而又兴奋。两旁的花树皆已模糊，只剩时间裹挟着速度，在西汉高速上狂奔，我的身体舒展到说不出的奇妙境界。

——摘自何定琴《一身清气千寻瀑，修得人间四月天》

江苏省著名特级教师刘祥这样评价王君的课堂：

王君的激情，却源自天性。在我所见过的王君的语文课上，无论何种文体的课文，都能被她经营成一出激情四射的青春大戏。王君是一位提取关键词的绝顶高手，王君还是一位课堂造境的魔法大师。王君的语文课，典范而雅致。我以为，王君的青春之语文，其青春之根，全在于生命的省察……青春之语文，就是要用没有一根皱纹的青春之心，去体验文字背后的人生之真假，品味字里行间的人性之善恶，感悟遣词造句中的语言之优劣……王君老师的青春课堂，建立在爱与尊重的教育价值上，就是要守护学生的天性自由，激发人的天赋潜能，让他们自己发现自己，成为自己。

——摘自刘祥《青春语文的七彩图谱》

广西南宁教研员庞荣飞这样评价王君的课堂：

王君在课堂上热情洋溢敏锐快捷，灵活跳跃，思维密度极大，伴着课时的推进，问题的转换，她不断挑战着学生的智力和潜力，不断挑战着学生的认知极限和价值边际，精彩之时甚至进入一种张力十足的思维交锋、精神对峙状态。她眼界很宽，视野广阔，一以贯之地秉持善良、普世的人文情怀，不断在与文本对话、与学生对话的过程中感知时代，回应现实，联结社会，叩问心灵。在这方面，她有一种特别的颖异，堪称“小女子，大气象”……

——摘自庞荣飞《感受王君的青春语文精神》

从这些点评中，我们可以窥见王君灵动课堂的点滴特色：构思精巧，激情洋溢，情怀博大。

（五）求真、求美的作文教学

王君老师的作文教学，最令人心动的有三点：一是坚持作文打假。引导学生在作文中不说假话说真话。二是提倡“写作无难事，只要真小新”；“真人真事真感情，大情大气大文章”。三是培养学生艺术化的审美眼光。四是让作文教学融合在真实的生命活动中。

从下面这个片段，我们可以看出王君是如何培养学生艺术化的审美眼光的：

《让我们为写作重新命名》教学片段

师：请同学们先看一些神秘的图片。猜一猜图片上呈现的是什么？

（生争先抢答。答案有“蜻蜓、蟑螂、儿童的涂鸦、毕加索的抽象画、虫子打架、蝴蝶在飞”等）

师：哈哈，谜底还是要老师来揭开。这些呀，是我们班路德泓同学的妈妈杨霞老师的摄影作品。照片上呈现的不是蜻蜓也不是蟑螂，而是圆明园冬日荷塘里的枯枝败叶。

（全体同学发出惊叹）

（屏显圆明园荷塘夏天时姹紫嫣红的图片）

师：11 月 1 日下大雪那天，杨霞老师扛着她的照相机来到了圆明园。大雪之后，圆明园一片萧条。往日繁茂美丽的荷塘除黑乎乎的枯枝败叶之外什么都没有。当时杨老师有点儿失望。但杨老师相信著名作家毕飞宇的一句话：如果你想要一个东西有意思，只需久久地凝望着它。于是杨老师就站在圆明园的荷塘边久久地凝望着这些枯枝败叶。渐渐地，渐渐地，杨老师就看出了别样的美来了。于是，就有了这样一组让我们惊叹的图片。请大家看——

（视频播放电影《冬日圆明园的荷塘》，图片配有活泼的充满想象力的文字。枯枝败叶全部都成了艺术品。孩子们边看边发出赞叹声）

师：孩子们，有什么感想？

生 1：你有什么样的眼光，眼前就有什么样的景色。

生 2：生活中不是缺少美，而是缺少发现。

生 3：原来最丑陋的其实也可以是最美的。

师：是啊，孩子们，生活本来是庸碌平凡的，但——

（师组织学生朗读电影最后定格的文字：

同是一个世界，对于诗人常呈现新鲜有趣的境界，对于常人则永远是一个平凡乏味的混乱体。一个高尚、有纯正趣味的人，必能发现并创造一个纯美的世界，并用文字把这世界表达出来）

（屏显）

审美成就艺术

（六）班主任工作和语文教学的有机融合

王君是化班级管理事务为语文训练的高手。她总能迅速地发现繁杂班级事务中的“语文资源”，然后运斤成风，化腐朽为神奇。日常生活语文化，班级生活语文化，社会生活语文化，她从语文教学走向了语文教育。

比如说班级微信播报的诞生和建设。利用微信平台进行班级播报，这个创意，初衷是为家长服务的，是一种真实的写作需要。

2014 年初王君接任清华附中小六创新四班班主任时，家校矛盾很尖锐，家长们普遍焦虑。为了营造充满信任的家校教育环境，让他们信任学校，信任新的班主任，让家长们在班级中有参与感，有存在感，王君希望在校内和校外搭建起一个通道。借助这个通道，家长可以非常便捷地参与到班级管理中来。

于是，借助于微信的一分钟语音传播功能，王君建立了班级“每日八点钟新闻播报”制度。每天晚上八点由值班孩子定时播报，全面总结介绍班级的各种情况。邀请家长定时聆听，鼓励家长评论。点子虽小，但很快激活了一池春水，家校的藩篱被推倒了，班级建设的死棋活了。创新四班的班级面貌在短时间内发生了巨大的变化。一个危机四伏的班级，很快成长为一个优秀的班级。

王君的班级播报具有“语文味儿”：播报媒介从语音播报发展到了图片播报、游戏播报、视频播报了。播报形式从最开初的单人播报发展到了双人播报、多人播报、相声式播报、双语播报、歌曲播报……精彩不断，创意不断。播报对学生的考验是巨大的。这既是口语训练，更是微作文训练；既是思维训练，又是情感训练。播报稿的创作，播报的演讲，既是班级管理本位的，又是语文教学本位的。

班级管理和作文教学、口语教学就这样交融在了一起。她用语文的手段提升了班级管理的文化品位，自然且无痕。

类似的创意，在王君的班级管理中，真是比比皆是。这也是青春语文的显著特色：万物皆著与我，万物皆为语文教学服务。

四、王君教学智慧精品片段聚焦

片段一：

老王

师：我们先听一听老王自己的解说吧！现在你们就是老王。请把这段文字转换成老王的倾诉，讲给坐在他车上的杨绛听。动脑子，王老师帮你开头。唉！

（屏显）

据老王自己讲：北京解放后，蹬三轮的都组织起来，那时候他“脑袋慢”，“没绕过来”，“晚了一步”，就“进不去了”，他感叹自己“人老了，没用了”。

生：唉！北京解放后，蹬三轮的都组织起来，那时候，他脑袋慢。

师：他？

生：我！我脑袋慢，就进不去了，我感叹自己。

师：他这样的倾诉对吗？

生1：不对。

生2：人老了，没用了。

师：好。请坐。谁在他的基础上，把语言组织得更好一些？唉！开始！

生：北京解放后，蹬三轮的都组织起来，那时候啊，我脑袋太慢啦，就晚了一步，然后就进不去了。人老了，就没用啦！

师：你这个老王，精气神还挺足。不像老王，像小王。我很怀疑老王有没有你那样的精气神。再读，你来。

生：唉！唉！

师：这丫头很有创意啊。她做了创造性的提炼。她把所有文字都变成了“唉”。服！其实这段文字所蕴含的就是生命的无数个“唉”。这就是什么？活命啊！被社会抛弃。比较第1自然段末尾，读一读，他的家庭状况如何。看看王老师大屏幕上的表达可以吗？请比较！

（屏显）

改文：有个死了的哥哥，有两个没出息的侄儿，此外就没什么亲人。

原文：有个哥哥，死了，有两个侄儿，“没出息”，此外就没什么亲人。

生 1：我觉得原文好。原文更加强调了“死了”“没出息”“就没什么”，把老王的孤苦伶仃表达了出来。

生 2：原文有点先扬后抑的味道，感觉读起来更沉重。

师：大家的感觉很准。来，我们配合一下。你现在是老王，我是杨绛，你慢一点儿啊，我们来对话。

师：老王啊，你老伴还好吗？

生：还好……

（众反对）

师：结合前后文想想。

生：哎，我没有老伴……

师：老王啊，你孩子都长大了吧？

生：哪有孩子啊……

师：哎哟，老王啊，你家里还有什么亲人呀？

生：唉，有个哥哥。

师：哎哟，有哥哥真好啊。

生：可是死啦。

师：怎么就死了呢？那还有什么亲人吗？

生：还有两个侄儿。

师：那两个侄儿也能够经常走动走动、帮衬帮衬你吗？

生：他们没什么出息。

师：那还有其他可以照顾你的亲人吗？

生：没有什么亲人了。

（生鼓掌）

师：孩子们，这就叫作“活命”啊！没有家庭，没有亲人。再读大屏幕上的句子，预备，齐！

（屏显）

老王只有一只眼，另一只是“田螺眼”，瞎的。乘客不愿坐他的车，怕他看不清，撞了什么。

（生读）

师：停！如果王老师只有一只眼，你们会同情我吗？

（师环视大家。孩子们故意淘气，说不）

师：都不？唉，世道人心哟。王老师只有一只眼，你们不同情。那如果老王只有一只眼，周围的人是怎么样对他指指点点呢？我想起讨论过的小悦悦事件。鲁迅说中国人有很多——

生：看客！

师：对，现在我们就来看看这些看客是如何对老王指指点点的。

（屏显）

有人说，这老光棍大约年轻时不老实，害了什么恶病，瞎掉了一只眼。

师：我看你喜笑颜开的，挺幸灾乐祸的。来，你来。你就是那些看客，你怎么来表达这个句子。

生：你这老光棍，太不老实了，害了什么恶病，瞎掉了一只眼，活该！

师：他把大家的心里话都说出来了。活该！造孽。可怜之人必有可恨之处。同学们，这就叫作——

生：活命。

师：好，我们继续读书。现在我是杨绛，你们都是老王啊。如果我是杨绛，你们怎么回答我啊？

（屏显）

有一天傍晚，我们夫妇散步，经过一个荒僻的小胡同，看见一个破破落落的大院，里面有几间塌败的小屋；老王正蹬着他那辆三轮进大院去。后来我在坐着老王的车和他闲聊的时候，问起那里是不是他的家。他说，住那儿多年了。

师：老王啊，那个地方是不是就是你的家啊？

生：住那儿很多年了。

师：发现了问题没有？

生：发现了。

师：你说。

生：他没说他的家在那儿，那就是一个房子。家是一个有亲人有温暖的地方。但是他住的地方没有家庭的温暖。

师：好的。只有他的破败的小屋，没有家。这就是什么？读——

生：活命。

师：这就是活命的状态！再读大屏幕上的文字。预备齐！

（屏显）

我们从干校回来，载客三轮都取缔了。老王只好把他那辆三轮改成运货的平板三轮。

（生读）

师：这个句子中哪一个词语最心酸地写出了老王的活命状态？

生：“只好”。

师：“只好”！来，我们把这个句子读好。你来试试。

生（深情地）：老王只好把他那辆三轮改成运货的平板三轮。

（生全体读，师指导读好重音）

师：同学们啊，文中还有太多的“只”，老王生命当中除了这些“只”外，可以说一无所有。我们来读这些句子，每个“只”都要重读。他靠着活命的——

（屏显）

他靠着活命的只是一辆破旧的三轮车。

他只有一只眼。

他只好把他那辆三轮改成运货的平板三轮。

开始几个月他还能扶病到我家来，以后只好托他同院的老李来代他传话了。

他只说：“我不吃。”

……

（生读）

（生再次动情读）

师：王老师一直以为啊，在现代汉语当中，最走投无路、最孤苦无依的一个汉字就是这个“只”字了。上天无路，下地无门，别无选择，这就叫作什么？——活命。

【品评】

王君讲《老王》，在语言训练上，形式丰富，手法灵活。她呕心沥血举象、造境、入情、会意……尽一切所能化平淡文字为真实生活情景，先把学生驱赶进去，然后让他们欲出不能，欲罢不休。让他们成为老王，成为杨绛，去亲身体验，去出生入死，去“走火入魔”。

在这个片段，王君针对五处语言点，设计了五个多样化的诵读情景，努力化平淡为神奇，引领学生从语言出发，又回到语言：

（1）孩子们成为老王，自述身世：理解老王被社会遗弃的痛苦。

（2）老师演杨绛，学生饰老王，创造性对话：理解老王没有家人的孤苦无依。

（3）让孩子饰看客，创造性“演说”社会闲人对老王的挖苦讽刺：理解社会对老王的凉薄。

（4）演读老王和杨绛的对话：理解老王有房无家的痛苦。

（5）诵读文中反复出现的“只”字，感受老王的走投无路。

这些方法，都是青春语文激活汉语言文字的创新方法。它让孩子们渐渐自觉地沉入词语，通过倾听文本的细微声响，引发对语言的敏感，在无痕的语言训练之中打开文本的意蕴之门。

片段二：

《陋室铭》《爱莲说》整合教学片段

师：我们读懂了周敦颐和陶渊明，那么，现在，我们回过头去再看刘禹锡。我们重点讨论一个问题，你认为刘禹锡的人生选择是陶渊明式的，还是周敦颐式的？请大家注意不要空谈，要扣紧诗文的关键字词来证明自己的观点。请先自由朗读一遍。

（生自由诵读）

生：我认为刘禹锡的选择是周敦颐式的。你看，他对自己陋室的评价是“斯是陋室，惟吾德馨”，他认为自己的品德是美好的，可以让陋室生辉。

师：你能够一下子就抓住关键词语“德馨”来思考，非常难得。但是，难道陶渊明的品德就不“馨”吗？

（众笑，生被问住了，不好意思地笑着坐下）

生1：我认为刘禹锡的选择是陶渊明式的，你看他的居住环境“苔痕上阶绿，草色入帘青”，这不也是一种隐居的环境吗？

生2：我不同意。刘禹锡的生活其实很丰富的，来来往往的都是博学的大儒，他还经常弹琴看书，这种生活是隐居的生活吗？

生 3：老师，这地方有点儿矛盾，既然鸿儒谈笑往来，地上怎么可以生青苔呢？矛盾的！

（众笑）

生 4（急切地）：我还是认为刘禹锡的选择是陶渊明式的。请注意，他读的书是“金经”，金经就是佛经，金经有南华经……（众大笑），一个读佛经的人难道不是在隐居吗？

师：有意思！再深入一点点，为什么刘禹锡说自己是“调素琴”，而不是“弹古琴”呢？

生：“调”更悠闲更随意，“素琴”说明他的生活是非常清苦的。

师：品得妙！这个“调”让我想起了那著名的“悠然见南山”的——

生：见！

师：对，异曲同工之妙。一样的闲适和自得。

生 1：我也觉得刘禹锡的选择是陶渊明式的选择，你看他的生活“无丝竹之乱耳，无案牍之劳形”，清静优雅，自由自在，不是隐居之人，是什么？

生 2：他的生活并不清雅，“谈笑有鸿儒”就可以证明。一个隐居之人，还会和世俗间的读书人来往频繁吗？一个真正心灵幽静的人，还会拒绝和没有文化的老百姓来往吗？我们背诵的很多陶渊明的诗歌，他可都是把自己打扮成农民的样子啊。

师：有意思！有意思！确实，陶渊明过的是真正的田园生活。他“种豆南山下，草盛豆苗稀”，他的思想，他的行为，包括他的文字，都有泥土的气息了。

生（急切地）：我坚决不同意刘禹锡的选择是陶渊明式的。你看，他把南阳诸葛庐和西蜀子云亭来比作自己的陋室。诸葛亮和杨子云都是历史上名声显赫的人物，一个在政治上建立奇功，一个在文学上很有造诣。看来，刘禹锡是希望自己也能像诸葛和子云一样建功立业的。

师（惊喜地）：好！真知灼见！

生 1：结尾点题句刘禹锡用的是孔子的名句。孔子是儒家主张建功立业的代表人物。《论语》里提到有一次孔子表扬颜回说，“贤哉回也，一箪食，一瓢饮，在陋巷，人不堪其忧，回也不改其乐。贤哉回也”。我想孔子更赞成周敦颐的人生选择，虽然身处逆境但是依旧要建功立业。刘禹锡引用孔子的话也应该是对自己的一种勉励。

生2：对。老师讲过孔子是坚决主张入世的，他自己便是终生为实现政治理想而奋斗。刘禹锡引用他的话，可见是非常尊崇孔子的。他不可能去隐居。

师：有见解，活学活用，半学期的《论语》没有白读！大家注意到了结尾，为什么不同样注意一下开头呢？

（师引导生齐读开头两遍）

生（恍然大悟）：开头其实也证明了刘禹锡的选择其实是周敦颐式的。“山不在高，有仙则名；水不在深，有龙则灵。”他其实是把自己比成了仙和龙。

师：哦，只不过，是和诸葛亮一般的——

生：卧龙！

（众笑）

生1：一个把自己比喻成龙和仙的人会真正隐居吗？

生2：另外，从这句话可以看出，刘禹锡并不安于寂寞，他希望自己的陋室能够“名”和“灵”，其实就是一开头就流露了自己要有所作为的想法。这也证明了刘禹锡的选择不会是陶渊明式的。

师：这就怪了，看来《陋室铭》中表达的东西有矛盾啊！

生1（手举得老高）：老师，我在想是不是这样的：刘禹锡他本来想表现的是一种安贫乐道、独善其身的生活状态。但是，他在不知不觉中又暴露了自己内心真实的想法。或者说，他当时过的的确是一种近似于隐居的生活，但是，他的心中却向往着建功立业，他从来没有放弃过建功立业的理想！

【品评】

1. 教师提出的主问题精准且直奔教学核心目标。“你认为刘禹锡的人生选择是陶渊明式的，还是周敦颐式的？”是整课教学的主问题。在前面读懂周敦颐之后，这个主问题就避免了零打碎敲式的提问，牵一发而动全身。第一，它承上启下，在前面蓄势的基础上，将讨论的焦点聚集到本堂课的核心目标：探究刘禹锡的心灵。第二，这个问题是选择问，问题本身没有倾向性和暗示性，因此能够充分打开学生的思维，增强了学生的思辨能力。值得注意的是，王君让学生“扣紧诗文的关键字词来证明自己的观点”，使学生眼睛始终紧盯文本，涵泳文字，体会文意，课堂教学的效率由此而大大提升。

2. 教师引导无痕，追问机智。针对学生的发言，王君的引导、追问使学生对刘禹锡的认识由表及里、由浅入深，课堂气氛高潮迭起，精彩的发言在这个教学环节中不断呈现。这个环节中，王君追问了三次。第一次是在肯定学生的发言之后的追问:“你能够一下子就抓住关键词语‘德馨’来思考，非常难得。但是，难道陶渊明的品德就不‘馨’吗？”让学生不仅浅尝，而且深究。第二次是在前一个学生似乎理由很充分的情况下的启发式追问:“为什么刘禹锡说自己是‘调素琴’，而不是‘弹古琴’呢？”在比较中，试图让学生自己探究出一个矛盾的刘禹锡。第三次追问是在学生抓住文章结尾，逐渐弄清楚刘禹锡主张出世为官之后：“大家注意到了结尾，为什么不同样注意一下开头呢？”水到渠成，一下子帮助学生探究出刘禹锡写作此文的真实意图。

3. 师生对话精彩。精彩有三：一是学生与学生的辩论式对话，有理有据，各抒己见，旁征博引，平等交流；二是老师对学生发言的点评式对话，引导及时，切中关键，发人深思，提升思维；三是师生与文本的咬文嚼字式对话，立足文本，扣紧字词，反复比较，深入探究。

由此可见，课堂对话的精彩来源于教师抓住课堂上稍纵即逝的机会适时引导、追问的能力。从这个教学环节可以充分看出王君的教学功力。

五、王君教学智慧经典课堂实录

“我们”在“田野”“散步”

——《散步》教学实录

（一）导入

师：今天我们学习一篇温暖的文章。它的作者是著名作家莫怀戚。

（屏显课文题目和作者）

师：莫怀戚是重庆师范大学的教授，是当年王老师的老师。

（生惊讶）

师：莫老师是一位很有名士风范的才子。穿着不讲究，当时不用手机，家里不安装电话，不开会。他第二天如果要讲座，头天晚上学生就开始抢占教室位置。他讲课啊，舌绽莲花，余音绕梁三日不绝！他随手写下一篇小文字，就成了经典——

（屏显）

《散步》这篇温暖的、朴素的短文，同时入选大陆、香港、台湾等各地中学教材，得到无数人的喜爱。它已经成为传奇。

师：请读课文第一句。

生（读）：我们在田野散步。

师：这是一幅多么神奇的画面！老师年龄越大，就越觉得神奇！

（师画板书）

师：这是一篇精美的短文。课前我邀请了我们班朗读特别棒的王智鹏同学一起背诵了这篇美文。现在，请同学们欣赏评价哟。

（生热烈鼓掌。师和王智鹏配乐背诵，一人一段，十分动情）

（二）咀嚼“我们”

师：今天我们就聊这幅图画中的三个关键词。好，现在我们来研究一下这个“我们”。“我们”有哪些人？

生：我，母亲，妻子，儿子。

（师板书）

（屏显）

聊一聊“我们”：

“我们”中的每一个人……

师：介绍一种聊的方法。俗话说，“言为心声”。一个人说的话最能表达他是一个怎么样的人。现在我们就用演读的方式来聊。你觉得谁挺有意思，你就把他的话读好，并且点评几句。

（屏显）

小家伙突然叫起来：“前面也是妈妈和儿子，后面也是妈妈和儿子。”

我决定委屈儿子，因为我伴同他的时日还长。我说：“走大路。”

但是母亲摸摸孙儿的小脑瓜，变了主意：“还是走小路吧。”

生：我觉得孙子是个可爱的人。

师：你得把孙子的可爱读出来。

（生读）

师：还不太可爱。回到小时候，四五岁、五六岁的样子，寻找那种感觉。注意重音。

（生再读。注意了重音“也”。众鼓掌）

师：你觉得这个孙子就仅仅是可爱吗？角度可以丰富一点儿。这么说话，这个孙子真——不要再用“可爱”这个词语了。

生1：这个孙子真聪慧！

生2：这个孙子真灵气！

生3：这个孙子真狡黠！

生4：这个孙子真善于观察！

生5：这个孙子真善于提炼！

……

师：是，别看这一小段话，其中可有很丰富的逻辑思维能力和语言的天赋呢！就用你们的词——！

（师板书“慧”）

师：请继续发言。

生：我喜欢文中的“我”。

师：用你的朗读来表现你的喜欢。

（生读）

师：我听出了体贴。除体贴之外，你还想传达其他的吗？

（生再读）

师：我还听出了温柔。

（生再读）

师：哦，我还听出了坚定。你来评价一下这个“我”。

生1：“我”很孝顺，很理解老人。

生2：“我”很理性，知道自己的责任。

生3：“我”很顾全大局，他爱家里的一切人。

……

（师板书“孝”）

生：我喜欢故事中的母亲，我觉得她也是特别可爱的人。

师：给你表演的机会，你的读要有动作。

（生表演：母亲摸摸孙儿的小脑瓜，变了主意："还是走小路吧。"众笑）

师：像个老人，表演很传神。解释一下，为什么喜欢母亲呢？

生：母亲很慈祥，疼爱孙儿。

师：仅仅是慈祥吗？她为什么要"改了主意"呢？

生1：母亲很理解儿子的难处，她不想让儿子不好办。她很开明。

生2：她特别善解人意，能够理解所有人的感受。

师：哦，一个开明的母亲。不是每一个老人家都这样通泰哟！

生：我觉得奶奶也很热爱生活，她是真心实意想走走小路。

……

（师板书"慈"）

生：我觉得妻子也是可爱的人。可是她没有说话。

师：你可以帮助她设计一句话呀！

（屏显）

我说："走大路。"

妻子说："____________________"

生：妻子说："听爸爸的话。"

师：有点儿生硬！大概儿子会不高兴。

生：妻子说："奶奶要走大路，我们就走大路。儿子，要懂事。"

师：大家觉得这么表达好吗？妻子可不好当。

生1：不好。这么说奶奶会比较难堪，家庭气氛就紧张了。

生2：我也觉得不好，显得这个妻子好像心中有气。

师：妻子可能会怎么说，她是一个什么样的人，文中其实是有提示的。哪句话？

生：妻子呢，在外面，她总是听我的。

师：聪明！大家琢磨一下，这句话的言外之意。

（屏显）

妻子呢，在外面，她总是听我的。

师：可不可以这样表达——

（屏显）

妻子呢，她总是听我的。

妻子呢，她总是在外面听我的。

生 1 ：不好。我觉得作者是在强调“在外面”。

生 2 ：妻子总是很给“我”面子。

生 3 ：妻子很贤惠。

师 ：“在外面”可以删掉吗？

生 ：不能。妻子只有“在外面”，才“总是听我的”，在家里不一定。

师：那我们加一句：妻子呢，在外面，她总是听我的；但是，在家里——

生 1 ：“我”总是听她的。

生 2 ：“我”有时候听她的。

（众笑）

师 ：你觉得这矛盾吗？

生：不矛盾。在外边他们的身份比较复杂，不仅是夫妻，还是儿媳妇呀，儿子呀，母亲呀，父亲啊。他们顾及的东西比较多，要互相关照、互相提携。做妻子的要给丈夫面子。可是回家就不一样了。回家他们是夫妻，没有外人，妻子在丈夫面前霸道任性是可以的。

师：你好懂爱情哟！小小年纪就这么有智慧。爱情确实是需要经营的。（众笑）那好，再来试试，妻子会怎么说。

生 1：妻子说 ：“如果你跟着奶奶走大路，就给你一块糖。”

生 2：不好不好，这是哄小孩子。田野里也买不到糖啊！（众笑）

师 ：对，教育最忌讳糊弄小孩子。处处用糖来收买也不恰当。

生 ：妻子说 ：“爸爸想的跟我一样。就走大路。”

师 ：丈夫倒高兴了，儿子恐怕还是不太高兴。你得思量，这话啊，得方方面面听起来都舒服，都没有压力。

生 ：妻子说 ：“这回咱们走大路，下回走小路。”

师 ：这句话说得不错，有水平。做个好妻子，真得动脑筋，有智慧，多修炼啊！

……

师 ：用一个词语来评价一下这个妻子。

生：贤惠。

（师板书“贤”）

师：这就是“我们”。同学们，当你读“我们”这个词语的时候，你会有什么感觉？

生1：温暖。

生2：安全。

生3：幸福。

生4：有归宿感。

师：让我们带着这些美好的感受，带着“慈爱”“孝顺”“贤惠”“聪慧”来读。

生（读）：我们在田野散步。

师：这种写法啊，我们可以这样归纳——

（屏显）

神奇的写人技巧

一“言”可传神

无“言”亦传神

（三）咀嚼“田野”

师：“我们”散步的地方啊，特别值得研究，不是马路上，不是小区里，不是公园里，而是在——

生：田野上！

（屏显）

聊一聊“田野”……

师：田野！现代人离田野太远了，让我们走到田野里边去——谁能用朗读把我们带到田野中去呢？

（屏显）

这南方初春的田野，

大块小块的新绿随意地铺着，

有的浓，有的淡；

树上的嫩芽也密了；

田里的冬水也咕咕地起着水泡。

这一切都使人想着一样东西——

生命。

（生配乐朗读）

师：多么美妙的声音！听得我的心都要醉了。这是我们的田野，更是母亲的田野，母亲看到了——

（屏显）

她的眼随小路望去：

那里有金色的菜花，

两行整齐的桑树，

尽头一口水波粼粼的鱼塘。

（生配乐朗读。师强调用欢欣的语气来读，重读“金色”“整齐”“水波粼粼”）

师：多好啊，继续——

（屏显）

这样，

我们

在阳光下，

向着那

菜花、桑树和鱼塘

走去

（师指导学生深情地读）

师：这幅田野里的画可美，可神奇呢！菜花？你的头脑中会蹦出什么诗？儿童疾走——

生：儿童疾走追黄蝶，飞入菜花无处寻。

师：梅子金黄杏子肥——

生：麦花雪白菜花稀。

师：有菜花的地方有生趣呢！桑树更美。我们常说“沧海桑田”，为什么不说“沧海桃田”呢？“桑”在中国文化中是有特殊的意义的。例如，开轩面场圃——

生：把酒话桑麻。

师：待到重阳日——

生：还来就菊花。

师：狗吠深巷中——

生：鸡鸣桑树颠。

师：中国古代有一位美女叫罗敷，是跟我们班石嘉慧一样漂亮的女子，汉乐府中写她的美，就写她“罗敷善蚕桑，采桑城南隅”。有“桑”的地方就有——

生：人家。

师：有桑的地方，就有生气，就有——

生：和平呢！

师：鱼塘呢？池塘生春草——

生：园柳变鸣禽。

师：半亩方塘一鉴开——

生：天光云影共徘徊。

师：所以，当我们——

（屏显）

我们在阳光下，

向着那菜花、桑树和鱼塘走去。

（生朗读，师板书）

师：我们在阳光下，向着那菜花、桑树、鱼塘走去，就是向什么走去？

生1：向和谐走去！

生2：向快乐走去！

生3：向红红火火的生活走去！

生4：向美丽走去。

生5：向幸福和美满走去！

师：进一步想想，如果没有这些景物的描写——

（屏显）

如果没有这些景物描写……

生1：如果没有，那种春天的气息就没有了。

生2：如果没有的话，我觉得文中洋溢的那种温情也淡了不少。

生3：如果没有，字里行间的生命力就没有了。

生4：必须有。为后文“走大路”还是“走小路”做铺垫啊。

生5：有了这些景物描写，我觉得这篇小文章就显得厚重了，好像有许多东西值得挖掘。

……

（屏显）

奇妙的景物描写

春天的气息被渲染出来了

幸福的心境被衬托出来了

推动情节发展的细节被铺垫出来了

多元深刻的主题被暗示出来了

……

（生诵读，做笔记）

（四）咀嚼“散步”

师：“我们”一家人在田野里“散步”。

（屏显）

聊一聊“散步”

师：同学们，你们现在还经常散步吗？

生（沮丧地）：很少散步。

师：是啊，老师也是。想想挺可悲的。现代人啊，一直在奔跑。小时候，就不能输在——

生：起跑线上。

师：何止是起跑线？中国人简直害怕任何一个阶段的落后。所以，大家都跑啊跑啊，争先恐后，你争我夺。最后，大家就都堵在高速公路上了。世界上最远的距离就是世界上最近的距离——因为你在五环，我也在五环。可就是见不了面啊！

（众哄堂大笑）

师：什么是“散步”呢？散步不是跑，不是跳，不是追，不是挪，而是一种挺美好的“走”。什么样的走才算散步呢？课文最后一段告诉了我们这个生命的秘密。快去找——

生：慢慢地，稳稳地。走得很仔细。

（师画板书“慢、稳”）

师：对，慢慢地，稳稳地，仔细地走，聚精会神地享受美景。这是多么美妙的生命状态！这么美妙的生命状态也是作者用富有“慢慢的、稳稳的”的风格特点的文字表达出来的呢！我们一起来探究一下。

（屏显）

《散步》的文字风格是不是也是“慢慢的，稳稳的”呢？

师：为了帮助大家思考，老师给你们一点儿帮助。请同学们睁大眼睛观察下边这组句子。

（屏显）

第一组句子：

我们在田野散步：我，我的母亲，我的妻子和儿子。

我的母亲又熬过了一个严冬。

我和母亲走在前面，我的妻子和儿子走在后面。

后来发生了分歧：母亲要走大路，大路平顺；我的儿子要走小路，小路有意思。

师：这些句子具有相同的特点，句中有的词语可以删掉。请你研究一下。

生1：是那些“我的”。

生2：对，所有的“我的”都可以删掉。

（屏显）

我们在田野散步：我，母亲，妻子和儿子。

母亲又熬过了一个酷冬。

我和母亲走在前面，妻子和儿子走在后面。

后来发生了分歧：母亲要走大路，大路平顺；儿子要走小路，小路有意思。

（师指导生朗读删掉“我的”后的句子）

师：真的可以删掉吗？

生1：我觉得不能。删掉之后就显示不出“我”的重要性。

生2：不能删掉。删掉就显得表达很急促了。

生3：不能删掉，删掉就和那句“一霎时，我感到了责任的重大”形不成呼应了。

生4：删掉之后就没有自豪感了。

生5：删掉之后感觉这家人就没有那么团结了，也没有那么温暖了。

师：再读这个“我的”，除了你们说的之外，对于父亲而言，还有一种重要的东西在其中呢！

（生朗读）

生：是责任和担当。当父亲说“我的”时，就是把家庭的责任全部挑起来了！

师：真好！真好！你能够朗读出来，说明你也是一个有担当意识和责任意识的好孩子。同学们，适当的重复就是一种表达的“慢”和“稳”！语言形式帮助作者表达了情感。我们再看一句。请不要看书，自己独立思考。

（屏显）

我的母亲高大，很瘦，不算重；

儿子很胖，幼小，也轻。

（生自由练习，各有高下）

师：原文中是这样的——

（屏显）

我的母亲虽然高大，然而很瘦，自然不算重；

儿子虽然很胖，毕竟幼小，自然也轻。

（生朗读）

师：琢磨一下，这个句子在形式上和内容上有什么特点？

生1：它们是前后对应的。

生2：有点儿像对偶句。

生3：显得特别整齐。

生4：意思也是相对的。

……

师：类似的句子在全文中还不少。找找看。

生1：她现在很听我的话，就像我小时候很听她的话一样。

生 2：母亲要走大路，大路平顺；我的儿子要走小路，小路有意思。

生 3：我的母亲老了，她早已习惯听从她强壮的儿子；我的儿子还小，他还习惯听从他高大的父亲。

生 4：我蹲下来，背起了母亲，妻子也蹲下来，背起了儿子。

师：真好！又快又好！你们在朗读这样的句子的时候，有什么感觉？

生 1：我觉得很优美。

生 2：我觉得吧，特别和谐，这些句子跟作者一家人一样团结。

（众笑）

生 3：读起来也有一种安全感。

生 4：它们好像支撑在一起，构成一个温暖的家。

师：说得好有创意。

生：这些句子也是慢慢的，稳稳的。

师：如果要用一种图形来形容这样的句式的特点，你选择哪种图形？正方形？圆形？梯形？三角形？直线？弧线？……

生：我选择对称图形。

师：对称图形给人以安定感。

生 1：我选择圆形，圆圆满满。

生 2：我选择三角形，老中青三代互相支撑着。

师：这个想法有创意！老师选择的是“圆形”，我还给这种句式命名了——

（屏显）

神奇的圆形句式

内容相呼相答

形式相扶相持

思想相辉相映

情感相融相生

（生读）

师：这就是慢慢的、稳稳的语言，慢慢的、稳稳的散步，慢慢的、稳稳的情怀。现在，也请你慢慢地、稳稳地去读出、背诵出你最爱的句子吧。

（屏显）

她现在很听我的话，就像我小时候很听她的话一样。

母亲要走大路，大路平顺；我的儿子要走小路，小路有意思。

我的母亲老了，她早已习惯听从她强壮的儿子；我的儿子还小，他还习惯听从他高大的父亲。

我蹲下来，背起了母亲，妻子也蹲下来，背起了儿子。

我的母亲虽然高大，然而很瘦，自然不算重；儿子虽然很胖，毕竟幼小，自然也轻。

（生自由读背展示）

（五）总结收尾

师：真好！真好！听着你们的诵读，老师的心也开始散步了。田野上的一切，使作者想起了一样东西——生命。而书内书外的这一切，又使你想起了哪些东西呢？

（屏显）

这一切都使人想着一样东西——生命

这一切还使人想起更多——

生 1：责任。

生 2：爱。

生 3：传承。

生 4：温暖。

生 5：担当。

生 6：还有生命！

……

（下课铃声响起）

师：孩子们，让我们，就带着这样的感悟，在那阳光下，朝着我们生命中的菜花、桑树、鱼塘，走去，慢慢地、稳稳地走去吧！

（屏显）

我们

在阳光下，

向着那

菜花、桑树和鱼塘

走去

我们都是
慢慢地，稳稳地，
走得很仔细，
好像我背上的同她背上的加起来，
就是整个世界。
（生在朗读中下课）

附：板书

第七篇　尤立增教学智慧研究

尤立增，1966年生，河北省张家口市第一中学语文特级教师、语文教研组长、学术委员会主任。河北省高级教师评委会委员，河北省特级教师“送教下乡”讲师团成员。曾获“全国五一劳动奖章”“全国师德标兵”“全国优秀语文教师”“全国十佳教改新星”“全国中学语文首届学术领军人物”“全国首批文学教育名师”“河北省劳动模范”“河北省首批学科名师”“河北省教书育人楷模”“河北省首届教育追梦人”“张家口市十大杰出青年”“张家口市杰出人才”等荣誉称号。

2013年入选教育部“中小学教师国家级培训计划”名师库，2015年被评为教育部“万人计划”全国教学名师。执教公开课4次获得国家级一等奖。先后有200余篇论文在《语文教学通讯》《中学语文教学》《中学语文教学参考》等教育期刊发表，主编教学用书30余种；出版《尤立增讲语文》《高中语文经典篇目同课异构与点评》《高中作文教与学》等学术专著。主持国家级、省级课题多项。近年来，在全国各地执教公开课或做学术报告100余场。曾多次在全国语文教学课堂大赛中担任评委。

经过多年的教学实践与探索，以“转化教学论”为依托，创造性地提出了“‘学情核心’阅读教学法”。

一、尤立增教学智慧的探索历程

有人从那些优秀语文教师的成长经历中，归纳出他们成长的几个阶段：适应阶段、强化教学基本功阶段、形成经验和技能阶段、成长的“徘徊阶段”、“成名成家”的阶段。尽管并不是每个老师都能成长为语文教学专家，但作为一名语文教师，确立自我专业化发展的目标，在教学实践中逐步形成自己的教学风格，让教学充满智慧，这应该是优秀语文教师的共同追求。尤立增就是这样一位充满探索精神并逐步形成独特教学智慧的老师。

（一）把课上得“精致”起来

2000年，34岁的尤立增被评为河北省特级教师，成为河北省最年轻的语文特级教师。接着，诸多的荣誉“砸”在他的头上，他似乎迷失了自我：大学毕业10年，得到了有些老师一辈子梦寐以求的东西，这真实吗？下一步的发展目标是什么？想到这些，他虚汗涔涔，因为语文教师的经历留给他更多的是思考。于是，夜深人静时，淡淡的灯光下，只有他的影子陪着他。顺手沏一杯茶，看一群褐色的“精灵”在琥珀色的液体里热烈地跳动，柔柔的水雾把那份苦苦的清香抹上额头。随着这茶叶渐渐沉淀下去，他留给自己一点反思：你取得了一点成绩，并不等于语文教学能力很高，你一定要有自知之明，必须要低下那自以为高贵的头，抛弃那自以为是的狂劲，除掉那目空一切的傲气，赶走那不以为然的俗气！

他这样告诫自己：语文教学是一片海，我就是在海中漂泊的一叶扁舟。只有把握了正确的方向并具有高超的驾船技术，才不会在一片浩瀚中迷失自我。

在办公室的一个角落里，他默默地做着自己想做的事，有了相对充裕的时间，一下子找到了一种自己渴望许久的感觉。备课、评改练笔、批改作业，使得生活成为一种“常态”，他喜欢这种“把冷板凳坐穿”的感觉。也曾有人问他每天干些什么，他认真地想了想，回答是“做自己想做的事”！

自己想做的事是什么？他也扪心自问。面对着已经教过几遍十几遍的、十分熟悉的教材，似乎不用花很大的气力备课了，似乎可以偷懒了。

但他知道，吃透教材是语文教师基本能力的重中之重，语文课堂的高效率是以教师的充分备课为基础，正如根之于枝叶，地基之于大厦；根不深而求枝叶繁茂，地基不实而求大厦坚固，是为天方夜谭。如何将熟悉的老课文讲出新意，如何将新课文讲出风采，如何追求真实、鲜活、灵动、高效的课堂，应该是自己努力的方向。于是，他心中豁然开朗，暗暗对自己说：把课上得“精致”起来，追求课堂的“精致”！

“把课上得‘精致’起来！”难道以前的课就不精致吗？他想，教学是一门遗憾的艺术，将过去的遗憾弥补回来，也就是在追求课堂的“精致”。当然，说起来容易，做起来却很难，难在如何深入挖掘文本内涵，形成自己对文本的独特解读，突破原有教学模式的桎梏，不断增加课堂亮点。为了消除自身的惰性，每当上完一个学期的课，他都要把自己的教案当废纸卖掉。对此，也有人不理解，备课下了那么大的功夫，好不容易积累的材料为什么就轻易地扔掉？他知道，有旧教案，在备课时容易偷懒——看看旧教案，甚至拿旧教案上课！卖了，就断了“后路”，就促使他每讲一篇文章，不管是新课文还是旧课文，都会像自己的学生一样读课文，看看没有“参考资料”的自己对文本能够理解到什么程度，学生能理解到什么程度，这样，备课时就能够比较准确地把握住学生认知的起点。尊重学生的一个重要标准就是尊重学生的认知能力。当然，这不是“享受生活”的态度，而是和自己较劲，跟自己过不去，学会对自己“残酷”一点！在他人看来这是“有病”，可是，“有病”的人恰恰是最健康的！

在别人眼里，尤立增的课越来越“精致”，慕名前来听课的老师也越来越多。但随着时间的推移，尤立增感到，这一节又一节“精致”课的背后，总是缺少些什么，他继续探索着……

（二）转化教学论，又一片崭新的天地

那些“精致”的课堂背后，缺少“大气”的东西，缺少宏观的把控，缺少高屋建瓴的理论设计。这时，尤立增意识到，要想更进一步，不仅要学习理论，更要构建自己的教学理论体系。语文教师要在一定的教学理论的指导下设计教学方案，从事教学活动。这是最经常的工作，也最容易出现盲目性，而盲目的教学实践肯定是低水平、低效率的。设计教案，组织教学，一定要精心。比如，每一堂课，确立怎样的教学任务和目标，采用什么样的教学方法和步骤，需要几个教学环节，步骤与步骤之间、环节与环节之间如何过渡衔接，板书如何设计，向学生提出什么问题，用什么样的语言提问，在什么时机提问，都需要仔细再仔细，不能有丝毫的马虎。这些问题都准备充分了，还有个课堂实践的问题。在课堂上应该运用自如，随机应变，把教师的主导作用和学生的主体作用有机地结合起来，切忌刻板教条，切忌牵着学生鼻子走，切忌生硬地灌输。

恰好这时，尤立增承担了河北省重点科研课题"'转化教学论'实践的深化与拓展"教改实验。"转化教学论"是尤立增的师父周子诚老师用毕生心血创立的教学理论。转化教学论认为：语文教学的核心重在"转化"，"转化率"是指语文知识、语文能力、与语文相关的人文素养转化为学生自己的语文素质的比率，这是提高语文教学质量、全面提高学生语文素质的核心。师父退休后，尤立增高擎大旗，不断丰富和发展着转化教学论，大刀阔斧改革自己的教学。

他对阅读教学的改革，按"三步六环节"组织教学。一是发现、摘取。这是内化的起点。发现，是让学生自己去发现；摘取，是让学生自己去摘取，教师不能有丝毫的包办代替。二是要研讨、消化。这是内化的关键步骤。发现摘取了的东西往往是感性的、粗浅的。要实现由感性到理性，由粗到精，由浅入深，纠错正误，还必须有一个探究消化的过程。把探究消化的权利交给学生，采取小组交流、全班探讨的方式，组织指导学生尽可能地自我完成理解消化过程。三是应用、创造。这是一个外化过程。这个过程就是引导学生将上一次阅读的内化成果用于下一篇、下一单元以至课外阅读。每一次阅读，都力求发现的质量高一点，理解的程度深一点，生疑解疑的本领大一点，内化的成果多一点，使丰富人文背景、熟练语言技能技巧的进程呈现加速发展状态，从而形成阅读教学的良性循环。

他将转化教学论应用到写作教学，他认为写作也是一个转化过程。写作能力只能在写作实践中提高，强化练笔实践，是提高写作能力的根本途径。尤立增规定，学生须每人准备一个练笔本，每周练写 2~3 篇；内容以生活杂感为主，实话实说；形式可长可短，可以是一篇完整的文章，一段精炼的感悟，也可以是几句生活格言，还可以是诗歌创作、小说创作。同时，引导学生用自己的眼睛去观察，用自己的头脑去思考，不断地积累、深化生活体验和感悟，最大限度地实现内化，并且凭借这种体验和感悟去进一步认识社会、认识各种矛盾，使自己的文章来自生活，发诸真情，充满个性，使作文与做人同步发展。

为全面提高学生的语文素质，尤立增将对联教学引入课堂：介绍对联知识，激发学习兴趣；给上联，对下联，加强基本功训练；自选生活题材，自创对联；用对联形式概括课文内容，评价赏析作品。这样做的结果，激发了学生学语文的兴趣，促进了读写能力的提高。

（三）“学情核心”阅读教学法的形成

在新课程背景下，教学中教师和学生的角色定位发生了很大变化。教师是“平等的首席”，是助学者、引路人，在教学中必须从学生出发，这就必须吃透学生——了解学情并尊重学情。吃透，主要指两个方面：一是从宏观上把握学生阅读文章的一般规律，把握处理教学内容的一般规律，这两个规律是最根本的学情，最根本的实际；二是在课堂上从学生切入的角度、理解的起点出发，决不能只从教师自己怎么教出发。

面对课改形势的变化，尤立增以转化教学论为依托，以阅读教学为突破口，进行阅读教学的纵深改革。

有一次执教《荷塘月色》，尤立增让学生谈谈“原始阅读感受”，并提出有疑惑的问题。学生的问题有：怎样理解作者“淡淡的哀愁”与“淡淡的喜悦”的情感，为什么作者会联想到江南采莲的旧俗，怎样理解文中引用的《采莲赋》和《西洲曲》……这些问题关涉文本的背景因素、思路结构、思想情感等诸多方面。个性的问题有：“酣眠”“小睡”等词语的理解，通感修辞等。还有学生提出了“‘妖童媛女，荡舟心许……兼传羽杯……’中的‘羽杯’作何解”的问题，尤立增多次执教《荷塘月色》，但从未想过该问题。后来查阅资料才知晓，“羽杯”即“羽觞”，因为杯型做成鸟的形状而得名。这些问题，带给尤立增更多的思考：我们一直作为教学重点的“这几天心里颇不宁静”的原因为什么无人提及？我们想当然地认为学生应该懂的内容，他们真的懂了吗？我们在课堂上口若悬河讲的那些内容，学生是不是早已掌握？

于是，尤立增制作了“预习作业”。在教授某一篇文章之前，提早一周给学生下发“预习作业”纸，作业内容包括“作家作品”“字词积累”“预习所得”“质疑问难”四个板块。“作家作品”“字词积累”由学生借助工具书和参考资料总结积累；“预习所得”是学生在其认知能力基础上对文本的理解的原始收获；“质疑问难”是重点，即学生在预习时发现的问题——无知不解处见疑，似知似解处有疑，已知已解处生疑，文本的缺陷和错误处质疑。教师通过“预习所得”和“质疑问难”两个板块能准确把握学生的认知起点，并将这个起点作为教师安排教学设计的最重要的参考依据，这也是最重要的学情依据。

学生提出的共性的问题，当然是教师设计教学的重点，个性的问题也可根据具体情况灵活处理。这样，教师的教学设计就围绕着学生的问题展开，课堂就成了师生共同解惑的过程。如此一来，课堂就减少了盲目性，增加了针对性，减少了随意性，增加了有效性。于是，尤立增不断思考改进这种做法，最终形成“学情核心”阅读教学法。

尤立增认为，课堂不能仅仅是教师向学生提出一系列的问题，让学生解决问题。教师要鼓励学生自己去提出问题，因为提出问题比解决问题更重要。学生向教师提出问题，便是对教师的挑战。开放的课堂互动中教师随时可能接受学生的挑战，而成为应战者。教师要重新定位师生关系，以学生为发展中心，把平等自由教给学生。教师应引导学生自我提出问题、合作分析问题、探究完成解决问题，鼓励学生在课堂上交流、沟通，在“预习作业”中学有所得或提出疑问。因为学生的发现是“原始的”，是璞玉，就需要课上的“雕琢”。这个过程是一个由感性到理性，由粗到精，由浅入深，纠错正误的探究消化的过程。

在这个过程中，师生之间是一种民主平等、和谐融洽、教学相长的“合作伙伴”关系。教师起着组织、引导、点拨的作用，真正扮演好组织者、引导者、助学者的角色；学生始终是活动的主角，他们的思维互相启发，思想的火花互相撞击，方法智慧互相借鉴，取长补短，共同提高。

尤立增始终没有停下脚步，他不断完善着“学情核心”阅读教学法，并着手构建写作教学的新体系。

二、尤立增教学智慧的思想内核

（一）基本阐释

在“学情核心”的课堂中，学生的学习方式并不是单纯的教师在讲台上讲授的方式，而是将教师变成一个学习的引导者，学生的角色回归到真正的身份——学习者和学习的主体。学生完成预习作业，学生之间组内交流，互相解决问题；学生个人能解决的问题就让学生自己解决，个人解决不了的问题，学生合作解决；学生合作解决不了的问题，师生合作解决，最后通过成果展示、拓展阅读、读写链接完成教学任务。

（二）理论依据

（1）生本课堂。生本课堂的核心是“以学定教”的教学理念。教师只有对学生的认知水平、知识能力准确把握，其目标设计才会具有针对性，教师的教与学生的学也才能形成合力。只有把学生当作学习任务的“首要责任人”，教师由教的“控制者”变为学生学习的“共同体”时，充满生机与活力的课堂才能实现。只有当教师能不拘泥于预设的教案，“目中有人”，能及时捕捉到学习进程中的信息并快速调整自己的教学思路时，课堂教学才会是有效的甚至高效的。同时要把思考的权利、时间和空间还给学生，让学生有充分表达自己思想和展示思维过程的舞台，让他们在质疑问难和讨论交流中获取知识，提升能力，感受成功的愉悦。

（2）转化教学论。这里有两个基本要点。一是要坚持实践论。语文知识、能力和人文素养的转化，只能在语文实践中实现。这种实践是让每一个学生个体充分投入到语文学习全过程的实践，而不是教师实践后讲给学生听，表演给学生看，也不是将各部分学生局部的实践简单相加的、貌似全面实则虚假的课堂实践。这就必须扫除“三风三习”，即扫除以教代学、以讲代读的“代”风“代”习；扫除只灌结果不导过程的“灌”风“灌”习；扫除教师当演员、学生当观众，教师当牧人、学生当羊群的“霸”风“霸”习。把学和读的权利、写的自由彻底还给学生，引导学生充分投入获取知识、锻炼能力的实际过程中，真正让学生当主人、做主角，而教师则要从“神坛”上走下来，转变角色，当好教练、导演、助学者、指路人、平等的首席。二是要坚持面向全体论。要想让不同层次、不同水平的学生无一例外地都投入到语文学习实践中来，都在自己原有的基础上有所收获，有所提高，就必须因材施教。只有因材施教，才能落实面向全体的宗旨。这就需要克服三种倾向：一是只从教师怎么教出发不从学生怎么学出发，不看对象，脱离学情，主观设定教案，强使学生入我彀中的主观主义倾向。二是只因教材之“材”施教，不因学生之“材”施教，抹杀差别，不顾后进，要求学生一律“齐步走”的形而上学倾向。三是片面强调大容量、高密度、快节奏，不顾学习规律，不顾实际效果的虚华倾向。代之以从学情出发，承认差别，尊重差别，按学习规律办事的新教风，使每一个学生个体都能各得其所，从而使全体学生都能提高自己的学习转化率。

（三）教学预设

在“学情核心”的课堂中，教学预设当然来自学情，应具备以下特点：

预设要呈现多元化。阅读具有极强的个性化色彩。由于每一个阅读个体知识储备、人生阅历、思维品质、阅读敏感度千差万别，所以，同一文本在不同的阅读个体心中的领悟、感受、评价会各不相同，确定唯一的阅读教学目标显然是不合适的。如果预设目标过于单一，必然会扼杀阅读个体的个性化的理解与感悟。试想，诸多专家、学者穷其一生研究的结论，被我们的教师预设为教学目标，并力求在极短的课堂教学中达成，对学生而言是不可想象的。因此，确定多元化的阅读目标，使不同层次、不同起点的学生在其原有基础上均有最大程度的收获，是符合新课程标准精神的。

预设要具有弹性。每一位阅读个体阅读文本，既是从书面文字开始而止于大脑的某种再现或解释的过程，也是从已经习得的知识和技能出发在阅读中又选择自己所需要的信息，成为一个真正主动的、由内心促动并受内心支配的过程。学生总是利用个体先前已有的知识、经验和个性化的情感去推断、感受课文的新意义，这就决定了阅读教学的目标应有较大的弹性，不可能绝对精确和清晰。其下限目标可以是要求人人能达到的，而上限目标则鼓励学生去自由超越。这种弹性，为学生自由阅读、自主发现创设了极大的空间，这是符合不同层次学生认知水平的客观需求，也是真正意义上的“以人为本”的民主阅读观。

（四）达成手段

“学情核心”阅读教学法将发现的权利还给学生，让学生体会自己“摘果子”的快乐，是阅读最基本的意识和最基本的能力，是真正意义上的尊重学生，尊重学情。

学生要发现什么？一是要发现自己认为有价值的东西。一字一词、一招一式、一种说法、一个道理，人物事迹、科技新知、道德情操、章法技巧等，只要学生认为是有价值的，就都是发现对象。二是要发现疑难之处。不知不解处见疑，似知似解处有疑，已知已解处生疑，以疑促思，以疑促学。三是要发现读物本身的缺陷和错误，鼓励学生不要迷信课文，敢于向印成铅字的文章挑战。对这三类发现，不求整齐划一，但求真有所见。尊重低层次，鼓励高层次，目的就在于培养发现意识，养成发现习惯，提高发现能力。

文本如树，上面有许多果子，怎么办？摘取。只要自己认为有用的，就不管三七二十一，实行拿来主义。摘下来，以后可以在应用中逐步理解；摘不到，就永远失去了应用和理解的机会。摘取的方式，灵活多样，不求一律，每个人都有自己的习惯。只要能纳入自己的知能结构，能在阅读实践中起作用，就算达到目的。

之所以强调“学生自己认为”，强调不整齐划一、不求一律，就是为了尊重学生个性，尊重学生不同层次的起点，让他们充分自由地表现他们的个性和起点。而这也正是具体实际的学情，正是因材施教的依据，正是实施阅读教学的出发地、起跑线。

课堂推进中，采取交流探讨的方式，组织指导学生尽可能地自我完成理解消化过程。具体做法有：一是小组交流切磋，取长补短，尽量达成共识；二是全班交流，小组代表发言（代表轮流担当，人人都有机会），或抢答，或顺序发言，依具体需要而定；三是全班讨论，辩难，自由发言；四是疑难问题，采取小组探究与全班讨论相结合的办法，灵活处理。在这个过程中，学生始终是活动的主角，他们的思维互相启发，思想的火花互相撞击，方法智慧互相借鉴，取长补短，共同提高。这样的课堂，不再是教师唱独角戏，不再是教师成本大套地一味灌输，而是以学生的发现摘取为起点，以学生的交流探讨为基本方式，气氛活跃，效果扎实，资源共享，各得其所。

三、尤立增教学智慧的艺术呈现

（一）布置“预习作业”

（1）“预习作业”布置时间

课堂学习某篇课文前 4~5 天。利用自习时间完成。

（2）要求

学生自学课文，完成预习作业。预习作业模板如下：

《小狗包弟》预习作业　班级：　　　姓名：　　　评价：

<table>
<tr><td>字词积累</td><td>注音，释义：
舔舐　租赁　叱骂
解剖　堕落　舐犊　情深
作揖　缉毒　修葺　编辑</td><td rowspan="3"></td><td rowspan="3">质疑问难</td><td rowspan="3">例如：
1. 作者为什么要以一条小狗来反映“文革”的现实？
2. 文末说：“我怀念包弟，我想向它表示歉意。”作者为什么要表达歉意？
……</td></tr>
<tr><td>作家作品</td><td>巴金，原名李尧棠，字芾甘。其代表作有“爱情三部曲”（《雾》《雨》《电》）和“激流三部曲”（《家》《春》《秋》）</td></tr>
<tr><td>预习所得</td><td>1. 这篇文章是一篇叙事性散文，有一个完整的故事链，有开端、发展、结局和尾声
2. 质朴简洁的语言道出了自己的真情，毫无保留，毫无掩饰。这体现了他勇于解剖自己、敢于讲出真话的精神</td></tr>
</table>

（二）备课

备课时，教师应认真对待学生的“预习作业”，视“预习作业”为教学设计的逻辑起点。

批改“预习作业”，非常重要。“预习所得”主要评价学生理解掌握的基本情况。“质疑问难”是重点，批改时，个性问题用简单批注的形式完成，如学生提出“苏轼创作《念奴娇》的背景”，批改时就写一个字“贬”。根据学生完成“预习作业”的态度、收获、问题价值等，给出等级或分数。

整合“质疑问难”的内容，记下学生提出的共性问题，并将这些问题分门别类，如哪些属于文义理解的，哪些属于写作手法的。

例如预习《登高》一文，除了诗句理解的问题外，学生主要提出以下问题：

①《登高》被赞之为“杜集七言律诗第一”“古今七言律诗之冠”，说其“一篇之内，句句皆奇；一句之中，字字皆奇”。该如何理解这句话？

②诗中选取的意象具有怎样的典型性？

③触发诗人“悲”情的原因有哪些？

④第二联是如何将自然和人生结合在一起的？

⑤“艰难”仅仅指国家处境艰难吗？

这些问题并不是学生预习发现的所有问题，而是共性的、有价值的问题。这些问题是最有价值的学情，也是进行教学设计的逻辑起点。在掌握学情的基础上，教师广泛查阅资料，认真备课，写出教案。教案可以是“实操型”，也可以是“资料型”。

所谓“实操型”设计，就是学生提出什么问题，教师在备课时就准备回答什么问题。所谓“资料型”设计，就是针对学生提出的问题或课堂中生成的新的问题，教师用“备答资料”的形式准备。

如《登高》的“备答资料”：

首联：诗人独自登上高处，视线从高到低，围绕夔州的特定环境，诗人选择了凄冷的秋风、空旷的天空、凄厉哀怨的猿声、凄清的江水、白茫茫的沙滩以及回旋飞翔的鸟群六个意象，为我们描绘了一幅“冷冷清清、凄凄惨惨戚戚”的悲凉画面。特别是“猿啸哀”和“鸟飞回”两个细节，有声有色，是诗人在倾诉着老病孤独的复杂情感，寥寥数言，为全诗定下了哀婉凄凉、深沉凝重的抒情基调。

颔联：集中表现了深秋时节的典型特征。落木茫无边际、萧萧而下，是诗人仰视所望；江水奔腾不息、滚滚而去，是诗人俯视所见。从这里仿佛感受到了诗人面对逝者如斯的江水所发出的韶光易逝、人生苦短的慨叹，面对一枯一荣的落木所抒发的壮志难酬、无可奈何的苦痛！

颈联：将以上两联所蕴含的感情进一步明朗化，从时间和空间两个方面把诗人的忧国伤时的惆怅表现得富有层次性和立体感，以“悲”贯穿，工整严谨的对句，不仅饱含了诗人像落叶一样排遣不尽的羁旅愁，而且也饱含了诗人像江水一样驱赶不尽的孤独恨，丰富的内蕴让我们深深地感受到了杜甫那沉重地跳动着的感情的脉搏和时代的强音！

尾联：诗人备尝艰难潦倒之苦，国难家愁，已经使诗人白发日多，苦不堪言，本欲借酒遣愁，但由于因病断酒，悲愁就更难以排遣，这又无端地给诗人增添了一层深深的惆怅和无奈的慨叹。这里诗人将潦倒不堪归结于时世艰难，其忧国伤时的心情表现得淋漓尽致。

（三）上课

（1）整体感知文本，解决阅读背景

师生交流探讨作者基本情况、文本背景资料的情况。教师做相应补充。在这一环节中，突出阅读规律中的宏观把握。例如抒情类文本，强化“读”，提出要求：读准字音，读准句读，把握节奏，能够初步地传情达意。

（2）讨论疑难问题，分组合作学习，教师归纳总结

一是分组讨论“预习作业”中发现的疑难问题。二是每组各有代表汇报交流情况，并提出尚未解决和有争议的问题，全班交流；教师适时点拨，教师点拨要有针对性。这一环节，着力解决预习中的疑难问题，并发现新问题，促进学生高层次赏析。

这一环节是课堂最重要的环节，可以分步骤安排。例如，文言文教学，可以先讨论字词，疏通文意，然后讨论课文主旨、思想感情、写作手法等。现代文教学，可以按照文章段落安排几次讨论。

学习《林黛玉进贾府》，关于王熙凤、林黛玉和贾宝玉三个人物形象，学生提出很多问题，尤立增就按照三个人物分步骤来安排教学。

【关于“林黛玉”，教师备答】

①为什么林黛玉进了贾府会“步步留心，时时在意”？

初进贾府的复杂心态：虽为亲人，但首次见面，总有“寄人篱下”的阴影。

敏感谨慎的性格特征：不肯轻易多说一句话，多行一步路，惟恐被人耻笑了他去。

②当贾母问黛玉念何书时，黛玉答“只刚念了《四书》”。宝玉问她时，她却改口？

随时改正一些不适宜的对答，表现她的留心与在意。

③为什么对林黛玉的穿戴“竟无一字提及”？

作者用虚笔写意展示黛玉的肖像，还突出其才情女子超尘拔俗的空灵感；特别是宝玉眼中其眼波脉脉、体态袅娜、聪明灵慧、超凡脱俗。

【教师归纳总结】

林黛玉美貌多情，体弱多病，心态复杂，言行小心谨慎。小说通过黛玉婉言谢绝邢夫人“赐饭”、在王夫人房中注重座次、在贾母房中吃饭十分推让、随时改正一些不适宜的对答等典型细节表现其“步步留心，时时在意”的谨慎态度；又通过“众人眼里的黛玉”“王熙凤眼里的黛玉”“宝玉眼里的黛玉”三个角度描写其外貌、神情和风韵。

教师引导学生朗读黛玉的肖像描写部分，体会对偶、比喻等手法描写人物的好处。

【关于“王熙凤”，教师备答】

①与那些“敛声屏气，恭肃严整”的人相比，王熙凤为什么“放诞无礼”？

王熙凤是一个精明能干、善于阿谀奉承的人，因此博得贾母欢心，从而独揽了贾府的大权，成为贾府的实际掌权者。

②作者为什么要浓墨重彩描写其服饰？

暗示她的贪婪与俗气，从侧面反映了她内心的空虚。

③贾母称王熙凤“凤辣子”，哪些描写体现了王熙凤的“辣”？

未见其人，先闻其声的出场形式；放诞无礼的语言方式；贾母的戏谑调笑等。

【教师归纳总结】

王熙凤善于察言观色，机变逢迎，刁钻狡黠，精明能干。从四个方面展示她的性格特征：出场、肖像、见黛玉、回王夫人话。

【关于“贾宝玉”，教师备答】

①从本文的描写来看，贾宝玉似乎很是不堪，这该如何理解？

贾府内外这些人贬斥贾宝玉的话，充分表现了他的叛逆性格。人们把他说得这样坏，是因为他的所作所为不符合封建正统人物的要求，违背了封建正统的世俗常情。由此可见，贾宝玉是其所在阶级的叛逆者形象。

②黛玉乍见宝玉为什么会一“惊”？

一是黛玉看到一个眉目清秀、英俊多情的年轻公子，与以前的介绍形成反差；二是照应“木石前盟”，一见如故，产生亲切感。

③贾宝玉为什么摔玉？

浅层次看是“这个妹妹没有玉”，表现其任性；深层次看，他“衔玉而诞”，玉是天命的象征，他的摔玉正表现出他对天命的违抗，对世俗的鄙弃，对礼教的蔑视。

④两首《西江月》为何要对贾宝玉贬斥？

似贬实褒，正文反作。他不愿受封建传统的束缚，厌弃对功名利禄的追求。

【教师归纳总结】

贾宝玉是封建贵族的叛逆者，具有反抗封建束缚、要求自由平等的思想。他蔑视世俗、卓然独立的种种表现，反映了他对封建礼教和封建道德的反抗。

（3）拓展探究问题，完成延伸阅读

鼓励学生养成问题意识，在看似理解的地方再追问一句“为什么”，就会开拓出一片新的天地。这一环节探究的问题仍需要来自学情，这样才能使探究更有意义。

比如《琵琶行》诗前小序中有一句这样的话：“是夕始觉有迁谪意。”如果仅仅局限于字词解释和句子翻译，这句话毫无难度可言，无须费力。但是，学生在预习中提出了这样的问题：白居易已经“出官二年”，为什么“迁谪意”“是夕始觉”？“始觉”仅仅是“才感觉到”的意思吗？这句话在全诗中起什么作用？这样一问，其他学生就会发现这句话非同一般了，这就是一个很有探究价值的问题。在课堂实践中，仅仅解词译句是远远不够的，必须通览全诗，在宏观把握的基础上进行微观推敲，才能找到答案。

第一个问题，为什么“迁谪意”“是夕始觉”。从诗前小序中可知，是因为“感斯人言”，是被琵琶女的诉说所感动，勾起了他的“迁谪意”。

但是，一个是“长安倡女”，一个是朝廷命官，二人有何相同之处？通览课文和有关提示、注释，可做如下梳理：一是二人年轻时都才华横溢。琵琶女色艺双全，“十三学得琵琶成，名属教坊第一部。曲罢曾教善才服，妆成每被秋娘妒”。白居易自幼苦读，诗才横溢，一首《赋得古原草送别》“野火烧不尽，春风吹又生”的名句轰动京城；28 岁便考取了第四名进士。二是二人都有过辉煌的过去。琵琶女当年，“五陵少年争缠头，一曲红绡不知数”，“今年欢笑复明年，秋月春风等闲度”。白居易当年，34 岁成为翰林学士，35 岁便在朝中任左拾遗，可谓仕途得意，一帆风顺。三是二人都有不幸的遭遇。琵琶女因为年长色衰，“门前冷落鞍马稀，老大嫁作商人妇”，生活境况一落千丈。白居易由于连连上书，指陈弊害，力主改革，为当政者所忌，遂遭陷害，被贬为江州司马，“谪居卧病浔阳城”。四是二人都有苦闷的心境。琵琶女下嫁茶商，孤凄苦闷，“去来江口守空船，绕船明月江水寒。夜深忽梦少年事，梦啼妆泪红阑干”。白居易更有其难言的郁闷和痛苦，“住近湓江地低湿，黄芦苦竹绕宅生。其间旦暮闻何物？杜鹃啼血猿哀鸣。春江花朝秋月夜，往往取酒还独倾”。五是二人都精通音律，音乐增进了二人情感的交流。琵琶女用琵琶诉说自己的不幸遭遇和孤凄苦闷的心情，白居易听懂了“琵琶语”，所以在“醉不成欢惨将别”的无奈中“忽闻水上琵琶声”之时，才“主人忘归客不发”，才移船相邀、千呼万唤，才听得出“弦弦掩抑声声思，似诉平生不得志。低眉信手续续弹，说尽心中无限事”，才在第二次弹奏时听得出“凄凄不似向前声”，才有“江州司马青衫湿”的如雨苦泪。如果说还有第六点的话，那就是二人都是从京城落魄而来，又在湓浦口巧遇。正是有了这么多相同之处，白居易才发出了“同是天涯沦落人，相逢何必曾相识”的感慨。

至此，第二个问题——“始觉”到底是什么意思也就有了答案。事实上，从被贬那一天起，白居易就深切地感觉到了“迁谪意”，而且这种“迁谪意”一天也没有减弱过。那绕宅的黄芦苦竹，那满耳的鹃啼猿鸣，就是他“迁谪”境况的生动写照；“春江花朝秋月夜，往往取酒还独倾”，就是他“迁谪意”与日俱增的具体表现；而“浔阳江头夜送客”之时的“醉不成欢惨将别，别时茫茫江浸月”，更是他“迁谪意”无从排遣的心灵伤痛的外现。所以，他的“迁谪意”并不是听了琵琶女的诉说之后才产生的，而是郁积了两年之久，因为一个机缘的触动而喷发出来的。明言“始觉”，其实是为了避嫌，怕因言惹祸，并非真的从来也没觉得，只在“是夕”才觉得。

由此，我们就可以进一步理解“是夕始有迁谪意”在全诗中的作用。其作用在下一句“因为长句”四字已经透露了出来。稍加思考就会明白，“迁谪意”，既是作诗之因，又是作诗的主旨。诗人正是通过对与琵琶女相识、交谈经过的描述，以“同病相怜”的人之常情灌注其中，来巧妙地抒发这种“迁谪意”的。可见，“是夕始有迁谪意”为全诗确立了主旨，奠定了基调，是全诗的灵魂。

（四）巩固与检测

根据课堂内容和高考要求，命制高水平检测题目，利用学科自习完成。原则上一篇课文一次检测，不必堂堂训练。作业形式可以多样，既可进行基础训练，又可读写链接，以写作形式巩固。

在“学情核心”的课堂中，教师要有准确的定位：不能代替学生学习，但也不能卸下教师本该承担的任务。

教师需要通过预习作业整体把握学情，要在学情的基础上设计教学，备课必须特别充分；需要思考清晰、准确、合适的目标定位，规划课堂流程；思考课堂如何组织学生交流，以什么样的方式交流；学生泛泛而谈时，知道如何引领学生深入；当学生遭遇到困难时，知晓如何拨开孩子眼中的迷雾。

四、尤立增教学智慧精品片段聚焦

片段一：

荷塘月色

（学习课文第 4 自然段，学生分组交流“预习所得”，讨论发现的问题。老师巡视，不时地参与到学生讨论中。各组代表汇报交流讨论的收获之后……）

师：各组还有问题吗？

生：描写“荷叶”用了比喻的修辞手法，“叶子出水很高，像亭亭的舞女的裙”。这个比喻感觉很美，但不知好在哪里。

师：哪位同学能回答？

生：这比喻用得好。一个舞女舞动起来的时候她的裙子呈圆形，而这个荷叶也是圆形的。人如果跳舞的话，裙子会在大腿部分上下跳动，（生笑）而“叶子出水很高”就是说荷叶的茎很高，这个舞女的腿很颀长。（生笑）

师：我觉得他说得不错。老师画一张简笔画来说明，画得不一定像，大家“领会精神”吧！

（师画简笔画，勾勒舒展的荷叶和茎，在叶子上画出一个人的轮廓。生笑）

师：我跟大家说要“领会精神”。下边高出水面的茎是不是就是这舞女的修长的腿？她的裙裾旋转起来的时候是不是非常舒展？

生：是！荷叶张开的那种圆润、那种飘逸和舞女翩翩起舞的时候裙裾的飘逸有相似点！这是这个比喻的妙处之一。

师：还有其他的好处吗？

生：“叶子出水很高”是一种静态的描写。但如果舞女的裙真正飘逸起来的时候，就富有动态之美了。

师：很好。谁来总结？

生：一是鲜活地描绘出荷叶出水很高的那种舒展、飘逸；二是以动写静，而不只是僵硬的一幅画，富有了一种动态之美。这就是这个比喻的妙处。

师：结合老师刚才对这个例子的分析，大家看看其他比喻有什么样的好处。要通过分析本体和喻体之间的相似点来揣摩比喻的妙处，发现一点就说一点。

生1:“层层的叶子中间……又如刚出浴的美人。”那些“白花”是“零星地点缀着”的,而且是在“层层的叶子中间”;花的形态,有“开着”的,有“打着朵儿”的，将它们比作“一粒粒的明珠”，在朦胧的月光映照之下的荷花发出迷人的光泽。“层层的叶子中间”仿佛是蓝天，“零星地点缀着些白花”就是在天空中散布着的那些星星。

生2：“这时候叶子与花也有一丝的颤动，像闪电般，霎时传过荷塘的那边去了。”把微风吹过时叶子与花的颤动比作了闪电，突出的是叶子有轻微颤动但瞬时即过，突出其“快”。

生3:“叶子本是肩并肩密密地挨着，这便宛然有了一道凝碧的波痕。”密密的叶子本来是织成一片的，而微风吹过所引起的那“一丝颤动”，使得一叶推一叶，就好像一浪推一浪，从颤动的地方推到了远处，就好像水面上有了一道凝碧的波痕一般。

师：大家说得挺好。还有问题吗?

生：我们组对“微风过处，送来缕缕清香，仿佛远处高楼上渺茫的歌声似的”有些争议，有人说是比喻，有人说不是，感觉挺特殊。

师：特殊在哪儿?

生：把嗅觉当作听觉来写。

师：这种修辞叫通感。想想，这处通感有什么好处?

生：荷花传来的“香气”与“远处高楼上渺茫的歌声”也有相似点。因为荷花的香味很淡，不是浓香，微风吹来，细如游丝，而“远处高楼上渺茫的歌声”也是若有若无的，这就是它们的相似点。

【品评】

这个教学片段充分体现了“学情核心”的理念。学生先分组交流“预习所得”，讨论发现的问题，然后各组代表汇报交流讨论的收获。这个环节突出了课堂中学生的主体地位，因为讨论的两项内容均来自学生的预习。接着，学生提出“‘叶子出水很高，像亭亭的舞女的裙’这个比喻感觉很美,但不知好在哪里”的问题,由其他学生回答其好处,教师适时引导，鼓励学生用刚刚学到的方法分析其余的比喻句的妙处。学生又提出关于“通感”的第二个问题，教师先教给学生知识，再鼓励学生鉴赏。这样，课文第4自然段的重点内容均已解决。在这个教学片段中都是学生在质疑，教师的作用在于引导与点拨。

片段二:

咬文嚼字

师:刚才,我们完成了这篇文章的“宏观把握”,下面进入“微观推敲”阶段，哪位同学还有问题?

生：怎样理解“套板反应”？如何消除“套板反应”？

师：朱光潜先生在文中对“套板反应”有准确的解释，哪位同学找到了?

生：在写作中，一写就先联想到一些陈词滥调，毫不斟酌地使用它们，并且自鸣得意，这就是近代文艺心理学家们所说的“套板反应”。

师：朱先生对这种做法持什么态度？

生：反感！“一个人的心理习惯如果老是倾向‘套板反应’，他就根本与文艺无缘”“‘套板反应’和创造的动机是死敌”“一个作者在用字用词上离不掉‘套板反应’，在运思布局上面，甚至于在整个人生态度方面也就难免如此。”这些语句都能反映出作者的态度。

师：你们在写作中有没有“套板反应”？

生：有。小学时写作文，描写任何一个人物的肖像，都是“炯炯有神的大眼睛”，当时感觉这个词特别好。其实大眼睛的人就很少，更何况炯炯有神呢！

师：说得很好。

生：老师，作文中怎样避免“套板反应”呢？

师：很有价值的问题，大家有何高见？

生1：观察生活，真实表现。

生2：创造性地运用语言。

生3：学会推敲。

生4：有一字不肯放松的严谨！

师：很好。还有什么问题？

生：作者在文中提到了韩愈的一句话，“惟陈言之务去”，这句话是什么意思？为什么作者说“这是一句最紧要的教训”？

师：“惟陈言之务去”出自《答李翊书》，意思是：一定要舍弃那些陈腐的言辞。惟陈言之务去，才能不致陷入“套板反应”，在思想情感上和语言上创新，才能逐渐达到艺术的完美。谁还有问题？

生1：陶潜《五柳先生传》中说：“不慕荣利，好读书，不求甚解；每有会意，便欣然忘食。”“咬文嚼字”与“不求甚解”是否矛盾？

生2：不矛盾。“咬文嚼字”是强调创作要反复修改，精益求精。“不求甚解”强调读书要把握精神实质，不要困于表面现象。前者侧重写，后者侧重读。

师：概括得不错，我再补充两点。即使都是读书或都是写作过程，精益求精、反复修正和把握精神实质、不拘表面这两点要求也要同时做到，两者相辅相成，并不矛盾。另外，“咬文嚼字”是谈学习的态度，“不求甚解”是谈学习的方法，两者角度不同，精神一致。

生：这篇文章给我们的阅读和写作带来哪些启发？

生：我觉得好的文章是写出来的，不是改出来的。一篇文章的意义不够深刻，文化底蕴不够深厚，内容不够丰富，再怎么“咬”和“嚼”也不行。

师：朱光潜强调在写一篇文章时，把咬文嚼字作为一个重要的环节，通过咬文嚼字更好地表达作者的思想和情感。

生：语言运用要力求创新。朱光潜先生在文章中指出：“文学是艰苦的事，只有刻苦自励，推陈翻新，时时求思想情感和语言的精练与吻合，他才会逐渐达到艺术的完美。”由于语言与思想情感之间有着密切的关系，因此，要想追求语言的新，首先要寻求思想的新，而要寻求思想的新，则要从深度上入手，即凡事都要抓住事物特点，透过现象看本质，这样写出来的文字才能是新鲜的，有特色的，不流于俗套的。

师：说得很好。如果做到这一点，就不会全班都写“炯炯有神的大眼睛”了。（生笑）

生：我觉得在议论文写作时中心论点的提出可以有多种方式，印象更深的是朱光潜先生的旁征博引让我佩服，要想使我们的文章显得厚重有底蕴，我们必须多读书。

师：好，同学们结合自己的阅读体验谈了自己的认识。我想这也是大家之作的价值吧！另外很高兴的是同学们在其中表现出来的质疑论证精神，这是我们深入研读文本的重要方法，也是朱光潜先生谈“咬文嚼字”体现出来的严谨精神吧！

【品评】

这个片段，首先，体现的是对学情的尊重。学生质疑所反馈出的是初读的问题。问老师，问同学，才是生生合作、师生合作学习；学生质疑，表达对文本、对老师、对既成观点的不同意见，甚至引发争论。这就是探究，蕴含了创新的因素。教师应鼓励学生的自主发问，激励学生大胆地发现问题、探讨问题，培养学生质疑问难的能力，这才是尊重！其次，是遵循了阅读的基本规律——宏观把握，微观推敲。无论什么样的作品，其宏观的主旨总要靠微观的表述来表达，而微观的表述又总是从属于宏观主旨的需要。宏观与微观，互相依存，互为表里。一般来说，宏观表现为语境，微观表现为一段、一句、一词。要把握宏观，熟知语境，必须通过对一段、一句、一词的正确理解与总体整合；而准确地理解一段、一句、一词的含义，又必须根据宏观需要判断。这就是阅读理解中的辩证法。再者，突出了"读写链接"的理念。在理解了"套板反应"的内涵后，教师引申到学生作文中的问题。最后，根据学生提出的问题，教师鼓励学生畅谈学习本文的启示。从学生的回答看，主要是写作方面的启示，这就实现了从阅读到写作的延伸。

五、尤立增教学智慧经典课堂实录

拿来主义

（一）整体感知文本，解决阅读背景

（师生讨论文体、背景、文章结构）

师：杂文古已有之，到20世纪二三十年代，经过鲁迅的倡导和垂范，成为独立的文体。"杂文是短小的文艺性社会评论"，这是对杂文的定义。"短小的"是从长度来讲，"文艺性"说明了它的特点，"社会评论"点出它的实质。"它既是说理的，又具有文艺性的因素"，正是因为"具有文艺性的因素"，所以才称为"文艺性的社会评论"。

生1：这篇文章选自《且介亭杂文》。这个题目有什么含义？

生2："且介"是"租界"两个字各取一半，意思是"半租界"，当时鲁迅先生就住在上海的"半租界区"内。

师：这位同学说得很对。《且介亭杂文》的名称表达了鲁迅先生的憎恨之情，形象地讽刺了国民党统治下半殖民地半封建中国的黑暗现实。下面请一位同学读一读课文注释①。

（生读）

师：从文体来说，社会评论属于议论文的范畴。议论文从提出论点的方式上可分为哪两类？这篇文章属于哪一类？

生：立论与驳论。本文属于驳论文，先破后立。

师：是的。作者从第 8 自然段开始论述他的正确主张：拿来主义。前面的内容为“破”，后面的内容为“立”，总体看是“先破后立”。从驳论文文体角度划分段落可分为哪两部分？

生：第 1~第 7 自然段为第一部分，第 5~第 10 自然段是第二部分。

（二）讨论疑难问题，分组合作学习，教师归纳总结

（生先分组交流“预习所得”，讨论发现的阅读问题）

师：文章的基本结构我们已经理清，同学们在预习中遇到的问题也已讨论，还有问题吗？

生 1：在文章的第 4 自然段，“这种奖赏，不要误解为‘抛来’的东西，这是‘抛给’的，说得冠冕些，可以称之为‘送来’”中提到了两个词“抛来”和“抛给”，这两个词有什么区别啊？“抛给”按鲁迅先生的说法“说得冠冕些就等于‘送来’”，是不是“抛来”就等于“送来”？

生 2：这种“抛给”是一种带有恶意的输入，实际上是欧美国家对当时中国在经济、军事上的侵略。

生 3：既然“抛给”实质上是一种侵略，那么“抛来”的呢？

生 4：可以理解成自己用不了的东西剩下了送给别人，这是一种中性的没有恶意的东西。

师：现在西方的国家把它们的文化产品送给我们，我们该如何看待？

生 1：我觉得不能理解成“抛来”的，它是“抛给”的，涉及文化侵略的问题。

生 2：我不同意刚才这位同学的观点！现在是全球化时代，各国之间交流日益密切，正常的文化交流怎么能算是“送来”的东西呢？

生 3：的确，现在文化交流必不可少，但是，真正的文化交流必须是双向的，不能是单向输入的。美国电影自然表现美国的国家意志，长期受其影响，我们在不知不觉中就会被同化。

生 4：一些美国“大片”不光好看，也体现了顽强的精神、意志，这是人类共同的品质。

生 5：“好看”能作为评价的唯一标准吗？当你看美国大片看得太多的时候，你所受到的影响是代表着美国的国家意志。我希望青年们应该冷静下来，当你沉浸在日本的漫画、动画片当中，沉浸在美国的“大片”

当中，你就会慢慢忽略我们民族传承了几千年的文化传统！

（生长时间鼓掌）

师：其实，面对这样的问题该怎么办，鲁迅先生早已做出了回答，是什么？

生（齐）：运用脑髓，放出眼光，自己来拿！

师：可见，鲁迅先生的伟大之处在于其思想的前瞻性。

生 1：第 1 自然段中的“但终‘不知后事如何’”，到底是怎样的感情色彩？

生 2：这其实是中国传统小说中常见的语言，这里含有讽刺意味，包含“有去无回”的意思。“发扬国光”是反语，“活人替代了古董”也极具讽刺意味。由此可以看出鲁迅对梅兰芳的态度。

生 3：作者当然不相信死后有魂灵，实际上这句话暗含讽刺和批判。

师：说得不错。“但我们的子孙还在”暗含了应该给子孙留下点什么，否则就会亡国灭种。

生：“要不然，则当佳节大典之际，他们拿不出东西来”，拿什么东西？

师：那时候该卖的已经卖了，该送的已经送了，该用的已经用了，什么都没有了。我们经常喜欢说我们幅员辽阔，我们地大物博，我们物产丰富，但就算再物产丰富禁得住这么用、这么送吗？

生 1：禁不住！

生 2：举尼采的例子想说明什么？

生 3：我是这样理解的：“尼采就自诩过他是太阳”，暗含我们自诩地大物博、物产丰富；光热无穷，掘出地下的煤来都够几百年之用，我们用不完，取之不尽用之不竭；只是给予，不想取得，我们哪怕把这些都送出去都不要紧。“然而尼采究竟不是太阳”，暗含我们中国的物产并不是那么丰富，这么多的煤终有用尽的一天吧；“他发了疯”，这是结果，而我们“一者见得丰富，二者见得大度”，最终的结果就是亡国灭种。

生 4：亡国灭种？没这么严重吧？

生 5：请你想一想，当你什么东西都没有的时候你怎么生存？如果要想生存下去，是否就得向别人讨一些残羹冷炙？够用几百年的煤被挖完了呢？到时候没有了怎么办？是不是只能向别人要？到那时我们的民族只是在乞讨中生存的民族，还有什么发展可言？什么国家的主权，什么领土的完整，什么文化上、经济上、人格上、国格上的独立，都根本谈不上。如果这些都谈不上了，还有什么国家，还有什么中华民族啊！所以最终的结果也构成类比：一个疯了，一个国家灭了！

生6："摩登"一词有什么含义？

师：我们还是在上下文中来理解这个词。"我在这里并不想对'送去'再说什么了，否则太不'摩登'了"，也就是太不现代，太不时髦了。其实，这有一种什么韵味？其实这就是一种讽刺。"我在这里并不想对'送去'再说什么了"，因为在当时"送去"是一种很普遍的现象，人们谈论的也很多，而作者如果一再唱反调，似乎就显得不"摩登"了。所以这带有讽刺的意味，也有调侃的意味。

生：第1自然段一些动词有什么特殊意义吗？

师：实际上你问的是这些动词蕴含的感情。"还有几位'大师'们捧着几张古画……"中这个"捧"，很有韵味。当我们拿着一样东西时，拿着、带着、拽着、攥着、拎着，感情色彩一样吗？

生：不一样。这个词把那个谄媚的丑态都写了出来，活灵活现。

师：本来这个"捧"是非常尊重带有敬意，但这里用这个"捧"字讽刺了奉行"送去主义"者的媚外丑态。

生1："在欧洲各国一路的挂过去"中的"挂过去"改成"展过去"行不行？

生2：我觉得不好。如果要是带了几张古画和今画，一路"展过去"，还带有那么一点郑重其事的意味；但是"挂过去"，到这儿挂两天，到那儿挂两天，没有多少东西，用了很随意的动词"挂"，其实暗含了一种寒酸、一种可怜，用这种方式来欺世惑众。

师：说得很好。"捧"和"挂"这两个词语的感情：一个是媚外求荣（板书），一个是欺世惑众（板书）。

生1："别的方面且不说吧，单是学艺上的东西"，这句话有什么含义？

生2：这是一种全方位的媚外求荣。不光是文化上的媚外求荣，在经济上、军事上、民族主权上也全面奉行这一政策。另外，"单是学艺上的东西”也界定了这篇文章论证的范围，因为本文就是谈文化遗产的问题，当然他举的例子中“送去主义”的表现、危害就都是“学艺”上的。如果第一部分列举的是各方面的问题，那么第二部分要“破”就得面面俱到。因此这句话界定了论证的范围。

生：文中说到国外“传道”，什么用意？

师：“传道”本是一个宗教用语，指宣传教义主张，这里用这个词表讽刺意味。第一部分，作者批判“闭关主义”“送去主义”“送来主义”的错误，在此基础上提出了“我们要运用脑髓，放出眼光，自己来拿”的观点，由此过渡到了第二部分，作者正面提出了拿来主义的主张。下面我们解决第二部分中的问题。

生 1：文中说“烟枪”“烟灯”是“国粹”怎么理解？

生 2：课文注解有“国粹原指国家文化中的精华”。

生 3：烟灯、烟枪在形式上虽然很优美，但它们是特定历史条件下的一种产物。英国把鸦片输入中国之后，中国白花花的银子不断流出，造成了中国整个国家积贫积弱的现象。烟灯、烟枪是这些罪恶的见证，这些东西当然不是“国粹”，所以这是一个反语。

师：第 8、第 9 两个自然段运用了多处比喻：在一个大宅子当中有鱼翅，有鸦片，有烟枪、烟灯，还有姨太太，这是一个大的比喻里套了若干个小比喻。

生 1：“大宅子”是指什么？大宅子里的这些东西又分别是什么？

生 2：大宅子作为喻体出现，它的本体就是文化遗产。那么，对待文化遗产到底该怎么办？

师：第 8 自然段中他批判了三种错误的态度，先看这三种错误，第一种是孱头（板书），什么叫孱头啊？

生：懦弱的人对文化遗产拒绝借鉴，拒绝接受。

师：所以鲁迅先生批判的第一类人就是在文化上的逃避主义者（板书）。再看下面这两类人：一类是昏蛋，一类是废物（板书），分别指的对待文化遗产的哪一种错误态度呢？

（生讨论）

生 1：“昏蛋”会勃然大怒，放一把火烧光，算是保存自己的清白。

他们盲目排斥文化遗产，不去辨别，更不去借鉴，所以他们不管是对外来文化，还是传统文化，采取的是一种虚无主义的态度。

生 2：第三种人“原是羡慕这宅子的旧主人的，而这回接受一切，欣欣然的蹩进卧室，大吸剩下的鸦片”，这类人是一种崇洋媚外的人，对待文化遗产采取全面投降主义的做法。

师：我们找到了这三个喻体的本体，就更能了解这篇杂文的针对性。在介绍背景时老师曾经介绍过，当时在文化界，包括在革命阵营内部对待文化遗产问题上出现了各种错误倾向，鲁迅先生批判的就是其中的三种错误态度。第 8 自然段批判错误的倾向，那一定有第四种人具有正确的态度，正确的态度是什么？

生：拿来主义。先“占有”，后“挑选”。

师：所谓的“占有”就是第 8 自然段“首先是不管三七二十一，‘拿来’”，先占有了这些文化遗产，在此基础上挑选，怎样挑选呢？

生：运用脑髓，放出眼光，自己来拿。

师：在“占有”了之后，去粗取精，去芜存菁；剔除糟粕，留下精华，为我所用，这样才能建设出更加健康的新文化。

生 1：“看见鱼翅”“也和朋友们像萝卜白菜一样吃掉”中的“鱼翅”指什么？

生 2：属于文化遗产中的精华部分。

师：“鸦片”指的是什么呢？

生 1：糟粕。

生 2：外来的东西。

生 3：是那种既有益又有害的东西。

师：也就是精华和糟粕并存的那部分。

生 1：“烟枪和烟灯”指文化遗产中的哪部分？

生 2：糟粕。

师：“烟灯和烟枪”跟“姨太太”又有什么区别？看作者对它的态度，“但我想，除了送一点进博物馆之外，其余的是大可以毁掉的了”。送博物馆干什么呢？展示我们民族灿烂的文化吗？

生：警示后人。

师：所以它是文化遗产中糟粕的部分，但是可以作为反面教材警戒后人。这样“姨太太”就好理解了，它代表什么？

生1：纯糟粕的东西。它是指供剥削阶级使用的腐朽没落的东西。

生2:“还有一群姨太太，也大可以请她们各自走散为是，要不然，‘拿来主义’怕未免有些危机了。”这句话怎么理解？姨太太不走散能有什么危机？

生3：“姨太太”代表腐朽没落的东西。如果这些东西不去除干净，那建立的新文化必然要出现危机。

师：分析得很对。所以读一篇文章时，我们应该理解其字里行间的意思，也就是要读进去，还要跳出来，要能从整体把握。

生：最后一段表达了作者什么主张？

师：从内容上来看，“总之，我们要拿来”。这是高度概括了怎样对待文化遗产的态度问题——要实行拿来主义。“那么，主人是新主人，宅子也就会成为新宅子。”这是批判地继承文化遗产的意义及结果。“然而首先要这人沉着，勇猛，有辨别，不自私。”这是对拿来主义者的要求。然后作者再次强调拿来主义的重大意义。所以最后一个自然段是对前文的高度概括和总结。

（三）拓展探究问题，完成延伸阅读

师：这篇文章从写作角度分析还有许多值得我们借鉴的地方，下面给同学们一点时间，大家讨论给我们带来哪些启示。

（生热烈讨论）

生：这篇文章的结构是先破后立，在破中还有立，两者结合。

师：哪类的题目适合写驳论文呢？

生：针砭现实中的错误思想的题目更适合写驳论文。

师：对社会当中假恶丑的东西，错误的观点、错误的认识，都可以采用这种先破后立的论证思路。

生：这篇文章的语言犀利、讽刺、幽默，值得借鉴。

师：举例说明。

生1：“只有烟灯和烟枪，虽然形式和印度，波斯，阿刺伯的烟具都不同，确可以算得上是一种国粹”，这是典型的反语，特别是上下文结合起来看，这是一种辛辣的讽刺。

生 2：这是一篇议论文，我觉得它的论证方法用得很好。

师：也就是多种论证方法的综合运用，都用了哪些论证方法？

生（七嘴八舌）：比喻论证、类比论证、举例论证、正反对比论证。（生说，师板书）

师：还有一种我们不太常见，叫作“因果推理论证”（板书）。课文的两部分，从内在逻辑上看就运用了因果推理，大体思路是：正是因为“闭关主义”，才导致了“送去主义”和“送来主义”；“送去主义”和“送来主义”祸国殃民，所以我们要运用脑髓，放出眼光，自己来拿。这两部分前面是“因”后面是“果”。学了这篇文章之后，我们该如何对待外来文化？

生：取其精华，去其糟粕。

师：这是这篇文章告诉我们的。这两句话就高度概括出拿来主义的实质。由此我们能够读出鲁迅先生伟大的思想！

生：这篇文章是否因为是鲁迅先生的文章才会这样看待，我们是否对鲁迅先生存在着“误读”？

师：你说到了如何看待鲁迅先生的问题，是否存在“误读鲁迅”的问题。你的观点不新鲜，这两年不断有人提出这样的疑问。我想说的是，当我们对鲁迅先生提出质疑的时候，有多少人读过《鲁迅全集》？提出问题的这位同学，你读过鲁迅先生的哪些文章？

生：除课本上选的文章之外，没有读过别的。

师：既然没有读过，你怎么就认为我们在“误读鲁迅”呢？就《拿来主义》而言，对外来文化、传统文化应持的正确态度，谁有过如此精辟的论述？（众生静默）

现在我们在对待文化问题上出现了一种拒绝崇高、拒绝神圣的社会流行态，甚至以此为时尚，把伟大、崇高的东西用调侃、盲目的排斥甚至用诋毁、丑化的手段来拒绝它，是不是恰恰反映了素质的低下？拒绝崇高，拒绝高尚，拒绝大师，是理性的吗？一个没有大师的民族是可怜的民族，一个有大师但不知珍惜的民族是悲哀的民族。难道我们愿意成为一个悲哀民族的人民吗？同学们，多读经典，多读大师，才能接近高贵、神圣，才能接近最伟大的灵魂和最伟大的思想。怎么读？“运用脑髓，放出眼光，自己来拿！”这是70多年前一位大师的谆谆告诫！

老师给大家推荐一篇文章《鲁迅不该离我们远去》，我建议大家好好读一读，在练笔本上写一篇读后感。下课。

第八篇　余映潮教学智慧研究

余映潮，1947年生，曾任湖北省荆州市教育科学研究院中学语文教研员，特级教师。中国教育学会中学语文教学专业委员会（以下简称“全国中语会”）副主任、名师教研中心主任。教育部“中小学教师国家级培训计划”首批培训专家之一。知名中小学语文课堂教学艺术研究专家、教师培训专家、中考语文命题研究专家，全国各地近20个“余映潮工作室”的主持人。

他创建了全新的“板块式、主问题、诗意手法”阅读教学艺术体系。曾被全国中语会原理事长张定远誉为“中青年语文教师课堂教学艺术研究的领军人物”。长期深入一线，深入课堂，公开课、示范课覆盖小学、初中、高中三个学段，授课篇目已经超过220篇，精彩的课堂教学受到各地中小学语文教师的普遍欢迎。勤奋写作，著述丰富，是语文核心期刊《语文教学通讯》《中学语文教学》知名的专栏作者。几十年来已在各类专业报刊上公开发表各类教学文章1500余篇，被中国知网收录的教学论文达600余篇，被（中国人民大学）《报刊复印资料》全文收录的论文达40余篇。出版了《怎样学语文》《余映潮阅读教学艺术50讲》《听余映潮老师讲课》《余映潮讲语文》《余映潮的中学语文教学主张》《这样教语文：余映潮创新教学设计40篇》《致语文教师》《余映潮语文教学设计技法80讲》等12本专著。

一、余映潮教学智慧的探索历程

在中学语文界，余映潮是一个比较特别的例子。

他是从中学语文教研员的角度切入课堂教学实践的。

1984年,37岁的余映潮从监利县教研室调到了荆州市教育局教研室。他以特别创新的工作思维,开始着手从课堂教学艺术研究、专项课题研究、教师论文写作研究、中学生文学社团工作研究、中考试题研究五个方面进行年轻优秀语文教师的培养工作,这就是独树一帜的以抓好“五支队伍”来提升教研工作质量的方法。

与国内的大多数名师相比，余映潮有着更为丰富深刻的教研生活。在日常工作中,他要长期深入基层,要听大量的课,要组织人员送课下乡,要连续20余年参加中考语文命题工作，要连年组织主题鲜明的语文教研活动，特别是要抓好对“五支队伍”的培养训练工作，所以他必须在所有的方面都做到“先行”。在认真工作的同时，他利用了一切可用的时间来研读专业杂志，从中获取了大量的教研教学信息特别是丰富的课例资料。

余映潮在《一直向前走》一文曾经说过：

一个教研员事业有成，离不开10个字：敬业、环境、毅力、智慧、学问。……厚重与深刻，表现在读书的数量与方法。许多年来，我用最笨拙而又最科学的方法读书。许多年来，我用最辛苦而又最有用的方法读书。许多年来,我用最麻烦而又最精细的方法读书。那就是做读书卡片。在1979年以来我所订阅的每一期刊物的封面上,都有一个大大的“卡”字，这说明我已经读过而且做过读书卡片了。我现在手中所拥有的，是数以万计的资料目录索引和资料卡片，这是覆盖面极大的、内容丰美的教研“情报”。国内数种语文刊物的历年精美文章的目录，被我分门别类地收进各个专题研究的目录卡片中。这些卡片的类别划分细密。如阅读教学类，就分为综论、记叙、说明、议论、小说、散文、诗歌、戏剧、文言文、语言、词语、句义、段意、讲读、自读、语感、教例、课型等小类，每一小类都拥有大量资料目录。这又读又记的需要时日的读书生活，是我的“四季的耕耘”。其实岂止只是耕耘，更多的是钻探。

现在回想起来，如果没有这种耕耘与钻探，我也许不会成功。常年多侧面、多角度的分析、思考与提炼让我发现了很多语文教学方面的规律，更让我发现了很多无人问津的空白。我的教研工作总有着新鲜而开阔的视野，我在宏观思考和微观操作中都获得了无尽的收获与乐趣。

1993年，余映潮开始以敏锐的思维和独特的眼光撰写中学语文案例分析的文章——湖北大学《中学语文》杂志为他开设了专栏。

从1993年3月到2000年7月，《中学语文》杂志的这个专栏坚持了8年之久，余映潮为这个专栏共写了100篇教例评析。到这个栏目结束的时候，这些文章为武汉出版社结集出版，书名为《中学语文教例品评100篇》。这是我国中语界第一部由个人写作的中学语文案例分析的著作；直到现在，还没有人写出第二部这样的作品。

在这100篇教例品析的论文中，最有分量的就是1993年第3期的第一篇文章：《只提了四个主问题——〈《白毛女》选场〉教例评析》。

2009年10月，国家级中学语文专业杂志《语文教学通讯》（B刊）发表重要文章《回望：建国六十年语文教育大事》，全文内容共由86件大事的简略记叙构成。其中的第71则“大事”是：

1993年3月，湖北荆州市教研室余映潮撰写的系列论文“中学语文教例品评100篇”开始在湖北大学《中学语文》杂志上连载。在第一篇文章《只提了四个主问题——〈《白毛女》选场〉教例评析》中他首次论说了“板块式”和“主问题”的教学设计手法并同时开始了这两个方面的探索与实践。目前，“板块式教学”“主问题设计”已成为广大语文教师耳熟能详的语文教学热词，其影响日益深远。

余映潮在《只提了四个主问题——〈《白毛女》选场〉教例评析》中这样写道：

从教者所设计的四个“主问题”看，这节课呈现一种“板块式”的课堂教学结构。每一问题，都引发一次研究、一次讨论、一次点拨。四个主问题形成四个教学的“板块”，结构清晰且逻辑层次分明；每个教学块板集中一个方面的教学内容，既丰富、全面，又比较深刻。

再从四个“主问题”本身看，问题的设计极富特征。这四个问题，可称为“串问”或“顶针问”，四个问题一个接一个，涉及的内容一个比一个精细、深刻，似乎一气呵成，组成了完满的教学结构。它们在教学中的作用主要为：第一，既是提问，也是在告诉学生如何去分析剧本中的人物性格、身份，“问”中有丰富的知识暗示；第二，既是提问，也鲜明地表现了教学思路和教学层次；第三，既是提问，也是牵动对学生智力、能力进行开发的手段。课堂上学生紧张地阅读、探寻、答问、讨论，教师引导、点拨，形成多方向、多层次的交流，教学气氛活跃，能够最大限度地激发学生探求的热情。

在这里，余映潮提炼出了两个全新的概念：“板块式”和“主问题”。

从 1993 年以后，“板块式”思路和“主问题设计”就成为余映潮倾力、倾心研究的目标。1998 年，余映潮的长篇论文《初中语文课堂教学中的“板块式”思路设计例谈》分为上、下篇分别发表在《语文教学通讯》当年第 9 期、第 10 期之上。随即，中国人民大学报刊复印资料《中学语文教学》杂志于 1999 年第 1 期收录了这两篇文章。2000 年，《语文教学通讯》第 7 期发表了他的新的研究成果：《课堂教学设计艺术示例之三板块并列式思路》。2000 年 7 月 29 日，在云南昆明举行的第三届“语文报杯”全国中青年语文教师课堂教学大赛报告会上，余映潮做了题为《板块式阅读教学设计的六种思路》的学术讲座。2001 年 3 月，在湖北省教育学院省教育咨询部初中语文教学研讨会上，他又做了《谈“板块式”阅读教学思路的设计》的演讲。2003 年，《中学语文教学参考》第 6、第 7 期分别刊发了他的《教学思路的设计艺术·板块式思路》上、下篇。它们是《余映潮阅读教学艺术 50 讲》中的一部分。2003 年，《语文教学通讯》发表张定远的长篇文章《余映潮——善于创新的中学语文教研员》，文中专门用了一个段落评说了余映潮所创造的“板块式”教学思路：

在中学语文课堂教学艺术的研究与推进上，映潮同志是一个孜孜不倦的创新者。首先，他有明确的课型创新意识，有在进入新时期之后深入探索的自觉性。他提出了“课型创新”的新理念并以朗读教学为主要内容进行了教读课、品读课、辨读课、说读课、演读课、联读课等新课型的探究。其次，他创造了“板块式”教学思路，他的学术报告《板块式阅读教学设计的六种思路》在第三届“语文报杯”全国课堂教学大赛上受到欢迎。在这样一种教学创意下，教学结构呈板块状而又灵活多姿，组合丰富，可以充分地表现教师设计教学时的技艺、创新意识与审美意识。在阅读教学中运用板块式思路，可以使教学结构更加清晰，使教学过程更加有序，使教学内容更加优化，使教学过程更加生动。对于传统的教学结构而言，板块式教学设计很有创新特色，是很有力的挑战。再者，他多角度地丰富了学生的课中活动……

——摘自《语文教学通讯》2003 年第 6 期

2005 年 3 月 30 日起，《光明日报》连载了余映潮的以“中学语文教学创新设计”为主题的系列文章共 10 篇，第一篇就是《教学思路的创新设计》，文中所举四例，全部呈现“板块式”教学思路。2005 年 9 月，上海方略教育集团从上海来到荆州，拍摄了他的《“板块推进”式教学模式》专题讲座。2005 年，余映潮的专著《余映潮阅读教学艺术 50 讲》出版，2006 年《听余映潮老师讲课》出版，2008 年《余映潮讲语文》出版，2012 年《余映潮的中学语文教学主张》出版，2013 年《致语文教师》出版，2014 年《余映潮语文教学设计技法 80 讲》出版。在这些著作之中，均有对“板块式教学思路”的充分论述。特别是《余映潮的中学语文教学主张》，用了专门的章节来阐释创新的“板块式”教学思路和“主问题”手法。目前，“板块式”教学思路的影响日益深远，深受一线广大语文教师特别是年轻教师的喜爱和欢迎。

1997 年以来，余映潮通过其教学实例来表现“板块式”教学思路教学和“主问题”手法的魅力，他亲自教学的 200 多篇课文的教学案例，绝大多数都运用了“板块式”教学思路的设计手法与“主问题”设计的活动方式。

对此，余映潮在《听余映潮老师讲课》一书中曾有这样的表述：

我是 50 岁以后才走向展示课堂教学艺术的讲台的。

多年以来我是从普及大众化的课堂教学艺术的角度来专注地进行中学语文课堂教学艺术研究的。在我的 1000 多篇各类文章中，有 300 多篇与中学语文阅读教学艺术有关。如《中学语文教例品评 100 篇》《中学语文阅读教学艺术 50 讲》《别出心裁读课文》《别出心裁教课文》等。与众不同之处是：它们都是一个一个的写作系列，都是延续几年的论文连载。在它们的背后，就是我一年又一年的艰苦的学习、严密的思考与亲身的实践。

我设计每一节课的时候都要求做到非常贴近一线的教学。“学生活动充分、课堂积累丰富”是我的教学设计理念，“重文本，重朗读，重品析，重学法，重积累”是我的教学常规，“思路明晰，提问精粹，品读细腻，评点精美”是我的教学风格，“板块式，主问题，诗意手法，一课多案”是我的教学个性与特色。

多年来，在中学语文教学艺术研究方面，我的研究视点与探索内容可以用如下的概括来表述：强化课型创新，优化教材处理，简化教学思路，细化课中活动，美化教学手段，诗化教学语言。

我用我的大量的课来诠释我提出的高效课堂教学设计的基本要求：讲究“课文研读提炼”，要求“利用课文资源”，关注“课堂实践活动”，着力“语言学用教学”，突现“学生技能训练”。我用我的大量的课，践行我对于“好课”设计的理性标准：充分有效利用课文，充分设计学生有效活动；让学生真有收获，让学生大有收获；关注语言教学，关注能力训练；得体地教学，得法地教学；着力于思路清晰，着力于提问简洁；内容集中深入，学生集体训练；注重细化角度，注重优化方法；讲求教师素养，讲求教师教学艺术。

……

对于余映潮在理论上的建树与实践上的深入和创新，语文学界有人给予了高度的评价：语文特级教师余映潮多年致力于语文教学设计思路研究，创立了一套较为系统而全面的课堂教学设计方法，在实践层面上为语文教学提供了新视野，为实现语文教学科学性与艺术性的有机统一开辟了一条有效的路径，在理论和实践方面给广大的语文课堂教学带来了全新的开阔视界。

二、余映潮教学智慧的思想内核

余映潮教学智慧的思想内核是从普及大众化的课堂教学艺术的角度来专注地进行中小学语文课堂教学艺术的研究，让艺术的、智慧的、简明有效的课堂教学设计走进大量一线语文教师的课堂，让我们的学生在省时高效的语文课堂上，在大量的课堂实践活动中学用语言、习得技能、积累知识。

由此而有这样智慧的提炼：语文阅读教学最重要的前提是教师个人独立进行的、细腻深入的、多角度的课文研读；语文教学极其重要的任务是增加学生的语言积累和语文知识的积累；语文教学更加重要的任务是形成、提升学生终身受用的阅读与表达的能力；语文教学的核心理念是让学生在大量的实践活动中学习运用语文的规律；高效的课堂阅读教学有三个永恒的重点：语言学用、技能训练、知识积累；语文教师要讲究技术，要讲究艺术，要用艺术的教学设计优化自己的教学。

由此而有这样科学的阐释："板块式"所关注、所解决的是课堂阅读教学的思路设计问题。

中小学教育中，任何学段的语文教师，教学设计水平的第一反映都表现于教学思路的设计。教学思路设计的重要性可以用一句话来表述：如果没有步骤分明、层次明晰的教学思路，课堂教学可能就是一片混沌。

所谓"板块式"教学思路，就是在一节课或一篇课文的教学中，从不同的角度有序地安排几次呈板块状分布的教学内容或教学活动，即教学的内容、教学的过程都是呈板块状分布排列。"板块式"教学思路能够让课堂教学的步骤清晰起来，能够让学生的活动扎实起来。这是一种清晰明朗、教学落实、学生活动充分的教学思路。这样的教学思路，明显地表现出"好课"的内涵：学生活动目标明确，教学过程推进有序，语言学习角度精美，技能训练灵动扎实。其教学与训练的效果，大大优于"串讲"或"碎问式"的教学。

"主问题"所关注、所解决的是课堂阅读教学的学生实践活动问题。

所谓"主问题"，是指引导学生对课文进行深入研读品析的重要问题、中心问题或关键问题。可以说，"主问题"是阅读教学中能从课文整体品析的角度或者学生整体参与的角度引发大家识记、思考、讨论、理解、品味、探究、创编、欣赏活动的重要的提问或问题。

"主问题"的研究，实际上是提高课堂教学效率的研究。这种研究的着眼点与着力点是：在阅读教学中，用尽可能少的关键性的提问或问题引发学生对课文内容更深入地阅读思考和讨论探究，从而让学生赢得时间，在课堂上有时间习得语言；让学生参与活动，在课堂上有机会亲历实践。

“主问题”的重要作用在于减少教师在课堂教学中的提问数量。从提高课堂教学效率的角度看，这是一件非常重要的大事。所谓课堂教学效率不高，就是学生在课堂上学无所获；教师所问因为“碎”而没有深度、缺乏力度，单调的流水行舟式的问答活动占用了宝贵的课堂时间，而学生在知识积累方面却毫无收获。

“诗意手法”所关注、所解决的是课堂阅读教学时教师在具体的教学环节中的手法运用问题。语文教师的课堂教学技能，一定要从碎问碎答中挣脱出来，一定要从平铺直叙中挣脱出来，一定要从缺少情味与趣味中挣脱出来，由此才能有生动有趣的、有一定训练力度的课堂读写训练活动。

由此而有这样前沿的论述：中小学高效阅读课堂的第一个基本特点是充分运用课文。应该知道，课文不是让语文教师用来提问的，但目前大面积的语文课堂中，“碎问碎答”式的教学方法仍然积习难改，所以需要强调语文教师学会运用课文。所谓充分运用课文，就是不“就课文问课文”，不“就课文教课文”，不就课文内容进行无休止的散乱提问，而是在教师细腻地、多角度地研读课文的基础上，提炼出字词认读、朗读背诵、归纳概括、精段阅读等不同类型的教学资源并以此组织起每位学生都要参与的课堂实践活动。我们更应该知道，语文教师教学设计理念的高度，就是充分提取教材中课文中的教育教学资源。能够提取并科学地运用课文中的教学资源来设计学生的课堂实践活动，是语文教师的能力走向成熟的标志。

中小学高效阅读课堂的第二个基本特点是实践活动丰富。《义务教育语文课程标准（2011年版）》指出，“语文课程是实践性课程，应着重培养学生的语文实践能力”，“应该让学生多读多写，日积月累，在大量的语文实践中体会、把握运用语文的规律”。所以，高效的阅读课堂应该是学生实践活动丰富的课堂。在这样的课堂上，学生能够参与朗读、品析、讨论、听记、微文写作等不同形式的实践活动，从而在读写的技能上得到训练与提高。教师设计学生的课堂实践活动，一是需要“安排任务”，二是需要“给予时间”，三是需要做到“集体训练”，让所有的学生都有活动的机会与可能。

中小学高效阅读课堂的第三个基本特点是突现语言学用。语文课程是一门学习语言文字运用的综合性、实践性课程，这是其本质的特点。因此，语文的课堂，首先是语言学用的课堂，语言的积累、感悟和运用的课堂，不突出这一点，就忽略了语文课的基本训练要求。所谓的语言学用，就是让学生在课堂上有字词认读、短语识记、用词说话、句式学用、段落写作、文章读背、故事复述、改写续写、扩写译写、口头阐释、说话练习等多种多样的语言表达的实践形式与机会，学生在这样的过程中既解读了课文内容，又练习了语言，发展了语言能力。我们切不可随意地指责这是“工具性”，语文课程的本质特点是不容亵渎的。

中小学高效阅读课堂的第四个基本特点是关注技能训练。技能训练长期没有能够真正地进入语文的阅读课堂，甚至还有人以为“技能训练”这四个字不是针对中小学生而言的，所以大多的语文阅读课堂都只是用提问的方式完成对课文的肤浅解读。其实，《义务教育语文课程标准（2011年版）》很郑重地告诉我们：“语文教学要注重语言的积累、感悟和运用，注重基本技能训练，让学生打好扎实的语文基础。”这里的“基本技能训练”，就语文的阅读教学来说，主要就是训练学生概括、概说、复述、批注、提取、划分、品词析句、解说道理、欣赏文句、品析手法、阐释表达作用与表达效果等基本的能够终身受用的阅读分析能力，唯此才能达到“教是为了不教”的境界。

中小学高效阅读课堂的第五个基本特点是重在集体训练。所谓集体训练，就是面对一个班级的全体学生安排的、有一定时间长度与思考力度的教学训练活动，这些活动是每一位学生都要亲身参与的课文读背、独立思考、圈点批注、课堂笔记、课中写作等活动，这些活动是每一位学生都要动脑、动口、动笔的活动。其最重要的特点是，在同一个时间段内，每位学生都自奋其力，都在做与提升自身素养有关的事，而不是像目前盛行的那种表面热闹，其实损害中等生与后进生课堂学习利益的所谓“小组合作”。对此，《义务教育语文课程标准（2011年版）》强调“要防止用集体讨论来代替个人阅读”。

据此，如果要说到底如何上好语文阅读课，那就是：反复研读课文，提取教学资源；设计清晰思路，安排学生活动；突现语言学用，注重技能训练；避免碎问碎答，着眼集体训练。由此而有多年严谨的课堂教学实践：变“教学课文”为“利用课文”；变“轻慢语言”为“着力学用”；变“线式思路”为“板块思路”；变“碎问碎答”为“活动设计”；变“读过问过”为“积累丰富”；变“泛泛而品”为“精读训练”；变“只读不写”为“读写结合”；变“平俗花哨”为“诗意手法”。这些，正如余映潮所说，他对于高效课堂教学的看法是：语文教师优秀的教学素养和精湛的教学艺术是高效课堂教学成功的前提；学生在课堂上占有大量的时间学用语言、积累知识、习得技能，是高效课堂成功的保证。

三、余映潮教学智慧的艺术呈现

（一）独创的“板块式”教学思路

“板块式”教学思路是余映潮的创造，也是余映潮的主要教学模式。在余映潮的众多的演示课中，它们表现出各自独有的结构层次。例如，《说“屏”》的“选词、选句、选段”；《散步》的“建议你这样理解文意”“建议你这样朗读课文”“建议你这样品味语言”；《我愿意是急流》的“美美地听”“美美地读”“美美地品”“美美地说”；《童趣》的“层进式朗读”“多角度说读”“方法式译读”；《马说》的“诵读”“积累”；《一滴眼泪换一滴水》的“课文概说式话题讨论”“人物素描式话题讨论”“内容探究式话题讨论”“体味感悟式话题讨论”；《七颗钻石》的“进入录音棚——让心情激荡”“畅游智慧泉——让发现闪光”“来到创作室——让想象飞扬”；《小石潭记》的“反复朗读”“自由发现”“趣味欣赏”等。它们都形态各异，别有风味。

（二）精辟的“教学警语”

“教学警语”是余映潮的有独特个性的思想结晶。例如，“阅读教学的三要素是诵读、品析、积累”“研究教材 8 个字：上下求索，左右勾联”“教学设计 8 个字：化静为动，尺水兴波”“教师的任务，就是把教材读‘厚’，把教材教‘薄’”“课堂教学的高层次境界是学生活动充分，课堂积累丰富”“好的语文课既表现出理性特征，又充满诗意手法”“分板块，设话题，做示范，给抓手，让学生真正地活动起来”“尽可能‘实’地运用教材，尽可能‘活’地运用教材，尽可能‘巧’地运用教材”“能力呈线条状，知识呈板块状；知识一旦聚集，便显现出力量与质量”等。这些精辟警语已深刻地影响着语文教师的认识和实践，改变着一线教学的面貌。

（三）精美的命名艺术

命名艺术在余映潮的教学理论与教学实践中有着鲜明的表现。余映潮认为发现法是一种独具慧眼的、能精确地揭示出事物尚未被认知特点的研究方法。有发现，就有心得，就有新意，就有成果，就有命名。例如，余映潮用“托物，蓄势，开掘”六个字给咏物抒情散文的写法进行命名；用“画面展现”构思法、“乐章承接”构思法、“镜头剪辑”构思法等命名揭示记叙文类的写作规律；用“说读”“演读”“主问题”“微型话题”“板块式思路”“线索式思路”“选点式思路”“穿插式思路”“诗意朗读”“课文联读”“多向假设”“智能练习”“课文集美”等命名来总结经验、概括规律和表现教学设计艺术的优美意味。这些命名新颖别致，简洁明了，既抓住了特点，又体现了本质，可谓语文教学和研究的宝贵财富。

（四）精妙的教学创意

余映潮是课堂教学设计的艺术大师。他认为，语文教师进行教学设计的五个基本要求包括：一是非常讲究教材研读。语文教师的第一基本功是能够深刻地研读教材。教材研读的重要意义在于提炼课文中的教育教学资源，在于用优选的教学材料来实现优质的课堂教学。可以说，没有优秀的教材研读就一定没有好课。二是十分重视教学思路。教学思路是所有语文教师教学设计水平的第一反映，它体现着教师处理教材的水平，体现着教师对训练目标的设定，体现着教师对教学过程的精心安排与教学活动的精致设计。三是注重把握课堂活动。课堂活动是确保学生在课堂上能够占有大量时间，在教师的指导下进行独立的或合作的学习过程。其高层次境界是教师指导学生开展活动，学生在扎实深入的语文实践活动中学习运用语文的规律。四是精心考虑教学角度。教学角度关系到学生在课堂上的知识积累、能力训练和情感熏陶。不考虑教学角度的所谓“教学设计”，往往是就课文教课文，有什么就教什么、说什么，基本上不重视或不懂得课文的“例子”作用，难以将课文教学与能力训练联系起来。五是灵巧运用教学手法。教学手法更多地表现在教师的个体素养。教学手法灵活生动地运用，能够从课堂教学艺术的层面表现教学的美感与力度，能够让学生在高雅、愉悦的氛围中有兴趣地学习语文与接受训练。生动地运用教学手法，是形成高效课堂的重要因素之一。

在认真落实五个基本要求的基础之上，余映潮着意在四个字上做文章，这四个字就是“教学创意”。也就是说，他始终从追求“教学创意”的高度来进行教学设计。所谓“教学创意”，就是有新意的、有个性的、带有一定创造性的教学构想，就是准备实施教学的新点子、新思路、新策划、新方案。

余映潮的教学创意突出体现了五个方面的“讲究”。

（1）讲究“新”

事物的“新”主要体现在“角度”二字之上。因为角度好，角度与众不同，便有了个性，于是就叫作“创意”。

对于“角度”二字，余映潮是深有体会的，他说过：“‘角度’这东西，不经过‘山重水复’的跋涉，是看不到它的；不达到‘千呼万唤’的地步，它是不会出来的。为了它，必须付出时间，必须耗费心力。在教学研究与教学实践的过程中，寻求新的角度来进行创新，实在是非常困难的事。而付出时间，耗费心力，苦读教材，寻求新颖的教学创意，就是非常认真的教学设计过程，就是提高教学设计水平的过程。”

余映潮曾经无数次倾听名家的《水调歌头》的朗诵录音，从中提取朗读此诗的规律，然后形成“情在抑扬中”“情在起伏中”“情在疏密中”的朗读训练方案。这种训练方案的角度就是全新的，有创意的，非常生动的。

再如，《说“屏”》是篇幅很短的说明文自读课文，在实际的教学中一般只是让学生读读课文。余映潮在反复研读课文的基础上，就课文的文意把握和顺序理解，设计了一个牵一发而动全身的训练话题：“请同学们结合课文内容讨论如下话题：假如没有这一段……”

同学们的讨论所得是：假如没有第 1 自然段，我们不会了解本文的说明对象是如何出现在面前的，不会对第 1 自然段的写法产生浓厚的兴趣。假如没有第 2 自然段，我们不能了解到“屏”的作用。假如没有第 3 自然段，我们不知道解“屏”的分类。假如没有第 4 自然段，我们不能了解“屏”的用法。假如没有第 5 自然段，作者写这篇文章的目的就不能显现。

这个话题的讨论，不仅让学生们很有兴趣、很快捷、很深刻地理解了文中各自然段的表达目的与表达效果，更是让学生们弄清楚了这篇课文严密的逻辑顺序。这个话题把学生们深深地引入课文之中，形成了一次对课文进行多角度品析的研读活动，表现出“一问能抵许多问”的教学魅力。其实，这就是设问角度的魅力，这就是新颖的角度的魅力。

（2）讲究“清”

“清”，即思路清晰、教程清楚，重点突出，学生活动充分。每一个教学板块、每一次教学活动都有具体教学方向或目标得以落实。课堂教学的活动就是教师引导着、引领着学生在实践中一步一步地向前走的活动。

如余映潮执教《狼》的教学创意：“朗读，分别从‘屠户’和‘狼’的角度理解课文的脉络”“朗读，概括故事情节，理解课文的结构章法”“朗读，阐释各段的作用”“朗读，品味课文中语言的表现力”。在这个课中，“四读四析”对教学内容与教学时间都进行了切分，同时又表现出了重点突出的特点，教师运用“多角度反复”的方式引导学生从不同的角度理解和品析课文内容，使课堂教学不断出现新的兴奋点，更为重要的是对学生进行了学法熏陶。

再看余映潮执教《我愿意是急流》的教学思路：“美美地听、美美地读、美美地品、美美地说”。这个教例思路明晰，脉络清晰，创意鲜明，成功地组织起学生的语文实践活动；教学节奏调适有度，显得生动而又自然。从课的外在的形态来看，表现出一种建筑之美；从其内在的结构来看，则表现出一种彼此承接、渐入佳境的层次之美。

再看余映潮执教《七颗钻石》的教学创意：“进入录音棚——让心情激荡”“畅游智慧泉——让发现闪光”“来到创作室——让想象飞扬”。这个课例让学生沉浸在美好的教学情境之中。第一板块的教学活动主要是朗读，第二板块主要是品析，第三板块主要是表达。教师设置了一定的教学情景，渲染了一定的教学氛围，让学生在优雅的教学情景及浓郁的情境氛围中进行灵动的、多种感官并用的语文学习活动，从而让教学过程清新明朗，诗意浓郁，别具一格。

（3）讲究“简”

教学中的繁复过程，往往是因为备课中缺乏对教学内容的整合，缺乏对学生知能训练的思考所致。繁难的教学不便深入，艰深的教学设想不好展开，可能都不是好的创意。好的创意能够让人一眼看出它的简便易行，能够让人一下子感觉到它的逐层推进，因此它就是“可用”“有用”的。创意离开了“简明有用”四个字，可能就只是畅想而已。

由于教学创意讲究“简”，所以教学思路很清晰，教学步骤很简单，从浅层意义看，非常便于教师操作。而实际上，追求教学过程的“简”就是因为真正地把握住了教学的真谛——努力使训练的形式很扎实，训练的目标很集中，同时又把大量的时间交给学生，让学生在活动中经受历练。

进行思路简明清晰的教学设计，其过程也并不是所想象的那样简单，因为它还要追求教学内容丰厚的境界。只有充分地考虑到整合教学内容，充分地发挥教材的训练作用，充分地酝酿学生的训练活动，才有可能在简化的教学过程之中达到教学内容丰厚的目的。

下面请看课文《蚊子和狮子》。

蚊子和狮子

蚊子飞到狮子面前，对他说：“我不怕你，你并不比我强。要说不是这样，你到底有什么力量呢？是用爪子抓，牙齿咬吗？女人同男人打架，也会这么干。我比你强得多。你要是愿意，我们来较量较量吧！”蚊子吹着喇叭冲过去，专咬狮子鼻子周围没有毛的地方。狮子气得用爪子把自己的脸都抓破了。蚊子战胜了狮子，又吹着喇叭，唱着凯歌飞走，却被蜘蛛网粘住了。蚊子将要被吃掉时，叹息说，自己同最强大的动物都较量过，不料被这小小的蜘蛛消灭了。

余映潮执教该课的教学创意是：利用课文训练高层次的阅读分析能力。

教学的过程简简单单，但训练的力度很大，包括练情节分析能力，练语言赏析能力，练寓意解析能力。

简单的流程，集中的目标，充分的活动，到位的训练，这就是比较规范的以学生的充分活动为手段的教学创意。可以看出，这个教学创意所表现出来的“一课三练”，都是学生在教师指导下的课堂实践活动。就教师的备课而言，这是对学生的训练；就学生的课堂学习而言，这是学生自己的实践。但是像这样的创意，虽然简明，但是厚实。

教学创意讲究“简”的真正含义是：讲究“简中求丰”。

（4）讲究“实”

所谓“实”，就是在课堂上老老实实地进行语文教学，在教学中实实在在地开展活动，让学生扎扎实实地学习语文、得到训练；就是实在地、充分地发挥教材的教育教学作用，实在地有效地把学生带到课文之中，脚踏实地地进行阅读分析，进行课文欣赏。

讲究课堂教学的“实”，与教师的理念、手法都有关联。教师要少搞一些花架子，少站在自己的本位上进行教学设计。讲究课堂教学“实”，需要教师解决好如下问题：一是要知道教材最有训练意义的地方在哪里；二是要知道指导学生进行知识积累和对学生进行能力训练的最好方法是什么；三是要考虑用什么样的活动形式来开展对学生的知能训练。

下面是余映潮执教《登高》的教学创意，它综合地考虑了“新”“简”“实”等方面的设计要求。

登高

杜甫

风急天高猿啸哀，渚清沙白鸟飞回。
无边落木萧萧下，不尽长江滚滚来。
万里悲秋常作客，百年多病独登台。
艰难苦恨繁霜鬓，潦倒新停浊酒杯。

教学创意：学写诗联赏析。

教学思路：吟诵体味，品析鉴赏。

吟诵体味：指导学生吟读课文，用“一句话点评”的方式表达自己的阅读感受——

《登高》——写悲，景物、身世、心境悲。

《登高》——一首流浪者的心曲。

《登高》——一种老病孤愁。

《登高》——一种情景交融。

《登高》——一种忧国伤时的心境。

《登高》——一种深沉的叹息。

《登高》——意象深沉悲凉。

《登高》——表现出苍凉的意境。

《登高》——登高远眺的壮阔图景。

……

品析鉴赏：学写诗联赏析，用“一段话表述”的方式表达自己对某一联诗的体味欣赏。

教师指导：写“诗联赏析”，主要有8种取材角度：联意阐释，层次分析，字词品味，意象解说，画面欣赏，手法理解，情感体味，意境探求。

教师举例，同学们进行“诗联赏析”的写作活动；课堂交流，老师的评点穿插其中。这个教学创意，角度很新，思路很简，训练很实在。这样的训练不仅仅只是“实”，更带着“富有文气”的味道，真正地对学生进行了诗歌欣赏能力的训练。

（5）讲究“活”

所谓“活”，就是教学思路灵动，教学方式灵活，教学过程详略有致，课堂氛围有动有静，教学细节生动，教师能够适当地运用一点诗意的教学手法。

“活”的含义与做法非常丰富，如根据不同的学生情况采用不用的教学创意；根据不同的学生情况进行不同的教材处理；根据不同的学生情况设计不同的课堂活动；多角度、多层次地利用课文进行读写训练；教学创意本身具有灵动的构思又不失严谨的风貌；课文教学组合形式丰富：一文多教，一次多篇，一课多案等；教材处理的方式不拘一格：多角反复，选点精读，课中比读等；教学活动的开展能够激起学生思绪的浪花：趣读，美读，深读等。

一个“活”字，能够很好地表现一位教师研读、处理教材的能力和进行教学创意的能力。如余映潮执教《济南的冬天》的教学创意：“文意把握，片段精读”。“教学活动一：文意把握”这个环节的活动是引导学生深入课文，并基本理解课文内容的基础上，为后续的“片段精读”做好铺垫。

为了回避常用的比较单调的概说课文内容的方式或整体朗读进行感知的方式，余映潮如此提问：“同学们，在课文中，‘宝地’‘温晴’‘奇迹’‘有山有水’‘慈善’‘理想的境界’这几个词语中，哪一个最适合于概括‘济南的冬天’的特点？”

这个提问就很“活”。它的表述内容是灵活的，视点丰富，让人跃跃欲试。它激起了所有学生进行思考的兴致和表达观点的兴趣。由它而形成的课堂学习氛围也是活跃的，不同的观点在课堂上呈现着，交汇着。

活跃的课堂、灵动的课堂，就是美的课堂、可爱的课堂，就是学生爱学、乐学的课堂。与那些强行规定的、程式死板的所谓“模式”相比，它们在教学效率上、在表现教师的高雅素养上，有着非常明显的优胜之处。

余映潮认为，创意表现在教学设计上，体现出来的是教师的教学素养和教学智慧。在教学创意上多下力气，对于教师特别是年轻语文教师教学能力的提高极有好处，这种好处归根到底是让学生受益的。

所以，我们应该尝试着从追求创意高度来进行教学设计，要让语文教学的每一个细节都充满了创意，让我们的教学设计创意无限。

四、余映潮教学智慧精品片段聚焦

片段一：

静默草原

师：下面再进行我们的“组句成文”的活动。

（屏显）

从课文中自选词句，根据自己的理解，自由组合出一篇微型美文。

师：请看老师的示例。老师从课文中自选词句组合的美文是“草原速写”。

（屏显）

草原速写

草原上，都是一样的风景：辽远而苍茫。

草原没有边际，它的每一点都是草原的中心。

天，如穹庐一样笼罩大地。土地宽厚仁慈，起伏无际。

草就是海水，极单纯，一直延伸到远方与天际，在连绵不断中显示壮阔。草原不可看，只可感受。

（生朗读）

师：多美妙的一篇短文啊！利用课文的句子来写文章，开头很漂亮，全文很有层次。而且还有一个美妙的标题：草原速写。下面，每一位同学都从课文里面找句子，然后把它们自由组合成一篇微型的文章，时间6分钟。开始吧，抓紧时间。

（生活动：找句子，组合成文章）

师：紧张的写作，让我们感觉到时间是过得真快啊！好，每个人先轻声地朗读一下自己的作品给自己听，看看怎么样，然后我们再进行交流。

（生轻声读自己的文章）

师：嗯，短、精、美！不要长。好，哪一位同学先来分享自己的新作？

生：《人与草原》：草原是看不到的，也是看不尽的。天如同穹庐一样笼罩大地，土地宽厚仁慈，起伏无尽，和海一样，在单一中呈现丰富。草就是海水，极单纯，在连绵不断中显示壮阔。置身于这样阔大无边的环境中，人竟然如此渺小，微不足道。在辽远而苍茫的草原上，人显得可笑，显得可悲。

师：在辽阔的草原上，人显得多么的渺小。看，创造了一篇美文出来了。

生：《观望草原》：站在草原上，你勉力前眺，或回头眺望，都是一样的风景：辽远而苍茫。在草原中，眼光的每一个投射处，都没有新的景物可观。但脚下的草儿幻化出了锡白、翡翠般的深碧或雾气中的淡蓝。远方的小溪载着云杉的树影拥挤而来，草原与我一样，在静默中观望未来。

师：好。观看草原，把写得最好的两处地方的景色融合进去了。很聪明。

生：《草原》：草原在单一中呈现丰富。在草原上，辽阔首先给人以自由感，第二个感觉是不自由，也可以说局促。在草原上，人的处境感最强烈。人在这里挥动双拳咆哮显得可爱，蹲下嘤嘤而泣显得可悲。草原上没有树，所以即使有风也听不到啸声。草原与我一样，在静默中观望未来。

师：草原观感啊！

生：站在草原上，你勉力前眺，远方的小溪载着云杉的树影拥挤而来，母牛的口唇触到清浅流水，长鬃披散的烈马用面颊摩挲草尖。脚下的草原给人以自由感，草儿纷纷簇立，一直延伸到远方与天际相接，连绵不断中显示出壮阔。

师：啊，你的标题可以改为“我眼中的草原景色”。

生：《我爱草原》：站在草原上，一切都显得那么苍茫，但是，草原没有华丽的夜景、没有喧嚣的人群，它有的只是翡翠般的深碧或雾色中的淡蓝，草原没有任何突兀的景象，和海一样，在单一中呈现丰富，在连绵不断中显示壮阔，在起伏不平中显示辉煌。草原给人以自由，给人以奔放，给人以希望。我的草原，我爱你！

师：草原赞歌啊！谢谢，很好！

生：《辽远而苍茫的草原》：站在草原上，你勉力前眺，或回头眺望，都是一样的风景——辽远而苍茫。脚下的草儿纷纷簇立，一直延伸到远方与天际相接。草就是海水，极单纯，在连绵不断中显示壮阔。因而草原的风景具备了看不到、看不尽这两种特点。

师：你这篇文章的标题可以改为两个字——“辽远”。

生：草原不可看，只可感受。也许草原与我一样，也是善忘者，只在静默中观望未来。

师：好，这叫草原遥思。面对草原，展开了自己的思绪，这个角度也很好。多美的表达啊！大家运用的这种特别的学习方式，就是在利用课文创造美文。

【品评】

这里是《静默草原》学习的深入阶段。教师充分利用课文中的教学资源，运用“组句成文”“微型写作”的手法，让学生最大限度地占有课堂时间进行语言学用的实践，既有文趣又有美感，既有语言训练又有思维训练。教师的评点语言简洁，角度丰富，富有情趣，学生的朗读与教师的评说相映成趣，构成了课堂上精彩的学习场面。

片段二：

最后一课

师：很好，大家都用心继续我们的品析：“我的课”。这是课文的第21自然段。语法课上完了，“我们”又上习字课，如果“最后一课”不写课，不写老师，那就不叫“最后一课”。请大家继续静静地读，思考一个问题：哪个地方的细节写得好？请继续思考，旁批，待会儿我们再来交流。

（生静静地思考，写作。时间5分钟）

师：“我的课”的描写，每一个细节都有它的重要意义。我们一起来分析吧，请说。

生：请看第17自然段，“天啊，如果我能把那条出名难学的分词用法从头到尾说出来，声音响亮，口齿清楚，又没有一点儿错误，那么任何代价我都愿意拿出来的。可是开头几个词我就弄糊涂了，我只好站在那里摇摇晃晃，心里挺难受，头也不敢抬起来”。最后描写的那几个动作，说明小弗郎士已经追悔莫及了。

师：这里“分词”为什么要特意点一下？

生：因为他上的是语法课。

师：太好了。继续往前看，作者在小弗郎士的学习过程描写之中已经埋下了伏笔，他一开始就说，“我”怕分词啊，不想学。在这里就是照应。好，我们要品析的是第21自然段的内容。

生：“屋顶上鸽子咕咕咕咕地低声叫着，我心里想：‘他们该不会强迫这些鸽子也用德国话唱歌吧。’”这句话有很浓的讽刺意味，写出了侵略者强迫法国人学习德语，也是《最后一课》想要表达的不能放弃自己国家语言的主题。

师：对，“强迫”一词用得好。强迫“我们”学习德语，“我们”就不能学习祖国的语言了；这个“强迫”一词其实就是表现小弗郎士懂事了，也表现韩麦尔先生的一席话给了他深刻的教育，这里的手法是借写心理活动来议论抒情。

生：“有时候一些金甲虫飞进来，但是谁都不注意，连最小的孩子也不分心，他们正在专心画‘杠子’，好像那也算是法国字。”这里是细节描写，因为在平常，这些会分散孩子们的课堂注意力，可是现在谁都不受影响，写出了孩子对祖国文字的热爱。

师：抓紧时间学习，大家都专心。补充一下，“连最小的孩子也不分心”，写出了最后一课的神圣严肃以及大家心中的不舍。

生：“个个都那么专心，教室里那么安静！只听见钢笔在纸上沙沙地响。”写出了教室里的安静，连钢笔在纸上沙沙响也听得见，也写出了孩子们的专心。

师：这里是静态描写。“沙沙地响”，以声写静，以声音来写安静，这是一种技法，既表现了氛围，表现了人物，又表现了笔法。

生：“这些字帖挂在我们课桌的铁杆上，就好像许多面小国旗在教室里飘扬。”这里写看到字帖就好像看到自己国家的国旗，表现出强烈的爱国意识和对祖国的热爱。

师：“小国旗”三个字是从谁的心里发出来的？是从小弗郎士心里发出来的，这不简单啊，一个贪玩的小孩儿，在这最后一课的濡染之下，他竟然觉得字帖就像国旗一样，这就多么有力地表现出最后一课的神圣。你们能不能品析一下字帖呢？字帖有什么作用？“那一天，韩麦尔先生发给我们新的字帖，帖上都是美丽的圆体字：‘法兰西’‘阿尔萨斯’‘法兰西’‘阿尔萨斯’。”

生：我觉得这“美丽的圆体字”写出了小弗郎士对自己祖国文字的热爱。因为平常上课他感觉是无趣的，但是现在他在习字课上觉得圆体字都是很美丽的。

师：法兰西的字是多美啊。大家想一下，这美丽的圆体字是谁写的？把这个道理分析出来才有味。

生：“法兰西”“阿尔萨斯”“法兰西”“阿尔萨斯”。韩麦尔先生写这些是希望大家记住这些字。因为这是最后一课了，将来没有机会学习了。

师：多美妙的字帖，字帖是韩麦尔先生写的，韩麦尔先生一定整夜都没有睡觉，给班上每一个学生都写了字帖。这是暗写韩麦尔先生的精心制作，表现他对最后一课的眷念和对祖国文字的热爱，他希望孩子们永远记住自己的祖国和家乡。

这样的品析，我们就读出了很多的味道，这一段的作用也是八个字：抒写细节，渲染氛围。

（屏显）

抒写细节　渲染氛围

这些细节描写，表现出孩子们是多么懂事啊！通过细节描写，我们可以看出韩麦尔先生的心情是多么沉重啊。

【品评】

余映潮《最后一课》的教学，形成了三个教学板块："我的教室、我的课、我的老师"。这里，余映潮引导学生重点赏析"我的课"中细节描写的作用。通过对重点段中的细节分析，同学们感受到了"最后一课"中肃穆且沉重的氛围。余映潮在这里对同学们进行集体训练，运用了选点精读的方法，利用课文训练学生在具体的语境中品词论句的能力，视点独到，引导有方，品读深入，且顺势渗透文学知识的教育，效果良好。

五、余映潮教学智慧经典课堂实录

赫耳墨斯和雕像者

师：这节课我们品读一则寓言《赫耳墨斯和雕像者》。一起把资料读一读。

（屏显）

寓言是文学作品的一种体裁，用具有讽刺性或哲理性的假托的故事来说明道理，给人以启示。

《伊索寓言》：相传，伊索是公元前6世纪的希腊寓言家。《伊索寓言》实际上是古希腊、古罗马时代流传于民间的讽喻故事，共300多篇。

（生齐读）

师：同学们动笔，在课题的旁边进行知识批注。文学作品的体裁有：寓言、童话、神话、诗歌、小说、散文等。还要写三个字"讽刺性"，记三个字"哲理性"。我们一起来继续，了解人物之间的关系。

（屏显）

宙斯：古希腊神话中的众神之王。

赫拉：古希腊神话中的天后，宙斯的妻子，妇女的保护神。

赫耳墨斯：古希腊神话中掌管旅行和商业的神，众神的使者，宙斯的儿子。

（生齐读）

师：这则材料很重要。赫耳墨斯是晚辈，他的官职比他的父母要小得多。因此，在人物关系上我们就可以看出故事的讽刺性。

师：学习课文，首先要注意积累的就是课文语言卡片。

（屏显）

“雕像”不要写成“雕象”。“像”是指比照人物或动物制成的形象；而“象”是指形状、样子，如“天象”。

师：很多人都把这个字写错，包括电视屏幕上也偶有此种错误出现。我们一起来再看两个词。

（屏显）

神使：给众神传令的使者。

庇（bì）护：保护，使之不受损害与侵犯。

师：再看一则语言卡片，这是文章开头的一句话。

（屏显）

赫耳墨斯想知道他在人间受到多大的尊重，就化作凡人，来到一个雕像者的店里。

师：同学们思考一下这样一句话在文章中有什么作用？略作思考，就可以回答。

生：赫耳墨斯想知道自己在人间受到多大的尊重，就要化作凡人，他不可能以神使的身份出现在雕像店里。因为他只能化身凡人，才能实现自己的目的。

师：你只是解说句意而已，没有阐释它的作用。

生：我认为它的作用是引起下文，把这篇文章的中心事件引出来了。

师：“引起下文”这四个字倒是有道理。

生：我觉得这是事件的起因。因为赫耳墨斯想知道他在人间受到多大的尊重，所以才化身凡人出现在雕像者的店里的。

师：好，这位同学的阐释就比较有道理了。难道除起因之外，我们就没看到后面的内容吗？

生：这句话还交代了赫耳墨斯的身份。

师：嗯，首先交代了人物，然后还交代了故事的起因、人物的心理，以及故事发生的地点。一个短短的句子就包涵了众多的知识内容。

只有这样的表述才能证明你的语文是体现在“能力”两个字上的。我还要告诉大家，这样的开头方式是记叙文（故事）常用的开头方法。

记叙文的开头常常是点出人物、事件、场景。正如这位同学所说，故事就这样开始了。比如，你们七年级学的第一篇课文《散步》：“我们在田野散步：我，我的母亲，我的妻子和儿子。”就是这样的开头。比如《我的老师》的开头也有这样的性质。这就叫作“举一反三”。

好，开始对大家的训练：第一步，把故事读懂。我先听听大家的朗读。朗读要注意两个地方。“赫耳墨斯想知道”这个“想”要读得重一点，“心想他身为神使”这个“想”要拖得长一些。注意语速不要太快，用讲故事的语调读。“赫耳墨斯想知道——”读。

（屏显）

赫耳墨斯和雕像者

赫耳墨斯想知道他在人间受到多大的尊重，就化作凡人，来到一个雕像者的店里。他看见宙斯的雕像，问道：“值多少钱？”雕像者说：“一个银元。”赫耳墨斯又笑着问道：“赫拉的雕像值多少钱？”雕像者说：“还要贵一点。”后来，赫耳墨斯看见自己的雕像，心想他身为神使，又是商人的庇护神，人们对他会更尊重些，于是问道：“这个值多少钱？”雕像者回答说：“假如你买了那两个，这个算添头，白送。”

（生齐读课文）

师：嗯，读得很好听！现在任务来了，怎么读懂故事呢？有办法。

（屏显）

请你写一两个成语或四字短语评价故事中的赫耳墨斯。

师：评价得当，你们就读懂了这则寓言，懂得了“赫耳墨斯是一个怎样的人”。好的，写吧，我来观察大家。你们的表述应该是一个完整的句子。

（生写句，然后发言）

生1：我认为赫耳墨斯是一个爱慕虚荣、狂妄自大的人。

生2：我认为赫耳墨斯是一个自命不凡、傲慢自满的人。

生3：我认为赫耳墨斯是一个自高自大、玩忽职守的人。

师：“玩忽职守”用得好！管商业的神不管商业、不问物价，跑到人间问这问那。

生：我认为赫耳墨斯是一个妄自尊大、目空一切的人。

师：他以为自己的雕像会卖得很贵，结果一文不值。多好的评价！

生：我认为赫耳墨斯是一个骄傲、妄自尊大、爱慕虚荣的人。

师：可去掉“骄傲”二字，后面的两个词语足以说明他的骄傲了。

生：我认为赫耳墨斯是一个骄傲自大、以下犯上的人。

师：以下犯上？他还没有以下犯上，他只是心里暗暗想：我比他们两个老的要贵一些吧。这里多有趣呀！好，你最后说一下。

生：我认为赫耳墨斯是一个自命不凡、自视甚高的人。

师：总之，这个人物就是一个带有“自”字的人。好，要不要做笔记呢？

（屏显）

爱慕虚荣　自视甚高

自命不凡　骄傲自大

妄自尊大　自讨没趣

师：赫耳墨斯是一个爱慕虚荣的人物形象。赫耳墨斯是一个自视甚高的人物形象。赫耳墨斯是一个自命不凡的人物形象。赫耳墨斯是一个骄傲自大的人物形象。赫耳墨斯是一个妄自尊大的人物形象。赫耳墨斯是一个自讨没趣的人物形象。

请记下：“用短语评价人物形象，是一种高雅的评说人物的方法”。多篇文章中的人物，我们都可以试着用这种方法来评价。当然，这只是评价人物的方法之一。

继续训练。这是第二步：把故事读深。大家先再来朗读一次。大家这次的朗读要把一个地方读好。“赫耳墨斯又笑着问道：‘赫拉的雕像值多少钱？’”这次朗读就要把这句话中的“笑”字读好。

（生齐读课文）

师：“他看见宙斯的雕像，问道：‘值多少钱？’”请同学们圈出一个字，“问”字。继续向下看，赫耳墨斯问了三次。雕像者回答了三次。这就叫“三问三答”。寓言、童话往往用这种方式推进故事。

（屏显）

品一品课文中“三问三答”的作用。

师：请思考，写批注。

（生集体静读课文）

师：好了，请简短地、简单地说话。

生：一问，问宙斯雕像的价格。我觉得他很好奇，想了解万神之王的价格。赫尔墨斯又笑着问道："赫拉的雕像值多少钱？"我觉得此处的"笑"，体现了赫耳墨斯发现宙斯的雕像居然只值那么点小钱后，有点嘲笑他的意思，还有点讥讽赫拉的雕像不值钱的意思，更有点为自己感到高兴的意思。最后再问自己雕像的价格的时候，赫耳墨斯已经有点自视甚高了，觉得自己雕像的价格肯定要比宙斯和赫拉高，但没想到雕像者的回答令他十分失望。

师：赫耳墨斯当时问自己雕像价格的时候可能是很自傲的。没想到雕像者的回答却令他很尴尬。这位同学分析得好，但要注意分析"三问三答"在文中的作用。

生：我想说第三问。赫耳墨斯的第三问体现了他的骄傲自大，表现出不把别人放在眼里的样子。

师：有一个关键句很重要，就是"人们对他会更尊重些"。所以他问的语气一定不同，这里既有心理的表现又有语气的表达。

生：赫耳墨斯在第一次问的时候就知道了宙斯的雕像不值钱，后来知道赫拉的雕像也不怎么值钱的时候，已经很自信了，觉得自己的雕像是最值钱的了。于是他非常有把握地问了。

师：几位同学的回答都很流畅。但是我要指出的是，你们没有扣住"作用"两个字来分析，而是在阐释语句的含义。"三问三答"究竟有什么作用呢？这是一个奇妙的问题。

生："三问三答"使得文章略有不同，它们使文章富有变化，有起有伏。

师：噢，说得多好，"三问三答"形成文章的波澜。这才是作用。故事一定要有波澜，没有波澜，怎么能有趣呢。

生：我觉得"三问三答"写出了赫耳墨斯的狂妄自大和爱慕虚荣，也讽刺了社会上那些自以为自己了不起但在别人眼里却很无用的人。

师：在反复之中表现一个人的性格特点。为什么老是在问呢？一定是想知道他的雕像是最值钱的。这就是在语言描写中表现一个人的性格特点。

生：我觉得“三问三答”还表现了赫耳墨斯的心理变化。特别是第三次问的时候他给人一种狂妄自大、盛气凌人、胜券在握的感觉。

师：嗯，这个答案好！这就是在品析作用。在“三问三答”中，体现了人物心理的微妙变化。

生：这“三问三答”为下文做了铺垫。因为赫耳墨斯“三问”里对自我的期待值在逐渐增加，然而这与雕像者最后的回答形成了巨大的反差。这就形成了故事的讽刺性。

师：回答得多好啊！居然还用了“反差”两个字。反差在哪呢？他对自己的期望值很高，然而人家说他一文不值，所以他就很尴尬地静静地站在那里了——到现在还站在那里。

（生笑）

生：我觉得“三问三答”很形象地体现了赫耳墨斯这个人的特点。第一问，他问宙斯雕像的价钱。我们知道宙斯是赫耳墨斯的父亲，而且宙斯是古希腊传说中地位最高的神，他问宙斯雕像的价钱，其实在心里就有与宙斯一比高下的意思。这体现了他的狂妄自大。（师：回答得太巧妙了）第二问，他问赫拉的雕像值多少钱。这个“问”字前面有一个“笑”字，我觉得这个“笑”字，体现了赫耳墨斯的不务正业，因为宙斯是地位最高的神，赫耳墨斯在人间不受尊重，才卖一个银元。可见雕像者的生意很惨淡，赫耳墨斯没有对其产生同情或给予帮助，反而笑着继续第二问。（众生鼓掌、笑）第三问“这个值多少钱”，仍然体现了他的自高自大，自以为了不起，觉得自己的价钱比宙斯和赫拉都高。我就觉得“三问三答”生动地体现了人物的特点。

师：回答得妙啊！不过你对“笑”字分析得有点勉强，这个“笑”字，是他听说宙斯的雕像值一个银元，就暗自高兴了，心中就轻松了；原来有点紧张，不知道宙斯的雕像值多少钱，心里没底。现在知道了，心里觉得自己的雕像要更值钱了，所以就笑了。这个“笑”字倒没有嘲笑雕像者的意思。

好，谢谢大家，都说得好！又要做笔记了吧？“三问三答”在这则寓言中的作用，简单地说：

（屏显）

（1）推进故事情节

（2）显现故事细节

（3）刻画人物性格

（4）形成奇妙的波澜

师：那位同学分析的反差，就是波澜之一；故事向前推进，突然出现一个大的转折，就是波澜。你们学会了分析对话描写，就能阐释它的作用。欣赏任何对话描写，基本上都可以从老师讲的这几个角度出发。

课文《羚羊木雕》大家学了吧？大家看看这一段。

（屏显）

"那只羚羊哪儿去啦？"妈妈突然问我。

……

"爸爸不是说给我了吗？"我小声地说。

"我知道给你了，可是现在它在哪儿？"妈妈的目光紧紧地盯着我。我发现事情不像我想的那么简单。

"我把它收起来了。"

"放在哪儿了？拿来我看看。"妈妈好像看出我在撒谎。因为我站在那儿一动不动，低着头不敢看她。

"要说实话……是不是拿出去卖啦？"妈妈变得十分严厉。

"没有卖……我送人了。"我觉得自己的声音有些发抖。

"送给谁了？告诉我。"妈妈把手搭在我的肩膀上。

"送给万芳了，她是我最好的朋友。"

"你现在就去把它要回来！"妈妈坚定地说，"那么贵重的东西怎么能随便送人呢？要不我和你一起去！"

"不！"我哭着喊了起来。

师：大家可以学着从这四个方面入手分析：（1）推进故事情节，（2）显现故事细节，（3）刻画人物性格，（4）形成奇妙的波澜。同学们是不是领会到这高妙的学习方法的重要作用了？

好，再批注一句：从四五个角度品析对话描写的作用，这就是方法。

继续我们的学习，这是第三步：把故事读美。首先再朗读一次，把雕像者的话读好。“雕像者回答说：‘假如你买了那两个，这个算添头，白送。’”一句中“白送”一词要读好，读出味道。

（生齐读课文）

师：“白送”两个字，同学们读得秀气了些，再读一遍。

生（齐读）：雕像者回答说：“假如你买了那两个，这个算添头，白送。”

师：这回就读得有味道了。那么这则寓言从文学的角度看，有什么表达技巧呢？

（屏显）

试析这则寓言的表达技巧。

师：比如，对话描写就是表达技巧。比如，课文导语里写的拟人化的动植物，拟人化就是一种表达技巧。你们还能悟出这则寓言什么样的表达技巧？略作思考，我们就来交流。

生：我想说的是三次回答，前两次回答正好符合赫耳墨斯的心里所想，第三次回答却大出赫耳墨斯的意料，第三次回答与前两次回答形成了鲜明的对比。

师：好，对比的表达方式。运用对比手法推进故事。一种技巧出来了。

生：运用了心理描写。“赫耳墨斯看见自己的雕像，心想他身为神使，又是商人的庇护神，人们对他会更尊重些。”

师：好，用直接和间接的方法写心理活动。“想知道他在人间受到多大的尊重”，就是直接描写，“笑”就是间接的表现。

生：课文中写的“三问三答”，我觉得具有反复的作用。

师：用反复对话的方式推进故事的发展。

生：这里还运用了神态描写，“赫耳墨斯又笑着问道”，“笑”字体现了赫耳墨斯的狂妄自大。

师：“笑”字好像呈现了一幅画面，又似乎让我们看到了赫耳墨斯的笑容。

生：这个结尾也很值得我们品析，戛然而止，让人想象，是一个开放性的结尾。

师：用小说的语言来说就是“陡转”，这叫“意外结尾构思法”。

生：这里的“三问三答”，对话描写很简短，却深刻地刻画出赫耳墨斯自视甚高、自命不凡的人物性格，而且刻画得非常巧妙。

师：很精炼地运用了对话描写。好，这都是表达技巧。

生：文章的开头，开门见山地写了故事的人物、地点、事件。这也是一种表达技巧。

师：开门见山的开头，戛然而止的结尾，又是两种表达技巧。好吧，请大家一起做笔记。这则寓言的表达手法是很高妙的。

（屏显）

以神喻人

对话展开

心理刻画

白描手法

留下空白

叙议结合

师：以神喻人，这就是构思角度的美妙。寓言可以用动物做主人公，用植物做主人公，但是这则寓言却是用神做主人公。所以他的手法是以神写人。寓言其实就是用来讽刺人的。

对话展开，这又是一种表达技巧、表达手法。心理刻画，美妙的心理描写渗透在字里行间。白描手法，并不是把故事写得很详细，把细节写得很细腻，而是简明地勾勒。

留下空白是指赫耳墨斯听到他的雕像不值钱，只是算添头的时候，故事就结束了。这就让我们可以展开丰富的想象——他是该尴尬地站着呢、发火呢、骂人呢，还是该灰溜溜地走开呢？这些都留给我们来想象，这就是空白的美妙。

叙议结合，是最有意思的。这个寓言是由两个部分组成的，前面一段话是叙，后面一段话是议，叙议结合，先叙后议。如果老师再给大家上课的话，就会让你们重写一个议论段，那就更难了。

好，这个要记下来——

（屏显）

最高妙的手法是：

蓄势于前，急转于后；

戛然而止，余味悠长。

师：最高妙的手法是前面进行铺垫，然后一个急转弯。这就叫作“蓄势于前，急转于后”。这个故事在第三次答的时候来个急转弯，来个陡转，于是故事戛然而止，余味悠长。

这节课大家学得真带劲，今天的作业真的就是把课文中的议论段去掉，重写一个议论段，写在课文的后面。好不好？同学们一起读一读我们的学习小结吧。

（屏显）

学习小结

在读与练中学语文，懂道理，练能力。

（生读）

师：谢谢大家，下课！

第九篇　赵福楼教学智慧研究

赵福楼，1967年生，天津市中小学教育教学研究室副主任，中学语文特级教师，中国教育学会中学语文教学专业委员会副理事长，天津师范大学兼职教授，教育部“中小学教师国家级培训计划”（以下简称“国培计划”）专家库首批人选之一。曾先后工作于天津市大港区苏家园中学、天津市大港区第二中学、天津市培英外语实验学校等，开展“作文与育人同构教学的实践探索”实验，课题报告通过教育部首届骨干教师培训学员课题鉴定；参与伊道恩先生主持的“语文双线自主活动教学的研究与实践”实验，获得教育部首届基础教育教学成果二等奖。另主持“生态语文教学探索”实验，在天津市中小学教师岗位培训中开设相应课程，并在天津师范大学开设研究生课程。该项成果获得中国教育学会首届基础教育科研成果网络博览会一等奖。指导天津滨海新区大港第五中学“互动态作文教学探索”，编著的《作文，走出独语困境》获得教育部首届基础教育教学成果奖二等奖。

倡导从母语历史的纵向、学科发展的全局、现代社会的背景、国际视野等多维度审视语文教育，构建一个与我国教育现代化发展相适应的语文课程。这就是生态语文的立论基础。基于此，在天津区域内，结成一个教研协作团队，开展校本研究，积极打造区域、学校以及教师个人的生态语文教学特色。应邀在教育部“国培计划”各大学的培训活动中担任主讲，传播学术思想。

一、赵福楼教学智慧的探索历程

赵福楼倡导生态语文教学，与其教学实践的历程有关。可以说，这是他在持之以恒，持续 30 年的教学探索与思考之后，愈加清晰化的关于语文教学“走一条什么样的路”的认识。

近代教育所孕育成型的所谓语文课程，与之前立足私塾教育的传统语文有一条显著的分割线。这一次语文课程的发展与蜕变迅速，与传统割裂明显。它不仅体现在从服务于少数人的教育转型为平民化、大众化教育；还体现在学习主张上，强调现代人学习现代汉语，摒弃了文言文，而改弦易张，主要用口语化的语言表达，以及阅读白话文；还体现在此时的“语文科”被纳入了课程体系，成为众多学生学习课程中的一科。从“唯一学科”到“一门学科”，语文学习的课时被限定，投入学习精力有限。可是语文承载的社会功能和育人目标并没有消减。于是语文科的功能性定位问题一直困扰着语文教师与研究工作者。

语文是什么？语文科教什么？这样的简单问题，是学科研究的起点问题，却长期成为舆论争鸣的焦点。作为执教多年的语文老师，赵福楼始终保持着对时代发展的敏感性，注意追寻语文教学的变革之路。

生态语文教学探索贯穿他的教学实践历程，可从以下四个认识发展段说起。

（一）语文生态适应性的建立，需要教师提供最优化的教学

在从初任语文老师到不断走向成熟的过程中，赵福楼尝试各种教学方法，以提升学生学习兴趣，努力把自己塑造为受学生欢迎的语文老师。那时，他以为语文教学的改进可以依靠名师的引领，以教学技术化的提高来达到目的。

他自言入门时不是合格教师。1985 年他毕业于天津师范学校，分配在天津与河北毗邻的大港区苏家园中学。中师，无专业。校长征询意见，问想教什么。他答：语文。一言既出，这决定了他此后 30 年的漫长语文教学探索道路。

就语文科的学习而言，赵福楼本身也有一个认识过程。他出生在教师家庭，父亲教数学，小时候的家学来自“鸡兔同笼”等数学题学习。

他的兴趣不在语文，他一直找不到稳定的语文学习规律。另外，在一门语言的初始学习阶段，需要积累词汇，背诵很多诗文，这些让他觉得枯燥无趣。到了初三，在阅读鲁迅作品的过程中，他的心智被开启了，他突然发现在平凡的文字里，还掩藏着那么多直击人心的东西。他被一颗伟大的心灵所震撼！随后他搜罗阅读了很多鲁迅的文章。初中毕业，为了跳脱农门，他选择了读中师。此时，他的心底已经有了一个明晰的人生目标：做一名教师，兼职写作。由此，他成为一个非常自觉修炼的文学爱好者。他在学校里率先成立读书社——书友会，组织几个同学，交流写作经验，也参加作协举办的各样学习和讨论。

有了亲身体验后，他知道语文科的魅力在于文本与作者。与文本对话，感知作者的心灵，这是最为重要的事。

教好语文，就是要用教师的适应性的教学，把文本之美呈现出来，把作者精神的伟大展示出来，由此感染学生，感动学生，进而引发他们思想上的震动，这比什么学科知识都重要。

从入职起，赵福楼就选择了走一条非知识化的语文教学之路。他每次上课前，都要独立阅读课文，读出自己的心得和让自己感动的地方，课上再与学生分享自己的阅读体会。这给学生的阅读开启了一扇窗。在莫名之中，他的语文教学从一开始就有了与人对话的意味。这种努力很快就获得了积极回馈。他的语文课很受学生欢迎，他们爱听他上课。在当时以教师讲授为主的课堂氛围里，学生却可以从这里获得愉悦感，他们接纳了这个比他们大不上几岁的显得稚嫩的小老师。

此后，赵福楼沉下心来，读书、写作、教书，持续10年。人生积淀的历程与语文素养的积累过程，无疑是漫长的。在很多时候，他是孤独的，是被遗忘的。可是他有爱他的、崇拜他的学生。他就在自我激励中，不断完善着自己专业的素养。1995年，这是他职业生涯中的第十年，他参加了天津市中青年语文教师课堂教学选拔赛。经历两轮次角逐，他被推举成为天津市语文教师代表，参加首届“语文报”杯全国中青年语文教师课堂教学大赛。最后，他的成绩在十甲（获二等奖）。

这证明，在十年的教学磨砺中，赵福楼已经成为教学的行家里手。生存的需要，让他沿着专业化的道路，不断砥砺前行。这就是所谓“十年磨一剑”吧！

（二）语文生态适应性的建立，需要先进教学思想和理论的指导

在明星的光环褪去之后，赵福楼开始更为理性地思考语文教育的问题，认识到在语文科发展中教师普遍感觉很无奈，进而希望用一种新的理念——人本思想的张扬，赋予语文教学以生机。那时，他以为语文教学的探索需要先进思想和理论的武装，以为教学方式和学习方式的改变可以提高语文教学效率。

1996 年，他被优选进入大港第二中学。当时，学校成立“校内校”——培英外语实验学校，招了两个班。他担任扩招班的班主任，教两个班的语文课。这样的班级，家长要成绩，教师的授课压力很大。他在这时启动了一项实验：作文与育人同构教学探索。这一想法来自到魏书生处学访。他在实地考察之后，认为魏书生的魅力源自他与学生知心；而达成师生默契的方式就是以作文来促进交流。作文的功用不全在发展语言能力，它也是学生自我教育，实现思想成长的渠道。为此，他做了一个实验规划，把作文的成长阶段划分为“先织布，后裁衣”两个关联阶段。

每一种变革，在实践层面都要赢得各方面的支持，即要构建的新的适应性生态环境。语文老师强调学生每天进行文字积累，学生响应吗？家长支持吗？班级其他科任教师理解吗？校方，即管理者支持吗？

做了 11 年教师，赵福楼已然成为一个受学生喜爱的、被学生信赖的老师。所以，做学生的工作相对容易。在启动这个实验之后，学生写作量增加了，教师的批阅负担也增加了。为此，他常常要在深夜备课、写评语，还要摘录出好的文字，制成录音带，在作文课上与学生分享。

让家长支持有一定难度。一次家长会上，便有学中文的家长问：老师，与你讨论一个问题——你说评价一篇文章的好坏是看长度，还是看质量呢？当时，赵福楼因为鼓励写作量的积累，更为强调一天一记，增长篇幅。对于作文评价，他要与家长讲，作文成长的规律是怎样的，自己的设想是怎样的等。班级其他科任老师也提了意见：孩子们都在写作文，是不是耽误了其他课的学习？

于是，赵福楼策划了两件事：一是在母亲节，开展给母亲写一封信的活动。要求学生谈谈在写作中，自己的改变，以及对于母亲辛劳的理解和感谢。二是在教师节，做一次作文展评。要求每一个学生给自己喜爱的老师写一封感谢信。为了扩大辐射面，班级进行了意向的征集，并适当做出调整，以至于校内从服务工人、后勤主任、校长，到每一个科任老师，都有学生写文章问候和感谢。这在全校引起轰动，赵福楼也以此举获得了对于作文改革的全面支持。

在推进这个实验的过程中，他更深刻地理解到：一个好的语文老师，会上课，能上好课，固然很重要，可是只做到这些还远远不够。他要成为一个班级小圈子、一个小生态环境的建设者。这就是实验研究与理论提升给予他的启示。

（三）语文生态适应性的建立，需要营造良好的区域教学环境

在追踪每一次教学改革的浪潮之后，赵福楼从躁动中趋于冷静，认识到理论转化为教学生产力这个环节是严重不足的，而教研员恰好可以居中占位，发挥理论向技术转化的作用。那时，他以为教研员可以立足区域教研，整合行政领导力、教研指导力和教师行动力，从而推动语文科的发展。

2002年，赵福楼的工作再次变更。他被选调到天津市教研室，成为一名语文教研员。在新的平台上，他要面对的不是学生而是老师，他要说服老师与他一同行动，这个难度要比过去更大了。

他知道，此后他要重新进行职业规划，要做到两点：一是要与老师做朋友，赢得老师最大范围的理解与支持；二是要贴近课堂，只有这样才能让他不脱离实际，与教师在交谈中有共同点。

他一度成为一个奔走者，每一天的上下午都分开跑两个地方，尽可能地走进学校，与教师见面、恳谈。

如此赵福楼奠定了一个小气候的研究氛围。教研员的工作就是要在大多数人中间，成为一个学术上的号召人。教研员领一个头，大家都跟着，于是区域教学有了些许的改变。

（四）语文生态适应性的建立，需要大众化教师参与的改革

在面向基层、立足课堂、亲近教师的教研活动中，赵福楼越来越觉得，自己被各种繁杂的事项绊住了腿脚。正是因为这种无奈的体验，让他进一步思考语文走什么路的问题。是回归自然与传统，还是广为借鉴，面向现代化？在痛苦的思想磨砺之后，他认识到，语文现代化之路，不是少部分人参与的，而是大众化教师的集体行动，教学改革的希望在唤醒大众教师的普遍参与，基于常态的、立足解决具体问题的、积少成多的教学改进。

2007 年赵福楼轮岗到了课程室，参与了新课改中的行政工作的推动。2010 年他成为教研室副主任。位置不同，视角不同，思考的问题也就不同了。他再看语文教学，总觉得过去自己还是较多停留在教学思维层面上，而缺乏课程理念，更不用说从教育的整体来审视语文科的发展问题了。

在这期间，赵福楼参加了天津市未来教育家奠基工程的学习，确定了"生态语文教学探索"这个研究课题。他的意图在于从一个区域范围，号召全体语文教师参与，形成共同认知和行动，从而辐射到每一节课，实现在常态化意义上语文教学质量的整体提升。

此后，他的教学关注点聚焦在大众教师的行动和常态化课堂的构建。他以为今后的教研工作要发展转型：从推出骨干教师，发挥示范引领，进而辐射到每一个教师，改变大众思想和行为；从优秀课的展示交流，推广到每一个人每一节课在常态化条件下应该构造出的模式。

赵福楼应邀在多个高校的"国培班"里上课，传播这个基本理念，也不断走进课堂，强调一般课型的建立、一般经验的发掘。他写了大量文章，为自己的信念而努力。

赵福楼说："我倡导的所谓生态语文教学，恐怕不仅仅是学理上的，主要在行动中。没有实践层面的改变，中国语文的教学改革总是像飘在空中的风筝。"

二、赵福楼教学智慧的思想内核

生态语文教学重视建立生态适应性的教学，即需要按照自然规律组织教学，其思想的本位意识集中体现在：文本（基于文本的阅读教学）、人本（基于人本的课堂教学）、课本（基于课堂教学为本的语文教学实践）、校本（基于校本教研展开的促进教师发展的教学研究活动）。

基于四个维度：语言环境、师生关系、课堂教学、校本教研，力求构建一个和谐稳定的生态系统，以保证语文教学的持续发展和改革的推进。

（一）基于文本的教学，应该引导学生探寻三重语境下的认知价值

教学文本，有三重认知价值。第一重价值是文本的原生价值。作者初创文本时，他要告诉读者他之于社会和人生的深刻思考。这奠定了文本的原生价值。溯源性的、探寻作者写作意图的阅读，确定了大众阅读的共同认知基础。这时的文本价值主要体现在写作价值。第二重价值是在文本的历时阅读中形成的个性化阅读经验的总和，以及它所呈现的认知价值。教材选文一般体现经典性，这也就意味着选文在面世之后已经积累了很多个性化阅读的经验。不同的人，基于同样的文本，因为视角不同、价值观不同，以及个体的经验不同，阅读审美有较大差异。这些历时形成的阅读经验，是重要的阅读资源，可以作为后人阅读的借鉴。第三重价值，特别指的是，在课堂这个教育环境下，师生基于共同关注的文本，以及共同关注的话题（或是问题），通过对话方式分享阅读经验而获得的认知价值。这个阅读带有班集体性质，是小圈子范围内由教师主持的一种共同阅读。这个阅读要兼顾共同认知与个性化认知。

第一重认知价值向我们证明了选文是具有典范性的，代表了特定时代人类文明发展和思想认知所达到的高度。由此，以教学手段体现文化的传承性。第二重价值全方位、立体化向我们呈现了一个文本在流传过程中给予人类的思想和文化影响。这进一步深化了我们对于文本价值的理解。第三重价值反映出在今天的语境下文本还具有的审美意义，以此告诉学生我们阅读的必要性和重要性。

基于文本的教学，教师要具有三重认知视野，也就是要能够从当时、历时、此时这样一个漫长的时间进程，从创作和审美两个维度，对文本进行解构，获得极为丰富的阅读资源。

当前阅读教学中本本主义盛行，阅读视域狭隘，而且阅读肤浅化，这些问题比较普遍。三重视角、多维度的认知是解决现实教学问题很好的途径。

（二）重视人本的教学，应该构建和谐的对话型的师生关系

现代语文教学，引入了“对话”的概念。它一方面指的是巴赫金的复调小说的阅读对话，另一方面指的是教学对话。教学对话要突破传统语文教学教师一言堂的局面，从而形成学习活动中师生这个学习集体彼此分享经验的协商互助关系。钱梦龙先生提出“三主”观点:学生为主体，教师为主导，而训练为主线。可是怎么把这个不同维度的主体要素、主要行为整合起来，这一直是教学实践中没有得到很好解决的难题。

我们以为现代教育环境条件已发生重要改变。这里主要指的是：新媒体的快速发展，网络的海量信息存储、互动性功能的开发、应用性的增强，以及社会提供的课程资源日益丰富，这都为课堂教学破除课堂局限，重新定义教学奠定了生态环境的基础。此外，学生的家庭文化氛围，父母之于孩子教育的关注，学校与社会提供的辅助学习条件，也与先前大不同了。这决定了在学习中学生遇到疑难问题时，教师、课堂已经不是唯一问询的渠道。现实社会为学生自主学习提供了很多便利条件。再加上语文科为母语学科，具有良好的语言实践环境，也特别适合学生自学。因而，聪明的教师选择的，一定不是包办式学习。

我们主张先学后教、因学设教，即师生在课堂学习语境中，需要同样积累丰富的阅读经验。只有如此平等的阅读基础，才有可能展开真正意义上的师生教学对话。

（三）突出以课为本的教学改进策略，应该落实现代教学的效率观

“效率”是一个表明结果可测量的词汇。在过去我们提“效率”是有知识教学基础的，而今我们更加强调能力教学，这是较难测量的，所以也有人反对教学效率观。然而现实社会正在发生的变化却是我们正生活在一个讲究效率的时代，语文教学的“低效和无效”问题长期困扰着语文学科的发展。因此，在新的时代背景下，我们希望上出有实效的课，尤为强调的是教学要追求“扎实、有效”，摒弃一些无效行为。

过去的课堂教学，因为在单位时间内没有解决问题，无法实现能力迁移，所以采取了“课上不足，课下补”的策略。这无疑增加了学生的课业负担。现代课程体系规定了语文科的周课时，这是一个限定的学习

时空。我们无法依靠所谓“大语文”，不断占用学生课余时间。那么，怎么用好课堂时间呢？

语文教学要克服教学的盲目性与随意性。一节课要达到什么目的，这个问题是教学设计的首要问题。换句话说，教师备课要思考：我要教什么呀？这个问题清晰了，才能进行另外一个问题的探讨：我怎么教呀？这两个问题或许在其他课程的实施中不是大问题，但在语文科却是常见问题。

在很多语文课上我们看到：普遍脱离文本的泛泛之谈，让语文偏离了学科的本质特点。因此，我们提出语文课要“务本”，课堂的分秒时间都要计较。

（四）注重校本的教研，应该聚焦在解决教师共同关注的真实问题

如今课题研究逐步走进学校，而且具有普及性特点。然而，科研的形式化问题也客观存在。赵福楼以为，支持教师专业发展，促进学校学科建设，其主要渠道是校本教研。学校教师团队依靠协作关系，共同解决现实教学中的问题，如此行动研究才最具有现实应用意义。

教科研人员一定要沉得下去，与教师一同基于校本教研，研究具体问题。教学问题的解决，过去我们多采取行政化的手段，这是有局限性的。例如，某些学校校长一声令下，要求全校老师都按照某一个模式上课。这会在教师中产生消极抵触情绪，也不符合教学需要应对复杂情况的一般规律。

良好的教学手段和学校层面普及的经验，应该是教师团队智慧的结晶，也应该是教师团队自觉行动的结果。

三、赵福楼教学智慧的艺术呈现

语文教师要在教学实践中引导学生认识到，语文学科在他的生命历程中，是一个可以汲取极大营养的，且提供很大支持的学科。这个学科是美丽的，也是有用的。换句话说，语文老师要引导学生认知到学科价值。

赵福楼在语文教学中，努力给学生呈现三种认知经验。

（一）第一个认知经验：语文是美的

审美是增加阅读教学张力的重要选择。美本来是无处不在的，可是学生在一般阅读经验和生活经验匮乏的情况下，很难产生阅读共鸣，也就无法产生审美。

（1）审美来自文本阅读中生活经验的激发阅读

文字的美，具有潜在的特点。阅读同样的文字，对一个缺乏阅读经验和生活经验的人而言，他一无所见；反之则心潮澎湃，被文字的力量深深打动。赵福楼教读鲁迅的散文《从百草园到三味书屋》，其间有一段景物描写的文字："不必说碧绿的菜畦，光滑的石井栏，高大的皂荚树，紫红的桑葚；也不必说鸣蝉在树叶里长吟，肥胖的黄蜂伏在菜花上，轻捷的叫天子（云雀）忽然从草间直窜向云霄里去了。"两句话中，前者描写静物，后者描绘动物。在静物描写中，作者采用了一组形容词，而动物描写中则采用了一组动词。仅从表达技巧上，学生得不到情感上的共鸣。赵福楼以一个词为例来分析其与生活经验的关联性："光滑的石井栏"中"光滑"是怎么感觉到的呢？他与孩子们分享了自己的生活经验。在乡下，小时候男孩子调皮，夏天里喜欢光屁溜。小屁股蛋在井边左右研磨，感觉烫烫的，舒服极了。文字里"光滑"的认知来自于生活体验。再问，"高大的皂荚树"中"高大"是怎么感觉到的？学生可以估摸出，小孩子，在树底下，往上看，树干入云。本来皂荚树不是高大的树，可是在小孩子的仰视中显得高大。调皮的孩子还会琢磨着想要爬上去呢。文字里的生活气息被捕捉到，则阅读趣味横生。

（2）审美来自不同视角的共同关注

同一文本，唤起人们各自的阅读体验是不同的。所以教师应该引导学生从不同视角看问题，增进思想认识。例如，教读鲁迅的小说《孔乙己》，在学生自读课文后进入集中讨论阶段，赵福楼提出这样一个问题：孔乙己是怎样的一个人呢？备选答案有四个：可笑，可悲，可怜，可恨。他要求学生回答问题要有理有据，要从课文中寻找支持自己观点的理据。

如此，学生各自选择一个角度，认知孔乙己人物形象的一个侧面。在四个角度的阅读分享过后，大家恍然大悟：原来孔乙己就是一个矛盾的个体，他的可笑与可悲是统一在一起的，而造成他自己人物悲剧的原因，既有社会冷漠的客观因素，也有他个人的主观因素。原本展开的四个维度的人物解读，最终成为理解人物多样性的重要条件。

（3）审美来自阅读中基于共同关注问题的争鸣

制造阅读波澜，也是激活思维的重要方法。在课堂教学中，赵福楼善于利用文本与现实生活的关联，结合学生的普遍关注，引发争鸣性的讨论。

一次他与某名师同台。该名师在课上感慨茅盾的《白杨礼赞》多为过誉之词，其实白杨树是不成材的。接下来赵福楼执教《白杨礼赞》一文。他由此入题，说："《白杨礼赞》不是一般的赞美，其'礼赞'中的'礼'指的是古礼，带有郑重的意味，说明作者带着无比崇敬的态度而赞美。看来作者要赞美的不是白杨树，那是什么？又是什么原因激发了作者的崇敬之情呢？"

在讨论中，学生明确了本文采用象征手法，赞美的是在抗日战争时期，在北方沦陷区与敌人浴血奋战的广大农民群众。

赵福楼引导学生思考：当时抗战形势严峻，东北沦丧、华北沦陷，日寇全面挺进，在国内弥散着速亡论——日本预期三个月全面占领中国。国民党节节败退，汪精卫也组织了汉奸政府。在这样的背景下，反倒是这些普通的农民，衣衫褴褛，饥肠辘辘，却不畏强敌，以血肉之躯与武装到牙齿的敌人做斗争。难道这样的一群农民不值得我们崇敬和讴歌吗？难道我们能说给予他们的赞美是过誉之词吗？

赵福楼把批判性的认知，在这里进行了反转，那样的认识成为小垫场。

（二）第二个认知经验：语文是鲜活的

语文是生活学科。语文科被定义为：学习语言应用的，体现综合性和应用性的课程。由此看来，语文的应用性和与生活贴近的特点是非常突出的。

（1）强调语用，在阅读中一定要重视语言分析

文章若理解为是作者的思想表达，于"我"——学习者而言，则这是第三方；若理解为是教师对于课文的解读，于"我"——学习者而言，它还是别人的演说。文章什么时候可以与"我"贴近呢？那就是，要让"我"找到学习的理由，发现文本认知的价值。用现代教学观念来说明这个距离感的拉近，就是所谓的对话关系的建立。赵福楼讲到自己读书的例子时说：

最初读书不喜欢语文，以为这是一个死记硬背的学科，很枯燥。在读到鲁迅文章的时候，我才扭转了这个思想认识。我在鲁迅的简约、平常的文字里挖掘出很多深意之后，才知道原来文字竟然具有这样的魔力，可以发挥如此神奇的作用。

正因为他有如此体会，所以他更愿意在教学中，给予学生的不是知识，而是在阅读中获得的独特经验。

例如他教读冰心的散文《小橘灯》时，他问："一个夜晚，一次访问，一个小姑娘，一盏小橘灯，为什么会点亮了作者的晦暗的心？这个改变'我'的力量具体指什么？"由此，他引导学生在课文中探寻这个精神的感召力从哪里体现出来。于是，很多孩子在文字里找到了很多不可思议。那个小姑娘可以走夜路而不害怕，可以自己打电话叫医生，可以照顾有病的妈妈，可以为家里人做饭，懂得感恩，还会做小橘灯，等等。而文章中一句话告诉我们，她只有"八九岁光景"，见了生人"吃了一惊，把手缩了回去"，她也是会怕的。可见她在生活中表现出的勇气，是为生活所迫。生命的顽强与乐观是这样值得我们赞美呀！

（2）强调语用，引导学生在作文中反映现实生活

贴近生活，在建立表达习惯中发展学生的思想和语言水平。1996 年至 1999 年，赵福楼进行了作文与育心同构的作文教学实验，构建了一个与生活广泛联系的作文训练体系。

①突破教材训练体系，教学生学会从生活中选材，建立作文与生活的广泛联系

教材中预设的作文训练点，主要体现了能力发展的过程。而在这之外，他设计了另外一条训练线，即与生活关联的认知线。他借用日记这种一天一记的形式，强调写作与生活贴近，表达上具有灵活性，于是创造出随笔写作，且以每周为一个训练单元。每周作文文题分三部分：一是学生自己命题，自由写作部分，称之为"随笔"。二是教师根据学段训练侧重点和学段学生生活的实际确立的文题。这部分公布文题较多，让学生选写其中感兴趣的。一般每周发布 10~20 题，自选 2~3 题完成。三是教师向学生征集的文题。教师在确定文题时，通常也要考虑学段的训练目的。

这样命题的目的性和灵活性结合在一起，兼顾了写作训练和学生表达的需要。

②建立作文编组，借助文学社的组织形式，构建学习共同体

为了完善作文训练体制，赵福楼建立作文编组，4~5 人一组，还建立文学社，设社长。社员有笔名，社有社会、社刊。他还拟订了文学社的宗旨和主张。实验班 50 余人，分为 13 个文学社。文学社的常规工作包括：每周一为作文反馈日，收齐作文，文学社内批阅（社长批阅和集体传阅两种形式）；周二上交作文批改报表，向老师通报作文情况，并提交有代表性的作文（最好、最差、最有进步等）；周五检查社员的“每日一背”（每日记诵一些优美的语段、诗词、名言、歌词等）和“自学进度”（每篇课文所布置的预习任务，包括字词学习、妙句的解析积累、精美语段的研读、文章结构的条理等，谓之“自学四部曲”）；定期编印社刊，编辑学生个人文集等。

③着眼于语言生长，形成“两阶段”的作文训练思路

在诸多作文现实问题中，“没得可写”，要难于“不知怎么写”，即写作上的闭塞、无兴趣是作文成长中最大的问题。在课题实验中，赵福楼一直在着力解决这个问题，强调写作成长要分两步走：一是解决无话可说的问题；二是解决把话说好的问题。

视作文如说话，这里包含着一个朴素的认识：促进学生语言发展要做到书面语表达与口语优势并流，应鼓励学生用通俗化的语言进行表达。第一步的问题解决为作文量化积累阶段；第二步的问题解决为作文升格阶段，也就是要从量变到质变。

在初中 3 年的作文训练期间，学生平均累积作文训练 20 余万字。初一年级每周 5 篇作文，初二年级每周 3 篇作文，初三年级每周一篇作文。

④构建师生互动的、体现及时性的作文评阅机制

在作文写作量增加后，作文评阅的压力也增加了。赵福楼采取三个办法化解这个矛盾。

一是在每周作文回馈中，他强调先要进行文学社内的评价，即鼓励学生互评。其中，作为教师，他重点是在提出评阅要求，检查要求落实情况。例如，互评时给予别人的评语不少于 200 字，一定要说鼓励的话等。他

这样做的目的不是要学生鉴别作文好坏，而是要构建起学生之间对话的体系。

二是确定每周三上作文反馈课。主要板块包括：表彰（公布每周作文明星排行榜、每周作品排行榜、文学新人奖等），作文欣赏评点（朗读精段、美文），每周作文话题讨论（针对每周作文的问题，探讨解决问题的办法）。

三是巧妙利用多种渠道激励学生写作。例如，定期组织学生自编作文集的展览，还组织学生集中去投稿。在父亲节、母亲节和教师节等特殊节日，进行征文活动，做全校展评，等等。曾经在一次集中投稿中，近三分之一的学生的文章得到了发表。

（3）强调语用，引导学生增强参与意识、批判精神等

赵福楼认为，信息化时代的教育，一定要鼓励学生具有主动的探索精神、形成独立的价值判断。所以，在教学中，他积极鼓励学生进行质疑、批判，但是批判并不意味着就要刻意背离大众认识。举一个例子，赵福楼执教朱自清的散文《背影》时，注意到关于《背影》的价值认知——文章中的那个父亲是不是还有再次认知的价值，当前的舆论出现了不同的声音。他把大众争鸣拿到课堂上讨论，引导学生认识到，父爱是人性中最自然的爱，没有过时之说。越是有缺点的父亲，不完美的父亲，他的爱越是源于天性。

关于《背影》的语言表达，文字朴素，不做作，与情感的真挚高度吻合。可是叶圣陶的孙子——作家叶兆言有一个说法，《背影》中有病句：如开头语句，"我与父亲不相见已两年余了，我最不能忘记的是他的背影"。前后语句，主语都是"我"。为了简约起见，后者的主语一般要承前省略。赵福楼带领学生进入到作者的语境里，想象作者刚刚收到父亲的来信，读到"大去之期不远矣"，顿时心潮起伏。这是作者回忆的缘起，开口便是"不相见已两年余"，句末用"了"表示语气延长，可见当时作者陷入了沉思，许久才回过神来，续语是"我最不能忘记的是他的背影"。这两句话之间有较长的停断，表明了作者思想的复杂。因而可以理解，这个语病其实不是"病"。

在语文教学中，赵福楼总是把阅读中得到的多种可能性解释呈现出

来，引导学生进行比较和辨析。他不赞成进行简单的对与错的价值判断，他以为学习中的批判精神要有一个“度”，过犹不及。

（三）第三个认知经验：语文还是与你性情相投的朋友

语文学习的独特性还在于它不是外加于人的东西，而是与人的生命体紧密结合在一起的。赵福楼记得自己读中师时，看到书店里有一套《红楼梦》要 4 元钱。而当时他的每月生活费是 9.8 元。他连续四个周末都去书店偷偷看看那套书，最后狠下心，买了下来。当然他也吃了一个月的咸菜疙瘩。正是这一套《红楼梦》，激发了他对于红学的兴趣。于是，他广泛查阅了各样的辅助读物，深入走进了书中的人物，深刻了解了书中的内容。最后，他还在班里给同学们做了红学专题讲座。

语文科一定要感染到学生，与学生亲近。这是赵福楼语文学习的深刻体会，也是他语文教学的一贯追求。

（1）学生在语文学习中的初步成功，也要得到关注和表扬

语文科的学习在过了字词积累关，具有了初步阅读能力之后，再去衡量学生的学习进步，就是很难的事了。为此，语文老师要关注到每一个学生，关注他们每一点小小的成功，及时予以鼓励和表扬。

让赵福楼记忆尤深的一件事是，他在初登教坛时创办了一份油印小报。有的孩子文章一直写不好，始终没有机会登录到小报上。于是，他想了一个办法，从这些孩子的作文里，找出有修改价值的句子，帮助他们改好后作为优美语句登载出来，还给学生署上名字。没想到这个做法收到了很好的效果。他从教室出来，这些学生常一路陪着他走回办公室，而且还要到他的办公室里聊上许久。他们喜欢和他在一起。

（2）教学设计要体现“低起点高落点”，争取把各种学生都包容到语文学习中来

语文活动设计，一定不要把预期目标做得过难过高，尽量让事情变得简单、易行，人人都能做到。例如，赵福楼在班里倡导“自读语文书——让我们把书从薄读厚”的活动，从学期初学生拿到语文书开始，一直持续到学期末。其具体包括这样几个方面：一是独立阅读课文，做好批注，包括标注生字词的读音和解释；对于重点句，要做出解释；分出段落层次，概括出段意。二是查阅作者简介和课文背景，资料做成卡片，夹在书页里。

三是完成课后练习题，问题解答在书上。四是写出课文的读后感，把这个资料夹在书页里。

这样读下一本书来，人人可见它在变厚。这样的语文学习活动看似寻常，然而天天坚持，对养成学生自学的习惯起着重要作用。

（3）学生与语文的亲疏与其是否每天在做着语文的事有关

好朋友是常聚的，这是一个很朴素的道理。在语文教学中，赵福楼总是让语文学习在各个精巧创意中成为学生日常生活的有机组成部分。他倡导的每天作文、每天一背、每周自学进度检查，都很好地体现了这一点。他还做过一个“学生的家庭藏书与他的阅读兴趣”的班级调查，发现语文素养与学生在日常生活里接触的阅读面和阅读的聚焦点密切相关。有些学生平日不爱读书，或主要阅读图画书。为了解决这个问题，他在班级举办了“班级博览”活动，在墙壁的一侧，开辟出一个读书专栏，名字就叫“读书博览”。活动要求每一个学生订阅一份报纸或刊物，为全班共有阅读资源。为了避免重复订报（刊），他让班委会先征集意愿，及时沟通，及时调整。对于个别家庭困难的学生，选好报刊后，用班费为他订阅。

这个小点子一下子把班级建设成了一个小小的阅览室。同学们阅读的兴趣更高了，报刊阅读的利用率也大大提升了。

四、赵福楼教学智慧精品片段聚焦

片段一：

背影

师：有些同学以为《背影》写于1925年，其中的父亲与我们的父亲之间相差了近50年，其生活境遇也有了很大不同，所以《背影》中的父亲已经失去了典型意义。所以他们并不喜欢这个人物形象，原因有两点：一是他攀爬火车站的月台，违反交通规则，没有带头遵守社会规范，容易给孩子带来不好的影响。二是从他的衣着、举止、言谈看，他既不帅气又不潇洒，甚至有些丑陋，有这样的父亲并不令人骄傲。能结合文章谈谈你们的看法吗？

想一想：父亲丑陋吗？他值不值得我们敬爱？围绕问题思考、讨论，并结合文字分析、增进对文章中父亲形象的认识。

（生自读，小组讨论，师在组中听取意见、了解情况，然后集体交流）

师：你认为文中的父亲是丑陋的吗？

生：我们小组在讨论中找到了很多细节可以说明父亲在儿子心目中并不是令人尊敬的，甚至有“丑陋”的一面。

师：你的发言很得体，把“丑陋”换成“并不是令人尊敬”，说明其行为是不让人赞成的。那你能结合课文中的细节，具体说说哪些方面、哪些事，你们是不赞成的吗？

生：我先说一点——在关于要不要去火车站送“我”的事情上，他很犹豫，文中用的词是“踌躇”，用了两次。这么一件小事，“我”已经20岁了，往返过两三次。这说明父亲没有必要送“我”了。在没有必要的事情上，他犹豫不决，说明父亲不是一个有决断力的人，也未必是一个聪明人。在当时的“我”看来甚至是有些老糊涂了。

（其他学生举手示意，要表达不同意见）

师：别着急，我们先听这位同学说完。我们是不是可以总结一下：这件事上，这位父亲留给你的印象是——

（师小结，板书：不果断、不聪明）

师：刚才这位同学的回答有理有据。他先提出自己的看法，然后用课文中的细节和语句来论证，最后我们又一起做了总结。我们要学习他回答问题的方法。

师：现在还有人支持他的观点吗？你们还能举出什么样的例子来验证这个结论？

生：我不同意他的分析——

师：你别急，我刚才说过了，先听一听不赞成父亲做法的意见，要允许人家把话说完。有不同意见，可以在听的过程中，注意分析找到他们发言中存在的问题。后面会给你机会表达不同的意见。

师：谁来接着刚才同学的发言，另外补充意见呀？

生：我不赞成文中这个父亲的做法。我也举一个例子：他到了车站，要找脚夫，却不会讲价钱。看来他不是一个独立生活能力很强、可以闯江湖的人，还不如他的儿子。我若是他，把事情都交给儿子就行了。可是他还是要亲力亲为：拣座位，还要嘱咐“我”，嘱托茶坊等。我觉得这些事都没有必要做。

师：你这么一说，我们明白了——这个父亲很特别呀。一般的父亲都比较粗心，这个父亲太细致了，这也让人不高兴呀？

生：当然了，儿子可以做好，他非要管着，可是自己却管不好。这更加说明他有一点“迂”，就是不聪明的意思。

师：看来父亲的不聪明，在文中多处都表现出来了。谁还有补充发言？

生：父亲的很多做法都是代劳，反而让儿子不高兴，最典型的是他去买橘子这件事。我们看到课文一再告诉我们，父亲去做买橘子这件事很不容易。

师：你怎么看出他不容易了。

生：课文中有一句话：“走到那边月台，须穿过铁道，须跳下去又爬上去。”两个“须”是“必须”的意思。必须干什么呢？一个是“跳”，一个是“爬”。这对于父亲来说，太难了。

师：课文中有没有具体展示出父亲攀爬的艰难呀？

生：课文中有一组动词：攀、缩、微倾……

师：我们一起聚焦在这里。“攀”是手的动作，我们试着伸手，考虑一下攀的高度——

生：很高，要高过胸，手举起来，才叫作“攀”。

师：谁来接着分析“缩”与“微倾”。

（生沉思）

生1：“缩”，是脚的动作。说明当时身子已经离地了，脚尖慢慢往上收，他要偏腿上去。这个过程很难，一点一点地体现出吃力了。

生2：“微倾”，这个词说明身子是倾斜的。右手用力攀，自然身子打横，向左倾斜。这个人似乎被挂在那里了。

师：现在大家都知道了，父亲给儿子买橘子这件事是非常困难的。这么难还要去做，你们可以得出什么结论？

生1：他不聪明。

生2：我不同意。老师你总不让我说话，我可以得出相反的结论吗？

师：哦，你有不同意见。那你说说看。

生：他们说这个父亲不聪明，是站在文中“我”的立场说的话。最初“我”是不理解父亲，所以心里有一点怪父亲多管“我”。其实，这里表现出来的父亲的不聪明，都验证了一点：父亲是爱“我”的，就在生活中点点滴滴体现出来了。课文里写的都是小事，可是一言一行，无不体现出父爱的伟大。

师：看来，这个父亲的“不聪明”，也可以理解成——

生：他那深厚的、细腻的、对儿子的爱！

师：同学们，爱有错吗？

生：没有！

师：父亲没有错，错在哪里？

生：我们错怪父亲，错在我们不理解他。

师：看来我们要反思自己了。你们找找看，文中的“我”有反思吗？

生：找到了，他四度落泪。一次是为了祖母，三次是为了父亲。他被父亲感动了。

师：你们认为，文中“我”的落泪仅仅是因为被父爱所感动的吗？

生：还有忏悔！

师：不理解父亲，怪罪父亲，以为父亲不聪明；身在被爱中，却漠视爱的存在，不理解父亲的一切付出都是爱他。这难道不是天下父亲与子女间都存在的一个现象吗？

【品评】

本环节围绕一个核心问题展开。在对父亲是否“丑陋”这个问题进行分析时，赵福楼暂时屏蔽其他学生的反对意见，而把文中“我”最初的理解放大化，不断结合细节进行分析。在这些细节处，学生会模模糊糊看到，这个我们以为“不聪明”的父亲是怎样周到照顾“我”的，他是多么爱“我”而来不及爱惜自己的。当理解的成分增加到一定程度之后，自然水到渠成，可以推翻先前的结论。

在教学分析上，大致分成两个阶段：前面分析课文细节，分析父亲对“我”的过度照顾，甚至是超出年龄的溺爱；后面从理解的角度进行行为反思，认识到父爱总是体现在生活里的点点滴滴。

教学过渡非常自然、巧妙，讨论的推进也如行云流水一般。

片段二：

最后一课

（1）理解课文中洋溢的爱国主义思想感情

（屏显）

爱国主义的感情在文章里不断显现出来。请你阅读文章，找出这样的细节描写，说明这种深刻而厚重的爱国情感是怎么体现出来的。

师：给一个方法——先画出语句，朗读；再找到感情的集中爆发点，分析词语或表达方式；最后投入感情朗读。

举个例子："啊，那些坏家伙，他们贴在镇公所布告牌上的，原来就是这么一回事！"这句话中"啊"表示恍然明白；"那些坏家伙"，联系前面就知道是针对普鲁士士兵而言的，也就是侵略者。用"坏"和"家伙"这样的贬义词来表达不满和愤恨的情感。读的时候，要体现出爱憎来。"这么一回事！"指的是不让本地孩子学习法语了，也就意味着不让他们做法国人，对此小弗郎士自然愤慨。句末用了叹号，把这种情感毫无保留地宣泄出来。这是小弗郎士的心理活动，写出了他的初步醒悟，以及被激发出来的爱国热情。我们一起来读一下这句话，体会这样的感情。

（生读）

师：下面每人都找出一两处这样的细节，朗读、分析语言中怎样表达爱国主义感情。

（生自读，讨论）

生1：习字课，书写"法兰西""阿尔萨斯"，此时无声胜有声，表现出孩子们纯真的爱国激情。小孩子也在画"杠子"，说明这种朴素的感情是人皆有之的。

生2：郝叟老头与小孩子一起读拼音，声音发抖，这说明什么？他读书少，此时为自己缺乏本国文字的学习而痛惜，所以希望能多学习。这还是源自一种热爱祖国的感情。联系前面小孩子画"杠子"，与此时的郝叟颤声读书，说明此时此刻所有人都在心底洋溢着爱国主义感情。

生3：作者集中笔墨描绘了韩麦尔先生的形象。尤其在结尾处，作者通过神态描写、语言描写和动作描写集中刻画出一个满腔爱国热情的人。他的脸色"惨白"，为什么会这样？因为内心的痛楚溢于言表。而他说的短促的两句话也是断断续续的，说明他内心极不平静，这样惨痛的现实他不愿接受却又不得不面对。所以，那句“下课了”其实就意味着这节课后所有人的身份都会改变——由此成为亡国奴。这是他最不忍宣布的一件事。最后他希望告诉所有人最为重要的一句话是什么？他用了最大的力气写了出来，体现出爱国之情的深沉和内心的激情，也可以说是心底的呐喊：法兰西，万岁！

师：文本塑造了一群人物，在小小的课堂中，他们的爱国热忱集中释放。而韩麦尔的形象无疑最为鲜明和突出。这样一个本来很软弱、很普通的教师，在亡国之时，却竭尽所能把爱国的种子种在了每一个人的心田。这时，你还会笑话他隐约表现出的软弱吗？

（2）探究爱国主义思想感情的特点

师：此时当我们迷醉爱国主义热情其中的时候，我补充另外一个知识——

在古罗马帝国解体后，德法之间就不断发生战争。这里提到的阿尔萨斯与洛林，是德法两国争夺的对象。要算起来，归属德国的时间有700多年，而属于法国的历史大约300年。而且，当时此地150万人口，只有5万人说法语。

我补充的这个资料说明了什么？

（生讨论）

生1：这是法国人从自己的立场所写的文章，并不代表当时阿尔萨斯与洛林本地大多数人的想法。

生2：我明白了，爱国主义其实是从其民族立场看问题。

生3：如果换作德国人来看这件事情，文章就会有不同的内容表达。

师：我再告诉大家一个事实，在德国，《最后一课》也被选入教材供学生学习。这又说明什么？

生1：这说明爱国主义尽管具有狭隘性，可是这却是全世界各个国家普遍重视、培养的思想感情。

生2：我认为，在德国，学生学习时会想到，作为曾经敌对的国家，他们的人民是多么爱国。我们更应该热爱自己的国家。

生3：我再补充一点，德国人或许会意识到，依靠战争可以占有领土，却不能征服人心，和平才是当今世界的主旋律。

师：你们说得很好。作者是有自己的立场的，他本身也是爱国主义者。也正因为在文章里洋溢着这种爱国主义感情，所以此文赢得了世界人民的喜爱。大家反而不去追究这场战争的是非，以及阿尔萨斯与洛林的归属。

【品评】

在这个教学片段中，赵福楼引导学生捕捉语句，分析文章中洋溢的爱国主义感情。教学中，他采取了先教后练的办法，即教师先做例句分析，总结出学习方法，然后学生应用方法自主学习。这里体现出他注重方法的传授，突出对学生能力养成的训练。学生能快速领悟到教材所洋溢的爱国主义感情，与教师的示范和指导是密不可分的。我们也注意到，在学生关于爱国主义的思想感情的认知到达一个预期的时候，他开始进行深度思维的点拨。他补充了关于阿尔萨斯与洛林地区分别归属德、法的时间和人口数，进而引导学生发现：作者自己带有立场的，即爱国主义往往是有一定感情倾向的。这样的思考其实就带有理性色彩。这样的认识明显就上了层次，有了高度。

五、赵福楼教学智慧经典课堂实录

父母的心

（一）导入，整体把握文章内容

师：我们今天学习日本作家，也是诺贝尔文学奖获奖作家川端康成的一则小说《父母的心》。

（师板书课题：父母的心　川端康成）

（师在黑板上画出一颗红心）

师：若给这个红心里添加一个词语来表达父母的心里最为宝贵的是什么，你觉得最适合添加的词是什么？

生：爱。

师：父母对子女的疼爱有不同的表达方式。朱自清的散文《背影》里，父亲执意送儿子上火车并给他买橘子；林海音追忆小学读书时一次雨天不想上学，被父亲打，父亲又担心“我”冻着送来花夹袄。在生活里，你们的父母又是怎么体现对你们的爱的呢？

生 1：在我学习遇到困难的时候，他们帮助我找到问题所在，苦口婆心地教育我。

生 2：我病了，在床上躺着，是爸爸妈妈细心照顾我。

师：川端康成在《父母的心》一文里所呈现出来的父母的爱又表现在哪里呢？请你用一句话来概括。

生：本文讲述了一对穷人父母舍不得送走自己孩子的故事。

（二）梳理文脉，理解父母之爱

1. 认识这个家庭的穷困

师：你是从哪里知道这个家庭的穷困的？

（屏显）

片段一："有个四十岁上下的男人，他也引人注意：他带着三个孩子，最大的七八岁。孩子们看上去个个聪明可爱，可是每个孩子的衣裳都污迹斑斑。"

师：这里用了什么描写方法？你读出什么？

生：这是直接的外貌描写。由此看出这个家庭孩子多，而且生活比较窘迫。

师：为什么不用"衣衫破烂不堪"来描绘？

生：这个家庭虽然穷困，可是父母还是竭尽全力照顾好他们。只是孩子们调皮，加上母亲怀里还有一个吃奶的孩子占着身子，衣服换洗不及或没有换洗衣服。

（屏显）

片段二："哪里的话，老实说，我还有一个吃奶的孩子。穷人孩子多了更苦。不怕您笑话，我们夫妻已没法子养育这四个孩子了！但又舍不得抛弃他们。这不，现在就是为了孩子们，一家六口去北海道找工作啊。"

师：谁来分析这句话？试着用上前面的方法。

生：这是语言描写。以父亲的口吻说出家里的穷困状况，已经到了无法养活这几个孩子的地步了。

师：有的同学还能从别处文字里看到这个家庭的贫困吗？

生 1："有位衣着华丽、引人注目、年近四十的贵夫人。女佣和打杂儿的片刻不离左右。与此形成对照的是，有个四十岁上下的男人，他也引人注意……”

生 2：这是对比的写法。以贵夫人的形象来衬托，从她的眼里看出了两层意思：这个家庭很穷困；一个有孩子的家庭才能享受天伦之乐。

师：这时这个穷困家庭面临一次转机。那就是贵夫人想要收养他们的一个孩子。现在让我们理性分析一下，这个家庭的父母该不该送出自己的孩子?

生 1：送出孩子的话，这个孩子进入富贵家庭，可以享受更好的生活，而且自家的生活困难也可以得到缓解。所以，从这个角度看，送出去是正确的选择。不送的话，他们的家庭可以保持完整，可是生活的困境还会继续下去。

生 2：送与不送，对于父母而言这是一个矛盾的选择。这个矛盾集中体现在本文中的三次反悔。

2. 理解父母的爱心

（1）梳理情节发展线

（屏显）

第一天上午，贵夫人想收养孩子；傍晚送来大儿子——第二天清晨，又反悔（送来二儿子）——当天傍晚再次反悔（用女儿换）——第三天上午，快到北海道了，又反悔（想要回孩子）。

（空出三次反悔内容，师引导生填写）

（2）关注细节，理解父母之爱

师：注意几个时间段——傍晚送来大儿子，第二天清晨就用二儿子来换回（大儿子离开这个家庭一个晚上）；当天傍晚再次反悔，用女儿来换回二儿子（二儿子离开这个家庭一个白天）；第三天上午，船快到北海道了，他们决定要回孩子（小女儿离开这个家庭一个晚上多一点时间）。

由此可知，送出每一个孩子，作为父母心里都不好过。请你选择一个孩子，猜想一下，送出这个孩子之后家里会发生什么故事？这是小说预留下的空白，也给读者留下了想象空间。

生：“清晨”是一早的意思；“傍晚”是天刚黑下来，这也说明时间很早。由此可知，父母的心情很焦急，迫切想要回孩子。而“第三天上午”则表示时间很迟，说明这一对父母也不是不通情理的人，也不好意思反悔，所以始终犹豫，最后是即将分离的现实迫使他们下了最后的决心：不惜一切，要回孩子。不然，这个后悔将是一辈子的。

师：注意，第一次送大儿子时，父母都在；第二次，因为反悔要用二儿子换回大儿子，这是父亲来的；第三次，还是反悔，要用女儿换回二儿子，这是母亲来的；第四次，因为想要回孩子，父母都来了。对于他们父母几次出现，你怎么理解？

生：第一次，父母与孩子告别，他们以为从此再也见不到了；第二次和第三次是反悔，父母谁都犹豫，不肯出面，所以由父母双方一方担责；而第四次，则是他们表达对于收养人的歉意，也说明他们不惜一切也想要回孩子。

师：文中在送出孩子一事上，这一对父母哭了两次，这两次描写有什么不同？

（生讨论）

生：第一次，是送出大儿子，离别时“流着眼泪”。第二次，是想要回女儿，没说话就放声大哭。这两次境况不同。第一次，写痛苦还是淡淡的，毕竟主要想着孩子进入富裕家庭，会有更好的生活。第二次，则主要想到马上就生离死别了，再也见不到了，所以担心的情绪占了上风。

师：这对父母对儿女的不舍，还在哪些细节处可以看出来呢？

生：父亲听到贵夫人想要一个孩子。他说要回家商量。可见，他是犹豫的。母亲送女儿换的时候，“难为情”也表露出一份歉意，觉得对不起人家，可是又舍不得孩子。

师：你是否可以理解了，题目中的父母之心是指什么？

生：每一个孩子都是父母不可割舍掉的“宝”。

（三）认知明暗双线的结构

师：文中只写了这一对父母的心吗？

生：贵夫人也希望有自己的孩子，可以享受天伦之乐。她最后还成全了这一对穷人父母，说明她也是理解父母之心的人。也可以说，她虽然无子女，却也有父母之心。

师：这个贵夫人，她也有对于父母之心的理解，所以每一次换孩子，她都同意了，而且即使穷人父母毁约，她也没有收回报酬。她这么宽容善待这个家庭，只是因为她也理解什么是父母的不舍之心。

（四）升华主题认识

1.认知写作背景

师：其实文章写了三重父母之心。在明暗双线之外，还有一层父母之心，更需要你潜心体验，才能察觉。

（屏显）

关于作者的生活经历：两岁丧母，三岁丧父，他被寄养，而且与自己的姐姐也分开了。他一生感到生命的孤独，所以更渴望用文学艺术的描绘，来弥补生活里所缺少的。

（生讨论）

生：这个特殊的成长经历让他明白，一个孩子离开父母的呵护，与亲人分离，是怎样痛苦与不幸。所以，他在渴望拥有幸福家庭生活的期待下，以小说的形式，为自己圆了一个梦。他在这个故事里深刻理解了父母之心，也让我们看到了他是多么想拥有这样的幸福生活呀。

2.认知结构创意

师：文本着力讲述一个故事，为什么还要加上一个开头呢？这是不是累赘呀？请你联系《爸爸的花儿落了》一文中的片段来理解。

（屏显）

（在雨天上学后）老师叫我们先静默再读书。坐直身子，手背在身后，闭上眼睛，静静地想五分钟。老师说："想想看，你是不是听爸妈和老师的话？昨天的功课有没有做好？今天的功课全带来了吗？早晨跟爸妈有礼貌地告别了吗？"

（生讨论）

生：文章开始说："闭上眼睛，静静地想五分钟。"可见，在很多时候，作者就依靠这么短暂的沉浸其中的想象，来满足自己对于父母之爱的渴望。

师：现在你可以用一句话，给作者认定的幸福生活下一个定义了吗？所谓幸福生活就是——

生：一个家庭，无论怎样贫穷，只要父母与孩子不分开，他们就拥有了最美好的生活。因为他们彼此都深深地爱着对方。——有爱的生活才幸福！

3. 深化理解主题

生：既然这个家庭的贫困与子女多有关系，那么当初少生几个不就好了？

师：这个问题的形成是因为作者创作时的生活条件、生育观念和技术手段与今天大不相同。时代错位，把一个不是问题的问题，变成了一个难以回答的问题。

（屏显）

川端康成，生于1899年，死于1972年。其创作始于20世纪20年代，《父母的心》写于晚期。文章言及父母一辈，所以小说的故事背景预设在20世纪初叶或更早。

再看，人类计划生育、控制生育的技术应用，它的比较成熟缘于工业大生产带动的技术进步。以避孕套的研制而言，1975年开始研制较薄的避孕套。在这之前，人类避孕与控制生育的手段有限，多为堕胎、服食水银等，死亡率极高。人类普遍接受生育控制的理念，也始于20世纪中期。在中国，马寅初在1957年提出了人口控制的理论。我国实行计划生育始于20世纪70年代末，在多数情况下，鼓励自然生育。可是在个体的生育选择上，有所控制的观念则被接受下来。

（生小组讨论、交流）

师（总结）：在今天，人类控制生育的技术手段成熟，而且普及度很高，似乎这已不是一个问题了。最重要的是，人类的生育观，尤其在城市人口里，与之前有很大的不同。妇女被从繁衍的社会职责里解放出来。少生、优生被视为正常的选择。还有人选择了不生，做丁克。

可见，在《父母的心》所叙述的故事里，那时人们处于自然繁衍阶段，如今为控制生育阶段。这两者的最大差异在于控制生育是以技术手段达到少生的目的，而自然繁衍是按照自然规律，自然而然怀孕生子。

看故事里的那个家庭。大儿子七八岁，二儿子五岁，女儿三岁，在下面还有一个怀抱里的。他们之间相隔了两三岁。这就是自然生育的规律。在自然繁衍阶段，大多数家庭子女多，相差也是两三岁。一般家庭三四个孩子，也有更多的。如朱德在《回忆我的母亲》说他的家庭兄弟姐妹13人，中间有几人养不活，溺死了。

由此看，孩子多这个问题是生活在故事里的人们，尤其是父母在技术上是难以控制的。

从文化与思想上看，受中国文化影响的东方文明长期存在“多子多福”的观念。所以，一般家庭并不会控制生育。按照那时的生活逻辑，越是贫穷的家庭，越是会多生，以为某一个孩子出息了，可以帮助到这个家庭。

我们不能跨越时空，用今天的标准来评判那时人们的行为和思考。作为故事里的父母，对于窘困的生活现实也有愧疚。或许为了多生孩子，或许按照自然规律，这个家庭还会添加新的成员。他们所自责的是，自己没本事，不能挣更多的钱养活家庭。

故事里的父母非常普通，他们就是社会底层人。在真实生活里，他们要面对的生存困境是一个普遍问题。事实上，在那个时期，很多家庭都出现了自己的孩子养不活，送给别人，甚至抛弃的做法。或许这很残酷。可就是因为真实生活处境很严峻，所以那一对不舍孩子的父母，他们在人性上慈爱的光辉，才让我们铭记。

参考文献

[1] 王增昌．著名特级教师教学艺术：中学卷［M］．北京：人民教育出版社，2007.

[2] 刘炳昭，赵福楼．作文，走出独语困境［M］．广西：广西师范大学出版社，2010.

[3] 赵福楼．真语文需兼容理解性和批判性阅读［J］．语文建设，2013（9）.

[4] 赵福楼．教研员：角色困境及其超越［J］．今日教育，2012（11）.

[5] 赵福楼．以《孔雀东南飞（并序）》为例谈文本解构的三个维度［J］．语文教学通讯，2013（34）.

[6] 赵福楼．语文课质疑与探究的走向［J］．语文建设，2013（12）.

[7] 赵福楼．在岔路口：模式化，还是个性化［J］．大家教育，2014（11）.

[8] 赵福楼．课堂教学的“繁”与“简”［J］．今日教育，2015（5）.

[9] 赵福楼．从重教学到重管理：偏向“学本”的教师行为之变［J］．今日教育，2013（11）.

第十篇　郑桂华教学智慧研究

郑桂华，1969年生，教育学博士，上海师范大学中文系教授，第二届教育部基础教育课程与教材专家工作委员会委员，教育部普通高中语文课程标准修订组成员，教育部“中小学教师国家级培训计划”（以下简称“国培计划”）授课教师，上海教育考试院语文学科专家组成员，上海二期课改高中语文教材副主编。1990年毕业于华东师范大学中文系，曾任教于华东师范大学第二附属中学、华东师范大学中文系。郑桂华认为“语文课堂是师生成长的生命体”，语文教学应该帮助学生经历有意义的语文学习过程。

郑桂华博士学位论文《基于网络的语文校本课程研究与实践》被评为上海市优秀学位论文。郑桂华被全国教育专业学位教育指导委员会评为“全国教育硕士优秀教师”。指导的硕士论文获得全国教育硕士优秀论文奖，近三年里指导两位学生获得“全国师范院校师范生教学技能竞赛”一等奖。主持教师教育国家精品资源共享课“中学语文教学设计”建设，主持教育部“语文教师教科一体化培养”项目。出版著作有《语文教学的反思与建构》《语文有效教学：观念·策略·设计》《听郑桂华老师讲课》等。《初中语文教师专业能力必修》、《高中语文教师专业能力必修》（被列入教育部青蓝工程培训用书，获得2015年上海市优秀教材奖）、《语文有效教学：观念·策略·设计》、《初中语文》（教育部义务教育新课程远程研修丛书）入选教育部“国培计划”资源库首批推荐课程资源目录。

一、郑桂华教学智慧的探索历程

1990 年 7 月，郑桂华从华东师范大学中文系毕业进入华东第二附属中学工作，开始走上语文教育之路。20 多年来，她从教初中语文到教高中语文，再从一名中学语文老师进入大学研究语文教育，并参与课标修订和语文教材编写等工作。其间尽管职业、身份发生了很大变化，但是按她自己的说法，自己有一点始终没有变，那就是依然喜欢讲台、喜欢上语文课。郑桂华在语文教学研究中的努力，大致体现在三个方面：一是对课堂教学技能的钻研，二是对阅读教学内容的探索，三是对写作教学过程化的尝试。而这三个方面恰好构成她语文教学研究的三个阶段。

与许多搞教育理论研究的学者不同的是，她会经常把对语文教育的思考心得拿到中学课堂里去检验，通过上课的形式展现给同行。

（一）从多听课开始起步

华东师范大学第二附属中学是一所全国著名的中学。它的一个特点是每个学科都有很多名师。如何在较短的时间里适应课堂教学的要求，在这所名校立得住脚，对初登讲台的郑桂华来说，无疑是一个很大的挑战。而她的办法就是认真学习，首先是向身边的老教师学艺，具体做法就是利用空余时间去听课。

20 世纪 90 年代初，在我国语文教育发展史上应当算是相当特殊的一段时间。一方面，刚刚兴起的经济大潮对传统文科的地位造成了很大冲击，人们关注的是怎样出国、如何下海，对语文并不是很关心。另一方面，当时教师上班时有一些空余时间，而且二附中并不要求教师坐班。那些年，只要没有课，郑桂华就去听别的教师上课，几年里听遍了语文组里所有老教师的课。二附中有一位女教师教学水平很高，但性格上较特立独行，一般不让别人听课，连校长来听都不行，但她却被郑桂华的真诚好学所打动，不仅破例允许她听，而且还向她传授多年的教学经验。就这样，郑桂华不断地从其他老师的课堂汲取教学滋养，她从顾老师那里了解到一堂课要有清晰的逻辑的理念，从陈老师那里感悟到“组织教学”的原理，又从另一位顾老师那里学到了鼓励学生的方法，这些让她受益无穷。后来，她的听课范围开始超出学校而渐渐向外延伸，上海地区乃至全国其他地区的不少名师都成了她的老师。比如她在课堂教学中常用的"追问"，就是跟钱梦龙老师学的。在郑桂华的家里，藏有满满两大箱听课笔记，这是这20多年来她听课的见证。她自己深有感触地说，作为语文教师，起步阶段处在那样一个环境中，能够从很多前辈和同道的课堂吸收养料，是很幸运的。

那段时间，她的学习重点自然是教学技能，比如如何解读课文、如何选择教学突破口、如何把握教学节奏、如何设计板书等。经过数年的学习，郑桂华在教学设计和上课技能上有了很大的长进。1995年，她凭借执教影像版课文《三个和尚》，在太原举办的首届"语文报杯"全国中青年语文教师课堂教学大赛上崭露头角，开启了她的教学名师之路。

这个时期，郑桂华的许多语文课有这样几个鲜明的特点：课文解读角度新颖，教学突破口小巧，教学结构简洁清晰，给人以精巧别致的感觉。如她上鲍尔吉·原野的《雪地贺卡》，是抓住这篇课文中"我"看到雪人身上的一片贺卡，从猜想、解疑、再猜想（误解）、再释疑的结构线索，让学生顺着解密过程来理解文章意蕴的。再如她上莫怀戚的《散步》，是抓住这篇课文中用一些不太合乎常规的标点和宏大的词汇来写家庭小事这一特点，来理解作者以"举轻若重"的语言表达对母亲深情的。她还让学生画作者的情绪变化曲线来理解《荷塘月色》的主旨，从悲与喜、擒与纵的陡转理解《捕蛇者说》的表达。因为这些课设计小巧、执教上别具一格，她也被一些同行归为"技巧派"。

（二）挖掘语文教材的核心价值

单就几篇课文的教学而言，郑桂华这样设计和教学均不失精彩。但是，如果推广到更多的课堂教学中去，无疑就会遇到很大的挑战。首先，作为教师，很难为每一篇课文都能找到一个小巧独特的角度作为设计及教学的突破口，就像从"举轻若重"的角度教《散步》、从情绪变化曲线教《荷塘月色》那样。其次，即使每个设计都有一个精彩的突破口，那么这些角度或突破口凭什么而定？这一课和下一课之间是什么关系？如果不能解决这些问题，势必导致教师在每一次备课时，常常像无头苍蝇一样乱飞乱撞，抓到什么是什么，或者自己不动脑筋，只照搬教参就行。郑桂华意识到，对语文教育的理解要上升一个层次，必须引进新的思路和理论工具，才能帮助她从整体上思考语文教育内容的建构问题。

1998年，一个偶然的机会使她有了提升自己的可能。这一年，她考取了华东师范大学课程所的教育硕士，开始系统地学习课程论的知识。她认识到虽然以前也经常把“课程”一词挂在嘴边，但是，直到那时，她才真正理解了课程的意义以及课程标准、课程要素、课程框架、课程资源等概念的内涵，并思考这些概念与语文教学的关系。原来以前困扰她多年的那些问题，其实就是语文课程建设应解决的任务。后来她反思到，以前由于没有课程意识，自己在语文教学技能、课文教学点上所动的脑筋，就像是一只蜜蜂停留在一根树枝上，无论它怎么努力，最多只能采到几朵花而已，根本看不到一棵完整的大树，更不用说整个森林了。

后来，郑桂华又陆续参加上海初中新课标教材和高中新课标教材的编写工作以及一些命题工作，这也促使她更自觉地从课程的角度思考课标、教材、教学以及评价的关系。至此，她对语文教学内容特别是阅读教学内容的认识渐渐地清晰起来。她认为，与自然学科的学习材料相比，语文学习对象（课文）的整体性、蕴含的丰富性以及信息的隐秘性，和一个教学单位所需要的内容的集中性、具体性无疑是矛盾的。在一节课或一个教学设计的单位时间里，教师不可能涉及一篇课文中所有有教学价值的信息，只能有所选择，有所舍弃，而教学重点应该是文本中的“语文核心价值”。什么是“语文核心价值”呢？郑桂华认为，它应该具备这样四个特征：一是属于语文学科的特点，主要是语言表达特点。二是课文中显性的或得到公认的特点，如“意象”之于诗歌。三是统领性，即从这一个角度可理解全文，如从“梦境内容分布”理解《梦游天姥吟留别》。四是代表性，可以推广至一类文本的阅读。如果教材这样编，教学这样开展，即每一节语文课都能真正落实一个核心价值教学，这些价值点就能构成一个价值链，进而影响学生语文素养的建构。

按照这种思路，郑桂华开始了她在教学上的新探索。例如，她把《藤野先生》当作典型的怀人散文来教，通过当初处境、谋面机缘、交往经历、影响等环节的考察，理解课文的意义。再如她把《说“木叶”》当作典型的文艺随笔来教，通过考察文章中核心概念的一致性，让学生理解文艺随笔的特点及相应的阅读方法。这种课虽然也有斧凿的痕迹，但毕竟为语文教学开了新生面。

（三）从教学内容确定到学习过程指导

确定语文核心价值的理念，为郑桂华的备课和教学设计带来了很大的便利，加上她带的教学班的语文成绩也一直稳定在比较高的分数上，因此，一段时间里，郑桂华虽然算不上踌躇满志，至少觉得自己已摸到了语文教学的门径。可是，一个偶然的事件，却让她对自己产生了怀疑。2006年，她带的毕业班高考成绩出乎意料的好，那时她也正准备离开中学课堂到华东师范大学中文系任教。告别会上，许多同学表达了对她的感谢和不舍之情，但是一个学生写给她的一篇不乏溢美之词的长文，却怎么也让她高兴不起来。因为，文章里提到不少对她的印象，几乎全部是关于她微笑的表情、上课的手势、衣服的风格、推荐的书目等，而对郑桂华十分看重的教学，这位学生竟然说没有多少印象。

经过一段时间的反思，郑桂华找了问题的症结，即在她的课堂上教与学没有很好地融合。语文教学实际上存在两个过程，一个是教师的教学过程，一个是学生的学习过程，大多数课堂里演示的其实都是教师的教学过程，学生只是跟着教师走，并没有真正进入学习状态。反过来，在学生真实的学习过程中，不论读书、讨论、写作文还是做课外作业，教师反而是缺席的。而好的教学范式应该倒过来：以学生的学习过程为主，教师应介入学生的学习过程，并在他们遇到困难的时候给予及时的指导。

在我国，教与学分离最严重的当属写作教学，于是，郑桂华便把写作教学的过程指导作为研究的突破口，集中进行课型开发和教学实践。经过几年的努力，她先后成功开发出十几堂过程化教学示范课，如初中的“描写的奥妙”“讲述一个曲折的故事”“虚构”“有读者意识的写作”，高中的“材料和观点的一致”“类比构思”“写作修改”等，都受到了同行的较多肯定。

至此，关于语文教学的一条线在郑桂华这里基本算是打通了，即掌握教学设计、教学技能等是教师的基本功，语文教育核心价值是教学的主要内容，在学习过程中指导是教学的途径，三者合起来便是有效的语文教学。

二、郑桂华教学智慧的思想内核

语文教学实际上存在教师的教学和学生的学习这样两个过程，这两个过程既彼此独立又相互关联。所谓教学，应该是教师有意识地以某种方式介入学生的学习过程，并对学习活动施加影响，以促进其学习目标的达成。但是，现在施行的班级制教学——包括语文教学中，本来就有一个很大的缺陷，即限于课堂一对多的环境，学生的读书过程、思考过程、理解过程、写作过程，教师真正介入其中是很少的，而有些地方的满堂灌与应试风气无疑又加重了教与学两个过程的疏离。

写作过程	写作前的准备阶段	写作阶段	写作后阶段
学生活动	积累生活素材 储备写作知识 积累语言模型 ……	审题 选材 构思 立意 表达 ……	修改 交流 ……
教师活动	指导学生积累生活体验与阅读经验 传授写作知识 激发写作兴趣 设置写作任务（命题）	巡视，或要求回家完成	批改 讲评

以上图所示的写作教学为例，大多数写作教学，教师的介入往往到设置写作任务（命题）环节为止，恰恰在学生最需要指导的写作阶段，教师的作用反倒缺失了。到评阅环节教师再来指出学生的问题，并提出修改建议，毕竟已经脱离了学生的现场写作体验。这便是人们质疑写作教学是否有效的重要原因。

而改进写作教学中教与写两者分离的途径是，教师参与到学生的写作过程中，现场了解学生的困难，与他们一起分析原因，并针对发现的问题商讨改进之法。这就是落实写作教学“过程指导”的意义。

要实现写作教学的过程化指导，以下几个环节的工作不可缺少：

（1）梳理写作要素，即找出影响中学生写作水平的基本知识和必备的技能，如记叙文中的“描写要生动”“故事要有曲折”等，议论文中的“概念的内涵要一致”“材料要支持观点”等。

（2）设计训练步骤，即围绕上述某一个知识或技能点，设计一个具有明确步骤的写作训练框架，例如“具体生动的描写”，可让学生按“有什么”“怎么样”“它像什么”以及“它让你联想到什么”的步骤进行教学。

（3）指导写作过程。在一堂写作教学课或一个教学单元里，分别完成这些训练，使学生在基本写作技能方面得到真实帮助。

或许有人会把落实作文过程指导的做法称为“要素主义”或“技术主义”。郑桂华认为，其实，追求写作教学过程化的尝试“古已有之”，例如传统私塾教学中的“点拨教学”，就有过程指导的意思在。“点拨法”的一般步骤如下：一是教师先指定一些范文要学生阅读并体会奥妙；二是教师出题要学生仿写；三是写作过程遇到问题，教师随时点拨；四是学生不断修改，最后完成文章。

只不过这有些像手工作坊里的学徒——徒弟在师傅指导下反复操练一种技能，假以时日便能出师。这种做法的优点是针对个人、指导具体，在一定程度上也符合个性化教育的要求。当然其局限是教师资源浪费，在现代班级制下难以实施。而过程化教学，可以认为是班级制与学徒式的结合体，即在班级制的教学环境下，适当吸收学徒式教学方法的某些特点，在课堂教学中落实写作过程指导。

郑桂华也承认，一个人要写好作文，当然要有长期的生活积累，要有一定的天赋，要追求个性化表达。但是，绝大多数中学生写作文毕竟不同于作家们从事文学创作，学生只要熟悉几种简单文体，了解一些语言运用的基本规范，学着把看到的事情讲清楚，把想到的问题说明白就可以了。因此，中学作文需要的是基本能力、常用技巧和简单定式，而这些技能可以通过一定的训练来获得。现代语文教育家吕叔湘先生也认为：“使用语文是一种技能，跟游泳、打乒乓球等技能没有什么本质上的不同。”“任何技能都必须具备两个特点，一是正确，二是熟练。”“从某种意义上说，语言以及一切技能都是一种习惯。凡是习惯都是通过多次反复的实践养成的。”

近些年来，郑桂华在写作教学过程化指导方面做了不少尝试，比如先后设计、执教了“叙述一个曲折的故事”“让描写具体生动起来”“利用类比进行构思”“写作中的读者意识”“怎样虚构故事”“提高联想能力”“用材料证明观点”等写作教学课，还与冯善亮主编了旨在引导教师实施过程化教学的《初中作文实验教程》。

当然，有几点需要说明：第一，写作能力仅靠课堂训练是不够的。写作过程指导解决的是学生作文的入门问题，借此可以提高一些写作教学的效率，而服务于终身发展的写作能力最终当然要靠大量阅读和更多个性化写作才行。第二，写作教学过程化指导的探索才刚刚开始，目前有限的探索对于复杂的写作教学内容来说可谓九牛一毛。而且，达成任何一个教学目标——“用事实证明观点”，也不会只有一种教学设计，所谓条条大路通罗马。第三，就目前人类对思维活动规律的认识和研究水平而言，人们还不可能对写作教学的各种文体、各个环节进行科学合理的分解，以科学思维破解写作教学难题，可能未必是终极思路。而郑桂华在写作教学上的探索，也只是一种有益的尝试而已。

在写作教学取得初步成功以后，郑桂华开始准备把思路推广到阅读理解和口语交际教学中去。郑桂华也希望，能有更多的人都加入到语文教育规律的探索中。

三、郑桂华教学智慧的艺术呈现

（一）教学出发点：透彻把握问题的实质

“无话可说”是学生写作中的难题之一。许多教师曾认为，学生写作文时“无话可说”源于其生活阅历浅等。不过，现在教师已经认识到，这与学生的写作普遍缺乏读者意识也有关系。所谓读者意识，就是在写作过程中，心里有一个“写给谁看”“给他看什么”的意识，并根据读者的情况选择内容和表达方式，以此达到交流目的。

有人问，教师算不算学生作品的一个读者呢？对此，郑桂华认为，应该不算。理由是，教师更多地扮演的是作文（作业）评判者的角色，而不是学生的交流对象。中学生在写作文时，心中的老师就是一个给他的作文挑错别字、改病句和打分数的评判者，或者说是一个异化了的读者。在写作教学中，除少数几个其作品常被当作范文念的学生之外，多数人从语文教师那里得到的更多的是被监考的紧张感、被挑剔的挫败感，少有获得社会生活表达和沟通中能有的快感和成就感。而打破这种状况的方法，就是将抽象的写作要求还原为真实的语言交际情境。下面是郑桂华总结的几条有助于还原交际情境、培养学生读者意识的建议：

（1）将写作话题——作文题目，由抽象的、远离社会生活的、指向不明确的转化为针对生活事物、服务于交际需要的话题，如反映校园门口设摊问题、学生上网问题、校车问题等；

（2）将写作地点——教室或考场的氛围，转化为生活表达氛围，如家庭讨论、听证会、辩论会、咨询现场、网络聊天等；

（3）将写作主体——学生，由学校的角色，转化为社会角色，如公民、记者、小学生辅导员、志愿者、讲解员、专家、家长、导游等；

（4）将阅读对象由强势的评判教师，转化（或扩大）为一般听众或弱势的交谈对象，如同学、报刊读者、向你求教的小学生、需接受教育的子女、等待指点的外地游客等；

（5）将写作目的由完成教师布置的作业或一份答卷、以合乎规范获得高分，转变为与他人沟通，说清事实，讲明道理，便于理解和接受，对读者有帮助等。

如此，学生才可能更愿意说，也相对有话可说。

（二）教学设计：提供真实的任务和学习支架

培养学生的读者意识不能依靠单纯的知识传授，而应该将教学意图落实在具体的写作过程中。下面是郑桂华在上海市古美学校初一年级执教的一节示范课，写作题目是“我们的学校”，教学重点是培养学生的读者意识。这堂课的教学设计分为如下四个环节：

活动一：导入，布置写作任务

1. 要求学生思考的问题：如果要你写一篇“我们的学校”，你会选哪些地方、哪些内容做介绍？

预计学生可能的回答：图书馆、操场、教室、花园一角……

2. 你选择这些地方的理由是什么？

预计学生可能的回答：喜欢这些地方、这些地方有代表性……

活动二：补充交代读者信息，感受读者对写作的影响

1. 出示任务：现在有两群客人，都希望了解我们学校的情况，要求你写一篇文章向他们介绍自己的学校。

（屏显）

①有几个正在读小学的孩子，他们立志几年以后报考我们古美中学，很想了解一些学校的情况，请大家为他们介绍一下我们的学校。

②以前毕业的几位老校友，对学校近年来的发展情况很关心，请你写一篇文章向他们做些介绍。

2. 学生分小组，一组选一种情境，合作讨论应该介绍哪些内容，再集中交流。

3. 引导学生归纳：写作中的对象意识，就是注意读者的阅读能力与阅读需求。具体来说，要注意读者的身份、年龄、知识层次、阅读能力和喜好，他们最关心的问题，最想知道的信息等。

活动三：片段写作实践

1. 具体写作：完成 100 字左右的介绍。然后请 3~4 位同学上黑板写下自己的片段。

2. 引导反思：写这段介绍时，你考虑了哪些因素？

①是否注意了读者的阅读能力与阅读需求？

②是否选择了合适的语体？

活动四：总结迁移

1. 总结回顾这节课所学内容，即写文章给别人看的时候，要想一想读者的阅读需求和阅读能力。

2. 迁移训练（课后作业）。

①向台湾某青年旅行团介绍我们的学校。

②结合自己的生活经历，自己确定某一类读者，向他们介绍“我们的学校”。

郑桂华设计的这个写作任务具有突出的真实性和明确的过程，依据这样的设计来教学，其效果自然也是可以期待的了。

（三）教学实施：落实学习重点

仍以郑桂华执教的示范课《我们的学校》为例：

（1）教学内容一：反思选材习惯，知道自己的问题

郑桂华按照通常的做法，出示“我们的学校”的作文题，请学生思考（2分钟左右），选择自己想到的材料。通过交流，郑桂华把学生想写的内容全部列到黑板上，当时学生共提到了14项内容，它们依次是：校门、教学楼、操场、教室、小花坛、清洁工阿姨、老师、羽毛球馆、同学们、朋友、和同学活动时的欢声笑语、图书馆、风土人情和特色、四大节日。

学校是学生十分熟悉的环境，初一的学生在校园里已经生活了一年多（上海的小学读5年，初中为4年），对校园比较熟悉，他们既讲到了校园的建筑、景物等，又提到了班会、运动会等校园生活。但也正因为他们对学校很熟悉，因而在选择材料时，大多是选取自己喜欢的地方或事件。针对此种情况，郑桂华引导学生做反思如下：

师：现在请同学们静下心来回忆一下，你怎么会想到要写这些东西？你的理由是什么？

（生思考）

师：刚才没有讲的同学也想一想，刚才发言的同学提到这些地方，他为什么会提到呢？

生：因为这些地方都在我们身边，我们常常接触到。

师：哦，是我们身边的，是吧？

生：而且很有标志性。

师：身边的，（板书：1. 身边的）“常常接触到”我们换一个表达方式是我们很——

生：熟悉。

师：熟悉的。（板书：熟悉的）非常好，这是我们写作中非常需要的一种态度。还有她刚刚讲的另外一点是什么啊？

生：有标志性。

师：“标志性”就是这个学校的特色。“标志性的”，你这个讲的比“特色”好。（板书：2. 标志性的）还有吗？还有什么原因吗？她一下子提到了两点哦。很好，这就比刚刚想写哪里的问题要有挑战多了吧。“我”为

什么会想到这些地方？这边的同学，我期待你们的表现。你看，这边的同学已经多次非常热情地举起了手。

生：有自己的回忆。

师：有自己的回忆！这个“回忆”好，也就是说，有你自己的生活感受、经历，是吧？（板书：3. 自己的回忆）非常好。好，继续！

生：自己喜欢。

师：嗯，太好了。他从这一点（自己的回忆）进一步讲到是“自己喜欢”的。（板书：自己喜欢的）大家发现没有，“身边的”是谁身边的？

生（齐）：我们。

师（板书：在“身边的”前面加上“自己”）：嗯，自己身边的，自己熟悉的，是不是？是自己学校标志性的。是这样吗？我们发现有一个什么问题？我们所有的出发点都在哪里呀？

生（齐）：自己！

在郑桂华的引导下，初一的学生很快发现这些材料都是自己身边的、自己喜欢的，出发点都是“自己”。人类写作活动的重要目的固然是介绍独特发现、抒发自身感受，但是，介绍、抒发的目的，还是与他人交流，感动人或影响人，因此，读者是否乐于接受也是选材的另一个重要依据。经过这个简短的反思，相信学生已经明白了为交流的写作与关注读者的阅读需求的关系。

（2）教学内容二：通过对比，知道“读者意识”在写作上的价值

在这个环节，郑桂华给出预设的读者，一是上小学的小朋友，这些孩子小学毕业后想到这里来上学；二是离开学校多年的老校友，他们很想知道母校现在的情况。可以看出，加上了这样的限制条件，对选择的要求会大不一样，对学生的选材也会产生很大影响。这个环节的现场教学如下：

师：（放 PPT）有几个上小学的孩子，他们很想几年后到我们古美中学来读书，你需要向他们介绍一下我们的学校。另外，我们以前毕业的老校友好多年没有回母校，他们也想了解一下学校的现状。请以其中一种人群为例，想一想，这一回你打算写什么？你可以从原来的材料中选，也可以再想其他的材料。好，开始吧！

（生思考，有的开始动笔写。师与个别生进行交谈，对生进行个别辅导）

师：好了，有不少同学停笔了。选小朋友的好像多一些，请举手。（生多数举手）选老校友的同学——（生少数举手）你们相对来说势单力薄了一点。请选老校友的同学到这个位置上来。（指向教室左边第一排的位置）跟人家换一换，好吧？

（生换位置、分组讨论，师在教室里巡查指导、解答疑问）

师：谁先来讲？我们“老校友”这边人少，先讲吧！（板书：老校友）所有的人都要做笔记，同学们。来，你来讲。

生：我想先向老校友介绍我们学校近几年获得的荣誉奖项，让他们为自己的母校感到骄傲。然后再告诉他们学校的设备比以前更先进了，最后我们学校还增加了小学部。

（师板书：1. 近几年的荣誉；2. 更先进的设备；3. 增加了小学部）

师：很好。你看，跟刚刚一样吗？同学们，你们的笔记还在不在？

生：在。

师：很好，大家来比较一下。来，你接着说。

生：向他们介绍一些学校里新来的老师，或者新来的同学、朋友。

（师板书：4. 新老师；5. 新同学）

师：男孩子，第二排的！

生：可以介绍一下近几年增加的一些新的活动，比如说今年就增加了团体活动游戏比赛。

（师板书：6. 新增加的活动）

生：就是心理（活动）。

（师板书：心理活动）

师：你参加了吗？

生：参加了。

师：什么心理活动？

生：就是什么座椅来着，就是围在一圈，然后互相坐在别人的身上，要信任对方，这样（活动）才能取得比较成功。

师：这个活动有没有名字？

生：信任座椅。

（师板书：信任座椅）

师：太好了。头一回听说。记下来啊，这都是我们珍贵的感受和记忆。“老校友们”，还有吗？（你们都在）忙着写。没有就请“小朋友”！

生：我会向小朋友介绍我们的校园环境以及校园设施，还有一些校园的活动。

（师板书：1. 校园的环境）

师：校园的环境，刚刚我们自己也写到校园的环境。（板书：校园的环境）你觉得跟刚刚我们自己的校园的活动和感受一样吗？

生：嗯，不一样。

师：区别在哪里？

生：我们要向小朋友介绍的不一定是我们喜欢的，我们喜欢的他们不一定喜欢。

师：哦，不一定是我们喜欢的。（板书：不一定是我们喜欢的）那你的意思是我们喜欢的他们不一定喜欢。那你要介绍什么呢？

生：介绍一些他们可能会喜欢的。

（师板书：他们可能会喜欢的）

师：他们可能会喜欢的，对吧？很好，还有吗？不错。好，那个女孩子！

生：我还会向他们介绍我们学校的教室、办公室以及它们的位置。

（师板书：2. 教室、办公室的位置）

师：“小朋友”阵营，继续！

生：因为小朋友们可能会不了解我们古美学校，所以我会向他们介绍一下我们古美学校的办学理念、特色。

师：哦，你知道办学理念吗？

生：尊重生命，享受教育。

师：什么？

生：尊重生命，享受教育。

师：噢，真好，你真是我们古美学校最棒的学生啊！（师板书：3. 办学理念）办学理念真的是一个非常重要但是很多人都会忘记的（东西），尤其是小朋友。你们虽然不是（小朋友），在你们眼中你们已经长大了，但在我眼中还是小朋友。好，男孩子，那边的男孩子，我们需要更多的人举起手来，每个人都要讲话的。

生：友爱的同学。

师：哦，友爱的同学（板书：4. 友爱的同学）。前面我们也讲到同学、好朋友，你们还记得吗？第几条？

生：第九条。

师：那你觉得有没有区别呢？

生：有。

师：区别在哪里呢？

生：同学和朋友。有的同学可能是一些不了解（的人），有的同学可能是座位离得远，都不太交往。

师：你想给小朋友讲的是什么？

生：嗯，同学。

师：友爱的同学……侧重点在哪里？

生：侧重点是友爱。还有热心的老师。

师：哦。你这个人语言能力很高哦！大家发现没有？友爱的同学，热心的老师，好工整啊！（板书：5. 热心的老师）有补充吗？请坐。“小朋友”阵营，继续吗？

生：我想写的是“交到很多的朋友”。

师：哦，这个地方可以交到很多的朋友。（板书：6. 可以交到很多的朋友）嗯，很棒！还有吗？孩子们，再想想。

生：我还会向他们介绍学校的四大节日，还有节日中举办的活动。

（师板书：7. 四大节日）

师：刚刚我们也提到是不是？有什么区别吗？

生：嗯，我们……之前我们所说的是自己在活动中的所见所闻，但是在这我们要着重写活动有哪些有趣的事情。

师：记下来没有？前面侧重讲自己的所见所闻，而现在侧重讲活动是多么有趣。（板书：所见所闻、活动有趣）有调整啊！

这个环节的关键是引导学生辨析两次活动——有对象和无对象学生所选材料之间的差异，并知道影响材料选择的因素。从教学实录中看，让学生明白两次材料的差异并不难，而根据不同对象选择不同材料，也没有那么难。有时选择的是同一件事，但对象不同，叙述重点会有差别。

（3）教学内容三：总结形成读者意识的方法

观念解决以后，便是方法的总结和技能巩固。在这个环节，郑桂华的教学重点是引导学生总结如何用读者意识指导选材，学生很快总结出应该围绕“读者应该知道的”和“读者感兴趣的”做文章。在这一层讨论中，学生的思考更细化、更深入，他们自己发现，可以从年龄、兴趣、与“我们的学校”的关系、性别等不同的角度展开，以确定读者想知道和应该知道的内容。这个环节，师生的交流如下：

生：我会换位思考，把自己想象成一个小朋友，然后看看自己喜欢的，然后去了解（他们的想法）。

师：他又讲了一个做法。

生：换位思考。

师：好棒啊！读者意识的做法根本上就是换位思考。（板书：换位思考）这个表达非常精彩。我要考虑到这个小朋友这个年纪，他的身份、跟这个学校的关系是——

生：陌生人。

师：陌生的，他的兴趣、他的爱好，还有什么可以写上去？比如说如果我换位思考，我可能除选4（友爱的同学）、6（可以交到很多的朋友）之外，还会选什么？

生：7（四大节日）。

师：我肯定会选7。如果我是一个大学生来考察学校，我可能就不一定选7，我会选几啊？

生：3（办学理念）。

师：为什么？大学生来考察我就不会重点讲四大节日，我就会重点讲3。你跟我是知音呀！你的感觉很好，但是要把感觉明晰起来。为什么？怎么讲？

（生思考）

师：有人能帮他吗？（面对刚才发言学生）你愿意接受别人的帮助吗？

生：愿意。

师：有人举手了。好。来。

生：我觉得大学生的话，他已经过了那种好玩的年龄了，他应该更想了解学校的一种内涵。一听到这个办学理念就能知道这是我们古美学校的追求。

在教学结束之际，郑桂华引导学生回顾总结这节课所学内容，并布置了一个作业：向台湾某青年旅行团介绍我们的学校。大家也可以结合自己的生活经历，自己确定一类读者对象，向他们介绍我们的学校。

（四）经验：以过程保效率

近些年来，在试图解开中学写作教学困局的努力中，提倡“真实写作”是比较响亮的一个口号。但是，“真实写作”如果停留在观念层面，没有具体的抓手，那么，“观察社会”也好，“写真情实感”也罢，虽然经教师的反复强调，学生最终写出来的恐怕多数仍然是空泛的、缺乏真实感的文章。而培养学生写作中的读者意识，则是改变写作中空泛毛病的有效抓手。

从郑桂华执教的《我们的学校》的教学过程看，学生对写作既不缺乏生活，也不缺乏真情，原本一个平淡的题目，他们写起来居然有很高的兴趣。一旦学生明白了有具体的读者存在，他们就可联系自己的生活经验，选出读者可能感兴趣的材料，水平不低。可见，他们所缺乏的，是把他们的生活和真情激发出来的渠道，这也是郑桂华这节课给我们的最大启示。

当然，学生写作的读者意识，与成年社会写作的读者意识应该不完全是一回事，也不是所有的写作都要求事先必须确定具体的表达对象。所谓的培养读者意识，是针对以前我们的写作教学中几乎不谈读者、几乎没有读者意识而言的。因此，我们也不要把它推向极端，认为我们只强调读者意识、我们主张读者意识就能包揽学生作文的所有问题，这种想法是不全面的。

四、郑桂华教学智慧精品片段聚焦

片段一：

用事实证明观点

师：同学们都写过议论文吧？简单说，议论就是证明观点。我们知道，证明观点的手段有两类，一是用理论证明，二是用事实证明。今天，我们就来看看，你们会不会用事实来证明（观点）。

（师板书：用事实论据来证明观点）

师：首先，请大家回忆一下，关于用事实证明观点这个话题，到目前为止，你已经学过哪些了？

生：首先要找出自己的论点，然后，就是思考：有哪些古今中外的事例可以佐证我们想到的观点，涉及面尽量要广，尽量要有说服力。不能将事实与论据分裂开来，要夹叙夹议。这样才能把议论文写好。

师：好！我们提取一下他的观点——跟这个话题有关的关键词：第一点是什么？我们用的事实论据要——？用他的话来说是——古今中外。大家听到没有？（板书：古今中外）面要广一点。第二点呢，大家还记得吗？就是论据要有说服力。（板书：有说服力）还有第三点吗？你自己还能回忆得起来吗？

生：要和论据紧密结合。

师：不是和论据结合吧？是和什么结合？

生：和论点紧密结合。

师：与论点紧密结合！（板书：和论点紧密结合）很好，请坐。还有吗？你来！

生：事实论据要翔实、要清晰、要准确。

（师板书：翔实、清晰、准确）

师：非常好！还有吗？好，同学们，那我们就一起来归纳一下，关于用事实论据来证明观点，我们已经拥有的知识，大家说有哪些？

（师指板书，生跟读）

师：经过刚刚的交流，我们等于是找到了一套判断事实论据的标准。下面我们就用这些标准来检验一篇作文，看看它里面用的事实材料是不是符合我们的标准。

大家看第一个学习材料。看到段落一了吗？（读）“历史上怀揣着一颗平常心去做事从而获得成功的人——遍及中外。”看到这则材料了没有？作文题叫什么？“拥有一颗平常心”。请你们先独立地阅读、圈画，做一些批注。然后，前后桌子的同学分成小组讨论，看看这段材料中的事实论据用得怎么样。

师：注意！先找到哪些是事实论据，然后用标准进行判断、分析，看看它用得怎么样，符合我们刚才制定的标准吗？这是一位高三同学的作文，不是我们卢湾高级中学的。

（生活动）

师：好了，把自己圈画的地方跟同学交流一下，好吗？看看你们发现了一些什么。来，同学之间交流一下啊。

（生交流讨论，师个别指导）

师：发现什么了啊？

生：我们都觉得文章对于平常心的论证有问题，就觉得他第一个论据好像不是在论证平常心，因为他（司马迁）不是怀着一颗平常心去工作。

师：说得很好。第二个呢？

生：第二个证据，我觉得它更多地折射出的是居里夫人对于科学的严谨、一心一意，是科学上的追求精神，也不是他所谓的平常心。

师：平常心是什么？

生：应该是一种对待生活的态度——不以物喜，不以己悲。

师：对啊！

生：所以我觉得他举的例子不是特别好。

师：不好在哪里？

生：我是针对第1自然段，他说司马迁怀着一颗平常心完成了他的工作，如果我没有记错的话，我们高二语文书里面有一篇文章就是写这部《史记》是“无韵之离骚”，那里面作者说他从司马迁《史记》里的字里行间看出了司马迁心中压抑着的愤恨。既然他字里行间压抑着愤恨，那就说明他写这本书的时候很郁闷。虽然司马迁这个材料很好，但是归根到底并没有体现平常心，他还是怀有一些自己的情感在里面的。所以我觉得作者选的论据会让很多人产生一些非议，就是我觉得他的论据不够有说服力。

师：好，也就是两个例子跟观点的关系——

生：我觉得不是很一致。

师：不支持观点！违背了黑板上第三条标准。

【品评】

这节课的设计思想是，把目光聚焦于一个核心：议论文的事实论据。

用一条线贯穿全课即怎样才能做到让事实支持论点。教师通过反复训练，让学生建立起关于事实论据的清晰概念。

从节选的部分实录中可以看出，该节课的教学活动基本上达成了预设目标。例如，在第一个环节“回忆所学的议论文知识”里，教师从学生的发言中引导大家发现关键信息，较顺利地归纳出议论文中用以证明观点的事实涉及面要广——包含“古今中外”，证据的介绍要“翔实、清晰、准确”，事实论据的内涵要与所持的论点“紧密结合”。其实，高中学生无论在日常生活中，还是在议论文阅读中，已经积累了不少对议论文内在特点的知识，只是这些知识在学生的脑海里还没有完全序列化，还不能化为程序性的知识，还不能根据议论文阅读活动和写作实践需要随时调用。在写作教学课堂上，如果教师设计的教学活动有利于使学生的这部分潜在的知识显性化、序列化，变成学生自己的活的知识，这对学生的写作水平一定能起到引领和点化作用。

片段二：

叙述一个曲折的故事

师：这是《三国演义》中很有名的一段：“三顾茅庐”。先请一个同学读一读。

（生读）

师：这个故事也叫“三请诸葛”。现在，再请大家按照刚才学到的剧情线，把“三请”的高低起伏画出来。我请几个同学上黑板来画。

（生画曲线）

师：你画的曲线体现出“三请”的区别没有？（指一生）你画好了？请把你画的复制到黑板上。相邻的同学之间也可以互相看一下，你们画的一样吗？

师（指着第一位在黑板上画图的女生）：女同学，我们想听听你的理解。

生：开始是第一次刘备、关羽和张飞一起去请诸葛亮。

（师板书：一请诸葛亮）

师（指着曲线图第一个谷底）：下面是什么？

生：诸葛亮不在，失望而归。

（师板书：失望而归）

师：然后呢？

生：第二次和关羽、张飞去请诸葛亮，诸葛亮又不在。

师：然后呢？

生：第三次去，遇到了重重困难。

师（指着曲线）：几次曲折？

生：画多了一道。

师：那你来修正一下吧。

（该女生上黑板修改）

师：大家该调整的调整啊！（对一生）你这里为什么向下画？

生：这样有波动。

师：我们看黑板上这三幅作品，1 号，2 号，3 号。（在三幅图上标记 1、2、3）显然，1 号、2 号、3 号有相近的地方。你们最认可哪一个？

生：1 号。

师（指 1 号图，波峰与波谷的距离越来越大）：大家看，带着期望去，失望而归；然后又是带着更大的希望去，再一次失望而归；第三次我们以为还失望，却最后成功了。哪一个最合适啊？

生：1 号。

师：刚才我们讲了，（指板书）只有转向了，故事才会曲折。（板书：转向）“请人”本来是一个平常的故事，靠什么让它转向的？第一次去，遇到诸葛亮出门，也就是说遇到了困难，（板书：困难）遇到了障碍，遇到了麻烦。（板书：障碍）第二次去，遇到了更大的障碍。也就是说，障碍是造成曲折的原因，明白没有？

我们叙述的事情中有曲折、有波澜的时候，是不是常常因为我们做这个事情的时候遇到了麻烦，遇到了障碍？有印象吗？回忆一下，谁来以自己的作文或者自己看到的作文为例来说说看？有感觉了吗？一定要反思一下自己的作文，想想看我们的作文曲折不够是不是因为作文里缺少障碍，缺少困难。

（生思考）

师：这位女同学，有没有感觉？你来说说看。正例和反例都可以，正例是你确实做得好的，反例是原来做得不够的。

生：写爬山的时候会遇到一些困难和挫折而过不去。

师：什么样的困难？

生：比如说一段路是下去的，它有很多岩石。

师：也就是路难走。

生：而自己写作文的时候只是把事情叙述完了，但是一波三折没有。

师：也就是没有去写那个困难。请坐。还有谁吗？来，那个男同学。我看他是若有所思，我知道他在反思。你作文都写得有曲折吗？

生：不曲折。

师：不曲折的原因又是什么？举其中一篇。

（生在同桌提醒下回答问题）

师：你看，你遇到障碍，旁边同学帮你把作文本打开看，提醒你一下，这就是曲折。请坐。本来想请你们带一篇作文过来的。同学们需要反思一下自己的作文，你们之所以觉得写爬山写得太单调，恐怕是写障碍不够。障碍不够有两种可能：一是没怎么写障碍，写困难；另一种是——

生1：障碍太小。

生2：障碍相同。

师：要有障碍，并且是不同类型的才好。（板书：不同类型）第一次诸葛亮不在，第二次诸葛亮又不在，第三次诸葛亮再不在，有意思吗？

生（众）：没意思。

师：第一次是这个障碍，第二次还是这个障碍，但是它又加了新的障碍。第三次呢？障碍就换了。障碍的类型不同，一波三折就愈来愈高，牢记这个1号画的这幅图。有感觉了吗？

生（众）：有！

【品评】

“从写作现象中发现策略，再把策略运用于写作”，既是这节课的基本设计思路，也是学生精彩表现的亮点。这节写作课，教师引导学生从“三顾茅庐”故事总结曲折的形成规律，最后一个环节是让学生回到生活建构自己的写作经验。教学中，郑桂华耐心启发，层层推进，结果学生很容易就发现了好故事的共性，并将其迁移到自己的写作中。

五、郑桂华教学智慧经典课堂实录

“描写的奥妙”教学实录

师：同学们好，我们这是第一次见面，请大家谈一谈对我的印象，用一个词或一句话，说说你看到的我的模样、衣服等。

（生谈印象）

师：刚才几个同学谈了对我的印象，观察还是很仔细很准确的。从写作角度来说，这就是在描写了。现在我问大家一个问题，你们觉得自己会描写吗？觉得会描写的人请举手。

（没有生举手）

师（对刚才谈印象时说得好的一生）：你怎么没有举手？

生：我不会。

师：你刚才不是口头上描写过老师吗？这说明你会描写，实际上你们都会的，只不过不确定。下面我们来尝试一下。

（屏显：一幅鸭子游水图）

师：看到这幅画面了吗？

我请三位同学到黑板上来写。其他同学在纸上写，我要看你们到底会不会描写，看你们描写得怎么样。写一句话、两句话都可以。好，开始！

（生写）

师：我们来看黑板，左边第一位同学，请把你的作品读一下给大家听。

生：画面上有一个湖，在水里，有两只小鸭子游来游去地玩耍。

师：第二位同学。

生：在清澈的水中，有两只可爱的小鸭子，它们你追我赶地嬉戏。

师：第三位同学。

生：在清澈的水面上，两只淡黄色的小鸭子在自由自在地游着，它们看上去很悠闲。

师：请坐。大家看三位同学写到的共同的东西是什么？

生：鸭子。

师：共同的是鸭子，这个能不能少？

生：不能。

师：那么为什么不能？

生：因为这是描写的对象。

师：好。也有人叫作——主人公。

（师板书：对象主人公）

师：那么除鸭子之外，描写对象还有什么？

生（杂）：湖水、水、池塘。

（师板书：水）

师：他们都写到了鸭子和水。但是，一个说是在水中，一个说是在清澈的水中，还有一个说是在清澈的水面上。你们说这三个句子，哪个描写得更好一些呢？

（生意见不统一）

师（在黑板上画出这些字）：可能各有特点，或者这么说，他哪个地方好，或用了什么词语就显得好些呢？

生：形容词。

师：形容词，也就是说在这个对象之前有了什么？

生：修饰。

师：描写对象是鸭子和水，前面加上“清澈的”这样一个修饰，这个形容词形容了水的什么？

生：样子。

师：样子或特点。水的特征。

（师板书：特征）

生：特征。

师：上面几句有哪些词语是表示鸭子、水的特征的？

生：“清澈”“可爱”“淡黄色”“悠闲”。

师：还有“自由自在”“嬉戏”，也是它们的样子。如果没有这些特征，我们会觉得怎么样？

生：不够具体。

师：对。你们觉得除用形容词这一点之外，哪一个的表达还更好一些？为什么？你们每个人在下面也写了，看看自己写的。如果比这三个同学还要好一点的话，也给我们欣赏欣赏。

（生沉默）

师：这个问题有挑战性。第一，你要判断上面的三种说法还有哪些地方是让你比较喜欢的；第二，你要把自己所描写的与他们相比。谁来完成这个挑战性的任务呢？一个一个解决也可以。

生：在平静的水面上有两只小鸭子，它们全身有细细的绒毛和灰白相间的花纹，它们追来追去，像两个无忧无虑的孩子在嬉闹。

师：精彩吧？

生：非常精彩。

师：你来把它写到黑板上。好文章要共享。

（生上讲台写）

师：其他同学思考，他的描写好在哪里呢？好，请你来说说看。

生：他运用了比喻和拟人的修辞方法。

师：为什么用比喻、拟人就好呢？

生：更生动。

师：好，比喻和拟人使文章生动。请坐！再请另一位同学来说说。

生：他写得很生动、很形象，写的小鸭子很活泼。

师：好的，从效果上讲是生动、形象、活泼可爱。你们的感觉非常好。同学们，我们刚才发现了描写对象是鸭子和水，又看到了它们的特征，即鸭子是灰白相间的长着细细的绒毛的，它们游来游去，在水中嬉戏；水呢，是清澈的、平静的。有人还用了比喻。这样一来，你们觉得这段描写怎么样？

生：精彩。

师：这段描写就合格了，甚至说是比较精彩了。好，现在，我们来总结一下。描写就是把只有你看到的东西，一个人，一件物品，或一个场景告诉一些没有看到的人。那么，如果你要告诉我们你看到的一样东西，首先你会告诉我们什么？肯定要告诉我们“那里有什么”。

（师板书：有什么）

师：这幅画面上有什么？刚才几个同学已经告诉我们了。

生：有鸭子，有水。

师：光告诉我们有什么当然还不够，我们还想知道他们的特征、动作、细节，也就是要告诉我们“它们怎么样”。

（师板书：怎么样）

师：刚才几位同学也告诉我们了，鸭子怎么样，水怎么样，对吧？但是，有时候，我们感觉还不够，还需要告诉我们“它们像什么”。

（师板书：像什么）

师：你看，有了这三条，描写就不一样了，是不是？“有什么”使我们明白描写的对象，“怎么样”使描写具体起来，而“像什么”使描写变得形象起来。这三条原则，明白了吗？

生：明白了。

师：好，现在就用这三条原则来检验你刚才对这个画面的描写，看看你的描写还缺了什么，哪个地方还可以更好一点。当然你也可以给别人改，改好了以后，我们再来交流。

（生修改、交流）

生1：水平如镜的湖水中，有两只天真活泼的小鸭子，就像两个小毛球浮在一块大玻璃上。

生2：平静的水面没有一丝波纹，两只小鸭子优哉游哉地游着，像一对小姐妹在漫步。

生3：两只小鸭子在碧绿的水中悠闲地游玩，像天鹅湖里的一对小天鹅。

师：意境很美，我看一些作家的描写也不过如此吧。

生：我觉得他（指黑板上）说“追来追去”不对，因为画里的水没有水波。

师（对全体同学）：他讲得有道理吗？

生：有！

师：对，相当有道理，他其实谈到了一个重要问题，就是我们描写怎么样、像什么，必须要有一个前提，要尊重什么？

生：事实。

师：要注意确有其事，有什么、是怎么回事，不能主观臆测，我们要做的是把它还原出来。当然，虚构是另外一回事。好，这位同学能不能试着改改看？

生1：在散步或者是漫步。

生2：欢快也看不出。

师：对，这几个词需要调整一下。

生："碧绿"不太好。

师：我们写一下。（板书：碧绿）还有吗？

生：改成"蔚蓝色"。

（师板书：蔚蓝）

师："蔚蓝"常用来形容水色，是吧？还有其他词吗？关于湖水，有好几位同学用了"平静的""宁静的"。

（师板书：平静的　宁静的）

生：柔柔的。

师："柔柔的"好。徐志摩的《再别康桥》就讲到康河的柔波。那么，我为什么把这几个词写到黑板上去让大家关注呢？"清澈的""碧绿的""蔚蓝的""平静的""柔柔的"，为什么呢？

生：角度。

师：这几个词使描写的角度——

生：增多了。

师：本来我们只用了"清澈的"，后面又有了"碧绿的""蔚蓝的""平静的""柔柔的"。"清澈"是指水的透明度，"碧绿的""蔚蓝的"是水的颜色，"平静的""柔柔的"呢，是水的那种形态、质地、感觉。那么，讲到这里我们是不是受到一种启示啊，怎样才能使描写更具体一些呢？我们用"清澈的""碧绿的""蔚蓝的""平静的""柔柔的"是不是更具体一点了？那么，哪位同学把我刚才的意思用一句话概括出来？告诉大家这样写会更好。好，这位同学来试一下。我们在形容的时候，在讲它的特征的时候，可以怎么样？

生：不同。

师：也就是从——

生：多方面。

师：非常好。（板书：多方面）如果我们能从多个角度、多个方面来描写和形容，是不是就具体些了啊？课文中有没有这样的例子啊？还记得朱自清的《春》里面描写小草的句子吗？小草偷偷地从土里钻出来——

生（齐背）：……嫩嫩的、绿绿的。园子里、田野里瞧去一大片一大片满是的。

师：有多少个角度？一个是“偷偷地从土里钻出来”是它的情态，“嫩嫩的”两个，“绿绿的”三个，“一大片一大片”四个。朱自清无非也就是这样来进行描写啊，是不是？

生：是。

师：现在我们来做一下归纳：

（屏显）

“有什么”是叙述，它所起到的作用是把东西介绍准确。

“怎么样”是刻画、描摹，它起的作用是“清楚、细致”。最好要从多个方面、多个角度。

师：“像什么”是比喻，它的作用是生动形象。这些就是描写的奥秘，简单吧？

生：简单。

师：记下来了没有？

生：记下了！

师：现在还有谁要告诉我他还不会描写，请举手。没有了？没有了。是不是真的没有了，我们还要再检验一下。这一次，要给你们难一点的了。

（屏显：风车的画面）

师：接下来，我们就以这幅画（风车）为描写对象，把我们刚刚学到的一些办法用上去。我不要求同学到黑板上来写，不过待会儿我会把几位同学写的收上来，请他们念给我们听，请大家来评论。时间可以是3~4分钟。开始吧。

（生写作，师巡视）

师：怎么样？请写好的同学念一下。还有的同学不舍得放下手中的笔。好的，没关系。还有一两个句子没想好的可以在念的时候再补充。那么谁愿意把自己的成果分享给大家呢？谁先来？

有几位举手的同学都已经回答过问题了，有没有其他人呢？其实我上课喜欢叫不举手的同学来回答问题。好了，靠近墙角的那位同学，你来试一下吧。读得响亮一点，大家要好好听。

生：清晨，在宁静美丽的湖边，挺立着许多风车，它们张着巨人般的手臂，像是在迎接远方的客人。

师：怎么样？你们觉得精彩吗？

生：精彩。

师：请坐。他写到了时间，写到了一种感觉。

生：在辽阔平原的河边，有一排像巨人般的风车。微风轻轻地吹来，风车慢慢地挥动着它那巨大的手臂，好像要翩翩起舞的样子。

师：请坐。对风车的描写还有没有跟这两位同学不一样的。来，念给我们听。

生：在一望无际的草原的尽头上，有一条平静的小河，小河旁边竖立着一排古老的风车。它们的手臂迎风舞动，好似一个个强壮的武士在保卫着家乡，又像一排迎客松在迎接贵宾。

师：请坐。他用了两个比喻。大家记下来。还有没有比过他的？

生：这是一个遥远的国度，一个人间乐园，辽阔的草原一眼望不到边。灰暗的天空下，寂静的小河边，有一排风车，它们静静地伫立在那里，不知过了多少年。这里没有一个人的影子，没有机器的声响，红瓦的颜色淡了，曾经挥舞过的手臂也不再那么有力了，只有大自然的神韵依旧，在夕阳晨风里，孤独的风车，在诉说着一个个古老的传说。

师：这是你刚写出来的吗？

生：是的。

师：不得了，你可以当作家了。刚才大家注意了没有？很多同学不仅写到了风车还写了白云、黄昏，实际上大家已经不仅仅把目光投向了风车，还投向了什么？

生：环境。

师：环境，整个的一个场面。那要写一个复杂的画面时我们要注意些什么呢？

（屏显：描写复杂的场景）

师：我们不仅仅要写主角，还要写整个的场景或背景，你想想应该注意些什么？

生：重点。

师：好，我们要注意重点。（板书：重点）重点的对象我们要观察描写多一点，要详写。描写的对象多了，还要注意层次。另外，我觉得最好还要发挥我们每个人的独特的想象，要写出个性来。描写是很简单的，你看，我们人人都会了。但是，我要提醒大家，描写又是很复杂的，有许多变化，需要长期练习。好了，我这里还有一幅图片，（屏显一画面）这是什么场景啊？

生：草原。

师：重点是什么？

生：羊群。

师：对，羊是草原的当然主角。还有什么？

生：山、云、天空。

师：有兴趣的同学回去可以把这幅图描写一下，或描写你家乡的一处景。今天我们重点训练的是具体而形象的描写，更多的训练要回到家里去做。下课！

参考文献

[1] 吕叔湘 . 关于语文教学的两点基本认识［M］// 吕叔湘 . 吕叔湘语文论集 . 北京：商务印书馆，1983.

[2] 郑桂华 . 初中语文教师专业能力必修［M］. 重庆：西南师范大学出版社，2012.

图书在版编目（CIP）数据

新世纪语文名师教学智慧研究．中学卷：全2册／任彦钧，刘远编．—南宁：广西教育出版社，2017.9（2019.7重印）

（中国语文教育研究丛书／顾之川主编）

ISBN 978-7-5435-8346-7

Ⅰ.①新…　Ⅱ.①任…②刘…　Ⅲ.①中学语文课-教学研究　Ⅳ.①H19

中国版本图书馆CIP数据核字（2017）第194818号

策　　划	张华斌　黄力平	装帧设计	刘相文
组稿编辑	林春燕　黄力平	责任校对	刘汉明
责任编辑	马宏兰	责任技编	胡庆团
特约编辑	林春燕	封面题字	李　雁